ÖSTERREICHISCHE INDUSTRIEGESCHICHTE

1700 bis 1848

Die vorhandene Chance

Herausgegeben von
Österreichische Industriegeschichte GmbH, Linz

Günther Chaloupek
Dionys Lehner
Herbert Matis
Roman Sandgruber

unter Mitarbeit von
Helmut Lackner
Michael Pammer
Andreas Resch

UEBERREUTER

Die »Österreichische Industriegeschichte« ist insbesondere durch die großzügige Unterstützung der Stiftung »Dr. Lina und Robert Thyll-Dürr«, Stansstad, Schweiz, zustande gekommen. Dank gebührt auch Leitner + Leitner, Wirtschaftsprüfer und Steuerberater, Wien–Linz, Österreich, für die geleistete Unterstützung.

Autoren: Dr. Günther Chaloupek
Dr. Dionys Lehner
o. Univ.-Prof. Dr. Herbert Matis
o. Univ.-Prof. Dr. Roman Sandgruber

Co-Autoren: Dr. Helmut Lackner
a.o. Univ.-Prof. DDr. Michael Pammer
a.o. Univ.-Prof. Dr. Andreas Resch

Herausgeber: Österreichische Industriegeschichte GmbH, Linz
mit den Gesellschaftern
Dr. Günther Chaloupek
Dr. Johannes Jetschgo
Dkfm. Ferdinand Lacina
Dr. Dionys Lehner (Vorsitz)
o. Univ.-Prof. Dr. Roman Sandgruber
KR Dr. Werner Schrotta

Wissenschaftlicher Beirat:
Dr. Günther Chaloupek
o. Univ.-Prof. Dr. Franz Mathis
o. Univ.-Prof. Dr. Herbert Matis
o. Univ.-Prof. Dr. Roman Sandgruber (Vorsitz)

Koordination: Mag. Astrid Fürlinger

Lektorat: Fanny Esterházy

Textrecherche: Ing. Walter Herrmann

Bildrecherche: Dr. Angela Feldmann
Mag. Astrid Fürlinger
unter Mitarbeit von
Mag. Gerda Leipold-Schneider
Mag. Ines Peper
Mag. Sabine Pitscheider
Dr. Reinhard Pohanka

Layout: Good Look
Computergrafik: Thomas Joss, Empire Images AG, Zürich, Schweiz
Umschlag: Maria Schuster
Umschlagbild: Spinnerei Brunnenthal, Bludenz, M. Jehly, 1831, Privatbesitz (Foto: Jens Ellensohn)

ISBN 3-8000-3928-1

Druck: Druckerei Theiss GmbH, A-9431 St. Stefan i. L.
7 6 5 4 3 2 1

Ueberreuter im Internet: www.ueberreuter.at

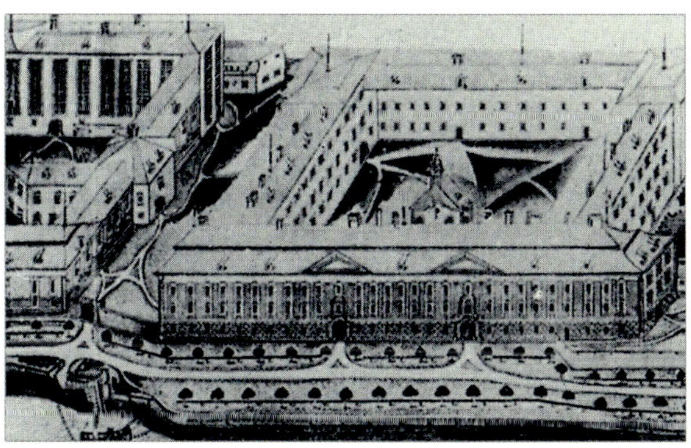

Inhalt

	EINLEITUNG	7
I.	150 JAHRE INDUSTRIEGESCHICHTE – Eine Zusammenfassung	11
II.	ASPEKTE	29
	Triebfeder Innovation	29
	Industrie und Handwerk	45
	Verlag und Manufaktur	58
	Die neuen Unternehmer	67
	Engpass Energie	80
	Verkehrswege und Verkehrsmittel	87
	Kaufleute und Kompanien	100
	Währung – Börse – Finanzierung	113
	Die neuen Arbeiter	125
	Rahmenbedingungen der Industrie	139
	Mehrfache Globalisierung	146
	Die neuen Krisen	159
III.	BRANCHEN UND UNTERNEHMEN	171
	Die k. k. Wollzeugfabrik	171
	Die Textilindustrie	188
	Das »gelbe« und das »weiße« Gold	219
	Land der Hämmer	230
	Waffen und Heeresbedarf	246
	Maschinen- und Instrumentenbau	253
	Von der Alchemie zur Chemie	260
	Bauen und Baustoffe	267
	Industrialisierter Luxus	279
	Kennzahlen und Indikatoren	291
IV.	DIE CHANCEN ÖSTERREICHS im europäischen Vergleich	295
V.	NATIONALÖKONOMIE IN ÖSTERREICH	319
VI.	AUSBLICK	329
	Literaturverzeichnis	336
	Bildnachweis	343

Visionen des Fortschritts, 1742 – 1842 – 1942: Man war um die Mitte des 19. Jahrhunderts fasziniert vom Ausmaß der technischen Veränderungen und hatte doch keinerlei Vorstellung von der Welt am Ende des 20. Jahrhunderts. Schützenscheibe, Leoben 1842

EINLEITUNG

»ÖSTERREICH ÜBER ALLES WANN ES NUR WILL«! Das ist der Titel einer im Jahre 1684 damals anonym und ohne Ortsangabe erschienenen Schrift, als deren Autor inzwischen Philipp Wilhelm von Hörnigk eindeutig identifiziert werden konnte und die für ein Jahrhundert zu der am häufigsten verbreiteten Druckschrift volkswirtschaftlichen Inhalts im deutschen Sprachraum wurde. Zwischen 1684 und 1784 konnten bisher zweifelsfrei mindestens 20, wahrscheinlich sogar 25 verschiedene Auflagen festgestellt werden, nur eine davon allerdings in Österreich selbst. Hörnigk gab damit den gedanklichen Boden vor, auf dem eine gesunde österreichische Industrie- und Wirtschaftspolitik zu stehen hat.

Das nun in Angriff genommene dreibändige Werk über die österreichische Industriegeschichte vom 17. Jahrhundert bis zur Gegenwart ist eine Analyse dieses von Hörnigk angesprochenen Willens, der Fähigkeit, diesen Willen unternehmerisch umzusetzen, der Chance, die der Staat wirtschaftspolitisch seinen Bürgern als Erfindern und Unternehmern gab, und des Kapitals, das zur Realisierung der Unternehmungsziele zur Verfügung stand. Zusammengefasst wird dargestellt werden, dass es in Österreich über die Periode aller drei Bände einen starken unternehmerischen Willen gab, dass genügend tüchtige Führungskräfte – aus dem eigenen Kreise oder aus dem Ausland geholt – für die Umsetzung vorhanden waren, dass die staatliche Prioritätensetzung und Wirtschaftspolitik bis in die Achtzigerjahre des 20. Jahrhunderts jedoch eher bremsend wirkten und Österreich trotz eines konstanten Mangels an Kapital die Umsetzung des Industrialisierungsziels bewältigen musste.

Dieser chronische Kapitalmangel ging einerseits auf den Kapitalverzehr durch die Großmachtpolitik und andererseits auf die vom Staat durch seine widersprüchliche Wirtschaftspolitik verursachte Unterentwicklung im Handel zurück. Der Handel war vor der Industrialisierung die große Quelle zur Schaffung von Kapital, das für den Aufbau von Infrastruktur, Handelsniederlassungen und Industrie so wichtig war. Das vorliegende Werk versucht den immer wieder geäußerten Vorwurf einer gewissen fehlenden industriellen Selbstsicherheit in Österreich zu entkräften. Wenn überhaupt, würde dieser Mangel an Selbstsicherheit wohl eher auf die Entwicklung des Handels als auf die industriellen Fähigkeiten und den Erfindungsreichtum Österreichs zutreffen.

Diese Lücke im Handel wurde früh erkannt, aber es fehlte in der Folge an durchgreifenden Maßnahmen. Kaum jemand hat die Situation so drastisch beschrieben wie der 1777 in Wien geborene, liberal denkende Leiter des Kommerzreferats in der k. k. Hofkammer Anton Krauss Ritter von Elislago. In seinem leidenschaftlichen Appell, mehr für den Handel zu tun, schrieb er im November 1807: »Daß das gotische Gebäude der Zunftverfassung, welches sich noch aus den finsteren Zeiten

Triumph der Industrie: Fabriks-Bilder-Atlas der österreichischen Monarchie, Beiträge zum Inner-österreichischen Industrieblatt, 1841

des Mittelalters herschreibt, wo der Handelsstand unter dem Joche der Knechtschaft seufzte, nicht mehr für unsere Lage und Verhältnisse passe, ist eine ziemlich allgemein anerkannte Wahrheit, so wie die Geschichte beweist, daß der Handel stets nur der Freiheit sein Gedeihen verdanke.« Er verwies auf die Bedeutung des Handels für das Wohl des Staates, auf den aufblühenden Handel in Italien als Folge der Kreuzzüge, den späteren Erfolg der deutschen Hanse- und Reichsstädte

Aufstieg und Abstieg – ein ewiger Kreislauf: Von der Armut zum Handel, vom Reichtum zum Adel, vom Krieg zurück zur Armut. Öl auf Holz, unbekannter Maler, Niederösterreich, 18. Jahrhundert

und schließlich das Entstehen von Nationalreichtum in England aufgrund seiner Position als Handelsmacht. Lakonisch stellte Krauss fest, dass der Handel nach wie vor der Grundstein des englischen Reichtums sei, wobei er implizit suggerierte, dass der Mangel an Reichtum und an Kapital in Österreich auf die Lücken im Handel zurückzuführen sei. Krauss-Elislagos klare Sicht der Wichtigkeit des Handels mag Johann Slokar veranlasst haben, seine umfassende und oft zitierte »Geschichte der Österreichischen Industrie und ihrer Förderung unter Kaiser Franz I.« aus dem Jahr 1914 mit den Worten zu schließen: »Wenn die österreichischen Industriellen einem Beamten für seine Verdienste ein Denkmal errichten wollten, von jenen, die in der ersten Hälfte des 19. Jahrhunderts gewirkt haben, wäre Anton Krauss Ritter von Elislago dazu zweifellos der würdigste.«

England hatte am Beginn der Industriellen Revolution tatsächlich die mächtige Position, beide großen Quellen des Kapitals, den Handel und die frühe Industrie, massiv zu beherrschen. Österreich dagegen musste ohne echtes Standbein im internationalen Handel und mit einem verzögerten Start in die industrielle Aufholjagd einsteigen. Der Mangel an Handel und Kapital, der im vorliegenden ersten Band beschrieben ist, setzt sich nahtlos in den Schwächen hinsichtlich Marketing und Finanzplatz fort, die ein wichtiges Thema in Band III sein werden. Trotzdem ist es Österreich in den vergangenen 50 Jahren gelungen, das Rad seiner Industriegeschichte in Schwung zu bringen und bei einer beachtlichen Zahl von Produkten eine Weltspitzenstellung zu erreichen. Die drei Bände der »Österreichischen Industriegeschichte« beschreiben diesen Weg der Industrie in Österreich vom Jahr 1700 bis zum Jahr 2005, somit vom Ende der Türkenbedrohung nach 1683 bis zum 60-jährigen Gedenken der Befreiung Österreichs vom Nationalsozialismus, 50 Jahre nach der endgültigen Freiheitserlangung durch den Staatsvertrag und am Beginn eines erweiterten und wieder vereinigten Europas.

Zum Aufbau des Werks

Die Darstellung der Industriegeschichte bezieht sich ganz auf die Grenzen des heutigen Österreich. Der Erfassungszeitraum von 300 Jahren wird in drei Perioden aufgeteilt.

Die erste beginnt mit dem Wechsel vom 17. zum 18. Jahrhundert und endet mit dem Revolutionsjahr 1848. Diese Periode zeigt den Weg von den gewerblichen Klein- und Zunftstrukturen zur Fabrik auf Basis einer kapitalintensiven Produktion mit Hilfe von Maschinen.

Die zweite Periode endet mit dem Jahr 1955, in dem die Besatzungsmächte Österreich in die Selbstständigkeit entließen und damit eine

VERGANGENHEIT, GEGENWART UND ZUKUNFT DER JNDUSTRIE.

Beilage zum Innerösterr. Industrieblatte Nro 1. III. Jahrg. 1841. Lith. Anst. d. Jos. Fr. Kaiser in Grätz.

gleichwertige Chancensituation wie bei den anderen europäischen Staaten entstand. Die eigentliche Industrialisierung des Kontinents und auch Österreichs fand in diesem Zeitraum statt.
Die dritte Periode schließlich erstreckt sich vom Jahr 1955 bis zum Jahr 2005. Insbesondere die zweite Hälfte dieses 50-jährigen Zeitabschnitts brachte fundamentale Änderungen in der Wirtschaftspolitik und damit auch in der Entfaltung von Unternehmertum und Handel.
Entsprechend diesen drei Perioden besteht das Werk aus:

Band I: 1700–1848 »Die vorhandene Chance«
Band II: 1848–1955 »Die verpasste Chance«
Band III: 1955–2005 »Die ergriffene Chance«

Band I umfasst somit 150 Jahre, Band II rund 100 Jahre und Band III 50 Jahre. Die Zeiträume aller drei Bände haben etwa gleich viel Veränderung in den Spielregeln der industriellen Produktion und des dazu gehörenden Vertriebs gebracht. Aus den unterschiedlichen Längen der Perioden geht die enorme Beschleunigung in der industriellen Entwicklung hervor. Für einen vierten Band wäre vermutlich eine Zeitspanne von 25 Jahren analog richtig.
Die »Österreichische Industriegeschichte« richtet sich nicht in erster Linie an den historisch vorgebildeten Leser. Die Absicht ist vielmehr, dem direkt und indirekt an der Industrie Interessierten ein lebendiges Bild der Geschichte der österreichischen Industrie zu vermitteln. Der Blick auf die industrielle Vergangenheit ist oft geeignet, ein besseres Verständnis für die industriellen Probleme der Gegenwart zu bewirken. Ein abgerundetes Wissen über die Industriegeschichte kann einem aktuellen Problem das Unbekannte und Einmalige nehmen und dadurch bei einer ausgewogenen Lösungsfindung behilflich sein. Das Ziel, einen erweiterten Leserkreis anzusprechen, soll durch eine homogene Struktur und eine weitgehende Visualisierung der Inhalte erreicht werden. Der nachstehende Aufbau gilt für alle drei Bände:

I. Zusammenfassung
II. Aspekte
III. Branchen
IV. Internationaler Vergleich
V. Nationalökonomie in Österreich
VI. Ausblick

Jeder Band beginnt mit einer kurzen Darlegung des Periodengeistes und einer Zusammenfassung des Inhalts des ganzen Bandes.
Im Abschnitt »Aspekte« werden einzelne, den Zeitraum prägende Themen herausgegriffen und beleuchtet. Damit wird bewusst auf eine chronologische Darstellung verzichtet. Der Leser kann sich durch das Zusammenfügen und Interpretieren der Aspekte ein eigenes Bild der beschriebenen Periode machen. Dieses Bild wird abhängig sein von der persönlichen ideologischen Einstellung zur Industrie.
Die Branchenbeschreibung ergänzt die Aspekte mit dem konkreten Bild der industriellen Praxis. Auch die Branchen sind nach Prioritäten ausgewählt, entsprechend werden die für die Periode nicht oder noch nicht so bedeutsamen Industriezweige weggelassen.
Beim internationalen Vergleich geht es um die relative Stellung Österreichs zuerst im europäischen und später im weltweiten Rennen um eine starke industrielle Position. In der Frühphase ist die statistische Begleitung dieses Vergleichs noch schwierig, im 20. Jahrhundert aber immer besser möglich.
Die Teile I bis IV werden in Teil V durch die Darstellung des in Österreich vorherrschenden nationalökonomischen Geistes abgerundet. Dieser Gesichtspunkt hat besonderes Gewicht, weil Österreich nicht nur volkswirtschaftliche Theorien angenommen, sondern auch ganz bedeutend zur Theorieentwicklung beigetragen hat.
Im Ausblick schließlich wird die Situation am Ende eines Bandes in die Zukunft projiziert und ein kurzer Blick auf die Chancenentwicklung im jeweils nachfolgenden Band gemacht.

I. 150 JAHRE INDUSTRIEGESCHICHTE – EINE ZUSAMMENFASSUNG

Die österreichische Monarchie im Jahre 1795. Karte von Joseph Frh. v. Lichtenstern, kolorierter Stich von Anton Amon, 1795

Weltreich der Habsburger: Karl V., umgeben von seinen besiegten Widersachern. Sein Emblem, die zwei Säulen des Herkules, die seinen Thron flankieren, mit dem Spruchband »Plus ultra«, ist heute in stilisierter Form im Dollarzeichen allgegenwärtig. Miniatur in der Nachfolge Giulio Clovios nach einem Kupferstich von Dirk Volkerts z. Coornhert, um 1556

Wichtige Weichenstellungen in den 200 Jahren davor

Band I der Industriegeschichte Österreichs beginnt um das Jahr 1700. Die damalige Situation war mitgeprägt von Großereignissen, die sich in den 200 Jahren davor zugetragen hatten und in ihrer Wirkung tief in das 18. und 19. Jahrhundert hineinstrahlten. Einige dieser Ereignisse sollen hier kurz in Erinnerung gerufen werden.

Die Entdeckung Amerikas: Am 3. August 1492 segelte Christoph Columbus im Auftrag des spanischen Regentenpaares mit drei Schiffen von der Hafenstadt Palos Richtung Westen. Das Ziel war Indien mit seinem großen Gewürzereichtum. Am 12. Oktober ging er an einer kleinen Insel an Land. Er glaubte Indien erreicht zu haben, tatsächlich aber befand er sich in Amerika. Beim Rennen um die Eroberung des neuen Kontinents standen anfänglich die stärker bevölkerten nordwestlichen Gebiete Süd- und Mittelamerikas im Vordergrund. Spanien nützte seinen Entdecker-Vorteil durch Raub und Abbau der großen lokalen Gold- und Silbervorkommen. England dagegen konzentrierte sich auf das von Spanien und Portugal als weniger interessant eingestufte und weniger bevölkerte Nordamerika. Der Konflikt zwischen Spanien und England war vorprogrammiert. Ihr Ringen um die Vorherrschaft auf den Weltmeeren endete 1588, als England die als unbesiegbar geltende, angreifende spanische Armada vernichtete. Mit der Seedominanz sicherte sich England eine exklusive Position im gewinnträchtigen internationalen Handel und damit die Kapitalbasis für den Aufbau der Industrie in der zweiten Hälfte des 18. Jahrhunderts.

Die Entdeckung Amerikas hat mit dem Reichtum an Edelmetallen, die Europas Zahlungsbilanz mit Asien nachhaltig verbesserten, mit dem Transfer der neuen Nahrungsmittel Kartoffeln und Mais, die die Ernährungsbasis in Europa entscheidend ausweiteten, sowie mit

Folgen der Gegenreformation: Die Vertreibung der Protestanten aus den Pongauer Gerichten. Flugblatt, 1732

den riesigen Flächen, die sich für die landwirtschaftliche Nutzung in Übersee boten, die Chancen zur Entfaltung Europas entscheidend gesteigert. Der Machtaufbau Englands und Amerikas prägte auch das Bild der Industriellen Revolution in Österreich, die wie überall mit der Baumwollindustrie begann. 1844 waren unter den 19.200 Tonnen Baumwolle, die die Spinnereien der Monarchie in diesem Jahr auf zumeist nachgebauten englischen Maschinen verarbeiteten, bereits 60 Prozent amerikanischer Herkunft.

Die Reformation: Am 31. Oktober 1517 veröffentlichte der Augustinermönch und Theologieprofessor Martin Luther seine 95 Thesen in Wittenberg. Er protestierte damit gegen den Lebensstil der Kleriker und verschiedene kirchliche Missstände. Seine reformierte christliche Religionslehre fand im 16. Jahrhundert rasch zahlreiche Anhänger, vor allem in bürgerlichen Kreisen, die an einem wirtschaftlichen Weiterkommen interessiert waren, und in der fortschrittlichen Aristokratie, die mit dem neuen Bekenntnis auch ihren Protest gegen den Kaiser und die römische Kurie zum Ausdruck brachte. Die neue Bewegung hatte die Sprengkraft einer Revolution und löste eine Unzahl von Religionskriegen und die blutige Gegenreformation aus, die in Österreich das Verhältnis von deutlich mehrheitlich protestantisch zu deutlich mehrheitlich katholisch umkehrte. Das Zurückdrängen der im Wirtschaftsleben besonders engagierten Protestanten hat den Weg zu einem raschen wirtschaftlichen Aufbau in Österreich eher gebremst als gefördert.

Der Dreißigjährige Krieg: Die größte Auseinandersetzung zwischen Vertretern der katholischen und der protestantischen Glaubensrichtung war der Dreißigjährige Krieg. Er begann mit dem Prager Fenstersturz am 23. Mai 1618. Der regionale Aufstand Böhmens gegen das Haus Habsburg wurde rasch zum Religionskrieg innerhalb des Heiligen Römischen

Der Dreißigjährige Krieg: Reitergefecht zwischen österreichischen und schwedischen Truppen. Gemälde von Johann Anton Eismann, um 1660

Reichs Deutscher Nation und endete mit einem großen Krieg um die Macht in Europa. Beim Abschluss des Westfälischen Friedens im Oktober 1648 war die Bevölkerung im Reich um rund ein Drittel geringer als zu Kriegsbeginn. Während Europa seine Kräfte im religiösen Eifer zur blutigen Zerschlagung und Plünderung seiner Wirtschaftsbasis einsetzte, nutzte England seine Energien zum Aufbau eines weltumspannenden Kolonialreichs und schuf sich so die Grundlage für eine über 100 Jahre andauernde Wirtschaftsdominanz ab der Mitte des 18. Jahrhunderts. Österreich aber zehrte, trotz der negativen Erfahrung des Dreißigjährigen Kriegs, seine vorindustriellen Ressourcen in steten kriegerischen Konflikten weiter aus. In den 144 Jahren vom Westfälischen Frieden bis zum Beginn der Napoleonischen Kriege zählte Österreich 81 Kriegs- und nur 63 Friedensjahre. Der habsburgische Traum, in Westeuropa und im Römisch-Deutschen Reich die führende Rolle zu spielen, zerbrach. Die Habsburger wurden auf ihre Erblande in Mittel- und Ostmitteleuropa reduziert, die sie zur Großmacht ausbauten.

Die Niederlage der Türken vor Wien: Im Jahr 1683 gelang es Österreich mit deutscher und polnischer Hilfe, das vor den Toren Wiens lagernde angriffsbereite Heer der Türken zu besiegen. Das mehrere hundert Jahre dauernde Ringen zwischen dem Osmanischen Reich und dem Hause Habsburg hatte sich zugunsten der Habsburger entschieden. Das Gefühl der Befreiung war groß und löste eine Aufbruchstimmung aus. Die folgenden Feldzüge drängten den türkischen Herrschaftsbereich immer mehr Richtung Bosporus und brachten Österreich die Rückeroberung Ungarns und die Ausdehnung der habsburgischen Gebiete auf den Balkan. Die für den Handel so wichtige, aber durch Piraten ständig bedrohte Schifffahrt im Mittelmeer wurde wieder sicherer. Für Österreich war diese Sicherheit der Schifffahrt im Mittelmeer wegen der Seewege von den Häfen der Levante nach Triest von großer Bedeutung.

Sieg über die Türken: Die Entsatzschlacht vor Wien am 12. September 1683. Im Vordergrund das Prunkzelt Kara Mustafas, gut erkennbar die zerstörten Vorstädte, die türkische Zeltstadt und das dichte Netz der türkischen Laufgräben vor der befestigten Stadt zwischen Burg- und Löbelbastei. Im Hintergrund Donaukanal und unregulierte Donau. Ölgemälde von Franz Geffels

Die »Glorious Revolution« in England: Die glorreiche, weil nicht blutige Revolution von 1688 beendete in England den Konflikt zwischen Krone und Parlament. Die gegen die anglikanische Kirche gerichtete Rekatholisierungspolitik von König James II. endete mit seiner Absetzung und dem Verbot für Katholiken, ins Königshaus einzuziehen. 1689 unterzeichnete der neue König, Wilhelm von Oranien, die »Declaration of Rights«, welche die Rechte des Parlaments gegen die Willkür der Krone absicherte. Damit hatte England die Gewaltentrennung zwischen Parlament und Bürgertum einerseits und dem Königshaus andererseits vollzogen. Auf dem Kontinent und insbesondere im Habsburgerreich hingegen blieb die Macht noch lange auf das absolutistische Herrscherhaus konzentriert, was insgesamt wohl eher nachteilig für einen frühen Beginn des Industrialisierungsprozesses war. Die aufgeschlossene Wirtschaftspolitik eines Monarchen konnte nur allzu leicht von seinem erblichen Nachfolger ins Gegenteil umgekehrt werden.

Die Aufklärung: Die Aufklärung geht schon in das 17. Jahrhundert zurück, das eigentliche Zeitalter der Aufklärung aber wird dem 18. Jahrhundert zugeordnet. England bezeichnet dieses Jahrhundert als »Age of Enlightenment« und Frankreich als »Siècle des Lumières«. Hier kommt das Charaktermerkmal des Lichts, das den nicht sehenden menschlichen Geist erleuchtet, markanter als im deutschen Wort »Aufklärung« zum Ausdruck. Im Versuch, die Aufklärung bildlich darzustellen, benutzten die Allegorien der Malerei typischerweise eine das Bild dominierende Lichtquelle, um ihre Aussage dem Betrachter näher zu bringen.

Das von Kirche und Staat eingeengte Denken der Menschen befreite sich und wandte sich den objektiven Erkenntnissen der Naturwissenschaften und dem leistungs- und wohlstandsorientierten Freiheitsgedanken des Individuums zu.

Die Industrielle Revolution wäre wahrscheinlich ohne die vorausgehende Periode der Aufklärung nicht denkbar gewesen.

Licht der Aufklärung: Gedenkblatt auf den Tod Kaiser Josephs II. Engel meißeln seine Verdienste in Stein und richten sein Denkmal auf. Kolorierter Kupferstich, Johann Hieronymus Löschenkohl, 1790

Aspekte

Die Industrielle Revolution ging in der zweiten Hälfte des 18. Jahrhunderts von Großbritannien aus, das neben den liberalen wirtschaftlichen Rahmenbedingungen über das erforderliche Kapital und die notwendige Innovationskraft verfügte. Auf dem Kontinent setzte die Industrialisierung 20 bis 40 Jahre später ein und löste einen intensiven und emotionell geführten Dialog zwischen Befürwortern und Gegnern der Industrialisierung aus. So schreibt Johann Wolfgang von Goethe in seinem zwischen 1807 und 1829 entstandenen Werk »Wilhelm Meisters Wanderjahre«: »Das überhandnehmende Maschinenwesen quält und ängstigt mich; es wälzt sich heran wie ein Gewitter, langsam, langsam, aber es hat seine Richtung genommen, es wird kommen und treffen.« Goethe sieht aber auch die andere Seite, wenn er 1829 ironisch bemerkt: »Während die Deutschen sich mit der Auflösung philosophischer Probleme quälen, lachen uns die Engländer mit ihrem großen praktischen Verstande aus und gewinnen die Welt.«

Dieser Konflikt war in der vorindustriellen – auch »protoindustriell« genannten – Phase des 18. Jahrhunderts noch nicht so ausgeprägt. Die Manufakturen, die aus Sicht der Beschäftigung meistens nur über eine relativ kleine zentrale Fabrik verfügten, beschäftigten das Gros der Mitarbeiter dezentral über ein Verlagssystem in Heimarbeit. Die Manufakturen standen eher in Konflikt mit den produzierenden, oft zünftisch organisierten handwerklichen Kleinstrukturen. Die Maschinspinnerei, die in Österreich um 1800 begann, brachte die dramatische Wende. Die Heimarbeiter wurden massenweise arbeitslos und der neue Arbeitsplatz war die Fabrik, wo auch die neuen Maschinen standen. Für das produzierende Handwerk wurden die Konkurrenzverhältnisse noch bedrohlicher.

Triebfeder Innovation: Die unmittelbaren Auslöser der Industriellen Revolution waren die englischen Erfindungen in den Bereichen der Textilindustrie, der Eisen- und Stahlerzeugung und der Nutzung der Dampfkraft. England war mit seinen bahnbrechenden Innovationen in der zweiten Hälfte des 18. Jahrhunderts und in der ersten Hälfte des 19. Jahrhunderts das große Vorbild für den Kontinent. James Hargreaves und Richard Arkwright entwickelten in den Sechzigerjahren die Grundmodelle der Spinnmaschine und brachten sie zum Einsatz. Um 1700 war es Abraham Darby gelungen, Steinkohle für die Eisenproduktion einzusetzen, und 1784 verbesserte Henry Cort die Stahlproduktion entscheidend. Die von James Watt weiterentwickelte Newcomen'sche Dampfmaschine erreichte im Jahr 1782 den Durchbruch als universelles Antriebsaggregat.
Schon im 18. Jahrhundert bemühte sich Österreich, bessere Voraussetzungen für technische Innovationen zu schaffen. Der Technologietransfer erfolgte über Auslandsreisen, die Einfuhr englischer Maschinen und ausländischen Know-hows – bisweilen auch auf nicht legalem Wege – und durch Anwerbung ausländischer Spezialisten sowie die Förderung der naturwissenschaftlichen und technischen Bildung im Inland. Diese Politik wurde im frühen 19. Jahrhundert durch gezielte Privilegienerteilung für Innovationen auf dem Gebiet der Mechanik und Industrie verstärkt. Hier nahm das 1815 in Wien gegründete Polytechnische Institut eine vorbildliche Funktion ein.
Als Pionier des österreichischen Dampfmaschinenbaus profilierte sich Johann Fichtner, der nach 1822 mehrere Privilegien erhielt. Friedrich Voigtländer wurde durch die Weiterentwicklung des Fotoapparats bekannt, Josef Ressel erfand die Schiffsschraube und Franz Anton von Gerstner baute die erste Eisenbahn auf dem Kontinent. Auch bekannte österreichische Erfindungen wie die Nähmaschine von Josef Madersperger, die Lithografie von Alois Senefelder, der verbesserte Bleistift von Josef Hardtmuth und die Verwebung von Kautschukfäden von Johann Nepomuk Reithoffer vermögen das Gesamtbild nicht zu ändern, dass der Schwerpunkt der österreichischen Innovation bei der Verbesserung von ausländischen, vor allem englischen Erfindungen und Maschinen lag.

Industrie und Handwerk: Die Jahre 1700 bis 1850 waren von einem ausgesprochenen Gegensatz und Konflikt zwischen der neu aufkommenden Industrie und dem alten Handwerk geprägt. Das Handwerk war in den Zünften organisiert, hielt an den traditionellen Produktionsmethoden fest und reduzierte die Konkurrenz zwischen den Meistern durch Zugangsbeschränkungen und Reglementierung der Zahl der Gesellen und Lehrlinge. Während die Fabriken und die Manufakturen durch Privilegien gefördert und damit gleichzeitig auch vor Konkurrenz geschützt wurden, versuchte der Staat im Handwerk die zünftischen Strukturen durch Lockerung der Zugangsbeschränkungen aufzubrechen. Der exportorientierte Teil der Gewerbebetriebe wurde als »Kommerzialgewerbe« den neu geschaffenen Kommerzialbehörden unterstellt und liberalisiert, während das vornehmlich für die Regionalversorgung arbeitende Handwerk als »Polizeygewerbe« den lokalen und zünftischen Instanzen untergeordnet blieb.
1736 war von den 10.000 Gewerbebetrieben in Wien rund ein Drittel zünftisch organisiert. Das Handwerk wehrte sich gegen die privilegierten Manufakturen und Fabriken. Teilweise versuchten die kleinen Betriebe durch genossenschafts- und aktiengesellschaftsähnliche Zusammenschlüsse dem Großbetrieb ähn-

licher zu werden, ohne das Prinzip der dezentralen Produktionsstruktur zu verlassen; Beispiele solcher Zusammenschlüsse sind etwa die Innerberger Hauptgewerkschaft und die Vordernberger Radmeistercommunität.
Für Handwerk und Manufaktur gleichermaßen bedrohlich war das Aufkommen der industriellen Fabrik mit ihrem großen Konkurrenzvorteil der »economies of scale«. Am massivsten wirkte sich die Einführung der neuen Baumwollspinnmaschinen auf die um Wien angesiedelten Baumwollmanufakturen mit ihren Heimspinnern am Beginn des 19. Jahrhunderts aus. In rund 10 Jahren gingen 90 Prozent dieser Heimarbeitsplätze verloren. Frühe großindustrielle Unternehmen entstanden auch im Maschinen- und Lokomotivbau.

Verlag und Manufaktur: Das Verlagswesen war eine organisatorische Großleistung der vorindustriellen oder protoindustriellen Phase. Die als Großbetriebe organisierten Manufakturen bedienten sich im auslaufenden 17. Jahrhundert und im 18. Jahrhundert dieses Systems der interregionalen Arbeitsteilung.
Im Verlagssystem steuerte eine zentrale Fabrik mit einer beschränkten Zahl von Beschäftigten oft mehrere tausend Heimarbeiter in meist ländlicher Gegend durch Vergabe von Lohnarbeit. Heute würde man von »Outsourcing« sprechen. Der Vorteil für die Unternehmen lag in den niedrigen Lohnkosten auf dem Lande und im relativ niedrigen Kapitaleinsatz. Der Vorteil für die produzierenden Heimarbeiter war, dass sie die Arbeit in ihrem Heim verrichten konnten und so einen Nebenverdienst hatten. Der Vorteil für den Staat schließlich war die Armut bekämpfende Wirkung des Verlagssystems, das in Landesteilen mit Überbevölkerung und Armut »viele Hände in Beschäftigung« hielt.
Das Verlagssystem hatte aber auch wesentliche Nachteile. Neben der geringen Arbeitsproduktivität war es schwierig, die Qualität im Griff zu halten, und der Hintransport des Rohstoffs und die Rückführung des fertigen Produkts machten das System träge. Es war vor allem die Textilindustrie, aber auch die Metall- und Eisenindustrie, die in diesem System arbeiteten. Das Verlagssystem der Manufaktur im 18. Jahrhundert war zwar ein erfolgreicher Weg zur Schaffung von Großunternehmungen, dem Druck der kapitalintensiven Industriellen Revolution hielt es aber nicht stand.

Die neuen Unternehmer: Die Industrialisierung brachte mit der Fabrik einen neuen Typ von Unternehmung. Wie die Manufaktur des 18. Jahrhunderts arbeitete sie arbeitsteilig, war aber zentral organisiert und mechanisiert. Die Manufaktur und noch ausgeprägter die moderne Fabrik führten zur Entstehung neuer Führungseliten, die als selbstständige Unternehmer oder angestellte Manager entscheidend für die Belebung der Wirtschaft waren.
Der Staat erkannte die Bedeutung dieser Führungsschicht für die Gründung von Großbetrieben und schuf schon im auslaufenden 17. Jahrhundert Anreizsysteme durch Gewährung von Monopolen, Marktbeschränkungen und Fabriksprivilegien. Um die für Industrieinvestitionen notwendige Kapitalaufbringung zu verbessern, wurden 1774 die Niederlagsrechte aufgehoben, was zu einem starken Anstieg der Großhändler in Wien führte. Der Staat war sich der Kapital schaffenden Kraft des Handels bewusst.
Österreich bemühte sich frühzeitig, ausländische Führungskräfte und Kapitalgeber ins Land zu holen und sie durch attraktive Möglichkeiten im sozialen Aufstieg zu integrieren. So dominierten Italiener und Franzosen die Wiener Seidenerzeugung. Einwanderer aus England spielten um die Mitte des 18. Jahrhunderts als Metallwarenfabrikanten und bei der Industrialisierung zu Beginn des 19. Jahrhunderts eine große Rolle. Bedeutend für Österreich waren auch zugewanderte Unternehmer aus Deutschland und der Schweiz mit Namen wie Reininghaus, Thonet, Schoeller

und Krupp bzw. Fries, Geymüller, Bouvard und Jenny.

Die zahlenmäßig dominante inländische Unternehmerschaft kam aus Kreisen der Aristokratie wie auch des Bürgertums und hatte vor allem in der oberösterreichischen, niederösterreichischen und steirischen Sensenerzeugung sowie in der Vorarlberger und oberösterreichischen Textilindustrie eine starke Stellung. Schließlich trat auch der Staat selbst als wichtiger Unternehmer auf. Dazu gab es aber eine breite Diskussion, ob der Staat als Besitzer von Industrieunternehmen die industrielle Entfaltung nicht eher bremste als förderte.

Engpass Energie: Die für die Industrialisierung relativ schlechten Standortvoraussetzungen Österreichs gelten auch für die Bereiche Rohstoffe und Energie. Zahlreiche Rohstoffvorkommen waren wenig ergiebig. Günstiger waren die Voraussetzungen bei Salz und Eisen, eine Zeit lang auch bei Silber und Gold, weniger günstig bei Buntmetallen und Braunkohle und sehr ungünstig bei Steinkohle.

Der reichlich vorhandene Energieträger Brennholz war in der vorindustriellen Phase des 17. und 18. Jahrhunderts die Grundlage für das Betreiben von Salzpfannen, Hochöfen, Glashütten, Ziegelwerken, Töpfereien und Brauereien. Doch im Verlauf der zweiten Hälfte des 18. Jahrhunderts zeigten sich Versorgungsengpässe, die zu Reglementierungen und großen Sparanstrengungen beim Holzverbrauch führten. So wurde der Aktivposten Brennholz, indem er an die Grenze der Reproduzierbarkeit stieß, zur Bremse bei der Industrialisierung am Beginn des 19. Jahrhunderts.

Die Bemühungen, in der Kohle den Ausweg zu finden, waren nur beschränkt erfolgreich. Zwar stieg die Kohlenförderung im heutigen Österreich von 1800 bis 1850 von 20.000 Tonnen auf rund 190.000 Tonnen, die Qualität der Kohle war aber unbefriedigend. Hinzu kam, dass die reichlich vorhandenen »armen« Kohlenvorkommen im Abbau und Transport teuer waren.

Verkehrswege und Verkehrsmittel: Österreich ist ein traditionelles Transitland, seine Geografie aber stellt dem Ausbau der Infrastruktur erhebliche Schwierigkeiten entgegen. Da die Nutzung der Wasserwege schwierig war bzw. wo diese überhaupt fehlten, gab es in der Periode 1700 bis 1850 kaum eine Alternative zum teuren Straßentransport.

Im späten 18. Jahrhundert und im frühen 19. Jahrhundert fand die erste große Blütezeit des modernen Straßenbaus statt. Neben der enormen Bedeutung der Brenner- und der Semmeringstraße für die Handelsströme von und nach Triest war die Verkehrsplanung auf die in Wien zusammenlaufenden Hauptstraßen nach Innerösterreich, Oberösterreich, Ungarn, Böhmen und Mähren ausgerichtet. Der Verkehr über den Brenner hatte sich von 1800 bis 1850 von 19.000 auf 100.000 Tonnen gut verfünffacht.

Trotz der im 18. Jahrhundert in die Kanalschifffahrt gesetzten Hoffnungen war die Entwicklung der Wasserstraßen enttäuschend. Der Kanalbau blieb allzu oft im Planungsstadium stecken und die Schifffahrt auf der Donau und ihren Nebenflüssen war langsam und teuer. Ein Lastkähnezug von Wien nach Linz benötigte 14 bis 25 Tage.

Ganz anders verlief die Entwicklung bei der Eisenbahn. Sie war ein »Siegeszug«. Österreich war beim Start des Eisenbahnbaus in den Dreißigerjahren des 19. Jahrhunderts innovativ und nahezu zeitgleich dabei, konnte aber in den darauf folgenden Jahrzehnten beim Ausbau der Streckennetze nicht mit dem westeuropäischen Tempo mithalten. Trotzdem: Die Bahn beeinflusste die industriellen Standorte von Anfang an nachhaltig. Die Nord-Süd-Achse der Nord- und Südbahn wurde zur Hauptverkehrsachse der Monarchie, entlang der sich die Industrie entwickeln konnte.

Kaufleute und Kompanien: Dem Handel in der vorindustriellen Phase kam eine wichtige Stellung in der Schaffung von Kapitalkraft zu,

die eine Voraussetzung beim Aufbau der Industrie im 18. und 19. Jahrhundert war. Das Fehlen eines eigenständigen Fernhandels in der Residenzstadt Wien wirkte entsprechend nachteilig. Zusätzlich überforderte die Großmachtpolitik der Habsburger das vorhandene Wirtschaftspotential und entzog dem Kapitalmarkt wichtige Mittel.

Der immer wieder auftretende Geldbedarf des Staats führte zu einer Abhängigkeit von ausländischen Bank- und Handelshäusern. Die ausländischen Großhändler bildeten in Wien eine Genossenschaft der »Niederleger«, die von einheimischen Zünften und Kaufleuten vollständig getrennt war.

Diesen Rückstand im Handel versuchte Österreich mehrmals durch die Gründung von Handelskompanien zu überwinden. Eine erste »Orientalische Kompanie« wurde 1667 gegründet und scheiterte nicht nur an den wieder aufflammenden Türkenkriegen, sondern auch an Untreue und Korruption. Die zweite »Orientalische Kompanie« hatte das Gründungsjahr 1719 und scheiterte an einem krassen Missverhältnis zwischen Eigenkapital und Schuldenfinanzierung.

Im Binnenhandel standen zunftähnliche Beschränkungen hinsichtlich Zahl und Ausmaß des Handels der Erkenntnis gegenüber, dass »die Nahrung der Gemeinde allein in Verhandlung, Versilberung ihrer Güter bestehe«. Der Zustand des Handels veranlasste zeitgenössische Beobachter zu der recht wenig schmeichelhaften Beurteilung einer »fast durchgängigen groben Unwissenheit unserer eigenen Kaufleute«. Den Fabriken auch Verkaufs- und Handelsrechte einzuräumen wurde zu einem konfliktträchtigen Problem. Besserung brachte erst die Einbindung des Großhandels beim Aufbau der Industrie.

Gestützt wurden diese Bemühungen durch eine ausgeprägte protektionistische Außenhandelspolitik. Die erzielten Erfolge waren aber wegen der für die Etablierung einer starken Industrie chronisch ungenügenden Kapitalbasis nicht ausreichend, um in späterer Zeit Bedingungen für den Aufbau von internationalen Konzernen zu schaffen. Im Gegensatz zu Österreich ist dies kleinen Nationen wie den Niederlanden, der Schweiz und Schweden mit ihren heutigen multinationalen Konzernen gelungen.

Währung – Börse – Finanzierung: Österreich erfreute sich trotz diverser Kriegsereignisse im 18. Jahrhundert relativ stabiler Währungsverhältnisse. Das änderte sich, als das Silbergeld Ende der Neunzigerjahre immer stärker durch Papiergeld verdrängt wurde. Die vermehrte Papiergeldausgabe zur Finanzierung der Kriege gegen Napoleon ließ den Notenumlauf von 74 Millionen Gulden im Jahr 1797 auf über 1 Milliarde Gulden beim Staatsbankrott 1811 klettern.

Zur Wiederherstellung eines geordneten Geldwesens wurde 1816 die K. K. Priv. Nationalbank gegründet, der es gelang, die Kreditfähigkeit der Habsburgermonarchie längerfristig zu sichern. Die Konvertibilität der Währung konnte bis zum Revolutionsjahr 1848 aufrechterhalten werden.

Der Kapitalbedarf bei den protoindustriellen Unternehmungen des 18. Jahrhunderts war absolut gesehen gering. Eine wichtige Finanzierungsquelle waren staatliche Hilfen und Zuschüsse. Das änderte sich mit dem Aufkommen der kapitalintensiven Industrieunternehmungen deutlich. Der Wechsel war in der Frühzeit das wichtigste Finanzierungsinstrument der Industrie. Eine entscheidende Rolle spielte dabei die Refinanzierung der Wechsel durch die Nationalbank. Schon bald nach ihrer Gründung sank der Wechseldiskontsatz, der im Privatdiskont 10 bis 12 Prozent betragen hatte, auf 5 Prozent.

Die Gründung der Wiener Börse im Jahr 1771 erfolgte mit der Zielsetzung, dem Staat neue Kreditquellen zu erschließen. Es wurden ausschließlich Staatspapiere gehandelt, in der Folge aber auch Wechsel. Die Aktie spielte vorerst keine bedeutende Rolle an der Börse. Dieses neue Finanzierungsinstrument wurde nur zögerlich angenommen, da Angst vor Übervorteilung und Betrug durch die Geschäftsleitung bestand. So hatten bis 1848 nur sieben österreichische Industrieunternehmen die Form einer Aktiengesellschaft gewählt, aber keines wurde an der Wiener Börse gehandelt. 1848 beschränkte sich der Börsenhandel von Firmenanteilen auf sechs Eisenbahnunternehmen und die Donauschifffahrtsgesellschaft.

Die neuen Arbeiter: Die Manufaktur und vor allem die moderne Fabrik schufen eine »neue Klasse«, die Arbeiterschaft. In der arbeitsteiligen Fabrik wurden komplexe Arbeitsschritte in einfache, leicht erlernbare Schritte aufgeteilt, was die Produktivität erhöhte und den Einsatz von ungelernten Arbeitskräften ermöglichte.

Es ergab sich in Österreich bei der Industrialisierung bald eine Diskrepanz zwischen Facharbeitern, von denen es zu wenig gab, und ungelernten Arbeitern, die reichlich vorhanden waren. Die Folge war, dass der Facharbeiter hohen Status genoss, deutlich besser bezahlt war und oft im Ausland rekrutiert werden musste. Der ungelernte Arbeiter stammte typischerweise aus dem lokalen Umfeld der Fabrik und war bei den durch den Erntezyklus ausgelösten Konjunkturschwankungen einem höheren Risiko ausgesetzt, keine Arbeit mehr zu finden und zu verarmen.

Die Arbeitsverhältnisse waren in der Frühzeit der Industrialisierung schlecht. Eine tägliche Arbeitszeit, die in der Textilindustrie bis zu 16 Stunden erreichen konnte, sowie das hohe Gesundheits- und Unfallrisiko waren für die Arbeiter in der frühen Fabrik eine große Belastung. Dies trifft umso mehr für die beschäftigten Frauen und Kinder zu, die in der Regel mehr als die Hälfte der Belegschaft ausmachten. Hinzu kam eine sehr ungleiche Entlohnung, die für Männer, Frauen und Kinder das Verhältnis 4 : 2 : 1 zeigte. Erst die Revolution von 1848, in deren Endphase auch die Arbeiter auf die Straßen gingen und sich als »Maschinenstürmer« betätigten, setzte beim sozialen Status des Arbeiters ein Umdenken in Gang.

Rahmenbedingungen der Industrie im absolutistischen Staat: Das habsburgische Modell des merkantilistischen Unabhängigkeitsstrebens in wirtschaftlichen Belangen setzte den Schwerpunkt auf die Intensivierung der Inlandsproduktion. Dabei sollte das wirtschaftliche Wachstum die steuerliche Leistungsfähigkeit des Landes steigern und die Staatskasse füllen. Dazu gehörten die Ziele, die Bevölkerungszahl zu heben und einen Handelsbilanzüberschuss zu erarbeiten. Der Staat sollte billige Rohstoffe importieren und teure Fertigprodukte exportieren. Dieses Streben kann durchaus mit dem heutigen westlichen Verständnis zum Thema Globalisierung verglichen werden.

In der Phase der Protoindustrialisierung im 18. Jahrhundert schien die Manufaktur mit ihrem Verlagssystem besonders geeignet, den Anschluss an das Produktionsniveau der westeuropäischen Länder zu finden. Privilegien, Subventionen und das Anwerben ausländischer Unternehmer unter Gewährung des Rechts auf freie Religionsausübung schienen die geeigneten Instrumente zu sein, vor allem, wenn sie von einem konsequenten Importschutz unterstützt wurden.

Die eigentliche Industrialisierung zu Beginn des 19. Jahrhunderts führte auch wegen des Mangels an Investitionskapital zu einer liberaleren Wirtschaftspolitik, die auf die Befreiung von Hemmnissen und regulativen Fesseln abzielte. Das gemeinsame Wirtschaftsgebiet wurde durch eine restriktive Zollpolitik abgeschirmt und die Produktion auf die Versorgung des Binnenmarkts ausgerichtet. Das absolutistische Denken im Habsburgerreich blieb aber in der wirtschaftspolitischen Orientierung prägend, wie folgender Vergleich mit Deutschland zeigt: »Österreich produziert einerseits Waren für den allgemeinen Lebensbedarf, auf der anderen Seite ausgesprochene

Luxusgüter, hingegen produziert Deutschland für einen zahlreichen wohlhabenden Mittelstand.«

Mehrfache Globalisierung: Karl Marx und Friedrich Engels hatten in ihrem Kommunistischen Manifest von 1848 das Phänomen Globalisierung so treffend beschrieben, dass das US-Magazin *Time* im Juli 2001 diese Darstellung der Globalisierung als die beste je formulierte bezeichnete. In der Tat waren die Veränderungen am Beginn der Industriellen Revolution dramatisch; rückblickend entsteht der Eindruck, dass Unternehmer und Arbeiter die Globalisierung schon mehrmals erlebt haben.

Damals wie heute spielte das unterschiedliche Lohnkostenniveau in verschiedenen Regionen eine wichtige Rolle beim Güteraustausch. Innovation, Betriebsgröße, Transportkosten und Rohstoff-Verfügbarkeit sind hingegen heute Begriffe, die den Menschen nicht mehr ängstigen – im Gegensatz zur Situation am Beginn der Industrialisierung. Die Innovation zerschlug ganze Strukturen und erhöhte die Produktivität beispielsweise in Spinnereien auf das 50fache. Die neue Ausrichtung auf Großbetriebe nahm den Zünften und vielen Handwerksbetrieben die Existenzgrundlage. Die Senkung der Transportkosten zwischen 1700 und 1850 um 75 Prozent sowie die Verbesserung der Transportmittel schufen völlig neue Optionen bei der Standortwahl. Die internationalisierte Rohstoffverfügbarkeit schließlich machte in verschiedenen Bereichen, und dies nicht zuletzt auch in Österreich, die konkurrenzfähige Eigenversorgung zunichte. Die Globalisierung setzte die Unternehmer der Periode 1700 bis 1850 mehreren Kostenschocks gleichzeitig aus.

Die neuen Krisen: Das Auf und Ab des Wirtschaftslebens wurde durch die Industrielle Revolution am Beginn des 19. Jahrhunderts um eine Komponente erweitert. Zu den Agrar-, Handels- und Spekulationskrisen kam durch die beginnende Industrie der Wechsel von Expansion und Kontraktion als zyklisches Phänomen hinzu. Es fehlte nicht an Krisen im 18. Jahrhundert, aber keine erreichte das Ausmaß der beiden großen Krisen in der ersten Hälfte des 19. Jahrhunderts, von denen die eine den Staatsbankrott und die andere die Revolution brachte.

Die erste große Krise war eine Folge der Napoleonischen Kriege. Die Umstellung auf Papiergeld ermöglichte es dem Staat, die hohen Rüstungsausgaben mit dem »Anwerfen der Notenpresse« zu finanzieren. Die erhöhte Gesamtnachfrage führte zeitgleich mit dem Industrialisierungsbeginn zu einem Wirtschaftsboom. Es folgten aber Inflation, Währungskollaps und 1811 der Staatsbankrott. Das Resultat war eine schwere, gut zehn Jahre dauernde Wirtschaftskrise.

Die zweite, um die Mitte der Vierzigerjahre beginnende Großkrise erreichte 1846 und 1847 ihren kritischen Höhepunkt, als zwei massive Missernten eine Hungersnot auslösten. In Wien betrug die daraus resultierende Preissteigerung für gewisse Produkte gegen 100 Prozent. Es entstand erstmals ein verarmtes Industrieproletariat, insbesondere auch in Wien. Die städtischen Einrichtungen der Armenfürsorge konnten die erhöhten Anforderungen nicht mehr bewältigen. Der Staat war wie bei der ersten großen Krise wirtschaftspolitisch überfordert. Die Krise im Wirtschaftsleben war ein maßgeblicher Mitauslöser der Revolution von 1848.

Branchen

Der Beginn der Industrialisierung verlief in den einzelnen Branchen unterschiedlich. Die Textilindustrie war der Vorreiter und sie dominierte die frühe Industrialisierung. Alle beschriebenen Branchen waren aber für die Industrialisierung Österreichs wesentlich, wenngleich die Mechanisierung zeitlich verschoben einsetzte.

Die k. k. Wollzeugfabrik: Die »k. k. priv. Wollenzeugfabrik in Linz« umfasst mit ihrer von 1672 bis 1851 dauernden Firmengeschichte ziemlich genau die Zeitspanne dieses Bands und die Frühgeschichte der österreichischen Industrialisierung. Ihrer spannenden und zeittypischen Geschichte ist ein eigenes Kapitel gewidmet. Die 180-jährige Geschichte der Fabrik begann mit der Privilegierung des Firmengründers und gebürtigen Osttirolers Christian Sind, der den Betrieb schon 1678 an seinen Schwiegersohn Matthias Kolb übergab. Der nur mäßige kommerzielle Erfolg und die stete Knappheit an Kapital änderten sich kaum, als die trotz alldem stark wachsende Fabrik 1722 von der »Orientalischen Kompanie« übernommen wurde.

Als 1754 nach 80 Jahren in Privatbesitz das unterkapitalisierte Unternehmen an den Staat ging, begann eine lebhafte 100-jährige Geschichte von »Aufstieg und Fall«, die in der ersten Hälfte große Erfolge brachte und die Wollzeugfabrik für einige Zeit zum mit Abstand größten Unternehmen Österreichs machte. Der als Manufaktur angelegte Großbetrieb beschäftigte in den Spitzenjahren nach 1760 und 1790 rund 50.000 Menschen, davon etwa 5 Prozent in der zentralen Fabrik und 95 Prozent als verlegte Lohnspinner in Heimarbeit. Die beiden vom Staat entsandten Fabriksleiter Franz Paul von Stegner und dessen Nachfolger Konrad Sörgel von Sorgenthal investierten massiv in die Bausubstanz in Linz und gaben der Fabrik ihr einmaliges würdevolles Äußeres. Der Abstieg der großen Wollzeugfabrik begann mit den Napoleonischen Kriegen. Entscheidend aber waren nicht die Kriege, sondern die komplexen, sich oft widersprechenden Unternehmungsziele des Besitzers Staat sowie der starke Kapitalmangel. Die Wollzeugfabrik schaffte es nicht, die Investitionsschwerpunkte so zu setzen, dass sie den Anschluss an die nicht aufhaltbare Mechanisierung finden konnte. Wie für andere Manufakturen bedeutete diese Unfähigkeit das Ende des Unternehmens.

Die Textilindustrie: Sie kann für sich beanspruchen, die Industrielle Revolution ausgelöst zu haben. Die Vision des griechischen Philosophen Aristoteles (384–322 v. Chr.): »Wenn Meißel und Weberschiffchen sich von selbst bewegten, würde die Sklaverei nicht möglich sein«, sollte sich zumindest teilweise verwirklichen. Die Textilindustrie ist in der ersten Hälfte des 19. Jahrhunderts die mit Abstand wichtigste Industrie in Österreich.

Begonnen hat die Mechanisierung der Textilproduktion in England, wo Wille und Voraussetzungen vorhanden waren, das Problem des chronischen Garnmangels erfolgreich zu lösen. Es brauchte sechs bis zehn Spinner, um das Garn herzustellen, das ein Weber verwob. Die erste Spinnmaschine war die zu Anfang der Sechzigerjahre des 18. Jahrhunderts von James Hargreaves erfundene achtspindelige »Jenny«, die mit der »Mule« von Samuel Crompton und dem »Selfactor« von Richard Roberts den erfolgreichsten Spinnmaschinentypus der Frühphase darstellte. Die bedeutendste Weichenstellung kam aber von Richard Arkwright, der nicht nur die »Waterframe« – den Spinnmaschinentypus des 20. Jahrhunderts – entwickelte und 1769 patentierte, sondern auch zum Erfinder der arbeitsteiligen Fabrik wurde, in der die einzelnen Produktionsschritte fließend miteinander verbunden waren. Das war bahnbrechend.

In Österreich begann die Industrialisierung des Textilsektors in Niederösterreich mit der Gründung der Spinnerei Pottendorf im Jahr 1801. Sie war die größte auf dem Kontinent. Vorarlbergs Industrialisierung nahm um 1820 ihren Anfang, die oberösterreichische um 1830. Im Jahr 1843 verfügte Österreich bereits über 559.000 Spindeln, davon gut 387.000 in Niederösterreich, knapp 141.000 in Vorarlberg und rund 17.000 in Oberösterreich. Niederösterreich hatte damals mehr Spindeln als ganz Böhmen, was den geglückten industriellen Start in Österreich widerspiegelt.

Im Text werden die Anfänge der industriellen Spinnerei anhand der vier niederösterreichischen Spinnereien Pottendorf, Teesdorf, Marienthal und Vöslau, der sechs Vorarlberger oder vorarlbergisch initiierten Spinnereien Rhomberg, Ganahl, Getzner-Mutter, Escher-Kennedy-Douglass, Jenny-Schindler und Amman sowie der zwei oberösterreichischen Spinnereien Dierzer und Grillmayr dargestellt. Die zwölf beschriebenen Unternehmen hielten großteils dem internationalen Konkurrenzdruck der kommenden Jahrzehnte nicht stand. Zwei aber haben das Jahr 2000 erreicht, die Firma Getzner in Bludenz und das Grillmayr'sche Unternehmen in Linz.

Das »gelbe« und das »weiße« Gold: Im 15. und 16. Jahrhundert erlebte Österreich mit den Edelmetallen Silber und Gold einen Bergbauboom. Dieser Erfolg war wegen der sinkenden Abbauwürdigkeit der Lagerstätten und der zunehmenden amerikanischen Konkurrenz nicht nachhaltig.

Neben Blei, Arsen und Quecksilber spielte schon frühzeitig die aus Kupfer und Zink erzeugte Legierung Messing eine große Rolle. Bereits im 16. Jahrhundert existierten in Österreich mehrere Messingbetriebe, von denen mindestens drei bedeutend waren. Man sprach wegen der gelben Farbe vom »Gold der Armen«. Für die Industrialisierung waren Buntmetalle und Messing interessanter als Gold und Silber. 1841 gab es mit Ausnahme des Burgenlands und Vorarlbergs in jedem Bundesland Messingfabriken.

Obwohl der Salzbergbau nie die Beschäftigungszahl des Edelmetallbergbaus erreichte, war er langfristig ein wesentlich stabilerer Aktivposten der heimischen Wirtschaft. Die alpenländische Salzproduktion betrug im Jahr 1500 rund 50.000 Tonnen, im Jahr 1800 gut 77.000 und im Jahr 1847 knapp 83.000 Tonnen. Hauptproduktionsstandorte waren Aussee, Hall in Tirol, Hallstatt, Ebensee, Ischl und Hallein. Wenngleich auch die Salzgewinnung nicht von Krisen verschont war, galt das »weiße Gold der Alpen« als das »vornehmste Kleinod« der Hofkammer.

Land der Hämmer: Die Eisenerzeugung begründete den internationalen Ruhm der österreichischen Industrie und beeinflusste das industrielle Selbstverständnis der Österreicher maßgeblich. Als »Land der Hämmer, zukunftsreich« preist die Bundeshymne die Heimat Österreich.

Die österreichische Eisenindustrie, die im 16. Jahrhundert ein Fünftel der europäischen Produktion ausmachte, basierte bis weit ins 19. Jahrhundert auf den Standortfaktoren Erz, Holz und Wasserkraft. Die Steiermark und Kärnten dominierten die Eisenproduktion. Das größte und traditionsreichste Unternehmen war lange Zeit die Innerberger Hauptgewerkschaft, die 1625 aus dem Zusammenschluss von 19 Schmelzhütten und etwa 50 Hammerwerken mit den Steyrer Eisenhändlern entstand.

Österreich produzierte das Eisen relativ teuer. Die Gründe waren die Zersplitterung in kleine Betriebseinheiten, die Verknappung des Holzes im Verlauf des 18. Jahrhunderts und das Fehlen abbauwürdiger großer Steinkohle-Vorkommen. Nicht zuletzt aus ökologischen Gründen stellten sich bis spät ins 18. Jahrhundert die österreichischen Wirtschaftspolitiker die Frage, »ob es ratsam sei, so viel Eisen als nur möglich aufzubringen«. Erst durch die Freigabe der Roheisenerzeugung 1781 und die darauf folgende Aufhebung der Roheisenwidmung 1782 wurde eine neue Wachstumsphase eingeleitet.

Die alpenländische Eisenproduktion, die 1750 wie 200 Jahre zuvor 20.000 Tonnen betrug, stieg bis zum Jahr 1800 auf 30.000 Tonnen und bis 1850 auf rund 95.000 Tonnen. Die neue Hochofentechnik und die Adaptierung des Puddel-Verfahrens auf österreichische Verhältnisse machten es möglich, wenn schon nicht bei den Marktanteilen, so doch bei der Qualität im europäischen Konkurrenzumfeld mitzuhalten. Das war wichtig, um die Bedürfnisse der Industrie und vor allem der Schienenproduktion ab den späten Dreißigerjahren des 19. Jahrhunderts zu befriedigen.

Im Fluss der Zeit

Österreichische Industrie von 1650 bis 1850

Persönlichkeiten mit großer Bedeutung für die Epoche

1. Jean-Baptiste Colbert (1619–1683)
Wichtigster Minister Ludwigs XIV. und führender Theoretiker und Praktiker des französischen Merkantilismus (Colbertismus). Er schuf durch grundlegende administrative, wirtschaftliche und finanzielle Reformen die Voraussetzungen für die Erfolge der absolutistischen Politik Ludwigs XIV.

2. Isaac Newton (1643–1727)
Bedeutendster Mathematiker, Physiker und Astronom der frühen Neuzeit. Sein Ruhm als Begründer der klassischen Physik geht vor allem auf sein 1687 erschienenes Hauptwerk ›Philosophiae naturalis principia mathematica‹ zurück. Die Newton'schen Axiome, das Gravitationsgesetz, die Entwicklung der Theorie des Lichtes und der Akustik und – unabhängig von Leibniz – der Differential- und Integralrechnung sind besonders hervorzuheben.

3. Ludwig XIV. (1638–1715)
Bedeutendster absolutistischer Herrscher, König von Frankreich. Er begründete die politische und kulturelle Hegemonie Frankreichs. Die glanzvolle Repräsentation des Sonnenkönigtums (u. a. im Schlossbau von Versailles ab 1661) wurde zum Symbol der ganz auf die Person des Herrschers bezogenen Hofkultur.

4. Gottfried Wilhelm Leibniz (1646–1716)
Einer der letzten Universalgelehrten und bedeutender Philosoph. Er verband seine mathematisch-naturwissenschaftlichen Erkenntnisse (Differential- und Integralrechnung, binäres Zahlensystem, Rechenmaschinen) mit der Theologie seiner Zeit.

5. Johann Sebastian Bach (1685–1750)
Bedeutendster Komponist des frühen 18. Jahrhunderts. Er führte die traditionellen Kompositionselemente des Cantus firmus und der Kontrapunktik zu ihrem Höhepunkt und zeitlos gültigen Abschluss.

6. Charles de Secondat, Baron de Montesquieu (1689–1755)
Wichtigster Begründer der modernen Staatstheorie. Seine Lehre von der Gewaltenteilung in eine gesetzgebende (Legislative), ausführende (Exekutive) und rechtsprechende (Judikative) Gewalt bildet die Basis der demokratischen Staatsführung.

7. Voltaire (eig. François Marie Arouet, 1694–1778)
Bedeutendster Vertreter der europäischen Aufklärung. Als Dichter, Philosoph und Geschichtsschreiber trat er für Vernunft, Toleranz und Menschenrechte ein. Er korrespondierte mit fast allen wichtigen Persönlichkeiten Europas.

8. Friedrich II. »der Große« (1712–1786)
Wichtigster absolutistisch-aufgeklärter Monarch und Feldherr des 18. Jahrhunderts. Preußischer König 1740–1786. Seine Regierung war bestimmt von der Einführung eines merkantilistischen Wirtschafts- und Finanzsystems, der Bildung eines zu unbedingtem Gehorsam verpflichteten Beamtenstandes, der Förderung von Industrie und Landwirtschaft sowie von Wissenschaft und Kunst.

9. Jean-Jacques Rousseau (1712–1778)
Wichtigster Begründer der Menschenrechte. Er entwickelte die Lehre von der Freiheit und Gleichheit der Menschen und beeinflusste maßgeblich die Französische Revolution, die demokratischen Bewegungen und die Forderung nach Rückkehr zur Natur.

10. Adam Smith (1723–1790)
Begründer der klassischen Nationalökonomie. Er entwickelte die Theorie der Arbeit und der Arbeitsteilung, des Marktes und seiner Regelung über Angebot und Nachfrage. Ausgehend von seiner Theorie erhob Smith die Forderung nach Freihandel, vollständiger Handels- und Gewerbefreiheit sowie weitgehender Zurückhaltung des Staates.

11. Richard Arkwright (1732–1792)
Begründer der modernen Fabrik. 1732 als 13. Kind eines armen Schneiders geboren und 1792 als »Sir Richard Arkwright, Knight« mit einem Vermögen von einer halben Million Pfund in Cromford gestorben, gab er mit seiner von Wasserkraft angetriebenen Spinnmaschine, der »Waterframe«, und mit der Entwicklung der arbeitsteiligen Fabrik der Industrialisierung die entscheidenden Impulse.

12. Wolfgang Amadeus Mozart (1756–1791)
Bedeutendster Komponist der klassischen Musik. Sein überaus reiches, aber kurzes Musikschaffen zeigt den Wandel der musikalischen Stile vom galanten und empfindsamen Rokoko zur Wiener Klassik in ihrer Vermischung italienischer, französischer und bodenständiger Elemente.

13. James Watt (1736–1819)
Wichtigster Erfinder und Ingenieur der Frühindustrialisierung. Er verbesserte 1765 mit der Einführung des vom Zylinder getrennten Kondensators und zahlreicher wichtiger Konstruktionselemente die bis dahin bekannten atmosphärischen Dampfmaschinen und schuf damit die »Leitmaschine« der Industriellen Revolution.

14. Immanuel Kant (1724–1804)
Wichtigster Philosoph der deutschen Aufklärung. Mit seinen Hauptwerken ›Kritik der reinen Vernunft‹ (1781), ›Kritik der praktischen Vernunft‹ (1788) und ›Kritik der Urteilskraft‹ (1790) begründete er die Erkenntnistheorie neu und entwickelte als ›Postulate der praktischen Vernunft‹ zur menschlichen Freiheit und zu einer weltbürgerlichen Ordnung das Prinzip der besten Zwecksetzung im so genannten »kategorischen Imperativ«.

15. Johann Heinrich Pestalozzi (1746–1827)
Begründer der modernen Pädagogik. Er wurde mit seiner Grundidee einer Bildung für alle und einer an den ›Realverhältnissen‹ geweckten Entfaltung der geistigen und körperlichen Kräfte und Anlagen zum Wegbereiter der Volksschule und Lehrerbildung.

16. Georg Wilhelm Friedrich Hegel (1770–1831)
Größter philosophischer Systematiker des 19. Jahrhunderts. Er führte die Philosophie des deutschen Idealismus auf ihren Höhepunkt und vereinigte in seinem System die historische Betrachtungsweise, die tradierte Metaphysik, die Lehre vom Naturrecht und der bürgerlichen Gesellschaft und die modernen naturwissenschaftlichen Methoden.

17. Napoleon Bonaparte (1769–1821)
Größter Feldherr der Neuzeit. Als Feldherr, Erster Konsul und zuletzt Kaiser der Franzosen führte er Frankreich zur größten machtpolitischen Ausdehnung, die allerdings nach dem Russlandfeldzug (1812) rasch zusammenbrach. Er schuf mit einem straff zentralistischen Verwaltungssystem, einem einheitlichen Unterrichtswesen und dem einheitlichen Code civil wesentliche Voraussetzungen für die bürgerliche Gesellschaft.

18. Clemens Wenzel Lothar Fürst Metternich (1773–1859)
Bedeutendster Staatsmann Österreichs im 19. Jahrhundert. Seine Rolle auf dem Wiener Kongress 1815 trug ihm den Beinamen »Kutscher Europas« ein und sicherte eine dauerhafte Friedensordnung für den Kontinent. Innenpolitisch wurde er durch Zensur und Polizeistaat zum verhassten Sinnbild von Unterdrückung und Reaktion.

19. David Ricardo (1772–1823)
Vollender der klassischen Nationalökonomie. Er entwickelte im Anschluss an Adam Smith ein geschlossenes theoretisches System, das auf dem Grundsatz der Wirtschaftsfreiheit und des Freihandels beruht.

20. Ludwig van Beethoven (1770–1827)

Vollender der Wiener Klassik und Wegbereiter der Romantik. Beethovens musikalisches Werk und seine großen Symphonien spannen den Bogen von der klassischen Form zur großen Symphonie der Romantik.

21. Johann Wolfgang Goethe (1749–1832)

Größter deutscher Dichter. Goethes Einfluss reicht weit über den deutschen Sprachraum hinaus und prägte von der revolutionären Kraft des Sturm und Drang bis zum klassischen Gipfelpunkt von Faust I und II und den großen Bildungsromanen das kulturelle Bild des 19. Jahrhunderts.

22. Michael Faraday (1791–1867)

Genialer Physiker und Chemiker. Er schuf neben zahlreichen chemischen Entdeckungen durch den Nachweis der elektromagnetischen Induktion und der Elektrodynamik die Grundlage für die moderne Elektrizitätswirtschaft und die zweite Phase der Industrialisierung.

23. Friedrich List (1789–1846)

Vordenker der zollpolitischen Einigung. Er plädierte für einen gesamteuropäischen Wirtschaftsraum, jedoch unter der Voraussetzung einer vorherigen Phase der Schutzzölle zur Herstellung gleicher Wettbewerbsbedingungen.

24. Karl Marx (1818–1883)

Begründer des Marxismus und führender ökonomischer Theoretiker des Kommunismus. Mit dem gemeinsam mit Friedrich Engels verfassten ›Manifest der Kommunistischen Partei‹ (1848) steht er am Ende der behandelten Epoche. Sein Hauptwerk ›Das Kapital‹ (1867) wird zu einem der einflussreichsten Bücher des 19. und 20. Jahrhunderts.

Die österreichischen Herrscher

Leopold I. (1640–1705)

Römisch-deutscher Kaiser 1658–1705 und österreichischer Landesherr 1657–1705. In mehreren Kriegen gegen Frankreich konnte er dessen Vordringen zum Rhein nicht verhindern. Sein Erfolg gegen die Osmanen nach der zweiten Türkenbelagerung Wiens 1683 führte bis 1699 zur Rückeroberung von fast ganz Ungarn. Nach dem Aussterben der spanischen Linie der Habsburger 1700 wurde Leopold I. in den Spanischen Erbfolgekrieg verwickelt. Im Inneren festigte er den Absolutismus und förderte die drei österreichischen Merkantilisten J. J. Becher, W. Schröder und Ph. W. Hörnigk. Er war ein großer Musikliebhaber und schuf selbst etliche bedeutsame Kompositionen.

Joseph I. (1678–1711)

Römisch-deutscher Kaiser und österreichischer Landesherr 1705–1711. Er setzte den Spanischen Erbfolgekrieg fort. Im Kampf gegen die ungarischen Aufständischen blieb er erfolgreich. Sein früher Tod verschärfte den Kampf um die habsburgische Erbfolge in Spanien. Auch Joseph I. war ein Förderer von Kunst und Musik und betätigte sich als Komponist.

Karl VI. (1685–1740)

Römisch-deutscher Kaiser und österreichischer Landesherr 1711–1740. Durch das »Pactum mutuae successionis« war er 1703 zum Erben der spanischen Habsburger bestimmt worden. Als er nach dem plötzlichen Tod seines Bruders Joseph I. die Kaiserwürde und die Herrschaft über die österreichischen Erblande erlangte, musste er auf Spanien verzichten. Unter ihm erreichte die österreichische Monarchie ihre größte Ausdehnung. Mit der Pragmatischen Sanktion, die die erbliche Nachfolge für seine Tochter Maria Theresia sichern sollte, schuf Karl VI. die staatsrechtlichen Voraussetzungen für einen Gesamtstaat, musste aber auf koloniale Ambitionen verzichten.

Maria Theresia (1717–1780)

Herrscherin über die habsburgischen Erblande 1740–1780. Seit 1736 mit dem neun Jahre älteren Herzog Franz Stephan von Lothringen (ab 1745 als Franz I. Kaiser) vermählt, übernahm Maria Theresia nach dem Tod ihres Vaters Karl VI. 1740 aufgrund der Pragmatischen Sanktion die Regierung der habsburgischen Länder. Ihre Regierungszeit war durch tief greifende Reformen gekennzeichnet, die in allen Ländern des Habsburgerreiches einen Modernisierungsschub bewirkten: Die Verwaltung wurde reformiert, das Heereswesen neu organisiert, die Lage der Bauern verbessert, die allgemeine Schulpflicht eingeführt, die Folter abgeschafft und der Einfluss der Kirche verringert.

Franz I. Stephan (1708–1765)

Römisch-deutscher Kaiser 1745–1765. Franz Stephan gilt als Schöpfer des habsburgischen Familienvermögens, als bedeutender Förderer der Wissenschaften und begabter Unternehmer und Financier.

Joseph II. (1741–1790)

Römisch-deutscher Kaiser 1765–1790, 1765–1780 Mitregent, ab 1780 Alleinregent der habsburgischen Erblande. Er vollzog ein großes Reformprogramm im Zeichen des aufgeklärten Absolutismus. Es beinhaltete die Aufhebung der Leibeigenschaft, die Grundsteuerregulierung und Ausdehnung der Besteuerung auf Adel und Geistlichkeit, das Toleranzpatent für Protestanten, Griechisch-Orthodoxe und Juden, Eingriffe in katholische Einrichtungen, darunter die Aufhebung von 400 Klöstern, sowie soziale und wirtschaftspolitische Maßnahmen (Gründung des Wiener Allgemeinen Krankenhauses, Schulgesetzgebung, Zollpolitik). Seine sprunghafte und zentralistische Politik ebenso wie seine Verwicklung in den Türkenkrieg schuf allerdings viel Unzufriedenheit.

Leopold II. (1747–1792)

Römisch-deutscher Kaiser und österreichischer Landesherr 1790–1792. Als Großherzog der Toskana, wo er bedeutende Reformen durchführte, trat er nach dem Tod seines Bruders Joseph II. 1790 dessen Nachfolge als römisch-deutscher Kaiser und Landesherr in den habsburgischen Ländern an. Er nahm einige Reformen seines Bruders zurück, beendete 1791 den Türkenkrieg sowie einen Aufstand in Belgien und schloss 1792 ein Bündnis mit Preußen gegen das revolutionäre Frankreich.

Franz II./I. (1768–1835)

Römisch-deutscher Kaiser (Franz II.) 1792–1806, Kaiser von Österreich (Franz I.) 1804–1835. Die ersten beiden Jahrzehnte seiner Regierung standen ganz im Zeichen des Kampfes gegen das revolutionäre Frankreich und gegen Napoleon. Nach dem Wiener Kongress 1815 entwickelte sich ein sozialkonservatives und zunehmend reaktionär werdendes System, das sich auf Polizei und Zensur stützte. Er war ein engagierter Förderer der wirtschaftlichen Entwicklung. Privat spiegelte seine Herrschaft die Kultur der Biedermeierzeit und eines bürgerlichen Lebensgefühls wider.

Ferdinand I. (1793–1875)

Kaiser von Österreich 1835–1848. Wegen seiner epileptischen Anfälle regierte für ihn die »Geheime Staatskonferenz«, bestehend aus seinem Onkel Erzherzog Ludwig, seinem Bruder Erzherzog Franz Karl, Fürst Metternich und F. A. Graf Kolowrat-Liebsteinsky. Bei Ausbruch der Revolution im März 1848 entließ er Staatskanzler Metternich. Er floh im Mai nach Innsbruck und im Oktober nach Olmütz, wo er am 2. Dezember 1848 zugunsten seines Neffen Franz Joseph zurücktrat. Er zog sich nach Prag zurück, wo er bis zu seinem Tod 1875 lebte.

Franz Joseph I. (1830–1916)

Kaiser von Österreich 1848–1916. Er bestieg 18-jährig den Thron und sollte der am längsten regierende Monarch seiner Zeit werden. In jungen Jahren Exponent eines absolutistischen Herrschaftsstils, wurde Franz Joseph mit zunehmendem Alter immer mehr zum Symbol der österreichisch-ungarischen Monarchie schlechthin.

Die Entwicklung der Fabrik in der Periode

1. Das Manufakturhaus am Tabor, Wien, 1676
Dieses frühe Beispiel einer merkantilistischen Fabriksgründung wurde in der zweiten Türkenbelagerung 1683 zerstört.

2. Das Messingwerk Reichraming, 1763
Die 1569 von Steyrer Eisenhändlern gegründete Messingfabrik Reichraming gelangte 1743 an das Stift Seitenstetten und wurde von diesem 1842 an private Investoren verkauft. Das Werk bestand bis 1928.

3. Das Gusswerk Mariazell, 1830
Das 1740 gegründete Eisengusswerk bei Mariazell, das für den Militärbedarf und die eisentechnische Entwicklung große Bedeutung erlangte, war im 19. Jahrhundert vor allem durch Kunsteisenguss bekannt. Das Werk, in dem sich zeitweise drei Hochöfen befanden, wurde 1899 aufgelassen.

4. Die Maschinenfabrik Sigl, um 1850
Georg Sigl (1811–1887) gründete 1846 in Wien eine Maschinenfabrik und übernahm 1851 die abgebildete Lokomotivfabrik von W. Norris in Wien-Währing (1887 stillgelegt). 1861 wurden wesentliche Teile und allmählich das gesamte Werk in die von W. Günther in Wiener Neustadt gegründete Dampfmaschinenfabrik verlegt.

Der wichtigste Produktionszweig der Eisenverarbeitung im 18. und frühen 19. Jahrhundert war die Sensenherstellung. Die Sensen-Herren waren traditionsbewusste Unternehmer, die auch »schwarze Grafen« genannt wurden und in der Regel bis zu 50 Mitarbeiter beschäftigten. In 125 österreichischen Sensenwerken wurden 1841 rund 3,7 Millionen Sensen sowie 0,8 Millionen Sicheln und Strohmesser erzeugt. Die Sensenindustrie war eine der wichtigsten und renommiertesten Exportbranchen Österreichs.

Waffen und Heeresbedarf: Mit einer Friedensstärke von 300.000 Mann in der zweiten Hälfte des 18. Jahrhunderts und von 434.000 Mann um 1850 gehörte die österreichische Landstreitmacht zu den größten in Europa. Die Befriedigung des Heeresbedarfs war ein entsprechend wichtiger Wirtschaftsfaktor.
Die bedeutende österreichische Eisenindustrie war eine gute Voraussetzung für eine leistungsfähige Rüstungsindustrie, die Geschütze, Gewehre, Pistolen, Piken, Degen, Brustpanzer und Geschosse herstellte. Die Industrielle Revolution brachte bessere Technologien für die Geschützherstellung und durch die Einführung von Normen die Möglichkeit der fabrikmäßigen Massenproduktion von Gewehren und Pistolen.
Die Herstellung von Schießpulver war Privaten überlassen, der Verkauf dagegen unterlag einem strengen Staatsmonopol. Die Deckung des Heeresbedarfs an Uniformen und Schuhen wurde von Händlern wahrgenommen, die ihrerseits die Aufträge an Handwerker weitergaben.

Maschinen- und Instrumentenbau: Der Bau von Produktionsanlagen und Maschinen war im protoindustriellen 18. Jahrhundert noch das Betätigungsfeld des Tischler- und Schlosserhandwerks. Holz war das dominierende Konstruktionsmaterial. Erst in den letzten Jahrzehnten des Jahrhunderts begann eine Spezialisierung in Richtung Maschinenbau.

Häufig wurde der Bau der Maschinen – oft nach englischen Plänen – von den Nutzern selbst vorgenommen. Die wirtschaftliche Krise zu Beginn des 19. Jahrhunderts verzögerte die Entwicklung der Maschinenindustrie in Österreich. Erst die Verbreitung der Dampfmaschine als Kraftantrieb führte in den Dreißigerjahren des 19. Jahrhunderts zu einer steigenden Nachfrage nach neuen Arbeitsmaschinen. Inzwischen wurde Holz als Konstruktionsmaterial zunehmend durch Eisen ersetzt.
Eisenbahnen und Dampfmaschinen wurden die wichtigsten Wachstumsträger der österreichischen Maschinenindustrie. Von den im Jahr 1851 im Habsburgerreich installierten und hauptsächlich im Inland gebauten 903 Dampfmaschinen standen 170 auf dem Gebiet des heutigen Österreich. Die Lokomotivfabriken Wiens und Niederösterreichs hatten von den bis 1851 eingesetzten 473 Lokomotiven rund 250 hergestellt.

Von der Alchemie zur Chemie: Im Gegensatz zu Böhmen ist die Chemie-Branche in Osterreich nie eine Leitindustrie geworden. Bis zur Mitte des 18. Jahrhunderts wuchs sie kaum über das Stadium von Alchemie und chemischen Laboratorien hinaus. Die zaghafte Entwicklung der Chemiewirtschaft erfolgte im Windschatten anderer Industrien. Der Textilindustrie konnte sie Bleichmittel und Farben liefern, der Waffenindustrie das Pulver sowie einigen anderen Branchen die benötigten Hilfsstoffe.
Im Randbereich der chemischen Industrie konnten zumindest Teilerfolge erreicht werden, etwa bei der Kerzen- und Seifenfabrikation, bei der Erzeugung von Gas und Petroleum und bei der Kautschukverarbeitung, wo Johann Nepomuk Reithoffer mit seiner innovativen Entwicklung von elastischen und wasserdichten Geweben die österreichische Gummiindustrie begründete. Bei den drei Grundstoffen der modernen Chemie Soda, Chlor und Schwefelsäure gab es bis 1850 in

Österreich trotz nicht ungünstiger Rohstofflage keine nennenswerten Unternehmungen.

Bauen und Baustoffe: Die Bannung der Türkengefahr und das Bevölkerungswachstum lösten vom ausgehenden 17. bis zur Mitte des 18. Jahrhunderts einen wahren Bauboom in Österreich aus. Kirche, Staat und Bürger waren die Bauherren. Kirchen und Klöster wurden barock umgestaltet. Adel und Hof wetteiferten in der barocken Prunkentfaltung bei der Errichtung von Residenzen, Schlössern, Parkanlagen und Verwaltungsgebäuden. Hinzu kam die Errichtung neuer Kasernen und Festungen. Die frühe Industrialisierung brachte zudem den Bau von Manufakturen und förderte infrastrukturelle Investitionen in Straßen und Kanäle.

Echte Langzeitgroßprojekte waren beispielsweise die barocken Klosterbauten Melk und Göttweig, das Schloss Schönbrunn, das Wiener Allgemeine Krankenhaus und die großen Manufakturen für Wollzeug in Linz und für Baumwollwaren in Schwechat. Großprojekte des Tiefbaus waren der Wiener Neustädter Schifffahrtskanal, die Pferdeeisenbahn Gmunden–Linz–Budweis, die Kaiser-Ferdinands-Nordbahn und der Ausbau des Netzes der Kommerzialstraßen.

Der weitaus größte Bauträger war der Staat. Ab 1751 war die »Baukanzlei« der Hofbaudirektion zuständig für die Beschaffung des Baumaterials, die Beistellung von Handwerkern und Taglöhnern und die Erledigung der Rechnungsführung. Unter Joseph II. kam es zu einer zentralistischen Organisation der Bauangelegenheiten, es entstand der typische »ärarische Baustil« bei allen öffentlichen Gebäuden in der Monarchie. Durch Gründung der Polytechniken 1809 in Prag und 1815 in Wien erhielt das praktische Bauwissen eine vermehrt wissenschaftliche Betonung.

Die traditionellen Baustoffe waren Lehm, Stein und Holz. Im 18. Jahrhundert löste der Ziegel den Stein als vorherrschenden Baustoff ab. 1715 wurde das »österreichische Ziegelformat« mit den Dimensionen 28,8 x 13,7 x 7,0 cm eingeführt. Lokale Ziegelwerke gab es in ganz Österreich. Die größten aber waren in der Umgebung der Hauptstadt Wien. Alois Miesbach kaufte 1830 alle Abbaustätten und Ziegelbrennereien am Wienerberg auf, wodurch die größte Ziegelfabrik der Habsburgermonarchie entstand. Die Fabrik produzierte in den Vierzigerjahren jährlich rund 50 Millionen Ziegel. Erst um 1850 begann das Eisen die Bautechnik zu revolutionieren.

Industrialisierter Luxus: Zahlreiche Branchen, die in der ersten Hälfte des 19. Jahrhunderts noch dem Luxus zuzurechnen waren, sind heute Teil des Massenkonsums geworden. Die starke Nachfrage des Hofes und des höfischen Adels beeinflusste die Anfänge der industriellen Produktion nachhaltig.

Die Merkantilisten Becher, Schröder und Hörnigk interessierte die industrielle Fertigung von exklusiven Produkten wie Spiegeln, Seide, Porzellan und auch Tabak, um den Import aus dem Ausland zu vermeiden. Diese Wirtschaftspolitik führte zur Gründung entsprechender Manufakturen. Von einer wirklichen Industrialisierung von Luxusgütern kann aber erst gesprochen werden, als die Mechanisierung die Massenfertigung ermöglichte.

Im Text werden folgende Branchen kurz dargestellt: Spiegel und Glas, Porzellan, Knöpfe und Papier, Buchdruck, die Genussmittel Zucker, Bier und Tabak sowie schließlich die von der Industrialisierung erfasste Herstellung von Möbeln und Klavieren.

Kennzahlen und Indikatoren: Wirklich umfassende Daten über die österreichische Wirtschaftsentwicklung gibt es erst nach dem Zweiten Weltkrieg. Aber schon im dritten Viertel des 18. Jahrhunderts waren die neu eingeführten »Manufakturtabellen« wertvolle statistische Aufstellungen. Es fehlte jedoch noch an Systematik, Vergleichbarkeit der Merkmale und Einheitlichkeit von Stichtagen und Perioden.

Eine erste umfassende Schätzung der Produktionswerte in Österreich wurde 1841 durchgeführt. Der Leiter der »K. K. Direktion der administrativen Statistik« Karl von Czörnig war dafür verantwortlich. Die »Tafeln zur Statistik der Österreichischen Monarchie« sind heute noch die wichtigste Quelle für Wirtschaftsdaten aus der ersten Hälfte des 19. Jahrhunderts. Die im Text dargestellten Tabellen geben eine Übersicht zur Branchengliederung der Industriebetriebe und einen Vergleich der Industrieproduktion zwischen den einzelnen Bundesländern im Jahr 1841.

Die Chancen Österreichs im europäischen Vergleich

Die »große Frage« der Wirtschaftsgeschichte ist, warum es Europa war, das durch die ökonomische Leistung der Industrialisierung die gesamte wirtschaftliche Welt revolutionierte und globalisierte. Bis ins 15. Jahrhundert hinkte Europa klar dem technischen und wissenschaftlichen Kenntnisstand des Nahen und Fernen Ostens hinterher. Es war Nutznießer des Technologietransfers aus dem Orient. Das änderte sich dramatisch, als Europa die Konkurrenz erfand und zum Erfinder des »Erfindens als Wettbewerbsinstrument« wurde. Das europäische wirtschaftspolitische Konzept basierte auf dem Wechselspiel von Angebot und Nachfrage, der Sicherung von Eigentum, der Arbeitsteilung, dem Schutz sozial Schwächerer und der Gewaltentrennung.

Um 1500 hatte Italien das höchste Pro-Kopf-Einkommen Europas. Um 1700 stand die Handelsnation Niederlande an der Spitze der Wohlstandspyramide, mit Abstand gefolgt von England, Belgien, Italien, der Schweiz und knapp dahinter Österreich. Im 19. Jahrhundert überholte das rund zehnmal größere, von Innovation angetriebene England die Niederlande. Um 1820 lagen Belgien, Frankreich, die Schweiz und Österreich im Mittelfeld. Österreich lag noch vor Deutschland und hatte Italien überholt. Danach hatte Österreich Mühe, mit dem westeuropäischen Wachstumstempo mitzuhalten. Während zwischen 1700 und 1820 das Wachstum des Pro-Kopf-Einkommens in Österreich 112 Prozent des westeuropäischen Durchschnitts betrug, fiel es zwischen 1820 und 1870 auf 88 Prozent zurück.

Viele Gründe werden von Historikern für dieses Zurückfallen ins Treffen geführt, eine Gewichtung ist aber schwierig. Bedeutend waren sicher die Verlagerung der Handelswege vom Mittelmeerraum an den Atlantik, die Ertragsgrenzen des Energieträgers Holz, das Angewiesensein auf ausländische Unternehmer und Fachkräfte, das Fehlen von großen Entdeckungen und der starke Einfluss der katholischen Kirche, die viel Kapital und Arbeitskräftepotential für den Kirchen- und Klosterbau sowie das Klosterleben beanspruchte. Am meisten ins Gewicht fällt aber wohl die Tatsache, dass in Österreich große Handelshäuser mit ihrer Kraft, Kapital zu schaffen, fehlten. Verschärft wurde dieser Mangel durch die Großmachtpolitik des Staats, der mit Kriegs- und Militärausgaben die ohnehin schon schwächliche Kapitalkraft des Landes überbeanspruchte.

Das Hinterherhinken der Modernität der österreichischen Wirtschaftspolitik hinter den westeuropäischen Konkurrenten wird immer wieder damit erklärt, dass es in Österreich »zu viel Staat« gegeben habe. Diesem Phänomen dürfte die wissenschaftliche Literatur eher zu viel als zu wenig Aufmerksamkeit geschenkt haben. Das 18. Jahrhundert, das Zeitalter des Absolutismus und Merkantilismus, war zwar in Österreich die große Zeit der Staatsbetriebe. Gemessen an der Zahl der privaten Fabriken war die Zahl der ärarischen Betriebe aber klein, wenngleich es sich dabei auch um große Betriebe handelte. Bereits 1769 wurde ein Grundsatzbeschluss gefasst, alle ärarischen Fabriken zu veräußern, was aber in der Durchführung mühsam war.

Gewichtiger dagegen war der Einfluss des Staats durch dessen Schuldenpolitik und Militärausgaben. Von den Staatsausgaben um 1770 entfielen 50 Prozent auf den Schuldendienst und rund 25 Prozent auf das Militär. Im Jahr 1850 war der im Militär gebundene Anteil der männlichen Bevölkerung zwischen 20 und 44 Jahren in Österreich mit 14,5 Prozent mehr als doppelt so hoch wie in Großbritannien und mehr als dreimal so hoch wie in Preußen.

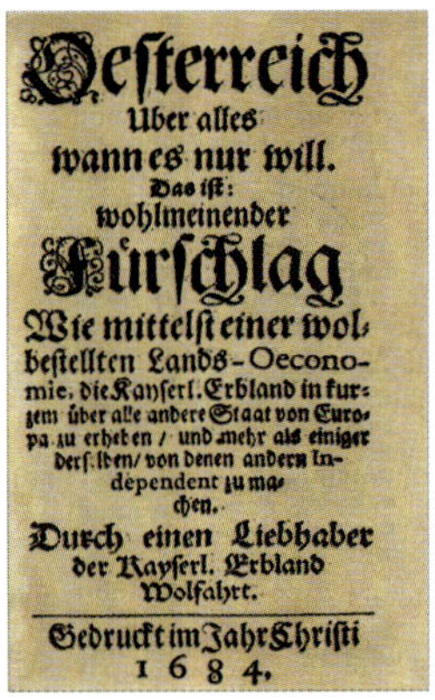
Oesterreich
Uber alles
wann es nur will.
Das ist:
wohlmeinender
Fürschlag
Wie mittelst einer wol-
bestellten Lands-Oecono-
mie, die Kayserl. Erbland in kur-
zem über alle andere Staat von Euro-
pa zu erheben / und mehr als einiger
derselben / von denen andern In-
dependent zu ma-
chen.
Durch einen Liebhaber
der Kayserl. Erbland
Wolfahrt.
Gedruckt im Jahr Christi
1684.

Nationalökonomie in Österreich

Österreich hat in der Periode 1700 bis 1850 deutliche Zeichen seiner volkswirtschaftlichen Kompetenz gesetzt. Diese Kompetenz sollte im 20. Jahrhundert vor allem durch die beiden bis heute immer wieder zitierten Ökonomen Friedrich Hayek und Joseph Schumpeter einen Höhepunkt erreichen.

Im Gegensatz zur früheren Orientierung auf Fragen der Haushaltsführung nahm die Wirtschaftslehre Bezug auf die gesamte Volkswirtschaft. Der frühmoderne Zentralstaat wurde nicht nur als territoriale und politische, sondern zunehmend als wirtschaftliche Einheit verstanden. Während der Merkantilismus in Westeuropa vor allem die Rolle des Außenhandels betonte, legte die in Deutschland und besonders in Österreich im Vordergrund stehende Lehre des Kameralismus – eine Sonderform des Merkantilismus – den Schwerpunkt auf die Staatsfinanzen, die Förderung der gewerblichen Aktivitäten und den Schutz der heimischen Produzenten vor ausländischer Konkurrenz.

Drei aus Deutschland stammende »Wahlösterreicher« prägten den österreichischen Kameralismus: Johann Joachim Becher (1625–1685), Wilhelm von Schröder (1640–1688) und Philipp Wilhelm von Hörnigk (1640–1714). Das bekannteste Werk, »Österreich über alles wann es nur will«, das von Philipp Wilhelm von Hörnigk 1684 anonym veröffentlicht wurde, fand auch im 18. Jahrhundert zahlreiche Auflagen. Dieses Werk wurde nicht zuletzt wegen seines blumigen und bissigen Schreibstils so populär. Hörnigk betonte die Wichtigkeit der Erschließung von natürlichen Ressourcen und deren vollständiger Verarbeitung im Inland zur Maximierung der heimischen Wertschöpfungskette. Importe sollten durch heimische Waren beglichen werden, während das Ausland die Exporte mit Edelmetallen bezahlen sollte.

Die jüngeren Kameralisten wie Heinrich Gottlob von Justi (1717–1771) und Joseph von Sonnenfels (1733–1817) erweiterten in ihrer Lehre die volkswirtschaftliche Sicht um die sozialen und juristischen Aspekte. So entstand eine Lehre der Staatskunst, die im Begriff »Polizeywissenschaften« zusammengefasst wurde und die in ihrem Inhalt dem Ideal des »Wohlfahrtsstaats« sehr nahe kam. Diese Lehrmeinungen waren bis zur Mitte des 19. Jahrhunderts für die Ausbildung der österreichischen Bürokratie maßgeblich und wirken zumindest in Teilen bis in die Gegenwart hinein beeinflussend.

II. ASPEKTE

Triebfeder Innovation

Seit der Industriellen Revolution, die in England in der zweiten Hälfte des 18. Jahrhunderts einsetzte und sich von dort nach und nach über den europäischen Kontinent und über wachsende Teile der übrigen Welt ausbreitete, hat sich das Tempo der wirtschaftlichen Entwicklung stetig beschleunigt. Die zunehmende Industrialisierung hat es möglich gemacht, dass bei rasch wachsender Bevölkerung die Produktion von Gütern und Dienstleistungen exponentiell wuchs. Langfristig bedeutet dies, dass das Pro-Kopf-Einkommen am Ende des 20. Jahrhunderts in Österreich und Westeuropa rund das 15fache des Wertes von 1820 ausmachte.

Die bis heute nicht mehr unterbrochene Serie von Erfindungen und Innovationen setzte in der Textilproduktion, genauer in der Verarbeitung von Baumwolle ein und erfasste in der Folge die Eisenerzeugung und -verarbeitung, das Transportwesen, die Chemie, die Nahrungs- und Genussmittelerzeugung, insgesamt praktisch alle Bereiche des Wirtschaftslebens. In diesem Sinn ist die Industrielle Revolution kein einmaliges, auf einen kurzen Zeitraum begrenztes Ereignis, sondern leitete einen permanenten Industrialisierungsprozess ein. Die Einführung und Durchsetzung der neuen Produktionsmethoden und die Verbreitung der neuen Produkte lassen sich nicht als bloß technologische Veränderung begreifen. Die Industrialisierung ging Hand in Hand mit einer fundamentalen Veränderung der organisatorischen Strukturen von Produktion und Distribution sowie mit tief greifenden Umwälzungen in Gesellschaft und Politik.

Technisch beruhte die Industrialisierung auf der breiten Anwendung von Maschinen, organisatorisch auf der Konzentration der Produktion in Fabriken. Eine erfolgreiche technische Entwicklung durchläuft üblicherweise einen Zyklus von der Invention über die Innovation bis zur Diffusion. Eine Erfindung muss sich technisch als aussichtsreiche Neuerung erweisen und am Markt als Produkt bewähren, um ökonomisch erfolgreich zu sein.

Der Prozess der Industrialisierung wird von einem beständigen Fluss von großen und kleinen Innovationen getragen, die der amerikanische Wirtschaftshistoriker David S. Landes unter drei beherrschenden Gesichtspunkten zusammenfasst:

die Substitution von menschlicher Handarbeit durch Maschinen, die rasch, gleichförmig, präzise und ohne Ermüdung arbeiten;

die Substitution von animalischer Kraft durch nicht-animalische Kraftquellen, inbesondere durch Erfindung von Wärmekraftmaschinen, die ein nahezu unbegrenztes Energiereservoir erschließen;

der Einsatz von neuen, reichlich verfügbaren

DIE SIEBEN WUNDERKRAEFTE UNSERER ZEIT
RECTA TUERI
Eisenbahnen in Deutschland.
Mannheim - Offenburg - Kehl 21,49 Meilen. Straßburg -
Basel - Thann 21 M. Frankfurt - Mainz - Wiesbaden 6 M.
Bonn - Cöln 3,96 M. Cöln - Aachen - Herbesthal 11,59 M.
Belgische Eisenbahnen 67,20 M. Düsseldorf - Elberfeld 3,58 M.
Nürnberg - Fürth 0,82 M. München - Augsburg 8,13 M. Leipzig -
Dresden 15,30 M. Leipzig - Magdeburg 15,75 M. Leipzig -
Altenburg - Krimmitzschau 9 M. Magdeburg - Oschersl. - Halberst. 7,88 M.
Oschersleben - Wolfenbüttel 7,25 M. Braunschweig - Harzburg 6 M. Hanover -
Braunschweig 7,15 M. Hamburg - Bergedorf 2,23 M. Berlin - Anhalt - (Cöthen) 20,55 M.
Berlin - Potsdam 3,56 M. Berlin - Stettin 18,31 M. Berlin - Frankfurt a/O. 10,97 M.
Breslau - Freiburg 7,60 M. Breslau - Oppeln 10,75 M.
Budweis - Linz - Gmunden 26 M. Kaiser Ferdinands Nordbahn 43 M.
Wien - Gloggnitz (früher Raab) 9,87 M.
Prag - Pilsen (Lahna) 7,68 M
Mürzzuschlag - Gratz 12½ M.
COMMUNICATION
Actien - Vereine. k.k. priv. erste Eisenbahngesellschaft. Ferdinands - Nordbahngesells. k.k. priv. Wien Glocknitzer Eisenbahngesells. k.k. priv. Dampfmaschinen Fabriksactiengesells. in Wien. k.k. priv. Donau - Dampfschifffahrtgesells. Imper. continent. Gas - Association in Wien. k.k. priv. Dampfmühlen - Actiengesells. zu Wien u. Pesth. - k.k. priv. Millykerzen Fabriks - Actiengesells. - Erste oesterr. Seifensieder - Gewerkschaft in Wien. - k.k. priv. Wolfsberger Eisenwerksgesells. Dianabadactien - Unternehmung zu Wien u.s.w. Gemeinnützige Vereine u. Gesellschaften. Gewerbvereine für Niederoesterr., Inner - u. Oberoesterr., Böhmen u. Ungarn. k.k. Landwirthschafts - Gesellschaften zu Wien, Prag, Brünn, Gratz, Laibach, Klagenfurt, Görz, Linz, Insbruck, Pesth u.s.w. Allg. wechsels. Capitalien - u. Rentenversicherungs - Anstalt in Wien. Riunione adriatica di sicurta in Triest. Brandschaden - Versicherungs - Gesellschaften in Wien, Gratz u.s.w. Sparkassa Vereine. Handlsvereine in Pesth, Venedig u.s.w. Börsedeputation u. oesterr. Lloyd in Triest.
Aſsociation
INTELLIGENZ
Wissen ist Macht!
Dampfmechanik
Dampfkraft.
Montan-Production
des öst. Kaiserstaates
Landwirthsch: Production
des öst. Kaiserstaates
Naturproduction
Viehstand.

Rohstoffen, besonders der Ersatz von vegetabilen und animalischen Stoffen durch mineralische und später synthetisch gewonnene Materialien.

Die Führerschaft im Innovationsprozess lag etwa ein Jahrhundert lang bei Großbritannien und ging später an Deutschland und an die USA über. Von den bahnbrechenden und fundamentalen Erfindungen und Innovationen der frühen Industriellen Revolution kann Österreich keine für sich beanspruchen. Die Industrialisierung Österreichs hat daher die Transferierung von anderswo entwickelten Technologien zur Grundlage. Neue Verfahren und Produkte wurden mit einem Abstand von meist einigen Jahrzehnten in Österreich implementiert, wobei sie an die hier gegebenen materiellen, rechtlichen, wirtschaftlichen und gesellschaftlichen Bedingungen angepasst werden mussten. Inwieweit dies gelang, bestimmte das Vorankommen und den Erfolg der Industrialisierung in Österreich.

Wenn die Industrielle Revolution in Österreich gegenüber England deutlich, gegenüber westeuropäischen Ländern nur wenig zeitverzögert im ersten Drittel des 19. Jahrhunderts einsetzte, so konnte dieser industrielle Aufholprozess auf der Grundlage einer beträchtlich gesteigerten Dynamik der wirtschaftlichen Entwicklung des Landes im vorangegangenen 18. Jahrhundert aufbauen. Diese als »Früh-« oder »Protoindustrialisierung« bezeichnete Entwicklungsphase schuf für die spätere Industrielle Revolution wesentliche Voraussetzungen in den organisatorischen Strukturen von Wirtschaft, Staat und Gesellschaft. In technologischer Hinsicht bestanden die Innovationen der Protoindustrialisierungsphase in der Transferierung und Implementierung von vorindustriellen, das heißt dem Wesen nach handwerklichen Produktionstechniken. Die meisten dieser Technologien waren in anderen Ländern lang etablierte, traditionelle Grundlagen von Exportgewerben, zum Beispiel der Seidenindustrie in Frankreich oder der Uhrmacherei in der Schweiz. In

Heute gültiger denn je: Ressourcen, Energie, Kapital, Kommunikation, Handel, technischer Fortschritt und Bildung (Intelligenz) sind die sieben Wunderkräfte unserer Zeit. Fabriks-Bilder-Atlas der österreichischen Monarchie, 1844

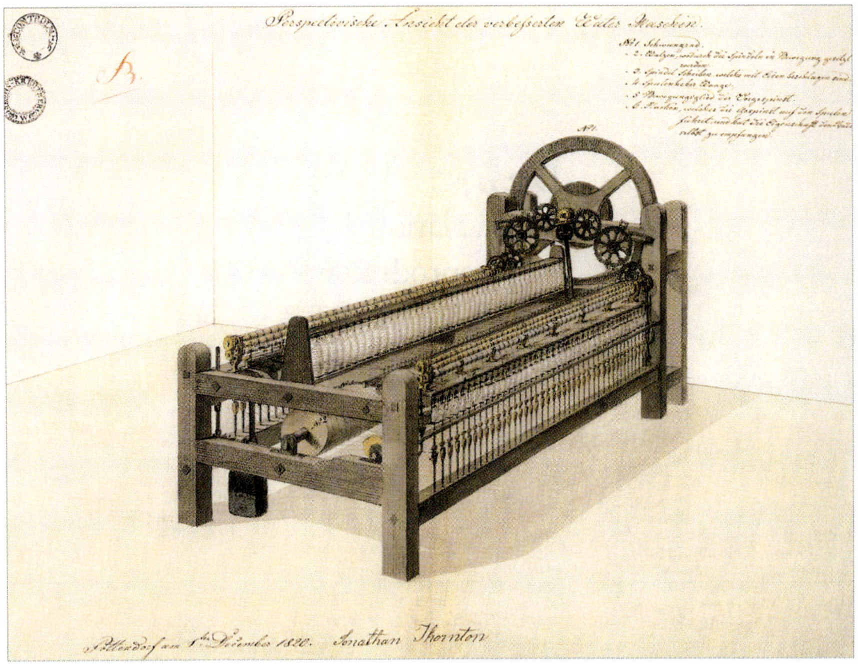

Innovationen: Privileg einer verbesserten Water-Spinnmaschine für Jonathan Thornton, Pottendorf, 8. Dezember 1820

Innovatoren: Der Seidenfabrikant Paul Mestrozzi (1771–1855), Porträt von J. Kriehuber

Österreich aber waren sie fremd, sodass die betreffenden Produkte importiert werden mussten. Wie zu verschiedenen Zeiten in den anderen europäischen Ländern wurde auch in der Habsburgermonarchie im 18. Jahrhundert eine systematische Politik der Importsubstitution eingesetzt, um eigene Produktionskapazitäten in neuen Bereichen der gewerblichen Erzeugung zu schaffen und durch eine Hebung des Gewerbefleißes Reichtum, Macht und Wohlstand des Landes nachhaltig zu steigern.

Neue Industrien: Baumwoll- und Seidenverarbeitung

Seit dem frühen 18. Jahrhundert entwickelten englische Techniker neue Maschinen für die Massenproduktion in der Textilbranche. Dieser erfolgreiche Innovationsprozess von Arbeitsmaschinen begann mit John Kays Erfindung des Schnellschützens, der das Weben beschleunigte und damit zu Engpässen bei der Garnherstellung, dem Spinnen, führte. James Hargreaves gelang als Erstem 1764 mit der »Spinning Jenny« die Konstruktion einer Maschine, die mehrere Spindeln gleichzeitig antrieb. Die folgenden Innovationen von Richard Arkwright vereinigten das Strecken, Drehen und Aufwickeln der Fasern in einer Spinnmaschine (»Waterframe«), die sich mit Wasser- oder Dampfkraft antreiben ließ. Den vorläufigen Schlusspunkt der Entwicklung mechanischer Baumwollspinnmaschinen bildete der 1825 von Richard Roberts vorgestellte »Selfactor«, der selbstständiger arbeitete als sein Vorgänger, die Mule-Maschine, die einer verbesserten Spinning Jenny entsprach. Die Entwicklung der Spinnmaschinen erhöhte wiederum den Druck auf die Weberei. Das Gleichgewicht stellte 1785 Edmund Cartwright mit seinem mechanischen, in der Folge kontinuierlich verbesserten Webstuhl her.
Auch in Österreich gab es verschiedene Versuche zur Mechanisierung des Spinnens mit so genannten deutschen oder sächsischen Spinnmaschinen, die sich jedoch alle als nicht zielführend erwiesen. Erst nach 1800 breitete sich die Maschinspinnerei auch in Österreich rasch aus. Die Mechanisierung der Baumwollwebe-

rei setzte sich als technisch schwierigere Aufgabe sehr viel langsamer durch. In Österreich blieb der Handwebstuhl noch über die Mitte des 19. Jahrhunderts hinaus vorherrschend.

Die Seidenweberei wurde in Wien durch einige Erfindungen verbessert, so etwa durch die vom Wiener Uhrmacher Ägid Arzt erfundene Spulmaschine, die das Aufspulen der Einschussseide mechanisierte. Verhältnismäßig rasch setzte sich in Wien der von dem Lyoner Seidenweber Charles-Marie Jacquard 1803 erfundene Musterwebstuhl durch, der die Herstellung gemusterter Stoffe stark vereinfachte. Die Erfindung bestand darin, dass mit Hilfe von gelochten Pappkarten die Kettenfäden durch Schäfte einzeln und unabhängig voneinander gesenkt werden konnten. Seit 1816/17 standen Jacquard-Webstühle aus Lyon in den Seidenwebereien von Hornbostel und Mestrozzi in Wien. Kurz danach begann Johann Bausemer mit dem Bau solcher Stühle. Für ungemusterte Stoffe verwendete Hornbostel einen von ihm und Georg Hennig erfundenen und 1816 privilegierten wasserbetriebenen Webstuhl.

Bereits um das Jahr 1600 gelang durch die so genannte »Bandmühle« eine wesentliche technologische Verbesserung der Seidenbanderzeugung. Indem beim Webvorgang der Schützen nicht wie beim Webstuhl mit der Hand geworfen wurde, sondern durch die Bewegung des Tretrades, konnten auf einer Maschine, deren Betrieb keine besonderen handwerklichen Kenntnisse erforderte, zehn, 20 und mehr Bänder gleichzeitig gewebt werden. Die Verwendung des Mühlstuhles war in den habsburgischen Erbländern ebenso wie im gesamten Deutschen Reich seit 1685 durch kaiserliche Entschließung verboten, »da durch gedachte Mühlstühl gegen Ernährung einer Person wohl 16 andere zugrunde gerichtet würden«. Der Bandmühlstuhl konnte sich daher zunächst vor allem in der Schweiz durchsetzen, fand aber auch in der Waldviertler Bandweberei (im so genannten »Bandlkramerlandl«) schon im frühen 18. Jahrhundert Verwendung. Durch die aus der Schweiz angeworbenen Fabrikanten Jahner und Kähnel wurde die Technologie schließlich 1753 bzw. 1762 auch in der Wiener Seidenindustrie eingeführt, wo sich der Bandmühlstuhl rasch verbreitete und den Handstuhl innerhalb weniger Jahrzehnte verdrängte.

Qualität: Gelbe 5-zöllige und gelb-weiße 3,75-zöllige Draperie-Bordüren aus der Seidenweberei Christian Georg Hornbostel, Wien 1829

Die Dampfmaschine als Triebkraft der industriellen Entwicklung im 19. Jahrhundert

Als eigentliche Triebkraft der industriellen Entwicklung gilt bis heute die Dampfmaschine. Diese Bedeutung beruht wesentlich auf der Nutzung der fossilen Energie von mineralischer Kohle. Damit war erstmals eine örtliche Unabhängigkeit von menschlicher und tierischer Energie, von Wind- und Wasserenergie gewährleistet. Nachdem Thomas Newcomens atmosphärische Maschine seit dem Beginn des 18. Jahrhunderts die Wasserhebung aus tieferen Bergwerken ermöglicht hatte, wurde die seit 1764 von James Watt weiterentwickelte Dampfmaschine zur wichtigsten Antriebskraft in der Fabriksindustrie. Mit Matthew Boulton als Finanzier begründete Watt in Soho bei Birmingham die erste Fabrik für Dampfmaschinen. Die mineralische

Der Siegeszug der Dampfmaschine: Kohlenzeche in England, um 1790. Die Dampfmaschine treibt über Kurbel, Schwungrad und Seiltrommeln zwei Förderanlagen an. Beim Dampfkessel handelt es sich um einen für die Zeit typischen so genannten »Heuschober-Kessel«.

Kohle lieferte auch die Energie für die ersten Dampfschiffe von Robert Fulton (in den USA) und die Dampflokomotiven von George Stephenson.

Im Bereich der Antriebsmaschinen bestand in Österreich bis um 1850 vor allem ein Bedarf an Anpassungsinnovationen. Eine erste Newcomen'sche Dampfmaschine zum Betrieb einer Pumpe hatte 1722 Joseph Emanuel Fischer von Erlach, der Sohn des Architekten Johann Bernhard, in Schemnitz/Banská Štiavnica aufgestellt. Ähnliche Konstruktionen wurden für Wiener Gartenanlagen gebaut. Auch die erste Watt'sche Dampfmaschine der Monarchie wurde nicht für die industrielle Verwendung, sondern für den Springbrunnen des Eisenstädter Esterházy-Schlosses angeschafft.

In der »Türkisch-Käppchen- und Tuchfabrik« des Johann Reißer in Wien-Margareten wurde im Jahr 1815 die erste industriell genutzte Dampfmaschine aufgestellt, allerdings bald darauf in die Tuchfabrik Offermann nach Brünn transferiert. Erst zehn Jahre später, 1826, kamen wieder zwei Dampfmaschinen in niederösterreichischen Fabriken zum Einsatz. 1837, zum Zeitpunkt der Eröffnung des ersten Teilstücks der Nordbahn, gab es in Niederösterreich 30, in Oberösterreich und in der Steiermark je eine Dampfmaschine. Erst als durch die Herstellung der Eisenbahnverbindung zwischen Wien und den schlesisch-mährischen Bergbaurevieren eine kostengünstige Kohleversorgung möglich geworden war, nahm die Verwendung von Dampfmaschinen stärker zu (siehe Tabelle Seite 36).

In regionaler Hinsicht blieb der Einsatz der Dampfmaschine im heutigen Bundesgebiet noch lange extrem auf Wien und Niederösterreich konzentriert. Von den 147 industriell verwendeten Dampfmaschinen im Jahr 1851 entfielen nur 17 auf die anderen Bundesländer, 13 davon auf die Steiermark, je eine auf Salzburg und Oberösterreich und drei auf das Gebiet des heutigen Burgenlandes. Als Pionier des Baus von Dampfmaschinen in Österreich profilierte sich Johann Fichtner. Seit 1822 erhielt er mehrere Privilegien und 1825 baute

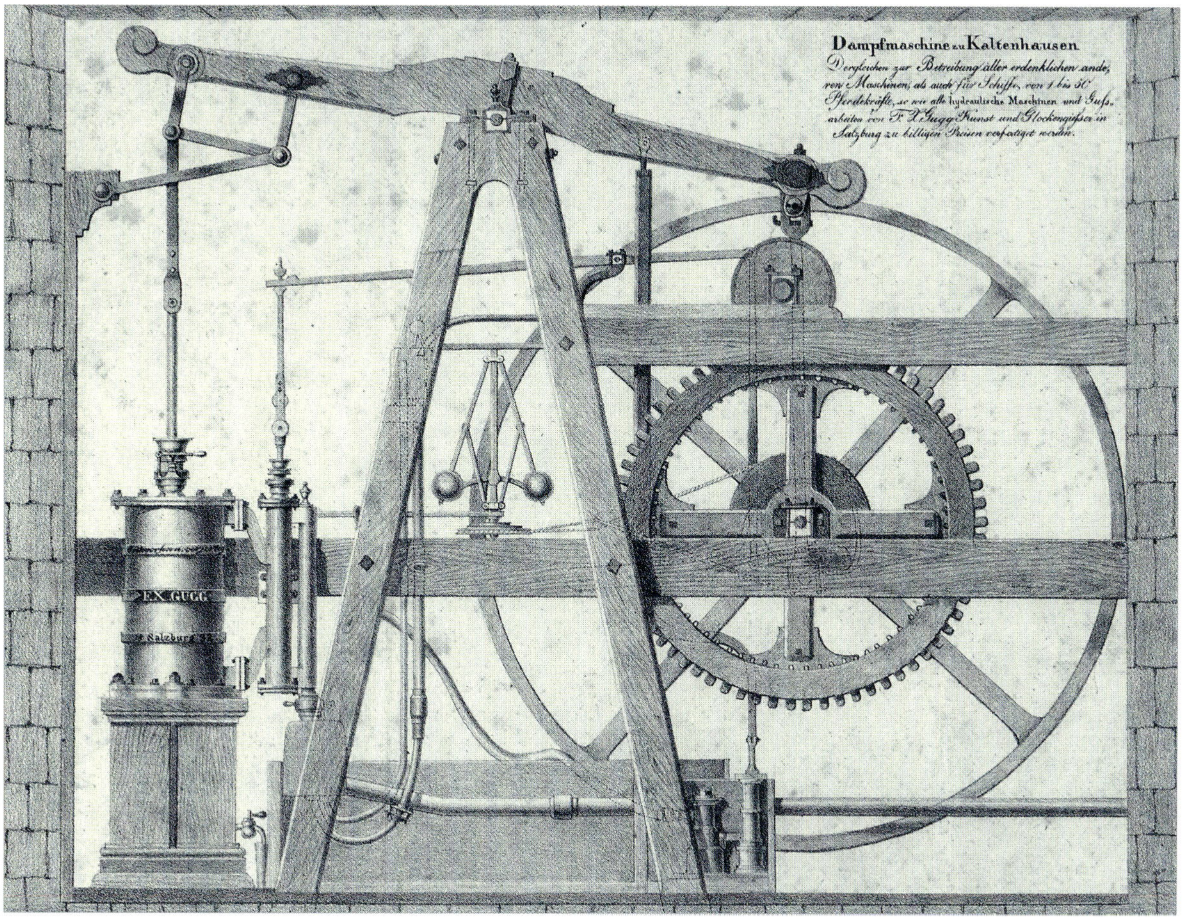

Eine der ersten österreichischen Dampfmaschinen: Dampfmaschine zu Kaltenhausen, Salzburg, entworfen von F. X. Gugg, 1832

Links unten: Newcomen'sche »Feuermaschine« von Joseph Emanuel Fischer von Erlach, errichtet 1722 in den Schwarzenbergischen Gärten in Wien. Kupferstich von Salomon Kleiner, 1727

Rechts unten: Josef Ressel (1793–1857), Entwurfszeichnung für einen Dampfwagen, 1830

Pioniere: Franz Anton Ritter von Gerstner (1795–1840), Erbauer der Pferdeeisenbahn Linz–Budweis

er für die Druckwarenfabrik in Wien-Atzgersdorf die älteste bis heute erhaltene Maschine. Der weitaus größte Teil der Dampfkraftkapazität war im Verkehrswesen eingesetzt. Die in der Habsburgermonarchie 1851 bestehenden Eisenbahnlinien hatten (unter Abzug der italienischen Linien) über 400 Lokomotiven mit fast 28.000 PS in Verwendung. Die Donaudampfschifffahrtsgesellschaft verfügte über 58 Dampfschiffe mit 6.300 PS.

Den ersten größeren Bahnbau am Kontinent, die Pferdebahn Linz–Budweis, hatte Franz Anton von Gerstner 1825 noch so geplant, dass eine spätere Umstellung auf Dampfbetrieb leicht möglich gewesen wäre. Sein Nachfolger Matthias Schönerer verzichtete jedoch aus Ersparnisgründen auf entsprechend große Kurvenradien und stellte die Strecke zwischen Budweis/České Budějovice und Linz bis 1832 in einer Sparvariante fertig, die eine spätere Adaptierung für Lokomotiven nicht zuließ. Gerstner ging später nach Russland und in die USA, wo er 1840 starb.

Beginnend mit dem vom Professor am Wiener Polytechnischen Institut Franz Riepl projektierten Bau der Kaiser-Ferdinands-Nordbahn ab 1837, blieb der Dampfbetrieb im Eisenbahnwesen für fast ein Jahrhundert ohne Alternative. Die erste Generation der Lokomotiven wurde großteils aus England geliefert, so zum Beispiel im Jahre 1841 die erhalten gebliebene »Ajax« für die Nordbahn, zum Teil auch aus Amerika. Aus England kam 1838 auch John Haswell, der 1840 die Werkstätte der Wien-Raaber-Bahn einrichtete, die nicht nur die ersten Lokomotiven in Österreich baute, sondern auch Fabrikseinrichtungen lieferte, Werkzeugmaschinen entwickelte und ab 1861 dampfhydraulische Schmiedepressen fertigte. Es waren auch zwei Engländer, John Andrews und Joseph Pritchard, die 1828 die Donau-Dampfschifffahrtsgesellschaft gründeten. Ihr erstes Dampfschiff, die »Franz I.«, erhielt eine Boulton & Watt-Dampfmaschine aus Soho.

Von den vielen Erfindungen des Josef Ressel, der in den Jahren der Anfänge des Dampfschiffbaus und des Baus eiserner Schiffe als Förster in Triest arbeitete, erwies sich nachträglich die 1827 privilegierte Schiffsschraube als Ersatz der Schaufelräder als erfolgreich, auch wenn 1829 die Probefahrt des ersten Schraubendampfers »Civetta« an einem geplatzten Dampfrohr scheiterte und Ressel zeitlebens vergeblich um die Anerkennung der Priorität seiner Erfindung kämpfte. Die Dampfmaschine der »Civetta« hatte Fichtner gebaut.

Die Eisenbahn revolutionierte nicht nur den Verkehr, sondern galt mit der Schienenwalzung und dem Lokomotivenbau für Jahrzehnte als Leitsektor der Industrialisierung. Seit dem späten 18. Jahrhundert bestanden die neuen

Dampfmaschinen in der österreichischen Industrie 1841 und 1851

Industriezweig	1841 Zahl der Maschinen	1841 PS	1851 Zahl der Maschinen	1851 PS
Textil	21	280	32	570
Baumwollspinnerei	9	156	7	164
Kammgarnspinnerei	3	44	2	250
Druck, Färberei, Appretur	5	44	16	131
Schafwollwaren	2	20	5	42
Eisen- u. Metallverarbeitung	11	158	44	669
Eisen- u. Metallwaren	5	28	9	200
Maschinenbau	2	24	26	352
Waffenerzeugung	2	20	7	72
Nahrungs- und Genussmittel	8	123	42	507
Mühlen	4	101	5	151
Zuckerraffinerie	3	16	21	211
Ölerzeugung	1	6	6	44
Bierbrauerei	–	–	4	43
Tabak	–	–	1	36
Chemie	1	16	13	91
Seifen u. Kerzen	1	16	4	24
Farben	–	–	5	38
Kautschuk	–	–	2	19
Papier u. Druck	4	53	11	119
Holzverarbeitung	3	8	4	49
Ledererzeugung	–	–	1	6
Steine u. Erden	1	4	1	8
Industrie insgesamt	**49**	**642**	**148**	**2.019**

Quelle: Tafeln zur Statistik der Österreichisch-Ungarischen Monarchie 1841; Mittheilungen aus dem Gebiete der Statistik (hg. von der Direktion der administrativen Statistik im k. k. Handelsministerium), 1. Jg. (1852): Die Dampfmaschinen der österreichischen Monarchie (Wien 1852); berechnet für heutiges Bundesgebiet.

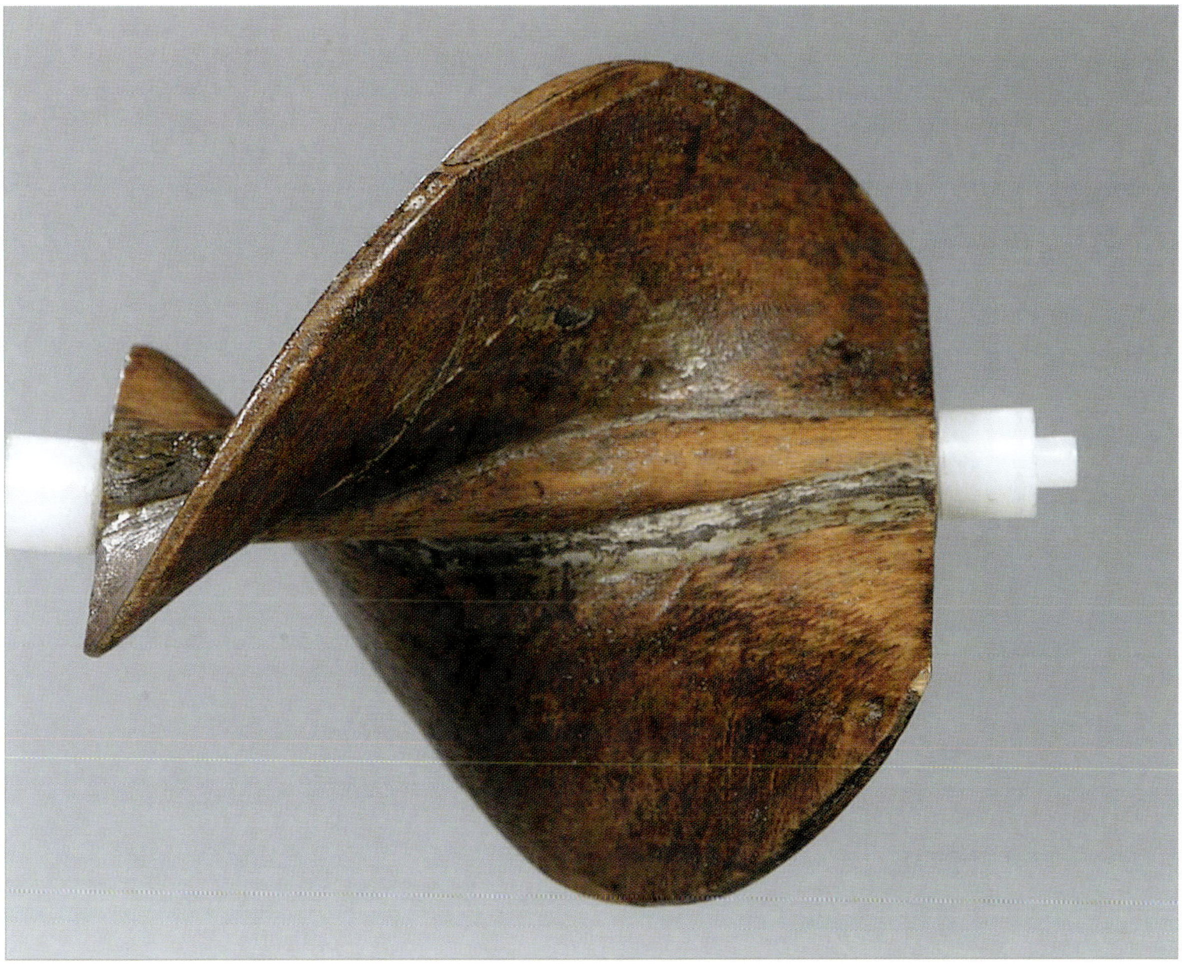

Eine österreichische Erfindung: Die Schiffsschraube. Modell einer archimedischen Schraube von Josef Ressel, Technisches Museum, Wien

Maschinen vermehrt aus Eisen und Stahl. Damit erreichte eine weitere Branche, die Werkzeugmaschinenindustrie, strategische Bedeutung für den Industrialisierungsprozess. Erst mit John Nasmyths Dampfhämmern und -pressen und mit Richard Roberts' und Eli Whitneys Dreh-, Fräs- und Bohrmaschinen gelang die Herstellung von Arbeitsmaschinen aller Art in der erforderlichen Präzision.

Modernisierung der Eisenindustrie

Auch in der Eisen- und Stahlerzeugung kamen die bahnbrechenden Innovationen aus England. Seit es Abraham Darby dem Älteren um 1700 gelungen war, die Eisenverhüttung auf Steinkohlenkoks umzustellen, prägte die Schwerindustrie für Generationen ganze Regionen. Stahl ist bis heute der mit Abstand wichtigste Werkstoff geblieben. Mit dem Tiegelstahl brachte um 1740 Benjamin Huntsman eine neue Qualität auf den Markt, der die Sheffielder Messerindustrie ihren Aufschwung verdankte. Henry Cort stellte 1784 mit dem Puddeln und Walzen eine neue Verfahrenskombination für die Massenstahlerzeugung und Formgebung vor, die unter anderem eine wesentliche technische Voraussetzung für die Schienen- und Trägerwalzung und damit für Eisenbahn und Hochbau bildete.

In der in den Alpenländern angesiedelten Eisen- und Stahlindustrie Österreichs ging es im frühen 19. Jahrhundert um die Übernahme der und die Anpassung an die englische Technik. Nach der Umstellung auf Floß- und Hochöfen bei der Roheisenerzeugung entstand bei der Stahlerzeugung in Frischherden ein Kapazitätsengpass. Vermittelt durch Englandreisen, begann in den 1830er-Jahren der Bau erster Puddelöfen. Im Unterschied zu England gelang es in den Alpenländern, diese mit der vorhandenen Braunkohle und Torf zu betreiben. Um den Heizwert der im Vergleich zur Steinkohle »minderwertigen« Brennstoffe zu erhöhen, um also »die Notwendigkeit zur Tugend zu machen«, wie 1872 ein Kärntner Adeliger rückblickend die Situation einschätzte, erfolgten in der Steiermark und in Kärnten zahlreiche Verfahrensinnovationen, unter anderem die Vergasung von Kohle und Torf in Generatoren. Das erste Tiegelgussstahlwerk und Blechwalzwerk hatte 1793 Max Thaddäus von Egger im Kärntner Lippitzbach in Betrieb genommen. Ein bis in den Orient und in die USA exportiertes Qualitätsprodukt war seit dem späten 18. Jahrhundert der im Frischherd erzeugte Brescianer-Stahl. Die technischen Innovationen im alpenländischen Eisenwesen lockten zahlreiche ausländische Experten ins Land: 1758 Gabriel Jars, 1779 Belzazar Hacquet, 1794 Baillet und Rambourg, 1821 Karl Johann Bernhard Karsten und 1852 Pierre Guilleaume Fréderic Le Play. In Nordböhmen und Nordmähren konnte die auf Massenproduktion ausgerichtete Eisen- und Stahlindustrie aufgrund der Steinkohlenvorkommen bereits früher auf den Koksbetrieb umstellen: Die vom Fürsterzbischof von Olmütz/Olomouc Erzherzog Rudolf gegründete und von Franz Xaver Riepl konzipierte Hütte Witkowitz/Vitkovice nahm 1829/31 den ersten Kokshochofen und auch den ersten Puddelofen der Monarchie in Betrieb.

Die Förderung der technischen Bildung

Für den Technologietransfer und die Verbreitung des technischen Wissens über politische Grenzen hinweg spielte das technische Schrifttum, insbesondere in Form von Zeitschriften, eine enorme Rolle. In Paris war

Der »Vater« der österreichischen Technik: Johann Joseph Prechtl (1778–1854)

1751 bis 1772 die berühmte »Encyclopédie« von Denis Diderot und Jean Lerond d'Alembert erschienen, der eine Reihe von weiteren technischen Enzyklopädien und Lexika folgte, darunter die »Oeconomische Encyclopädie« von Johann Georg Krünitz, die, beginnend im Jahre 1773, schließlich 242 Bände erreichte.

Als zentral für den Technologietransfer stellte sich die unmittelbare Erfahrung vor Ort durch Auslandsreisen heraus. Für rund hundert Jahre, von 1750 bis 1850, blieb England für technisch Interessierte das erste Reiseziel: »England gibt uns ein herrliches Beispiel, was zu thun sey. Dort haben Fleiß, beständiges Forschen, Unterricht und Versuche die Industrie auf jenen Grad erhoben, wodurch es in dieser Rücksicht den ersten Rang behauptet«, hieß es in einem Bericht von 1816.

Der österreichische Staat sandte seit den 1760er-Jahren Beamte in offizieller Mission nach England, aber auch nach Frankreich. In der ersten Phase vor 1800 ging es vorrangig darum, Fachleute anzuwerben, also Know-how zu importieren, um die inländische Industrie auf internationales Niveau zu heben und Importe zu reduzieren. Auf diesem Weg kam etwa 1765 der englische Knopffabrikant Matthäus Rosthorn ins Land. Seine Söhne gründeten nach einer Englandreise 1833/35 in Prävali/Prevalje (Slowenien) eines der bedeutendsten Puddel- und Walzwerke, das die ersten Schienenlieferungen für die Kaiser-Ferdinands-Nordbahn durchführte. Aus Hamburg kam 1768 Christian Gottlieb Hornbostel nach Wien und betrieb hier eine Samtfabrik. Sein Sohn Christian Georg informierte sich mehrmals in Lyon, dem Zentrum der französischen Seidenweberei, bevor er 1817 in Leobersdorf an der Triesting eine Fabrik errichtete und mit eigens entwickelten mechanischen Seidenwebstühlen ausrüstete.

Die eigentlichen Industriereisen, die manchmal bis zur Industriespionage ausarteten, setzten nach den Napoleonischen Kriegen in großer Zahl ein. Dazu zwei für die Steiermark bedeutende Beispiele: 1815/16 hielt sich Erzherzog Johann in Begleitung von Aloys von Widmannstätten in England auf. Er schrieb einen umfangreichen Reisebericht, der nach seiner Rückkehr auszugsweise mehrfach publiziert wurde, bestellte bei Boulton & Watt eine Dampfmaschine und brachte zahlreiche Bücher und Pläne mit. Zwei Jahrzehnte später schickte der Erzherzog den Montanisten Peter Tunner auf eine ausgedehnte Auslandsreise, die ihn 1837 auch nach England führte.

Abgesehen von der Einführung der allgemeinen Schulpflicht gehörte zur Innovationsförderung vor allem die Förderung der technischen Ausbildung durch die Aufnahme des Faches Technologie an den Universitäten nach dem Vorbild von Johann Beckmann in Göttingen. Die Gründung von Montanlehranstalten sowie von Polytechnischen Instituten, den Vorläufern der Technischen Universitäten, waren die wichtigsten Schritte zur Hebung der technischen Bildung.

Wegbereiter der wissenschaftlich-technischen Ausbildung war Frankreich mit der 1795 in Paris gegründeten »École Polytechnique« und mit dem 1794 eröffneten »Conservatoire des Arts et Métiers«, also einer Schule und einer öffentlichen Mustersammlung. Neben dem 1806 von Franz Joseph Gerstner gegründeten Institut in Prag und dem 1811 von Erzherzog Johann eröffneten Joanneum in Graz erreichte vor allem das 1815 in Wien mit dem Vorlesungsbetrieb beginnende, von Johann Joseph Prechtl geleitete Polytechnische Institut eine Schlüsselrolle für die Industrialisierung und auch eine entsprechende internationale Vorbildfunktion. Ausgehend von der zentralen Aufgabe der technischen Bildung, wirkte die angesehene Schule mit den von Prechtl herausgegebenen »Jahrbüchern« und der 20-bändigen »Technologischen Encyklopädie«, mit der Übernahme und Weiterführung technischer Sammlungen sowie mit der Unterstützung des Vereins- und Ausstellungswesens als wichtigster Katalysator des angestrebten technischen Fortschritts.

Die am Polytechnischen Institut vermittelte Ausbildung in Mathematik, Geometrie, Physik, Chemie, Land- und Wasserbaukunst, Technologie und Maschinenlehre mit ihrer Fokussierung auf den »Zugriff auf das Naturreich« verlieh der Industrialisierung in Österreich einen der entscheidendsten Impulse.

Das Wiener Polytechnische Institut (heute Technische Universität), errichtet 1816–1818 nach Plänen von Joseph Schemerl. Kolorierter Stich von Tranquillo Mollo, 1825

Ohne Ausbildung war nach 1815 eine Karriere im öffentlichen Dienst oder ein erfolgreiches Bestehen am Markt als Unternehmer bzw. Techniker kaum mehr möglich. Absolventen des Polytechnischen Instituts in Wien waren etwa der Physiker Christian Doppler, der Teppichfabrikant Philipp Haas, die Textilindustriellen Carl und Eduard Leitenberger, der Bleistifthersteller Ludwig Hardtmuth, der Eisenbahntechniker Matthias Schönerer oder der Gründer des Eisenwerks Donawitz Franz Mayr. Der hervorragende Ruf der Wiener Polytechnischen Schule drang bis ins Ausland. Karl Karmarsch und Ferdinand Redtenbacher wurden beide als junge Assistenten von Wien abgeworben: Karmarsch begründete die Höhere Gewerbeschule in Hannover und Redtenbacher das Polytechnische Institut in Karlsruhe.

Das anlässlich der Gründung des Polytechnischen Instituts als Sammlung übernommene und später ins Technische Museum gelangte »Fabriksprodukten-Kabinett« Kaiser Franz' I. lässt sich bis zur 1748 erfolgten Einrichtung des kaiserlichen physikalisch-astronomischen Kabinetts zurückverfolgen. Werkzeuge, Modelle, Rohstoffe aus dem Mineral-, Pflanzen- und Tierreich, den »drei Reichen der Natur«, sowie physikalische Instrumente ergänzten diesen einmaligen, auch öffentlich zugänglichen Bestand zehntausender Objekte, der vorrangig zur Qualitätssteigerung der heimischen Produktion durch die Präsentation vorbildlicher Produkte oder, wie es 1806 hieß, »zur Aufmunterung der Künste und Gewerbe« beitragen sollte. Von dieser Idee führt ein direkter Weg zu den seit den frühen 1830er-Jahren regelmäßig in vielen größeren Städten abgehaltenen Gewerbeausstellungen. Die bedeutendsten fanden 1835, 1839 und 1845 in Wien statt. Für die Verbreitung technischer Innovationen und die Schaffung eines industriefreundlichen Klimas leisteten auch der 1837 gegründete Innerösterreichische und der 1839 folgende Niederösterreichische Gewerbeverein unermüdliche Überzeugungsarbeit.

Mit dem Auftrag, eingereichte Privilegienansuchen zu begutachten, erhielt das Polytechnische Institut eine zusätzliche Kompetenz, mit der es lenkend in den Prozess der technischen Entwicklung Einfluss nehmen konnte. Seit einer Neuregelung im Jahre 1810 erteilte der Staat Privilegien vorrangig »auf Maschinen und Erfindungen in dem Fache der Mechanik«. Eine Reform verknüpfte 1820 die Privilegienverleihung mit »Entdeckungen, Erfindungen und Verbesserungen im Gebiethe der Industrie«. Bis heute zählen diese ältesten Privilegien und Patente zum wertvollsten Bestand des Archivs der Technischen Universität Wien.

Automatische »Wundermaschinen« und Präzisionsmechanik

Geprägt vom Fortschritt der Naturwissenschaften beherrschte ein mechanistisches Weltbild und die Vorstellung vom Menschen als Maschine das Denken im 18. Jahrhundert. Die Nachahmung menschlicher und tierischer Funktionen als figürliche Automaten stieß überall auf große Faszination. Am Wiener Hof baute der Mitarbeiter des physikalischen Kabinetts Friedrich von Knaus um 1760 eine »Allesschreibende Wundermaschine«, einen über Kurvenscheiben gesteuerten Schreibautomaten, der im Technischen Museum Wien erhalten geblieben ist. Weniger dem tatsächlichen Gebrauch als dem barocken Repräsentationsbedürfnis diente auch die Sprossenrad-Rechenmaschine für die vier Grundrechnungsarten, die von Anton von Braun dem Älteren begonnen und von dessen Sohn in den 1760er-Jahren vollendet und dem Wiener Hof übergeben wurde.

Mit der Verwendung von Kurvenscheiben, Lochkarten, Stiftwalzen und Zahnrädern sowie der präzisen Feinwerktechnik zur Metallbearbeitung schuf der Automatenbau die technischen Voraussetzungen für die Herstellung von Werkzeugmaschinen und optischen In-

Skurrile Ideen: Der Wiener Jakob Kaiserer schlug 1801 vor, die neu erfundenen Ballons durch gezähmte Adler lenkbar zu machen. Titelblatt zu »Ueber meine Erfindung, einen Luftballon durch Adler zu regieren«, Wien 1801

strumenten. Der Wiener Modell- und Instrumentenbau erhielt zudem durch die Werkstätten des Polytechnischen Instituts wesentliche Impulse.

1808 hatte der Uhrmacher Jakob Degen in Wien mit Flugversuchen begonnen, allerdings mit dem an einem Ballon hängenden Schwingenflieger eine Sackgasse beschritten. Erfolgreicher war Degen 1820 mit seiner Guillochiermaschine. Die mittels Kurvenscheibensteuerung hergestellten komplizierten, regelmäßigen geometrischen Muster gelten als Grundlage des fälschungssicheren Banknotendrucks.

Rund zwei Jahrzehnte später berichtete 1839 der aus Paris zurückgekehrte Wiener Physiker und Mathematiker Andreas von Ettingshausen über die Daguerrotypie. Er konfrontierte den Mathematikprofessor Josef Petzval und den jungen Optiker Peter Wilhelm Friedrich Voigtländer mit dem Problem der langen Belichtungszeiten. Voigtländer fertigte 1840 nach den Berechnungen Petzvals ein gegenüber Daguerre wesentlich lichtstärkeres Porträt- und Landschaftsobjektiv mit kürzeren Verschlusszeiten und baute es in die erste Metallkamera ein. Petzval überwarf sich in der Folge mit Voigtländer und auch mit Doppler. In der Werkstätte von Voigtländers Vater hatte auch Simon Plößl gelernt, dessen Mikroskope eine der Voraussetzungen für den Aufstieg der Wiener medizinischen Schule waren.

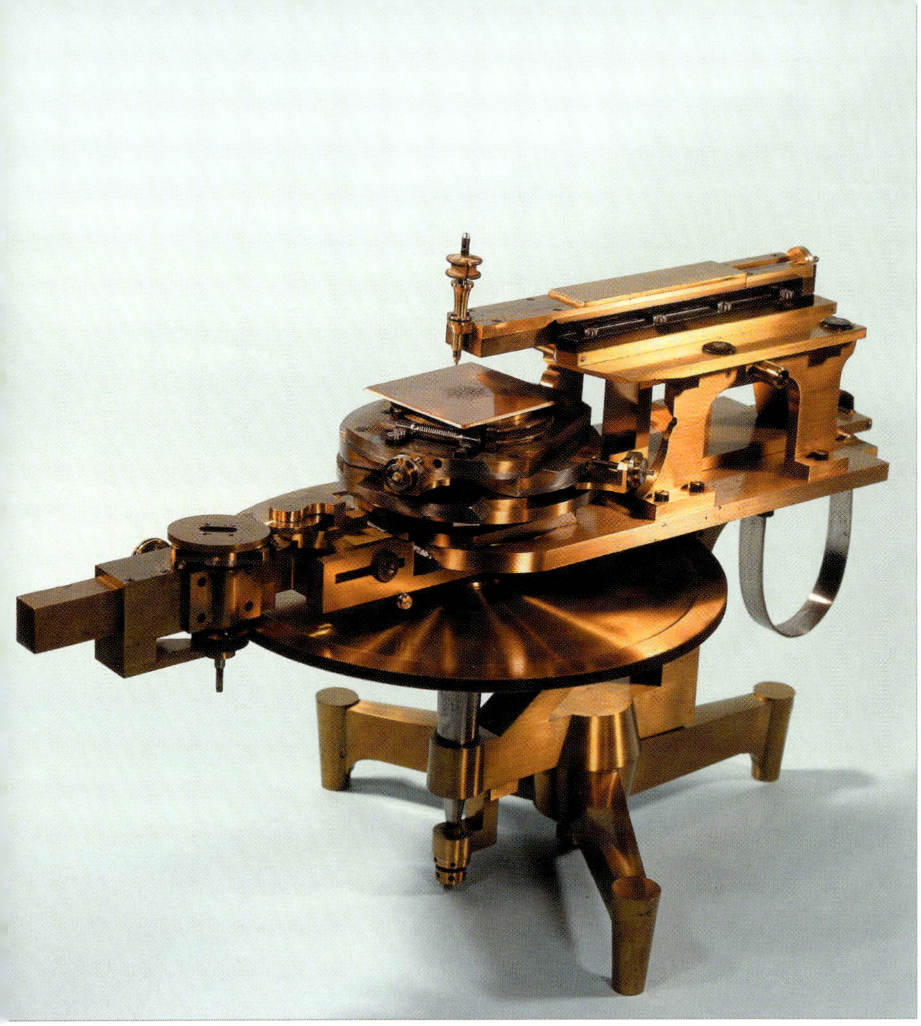

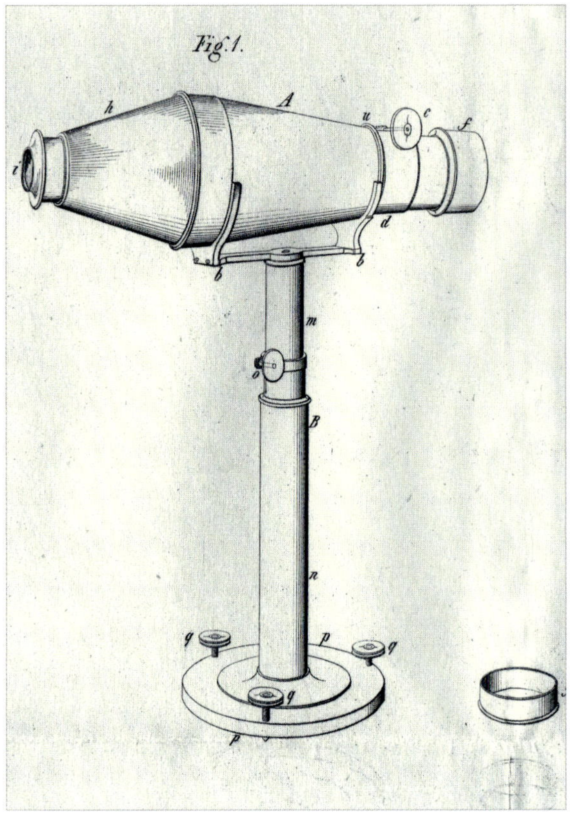

Eine Erfindung für das Geld: Guillochiermaschine von Carl und Jakob Degen (1761–1848) zur Herstellung von fälschungssicheren Banknoten, 1820 (abgebildetes Gerät um 1830)

Die erste in Serie hergestellte Metallkamera der Welt von Peter Wilhelm Friedrich Voigtländer (1812–1878), 1840/41

Die österreichischen Erfinder

Die Erfindungen der ersten Hälfte des 19. Jahrhunderts waren noch weitgehend das Werk handwerklich begabter Einzelpersonen, von Praktikern und Bastlern, seltener von naturwissenschaftlich oder technisch ausgebildeten Wissenschaftern. Nur in wenigen Fällen handelte es sich um Innovationen, die sich erfolgreich am Markt behaupteten und von Österreich aus die Welt eroberten. In der Regel gab es relativ zeitgleich jeweils Parallelerfindungen in mehreren Ländern.

Von geringer Bedeutung für den Industrialisierungsverlauf blieb die heute allgemein bekannte Erfindung einer Nähmaschine von Josef Madersperger, einem aus Tirol nach Wien zugewanderten Schneider. Maderspergers Versuche zur Mechanisierung des Nähens seit 1815 waren Teil einer Reihe von Erfindungen in verschiedenen Ländern. Madersperger erhielt zwar für sein letztes Modell aus dem Jahre 1835 eine Bronzemedaille des Niederösterreichischen Gewerbevereins, schenkte es jedoch, mangels Chance auf praktische Verwertung, dem Polytechnischen Institut. Der Verein hatte bezweifelt, ob es »überhaupt vielleicht in der Folge irgendwie wichtig werden könne.«

Mehr kommerziellen Erfolg hatten drei andere österreichische Erfinder. Alois Senefelder, in Prag als Sohn eines Schauspielers geboren, begann sich in den 1790er-Jahren mit dem Druck eigener Theaterstücke zu befassen und erfand dabei 1797 die Lithografie (Steindruck). 1803 erhielt er in Wien ein Privileg zum Betrieb einer Lithografie-Werkstätte, lebte seit 1806 aber vornehmlich in München. Senefelder entwickelte das Verfahren 1809 zur Chromolithografie (Farbdruck) weiter. Er konnte den internationalen Erfolg seiner Erfindung noch zu Lebzeiten genießen.

Vom gelernten Maurer bis zum erfolgreichen Unternehmer verlief die Karriere des vielseitigen Josef Hardtmuth. Beruflich in der Stellung eines leitenden Baumeisters der Fürsten

Forschung und Entwicklung: Der Mathematiker an der Universität Wien Josef Petzval (1807–1891) berechnete mit Hilfe von zehn im Rechnen geübten Soldaten das um ein Vielfaches lichtstärkere Objektiv der Daguerrotypiekamera der Firma Voigtländer.

Eine verkannte Erfindung? Die »Nähhand« von Josef Madersperger (1768–1850), 1835, Technisches Museum, Wien

Liechtenstein erhielt er 1798 ein Privileg auf die Erfindung des »Wiener Steinguts«, einer Masse zur Herstellung von Speisegeschirr. Als viel folgenreicher erwies sich sein 1804 privilegierter Bleistift mit einer Mine aus einer Graphit-Ton-Blei-Mischung. Die von ihm in Wien gegründete Fabrik führten Witwe und Söhne weiter. Sein Enkel Franz verlegte das erfolgreiche Unternehmen aus Rohstoffgründen 1874 nach Budweis/České Budějovice und entwickelte 1889 den »Koh-i-noor«-Zeichenstift.

Johann Nepomuk Reithoffer, ein gelernter Schneider, beschäftigte sich sein Leben lang mit der Verarbeitung des Kautschuks (Federharz) und der Herstellung wasserdichter Gewebe, wofür er 1824 ein erstes Privileg erhielt. Entscheidend für die Erzeugung elastischer Mieder wurde sein 1833 privilegiertes Verfahren zur Verwebung von Kautschukfäden. Die von ihm 1831 in Wien gegründete und 1852 nach Wimpassing verlegte Fabrik für gummierte Gewebe wurde zum Ausgangspunkt des späteren »Semperit«-Konzerns.

Die große Masse der Erfindungen betraf Maschinen der Produktionstechnik. Selbstverständlich gab es aber auch Innovationen für den Alltag und die Freizeit. Als sich nach 1817 die von Karl Drais von Sauerbronn der Öffentlichkeit vorgestellte Laufmaschine rasch großer Beliebtheit erfreute, begann der Tischler Anton Burg, der seit 1798 in Wien eine Fabrik für landwirtschaftliche Maschinen betrieb, mit dem Nachbau von Draisinen und erhielt 1824 ein Privileg auf seine dreirädrige »Gesundheits- und Unterhaltungs-Maschine«.

Eine für die bürgerliche Alltagskultur des Biedermeier charakteristische Erfindung meldeten 1840 Wagenmann und Böttger in Wien an. Ihre – im Fabriksprodukten-Kabinett erhaltene – Kaffeemaschine in Gestalt einer Lokomotive ist eine gestalterisch und handwerklich gelungene Symbiose zwischen zeitgeistiger Form (»gefälliges Äußeres«) und praktischem Nutzen.

Allgemein herrscht heute Konsens darüber, dass Österreich im Laufe der 1820er-Jahre den

Anschluss an die westeuropäische Industrialisierung gefunden hatte und eine dynamische wirtschaftliche Entwicklung ihren Ausgang nahm: »Die langen Friedensjahre haben der durch die ehemalige Continentalsperre erwachten Industrie Fortschritte gestattet, und einen Aufschwung gegeben, welchen dieselbe kaum erwarten ließ, und so mancher Zweig der Industrie steht dem besten englischen zur Seite«, schrieb 1843 das Allgemeine Wiener polytechnische Journal. Diese »Fortschritte« hatten ihre Basis in einer Summe von staatlichen Maßnahmen, einem Potential von innovativen und risikofreudigen Unternehmern und nicht zuletzt in einer Fülle von tausenden Erfindungen, dokumentiert in der »Beschreibung der Erfindungen und Verbesserungen, für welche in den k. k. österreichischen Staaten Privilegien erteilt wurden«, gedruckt in sechs Bänden in den Jahren 1841 bis 1847.

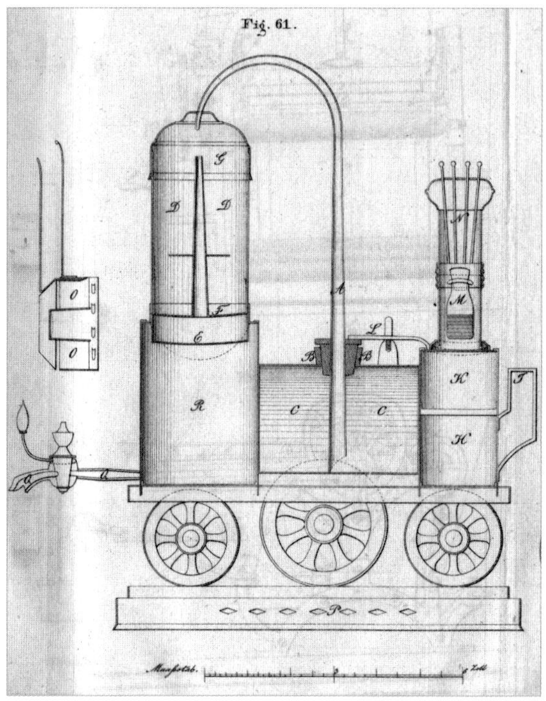

Technik und Design: Entwurf für eine Kaffeemaschine in Form einer Dampflokomotive, 1839

Industrie und Handwerk

Unter »Industrie« verstehen wir heute die großbetriebliche, »fabriksmäßige« Sachgütererzeugung, die verwaltungsrechtlich vom kleinbetrieblichen Gewerbe und Handwerk unterschieden wird. Der bei uns geläufige Industriebegriff bildete sich im späteren 19. Jahrhundert heraus. Industrielle, das heißt fabriksmäßige Erzeugung ist dann gegeben, wenn größere maschinelle Anlagen mit Kraftantrieb zum Einsatz kommen, eine größere Zahl von Arbeitskräften – hier wird von einem Richtwert von 20 als Untergrenze ausgegangen – beschäftigt wird und wenn die Tätigkeiten der Leitung und Organisation des Betriebs von jenen der Ausführung der Herstellungsarbeit getrennt sind. Der industrielle Betrieb wurde in verschiedener Hinsicht verwaltungsrechtlich anders behandelt als das Handwerk – er unterlag nicht den Zugangsbeschränkungen des Handwerks, er war andererseits strengeren Regeln bei der Betriebsgenehmigung unterworfen und die gesetzliche Sozialversicherung war ursprünglich auf die fabriksmäßigen Betriebe beschränkt.

Am Beginn der Industrialisierung wurde der Begriff »Industrie« in einem allgemeineren, weiter gehenden Sinn verwendet. Vom lateinischen »industria« her kommend, bedeutete Industrie so viel wie »Gewerbefleiß«, den mit allen erdenklichen Mitteln zu fördern sich die Staaten im 18. Jahrhundert zum Ziel setzten. Sie traten in einen immer intensiveren Wettbewerb darin ein, die Macht und den Wohlstand ihres Landes, gleichbedeutend mit der herrschenden Fürstendynastie, dadurch zu steigern, dass ein möglichst großer Teil der Bevölkerung sich einer produktiven Tätigkeit widmete, wozu vor allem in neu einzuführenden Güterproduktionen ein großes Potential vorhanden war.

Grundverschieden vom modernen Sprachgebrauch ist die Verwendung der Wörter »Fabrikant« und »Fabrik« am Beginn der Industrialisierung im 18. Jahrhundert, die vielfach synonym mit »Manufakturist« bzw. »Manufaktur« eingesetzt werden. Als Fabrikant wurde ein Gewerbetreibender bezeichnet, der sein Gewerbe aufgrund einer Fabriksbefugnis, ursprünglich »Fabriksprivileg« genannt, ausübte, also nicht auf der Grundlage eines handwerklich-zünftischen Meisterrechtes. Fabrikant ist somit im 18. und frühen 19. Jahrhundert nicht unbedingt gleichbedeutend mit großbetrieblicher Produzent. Zum überwiegenden Teil waren die Fabrikanten im heutigen Sinn Kleingewerbetreibende, die allerdings nicht dem Organisationsrecht des zünftischen Handwerks unterworfen waren. Während die Organisationsregeln des Handwerks die Form des Großbetriebs ausschlossen, galten für den Fabriksbetrieb solche und ähnliche Restriktionen nicht. Damit unterschied sich die Produktion in Fabriken und Manufakturen in ihrer Funktionsweise grundlegend von jener im Sektor des traditionellen Handwerks. Das Handwerk war ein Wirtschaftssystem eigener Art, dessen Regeln und Prinzipien den landesherrlichen Zielsetzungen einer raschen Industrialisierung im Wege standen.

Die Bemühungen, die Industrialisierung durch die Etablierung neuer Produktionen in Form von Fabriken und Manufakturen zu fördern, stießen auf den entschiedenen Widerstand der Zünfte, gegen den die landesherrlichen Obrigkeiten die neuen Unternehmungen so gut wie möglich zu schützen trachteten. Mit fortschreitender Industrialisierung wurde das handwerkliche Wirtschaftssystem zunehmend zurückgedrängt und innerlich ausgehöhlt. Die Industrielle Revolution ist in diesem Sinne somit auch ein Übergang vom Wirtschaftssystem Handwerk zur Marktwirtschaft.

Statik des Zunftwesens: Auswechselbares Namensverzeichnis der Müllerzunft von Stadt Salzburg und Umgebung, um 1700, erneuert 1821

Die Zünfte als Konzept der Selbstbegrenzung

Bis weit ins 18. Jahrhundert war die gewerbliche Sachgütererzeugung in Österreich im städtischen Handwerk konzentriert, das von der Organisationsform der Zünfte – in Österreich auch als »Zechen«, »Innungen« oder »Gilden« bezeichnet – geprägt war. Wichtigstes Prinzip der Zünfte war der »gesicherte Nahrungsstand« der Meister. Die Zahl der Meister in einem Gewerbezweig orientierte sich daran, dass jeder Meister auch in wirtschaftlich schlechten Zeiten zumindest von seiner eigenen Hände Arbeit ökonomisch überleben konnte. Eine Ausweitung des Betriebes bei guter Nachfrage war nur begrenzt möglich. In den meisten Handwerken war die Zahl der Gesellen, die ein Meister aufnehmen durfte, mit ein oder zwei begrenzt. Dazu konnten noch ein oder zwei Lehrlinge und mitunter auch eine ungelernte Hilfskraft (»Knecht«) beschäftigt werden. Die Zahl der Meister war nicht immer festgelegt, doch wirkten mehrere Erfordernisse für die Erlangung der Meisterschaft, wie hohe Einverleibungsgebühren oder die Anfertigung kostspieliger Meisterstücke, ihrer Ausweitung entgegen. Die Meisterschaft in Wien galt im 18. Jahrhundert als kapitalisierbares Besitzrecht, dessen Wert allerdings unter den einzelnen Handwerken enorm differierte. Vor allem durch die Festsetzung einer gering bemessenen maximalen Beschäftigtenzahl war der Hauptfaktor jeder stärkeren industriellen Expansion, die produktive Reinvestition von höheren Gewinnen erfolgreicher Unternehmungen, mehr oder weniger ausgeschaltet. Eine Ressourcenallokation nach den Anforderungen des Marktes fand nur beschränkt statt.

Eine eigene Untergruppe im Rahmen der Zünfte bildeten die Gesellen. Die Beschränkung der Betriebsgröße setzte auch hier dem Arbeitskräfteangebot enge Grenzen. Bei schlechter Auftragslage konnten Gesellen gekündigt werden und mussten dann, wenn sie bei keinem anderen Meister Arbeit fanden, die Stadt verlassen (»Wanderzwang«). Die Wanderung sollte so lange fortgesetzt werden, bis ein Geselle wieder bei einem Meister seines Handwerks Arbeit gefunden hatte. Die Annahme von Arbeit außerhalb des eigenen Handwerks, zum Beispiel bei einem nicht zünftischen Gewerbetreibenden, bei Fabrikanten, bei so genannten »Pfuschern« oder »Störern«, oder selbstständige Gewerbeausübung waren für den Gesellen mit dem Verlust der »Ehrlichkeit« verbunden, mit der Folge, dass der Betreffende bei keinem Meister seines Handwerks mehr eine reguläre Beschäftigung finden konnte. Besonders diese Aberkennung der Ehrlichkeit war eine starke Waffe des zünftischen Handwerks im Kampf gegen die neu aufkommenden Fabriken.

Ein weiteres Grundprinzip der Handwerkerzünfte, das die industrielle Entwicklung

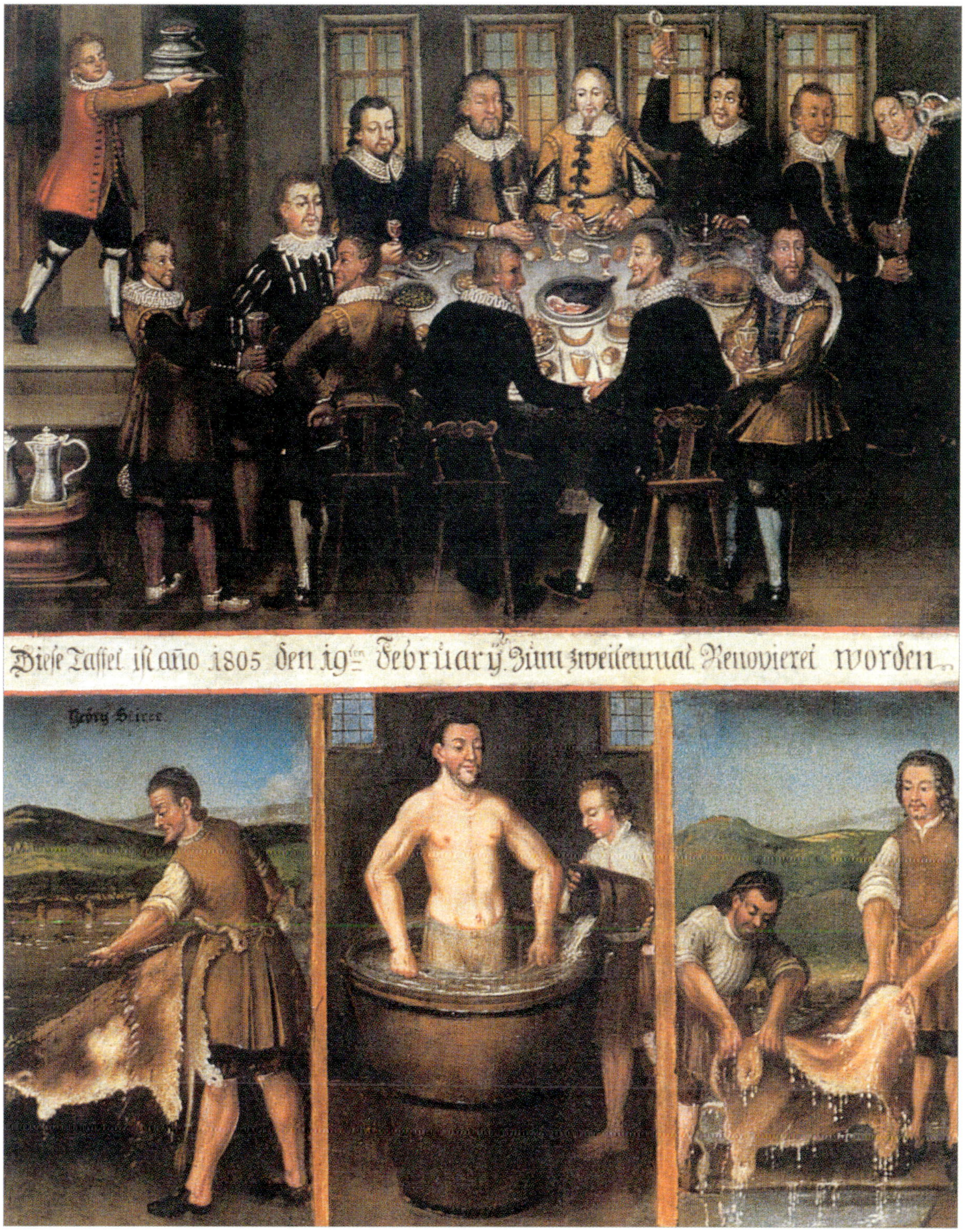

Zunfttafel der Welser Lederer. Der Mittelteil der 1625 gestifteten triptychonartigen Tafel zeigt ein Festmahl der Ledererzeche und Arbeitsvorgänge bei der Ledererzeugung. Öl auf Holz, 1625/1717/1805

hemmte, war das »Verbot der doppelten Nahrung«. Dies bedeutete, dass kein Meister mehr als ein Handwerk ausüben durfte. Die Kombination komplementärer Tätigkeiten, wie sie in Fabriken und Manufakturen oft essentiell war, widersprach daher den Zunftregeln. Darüber hinaus implizierte das Verbot eine strikte Trennung von Produktion und Handel, insbesondere Einzelhandel – ein Problem, mit dem sich die Gewerbepolitik viele Jahrzehnte lang auseinander zu setzen hatte.

Der restriktive Charakter der Zunftorganisation hatte zur Folge, dass sich verschiedene Mechanismen zum Ausgleich von Veränderungen der Nachfrage entwickelten. Aus einer Gewerbezählung für Wien aus dem Jahre

Wir Vorsteher und andere Meister des Handwerks der bürgerlichen Fleischhauer in der kaiserl. königl. Haupt- und Residenzstadt Wien bescheinen hiemit, daß gegenwärtiger Gesell Namens … von … gebürtig, so 24 Jahr alt, und … Statur, auch … Haaren, ist bey uns allhier – Jahr, 6 Monat, – Wochen, in Arbeit gestanden, und sich solcher Zeit … verhalten hat; Welches wir also hiemit attestiren, und deshalb unsere sämmtliche Mitmeister diesen Geseln nach Handwerksgebrauch überall zu fördern geziemend ersuchen. Gegeben … den 15. … im Jahr 1810

Arbeitszeugnis der Wiener Fleischhauerzunft für einen Gesellen, mit Ansicht von Wien, 1810

1736, genannt »Summarium der in und vor der Stadt befindlichen Professionisten«, ergibt sich, dass von 10.000 erfassten Gewerbebetrieben nur rund ein Drittel als zünftisch organisierte Handwerke betrieben wurde. Der Rest war aufgrund von Befugnissen anderer Art – so genannte »Hofbefreite«, Angehörige der Stadtguardia – oder unbefugt als Störer oder Pfuscher tätig. Der Landesherr unternahm wiederholt Versuche, die in ihrer realen Bedeutung nicht zu verleugnende unbefugte Gewerbeausübung zu legalisieren, etwa durch die unter Kaiser Karl VI. gegen Gebühr erteilten »Schutzdekrete«, allerdings mit begrenztem Erfolg, da die Zünfte sich weigerten, diese Handwerker als gleichrangig anzuerkennen. Das städtische Gewerbe blieb direkt oder zumindest indirekt von der zünftischen Organisationsform geprägt.

Dies bedeutet nicht, dass Sachgüterproduktion in größeren betrieblichen Einheiten vor dem 18. Jahrhundert nicht vorkam. Die Herstellung verschiedener Materialien und Gegenstände erforderte aus technischen Gründen größere Betriebsanlagen. Solche »Großbetriebe«, die als Vorläufer der Industrie im heutigen Sinne angesehen werden können, waren meist außerhalb der Städte angesiedelt und ebenfalls stark von Tradition und Herkommen geprägt.

Großbetriebe und Fabriksprivilegien drängen die Zünfte zurück

Großbetriebe waren naturgemäß die nicht zur Industrie im eigentlichen Sinn zu zählenden Bergbaue und die angeschlossenen Hüttenwerke. In der Eisenerzeugung wurden auf den einzelnen Stufen der Wertschöpfungskette die

Gemeinschaftsschild aus Oberösterreich für die vier Gewerbe Schmied, Schuster, Bäcker und Wirt. Öl auf Holz, Oberösterreich, Gegend von Kremsmünster, 18. Jahrhundert

Tätigkeiten in unterschiedlichem Maß selbstständig oder gemeinschaftlich organisiert. Die Eisenerzer Radmeister und die Hammergewerken entlang der Enns und ihren Nebenflüssen schlossen sich im 17. Jahrhundert gemeinsam mit ihren in Steyr angesiedelten Verlegern zu einem Großunternehmen, der Innerberger Hauptgewerkschaft, zusammen. Die einzelnen Gewerken waren nach dem Unternehmensstatut, »Kapitulationsurkunde« genannt, anteilsmäßige Miteigentümer an dem von einer zentralen Leitung geführten Unternehmen, dessen Rechtsform als ein Mittelding zwischen Genossenschaft und Aktiengesellschaft charakterisiert werden kann. Häufige Konflikte zwischen den Gewerken bzw. Gewerkengruppen erwiesen sich jedoch immer wieder als Störfaktor in der Entwicklung des Unternehmens, was letztlich zu seiner Verstaatlichung (1808) führte. Auf der anderen, der südlichen Seite des Erzberges blieben die Rad- und Hammermeister selbstständige Unternehmer, die Radmeister schlossen sich in nur lockerer Form zur Vordernberger »Radmeisterkommunität« zusammen.

Zu den wichtigsten Finalprodukten der alten innerösterreichischen Eisenindustrie zählten Messer, Klingen, Sicheln und Sensen sowie

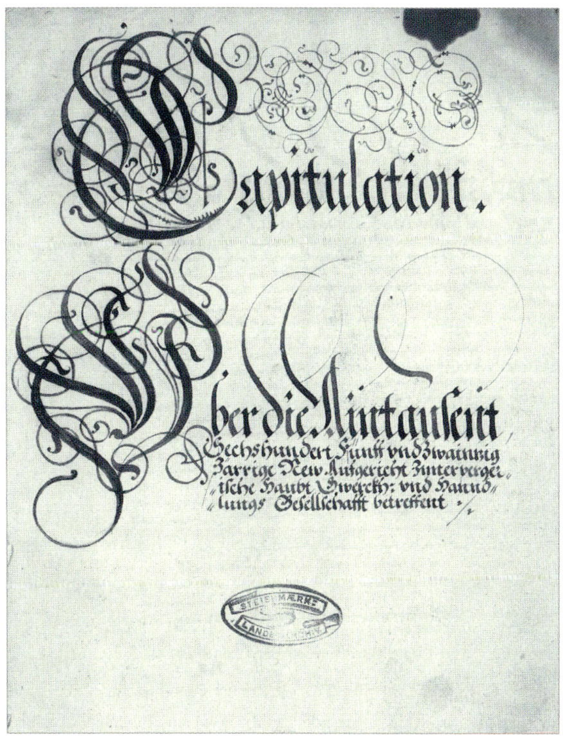

Die größte Eisenindustriegesellschaft ihrer Zeit: Titelblatt der Hauptkapitulation der am 13. August 1625 gegründeten Innerberger Hauptgewerkschaft, 20. Oktober 1625

Waffen. Die Herstellung von Sicheln und Sensen erfolgte großbetrieblich-maschinell, wobei wiederum die genossenschaftlich-zünftische Organisationsform vorherrschte. Die größte von ihnen, die Kirchdorf-Micheldorfer Sensenschmiedezunft, betrieb im 17. Jahrhundert 42 Werkstätten. In Steyr, dem Zentrum der Eisen- und Stahlverarbeitung, war die Produktion von Messern, Klingen und anderen Stahlerzeugnissen im 18. Jahrhundert auf 41 verschiedene Gewerbe aufgeteilt, sodass hier die Struktur kleinbetrieblich geprägt war. Frühe Formen des Großbetriebes finden sich zahlreich in der Waffenerzeugung: Sebald Pögl in Thörl bei Bruck in der Steiermark nahm seinen Aufstieg als Waffenlieferant Kaiser Maximilians I.; spätere Beispiele für große Waffenschmieden sind im 17. Jahrhundert Luckhner und Mittermayer in Steyr und die in Wiener Neustadt angesiedelte »Niederländische Armaturenmeisterschaft«.

Auch wenn bei diesen und anderen Beispielen mit einer gewissen Berechtigung von »frühkapitalistischen« Wirtschaftsformen gesprochen wird, darf andererseits nicht übersehen werden, dass diese Strukturen in hohem Maße von der zünftisch-handwerklichen Organisationsform bestimmt blieben. Die Arbeitsteilung zwischen den einzelnen Betrieben und Unternehmungen auf den verschiedenen Stufen der Wertschöpfungskette war keineswegs durch Markt und freie Konkurrenz gesteuert, sondern durch traditionelle Beziehungen und obrigkeitliche Verfügungen. Dies ergab sich schon aus dem Umstand, dass Holz selbst in so waldreichen Gegenden, wie sie um die steirischen und Kärntner Erzlagerstätten vorherrschten, ein äußerst knappes Produktionsmittel war und daher einer intensiven Bewirtschaftung bedurfte. Konkurrenz unter den Gewerken fand nur sehr beschränkt statt, diese standen vielmehr in vielfältigen kooperativen Beziehungen zueinander, wenngleich auch in unterschiedlicher Intensität. Der Landesherr nahm häufig auf die Beziehungen zwischen den einzelnen Produzenten Einfluss. Vor allem die Absatzwege der verschiedenen Produktionsgebiete waren durch landesfürstliche Verordnungen bis ins Detail geregelt. Für das Eisen aus Vordernberg war Leoben als Hauptstapelplatz bestimmt. Hingegen war das Innerberger Eisen dem Handelsplatz Steyr vorbehalten – dieses Stapelrecht, das die Unternehmer verpflichtete, alles Eisen und Holz drei Tage in der Stadt feilzubieten, ehe sie es weiterverhandeln durften, war die Grundlage der führenden Stellung Steyrs als Eisenstadt.

Die Gründung einer Fabrik erfolgte anfänglich immer auf der Grundlage eines vom Landesherrn verliehenen Fabriksprivilegs. In einer Zeit, der der Gedanke eines allgemeinen Rechts zur frei gewählten Gewerbe- und Berufsausübung völlig fremd war, war eine solche Befugniserteilung schon deshalb notwendig, um der gewerblichen Tätigkeit des Fabrikanten eine neben dem Handwerk, das aufgrund von Zunft-»Privilegien« ausgeübt wurde, gleichberechtigte Grundlage zu geben. Darüber hinaus enthielten die Fabriksprivilegien in unterschiedlicher Weise eine Reihe von Rechten und Bestimmungen, die dem neu gegründeten Unternehmen das Überleben in einer oft unfreundlich gesinnten Umwelt sichern und seine Expansion fördern sollten. Im Sinne der letzteren Zielsetzung gewährten viele Fabriksprivilegien bis etwa zur Mitte des 18. Jahrhunderts eine Monopolstellung bei der Herstellung einzelner Waren – wichtigstes Einzelbeispiel ist das 1726 zuerst auf 20 Jahre gewährte und später verlängerte Monopol der Schwechater Baumwollfabrik. Zum Schutz vor Importkonkurrenz verfügten die Fabriksprivilegien häufig Einfuhrverbote.

Weiters hatten die Fabriksprivilegien die Funktion, neuartige Produkte und Produktionsverfahren ausdrücklich zu legitimieren und so gegen Anfeindungen des traditionellen Handwerks zu schützen. Ein frühes Beispiel ist die 1709 in Wien erfolgte Erteilung eines Fabriksprivilegs an Adam Ignaz Höger zur bis dahin in Wien unbekannten Erzeugung von Lampen- und Speiseöl aus Weinkörnern. Es enthielt das – aus heutiger Sicht selbstverständliche – Recht, alle »Weinkörner und andere zu fabricirung dieses oels in unseren erbländern bedürftige materialien und notdurften durchaus frei, sicher und unaufgehalten zu denen hierzu aufgerichteten laboratoriis

Färber-Zunft-Schild, von Gesellen gestiftet, Salzburg, 1783

und manufacturen zusammen zu bringen«, sowie die Mahnung an »allen und jeden«, Höger seine Ölfabrik »durchgehends unperturbiert nutzen und genießen zu lassen«. Eine besonders heikle Angelegenheit war die mittels Fabriksprivileg 1753 an den hofbefreiten Posamentierer Karl Jahner auf 15 Jahre exklusiv erteilte Befugnis zur »errichtung einer fabrique von denen Schweitzer ganzseidenen und floret, auch Leonischen bändern, vermittelst dem gebrauch der sogenannten Schweitzer mühlstühlen, allhier in einer deren vorstädten dieser unsrer residenzstadt Wienn«. Da diese Technologie dem in Wien zahlreich vertretenen bürgerlichen Bandmachergewerbe ausdrücklich verboten war, wurde in dem Privileg gleichzeitig betont, dass diese Handwerker keinen »eintrag in ihrer nahrung« erleiden dürften, was dadurch gewährleistet werden sollte, dass der Gebrauch der Mühlstühle nur für die Herstellung bestimmter Sorten von Bändern gestattet wurde, während die bürgerlichen Handwerker sich auf die anderen Sorten konzentrieren sollten – eine nicht sehr überzeugende Lösung des wirtschaftspolitischen Zielkonflikts.

Das Bemühen des Landesherrn, die Arbeiter der Fabriken vor Benachteiligungen zu schützen und so die Arbeit in Fabriken für die unentbehrlichen Fachkräfte von wirtschaftlichen und sozialen Risiken möglichst frei zu halten, fand über viele Jahrzehnte hinweg in den Fabriksprivilegien seinen Niederschlag. Vor allem an die bürgerlichen Handwerker richtete sich die Mahnung im ersten Fabriksprivileg für die Linzer Wollzeugmanufaktur aus dem

Tradition der Zünfte: Versammlung der Mitglieder der Zunft der Salzburger Weißgerber, Salzburg, 1612

Jahr 1672, »die darzue brauchende leuth, ruhig frid- und unverhinderlich ohne allen eintrag und zancksuchtige beunruhigung arbeiten, zuerichten und färben (zu) lassen«, die sich in ähnlicher Form in vielen Privilegien wieder findet. Das Privileg der Schwechater Baumwollfabrik bestätigt dieser das Recht, »fremde künstler und arbeiter ... kommen zu lassen, welche wir in unsern allerhöchsten schutz nehmen, dergestalten, daß sie von jedermann ungehindert arbeiten und von denen zünften nicht gescholten, gestraft oder dergleichen zunftgebräuchen so wohl währenden diensten als auch, wann solche entlassen sein würden, wider sie ausgeübet werden können«. Wie wenig die Zünfte und die von ihnen kontrollierten Magistrate sich von solchen Mahnungen beeindrucken ließen, zeigte sich an ihrer feindseligen Haltung gegenüber der Wollzeugmanufaktur und die Macht dieser Gegnerschaft nahm nur langsam ab.

Auch in anderer Form boykottierte das traditionelle Handwerk die neu aufkommenden Fabriken, nämlich als Lieferanten, Anlagenbauer und Dienstleister. So etwa führt das Schwechater Fabriksprivileg aus, dass »die handwerker und zünfte schuldig sein (sollen) und ernstlich angehalten werden, der compagnie die zu dieser fabric nötige arbeit, in specie die erforderliche werkzeuge, wann auch solche in ihr eigenens handwerk einlaufen täten, gegen billige bezahlung unweigerlich zu verfertigen, oder selbst der compagnie freistehen, solche durch ihre leute verfertigen und machen zu lassen«.

Dass auch Fabriken an ländlichen Standorten mit den Widerständen der traditionellen, in diesem Fall nicht eigentlich zünftischen Strukturen zu kämpfen hatten, zeigt das 1731 verliehene Privileg für eine Weiß- und Schwarzblechfabrik in der Steiermark an Johann Franz von Königsbrunn. Dort wird nicht nur den Hammermeistern und Gewerken geboten, die Fabrik mit Eisen zu beliefern. Die Fabrik erhält zudem das Recht zugesprochen, für ausreichende Versorgung mit Holzkohle Waldungen zu kaufen, ferner für die Arbeiter Nahrung und Getränke heranzuschaffen und ein Wirtshaus zu halten – »nicht aber für fremde«, wie einschränkend hinzugefügt wird.

Andere Inhalte der Fabriksprivilegien waren die Berechtigung zum Groß- und Einzelhandel mit den eigenen Produkten, Bestimmungen über die Qualitätskontrolle, Lohnsatzungen, Bestimmungen über Arbeitsverträge und über die Art der Leitung des Unternehmens, über die Übertragbarkeit bzw. Vererblichkeit der Berechtigung bis hin zu strafrechtlichen Bestimmungen gegen »ungehorsame« Arbeiter oder gegen die Veruntreuung von Materialien und Werkstoffen, wobei das Unternehmen auch mit der Vollziehung beauftragt werden konnte. Häufig wurden Funktionen der Staatsgewalt an die Fabriken bei der Vollziehung und Kontrolle von Einfuhrverboten und -beschränkungen übertragen. Dabei wurde das Recht eingeräumt, Handel und Gewerbe mit eigenem Personal zu überwachen, Vorratslager, Kontore, Werkstätten und Transportmittel zu visitieren, Konterbande zu konfiszieren und sich dabei staatlicher Organe zu bedienen.

Das Ringen um Industrieansiedlungen

Je stärker sich die neuen Industrien entwickelten und je mehr die Bedeutung des Wettbewerbs unter Produzenten erkannt wurde, umso weniger wurden durch die Fabriksprivilegien Exklusivrechte gewährt. Wo sie weiterhin vorkamen, dienten sie dem Schutz von neu entwickelten Produktionsverfahren und Produkten, betrafen also den Schutz von Patenten, Marken und Mustern. Die intensive Diskussion über Berechtigung und Zweckmäßigkeit solcher Exklusivrechte führte schließlich ab 1820 zu einer generell-gesetzlichen Regelung der Materien, die später auch auf anderen Teilgebieten erfolgte. Nach einer zutreffenden Charakterisierung sind die Fabriks-

Es stedt gar woll in
einer stadt wo man
fridtsambe bürger hat.
1612

privilegien als »Experimentierfeld für die Verrechtlichung neuer Produktionsbedingungen« anzusehen: Viele Bestimmungen des im Lauf des 19. Jahrhunderts kodifizierten Rechtsrahmens für Industrie und Gewerbe gehen auf die Fabriksprivilegien des 18. Jahrhunderts zurück.

Unter den zeitgenössischen Schriftstellern wurde eine eingehende Diskussion darüber geführt, worin das Wesen der Fabrik eigentlich bestehe. Joseph von Sonnenfels bezeichnete als »Manufacturanten« (= Fabrikanten) »die jenigen gattungen von Arbeitern ..., welche Verlag oder sogenanntes Kaufmannsgut machen«. Stärker einschränkend definierte er gleich darauf Manufaktur und Fabrik als »Zusammenhang aller Arbeiten, welche erfordert werden, um eine Waare vollkommen, das ist zum Kaufmanngute zu machen. Manufacturant ist dann der Bürger, der diesen Zusammenhang leitet.« Welche Waren von Fabriken und welche von traditionellen Handwerken erzeugt wurden, stellte sich in verschiedenen Ländern höchst unterschiedlich dar. Die Produktion von so typischen Kommerzwaren wie Seidenstoffe oder Uhren war in ihren wichtigsten Produktionsgebieten, in Lyon bzw. in der Schweiz, handwerksmäßig organisiert, das heißt, dass eine Vielzahl selbstständiger Handwerker bei der Produktion zusammenwirkten. In Fabriken bzw. Manufakturen erfolgte die Produktion solcher Güter dort, wo die Staatsverwaltung die entsprechenden Industrien neu etablieren wollte. Genau darauf stellt J. H. G. Justi in seiner berühmten »Vollständigen Abhandlung von denen Manufacturen und Fabriken« (1758) ab: »Wenn nun ein solches Volk aus seiner Schlafsucht aufwacht, sich zur Geschicklichkeit ermuntert und dergleichen Waaren selbst verfertiget, so pfleget es diese neuen Arbeiten mit dem Namen der Manufacturen und Fabriken zu belegen. Besonders findet dieses bey denjenigen Völkern statt, welche bey ihren alten und gewöhnlichen Bearbeitungen der natürlichen Dinge die Einrichtung der Innungen und Zünfte eingeführet haben. Alle alten Bearbeitungen werden alsdann Handwerke genennet, die neuen erst einzuführenden Bearbeitungen aber werden mit dem Namen der Manufacturen und Fabriken beleget.«

Der erste Versuch im großen Maßstab, neue Industrien in Wien anzusiedeln, war das auf Initiative des Ökonomen Johann Joachim Becher 1674 gegründete und später von Wilhelm von Schröder geleitete Manufakturhaus am Tabor, »kayserliches Kunst- und Werckhaus« genannt. Mit diesem Projekt sollten gleich mehrere Industriezweige etabliert werden, denn im Manufakturhaus wurden Farben, Chemikalien, Medikamente, Hausgeräte, Seidenbänder und Wollzeuge produziert. Nicht zuletzt erwartete man sich eine Vorbildwirkung der einzelnen Produktionen, die andere Fabrikanten zur Nachahmung anregen sollte. Das Manufakturhaus war jedoch ein kommerzieller Misserfolg – es erzielte keine ausreichenden Einnahmen, um seine Arbeitskräfte entlohnen zu können. Die Produktion von Seidenbändern und Wollzeugen wurde bald ausgegliedert, an Private verkauft und nach Niederösterreich verlegt. Als das Gebäude während der Türkenbelagerung 1683 ausbrannte, kam dies nur einer endgültigen Besiegelung des kommerziellen Scheiterns gleich.

Wenn im 18. Jahrhundert in Österreich ein neuer Industriezweig durch die Gründung und Förderung von größeren Fabriksunternehmungen etabliert wurde, so waren dafür oft nicht Gründe der Produktionstechnologie, sondern praktisch-organisatorische Erfordernisse maßgeblich. Eine gewisse Mindestgröße, die gleichzeitige Etablierung mehrerer komplementärer Produktionsvorgänge sowie eine möglichst rasche weitere Expansion der neuen Produktion ließen sich am besten durch die mit einem einzigen großen Schritt erfolgende Errichtung größerer Produktionseinheiten realisieren. Die Großbetriebe behielten aber zunächst die handwerklichen Technologien bei und hatten so kaum Konkurrenz-

In der Schneiderwerkstätte. Aquarell von Franz Heinrich, 1835

vorteile durch »economics of large scale«. Daher finden wir zum Beispiel in der Wiener Seidenindustrie im frühen 19. Jahrhundert eine bunt gemischte Struktur von Groß-, Mittel- und Kleinbetrieben. Ob sich ein Großbetrieb halten konnte bzw. ob ein Klein- oder Mittelbetrieb zum Großbetrieb aufstieg, war nicht zuletzt auch von den Fähigkeiten der Unternehmensleitung abhängig. Nicht selten kam es auch vor, dass ein protoindustrieller Großbetrieb sich gleichsam in seine verschiedenen Handwerke auflöste – so geschehen im Fall der so genannten »Genfer Kolonie«, mit deren 1789 erfolgter Umsiedlung nach Wien hier eine Kleinuhrenerzeugung etabliert wurde. Schon 1801 löste sich die Kompanie jedoch auf, wobei über 200 Arbeiter als selbstständige Fabrikanten der verschiedenen Teilprozesse weiter in Wien tätig blieben.

Anders verhält es sich bei jenen Industrien, die mehr oder weniger in ganz Europa in der Neuzeit neu entstanden. Die Baumwollindustrie des 18. Jahrhunderts beschäftigte die große Masse ihrer Arbeiter, die Spinner und die Weber, im Verlagssystem, während die Endfertigung in großbetrieblichen Produktionsstätten vorgenommen wurde. Auch wenn mit der Zeit eine gewisse Diversifikation stattfand, blieb hier der Großbetrieb dominierend, wiewohl es noch nicht zu einer Mechanisierung der Arbeitsvorgänge kam. Ähnliches gilt für die Porzellanerzeugung und für die Tabakindustrie.

Der industrielle Großbetrieb im modernen Sinn tritt in Österreich erst im 19. Jahrhundert auf. In der Textilindustrie war die Pottendorfer Baumwollspinnerei mit ihren 1.800 Arbeitern und ihrem umfangreichen Maschinenpark mit Abstand der größte Betrieb. Über große maschinelle Anlagen verfügten die führenden Maschinen- und Lokomotivfabriken – zur Jahrhundertmitte waren die größten unter ihnen die in Wien angesiedelte »landesbefugte« Fabrik der Wien-Raaber Eisenbahngesellschaft (später im Besitz der Staatsbahngesellschaft) mit über 800 Beschäftigten sowie die Lokomotivfabrik Georg Sigl in Wiener Neustadt. Weitere industrielle Großunternehmungen entstanden im Bereich der Chemie (Wagenmann in Liesing bei Wien) und der Baustoffe (Miesbach, später Drasche, heute Wienerberger). Die Dampfmaschine als Kraftantrieb wurde immer mehr zur Grundlage industrieller Fertigungsmethoden. 1841 gab es auf dem Gebiet des heutigen Österreich 49 Industriebetriebe, in denen eine oder mehrere Dampfmaschinen eingesetzt wurden, 1851 waren es 147.

Die starke Differenzierung unter jenen Unternehmungen, die nach ihrer gewerberechtlichen Befugnis »Fabriken« genannt wurden, ließ in der Verwaltungspraxis die Notwendigkeit der Schaffung einer neuen Kategorie für die industriellen Großbetriebe entstehen. Während im 18. Jahrhundert das Recht, gleichzeitig einen Großhandel zu betreiben, ausschlaggebend war, wurde in den ersten Jahrzehnten des 19. Jahrhunderts eine Definition gefunden, die eine Mehrzahl von Merkmalen enthielt. Als »landesbefugte«, »landesprivilegierte« oder kurz auch »Landesfabriken« – im Unterschied zu den »einfachen« Fabriken – sollten solche gelten, »welche viele Menschen beschäftigen, ein bedeutendes Kapital vielmals umsetzen, den Wert von Produkten und Fabrikaten durch vollendete Arbeit erhöhen, mit solchen Erzeugnissen einen großen Verkehr im In- und Auslande unterhalten, also zur Vermehrung des Nationalwohlstandes wirksam beitragen und daher zur Auszeichnung durch besondere Vorrechte geeignet und eines vorzüglichen Schutzes der öffentlichen Verwaltung würdig sind«.

Durch die Bezugnahme auf Anzahl der Beschäftigten, Größe des Kapitals und das Ausmaß der Wertschöpfung bedeutet diese Definition der Fabriksmäßigkeit einen großen Schritt in der Annäherung an den modernen Industriebegriff. Allerdings ist die Bezugnahme auf Maschinen und Mechanisierung allenfalls implizit – im »bedeutenden Kapital« – enthalten. Die »Vorrechte« umfassten neben den Rechten zur Führung der Bezeichnung »k. k. priv. Fabrik« sowie des kaiserlichen Adlers (heute: Führung des Bundeswappens!) vor allem Bestimmungen zur Gleichstellung mit dem Handwerk bei der Beschäftigung und Ausbildung von Arbeitern und das Recht, mehrere Handwerksberufe und Handel betreiben zu dürfen.

Die neue Gewerbepolitik

Die Unternehmensform Fabrik hatte – unabhängig von ihrer Größe – verwaltungsrechtlich eine andere Zuständigkeit als das Handwerk. Sie fiel in die Kompetenz von neu geschaffenen Kommerzialbehörden, deren Namen und Organisation häufig wechselten. In der Regel waren die Kommerzialbehörden auf der Ebene der Landesregierung angesiedelt. Das war vor allem für die städtischen Fabriken von Bedeutung, da sie so dem Einfluss der städtischen Magistrate und damit auch der politischen Machtsphäre der Zünfte weitgehend entzogen wurden.

In der Gewerbepolitik kam man im 18. Jahrhundert zunehmend zu der Einsicht, dass viele bereits im Inland vorhandene, mehr oder weniger traditionell arbeitende Produktionszweige, die Waren – wenn nicht des Exports, so doch des inneren »Kommerziums« – erzeugten, von Starrheiten der Organisationsstruktur befreit werden mussten, wenn sie, wie politisch gewünscht, stärker markt-, gewinn- und expansionsorientiert agieren sollten. Diese Gewerbe wurden unter dem Namen »Kommerzialgewerbe« ebenfalls den Kommerzialbehörden unterstellt, während die traditionell orientierten, für den Lokalbedarf produzierenden unter dem Namen »Polizeygewerbe« zusammengefasst wurden. Typische Kommerzialgewerbe waren vor allem die Branchen der Textilindustrie und einige Luxuszweige der Metallverarbeitung. Die Mehrzahl der Gewerbe blieben

Der Schlosser. Lithografie aus der Reihe »Der Mensch und sein Beruf«, Wien 1835–1841

vorerst Polizeygewerbe, zu denen die Branchen der Nahrungsmittelerzeugung (»Approvisionierung«) und die großen städtischen Handwerke Schneider, Schuster, Tischler und Schlosser gehörten. In den Kommerzialgewerben gab es sowohl fabriksmäßige Produktion als auch Zunftgenossenschaften. In diesen Kommerzialzünften war jedoch die beschränkende Wirkung der Organisation gering und eine reguläre Gewerbeausübung außerhalb der Zunft aufgrund einer Fabriksbefugnis jederzeit möglich. Mit der Zeit wurden immer mehr Gewerbe zu den Kommerzialgewerben transferiert. Gleichzeitig unterlagen die Zunftregeln einem fortgesetzten Erosionsprozess. So etwa genehmigte bereits Kaiserin Maria Theresia im Jahr 1771 den Wiener Schustern die Beschäftigung von mehr als sechs Gesellen, wenn sie »erweislich ihre Erzeugnisse ins Ausland versenden, also ihr Handwerk zu einem Kommerzialgewerbe erweitert hätten«. Es stellte sich zunehmend die Notwendigkeit eines allgemein formulierten Gewerbegesetzes, das an die Stelle der speziellen Zunftprivilegien und der sonstigen Gewerbebefugnisse zu treten hatte.

Der Kampf um diese neue Ordnung fand mit der Erlassung der »Gewerbeordnung« 1859 nur einen vorläufigen Abschluss – in den Detailregelungen für die einzelnen Gewerbe setzt sich die hin- und herwogende Auseinandersetzung bis ins 21. Jahrhundert fort.

Verlag und Manufaktur

Das Verlagswesen, das auch im österreichischen Exportgewerbe vor allem im 18. Jahrhundert weit verbreitet war, gilt in vieler Weise als Vorläufer der modernen Industrie. Es stellt eine dezentral organisierte Produktionsform dar, die auf dem Prinzip der interregionalen Arbeitsteilung beruht. Bereits Adam Smith, der Begründer der »klassischen Nationalökonomie«, betont in diesem Zusammenhang: »Die Arbeitsteilung dürfte die produktiven Kräfte der Arbeit mehr als alles andere fördern und verbessern.« Er beschreibt in seinem Hauptwerk »Inquiry into the Nature and Causes of the Wealth of Nations« (1776) am Beispiel einer Nähnadel-Manufaktur die Vorteile der Arbeitsteilung anhand von drei Faktoren: Infolge der Spezialisierung wird erstens eine größere Geschicklichkeit jedes einzelnen Arbeiters erreicht, es ergibt sich zweitens eine Zeitersparnis beim Wechsel von einer Tätigkeit zur anderen und drittens besteht die Möglichkeit, einzelne Arbeitsschritte durch Maschinen erledigen zu lassen, »welche die Arbeit erleichtern, die Arbeitszeit verkürzen und den einzelnen in den Stand setzen, die Arbeit vieler zu leisten«.

Mit Manufaktur und Verlagssystem konnten sich neue Formen der Arbeitsorganisation durchsetzen, die dem traditionellen zünftischen Gewerbe überlegen waren und erstmals eine standardisierte Massenproduktion erlaubten, wie sie den Bedürfnissen des modernen Zentralstaats und der sich neu formierenden bürgerlich-kapitalistischen Gesellschaft entsprach. Wenn man das Verlagssystem mit heutigen Wirtschaftsformen vergleicht, so entsprach es den Grundsätzen des *Outsourcing*, indem einzelne Produktionsstufen an Subunternehmer ausgelagert wurden, die dann *just in time* im zentralen Manufakturbetrieb zusammengeführt werden mussten.

Das Verlagssystem stellt damit vor allem eine große unternehmerische Organisationsleistung dar, da mitunter mehrere tausend Menschen in einer arbeitsteiligen Form zusammenzufassen waren. Die Basis des Verlagssystems, das eigentliche Zentrum der Gütererzeugung, war der einzelne Haushalt, der nicht wie heute eine Lebens- und Konsum-, sondern in erster Linie eine Produktionsgemeinschaft verkörperte. Ihm gehörten Eltern und Kinder, die im Familienverband lebenden Verwandten, Knechte und Mägde sowie so genannte Inleute – Kleinfamilien ohne eigenes Haus – an. Innerhalb des Hauses gab es eine geschlechterspezifische Arbeitsteilung: In der Textilindustrie etwa war das Spinnen oder das Handsticken fast ausschließlich Frauensache, das Spulen besorgten Kinder oder ältere Leute, während das Weben Männern und Frauen überlassen wurde. Man konnte dabei teilweise an historisch gewachsene Traditionen anschließen, bildete doch die Textilverarbeitung eine althergebrachte Form der familiären Nebenbeschäftigung, die während der Wintermonate in den »Lichtstuben« der Dorfgemeinschaft gemeinsam betrieben wurde. Unter dem Eindruck der Kommerzialisierung nahmen diese frühen Formen des ländlichen Nebenerwerbs seit dem späten 17. Jahrhundert allmählich die systematischen Züge einer gewerblichen Hausindustrie an. Vom Blickwinkel des Heimarbeiters aus war aber die Tätigkeit im Verlagssystem keine bewusste Statusveränderung, sondern diente in erster Linie der Aufrechterhaltung der bäuerlichen Existenzgrundlage.

Das ländliche Gewerbe erhält systematische Züge

Der Begriff »Verlagswesen« bezeichnet zunächst eine dezentrale Produktionsform, die als ein nichtzünftisches »Hausgewerbe« aus-

Verkaufsraum und Werkstätte eines Webers, in den Randzeichnungen Webereiprodukte von der Wiege bis zur Bahre. Kreidelithografie von M. Brehms nach N. Geiger aus der Reihe »Der Mensch und sein Beruf«, Wien, 1838

geübt wurde. Es kam zuerst im frühneuzeitlichen Handelskapitalismus in Norditalien und in Flandern auf und setzte sich – trotz des oft erbitterten Widerstandes der Zünfte – vor allem in jenen Gewerbezweigen durch, die auf überlokale Absatzmärkte angewiesen waren. Der Ursprung der Bezeichnung wird einerseits davon abgeleitet, dass ein Unternehmer, nämlich der »Verleger«, Rohstoffe wie Wolle, Garne oder Metalle »vorlegte«, also bevorschusste und anschließend dann den Vertrieb des Fertigprodukts auf der Basis seines Verkaufsmonopols übernahm. Andererseits vermutet man auch, dass die Bezeichnung vom Verbum »verlegen« im Sinne von »auslagern« kommt.

Vor dem Aufkommen der Spinnmaschinen und des mechanischen Webstuhls war das Verlagswesen vor allem in der Textilindustrie vorherrschend. Aber auch in anderen Erzeugungszweigen setzte sich das Verlagssystem durch, das insbesondere durch die Einbeziehung ländlicher Gebiete eine überaus starke Verbreitung erfuhr: Es entstanden seit dem 17. Jahrhundert ganze »Exportgewerbelandschaften« mit einer im Verlagssystem organisierten »ländlichen Hausindustrie«, in denen »ein großer Teil der Bevölkerung ganz oder in

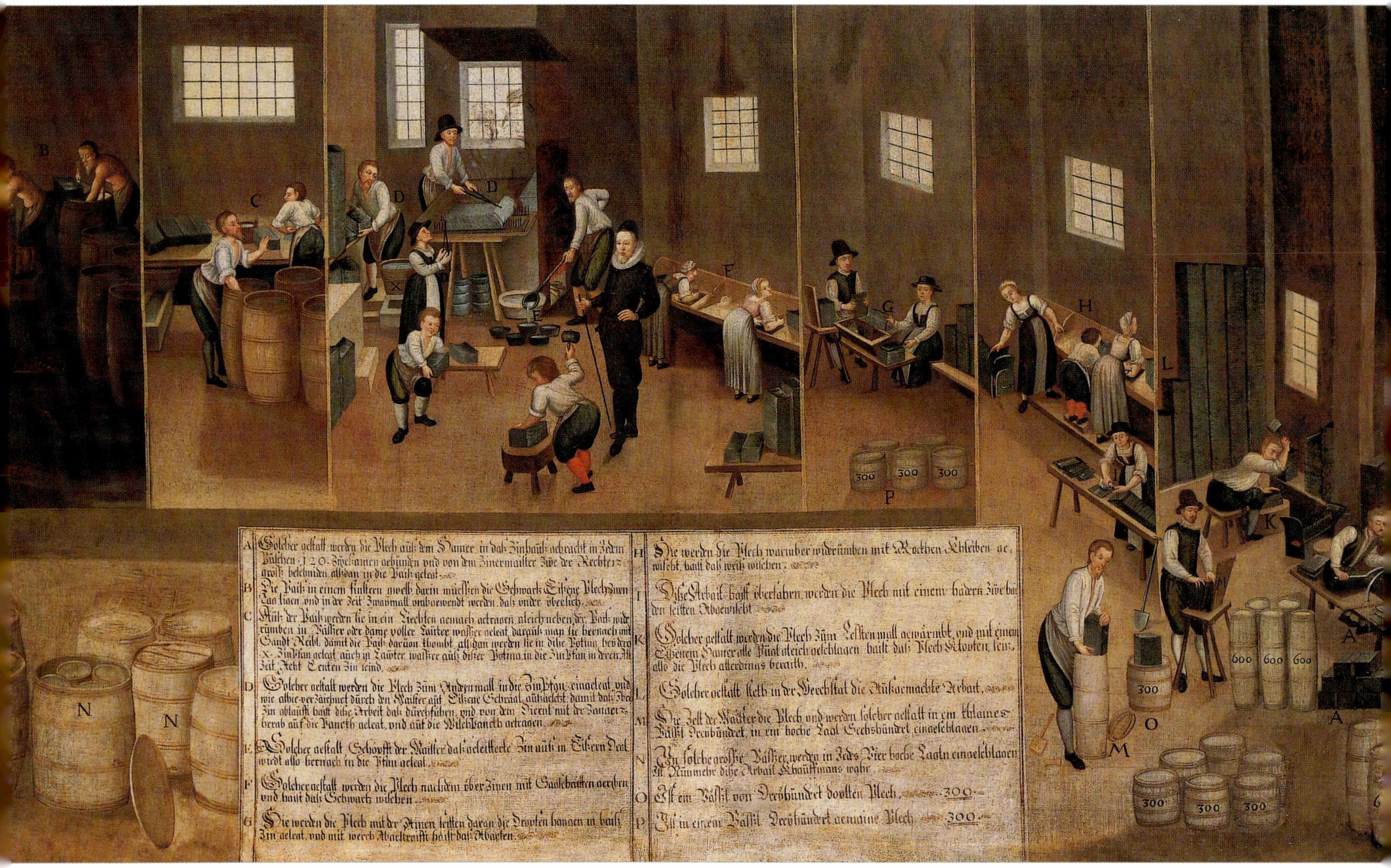

Die Ordnung der Manufaktur: Inneres der Khevenhüller'schen Weißblechmanufaktur (»Zinnhaus«) in Schloss Kreuzen bei Villach, im Zentrum (mit Stock) der Fabriksverwalter oder Aufseher. Öl auf Leinwand, Kärnten, um 1625

beträchtlichem Maße von der gewerblichen Massenproduktion für überregionale und internationale Märkte lebte« (Peter Kriedte). Diese Entwicklung wird als unmittelbare Vorstufe zur Industrialisierung gesehen – daher mitunter auch als »Protoindustrialisierung« bezeichnet – und stellt damit ein wesentliches Element im Transformationsprozess der europäischen Agrargesellschaften zum modernen Industriekapitalismus dar.

Zwei Faktoren machten das protoindustrielle System für den Unternehmer besonders attraktiv:

– Die Lohnkosten auf dem Lande waren deutlich geringer als in der Stadt. Die Arbeitsentgelte konnten niedrig gehalten werden, da die Bauernfamilien mit ihrer kleinen Landwirtschaft über eine zweite Einkommensquelle verfügten und sämtliche Familienmitglieder mitarbeiteten. Ein beträchtlicher Teil der Arbeitskosten wurde so auf den Agrarsektor abgewälzt.

– Der Kapitaleinsatz war relativ gering. Die Bauern arbeiteten gegen Stücklohn und auf eigenes Risiko; bei Absatzschwankungen konnte der Verleger seine Aufträge stornieren und die Abnahme einstellen.

Die Expansion der Protoindustrie, die im 18. Jahrhundert ihren Höhepunkt erreichte, erfolgte in der Regel auf Kosten des bisherigen städtischen, zünftisch organisierten Exportgewerbes: In den Städten verblieben zumeist nur mehr die Veredelungsgewerbe, die Lagerung der Waren und der Vertrieb. Denn auch

die Manufakturbetriebe, bei denen im Unterschied zum Verlagssystem die Arbeitsvorgänge in einem Betriebsgebäude zusammengefasst, also zentral organisiert waren, wurden aus verschiedenen Gründen (Standortvorteile, gesetzliche Beschränkungen) zumeist außerhalb und im Umkreis der größeren Städte angesiedelt.
Verlagsmäßig organisiert war neben der Textilerzeugung auch die arbeitsteilige Erzeugung in einigen Zweigen der Metall- und Eisenverarbeitung. So wurden Messer, Sicheln, Sensen, Maultrommeln und andere Produkte der Kleineisenindustrie mitunter ebenfalls in kleinen Familienbetrieben hergestellt, die von einem Verleger mit entsprechenden Aufträgen bedacht wurden. Die Herstellung der Sensen erforderte zum Beispiel an die 40 separate Arbeitsgänge, die von hoch spezialisierten Arbeitern ausgeführt wurden. Die Hierarchie innerhalb des Sensenhandwerks war streng und richtete sich nach der Wichtigkeit der einzelnen Tätigkeit innerhalb des Produktionsprozesses. Selbst die unter Maria Theresia in Lichtenwörth eingerichtete »Nadelburg« war im Grunde genommen eine »Protofabrik«, ein Zwischending von Manufaktur und Verlag, denn die Produktion war arbeitsteilig auf die einzelnen Haushalte aufgeteilt.
Auch die Waffenerzeugung bediente sich der Verlagsorganisation: Seit dem Dreißigjährigen Krieg organisierten in den habsburgischen Ländern verschiedene »Kriegsunternehmer« die Bewaffnung und Ausrüstung der kaiserlichen Armee und Flotte. Die durch den Generalkriegskommissär Ernst Graf Abensberg-Traun 1656 initiierte »Niederländische Armaturenmeisterschaft« in Wiener Neustadt blieb bis Mitte des 18. Jahrhunderts einer der wichtigsten Armeelieferanten. Die Standardisierung von Waffen und Ausrüstung sowie die Uniformierung der Soldaten trugen ganz wesentlich zur Durchsetzung einer Massenproduktion bei, die unter den damaligen Produktionsbedingungen nur verlagsmäßig zu bewältigen war. Auf diese Weise organisierten zum Beispiel in Steyr während der zweiten Hälfte des 17. Jahrhunderts Maximilian Luckhner sowie Georg und Hans Ludwig Mittermayer die Waffenproduktion.

Markenprodukte der frühen Neuzeit: Sensen aus Kirchdorf-Micheldorf, Oberösterreich, aus der ersten Hälfte des 19. Jahrhunderts

Das textile Verlagssystem als Konzept zur Bekämpfung von Armut

Die weiteste Verbreitung erfuhr das Verlagssystem aber im Textilgewerbe, wo auch der Staat aktiv fördernd eingriff, wurden hier doch, entsprechend dem Ideal der merkantilistischen Wirtschaftslehre, »viele Hände in Beschäftigung gehalten«. Von der Textilindustrie mit ihrer frühen Massenproduktion auf arbeitsteiliger Grundlage gingen Entwicklungen aus, die in der Folge auch in andere Industriezweige Eingang fanden. Die großen Baumwollwarenmanufakturen, aber auch die Seiden- und Wollzeugfabriken waren vor der Mechanisierung des Spinnens und Webens stets gekoppelt mit einem Verlagssystem. Spinner, Spuler und Weber, aber auch Spitzenklöppler, Strumpfwirker und Stricker waren durch verschiedene Unternehmer verlagsmäßig organisiert, die dann das Zwischenprodukt weiter

Manufaktursprodukte: »Gedruckte Dünntücher« der Kettenhofer Zitz- und Kottonfabrik, 1824

»veredelten«. Manufaktur und Verlagssystem sind somit untrennbar verbunden; vom Manufaktursitz aus wurde auch die Arbeitsorganisation gelenkt und das Gesamtunternehmen verwaltet. Mitunter wurde auf diese Verbindung von Manufaktur und Verlagssystem schon im Firmennamen Bezug genommen, so etwa, wenn ein 1770 in Graz gegründetes Unternehmen als »Indienne-Fabriks- und Verlagskompagnie Weigel & Schwab« bezeichnet wurde.

Die regional konzentrierte protoindustrielle Erzeugung war nicht zuletzt eine Folge der herrschenden Armut und Überbevölkerung in manchen Landesteilen. Wollte man nicht abwandern, war man dazu genötigt, verschiedene nichtlandwirtschaftliche Tätigkeiten als Nebenerwerb auszuüben. Auf diese Weise wurden vor allem in den wirtschaftlichen Randzonen, etwa in den Dörfern des Mühl- und Waldviertels, in Mähren, Böhmen, Schlesien, in Westungarn, aber auch in weiten Gebieten der Alpenländer, im oberen Inntal und in Vorarlberg, mehrere 10.000 Personen im Verlagssystem beschäftigt. Angesichts der wachsenden Verarmung und des zunehmenden Bevölkerungsdrucks waren Kleinbauern und Häusler, teilweise aber auch die städtischen Unterschichten genötigt, Verlagsarbeiten anzunehmen. Dazu kamen noch die Insassen von Arbeitshäusern, Spitälern, Kasernen und Gefängnissen, die zwecks »sozialer Disziplinierung« und zur Sicherung ihrer nötigsten Nahrung mit derartigen Arbeiten bedacht wurden. Seitens der österreichischen Regierung wurden 1756 an die Not leidende Landbevölkerung Gerätschaften (»Spindeln, Kokeln, Haspeln und Waffeln«) ausgegeben, damit »der Armuth ein Stück Brod verschaffet werde«. Auch wurde 1755 die Leinenweberei auf dem Lande überhaupt freigegeben.

Allein die sechs k. k. privilegierten Zitz- und Kottonfabriken in Niederösterreich – die Manufakturbetriebe in Schwechat, Fridau, Kettenhof, Himberg, Ebreichsdorf und St. Pölten, die sich manchmal auch als die »sechs erbländischen Hauptkottonfabriken« bezeichneten – beschäftigten 1788 nicht weniger als 72.422 Spinner und 2.353 Krämpler im Verlagssystem. Die Schwechater Fabrik, von der schon der Kameralist Johann Heinrich Justi in seiner »Vollständigen Abhandlung von denen Manufacturen und Fabriken« (1761) sagt: »Die Kattunfabrik auf der Schwechat bei Wien hat einen solchen Umfang, dass sie eine kleine Stadt vorstellen kann«, beschäftigte 1752 allein im Waldviertel, organisiert über das zentrale Werk in Waidhofen und dessen insgesamt 24 Faktoreien, mehr als 20.000 Menschen im Verlagssystem. Hinzu kamen noch weitere 5.333 Spinner und Weber in verschie-

Manufaktur und Verlag: Die Neukettenhofer Zitz- und Kattunfabrik. Aquarellierte Federzeichnung, vermutlich Ende des 18. Jahrhunderts

denen Wiener Vororten und einigen Orten im Viertel unter dem Wienerwald. In der Manufaktur selbst, die von einem Oberdirektor und je einem kaufmännischen und technischen Direktor geleitet wurde, waren 495 Menschen beschäftigt. Mit Spinnarbeiten wurden von Schwechat aus auch das Kaiser-Ebersdorfer Arbeitshaus sowie Spinnschulen in Wien und verschiedene böhmische und mährische Grundherrschaften bedacht. In den 1760er-Jahren bezog das Schwechater Unternehmen, das 1735 aus der Konkursmasse der zweiten k. k. privilegierten Orientalischen Kompanie in den Besitz eines Konsortiums Wiener Großhändler übergegangen war, von Verlegern in Vorderösterreich auch fertige Gewebe.

Die Schwechater Fabrik war zwar eine der damals größten Manufakturen mit angeschlossenem Verlagssystem, aber keineswegs ein Einzelfall: Auch die berühmte Linzer Wollzeugfabrik beschäftigte zur Zeit ihrer größten Blüte knapp 50.000 Menschen als verlegte Heimarbeiter, wobei allerdings die Arbeiterstände erhebliche konjunkturelle Schwankungen aufwiesen. Die 1747 zu Imst in Tirol gegründete Strehle'sche Baumwollmanufaktur unterhielt ebenso wie die 1786 im oberösterreichischen Schwanenstadt entstandene Kattunfabrik von Jenny bis zu 10.000 verlegte Heimarbeiter. Die Manufakturen des ausgehenden 18. Jahrhunderts waren im Zusammenhang mit dem angeschlossenen Verlagssystem auch nach heutigen Maßstäben ausgesprochene Großbetriebe. Aber auch kleinere Unternehmen – so etwa diejenigen der Wiener Seidenweberei, in der 1813 in etwa 600 Betrieben rund 15.000 Menschen beschäftigt waren – wurden in ihrer Arbeitsorganisation vom Verlagssystem dominiert.

Die Abgrenzung der einzelnen »Spinn- und Webbezirke« erwies sich wiederholt als eines der zentralen Organisationsprobleme. Die durch ihre Konzession vom Zunftzwang befreiten und im Verkauf privilegierten Fabriken versuchten nämlich, auch den Arbeitsmarkt zu monopolisieren. Nicht selten musste die Regierung schlichtend eingreifen und etwa in dem Fall, dass ein neues Unternehmen gegründet wurde, für eine Neuaufteilung der einzelnen Distrikte sorgen. Es kam manchmal vor, dass herrschaftlichen Untertanen Baumwolle oder Gespinste sogar gewaltsam von den grundherrlichen Beamten weggenommen und überdies Geld- und Leibesstrafen angedroht wurden, wenn sie für eine in dem betreffenden Gebiet nicht zugelassene Manufaktur arbeiteten.

Die führenden Manufakturen unterhielten im ländlichen Raum eigene Faktoreien, über die das Verlagssystem organisiert wurde. Andere

Protofabrik: Die 1656 gegründete Tuchmachersiedlung in Horn, mit der typischen Weberzeile außerhalb der Stadt. Ausschnitt eines Gemäldes von Johann Gottfried Neuberg, Schloss Horn, 1686

Betriebe bedienten sich auch der Form von Subkontrakten und beauftragten eigene Verlagsunternehmer: Auf der Basis von Stücklohnarbeit wurden vom Verleger – zumeist über Vermittlung von Faktoren, Kommissionsagenten und Zwischenhändlern – Rohstoffe an die Heimarbeiter verteilt, teilweise auch Werkzeuge (wie Webstühle, Spinnräder etc.) gegen Lohnabzug zur Verfügung gestellt; dann wurde das fertige Zwischenprodukt eingesammelt und an die Fertigmacher bzw. an den Manufakturbetrieb zwecks Veredelung weitergeleitet. Verschiedentlich wurden unter Ausnützung der bestehenden Feudalverhältnisse die Grundherrschaften als Subunternehmer eingeschaltet. Diese trachteten nämlich danach, ihre Einkünfte durch einen verschärften herrschaftlichen Zugriff auf den bäuerlichen Arbeitsertrag zu erhöhen. In einzelnen Fällen bemühten sich die Unternehmer auch, für sich selbst durch den Kauf von Herrschaften die grundherrlichen Rechte zu erlangen, die Herrschaftsverwalter fungierten dann als Faktoren und Subunternehmer der zentralisierten Manufakturbetriebe. In den Manufakturen selbst erfolgte vor allem die »Veredelung« der fertigen Stoffe, die Appretur, Färberei und Druckerei.

Einen besonderen Typus stellten die »Protofabriken« des ausgehenden 17. und frühen 18. Jahrhunderts dar: Sie bildeten eine Zwischenform von Manufaktur- und Verlagsproduktion, wobei ein Herrschaftsinhaber einen eigenen Ort oder Ortsteil für die arbeitsteilige Produktion errichtete. Protofabrikscharakter hatten etwa die von Graf Kurz in Horn eingerichtete Tuchmacherkolonie, das »Pöggstaller Messerergericht« in Pöggstall, die Wiener Neustädter Niederländische Armaturenmeisterschaft, die Schweizer Uhrmacherkolonie in Wien, die Poneggener Strumpffabrik, die Nadelburg in Lichtenwörth bei Wiener Neustadt, die Gewehrfabrikationen in Steyr, Ferlach und Lilienfeld oder die von Graf Mallenthein in Groß-Siegharts errichtete Bandmachersiedlung.

Bis zur Einführung der maschinellen Baumwollspinnerei bestand eine Art *technological gap* zwischen Spinnerei und Weberei. Dies äußerte sich darin, dass etwa sechs bis zehn Spinner notwendig waren, um einen Weber mit dem nötigen Garn zu versorgen. Man musste daher, um die Produktion zu erhöhen, vor allem den Kreis der Spinner ausweiten. Dies wurde über verschiedene Spinnpatente versucht, »um insbesondere dem Landvolke einen solchen Nebenverdienst zu verschaffen«. In Zeiten der wachsenden Armut wurden nicht nur Kleinbauern und die ländlichen Unterschichten, sondern zunehmend auch die Insassen von Arbeits-, Waisen- und Invalidenhäusern sowie Soldaten im Ruhequartier und deren Angehörige für diese Tätigkeiten herangezogen. In Spinnschulen wurden »in der

Spinnerei nicht geübte Mägdlein, wenn sie nicht zum Lohne dienen«, in der Spinnerei unterwiesen. Auch sollte die Eheschließung »einer Frauensperson, die der Spinnerei vollkommen kundig ist, und solche durch die letzten zwei Jahre betrieben«, besonders erleichtert werden. Ein weiterer Beweis für das Interesse der Regierungsstellen an einer Ausweitung der Verlagsarbeit war, dass Militärpersonen aufgrund einer Bestimmung des *Codex Austriacus* von 1765 nach Ablegung einer Probearbeit vor Zunftmeistern in Hinkunft für »zünftig« erklärt werden sollten. Angesichts der damals (und auch später noch) üblichen Zugangsbeschränkungen zur Gewerbeausübung war dies ein höchst attraktives Angebot.

Die Grenzen des Verlagssystems

Trotz aller Vorteile, die sich aus der arbeitsteiligen Organisation ergaben, unterlag die verlagsmäßige Produktion auch engen Schranken. Diese resultierten allein schon aus der geringen Arbeitsproduktivität der nach wie vor handwerklichen Erzeugungsweise, die nur einfachste Maschinen und Werkzeuge verwendete. Auch zeigt der Umgang mit dem Produktionsfaktor Arbeitskraft im Verlagssystem immer noch dessen ursprüngliche Verwurzelung im älteren Handelskapitalismus: Das Ausmaß der Synchronisation im Arbeitsprozess war gering, es ergab sich häufig ein Wechsel von Phasen höchster Arbeitsintensität mit solchen des Müßiggangs, denn eine Verlängerung der Arbeitszeit und Steigerung der Arbeitsintensität war nur unter der Kontrolle zentralisierter Produktionsstätten durchsetzbar. Die verlegten Heimarbeiter waren wie auch die Handwerker in hohem Maße eigene Herren ihrer Zeit und ihre Zeiteinteilung erfolgte weitgehend autonom. Sobald aber die Arbeitgeber versuchten, die Beschäftigten durch Lohnanreize zu größerer Leistung anzuspornen, erlebten sie bald, dass höhere Löhne häufig in Freizeit oder auch Betätigung in der eigenen als Nebenerwerb betriebenen Landwirtschaft umgesetzt wurden. Im Verlagssystem konnte eine Produktionsausweitung daher nur durch Steigerung der Beschäftigtenzahl erzielt werden, weshalb die bevölkerungspolitischen Maßnahmen des absolutistischen Staates in erster Linie auf eine Vermehrung der werktätigen Bevölkerung abzielten. Dies änderte sich erst mit dem technischen Fortschritt; denn wie wiederum bereits Adam Smith erwähnt, ist »die große Vermehrung der Quantität des Erarbeiteten, wozu infolge der Arbeitsteilung die nämliche Zahl von Arbeitskräften imstande ist«, nicht zuletzt auf die Mechanisierung zurückzuführen. Erst »die Erfindung einer Menge von Maschinen, welche die Arbeit erleichtern und abkürzen und einen einzelnen Mann imstande setzen, die Arbeit vieler zu verrichten«, brachte die entscheidende Erhöhung der Produktivität. Für die verlegten Heimarbeiter bedeutete dies aber in der ersten Hälfte des 19. Jahrhunderts einen gnadenlosen Verdrängungswettbewerb; die Produktionsleistung eines einzigen Maschinenspinners entsprach etwa derjenigen von 200 Handspinnern, ein mechanischer Webstuhl ersetzte zumindest vier Handweber. Die Zahl der Handspinner, die zu Ende des 18. Jahrhunderts in Niederösterreich noch mehr als 100.000 betragen hatte, sank bis 1812 auf weniger als 8.000. Gleichzeitig erhöhte sich die Zahl der Baumwollspinnfabriken kontinuierlich, 1815 gab es bereits mehr als 40 mechanische Spinnereien. Die Durchsetzung des mechanischen Webstuhls ab den 1830er-Jahren brachte auch hier die schrittweise Zurückdrängung des Verlagssystems. Die verlegten Heimarbeiter versuchten zunächst, durch Verlängerung der Arbeitszeit den Wettbewerb aufzunehmen; die Hungerlöhne, die sie dabei akzeptieren mussten, waren wohl nur aufgrund eines zumeist vorhandenen landwirtschaftlichen Nebenerwerbs möglich. Doch sie konnten das Tempo der Mechanisierung höchstens verzögern.

Diese Situation und ihre sozialen Konsequenzen hat Gerhart Hauptmann später in seinem Drama »Die Weber« eindringlich beschrieben. Die frühkapitalistische Produktion, in deren Mittelpunkt das Verlagssystem stand, stieß offensichtlich bereits am Ende des 18. Jahrhunderts an ihre Grenzen. Der oft zitierte Satz: »Verlegen bringt Segen!« verlor seine Gültigkeit. Die wachsende Ausdehnung der protoindustriellen Gebiete machte es immer schwieriger, die Erzeugung effizient zu überwachen und zu organisieren. Der alternative Weg, der dann mit der Industrialisierung eingeschlagen wurde, hieß: Zentralisierung und Mechanisierung des Produktionsprozesses in Form der Fabrik.

Von der Manufaktur zur Fabrik: Gegenüberstellung der Hand- und Maschinenarbeit in der Wollkämmerei 1848 und 1898

Die neuen Unternehmer

Im Zusammenhang mit der Industrialisierung trat ein neuer Typ von Unternehmung auf: die Fabrik. Heute versteht man darunter eine zentralisierte, arbeitsteilig organisierte und mechanisierte Betriebsform; so gesehen waren erst die am Beginn des 19. Jahrhunderts gegründeten mechanischen Baumwollspinnereien die ersten Fabriken im modernen Sinn. Hingegen sind aus Manufakturen kaum moderne Fabriken hervorgegangen. Im zeitgenössischen Sprachgebrauch wurden jedoch die Begriffe »Manufaktur« und »Fabrik« oft nebeneinander verwendet, ohne dass darin eine Unterscheidung zum Ausdruck käme. Gleiches gilt für die Bezeichnung »Fabrikant« oder »Manufakturist«, worunter man einerseits den Unternehmer, andererseits manchmal auch die in den Betrieben beschäftigten Facharbeiter verstand. Was somit in dieser Bezeichnung nicht genügend deutlich wird, ist, dass Fabrik und Manufaktur auch eine neue wirtschaftliche Führungselite hervorbrachten. Für diese haben sich in der Folge die Begriffe Unternehmer bzw. Management durchgesetzt, wobei Ersterer zumeist den selbstständigen und Letzterer den angestellten Träger von Unternehmerfunktionen bezeichnet. Dabei wird heute – im Unterschied zu älteren Konzepten, die entweder die Kapitalgeber- oder die Risikoträgerfunktion betonten – recht deutlich zwischen den Funktionen des Eigentümers (Kapitalisten) und des Unternehmers unterschieden, wobei Letzterer als entscheidend für die Dynamisierung des ökonomischen Prozesses insgesamt erachtet wird. Unternehmer ist demnach nur derjenige, der im Unternehmen selbstverantwortlich Führungsentscheidungen trifft, das heißt aber, dass auch der Manager eine unternehmerische Funktion ausübt. Der bedeutende österreichische Nationalökonom Joseph Schumpeter (1883–1950) ging noch einen Schritt weiter: In seiner »Theorie der wirtschaftlichen Entwicklung« (1912) rückte er den »Unternehmer« in den Mittelpunkt eines dynamischen Modells. Der Unternehmer ist bei ihm ein »Neuerer«, ein »schöpferischer Zerstörer« des Bestehenden, ein »Innovator«, der neue Produkte auf den Markt bringt, neue Herstellungsverfahren und Betriebsmethoden entwickelt, neue Absatzmärkte erschließt oder sich durch Eroberung neuer Bezugsquellen oder durch neue Organisationsformen eine zeitlich begrenzte Monopolstellung verschaffen kann. Erst das – in Schumpeters Terminologie – »scharenweise Auftreten von Unternehmern« bewirkt eine Beschleunigung der wirtschaftlichen Dynamik und damit neues wirtschaftliches Wachstum.

Bereits Johann Joachim Becher hatte erkannt, dass eine Belebung der Wirtschaft in den kaiserlichen Erblanden an das Vorhandensein einer breiten Unternehmerschicht geknüpft sein würde. Sein Vorschlag zur Schaffung eines Manufakturhauses zielte nicht zuletzt auf deren Heranbildung; neu ins Land geholte Fabrikanten mussten sich verpflichten, den heimischen Nachwuchs in neuen Produktionstechniken und unternehmerischen Fertigkeiten zu schulen. Man sah die zeitweise unter staatlicher Verwaltung stehenden Betriebe als »ärarische Musteranstalten« an, die dem privaten Unternehmergeist als Vorbild dienen sollten. Dort, wo heimische Unternehmer nicht vorhanden waren, suchte man dies durch Abwerbung ausländischer Unternehmer zu substituieren.

Schon um den bestehenden Vorsprung der französischen und italienischen Seiden- und Luxuswarenindustrie, der englischen Maschinen- und Metallwarenindustrie, der deutschen Textil- und Metallwarenindustrie sowie der Zuckerraffinerie, der venezianischen Spiegel- und Glaserzeugung usw. aufzuholen, warb man »Fabrikanten« aus den jeweils führenden

Biedermeierlicher Unternehmer: Der Wiener Neustädter Textilfabrikant Carl Bräunlich. Gemälde von Georg Ferdinand Waldmüller, Öl auf Leinwand, 1834

Zentren des Auslands an. Dabei suchte man in der zweiten Hälfte des 17. Jahrhunderts ein Anreizsystem zu schaffen, das auf der Gewährung von Monopolen, Marktbeschränkungen, Hofbefreiungen und Fabriksprivilegien beruhte. Manchmal stellte man neben solchen Exklusivprivilegien auch im Zuge der Säkularisierung aufgehobene Klöster als Gebäude zur Verfügung. Unter den Privilegienempfängern stellten bis in die erste Hälfte des 18. Jahrhunderts die Ausländer rund ein Drittel; ein Drittel entfiel auf heimische bürgerliche Unternehmer sowie den Staat und ein weiteres Drittel auf den Adel, der sich vielfach unternehmerisch betätigte. Darin kommt bereits eine spezifische Eigenart des unternehmerischen Potentials in Österreich zum Ausdruck: Staat, Adel und Fremde spielten im Industrialisierungsprozess im Vergleich zu Westeuropa eine ungleich stärkere Rolle.

Niederleger und Bankiers

Beklagt wurde in diesem Zusammenhang immer wieder das Fehlen eines geeigneten Kapitalmarkts in Österreich, der für industrielle Investitionen offen gewesen wäre. Tatsächlich blieb die Kapitalaufbringung im Inland äußerst schwierig und auch die Zinssätze waren vergleichsweise hoch. Dabei war Kapital an sich durchaus vorhanden, jedoch auf andere Weise gebunden. Neben dem Hochadel, dessen Vermögen allerdings großteils aus Ländereien bestand, waren es vor allem ausländische Bankiers und Großhändler, die über entsprechende Summen disponieren konnten. Deren Kapitalakkumulation beruhte vor allem auf dem Handel und der Spezialisierung auf Staatskredit und standesherrliche Anleihen.

Nur ein kleiner, wenngleich kapitalkräftiger Teil der Großhandelshäuser wie Fries, Geymüller, Steiner, Eltz, Boltz, Andrä, Bräunlich, Botzenhard, Weinbrenner, Puthon und Coith engagierte sich auch im industriellen Gründungsgeschäft; unter diesen Investoren befanden sich auffällig oft Calvinisten. Nach dem Toleranzpatent nahm mit den Familien Hönig, Popper, Arnstein und Eskeles auch der Einfluss jüdischer Kapitalistenkreise zu. Hinzu kam das aufgrund von finanziellen Transaktionen während der Napoleonischen Kriege groß gewordene Haus Rothschild, dessen Wiener Zweig in kürzester Zeit zum führenden Privatbankier Österreichs aufsteigen sollte. Daneben spielten die jüdischen Bankhäuser Biedermann, Königswarter, Todesco, Schey, Uffenheimer, Wertheimstein, Wodianer, Schnapper, Stametz-Meyer und Perisutti sowie das durch Tabakimporte groß gewordene raizisch-griechische Haus Sina eine zunehmend wichtige Rolle. Auf der anderen Seite kam es auch zu spektakulären Konkursen, darunter waren etwa die aus der Schweiz stammenden calvinistischen Bankiers Fries & Co. 1825, Geymüller und Steiner & Co. 1841. Ein interessanter Versuch, das industrielle Gründungsgeschäft zu beleben, war die 1787 unter namhafter Beteiligung des Hochadels gegründete Wiener Commerzial-, Leih- und Wechselbank, wahrscheinlich die erste Aktiengesellschaft Österreichs überhaupt.

Staat und Adel als Unternehmer

Der Staat bzw. der Landesherr selbst betätigten sich als Unternehmer. Kaiser Franz I. Stephan von Lothringen galt mit seinen beiden oberungarischen Manufakturbetrieben in Holitsch und Sassin unter seinen Zeitgenossen als »größter Fabrikant«. Der Staat betrieb vor allem Unternehmen, die der Verwertung eines staatlichen Monopols (Salz, Tabak) dienten. Er wurde aber mitunter im Zuge von notwendigen Sanierungsmaßnahmen in die Unternehmerrolle gedrängt, wenn er Betriebe übernehmen musste, mit denen Privatunternehmer Schiffbruch erlitten hatten. Unter den Leitern dieser staatlichen Betriebe befanden sich oft recht tüchtige Personen, so etwa Konrad Sörgel von Sorgenthal, der als höchst er-

Adelige Unternehmungen: Graf Barthelmä Khevenhüller und seine Frau Anna, im Hintergrund der Sackzug des Bergwerks am Altenberg in der Innerkrems mit Umladestelle auf Ochsenschlitten (1579), davor Hunde, die die leeren Erzsäcke wieder bergauf schleppen. Darstellung aus der Khevenhüller-Chronik, circa 1625

folgreicher »Sanierungsmanager« bezeichnet werden kann: Es gelang diesem in einer krisenhaften Situation, die Linzer Wollzeugfabrik, die Schwechater Zitz- und Kottonfabrik und die Wiener Porzellanmanufaktur durch eine Restrukturierung wieder in die Gewinnzone zu führen. Er wurde daraufhin 1795 in den Freiherrenstand erhoben. Unter staatlicher Führung standen zeitweise die Linzer Wollzeugfabrik, die Schwechater Baumwoll- und die Wiener Porzellanmanufaktur, die Hainburger Tabakfabrik, die Farbenfabrik Schlöglmühle, die Neuhauser Spiegelfabrik, die 1747 mit der Messingwarenfabrik Weißenbach fusionierte Nadelburg in Lichtenwörth sowie verschiedene militärisch wichtige Betriebe wie das aus dem Besitz des aufgehobenen Klosters St. Lambrecht übernommene Gusswerk bei Mariazell, die Gewehrfabriken in Steyr, Hainfeld und Wien-Währing und eine Raketenfabrik zu Wöllersdorf. Staatlich verwaltet waren seit der Napoleonischen Zeit auch zahlreiche eisenschaffende und Hüttenwerksbetriebe, darunter die »Innerberger Hauptgewerkschaft« und die Hüttenwerke im Salzburger Werfen. Unter dem Einfluss liberaler Ideen versuchte man, den Staatsanteil schrittweise abzubauen, was allerdings vor allem in Krisenzeiten nicht immer gelang. Auch führende Staatsbeamte aus dem Hochadel wurden durch patriotische Argumente zur Anlage von Manufakturen auf ihren

Grundherrschaften veranlasst, wobei die eigentliche Unternehmerfunktion wohl von grundherrschaftlichen Beamten ausgeübt wurde. Ein ehemaliger Gutsverwalter war zum Beispiel der Ternitzer Eisenindustrielle Karl Ludwig Freiherr von Reichenbach.

Bereits ein 1760 Maria Theresia vorgelegtes Verzeichnis der von Adeligen gegründeten Unternehmen weist deren führende Stelle unter den Unternehmensgründern aus: Vor allem der Adel in Schlesien, Böhmen und Mähren setzte auf diese Weise unternehmerische Initiativen. Doch es finden sich auch Großhändlers Borckenstein über. Graf Nádasdy und Freiherr von Berchtold betrieben über längere Zeit die Obereggendorfer Papierfabrik. Die Gründung der Horner Tuchmacherkolonie durch Graf Kurz, der Textilarbeitersiedlung in Groß-Siegharts durch Graf Mallenthein sowie der Niederländischen Armaturenmeisterschaft in Wiener Neustadt durch Graf Abensberg-Traun sind Beispiele für das protoindustrielle Engagement des Adels. Aber auch in der Schwerindustrie finden sich viele Beispiele des adeligen Unternehmergeistes: Die Grafen von Christalnigg reorganisierten die Kärntner

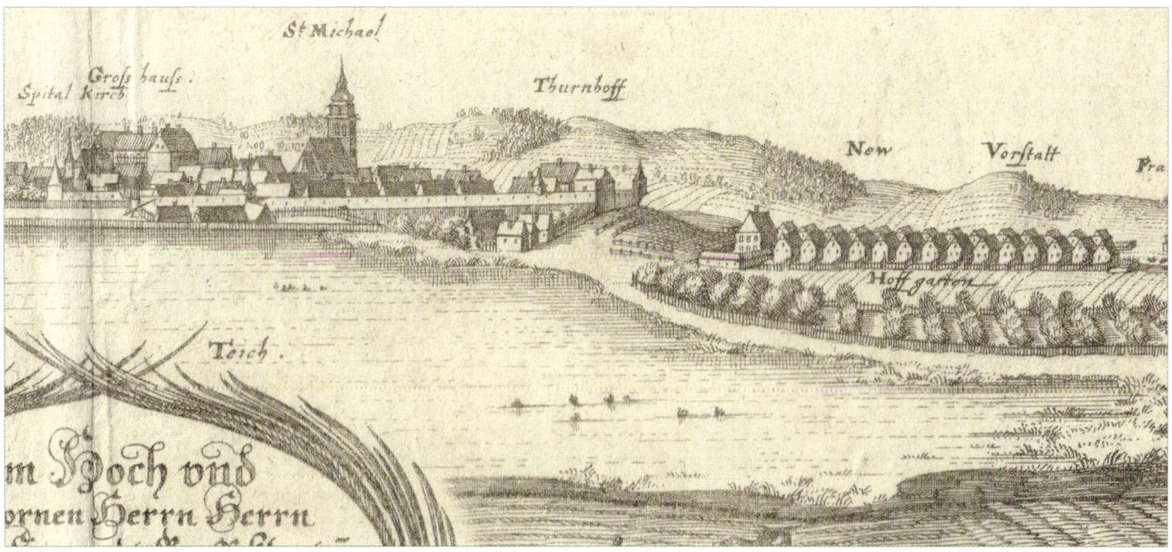

Adelige Industriegründung: Die Tuchmachersiedlung des Grafen Kurz in Horn, mit 30 Häusern außerhalb der Stadt. Ausschnitt aus einem Stich von Matthäus Merian, 1656

unter den adeligen Unternehmern auf dem Gebiet des heutigen Österreich viele bekannte Namen: So betrieb Fürst Liechtenstein in Ebergassing eine Stückbohrerei, Fürst Khevenhüller in Schloss Kreuzen bei Villach eine Weißblechfabrik, Fürst Esterházy eine Tuchfabrik in Wiener Neustadt, Graf Sinzendorf ein Seidenfilatorium in Walpersdorf, Graf Auersperg in Wienersdorf eine Krausflorfabrik, Graf Blümegen eine Zitz- und Kottonfabrik in Kettenhof. Graf Batthyány erwarb 1767 vom Staat die Lichtenwörther Nadelburg und errichtete 1790 in Burgau bei Graz die erste Baumwollspinnerei mit Nachbauten einer aus England importierten Maschine; die Firma ging dann 1832 in den Besitz des Wiener Eisenindustrie, die Grafen von Egger betrieben in Feistritz im Rosental Eisenhütten, Tiegelstahl-, Stabwalz- und Drahtwalzwerke, Erzherzog Johann initiierte 1829 die Gründung der »Vordernberger Radmeisterkommunität«.

Das »scharenweise Auftreten« von Unternehmern

Der Großteil der Unternehmer und vor allem das »unternehmerische Fußvolk« entstammten dem heimischen Bürgertum. Dazu zählten in der eisenschaffenden Industrie nicht nur die alten Gewerkenfamilien (»schwarzen Grafen«) der Sensenerzeugung und Eisenverarbeitung in Ober- und Niederösterreich sowie der Steiermark, wie die Zeitlinger, Mayr, Neumann, Schmid-Schmidsfelden. Ähnliche Unternehmerdynastien gab es in Vorarlberg in der Textilindustrie mit den Familien Herrburger, Schindler, Getzner, Gassner, Mutter, Rhomberg, Ganahl und Blum. In der Papiererzeugung existierten die Dynastien Purtscher, Wurz, Klosz, Salzer und Pachner von Eggensdorf.

In den meisten Fällen waren es aber neue Unternehmerpersönlichkeiten, die den Durchbruch zur fabriksmäßigen Produktion brachten: In der Papierindustrie gründete der aus der Gegend von Güns stammende Wiener Buchdrucker und Verleger Johann Thomas von Trattner 1767 die Papierfabrik Franzensthal bei Ebergassing. Gleiches gilt für die Metall verarbeitende Industrie, wo vielfach ebenfalls neue Unternehmertypen die Innovationen setzten: Der aus dem slowakischen Käsmarck stammende Thomas Cornides baute 1830 in Weißenbach an der Triesting zwei bestehende Hammerwerke zu einem Drahtzug- und Walzwerk um. Der Steirer Andreas Töpper wurde im Jeßnitztal bei Scheibbs zum Pionier der niederösterreichischen Eisen- und Metallwarenerzeugung. Severin Zugmayer, der Erfinder eines neuartigen Pfluges, betrieb Kupfer- und Eisenwalzwerke in Waldegg und Thaßhof. In Steyr betrieb der Bohrerschmied Leopold Werndl seit 1830 drei Werkstätten, aus denen in der Folge die große Steyrer Waffenfabrik hervorgehen sollte. Josef Pesendorfer gründete das bedeutende Blechwalzwerk Rottenmann. Er und der geadelte Industrielle Franz Mayr von Melnhof in Leoben zählten ebenfalls zu den heimischen Pionieren der Metallverarbeitung, während der Pionierunternehmer der Andritzer Eisenwarenfabrik Josef Körösi aus Ungarn stammte. Philipp Schmidt schuf 1836 in Wiener Neustadt mit seiner Maschinen- und Nägelfabrik die Keimzelle für die späteren Austro-Daimler-Werke. Wenzel Günther, ein Ingenieur der Wien-Raaber Eisenbahngesellschaft, gründete 1842 mit

Andreas Töpper (1786–1872) und seine Gattin Helena (1774–1858) vor den Werksanlagen und dem Fabriksgarten in Neubruck bei Scheibbs. Anonyme Gemälde, um 1850

Waldegg mit der Zugmayer'schen Fabrik. Aquarellierte Bleistiftzeichnung von Josef Höger, um 1841

Der Piestingtaler Metall- und Maschinenerzeuger Severin Zugmayer (Erfinder des Zugmayer-Pfluges) mit seinen beiden Söhnen Martin und Georg. Ölgemälde, um 1830/40

seinen Partnern Prävenhuber und Armbruster ebenfalls in Wiener Neustadt eine Lokomotivfabrik, die 1867 in die bekannte Maschinen- und Lokomotivenfabrik Georg Sigl überführt wurde. Heimische Unternehmertalente waren auch die Ziegelwarenerzeuger Alois Miesbach und dessen Schwiegersohn Heinrich Drasche, welche die Ziegelwerke am Wienerberg zu einem Großbetrieb zusammenfassten. Hinzu kamen in der Textilindustrie Namen wie Rudolf Arthaber oder Isaak Breuer, die über den Textilhandel und das Verlagswesen zur Industrie gekommen waren. In Tirol hatte Jakob Strehle in Imst bereits 1764 eine Musselin- und Kottonfabrik gegründet und in Kärnten betrieben die Gebrüder Moro in Viktring ab 1786 eine Tuchfabrik, doch kam es in beiden Ländern zu keiner nachhaltigen Entwicklung in der Textilindustrie. Neue heimische Unternehmer in der Textilindustrie waren hingegen in Oberösterreich zu finden: Johann Dierzer in Gmunden 1834 und Kleinmünchen 1839, Anton Wöss und Johann Grillmayr in Kleinmünchen, Franz Honauer in Linz.

Andere schafften den Durchbruch zum Unternehmer über eigene Erfindungen: Josef Hardtmuth gründete 1790 in Wien unter Ausnützung eines von ihm erfundenen neuen Produktionsverfahrens eine Bleistift- und Steingutfabrik. Philipp Haas, der Sohn eines Wiener Webermeisters, stieg über eine Reihe von Erfindungen zum Unternehmer auf; er leitete zunächst eine Weberei in Gumpendorf, transferierte diese dann nach Mitterndorf, wo er ab 1831 Möbelstoffe erzeugte, und gründete 1840 eine Teppichfabrik in Ebergassing. Der aus Mähren stammende Johann Nepomuk Reithoffer gründete aufgrund zweier 1824 und 1828 erteilter Patente in Wimpassing 1832 die erste Gummiwarenfabrik auf dem europäischen Kontinent. Der Chemiker Karl Wagenmann betrieb seit 1828 in Liesing eine Farbenfabrik, die nach 1854 unter der Bezeichnung Wagenmann & Seybel zu den Begründern der chemischen Industrie zählen sollte. Aber auch Außenseiter betätigten sich mit unterschiedlichem Erfolg als Unternehmer: So gründete der ehemalige Hofzuckerbäcker Ignaz Peyerl 1766

Georg Sigl, 1811–1887, Wiener und Wiener Neustädter Lokomotivfabrikant

Alois Miesbach, 1791–1857, Wiener Ziegelfabrikant

eine Leinwand- und Kottonfabrik in Guntramsdorf und der Schätzmeister des Wiener Versatzamts Franz Xaver Lang schuf 1773 die Zitz- und Kottonfabrik Ebreichsdorf.

Die Rolle der Immigranten

Die in der zweiten Hälfte des 18. Jahrhunderts aufblühende Seidenerzeugung wurde lange Zeit dominiert von Italienern und Franzosen, die sich vor allem in Wien und den Orten entlang der Thermenlinie ansiedelten: Italiener wie Bujatti, Girardoni, Malfatti, Primavesi, Masgozzo, Consolati, Cagliano, Annone, Straulino, Delazia oder Franzosen wie Tétier, Bertier, Des Chardin, Gautier, Fleuriet sind mit der Etablierung der Seidenwarenerzeugung untrennbar verbunden. Auch ganz neue Produktionszweige wurden auf diese Weise eingeführt: Die später verstaatlichte Neuhauser Spiegelfabrik wurde ursprünglich 1694 von zwei Venezianern, Francesco Brotti und Giacomo Miori, ins Leben gerufen. Der Franzose Claudius Innozenz du Paquier gründete in der Rossau die Wiener Porzellanmanufaktur. Die Erzeugung von Wachsleinwand und Papier- und Schildpattdosen wurde 1785 durch die Franzosen Jean Chevassieux und Jean Louis de la Fontaine eingeführt. Der aus Nantes stammende Jean Baptiste Sire gründete 1776 in Perchtoldsdorf eine Manchesterfabrik, die er später nach Stockerau verlegte. Louis Robert aus Lyon betrieb in Himberg eine Farbenfabrik, Pierre Chazel aus Grenoble führte in seinem Betrieb in Perchtoldsdorf 1796 technische Neuerungen in der Kattundruckerei ein und der aus Marseille stammende Louis Peschier, der wegen seiner Verdienste um die österreichische Industrie im Jahr 1823 sogar in den Freiherrenstand erhoben wurde, leitete als Manager sowohl die Baumwollspinnerei Schwadorf als auch die Papierfabrik Franzensthal. Der als Sohn eines französischen und 1777 in den Freiherrenstand erhobenen Niederlegers bereits in Wien geborene Johann Baptist von Puthon war nicht nur ein Mitbegründer der Donaudampfschifffahrtsgesell-

Heinrich Drasche, 1811–1880, Wiener Ziegelfabrikant

August Edler von Rosthorn, 1789–1845, Kärntner Eisenindustrieller

schaft, sondern errichtete 1803 auch die Baumwollspinnerei Teesdorf.
Von großer Bedeutung für die österreichische Industrie war die zahlenmäßig kleine Gruppe eingewanderter englischer »Fabrikanten«. Deren Immigration erfolgte in zwei Phasen, einmal um die Mitte des 18. und dann am Beginn des 19. Jahrhunderts: Die erste Phase brachte vor allem Metallwarenfabrikanten nach Österreich, während die zweite von Maschinenbauern und Mechanikern getragen war. Trotz Auswanderungsverboten und massiver Beschwerden des britischen Botschafters in Wien gelang es 1765, den katholischen Londoner Knopffabrikanten Matthew Rosthorn abzuwerben. Diesem wurde neben einem Vorschuss von 6.000 Gulden ein Privileg erteilt und das Ärarialhaus »Zum schwarzen Ochsen« als Produktionsstätte zugewiesen. Der durch Joseph II. im Jahr 1790 geadelte Rosthorn holte etliche Landsleute nach. In der Folge verlegte er seinen Betrieb nach Fahrafeld und später nach Öd an der Piesting. Die Familie stellte noch in der ersten Hälfte des 19. Jahrhunderts mit August von Rosthorn eine bedeutende Unternehmerpersönlichkeit in der Kärntner Eisenindustrie, er führte 1830 in Frantschach und Prävali als Erster das Puddlingverfahren ein. Der aus Birmingham stammende Robert Hikman begründete 1779 gemeinsam mit seinem Bruder William und dem Schweizer Großhändler Engelbert Tschoffen eine weitere Knopffabrik. Thomas Lightowler scheiterte zwar 1768 mit seinem Plan, Spinnmaschinen zu bauen, konnte sich jedoch 1781 nach kurzer Schuldhaft ebenfalls als Knopffabrikant etablieren.
In der ersten Hälfte des 19. Jahrhunderts kam eine neue Welle Einwanderer, die die mechanische Baumwollspinnerei sowie den Maschinen- und Lokomotivenbau vorantrieben. Der aus Manchester stammende John Thornton leitete ab 1802 im Auftrag der Wiener Commerzial-, Leih- und Wechselbank den Bau und Betrieb der Pottendorfer Baumwollspinnerei. Er gründete gemeinsam mit seinen beiden Brüdern Jonathan und Joseph 1814 auch die Spinnerei Münchendorf und wurde wegen seiner Verdienste um die österreichische Industrie geadelt. Jonathan Thornton leitete in den 1840er-Jahren die Spinnereien Unterwaltersdorf und Untereggendorf. Auch die 1802 gegründete Spinnerei Ebreichsdorf wurde von einem Engländer, John Michals, geleitet. Die beiden Obermechaniker der Spinnerei Schwadorf, William Tyler und Edward Royce, errichteten 1804 in Bruck an der Leitha eine eigene Spinnmaschinenerzeugung und erwarben dazu einen Eisenhammer in Hirtenberg. Unter den Initiatoren der Donaudampfschifffahrt befanden sich 1829 auch die beiden Engländer Joseph Pritchard und John Andrews. Aus Schottland stammte ursprünglich die Familie Skene, die über Belgien und Deutschland nach Österreich einwanderte, wo Alfred Skene ab den 1830er-Jahren zum größten Heereslieferanten aufsteigen sollte. John Haswell, ein schottischer Ingenieur, errichtete 1838 die Maschinenfabrik der Österreichisch-Ungarischen Staatseisenbahngesellschaft, in der nicht nur Lokomotiven, sondern auch Dampfhämmer und die weltweit erste dampfhydraulische Schmiedepresse erzeugt wurden. Die Maschinenfabrik der Nordbahngesellschaft wurde hingegen von einem Amerikaner, William Norris, geleitet.
Eine wichtige Gruppe von eingewanderten Unternehmern stellten die Schweizer. Unter ihnen befanden sich auffallend viele Calvinisten, die sich schon vor dem Erlass des Toleranzpatents, das ihnen vollkommene rechtliche Gleichstellung garantierte, als Niederleger und Großhändler angesiedelt hatten. Darunter waren die bekannten Bankiers und Industriellen Johann Fries und Johann Heinrich Geymüller sowie Alexander von Badenthal, der 1815 die Schwechater Baumwollmanufaktur übernahm, Jean Baptiste Bouvard, Inhaber der Himberger Kottonfabrik und Gründer einer Seidenzeugmanufaktur in Wien-Alsergrund, und Jules Montandon, der 1838 die Baumwollspinnerei Ebreichsdorf übernahm.

Ein spektakulärer Aufstieg: Reichsgraf Johann von Fries, 1719–1785, Bankier und Industrieller. Gemälde von Johann Baptist Lampi, um 1783/85.

Fries, aus einer calvinischen Schweizer Familie stammend, schaffte mit Handels- und Bankgeschäften, Theresientalerhandel und Industriegründungen den Aufstieg zum Reichsgrafen und reichsten Mann der Habsburgermonarchie. Sein Tod im Schlossteich von Vöslau bleibt geheimnisumwittert.

Eine wohl einmalige Karriere machte der aus Mülhausen stammende Niederleger und Bankier Johann Fries, der über die Abwicklung der englischen Subsidienzahlungen im Siebenjährigen Krieg und die Organisation des Maria-Theresien-Taler-Handels mit dem Orient ein gewaltiges Vermögen ansammelte, das er auch in Industriegründungen investierte. Der in den Reichsgrafenstand erhobene Calvinist, der das heutige Palais Pallavicini in Wien errichtete und die Schlösser Fridau und Vöslau besaß, war Besitzer bzw. Teilhaber der Zitz- und Kottonfabriken Kettenhof und Fridau, der Seidenbandfabrik Wiener Neustadt und der Baumwollspinnereien Kettenmühle und Schwadorf.

Melchior Steiner betrieb seit 1763 in Sollenau eine Säbelklingenmanufaktur, die Textilindustriellen Jenny und Aebly gründeten 1786 im oberösterreichischen Schwanenstadt eine Musselinfabrik, der Inhaber des Großhandelshauses Vonwiller gründete 1819 in Haslach im Mühlviertel eine Leinwand- und Kattunfabrik. Der Großhändler Vaucher du Pasquier war zeitweilig Inhaber der Neunkirchener Baumwollspinnerei. Johann Conrad Fischer betrieb gemeinsam mit seinen Söhnen eine Gussstahl- und Feilenfabrik in Hainfeld sowie eine Weicheisengießerei im niederösterreichischen Traisen; er erfand ein neues Verfahren zur Herstellung von Gussstahl und hämmerbarem Gusseisen. Schweizerisches Kapital engagierte sich vor allem bei der Industrialisierung Vorarlbergs: Escher und Wyss aus Zürich gründeten 1827 gemeinsam mit dem Schotten Kennedy eine Baumwollspinnerei in Feldkirch. Auch bei der Gründung der Spinnerei Kennelbach und bei der Stoffdruckerei in Hard stand Schweizer Kapital Pate. In Tirol gründete der Schweizer Jakob Strehle in Imst 1764 eine Musselin- und Kottonmanufaktur.

Ein großer Teil der Einwanderer stammte auch aus Deutschland; darunter waren so bekannte Namen wie der Bierbrauer Reininghaus, der aus Westfalen zuzog, und der Bugholzmöbelerzeuger Thonet, den Metternich aus dem Rheinland nach Wien holte. Aus Deutschland kamen auch der ursprüngliche Baumwollspinn- und spätere Neunkirchener Schraubenfabrikant Carl Wilhelm von Brevillier und die beiden Seidenindustriellen Christoph Andrä und Karl Friedrich Bräunlich, der Barchenterzeuger Emanuel Botzenhard, der Hutfabrikant Peter Habig, der Bankier und Indus-

Schloss oder Fabrik? Die k. k. priv. Barchentfabrik des Emanuel Botzenhard in Klosterneuburg. Aquarell von Joseph Hoffmann, um 1766

triegründer Alexander Schoeller sowie Hermann Krupp, seit 1843 dessen Partner als Metallwarenfabrikant in Berndorf. Der Fahrafelder Baumwollspinnfabrikant Christoph Heinrich Coith stammte aus Sachsen, der Begründer der optischen Industrie Johann Christoph Voigtländer aus Leipzig. Die beiden Wiener Neustädter Zuckerindustriellen Wilhelm Trenter und Johann Christian Hauschild kamen aus Hamburg; sie legten den Grundstein zur Raffinerie Reyer & Schlick, die bis in die 1830er-Jahre die Rohrzuckererzeugung dominierte, ehe sich, begünstigt durch Schutzzölle und Steuerbefreiung, allgemein die Rübenzuckerindustrie durchsetzte.

Vor 1848 finden sich, gemessen an deren Bedeutung in Bankwesen und Handel, schon aufgrund der immer noch bestehenden teilweisen Zulassungsbeschränkungen relativ wenige Juden unter den Industriellen. Es gab zwar Beteiligungen, so etwa des Bankhauses Arnstein & Eskeles 1804 an der Himberger Baumwollspinnerei, Josef Henikstein an der Spinnerei Ebergassing, Jonathan Gabriel Uffenheimers an den Papierfabriken Stattersdorf, Wiener Neustadt und Guntramsdorf. Als eigenständiger Industrieller trat allerdings erst Hermann Todesco auf, der 1833 die bestehende Flachsspinnerei in Marienthal bei Gramatneusiedl in eine Baumwollspinnerei umwandelte. In der zweiten Hälfte des 19. Jahrhunderts finden sich dann zahlreiche jüdische Unternehmensgründer.

Besonderheiten der österreichischen Entwicklung

Das von Schumpeter thematisierte »scharenweise Auftreten« von Unternehmern ist vor allem an der Wende vom 18. zum 19. Jahrhundert zu erkennen und hängt mit dem damaligen »Leitsektor« der wirtschaftlichen Entwicklung, der Textilindustrie, zusammen. Daneben spielte der Konsum- und Luxusgütersektor eine wichtige Rolle. Die damit verbundene Tendenz zur Gründung neuer Unternehmungen schwächte sich auch während der Napoleonischen Kriege kaum ab. Im Zeitraum 1825/26 bis 1842 kam es zu einer neuerlichen Welle von Unternehmungsgründungen und unternehmerischen Innovationen, was sich auch mit dem allgemeinen Konjunkturverlauf und Wachstumsmuster decken dürfte. Diesmal lag das Schwergewicht mehr auf dem Sektor der Schwerindustrie, vor allem der Eisen- und Stahl- sowie Maschinenindustrie, Innovationen wurden durch den Einsatz von Dampfmaschinen sowie im Eisenbahn-, Telegrafen- und Maschinenbau gesetzt.

Insgesamt weist das österreichische Unternehmertum einige spezifische Merkmale auf: Es finden sich neben den einheimischen Industriepionieren viele eingewanderte Unternehmer, wobei es für die hohe Assimilationsfähigkeit der Habsburgermonarchie spricht, dass es damals recht schnell gelang, diese Immigranten zu integrieren und ihnen auch einen entsprechenden sozialen Aufstieg zu ermöglichen. Augenfällig ist auch der relativ große Anteil an Staatsbetrieben, der – trotz Privatisierungstendenzen in der Ära Josephs II. – im Grunde genommen über die gesamte Epoche besteht und dann in der zweiten Hälfte des 19. Jahrhunderts mit der Verstaatlichung des Eisenbahnwesens einen neuen Höhepunkt erreicht. Dies scheint sich mit der Hypothese zu decken, wonach es einen Zusammenhang mit dem »Grad der wirtschaftlichen Rückständigkeit« (Alexander Gerschenkron) geben könnte. Allerdings ist dabei zu beachten, dass der Staat weniger als Unternehmensgründer in Erscheinung trat, sondern vor allem als Sanierer von Unternehmen, indem er konkursreife Unternehmen durch die Übernahme in Staatsregie am Leben zu erhalten suchte. Überdies sollte das Modell insofern ergänzt werden, als auch der Import ausländischer Unternehmer und Manager für den Modernisierungsprozess umso wichtiger ist, je rückständiger sich eine Wirtschaft am Beginn der Industrialisierung darstellt.

Engpass Energie

Geografische Lage und natürliche Ressourcen waren in einer Zeit, wo der Mensch noch sehr intensiv von den Launen und Gaben der Natur abhängig war, von viel zentralerer Bedeutung als in unserer technikbestimmten Zeit, in der vieles möglich geworden ist, was früher undenkbar und utopisch erschien.
Österreich hatte zwar eine zentrale Lage in Europa, aber abseits der seit der Frühneuzeit boomenden Atlantikküste und mit relativ schlechten natürlichen Standortvoraussetzungen für die frühe Industrialisierung: schwierige Verkehrsverhältnisse, hohe Gebirge, für die Schifffahrt wenig geeignete Flüsse, kaum Möglichkeiten für Kanalbauten.
Österreich ist reich an nicht besonders reichen Rohstoffvorkommen: Eisen und Salz, Gold und Silber, Kupfer und Blei, Arsen und Vitriol, Quecksilber, Zinn und Zink, Kohle und Graphit, Magnesit und seltene Erden, Erdöl und Erdgas.

Holz und Wasserkraft: Hammerwerk in Wildalpen in der Obersteiermark, 1810. Stich von Johann Andreas Ziegler nach einem Aquarell von Ferdinand Runk

Was Österreichs Industrialisierung im 19. Jahrhundert bremste, war das, was vorher einer seiner größten Aktivposten gewesen war, das Energieangebot in Form von Brennholz und in Form von Wasserkraft. Zahlreiche Mahl- und Sägemühlen, Hammerschmieden, Pochwerke und sonstige mechanische Werkstätten konnten sich seit dem Hochmittelalter an den Wasserläufen ansiedeln. Das reiche Brennholzangebot war die Grundlage für die Salzpfannen, Schmelzhütten, Hochöfen, Glashütten, Ziegelwerke, Töpfereien, Bierbrauereien und sonstigen wärmeintensiven Produktionen.
Aus einer Vielzahl von Zeugnissen geht hervor, dass sich in der zweiten Hälfte des 18. Jahrhunderts die Energieklemme verschärfte: Die Anforderungen an die Energieversorgung stiegen von zwei Seiten, einerseits durch die wachsende Bevölkerung, die mehr Ackerland und auch mehr Brennholz brauchte, andererseits durch die beginnende Industrialisierung und wachsende Warenproduktion, die einen vermehrten Energiebedarf nach sich zogen.
Einerseits benötigten die industriellen Großverbraucher, die Salinen und Eisenwerke, die verschiedenen Bergbau- und Schmelzbetriebe, aber auch Brauereien und Ziegelfabriken für ihre Expansion immer mehr Energie. Andererseits kristallisierte sich zusehends Wien mit seiner rasch wachsenden Einwohnerzahl als größter Holzverbraucher des Landes heraus.

Holz – der begrenzende Faktor

Die Bedeutung, die dem Holz von der Bürokratie beigemessen wurde, zeigte sich in der Vielzahl der Regelungen. Der Höhepunkt der obrigkeitlichen Reglementierung wurde mit der Mariatheresianischen Waldordnung von 1767 erreicht, die neben zahlreichen Sparanordnungen und forsttechnischen Bestimmungen bereits auch Substitutionsstrategien mit Hinblick auf die Verwendung von Mineralkohlen aufzeigte.

Die frühneuzeitliche Industrie »frisst« den Wald: Kropfbergers Hammerwerk bei Mariazell. Stich von J. Vinzenz Reim, 1834

Holz war nur mit großen Kosten transportierbar. Noch um 1800 bewegten sich die Holzpreise in Österreich zwischen fast null in urwaldähnlichen Standorten fern der Ballungsräume und Verkehrswege und geradezu astronomischen Höhen in dicht bevölkerten Verbraucherzentren, die Wärme und Licht zu Luxusprodukten machten. Die Verbesserung der Transportsysteme im Verlauf der Industrialisierung war eine der Ursachen der Nivellierung und Reduzierung der Energiepreise, die andere die Verwendung fossiler Energieträger. Vorerst aber musste man mit den so unterschiedlich sich darstellenden Energiepreisen zurechtkommen. Wo man konnte, wurden die Standorte dezentralisiert und in Richtung noch nicht genutzter Wälder verlagert. Wo das nicht möglich war, musste der Bau sehr weiter und technisch aufwendiger Zubringerstrecken für Holz in Kauf genommen werden, wobei bis zum Aufkommen der Eisenbahnen der Wassertransport mittels Trift und Flößerei die einzige Möglichkeit war, Holz über weitere Strecken zu konkurrenzfähigen Preisen zu transportieren. Die Holzarbeit und noch viel mehr der Transport und die Errichtung und Instandhaltung der teuren Riesen, Rechen, Kanäle, Tunnel und Holzaufzüge bot vielen Leuten eine saisonale Beschäftigung. Zur Verbesserung der Waldbewirtschaftung und Erhöhung der Holzproduktion wurden zahlreiche forstliche Maßnahmen gesetzt, von der Ergänzung der natürlichen Waldbesamung durch Heranziehen in Baumschulen, dem Übergang zu Fichtenmonokulturen und der Neupflanzung von Wäldern (zum Beispiel von Föhren auf dem Steinfeld bei Wiener Neustadt) über die Einschränkung der Waldnutzungsrechte der Untertanen durch Verbot der Ziegenhaltung, des Streuschneitelns und Holzsammelns bis hin zu der seit etwa 1780 gegen den Widerstand der Holzknechte und Holzschwemmer durchgedrückten Verwendung der beim Fällen und Ablängen des Holzes weniger Späne und Abfälle erzeugenden Sägen. Für die Holzknechte galt die langsame Zugsäge als »Schinderblech«. Auch die Schwemmarbeiter wehrten sich, wenn auch vergebens, gegen die mit Sägen glatt abgelängten Scheiter, weil sie sich beim Triften viel

leichter verkeilten als die mit Äxten bearbeiteten und dadurch an den Enden kegelförmig auslaufenden Stämme.
Das Eigentum an den Wäldern war bis ins 18. Jahrhundert nicht eindeutig definiert. Viele Untertanen fühlten sich berechtigt, Holz für den Eigenbedarf aus den Wäldern zu entnehmen. Die Strafen wegen Waldfrevel und unberechtigter Holzentnahme wurden daher häufiger und strenger. Aber auch das bäuerliche Streusammeln und die Nutzung des Reisigs als Futter und Unterstreu wurden verboten. Zweifellos war das »Schneiteln« oder »Grassen«, das Abästen bis zu den Wipfeln, wobei mit den Steigeisen auch die Stämme beschädigt wurden, eine ruinöse Vorgangsweise, die nicht selten das frühzeitige Absterben der Bäume zur Folge hatte. Das Streurechen zerstörte den Waldhumus nachhaltig. Ähnlich war es mit der Waldweide. Die Waldwirtschaft und der Holzertrag wurden durch das Verbot dieser Nutzungen sehr verbessert. Andererseits wurden mit dem Vorgehen gegen bäuerliche Nutzungsrechte und unterbäuerliche Holzdiebstähle althergebrachte Rechte und Existenzweisen der Untertanen empfindlich beschnitten.

Die Köhlerei mit runden Meilern brachte eine deutliche Holzersparnis.
Stich, um 1805

In der Industrie war man stolz auf erhebliche Rationalisierungserfolge in der Brennstoffnutzung: Die Umstellung der Köhlerei von liegenden auf stehende bzw. runde Meiler brachte etwa 15 Prozent Holzersparnis. Auch die Verbrennungsprozesse und Wirkungsgrade wurden verbessert. Musste bei der Eisenverhüttung im 16. und 17. Jahrhundert noch etwa die zweieinhalbfache Gewichtsmenge des eingesetzten Erzes an Holzkohle aufgewendet werden, so konnte dieser Wert bis 1810 auf rund 110 Prozent und 1850 auf 80 bis 90 Prozent reduziert werden. Am Endpunkt der Entwicklung der steirischen Holzkohlenhochöfen um 1880 pendelte sich der Kohlenverbrauch bei rund 66 bis 70 Prozent des Erzeinsatzes ein.
Zu Recht war der Sparherd das Lieblingsthema der im 18. Jahrhundert anschwellenden Holzsparliteratur. In den offenen Rauchküchen konnte man besonders große Sparreserven voraussetzen. Der seit etwa 1790 in Wien forcierte Übergang von offenen Küchenfeuern zu geschlossenen Sparherden war um 1850 weitgehend abgeschlossen, was sowohl zur Schaffung verbesserter Arbeitsbedingungen in den Küchen als auch zur Brennstoff-

Holztransport im Winter mit Schlitten, um 1830, und zwei Holzriesen, über die die geschnittenen Scheiter aus den Wäldern ausgebracht werden. Wandmalerei von Pfarrer Chrysostomus Sandweger (1778–1838), Josefsberg, Pfarrhof, um 1830 (Ausschnitte)

Der Halleiner Holzrechen, der das über die Salzach zur Saline getriftete Holz auffing. Ölgemälde aus dem 74-teiligen Zyklus von Benedict Werkstötter zum Salinenwesen, 1757, Hallein, Fürstenzimmer der ehemaligen Bergverwaltung, heute Keltenmuseum

einsparung wesentlich beigetragen haben dürfte. Die Küche war nun nicht mehr die »Schwarze Kuchl«, die keinem anderen Zweck als dem Kochen dienen konnte, sondern konnte immer mehr auch eine Wohnfunktion übernehmen.

Weitere Sparempfehlungen für Privathaushalte galten der besseren Abdichtung der Fensteröffnungen durch die Verwendung von

Holzsparkunst: »Reutenauers eiserner tragbarer Sparherd«, Fabriks-Bilder-Atlas der österreichischen Monarchie, 1845

Doppel- oder »Winterfenstern«. Holzsparen wollte man aber auch mit so ungeeigneten und wenig wirksamen Maßnahmen wie der Einschränkung der Holzbauweise bei Häusern, dem Verbot des Abbrennens von Johannisfeuern oder des Aufstellens von Maibäumen, des Tragens von Holzschuhen oder der Bestattung in Holzsärgen. Hinter Letzterem steckte weniger die Holzersparnis als ein genereller aufklärerischer Eifer, der Kaiser Joseph II. schon seit 1781 über nach unten mit einer Falltür versehene, wieder verwendbare Sparsärge nachdenken ließ: Dadurch erspare man nicht nur das Holz für die Särge, sondern auch die Wäsche und Kleidungsstücke für die Toten. Am 23. August 1784 wurde die Verordnung über die Sparsärge publiziert. Am 17. Januar 1785 sah sich der Kaiser aufgrund der Proteste der Bevölkerung gezwungen, sie zu widerrufen.

Der Brennholzbedarf Wiens war in der zweiten Hälfte des 18. Jahrhunderts rasch angestiegen: von 400.000 Festmetern jährlich um 1760 auf ein Maximum von 720.000 bis 800.000 Festmeter um 1800. Das war eine Zunahme, die weit über das Bevölkerungswachstum hinausging. Von da an bis in die Mitte des 19. Jahrhunderts hingegen blieb der Wiener Brennholzverbrauch der Menge nach fast unverändert, obwohl sich die Einwohnerzahl in diesem Zeitraum mehr als verdoppelte. Pro Kopf der Bevölkerung bedeutete dies eine Reduktion von circa 3,2 Festmetern um 1800 auf etwa 1,5 Festmeter um 1850, wobei die Verwendung von Mineralkohle auch um die Jahrhundertmitte noch kaum Bedeutung hatte. Dies mag einerseits als Folge eines durch zunehmende Pauperisierung und relative Preisänderung hervorgerufenen Konsumverzichts zu sehen sein, andererseits auch als Resultat verbesserter Wirkungsgrade der Raumheizungen und Kochstellen.

Wien war im 18. Jahrhundert zu Österreichs größtem und wichtigstem Markt für Brennholz geworden. Sein Holzbedarf konnte längst nicht mehr allein aus dem Wienerwald und den Donauauen gedeckt werden. Die Versorgung musste immer mehr auf weit entfernte Wälder und damit den Wasserweg verlagert werden. Ab 1665 wurde sukzessive der Schwemmbetrieb auf den größeren Wienerwaldflüssen und Nebenflüssen der Donau aufgenommen. Bis ins Bayerische, auf allen Nebenflüssen, selbst über die Wasserscheide des Böhmerwaldes begann sich im späten 18. Jahrhundert die Wiener Energiewirtschaft auszudehnen. Die Donau wurde Österreichs wichtigster »Holzweg«. Die Holzversorgung Wiens geschah um 1850 zu drei Viertel auf dem Donauweg (davon zu etwa 60 Prozent aus Niederösterreich, 25 Prozent aus Oberösterreich und 15 Prozent aus Bayern, Salzburg und Tirol), zu 20 bis 25 Prozent aus dem Wienerwald und zu einem geringen Teil aus

Holzhandel in der Wiener Innenstadt. Aquarell, frühes 19. Jahrhundert. Wien war der größte Holzverbraucher der Habsburgermonarchie.

dem südlichen Niederösterreich über den Wiener Neustädter Kanal. In verkleinertem Maßstab konkurrierten auch die übrigen österreichischen Städte sowie Pressburg und Budapest um das österreichische Holz.

Trotz Einsparungsmaßnahmen war um die Mitte des 19. Jahrhunderts eine Grenze in der Leistungsfähigkeit der Wälder erreicht. Die Einschlagzahlen im Wienerwald waren von 150.000 Raummeter im Durchschnitt der Jahre 1825 bis 1832 auf ein Maximum von 236.000 Raummeter 1865 bis 1869 hinaufgeschnellt. In Niederösterreich wurden um 1785 etwa 1,5 Millionen Festmeter Holz, um 1830 etwa 2,1 Millionen jährlich produziert. Nach Schätzungen stieg diese Zahl bis in die Fünfzigerjahre auf etwa 3,3 Millionen Festmeter. Die Überschlägerung war alarmierend. Die im Vormärz sich häufenden Verkarstungen, Überschwemmungen und Lawinenkatastrophen wurden der Übernutzung der Wälder zugeschrieben.

Ausweg Kohle

Österreich ist reich an armen Kohlenvorkommen. Versuche einer Substitution des Holzes durch Mineralkohlen und Torf wurden wegen der Vielzahl der österreichischen Kohlenvorkommen sehr früh in Angriff genommen, erwiesen sich aber wegen deren vergleichsweise geringer Ergiebigkeit und der geringen Qualität der Kohlen vorerst als wenig erfolgreich. 1604/09 gibt es erste Nachrichten über Kohlenfunde in Seegraben bei Leoben. Mit einem unbedeutenden Abbau wurde allerdings erst 1726 begonnen. 1670/1681 wurden die Kohlenlager bei Fohnsdorf entdeckt, vorerst aber nicht genutzt. Im frühen 18. Jahrhundert erschloss man die Lager von Voitsberg, Leoben und Eibiswald, 1758 das Braunkohlenlager Thallern bei Göttweig, von wo man etwas Kohle per Schiff nach Wien brachte, 1761 das am Brennberg bei Ödenburg, mit dessen Abbau nach mehreren erfolglosen Versuchen erst 1793 wirklich begonnen wurde. Um 1765 folgten Wolfsegg in Oberösterreich, das Kohle ins Salzkammergut lieferte, und 1766 Häring in Tirol, das zur Versorgung der Haller Saline herangezogen wurde.

Brennstoffverbrauch in Wien 1760–1850

Jahr	Holz in 1.000 m³	Mineralkohle in 1.000 t	Holz in 10^9 Kcal	Kohle in 10^9 Kcal	pro Kopf in 10^6 Kcal
1760/70	477,4	0,0	1.374,9	0,0	7,9
1780/89	1.018,1	0,0	2.932,2	0,0	14,7
1790/99	916,0	1,0	2.638,1	4,0	11,4
1800/09	836,6	6,9	2.409,5	27,5	10,5
1810/19	888,7	3,1	2.559,4	12,6	8,5
1820/29	827,7	2,6	2.383,7	10,5	7,5
1830/39	857,2	4,4	2.468,7	17,7	7,0
1840/49	916,1	18,4	2.638,5	73,7	6,3

Quelle: *R. Sandgruber*, Die Energieversorgung Wiens im 18. und 19. Jahrhundert, in: Bergbau in Niederösterreich (hg. von *A. Kusternig*, Wien 1987) 459–490.

Mineralkohlenförderung in Österreich 1800–1850 (in Tonnen)

Jahr	Steiermark	Niederösterreich	Oberösterreich	Kärnten	Tirol	Summe
1800	7.000	13.000	–	–	–	20.000
1830	22.276	13.631	1.108	–	–	37.015
1841	27.812	54.888	6.395	14.092	949	104.136
1850	67.900	71.155	22.075	24.871	2.990	188.991

Quelle: Tafeln zur Statistik der Österreichisch-Ungarischen Monarchie, 1–21 (1828-1848); NF 1–5 (1849-1865); Österreichisches Statistisches Handbuch; *L. Weber/A. Weiss*, Bergbaugeschichte und Geologie der österreichischen Braunkohlenvorkommen (Wien 1983).

Um 1790 waren die meisten österreichischen Kohlenvorkommen bereits bekannt. Bei den Behörden setzte eine regelrechte Kohleeuphorie ein. Die Verwertung scheiterte aber nicht nur an der ablehnenden Haltung der potentiellen Nutzer und den für Kohle meist ungeeignet adaptierten Feuerstellen, sondern auch an den Transportkosten. So gerieten viele Vorkommen wieder in Vergessenheit oder wurden nur zögernd abgebaut. 1791 wurde die Wiener Neustädter Steinkohlengesellschaft gegründet, die sich die Nutzung verschiedener Kohlenbergbaue im südlichen Wiener Becken zum Ziel gesetzt hatte, als wesentliches Ergebnis aber nur die 1803 abgeschlossene Errichtung des Wiener Neustädter Kanals verbuchen konnte, der für den Holztransport viel wichtiger wurde als für den Kohlentransport. Zwischen dem späten 18. Jahrhundert und den Vierzigerjahren des 19. Jahrhunderts gab es kaum Fortschritte in der Kohlenverwendung. 1831 wurden in Wien 3.000 Tonnen Mineralkohle verbraucht, 1850 allerdings bereits etwa 50.000 Tonnen, die aber dem Heizwert nach nicht einmal 4 Prozent zum Wiener Brennstoffverbrauch beitrugen.

Auch wenn in den Alpenländern zahlreiche Kohlenbergbaue früh in Abbau genommen wurden, war das Resultat nicht ermutigend: Nur etwa 9 Prozent der Kohlenförderung der Habsburgermonarchie entfielen 1841 auf das heutige Österreich. Die Bergbaue waren zu unergiebig, zu abgelegen und vor allem dort zu teuer, wo nicht ein preisgünstiges Transportmittel wie der Wasserweg oder die Eisenbahn zur Verfügung stand. Vor allem aber fehlte Steinkohle, die man in der Eisenindustrie dringend gebraucht hätte.

Verkehrswege und Verkehrsmittel

Österreich ist ein altes Transitland. Gleichzeitig stellt Österreichs Geografie dem Ausbau der Verkehrsinfrastruktur erhebliche Schwierigkeiten entgegen.
Die Verkehrslage ist für praktisch alle Formen wirtschaftlicher Betätigung ein wichtiger und standortbildender Faktor. Andererseits wird Verkehr nicht selten als Belästigung empfunden, wenn nicht gar als Gefährdung. Für die Anfänge der Industrialisierung und die Sicherung der nachhaltigen Weiterführung des wirtschaftlichen Wachstums wurde das Verkehrswesen zum Schlüsselsektor: einerseits in Form von Transportleistungen für die Industrie, andererseits in Form von Nachfrage nach Industriegütern und Industriedienstleistungen (Bauten) zum Aufbau der Verkehrsinfrastruktur.
Das späte 18. und frühe 19. Jahrhundert war die erste große Blütezeit des modernen Straßenbaus. Als explizite Straßenbauten im Zusammenhang mit Industrie sind vor allem die Eisen- und Salzstraßen zu nennen. Die große Hoffnung der Zeit zwischen dem 17. und frühen 19. Jahrhundert war aber allenthalben die Schifffahrt, vor allem die Fluss- und Kanalschifffahrt. Österreich bot allerdings für Kanäle kaum geeignete Voraussetzungen und seine Flüsse sind schnell fließend und gefährlich.
Der Eisenbahnbau wiederum war in einem Gebirgsland wie Österreich technisch und kostenmäßig ausgesprochen schwierig. Gleichzeitig war er hier, wo der Kanalbau kaum durchführbar war, vor der Einführung des Automobils die einzige effiziente Lösung der Verkehrsfrage. Erst die dampfbetriebenen Eisenbahnen machten es möglich, Mineralkohle von den geologisch bedingten Abbauorten zu den Verbraucherzentren zu schaffen und damit die Begrenzung, die durch die Holzversorgung gegeben war, zu überwinden.

Der Zwang zur Straße

Der Straßentransport hatte im Transitland Österreich immer erhebliche Bedeutung. Seit dem Spätmittelalter waren die Straßen merklich verbessert worden – der Brenner, der Radstädter Tauern und auch weniger wichtige Wege, wie die Fahrstraßen über den Loibl (1569/75) und den Seeberg (1541) oder die Dreimärkteeisenstraße vom Erlauftal in das obere Ybbstal und weiter in das Ennstal, wurden ausgebaut. Dennoch blieb der Zustand der Straßen bis ins 18. Jahrhundert so schlecht, dass meist nur kleine Wagen mit Gabeldreieck, so genannte Anzwagen, eingesetzt werden konnten und der Saumverkehr mit Tragtieren und Säumern seine Konkurrenzfähigkeit behaupten konnte.

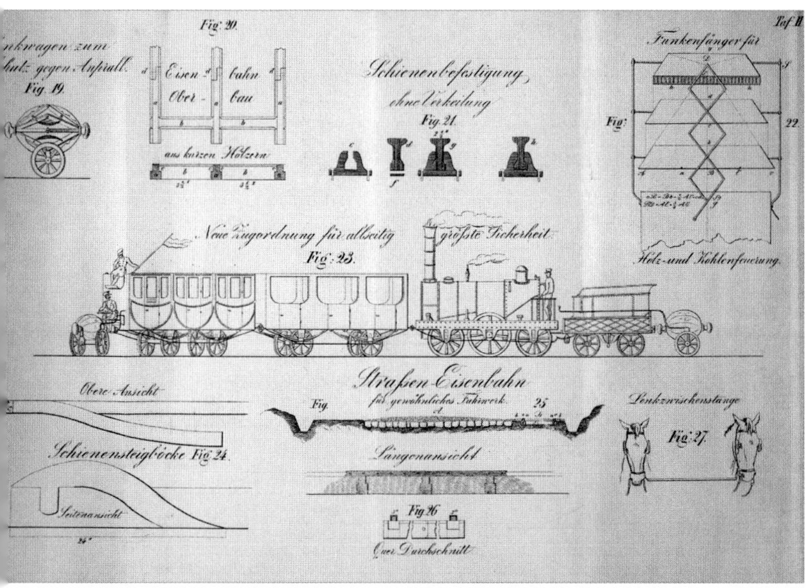

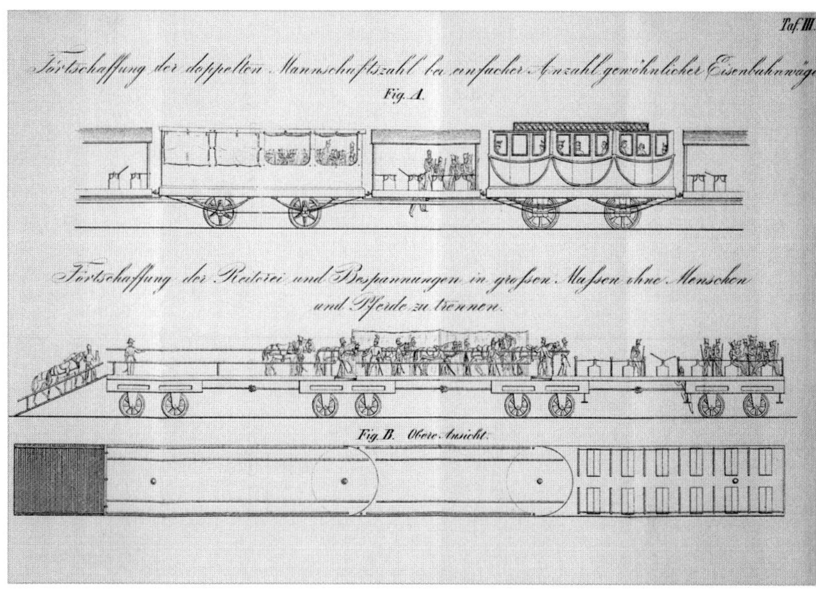

Der vielfältige Nutzen der Eisenbahn: Neue Möglichkeiten für den militärischen Truppentransport. Darstellung aus »Neues Transport-System zur leichteren Ueberwindung der Hindernisse und Schwierigkeiten auf Eisenbahnen, Straßen und Wegen und Beschiffung der Flüsse. mit besonderer Rücksicht auf Militär-Gebrauch« von J. M. Geggenberger, 1844

Im 17. Jahrhundert änderte sich die gesamteuropäische Verkehrslage grundlegend. Das Verkehrsaufkommen ging auf den Passstrecken von Italien nach Deutschland deutlich zurück. Der Verkehr über den Brenner, der vor 1620 über 12.000 Tonnen im Jahr ausgemacht hatte, sank erheblich, erholte sich aber bis 1680 nicht zuletzt zu Lasten der Tauern- und Reschenstraße relativ rasch, sodass 1684/96 die Zolleinnahmen am Brenner bereits nur mehr knapp ein Drittel unter dem Höchststand von 1601 lagen. Aber erst im ersten Drittel des 18. Jahrhunderts wurden am Brenner die Verkehrszahlen des beginnenden 17. Jahrhunderts überschritten. Die transportierten Mengen pendelten um 1730 zwischen 12.000 und 14.000 Tonnen. Der Verkehr über den Reschenpass erreichte das im 16. Jahrhundert verzeichnete Volumen nicht mehr. Auf der Route über den Katschberg und den Radstädter Tauern, die vom Erzbistum Salzburg kontrolliert wurde, betrug der Transit mit 1.960 Tonnen im Jahr 1655 nur mehr ein Drittel dessen, was im 16. Jahrhundert erreicht worden war, und war verglichen zum Brenner wenig bedeutend.

Auch erhebliche straßenbauliche Investitionen, die um das Jahr 1750 vorgenommen wurden, konnten wegen der 1730 von den Habsburgern gegenüber Salzburg entscheidend verschärften Zolldiskriminierung die Verkehrsfrequenz nicht heben, sodass im späten 18. Jahrhundert kaum mehr als 1.500 Tonnen über den Radstädter Tauern transportiert wurden und auch in der ersten Hälfte des 19. Jahrhunderts trotz der nunmehrigen Zugehörigkeit Salzburgs zu Österreich nicht mehr als 3.000 Tonnen.

Eine neue verkehrspolitische Situation ergab sich, als 1719 im Anschluss an die 1717 verkündigte Freiheit der Adriaschifffahrt und den Friedensschluss von Passarowitz Triest und Fiume (Rijeka) und 1725 auch Buccari (Bakar) und Porto Ré (Kralejvica) zu Freihäfen erklärt wurden, um sie gegenüber Venedig als Endpunkte der Handelsrouten aus Österreich und Ungarn zur Adria zu stärken. Durch das Wachstum Wiens und die wirtschaftspolitische Aufwertung Triests ergab sich nach dem Ausbau der Semmeringstraße eine zunehmende Betonung der Achse von Wien durch das Mürz- und Murtal über Graz, Marburg und Laibach nach Triest (»Triesterstraße«). Der Tiroler Passverkehr wurde von der Bevorzugung Triests vorerst nicht beeinträchtigt, da mit den Straßenbauten über den Wurzen- und Loiblpass zu Ende des dritten Jahrzehnts des 18. Jahrhunderts ein neuer Durchgang durch die Ostalpen von Triest über Laibach nach Villach und weiter durch das Pustertal und über den Brenner nach Süddeutschland eröffnet wurde und damit ein großer Teil des nunmehr über Triest statt über Venedig führenden Italienhandels nach wie vor durch Tirol kam. Betroffen war aber die Kanaltalstraße, die um 1600 kaum hinter dem Brenner zurückgestanden und bis in die erste Hälfte des 18. Jahrhunderts die wichtigste Verbindung Innerösterreichs und Salzburgs mit Venedig geblieben war. Sie war im 18. Jahrhundert nicht sehr bedeutsam und wurde erst nach der Angliederung Venetiens und insbesondere nach der 1825 erfolgten Beseitigung der Zolllinie zwischen Lombardo-Venetien und den Alpenländern wieder stärker befahren.

Das späte 18. und frühe 19. Jahrhundert war die erste große Blütezeit des modernen Straßenbaus. Die Verkehrsplanung, die im zweiten Jahrzehnt des 18. Jahrhunderts einsetzte, war neben der Betonung Triests von der Ausrichtung auf die Reichshaupt- und Residenzstadt Wien mit fünf dort zusammenlaufenden Hauptstraßen (nach Ungarn, Böhmen, Mähren, Innerösterreich und Oberösterreich) geprägt. Pläne, auch Oberösterreich durch einen modernen Verkehrsweg von Böhmen über Linz nach Triest besser in das internationale Handelsnetz einzubinden, blieben unausgeführt, sowohl hinsichtlich des Ausbaus der Pyhrnstraße bzw. der Straßen Budweis–Linz-Wels–Salzburg und Linz–Eisenerz–Graz wie auch hinsichtlich der wiederholt angestellten

Überlegungen zu einer Kanalverbindung zwischen Moldau und Donau und weiter nach Süden. Die Brennerstraße erhielt 1777 einen chausseemäßigen Teilausbau. Der Transport über den Arlberg, der vor allem für das Salz den Umweg über den Fernpass ersparte, wurde 1785 mit der Anlegung eines Karrenweges wesentlich erleichtert. In den Zwanziger- und Dreißigerjahren des 19. Jahrhunderts wurde das Straßennetz nochmals deutlich verbessert. Zwischen 1814 und 1832 seien, so wurde dem Kaiser in einer Zusammenfassung der Ergebnisse der Gewerbeenquete 1835 vorgerechnet, in den verschiedenen Provinzen der Monarchie insgesamt etwa 3.500 Kilometer Kommerzialstraßen neu erbaut worden. Reitpost, Eilpost und Post- und Packwagenkurse wurden beträchtlich ausgeweitet. Nach dem Einsetzen des Eisenbahnbaus blieb das Geld für weitere Straßenbauten aus.

Nach der Neutrassierung der Semmeringstraße, die 1728 im Wesentlichen abgeschlossen war, stieg das Transportvolumen Wien–Graz–Triest in den Dreißigerjahren des 18. Jahrhunderts sprunghaft an. Im Westen wurde die Brennerstraße zum leistungsfähigsten Alpenübergang ausgebaut und drängte die übrigen Pässe in den Hintergrund. Um 1800 betrug die gesamte Transportleistung der Tauernstraße nur mehr ein Achtel der Brennerstraße. Den Gesamtverkehr über den Brenner schätzt man um 1800 auf 19.000 Tonnen im Jahr, um 1835 auf 75.000 Tonnen und 1840 schon auf 100.000 Tonnen. Um den Verkehrsfluss zu beschleunigen, wurde das Rodfuhrwesen, das wegen der jeweils für bestimmte Teilstrecken privilegierten Frächter und des damit verbundenen oftmaligen Umladens die Transportgeschwindigkeit sehr beeinträchtigt hatte, um die Mitte des 18. Jahrhunderts durch Speditio-

Pferde-Lastfuhrwagen mit Vorspann auf dem Semmering. Lithografie aus der Serie »Charakteristische Fuhrwerke« von Johann Nepomuk Hoechle, um 1800

Eröffnung der Pferdeeisenbahn von Linz nach Budweis durch Kaiser Franz I. und Kaiserin Karoline, Linz/St. Magdalena, 21. Juli 1832. Kolorierte Lithografie von Anton Beyer

nen ersetzt, die von der Umladepflicht befreit waren und die Verfrachtung über die gesamte Strecke durchgehend besorgen konnten.

Trotz des allmählichen Aufbaus einer staatlichen Straßenbauverwaltung war das Straßennetz des Vormärz immer noch von zahlreichen Mautstellen durchsetzt, die der Finanzierung dienen sollten, aber das Verkehrstempo wesentlich herabsetzten. Durchschnittlich alle 15 bis 20 Kilometer traf man auf den Ärarialstraßen auf Weg- und Brückenmauten. 1821 gab es allein in Niederösterreich 51 Straßenmautstellen, 20 Jahre später mehr als doppelt so viele. Insgesamt zählte man 1841 im Territorium des heutigen Österreich etwa 410 Mautstellen. Dennoch konnte in der ersten Hälfte des 19. Jahrhunderts die Durchschnittsgeschwindigkeit auf den Straßen mehr als verdoppelt werden. Viele kleine Innovationen spielten zusammen: glattere Straßenoberflächen durch entsprechende Schotterung oder Pflasterung und durch kontinuierliche Arbeit der Straßeneinräumer einerseits, leichter gängige Wägen durch dickere und bessere Felgen sowie durch entsprechende Schmierung der Achsen (Schmiergeld wurde bezahlt!) andererseits. Im Warentransport waren mit Fuhrwerken kaum mehr als 30 Kilometer pro Tag zu schaffen. Auf den Flüssen konnte man bei der Talfahrt je nach Strömung 40 bis 60 Kilometer pro Tag zurücklegen, stromaufwärts im Schleppverkehr nicht mehr als 15 bis 25 Kilometer. Ein Schwerfuhrwerk mit breiten Felgen, das mit zwei Pferden etwa 1.500 Kilogramm Last beförderte, benötigte von Wien bis auf den Semmering zweieinhalb Tage. Für den Pass brauchte man zwei Vorspannpferde. Für die 1730 neu installierte regelmäßige Stellfuhre von Wien nach Triest benötigte man damals im Sommer noch neun, im Winter zehn Tage. Im Jahre 1827 dauerte die Postwagenfahrt von Wien nach Linz 22 bis 24 Stunden, von Linz nach Salzburg 15 bis 16 Stunden, von Linz nach Innsbruck 34 bis 36 Stunden, von Linz nach Bregenz 66 bis 68 Stunden. Pressburg wurde von Wien in fünf bis sechs Stunden, Venedig in 81 bis 85 Stunden erreicht. Die Postkutschen fuhren mit einer Geschwindigkeit von acht bis 15 Kilometern in der Stunde. 16 Stundenkilometer war auch die Geschwindigkeit der Linz-Budweiser Pferdebahn.

Die Dampfeisenbahnen verkürzten die Fahrzeiten weiter. Während die Postkutsche für die Strecke Wien–Graz 29 Stunden benötigte, betrug die Fahrzeit des Zuges 1854 neun Stunden 15 Minuten. Bequem war das Reisen nicht, wie ein Vielreisender des 18. Jahrhunderts, Wolfgang Amadeus Mozart, sich bitter beschwerte: »Denn, ich versichere Sie, dass keinem von uns möglich war, nur eine Minute die Nacht durch zu schlafen – dieser Wagen stößt einem doch die Seele heraus! – Und die Sitze! – Hart wie Stein! ...« 1781, am 17. März, klagte er jämmerlich über seinen feuerroten Hintern: »Bis Unter-Haag bin ich mit dem Postwagen gefahren – da hat mich aber mein Arsch und dasjenige woran er henkt, so gebrennt, dass ich es ohnmöglich hätte aushalten können ...« Zwei Posten fährt er noch weiter, die Hände auf den Polster gestützt und den Hintern »in Lüften haltend«. »Aber zur Regel wird es mir seyn«, geht es in dem Brief weiter, »lieber zu Fuß zu gehen, als in einem Postwagen zu fahren.«

Enttäuschung Wasserstraßen

Für Massentransporte eignete sich bis zur Einführung der Eisenbahnen einzig und allein der Wasserweg. Auf der Donau boten sich dafür stromabwärts Holz, Salz (ab Passau), Eisen, Baumaterialien und eine bunte Palette von gewerblichen Produkten an, stromaufwärts Kupfer aus der Slowakei, Wein aus Niederösterreich, Eisen ab Enns und Linz, Salz von Passau aufwärts und seit dem beginnenden 16. Jahrhundert auch Getreide, das von Ungarn und Niederösterreich auf dem Donauweg und weiter über den Inn vor allem nach Tirol importiert wurde. Die Donau war ein Holz-, Stein-, Salz- und Eisenweg. Aber sie floss, um es salopp zu formulieren, für die meisten Produkte in die falsche Richtung und ins falsche Meer. Den Bestrebungen Kaiser Josephs II., nach dem 1784 durchgesetzten Recht zur freien Befahrung des Schwarzen Meeres einen regelmäßigen Schiffsverkehr auf der Donau

Eisentransportschiff auf der Enns unter der so genannten Seufzerbrücke am Flößerfriedhof bei Weyer, im Hintergrund der Saghammer. Josef Gabriel Frey, Öl, 1837

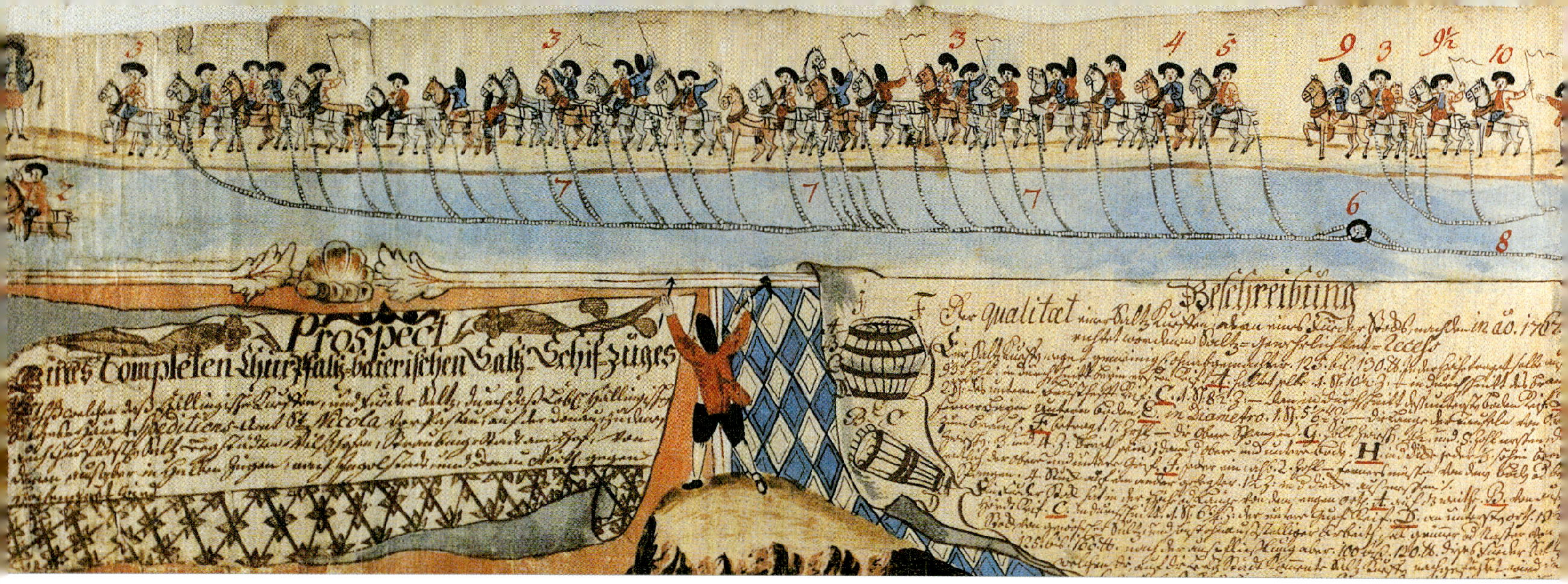

Schiffszüge von mehr als 500 Meter Länge für etwa 250 Tonnen Nutzlast: »Prospect eines completen ChurPfaltz-baierischen Saltz-Schiffszuges …«, kolorierte Federzeichnung, 1773, 246 x 23 cm, Oberhausmuseum Passau

bis Konstantinopel einzurichten, blieb kein dauerhafter Erfolg beschieden, obwohl die Frachtkosten theoretisch beträchtlich niedriger gewesen wären als der Landweg oder der Land-See-Weg über Triest. Das Verkehrsaufkommen war einfach zu gering, die Logistik zu schwierig und das Risiko zu groß.

Österreichs Flüsse setzten dem Schiffsverkehr erhebliche Hindernisse entgegen: Das wohl größte Schifffahrtshindernis auf der Traun, der Traunfall bei Steyrermühl, war 1552 durch eine mit Holz ausgekleidete, teilweise aus dem Felsen herausgesprengte Rinne von fast 400 Meter Länge und einer durchschnittlichen Breite von 6,1 Meter befahrbar gemacht worden. Zwischen 1553 und 1583 wurde die Enns zwischen Hieflau und Steyr für die Schifffahrt adaptiert und durch die Anlage eines Treppelweges für die Bergfahrt geeignet gemacht. Aber die Instandhaltung dieser etwa 80 Kilometer langen Strecke blieb immer äußerst kostspielig. Das wohl erstaunlichste, wenn auch nur ganz kurzfristig genutzte Projekt war die Schiffbarmachung der Salzach durch die Salzachöfen beim Pass Lueg. Im Sommer 1562 gelangten Schiffe im Gegenzug salzachaufwärts bis nach Bischofshofen. Über den Probebetrieb kam das Projekt jedoch nie hinaus, weil inzwischen der rapide Niedergang des Salzburger Gold- und Silberbergbaus eingesetzt hatte.

Im 16. Jahrhundert formierte sich die Technik der großen Schiffszüge auf der Donau: Auf bis zu vier aneinander gehängten Lastkähnen, die von 50 und mehr Pferden gezogen und von etwa 60 Menschen begleitet wurden, konnten bis zu 250 Tonnen Nutzlast flussaufwärts bewegt werden. Solche Schiffszüge erreichten inklusive der Pferde Gesamtlängen von 400 bis 500 Metern. Der Aufwand für Mannschaft und Pferde, für Begleitzillen, Seile, Pferdegeschirr und für die Errichtung und Erhaltung der Treppelwege war extrem hoch. Zu einem Donau-Schiffszug gehörten neben den drei bis

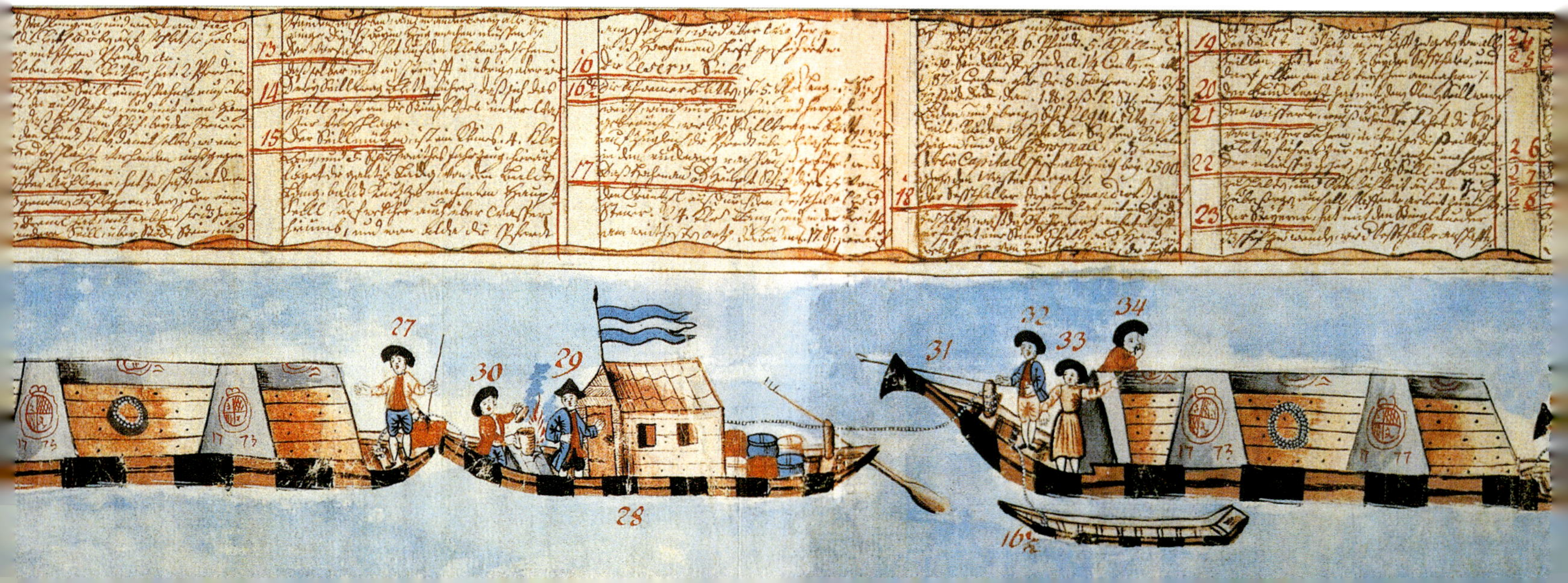

vier Hauptschiffen noch zahlreiche kleinere Schiffe und »Plätten«, die das Seil über Wasser zu halten, Pferde und Mannschaft bei einmündenden Flüssen oder unpassierbaren Uferhindernissen überzusetzen und auch wieder talwärts zu transportieren hatten. Mitgeführt werden mussten auch Mutzen zum Transport der mehrere Tonnen schweren, bis zu 700 Meter langen und acht bis neun Zentimeter starken Seile, ein »Kuchlschiff«, einige Plätten für die persönliche Habe der Mannschaft, für Futter und sonstigen Bedarf und eine »Waidzille« als Rettungsboot. Die Strecke Wien–Passau konnte in drei bis fünf Wochen bewältigt werden. Neunmal musste zwischen Wien und Passau wegen der Schwierigkeit des Geländes mit allen Pferden das Ufer gewechselt werden. Von Wien nach Linz dauerte es 14 bis 25 Tage, von Linz nach Passau sechs bis acht Tage und von Passau nach Regensburg weitere neun bis 15 Tage. Die Talfahrt ging wesentlich rascher. Immerhin benötigte man von Linz nach Pest auch etwa 14 Tage. Und es war gar nicht ungefährlich. Die Zahl der Schiffe, die in den Hindernissen der Donau verunglückten, war groß. Im Personenverkehr wurde bei der Talfahrt meist der Wasserweg, bei der Bergfahrt die Straße gewählt.

Auf den Nebenflüssen der Donau, Inn, Traun, Enns, Mur, gestalteten sich die Bedingungen für den Schiffsverkehr noch schwieriger; die Schiffszüge waren viel kleiner. Von Leoben murabwärts bis Spielfeld brauchte man zwei Tage, in der Gegenrichtung aber zehn bis zwölf Tage.

Die Donau war unter den großen Flüssen der Erde mit der Einführung der Dampfschifffahrt einerseits eher spät dran, wenn man vergleicht, dass es in den USA 1812 bereits 50 Dampfboote gab und auf dem Ganges seit 1828 regelmäßig Dampfschiffe verkehrten. Verglichen mit Deutschland und Frankreich gab es aber kaum einen Rückstand. Hier ver-

Die hölzerne Fahrrinne für Schiffe über den Traunfall bei Gmunden, eine technische Meisterleistung aus dem 16. Jahrhundert des berühmten Wasserbauers Thomas Seeauer. Kolorierte Radierung von Carl Conti, um 1790

kehrten die ersten Dampfboote 1816 auf Spree und Havel, 1822 auf der Saône, 1827 auf dem Rhein, 1829 auf der Rhône, 1830 auf der Elbe. Auf der Donau wurden die ersten Probefahrten mit einem Dampfboot 1817 bei Wien unternommen. Die »Carolina« kam am 15. September 1817 von Wien aus in Budapest an. Nach einem weiteren Anlauf im Jahre 1823 mit dem Dampfschiff »Franz I.« glückte im Jahre 1829 den Engländern John Andrews und Joseph Pritchard der Durchbruch mit der Gründung der Donaudampfschiffahrtsgesellschaft (DDSG), die sich vornehmlich auf den Schiffsverkehr von Wien abwärts bis Budapest und Orsowa konzentrierte. Erst 1837 wurde die Dampfschifffahrt zwischen Wien und Linz aufgenommen, während ebenfalls ab 1837 zwischen Regensburg und Linz die Schiffe der 1836 gegründeten Bayerisch-württembergischen Donau-Dampfschifffahrts-Gesellschaft fahrplanmäßig verkehrten. Behindert wurden die Dampfer nicht nur durch den Greiner Strudel, für den sie noch länger einen Pferdevorspann benötigten, sondern auch durch die Linzer Holzbrücke, die für sie viel zu niedrig war.

Die Dampfschifffahrt gewann vor allem für die Getreideausfuhr von Ungarn nach Österreich Bedeutung. Zwischen Wien und Linz blieb der Schifffahrtsverkehr trotz Dampfkraft vorläufig bescheiden und konzentrierte sich vor 1850 mehr auf Personen als auf Waren. Vom Transportvolumen der DDSG auf der Donau im Jahre 1847 von insgesamt etwa 170.000 Tonnen entfielen nur etwa 10 Prozent auf die Strecke Wien–Linz, 41 Prozent auf Wien–Pest und 35 Prozent auf Pest–Orsowa. Auf der Strecke Wien–Linz–Passau wurden 1857 etwa 160.000 Passagiere befördert. Das war allerdings nur ein kurzer Boom. Nach der Eröffnung der Westbahn 1858 ging der Personenverkehr auf der Donau schlagartig zurück.

Die »Carolina«, das erste Dampfschiff auf der Donau, 1818, erbaut von Anton Bernhard & Co., Lithografie von John Poad Drake, 1818

Auch auf den österreichischen Nebenflüssen der Donau war die Schifffahrt teuer. Weil die Straßen ab den Dreißigerjahren des 19. Jahrhunderts deutlich besser geworden waren, konnten die Plätten und Flöße auf den kleineren Flüssen Salzach, Traun, Enns, Mur und Drau immer häufiger mit dem Fuhrwerk kostenmäßig nicht mehr mithalten, solange die Flüsse nur abwärts befahren wurden und die Fahrzeuge am Bestimmungsort zerlegt und verkauft werden mussten. Als 1825 der Salzhandel freigegeben und der staatliche Schiffsdienst auf der Traun beendet wurde, stellte sich heraus, dass der parallel gehende Landtransport gar nicht teurer und durchaus konkurrenzfähig war.

Die große Hoffnung des 18. Jahrhunderts war allenthalben die Kanalschifffahrt. Es gab viele Vorschläge, die strukturellen Verkehrsprobleme Österreichs durch Kanalbauten zu überwinden. Schon Johann Joachim Becher beschäftigte sich als Mitglied des Kommerzkollegiums mit der Planung von Kanalverbindungen zwischen den wichtigsten Flüssen der Habsburgermonarchie. Joseph von Sonnenfels hatte die um 1700 von Lotharius Vogemonte entwickelten Ideen zum Aufbau von Schifffahrtsstraßen zwischen den größeren Flüssen Deutschlands in seine »Grundsätze der Polizey, Handlung und Finanz« übernommen, auch wenn er der Meinung war, dass der Plan nicht durchführbar sei. Die West-Ost-Orientierung des österreichischen Wasserstraßennetzes gab nach dem Ausbau der österreichischen Adriahäfen Plänen für künstliche Nord-Süd-Verbindungen besondere Aktualität. Das umfangreichste und zugleich unrealistischste dieser Projekte war das des belgischen Ingenieurs F. J. Maire aus dem Jahr 1786, der Wien durch insgesamt acht Kanäle mit allen Meeren Europas verbinden und damit ein Netz zwischen Adria, Dnjestr, Moldau, Oder

Der Wiener Neustädter Kanal bei Maria Lanzendorf, im Vordergrund Lastenkahn mit Schiffsknechten und Zugpferden, frühes 19. Jahrhundert

und Etsch herstellen wollte. 1795 konstituierte sich eine Gesellschaft, deren Ziel die Errichtung eines Schifffahrtskanals von Wien nach Triest war. Das einzige tatsächlich verwirklichte Teilstück dieses Schifffahrtskanals blieb der zwischen 1797 und 1803 erbaute Wiener Neustädter Kanal mit etwa 60 Kilometer Länge und 52 Schleusen auf 104 Meter Höhenunterschied, der ursprünglich Teil einer geplanten Kanalverbindung zur Adria sein sollte, aber nicht über Wiener Neustadt hinauskam und dann tatsächlich der Versorgung Wiens mit Brennholz und mit der am Ödenburger Brennberg abgebauten Kohle diente. Hauptsächlich wurden Holz, Ziegel und andere Massengüter transportiert. Nach der Eröffnung der ersten Eisenbahnen verlor der Kanal rasch an Bedeutung.

1807 entstand in Brünn eine Gesellschaft zur Schiffbarmachung der March und zur Herstellung einer Schiffsverbindung zwischen Donau und Oder. Im selben Jahr wurde in Prag die »Böhmische hydrotechnische Privatgesellschaft« begründet, die ein Kanalprojekt zwischen Moldau und Donau ausarbeiten sollte. Der Direktor des Polytechnischen Instituts in Prag, Dr. Franz Josef von Gerstner (1756 bis 1832), erkannte aber richtig, dass ein Donau-Moldau-Kanal mit etwa 290 Schleusen viel zu aufwendig ausfallen würde, und schlug statt dessen einen »Eisenweg« vor.

Hoffnung Eisenbahn

Im Jahre 1822, zu einer Zeit, als es in England schon etwa 750 Kilometer Pferdebahnen gab, wurde Franz Josef Gerstners Sohn Franz Anton Ritter von Gerstner (1796–1840), seit 1818 Professor am Wiener Polytechnikum, mit der Projektierung dieser »Holz- und Eisenbahn« zwischen Linz und Budweis beauftragt. 1825 wurde mit Wiener Kapitalgebern die »k. k. privilegierte Erste Eisenbahngesellschaft« gegründet und noch im selben Jahr mit den Bauarbeiten am böhmischen Streckenteil begonnen. Widerstände bei Grundeinlösungen, Differenzen über die Streckenführung und technische Ausstattung und mutwillige Zerstörungen und Diebstähle von Schienen, die von den Bauern zum Bereifen ihrer Fuhrwerke verwendet wurden, verzögerten den Baufortschritt immer wieder. Im Februar 1829 löste die Gesellschaft den Vertrag mit Gerstner und übertrug die Bauleitung an Matthias Schönerer (1807–1881), den Vater des deutschnationalen Politikers Georg Schönerer. Dessen Sparversion mit kleineren Kurvenradien und höheren Steigungen beschleunigte zwar die Fertigstellung der Bahn, machte aber gleichzeitig ihre spätere Umstellung auf Dampfbetrieb unmöglich, sodass das Bauwerk im Grunde schon bei der Eröffnung im Jahre 1832 technisch überholt und dem beginnenden Zeitalter der Dampfbahnen nicht gewachsen war. Der Pferdebahnbetrieb Linz–Budweis wurde bis zum Jahre 1872, als der Verkehr auf der neuen Bahnlinie Budweis–St.Valentin aufgenommen wurde, aufrechterhalten. Dann wurde die Strecke stillgelegt. Heute ist sie ein technisches Denkmal, das auf einer kurzen Strecke museal genutzt wird und sonst als Jogging- und Radweg verfügbar ist.

1818 wurde vom Verkehrsreferenten der Salinenbehörde, Johann Adlersburg, eine Eisenbahn von Gmunden zur Donau als Alternative für eine schon seit dem 17. Jahrhundert immer wieder diskutierte Kanalisierung der Traun vorgeschlagen. Ein Mitarbeiter Gerstners, der Vermessungsingenieur Franz Zola (1795–1847), der Vater des Schriftstellers Emile Zola, erhielt 1829 das Privileg zur Verlängerung der Pferdebahn von Linz nach Gmunden. Auch hier kam es zu Finanzierungsschwierigkeiten, sodass Zola sein Privileg verkaufte und 1831 verbittert nach Frankreich auswanderte, wo er nach dem Vorbild der Linzer Türme für Paris Befestigungsanlagen projektierte. Auf der dann ebenfalls von Matthias Schönerer bis 1836 fertiggestellten Strecke Linz–Gmunden war der Fracht- und Personenverkehr zweifellos dichter als zwischen Linz und Budweis. Allerdings waren auf der Nordstrecke die erzielbaren Frachttarife wegen fehlender Schifffahrtskonkurrenz höher. Die Bahn siegte aber auch auf der Strecke Linz–Gmunden über die Schifffahrt, sodass die über die Arbeitslosigkeit erbitterten Traunschiffer sich 1848 an Maschinensturmaktionen gegen die Eisenbahn beteiligten.

Die Konzession für den Bau der ersten Dampfeisenbahn Österreichs, der von Franz Xaver Riepl projektierten Kaiser-Ferdinands-Nordbahn, die Wien mit den Salzwerken in Bochnia und den Kohlenfeldern in Schlesien verbinden sollte, wurde 1835 an Salomon Rothschild erteilt. 1837 wurde das erste Teilstück Floridsdorf–Wagram eröffnet, 1839 der Ast Wien–Brünn fertiggestellt und 1848 bei Oderberg der Anschluss an das preußische Bahnnetz erreicht. Das Bankhaus Sina erwarb die Konzession für den Bau der Süd- und der Ostbahn. Bis zur Jahrhundertmitte wurden die Strecken Wien–Gloggnitz (1842), Mürzzuschlag-Graz (1844) und Graz–Cilli (1846) eröffnet und dazu Flügelbahnen nach Bruck an der Leitha, nach Ödenburg und Pressburg (1846/47/48) dem Verkehr übergeben. Die Linien waren aber vorerst noch ohne rechten

Das europäische Eisenbahnnetz 1840 und 1850 (in Kilometer)

	1840	1850
Großbritannien	1.348	10.653
Deutschland	549	6.044
Frankreich	497	3.083
Österreich	144	1.357
Heutiges Österreich	80	411
Belgien	336	854
Russland	26	601
Niederlande	17	176
Italien	8	427
Ungarn		222
Dänemark		32
Spanien		28
Schweiz		27

Quelle: B. R. *Mitchell*, International Historical Statistics. Europe 1750–1993 (New York [4]1998) 673 ff.

Ansichten der Kaiser-Ferdinands-Nordbahn von Wien bis zur ersten Eisenbahnstation in Wagram, kolorierte Federlithografie von Josef Folwarcny, Leporello im Verlag Anton Paterno, Wien 1839/40.

Die erste Teilstrecke der Nordbahn von Floridsdorf nach Deutsch-Wagram konnte im November 1837 eröffnet werden.

Zusammenhang. Nur die Nordbahn stellte über Schlesien eine Verbindung mit dem Ausland her. Der Großteil des Bahnverkehrs der Vierzigerjahre war Vergnügungs- und Ausflugsverkehr. 46 Prozent des Umsatzes der Nordbahn entfielen 1848 auf Personenbeförderung, bei der Südbahn sogar 63 Prozent. Von den insgesamt 60.000 Tonnen Fracht, die auf der Nordbahn im Jahre 1848 nach Wien kamen, entfielen etwa die Hälfte auf Kohle und etwa 10 Prozent auf Getreide.

Österreich lag in den Anfängen des Eisenbahnbaus durchaus mit der übrigen Welt gleichauf: 1830 erfolgte der Startschuss in England (Liverpool–Manchester), 1832 in Frankreich (St-Etienne–Lyon), 1835 in Belgien (Brüssel–Mechelen) und Bayern (Nürnberg–Fürth), 1837 in Österreich (Wien–Deutsch Wagram) und 1838 in Preußen (Berlin–Potsdam), Sachsen (Dresden–Leipzig) und Russland (Petersburg–Pawlowsk). In der Geschwindigkeit des Ausbaus in den nächsten Jahrzehnten allerdings konnte Österreich mit der westeuropäischen Entwicklung nicht mithalten.

Gleich zu Beginn des Eisenbahnzeitalters stellte sich die so genannte Systemfrage, hinter der sich nicht technische Modalitäten, sondern die Auseinandersetzungen um eine staatliche oder privatwirtschaftliche Organisation verbargen. Die Bau- und Betriebsprivilegien der ersten großen Bahnlinien in Österreich konnten sich private Investoren sichern. Dann wurde 1841 der Eisenbahnbau und -betrieb zur Staatsaufgabe erklärt, worauf der Staat noch 1842 den Bau einiger Bahnen selbst in die Hand nahm. Ein schwerer Kurssturz der Eisenbahnaktien im Jahre 1845 machte massive staatliche Stützungsaktionen erforderlich, die zur ersten Verstaatlichungsära der Eisenbahn (1850–1854) überleiteten. Lediglich die Kaiser-Ferdinands-Nordbahn blieb weiterhin in Privatbesitz. Bis 1848 hatten die Privatgesellschaften etwa 80 Millionen Gulden und der Staat etwa 40 Millionen für Bauten und Betriebsmaterial investiert. Die Beschäftigungswirkung war beträchtlich. Bis zu 10.000 Arbeiter waren auf den Baustellen eingesetzt. Viele weitere verdienten indirekt daran. Das gesamte Fortschrittspotential des Zeitalters schien sich damit zu verbinden. Andererseits

ängstigten sich viele Frächter, Gastwirte, Wagner, Hufschmiede und Flößer zu Recht um ihre Zukunft.

Der Eisenbahnbau beeinflusste die Industriestandorte nachhaltig. Die Nord-Süd-Achse der Nord- und Südbahn wurde zur Hauptachse der Habsburgermonarchie, entlang derer sich die Industrie entwickeln konnte: in Wien und im Wiener Becken, im Mürz- und Murtal, in Graz. Die Bahnbauten ließen den Westen und Südwesten Österreichs vorerst abseits liegen.

Eine Entscheidung für die Forcierung des Kanalbaus statt des Bahnbaus hätte zu einer ganz anders verlaufenden wirtschaftlichen Entwicklung geführt. Die Wahlmöglichkeit zwischen Kanalbau und Eisenbahnbau, die für die USA gegeben war und die weitere Entwicklung maßgeblich bestimmte, stellte sich allerdings zumindest für das heutige Österreich nicht wirklich. Sie stellte sich nur im Kontext der Habsburgermonarchie. Kanalbau oder Eisenbahnbau bedeutete entweder stärkere Förderung der flachen Nordostgebiete oder stärkere Förderung der alpinen und gebirgigen Regionen.

Der Eisenbahnbau rettete jedenfalls die Industriestandorte des heutigen Österreich. Er ermöglichte nicht nur deren Versorgung mit Mineralkohle und anderen Roh- und Hilfsstoffen und eine kostengünstigere Vermarktung der Produkte, sondern er schuf auch eine entscheidende Nachfrage nach Industrieprodukten. Ein Viertel des Eisenverbrauchs der Habsburgermonarchie floss um 1850 in den Eisenbahnbau.

Die Nachfrageimpulse für die Eisen- und Maschinenindustrie waren erheblich. Eng verbunden mit dem Eisenbahnwesen war auch die Entwicklung der Zukunftsbranche Elektro- und Nachrichtentechnik.

Indem der Dampfeisenbahnbau wie schon vorher der Ausbau des Reichsstraßennetzes weitgehend auf Wien als Zentrum ausgerichtet war und den Westen Österreichs, vor allem was Nord-Süd-Strecken und Alpentransversalen betraf, benachteiligte, verstärkte er die Konzentration der Industrie im Wiener Becken und in der Mur-Mürz-Furche, während Oberösterreich, Salzburg und Tirol verstärkt in eine Randlage gedrängt wurden.

Die technischen Schwierigkeiten lagen vor allem in den zwei Brücken über die unregulierte Donau und das Kaiserwasser. Die in England erzeugte »Austria« zog acht Wagen mit 164 Passagieren. Gefahren wurde in vier Klassen, bei der dritten Klasse in offenen Waggons mit Holzbänken, in der vierten nur mit Stehplätzen.

Kaufleute und Kompanien

Jakob II. Fugger (1459–1525), genannt »der Reiche«. Gemälde von Dosso Dossi, 1538

Die Bedeutung des Fernhandels für die gewerblich-industrielle Entwicklung eines Landes zeigt sich an den Rangverschiebungen, die im 16. und 17. Jahrhundert unter den führenden europäischen Wirtschaftsnationen stattfanden. Die Positionsgewinne von England und den Niederlanden gingen Hand in Hand mit ihrem Bedeutungszuwachs im internationalen Fernhandel, während die früher führenden italienischen Stadtrepubliken und die oberdeutschen Wirtschaftsregionen Nürnberg und Augsburg einen Niedergang erlebten. Durch die Entdeckung des amerikanischen Kontinents und durch die Erschließung des Seeweges nach Asien hatten sich die Absatz- und Bezugsgebiete stark verlagert, und es waren die englischen und niederländischen Handelshäuser, die langfristig diese neuen Möglichkeiten am stärksten zu nutzen in der Lage waren.

Eine Expansion des Handels wirkt fördernd auf Gewerbe und Industrie, wobei die indirekten Impulse wohl stärker als die direkten zu veranschlagen sind. Sicherlich gibt es Beispiele dafür, dass große Handelsunternehmungen eigene gewerblich-industrielle Produktionen aufzogen und ihre Finanzmittel dort investierten. In der langfristigen Entwicklung der großen Handelsnationen fielen aber wohl die indirekten Auswirkungen stärker ins Gewicht. Höhere Importe aus Übersee schufen Nachfrage nach zusätzlichen Exportprodukten, die das Wachstum der gewerblich-industriellen Produktion anregten. Die Akkumulation von Kapital aus der Finanzierung bzw. aus den Gewinnen des Fernhandels machte die Handelsplätze gleichzeitig auch zu Finanzplätzen, an denen die jeweiligen Regierungen und auch private Unternehmer einen leichteren Zugang zu Geld für die Finanzierung ihrer Aktivitäten hatten. Die großen Handelsunternehmungen mit ihrem inhärenten Streben nach Gewinnsteigerung und Expansion hatten eine entscheidende Funktion im Prozess der langsamen Durchsetzung der kapitalistischen Wirtschaftsgesinnung gegenüber dem handwerklich-zünftischen Wirtschaftssystem, das in der gewerblichen Gütererzeugung vorherrschte.

Für die wirtschaftliche Entwicklung der habsburgischen Erbländer im 17. und 18. Jahrhundert war das Fehlen eines eigenständigen aktiven Fernhandels in der Haupt- und Residenzstadt Wien ein nachteiliger Faktor, der zunächst maßgeblich zum Entstehen eines wirtschaftlichen Entwicklungsrückstands beitrug und das Erreichen der industriepolitischen Zielsetzungen in der merkantilistischen Periode erschwerte.

Wien verpasst die Chance, ein eigenständiges Handelszentrum zu werden

Dass Wien schon seit dem 13. Jahrhundert eine der größten Städte im deutschen Reich war, verdankte es seiner auf Stapelrecht und Straßenzwang beruhenden Stellung als bedeutende Handelsstadt vor allem in der West-Ost-Richtung. Die Verlagerung der großen Fernhandelsströme ab dem 16. Jahrhundert reduzierte die Bedeutung der Handelsstraßen nach Venedig und nach dem Osten. Gleichzeitig führte die steigende Bedeutung Wiens als Residenz und Sitz der Zentralverwaltung der habsburgischen Kaiser und Landesherren zu einem stetigen Anwachsen der Bevölkerung und zu einer entsprechenden Zunahme der Nachfrage nach Gütern der Versorgung und des Luxusbedarfs. Dass unter diesen Bedingungen Wien sich dennoch nicht zu einem der bedeutenden Handels- und Finanzplätze des europäischen Kontinents entwickelte, hängt vor allem damit zusammen, dass die unter Kaiser Maximilian I. einsetzende Groß-

machtpolitik der Habsburger das wirtschaftliche Potential ihrer Erbländer überforderte. Der kurzfristig immer wieder auftretende enorme Geldbedarf – etwa durch die wiederholten kriegerischen Auseinandersetzungen mit Frankreich und die außergewöhnlich hohen Zahlungen an die deutschen Fürstenhäuser zur Sicherung der Königswahl Karls V. – konnte nur dadurch gedeckt werden, dass die wertvollsten und am meisten Gewinn bringenden Ressourcen auf Jahrzehnte an die großen deutschen Bankhäuser verpachtet wurden. Dadurch ging die Kontrolle über die meisten Silber- und Kupferbergbaue Tirols, Kärntens, der Steiermark und Ungarns an die oberdeutschen Bank- und Handelshäuser der Fugger, Welser, Paumgartner und an genuesische und niederländische Bankhäuser über. Österreichische Untertanen hatten keine Gelegenheit, Herren jener Bergwerke zu werden, die im 16. Jahrhundert einen großen Teil des Münzmetalls Mitteleuropas förderten.

Eine weitere Folge der Abhängigkeit der Habsburgerkaiser von den oberdeutschen Handelshäusern war deren Begünstigung, ja Privilegierung im Fernhandel mit der Haupt- und Residenzstadt Wien und mit Exportprodukten der alten innerösterreichischen Eisenindustrie. Die von Kaiser Maximilian I. im Jahr 1515 erlassene »Niederlagsordnung« sah vor, dass die Ein- und Ausfuhr von Waren nach und aus Nieder- und Oberösterreich den oberdeutschen Handelshäusern vorbehalten wurde. Diese bildeten seither einen formell anerkannten, besonderen Genossenschaftsverband der »Niederleger«, der von den Zünften der einheimischen Kaufleute vollständig getrennt war. Die Wiener Niederleger genossen einen quasi-exterritorialen Status mit Religionsfreiheit und Befreiung von persönlicher Abgabenpflicht. Der Detailverkauf war den Niederlegern nicht gestattet.

Einen ähnlichen Verlauf nahm die Handelsgeschichte in Innerösterreich (Steiermark und Kärnten), das durch seine Eisenindustrie (nebst Blei-, Quecksilber- und Salzbergbau) über eine stärkere Basis für einen überregionalen Exporthandel verfügte als Wien, wo Wein das einzige Exportprodukt darstellte. An Ansätzen zur Bildung eines eigenen finanzkräftigen Handelskapitals fehlte es nicht – so wurde von den Leobner Eisenhändlern bereits 1415 eine Eisenhandelskompanie (»Commune«) gegründet, die als »älteste Aktiengesellschaft nördlich der Alpen« bezeichnet wurde. Es kam jedoch nicht zur Bildung größerer Handelshäuser wie in Oberdeutschland, da die innerösterreichischen Kaufleute meist nur relativ kurze Zeit im Fernhandel tätig blieben und eine Familie sich selten über mehrere Generationen darin verfolgen lässt. Auch in Innerösterreich begannen ab etwa 1500 die oberdeutschen Handelshäuser den Exporthandel mit Produkten aus der Steiermark und aus Kärnten zu beherrschen, ebenfalls begünstigt vom Landesfürsten, wenn auch ohne so starke förmliche Privilegierung wie die Niederleger in Wien. Die Kammer im Fondaco dei Tedeschi in Venedig, welche die Judenburger Kaufleute innegehabt hatten, war bezeichnenderweise 1484 in den Besitz der Fugger übergegangen.

Der überwiegende Teil des Export- und Importhandels der österreichischen Erbländer befand sich somit im 16. Jahrhundert unter der Kontrolle der Fugger und anderer oberdeutscher Handelshäuser. Deren Zusammenbruch, ausgelöst durch die Zahlungsunfähigkeit der spanischen Habsburger, traf die innerösterreichischen Industrien besonders hart. Der Export ihrer Produkte ging zurück, jahrhundertelange Stagnation war die Folge.

Vorbehalten war den Wiener Niederlegern der jahresdurchgängige Importgroßhandel. Daneben durften ausländische Waren von ausländischen und fahrenden Händlern auf den Jahrmärkten in den größeren Städten angeboten werden. Das Interesse der Niederleger galt primär dem ungestörten Importgeschäft. Sie wandten sich daher gegen Maßnahmen der Importsubstitution, die von den merkantilistischen Ökonomen propagiert wurden. Die

Projekte Johann Joachim Bechers, die 1666 gegründete österreichische Seidenkompanie und das 1676 errichtete Manufakturhaus am Tabor, stießen auf den Widerstand des Wiener Niederlegerkollegiums. Auch dem Aufruf des Landesherrn zur Beteiligung an der 1719 gegründeten »Orientalischen Kompanie« wurde kaum nachgekommen.

Durch die Exklusivrechte der Niederleger war es österreichischen Handelsleuten nicht möglich, ein Aktivgeschäft mit dem Export inländischer Gewerbe- und Industrieprodukte zu beginnen und damit zu expandieren. Für die inländische Händlerschaft bestanden kaum Anreize zu größeren kommerziellen Wagnissen. Die ablehnende Haltung, die im inner-österreichischen Handel gegenüber den industriepolitischen Initiativen der merkantilistischen Ära vorherrschte, fasste der Wiener Pelzhändler und Niederleger Josef von Weinbrenner in seinen »Patriotischen Gedanken« kritisch zusammen: »Unter uns selbst glaubte ja fast jedermann, was im Oestreichischen erzeuget oder gearbeitet würde, tauge nichts, oder sey auch, in Vergleichung gegen die Erzeugnisse anderer Länder viel zu theuer für seinen inneren Werth.«

Wenn es einzelnen Handelsunternehmern gelang, aus den vorherrschenden beschränkten Verhältnissen auszubrechen, so handelte es sich dabei um vorübergehende Erscheinungen. So etwa brachte der Wiener Niederleger Hans Ludwig Mittermayer als kaiserlicher »Armaturenverleger« – das heißt Waffenproduzent –, Administrator des Sensenhandels mit Polen und Leiter der Zentralstelle des Quecksilberhandels und des Kupferhandels in der zweiten Hälfte des 17. Jahrhunderts ein beachtliches Imperium zusammen, das aber nicht von Dauer war. Ähnlich verhielt es sich bei dem aus der Zips in Oberungarn (heute Slowakei) stammenden Lazarus Henckel von Donnersmarck (1550–1624), der den Eisenhandel aktivierte, den Neusohler Kupferbergbau pachtete und zum Bankier des Kaisers wurde – aber eben nur auf kurze Zeit.

Titelvignette von Johann J. Bechers Commercien-Tractat, 1672, mit einer Darstellung der Amsterdamer Börse

Das Scheitern der österreichischen Handelskompanien

Unter den Vorschlägen der merkantilistischen Ökonomen zur Stärkung der Wirtschaftskraft der habsburgischen Erbländer nahm die Gründung von Handelsgesellschaften zur Ankurbelung des Warenexports einen prominenten Platz ein. Vorbilder für solche Handelskompanien waren die kurz nach 1600 formierten Ostindischen Kompanien in England und in den Niederlanden, beide ursprünglich eher lockere Vereinigungen von Überseekaufleuten zur Absicherung der höheren Risiken aus dieser Art des Fernhandelsgeschäftes. Staatlicher Initiative entsprangen bereits die französischen Nachahmungen dieser Gesellschaften ein Vierteljahrhundert später. Die erste Gründung einer Handelskompanie in Österreich kam auf Initiative des Ökonomen und Alchemisten Johann Joachim Becher zustande. Nach dessen Vorschlag wurde 1667 in Wien eine erste »Orientalische Kompanie« gegründet, die sich des Handels mit dem Osten, vor allem mit der Türkei annehmen sollte. Ihre Gründer und Kapitalgeber kamen aus Kreisen des Adels und der Niederleger. Unter den Exportprodukten wurden Sicheln und Sensen an erster Stelle genannt, wogegen aber der Hofkriegsrat Bedenken geltend machte. Das Projekt einer Textilfabrik in Schwechat fand keine Realisierung. Die Gesellschaft war durch Untreue und Korruption ihrer Leitung bereits schwer geschädigt, als sie in den Türkenkriegen zugrunde ging.

Nachhaltiger in ihrer Wirkung, wenngleich kommerziell ebenfalls ein Fehlschlag war die zweite Orientalische Kompanie, gegründet 1719 nach den siegreichen Türkenkriegen. Mit dem nach dem Friedensvertrag von Passarowitz (1718) abgeschlossenen Handelsvertrag mit der Türkei öffnete sich dieses Land Importen aus Österreich. Die Zölle wurden gesenkt, österreichischen Schiffen wurde das Anlaufen der türkischen Häfen gestattet. Noch im selben Jahr arbeitete eine Kommission der Hofkanzlei ein Konzept für eine Handelskompanie aus, welche die neuen Handelsmöglichkeiten nutzen sollte. Das bald darauf erteilte Privileg für die Gründung der »Orientalischen Kompanie« lässt erkennen, dass es sich bei diesem Projekt um eine groß angelegte Initiative zur Belebung der Wirtschaftstätigkeit in den gesamten Erbländern handeln sollte. Die Kompanie erhielt ein Monopol für den Handel mit der Türkei zu Lande und auf der Donau. Sie erhielt weiters das Recht, überall Magazine und Niederlagen anzulegen und bereits bestehende inländische Fabriken zu verbessern, sowie das alleinige Privileg, »neue in den kaiserlichen Ländern nicht bestehende Manufacturen und Fabriken aufzurichten« und »solche Waaren« zu verkaufen. Die Unternehmensleitung befand sich in Wien. 1722 wurde dieses Privileg um Rechte zum Bau von Schiffswerften in den neu geschaffenen Freihäfen Fiume und Triest, zur Errichtung einer Zuckerraffinerie und zum Handel nach Portugal und den westlichen Staaten mit Produkten der österreichischen Industrien erweitert. Die Orientalische Kompanie wurde als Aktiengesellschaft gegründet, eine Beteiligung stand allen Interessenten jeglicher Nationalität und Religion offen – »exceptis solis judaeis«, also ausgenommen den Juden. Die Aufbringung des Grundkapitals erwies sich als überaus schwierig, da der Wiener Handelsstand abseits stand und nur 75.000 Gulden zeichnete. Der Kaiser beauftragte daraufhin die Wiener Stadtbank zur Zeichnung von 100.000 Gulden, es zeigte sich jedoch sehr bald, dass auf diesem Weg keine ausreichenden Finanzierungsmittel aufgebracht werden konnten. 1721 erhielt die Kompanie die Genehmigung zur Ausgabe einer »Lotterie«, das heißt einer Anleihe im Volumen von bis zu 80 Millionen Gulden, eingeteilt in 100 Klassen, von denen pro Vierteljahr eine gezogen werden sollte, sodass die Rückzahlung innerhalb von 25 Jahren erfolgen sollte. Aus den sonstigen Angaben ergibt sich ein Zinssatz von knapp unter 4 Prozent.

Von den industriellen Beteiligungen der Orientalischen Kompanie erlangten die Linzer Wollzeugfabrik und die Schwechater Baumwollfabrik eine auch volkswirtschaftlich durchaus ins Gewicht fallende Bedeutung. 1722 wurde die seit 50 Jahren bestehende, aber daniederliegende Linzer Fabrik um einen Kaufpreis von 240.000 Gulden erworben, der in Raten abgezahlt werden sollte. Die Kompanie konnte die Erweiterung des Exklusivprivilegs der Fabrik auf Nieder- und Innerösterreich

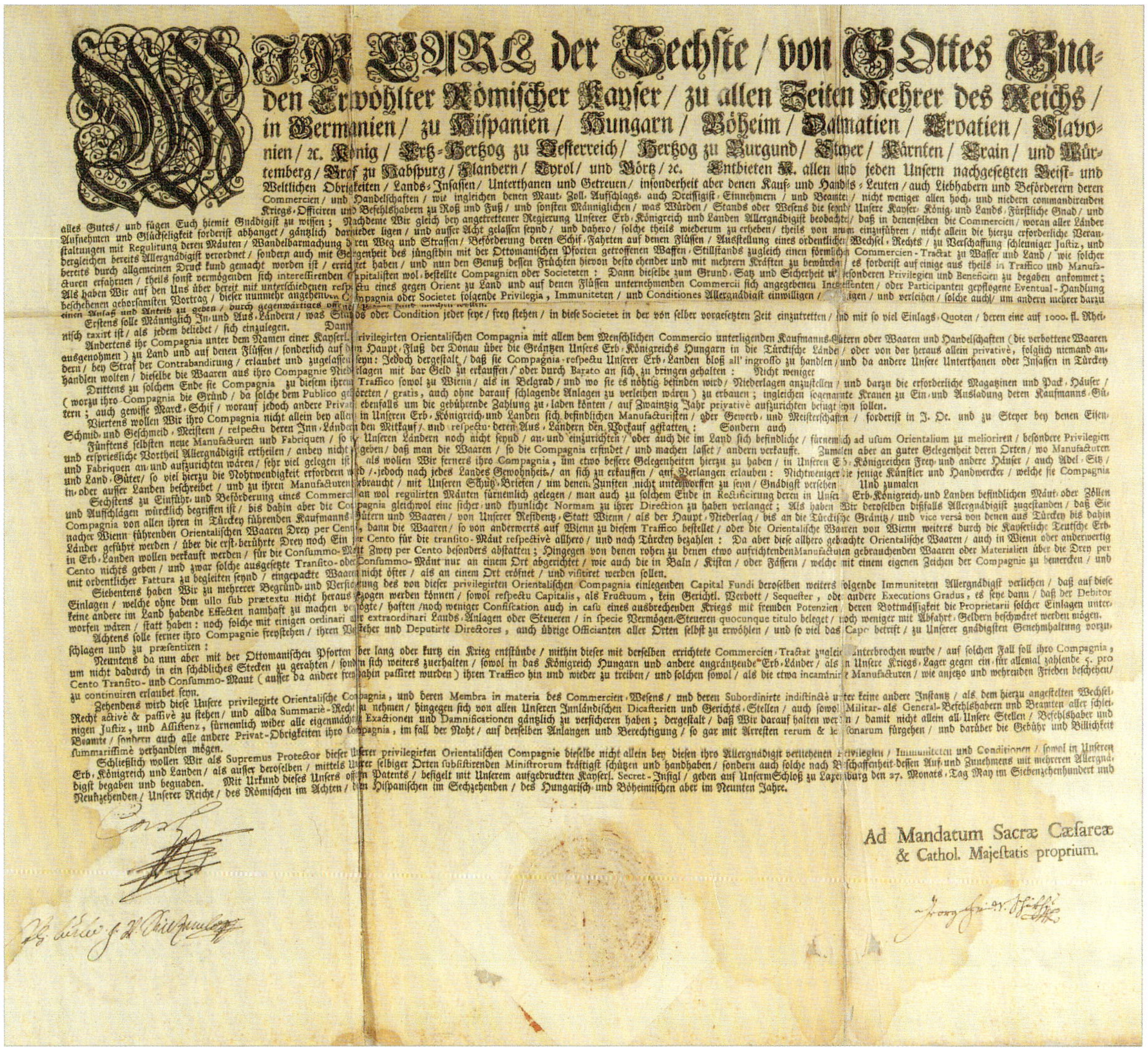
Wir Carl der Sechste / von Gottes Gnaden Erwöhlter Römischer Kayser / zu allen Zeiten Mehrer des Reichs / in Germanien / zu Hispanien / Hungarn / Böheim / Dalmatien / Croatien / Slavonien / rc. König / Ertz-Hertzog zu Oesterreich / Hertzog zu Burgund / Steyer / Kärnten / Crain / und Würtemberg / Graf zu Habspurg / Flandern / Tyrol / und Görtz / rc.

Ad Mandatum Sacræ Cæsareæ & Cathol. Majestatis proprium.

Privileg Kaiser Karls VI. für die Orientalische Compagnie, die Linzer Wollzeugfabrik betreffend, Wien 1719

erwirken, tätigte große Investitionen in die baulichen Anlagen und brachte zunächst eine deutliche Umsatz- und Produktionssteigerung zustande. Die Schwechater Baumwollfabrik, errichtet ab 1723, war der groß angelegte Versuch, die Erzeugung von Baumwollstoffen in der Habsburgermonarchie zu etablieren, und stellte eine bedeutende industrielle Innovation dar. Auf der Grundlage eines auf 15 Jahre gewährten Exklusivrechts (ausgenommen die bereits bestehende Grazer Barchentfabrik) weitete die Schwechater Fabrik ihre Tätigkeit zügig aus und beschäftigte nach zehn Jahren im Verlagsweg mehr als 10.000 Personen.

Inwieweit die industriellen und kommerziellen Aktivitäten der Orientalischen Kompanie für sich betrachtet ertragsmäßig erfolgreich waren, lässt sich nicht schlüssig beurteilen. In ihrer Gesamtheit wurde die Orientalische Kompanie zu einem spektakulären Misserfolg, der durch das Missverhältnis von Eigenmittel- und Schuldfinanzierung geradezu vorprogrammiert war. Denn die Tilgung der Anleihe aus selbst erwirtschafteten Gewinnen ist wohl a priori als unrealistisch zu betrachten und die Notwendigkeit ihrer rechtzeitigen Refinanzierung durch neue Eigen- oder Fremdmittel wurde offensichtlich damals nicht verstanden. In welchem Ausmaß der Kompanie von den Käufern der Lotterie tatsächlich Geld zugeflossen war, ist heute nicht feststellbar. Sie kam mit der Auszahlung der

Höfling und Wirtschaftsmann: Philipp Wenzel Graf Sinzendorf, 1671–1742, oberster Hofkanzler und Direktor der Orientalischen Handelskompanie. Gemälde von Hyacinthe Rigaud, 1728

Lose schon nach fünf Jahren in Verzug, sodass der Staat einspringen musste. Ein Vermögensstatus aus 1736 gibt den Wert der Schwechater Fabrik mit 550.000 Gulden, jenen der Linzer Fabrik mit 400.000 Gulden, den Rest mit 400.000 Gulden an, bei gleichzeitigen Verbindlichkeiten von 3,6 Millionen Gulden. Das Angebot eines holländisch-englischen Konsortiums von Handelsleuten zur Übernahme der Fabriken und Privilegien wurde wegen zusätzlicher, als unmäßig empfundener Forderungen abgelehnt. Die Auflösung der Orientalischen Kompanie erfolgte schrittweise. Die Schwechater Fabrik wurde 1740 von einem Konsortium Wiener Handelsunternehmer erworben. Die Linzer Wollzeugfabrik wurde zusammen mit den verbliebenen Forderungen der Lotteriegläubiger 1754 vom Staat abgelöst.

Kurze Zeit hatte Österreich auch eine »Ostindische Kompanie«, gegründet 1722 in Ostende in den damals österreichischen Niederlanden. Die Gesellschaft wurde im Austausch gegen die Anerkennung der Pragmatischen Sanktion durch England und die Niederlande 1731 wieder aufgelöst. Ein letztes Mal hat die Idee einer großen Handelskompanie am Ende des Siebenjährigen Krieges gegen Preußen die Regierung beschäftigt. Zur langfristigen Absicherung der Rückzahlung der gestiegenen Staatsschuld legte Oberstleutnant Caratto das Projekt einer großen Gesellschaft vor, welche die Militärlieferungen und den Vertrieb der Bergwerkserzeugnisse übernehmen, das Tabakmonopol verwalten, Exporthandel betreiben und neue Fabriken und Bergwerke gründen sollte. Zusätzlich sollte sie als Zettelbank fungieren und die Bedienung der Staatsschuld übernehmen. Die Hofkammer widerstand der Verlockung, mit einer solchen Kompanie alle großen wirtschaftlichen Probleme gleichsam mit einem Schlag zu lösen, und verwarf 1766 endgültig das Projekt.

Der Levantehandel wurde nach dem Ende der Orientalischen Kompanie hauptsächlich von türkischen Untertanen verschiedener Nationalität getragen – Griechen, Türken, Perser, Armenier, Wallachen, Raizen und sephardischen Juden (»Spaniolen«), die ähnlich den Niederlegern eigene Korporationen bildeten und in Wien sonst keinen Handel treiben durften. Jüdische Geschäftsleute waren nach ihrer begrenzten Wiederzulassung 1673 überwiegend als Wechsler und Bankiers tätig sowie als Pächter des Tabakmonopols vor dessen Verstaatlichung 1784.

Ansätze zur Liberalisierung des Binnenhandels und Begünstigung der Inlandsprodukte

In der Binnenhandelspolitik galt seit den frühen merkantilistischen Ökonomen der Grundsatz, dass der Handel keineswegs als unproduktive Tätigkeit anzusehen sei, da »die Nahrung der Gemeinde allein in Verhandlung, Versilberung ihrer Güter bestehe«. Ein generelles Misstrauen wurde nur den ausländischen Händlern entgegengebracht, die primär am Import ausländischer Produkte interessiert waren. Weitgehende Einigkeit bestand darin, dass für die Belebung von innerem Handel und Produktion die Abschaffung der Binnenmauten ein dringendes Erfordernis darstellte, das im ganzen 18. Jahrhundert allerdings nur sehr schleppend umgesetzt wurde. Als ein Hindernis für die Expansion der heimischen Industrie wurde die traditionelle, »kleinkrämerische« Orientierung des Handels kritisiert, eine »fast durchgängige grobe Unwissenheit unserer eigenen Kaufleute. So wie diese Leute den natürlichen Reichtum ihres Vaterlandes gar nicht kannten, so besaßen sie noch viel weniger die geringste Einsicht in die wesentlichen Grundsätze ihrer Berufsgeschäfte; sie … waren auch nicht gewohnt, darüber nachzudenken, wie wichtig der Unterschied zwischen ihrer mechanisch getriebenen Krämerey und dem eigentlichen Handel wäre« (Josef von Weinbrenner). Als Mittel dagegen empfahlen die merkantilistischen Ökonomen

Kroatischer Leinenhausierer mit Wiener Hausbediensteten. Kolorierte Aquatintaradierung von Georg Emanuel Opiz aus einer Folge von 52 Szenen aus dem Wiener Volks- und Straßenleben (Kaufrufe), um 1810

die Liberalisierung des Binnenhandels, also die Lockerung und Abschaffung seiner zünftischen Strukturen und die Beseitigung von Vorkaufsrechten und Monopolen. Andererseits wurden immer wieder Projekte ventiliert, der Lethargie des Binnenhandels durch die Gründung großer Handelsgesellschaften mit Monopolrechten abzuhelfen. Ein wichtiger Schritt zur Belebung des Absatzes von Industrieprodukten auf dem Land war die Zulassung des Hausierhandels durch das Hausierpatent Kaiser Josephs II. von 1785. Um den Einwendungen der städtischen Handeltreibenden wenigstens teilweise zu entsprechen, wurden zunächst verschiedene »Luxusgüter« vom Hausierhandel ausgenommen, auch um zu verhindern, dass »der Hausierer den armen, einfältigen Landmann zu überflüssigen Ausgaben, zu einer Art von ›bäuerischem Luxus‹ verleite«. Die stimulierende Wirkung des Hausierhandels auf die Nachfrage der ländlichen Bevölkerung nach industriellen Erzeugnissen war beachtlich, nicht nur für die Industrie selbst, sondern auch für die Agrarproduktion, von der ein größerer Teil in den Handel gelangen musste, wenn die Bauern mehr Geldeinkommen erzielen wollten.

Das Problem, das Regierung und Behörden am meisten beschäftigte, waren die Verkaufs- und Handelsrechte der Fabriken und Fabrikanten, die zum traditionellen Verbot der doppelten Nahrung im Widerspruch standen. Die meisten der frühen Fabriksprivilegien enthielten dennoch die Befugnis zum Engros- und zum Detailverkauf der eigenen Produkte; so etwa das 1718 erteilte Privileg des Franz Dunant, »allhier verfertigte und fabricirte taffet und derley … seydenwaren und sorten nicht allein in unserer statt Wienn, sondern auch in allen anderen stätten, märkten und flecken beede unserer erzherzogthümer Oesterreich unter und ob der Enns al'ingrosso oder alla minuta zu verlegen, zu verhandeln, zu verkaufen und zu verschleyßen«. Die Akten der Kommerzbehörden sind voll mit Berichten über Klagen und Beschwerden der neuen Fabrikanten gegen Vorurteile des Handels, der die Importwaren bevorzugte. Andererseits beschwerte sich auch der Handel immer wieder über unzureichende Qualität der einheimischen Fabrikswaren und über mangelnde Lieferfähigkeit. Den Fabrikanten nutzte das Recht zum Einzelverkauf im eigenen Geschäft in der Praxis oft wenig, weil sie an die Kunden damit nicht herankamen. Zum Großhandel fehlte es meist an Geschäftsumfang und Kompetenz. Die geringe Kapitalkraft der Fabrikanten erlaubte es ihnen nicht, dem Handel ähnlich großzügige Zahlungsfristen und Konditionen zu bieten wie viele Lieferanten ausländischer

Biedermeierliche Einkaufsstadt Wien: Stadtplan von Wien mit Ansichten der »Gewölbe der vorzüglichsten Handelsleute«. Kolorierte Federlithografie von Carl Vasquez, um 1835

Luxusgüter. Immer wieder wurde auch eingewendet, dass ein professioneller Handel sich deshalb nicht entwickeln könne, weil die zu dieser Tätigkeit wenig geeigneten Fabrikanten der ohnehin schwachen heimischen Handelsbranche das Geschäft wegnähmen.

Die Auseinandersetzung um die Verkaufsrechte der Fabrikanten schwankte zwischen großzügiger Genehmigung und dann wieder Einschränkung mehrfach hin und her. Die Grundsätze für eine dauerhafte Regelung wurden unter Kaiser Joseph II. festgelegt. Den Fabriken wurde der Einzelverkauf im eigenen Hause generell gestattet, Berechtigungen zur Haltung »öffentlicher Gewölbe« und eigener Niederlagen getrennt vom Fabriksort sollten aber nur dann erteilt werden, wenn größere Fabriken darum ansuchten. Folgerichtig wurde an der später festgelegten Unterscheidung zwischen »landesbefugten« und »einfachen« Fabriken angeknüpft und den landesbefugten Fabriken das Recht zur Haltung von Niederlagen und offenen Gewölben außerhalb des Betriebsorts in den Landeshauptstädten und an anderen Orten generell zuerkannt. In der Praxis stellte dies die wertvollste Präferenz der landesbefugten vor den einfachen Fabriken dar. Ob und unter welchen Bedingungen auch den einfachen Fabriken solche Handelsrechte zugestanden werden sollten, blieb zwischen den Landesregierungen und auch zwischen den Oberbehörden Hofkammer und Hofkanzlei umstritten, selbst der Kaiser traf in der kontroversiellen Angelegenheit keine Entscheidung. Dies ist ein charakteristischer Fall für den Regierungsstil in der Zeit des Vormärz.

Engagement des Handels in der Produktion

Die Bemühungen, den Handel und insbesondere die Großhändler zu mehr Engagement in der Industrialisierungspolitik zu veranlassen, begannen erste sichtbare Erfolge zu bringen, als die protektionistische Außenhandelspolitik schärfere Züge annahm – etwa ab 1728, wobei der Höhepunkt der Prohibition 1764 bis 1774 erreicht wurde. In Anlehnung an Fichte wurde diese Periode später als »geschlossener Handelsstaat« bezeichnet.

Unter den erschwerten Verhältnissen verließen zahlreiche Niederleger Wien, während Wiener Handelsleute sich als Niederleger einverleiben ließen. Neue Niederlagsfreiheiten wurden aber nur unter der Bedingung erteilt, wenn sich der Bewerber »zur Anlegung einer neuen Fabrik, zum Verlag einzelner Fabrikanten oder zu einem angemessenen Beytrag zur Unterstützung von Manufacturisten« bereit erklärte. So konnte die anfängliche Gegnerschaft bzw. Zurückhaltung der Niederleger und des Wiener Handelsstandes gegenüber der merkantilistischen Industrialisierungspolitik nach und nach überwunden werden und die kommerziellen Fähigkeiten und die Kapitalkraft der größeren Handelsunternehmungen konnten für neue industrielle Projekte erschlossen werden.

Erste Beispiele für solche Gründungen sind die Seidenfabriken einiger Wiener Seidenhändler und die Beteiligung der Wiener Niederleger Pruner und Isenflamb an der Gold- und Silberfadenzieherei des Schweizers Melchior Muralt (1726). Ein Konsortium von Wiener Handelsunternehmern übernahm 1740 gemeinsam mit den Niederlegern Falquet und Riesch die Schwechater Baumwollfabrik von der Orientalischen Kompanie. Der aus der Schweiz stammende Johann Fries (der Ältere) gründete 1751 gemeinsam mit dem Seidenhändler Togniola in Wien-Döbling eine Samtfabrik und etwa zur selben Zeit eine Barchentfabrik in Fridau (Niederösterreich). Weitere Industriegründungen folgten. Fries betrieb auch das Bankgeschäft und war mit der Durchführung des »Talernegotiums«, der Lieferung von 20 Millionen Silbermünzen in die Levante, beauftragt. Seine Niederlagsfreiheit legte er 1766 zurück. Seinem Sohn Moritz I. Fries gelang es, das Industrie- und Bankimperium noch beträchtlich auszuweiten. Er wandte sich dabei aber zunehmend einem aristokratischen Lebensstil zu, sodass das große Vermögen wieder dahinschwand und das Haus Fries 1826 im Konkurs endete.

Andere Niederleger, die sich – mit unterschiedlichem Erfolg – als Fabrikanten betätigten, waren Bouvard, Saliet und Passy (Himberger Baumwollfabrik) und Anton Schwarzleitner (Leonische Drahtzugfabrik in Wien-Margareten). Tschoffen & Lechleitner und Etzel & Klinkosch gründeten zusammen mit englischen Handwerkern Metallbearbeitungsfabriken. Puthon übernahm die von Kaiser Franz I. Stephan gegründete Baumwollfabrik in Sassin (Ungarn). Ein Großhändler Schweizer Herkunft war Baron Johann von Badenthal, seit 1772 Miteigentümer der Schwechater Baumwollfabrik und Financier von Thomas Trattners Druckerei, der größten in Wien (heute Ueberreuter). Einer der ersten jüdi-

Der Kaufmann. In den Randzeichnungen Kolonialwaren und Wanderhändler. Lithografie aus der Reihe »Der Mensch und sein Beruf«, 1835–1841

schen Kaufleute, die eine förmliche Großhandelsbefugnis erlangten, war Thaddäus Berger, Inhaber der früheren Kähnel'schen Seidenbandfabrik in Penzing, die zu Anfang des 19. Jahrhunderts mit 600 Beschäftigten neben der Rossauer Porzellanmanufaktur die größte Fabrik Wiens war.

Der Großhandel erhielt 1774 durch ein Patent von Kaiserin Maria Theresia eine neue Rechtsgrundlage. Die bestehenden Niederlagsrechte wurden anerkannt, konnten aber nicht mehr übertragen werden. Anstelle der alten Niederleger wurde die neue Kategorie der »Großhändler« geschaffen, die in einem eigenen Gremium mit den »Wechslern« und Bankiers zusammengefasst wurden. Für die Mitgliedschaft musste ein Fonds von 30.000 Gulden nachgewiesen werden.

Im Zuge der Industriellen Revolution nahm Wien im 19. Jahrhundert einen bedeutenden Aufschwung als Handelsplatz, der aber vor allem auf den Binnenmarkt der Monarchie orientiert war. Das Fehlen von exportorientierten, auf den Weltmärkten tätigen Großhandelsgesellschaften in Österreich ist bis heute eine der Ursachen für das Fehlen eigener multinationaler Konzerne, wie sie nicht nur große Länder, sondern auch kleine alte Handelsnationen wie die Niederlande, die Schweiz oder Schweden besitzen.

F. GERARD

Währung – Börse – Finanzierung

Die Währungen der älteren Zeit waren Metallwährungen, wobei Silber das hauptsächliche Währungsmetall darstellte, außer bei den geringerwertigen Scheidemünzen, die meist aus Kupfer waren. Der Wert des Courantgeldes war grundsätzlich an den Metallgehalt gebunden. Schwankungen der Kaufkraft des Geldes konnten sich bei strikter Einhaltung der Bindung (»Münzfuß«) aus der Vermehrung der Edelmetallproduktion oder aus einer Veränderung der Gütermengentransaktionen ergeben. Die hauptsächliche Quelle der Instabilität bestand jedoch in den wiederkehrenden schwer wiegenden Eingriffen der Landesfürsten in das Geldwesen. Die Ausprägung von Münzen gleich bleibenden Nennwerts mit geringerem Metallgehalt (Münzverschlechterung) war eine Standardmethode zur Finanzierung von Kriegen oder von sonstigen erhöhten Staatsausgaben, die durch Steuereinnahmen nicht gedeckt werden konnten. Zeiten besonders einschneidender Münzverschlechterungen waren die Epoche der so genannten »Schinderlinge« in der zweiten Hälfte des 15. Jahrhunderts und die Kipper- und Wipperzeit während des Dreißigjährigen Krieges. Die mit Münzverschlechterungen einhergehende Vernichtung von Handelskapital hat sich auf die wirtschaftliche Entwicklung der habsburgischen Erbländer mehrfach nachteilig ausgewirkt.

Vergleichsweise stabil waren die Währungsverhältnisse in Österreich während des 18. Jahrhunderts. In Österreich rechnete man seit dem späteren 16. Jahrhundert in Gulden (fl) und Kreuzern (kr), wobei auf einen Gulden 60 Kreuzer entfielen. Ab 1750 entsprachen nach der Münzreform Maria Theresias 20 österreichischen Gulden 10 Taler. 1753 schlossen Österreich und Bayern eine Münzkonvention, der Gulden mit dem in der Konvention festgelegten Silbergehalt wurde seither als »Konventionsmünze« (C.M.) bezeichnet. Diese Ordnung des Geldwesens galt bis 1857.

Die Währungsverhältnisse konnten in der Habsburgermonarchie trotz der wiederholten Verwicklungen in kriegerische Auseinandersetzungen, von denen besonders der Siebenjährige Krieg eine schwere finanzielle Belastung bedeutete, bis zum Ende des 18. Jahrhunderts stabil gehalten werden. Der Siebenjährige Krieg mit Preußen (1756–1763) mit Gesamtkosten von mehr als einer Viertelmilliarde Gulden wurde teils durch Sonderkontributionen (Zwangsanleihen), teils durch ausländische, insbesondere französische Subsidien, teils auch durch Papiergeldausgabe finanziert, ohne dass zu Münzverschlechterungen gegriffen werden musste, wie dies in Preußen geschah.

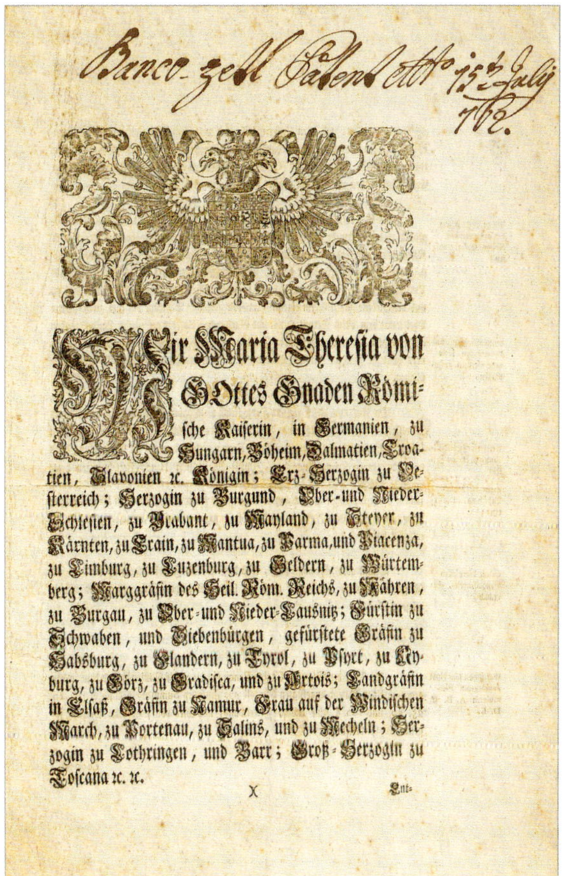
Banco-zetl Patent dtto 15t July 1762.

Wir Maria Theresia von Gottes Gnaden Römische Kaiserin, in Germanien, zu Hungarn, Böheim, Dalmatien, Croatien, Slavonien rc. Königin; Erz-Herzogin zu Oesterreich; Herzogin zu Burgund, Ober- und Nieder-Schlesien, zu Brabant, zu Mayland, zu Steyer, zu Kärnten, zu Crain, zu Mantua, zu Parma, und Piacenza, zu Limburg, zu Luxenburg, zu Geldern, zu Würtemberg; Markgräfin des Heil. Röm. Reichs, zu Mähren, zu Burgau, zu Ober- und Nieder-Lausnitz; Fürstin zu Schwaben, und Siebenbürgen, gefürstete Gräfin zu Habsburg, zu Flandern, zu Tyrol, zu Pfyrt, zu Kyburg, zu Görz, zu Gradisca, und zu Artois; Landgräfin in Elsaß, Gräfin zu Namur, Frau auf der Windischen March, zu Portenau, zu Salins, und zu Mecheln; Herzogin zu Lothringen, und Barr; Groß-Herzogin zu Toscana rc. rc.

X Ent-

Bild linke Seite: Ein spektakulärer Abstieg vom um 1800 reichsten Mann der Habsburgermonarchie und gefeierten Kunstmäzen und Verschwender zum verarmten Bohemien, der 1826 in einer Pariser Mansardenwohnung verstarb. 1826 musste der Konkurs des Bankhauses Fries & Co. angemeldet werden: Moritz Christian Graf Fries (1777–1826), mit Gattin und Kind. Gemälde von François Gérard, 1804

Titelblatt des Patents vom 15. Juni 1762 zur Ausgabe von Papiergeld

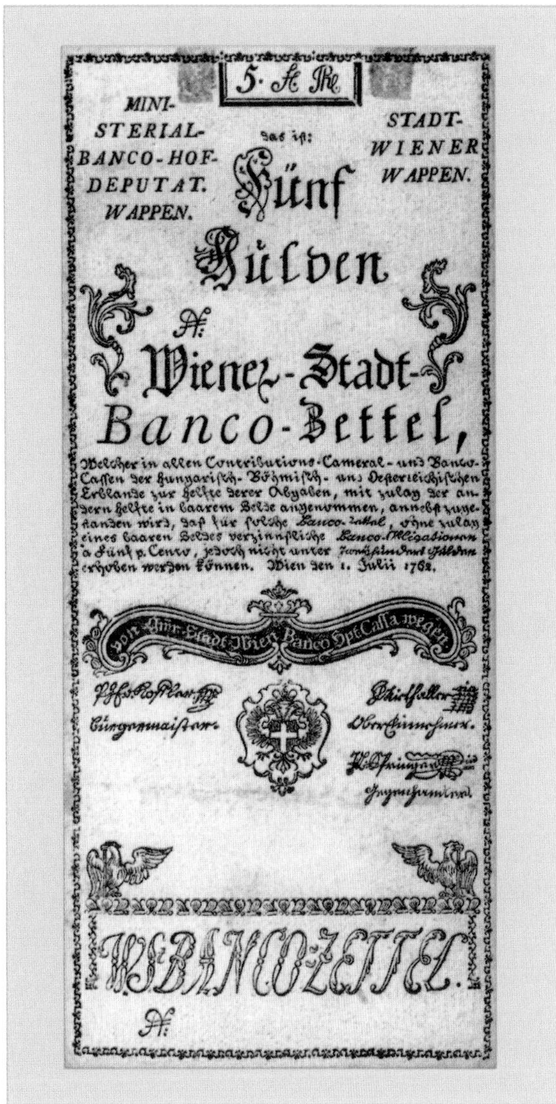

Das erste Papiergeld in Österreich: Wiener Stadt-Banco-Zettel für fünf Gulden, 1762

Dass in Österreich als einem Land mit unterentwickeltem Finanzmarkt Papiergeld im Zahlungsverkehr neben den Münzen innerhalb weniger Jahrzehnte große Bedeutung erlangen konnte, ist der Wiener Stadtbank zuzuschreiben. Diese genoss großes Vertrauen in breiten Bevölkerungsschichten, weil sie seit ihrer Gründung 1706 stets die Zahlungsfähigkeit, das heißt die Fähigkeit zur Einlösung ihrer Obligationen in klingende Münze, aufrechterhalten hatte. Nur so war es möglich, dass 1762 Schuldverschreibungen der Wiener Stadtbank, genannt Bankozettel, zur Finanzierung des Siebenjährigen Krieges ohne zusätzliche Deckung ausgegeben werden konnten. Sie wurden fakultativ, das heißt ohne jeden gesetzlichen Zwang, als Zahlungsmittel verwendet. Der Fiskus verpflichtete sich, die Bankozettel bis zur Hälfte der fälligen Schuld als Zahlung anzunehmen. Weitere Emissionen 1771 bis 1796 erfolgten ohne Beeinträchtigung des Vertrauens in das Papiergeld.

Danach bildete sich allerdings ein Disagio gegenüber der Silbermünze, das in dem Maße zunahm, als die Notenpresse zur Finanzierung der Kriege gegen Frankreich in Anspruch genommen wurde. Das Silbergeld verschwand aus dem Verkehr, ab 1797 war das Papiergeld auch formal mit Zwangskurs versehen. Der Gesamtumlauf stieg von 74 Millionen auf 200 Millionen Gulden im Jahr 1800, erreichte 1808 502 Millionen Gulden und überschritt 1811 die Milliardengrenze.

Dem ersten Anlauf zur Rekonstruktion der Währung, dem berühmt-berüchtigten Finanzpatent des Hofkammerpräsidenten (Finanzminister) Graf Wallis vom 20. Feber 1811 war nur ein Teilerfolg beschieden. Die Bankozettel wurden im Verhältnis 5 zu 1 gegen so genannte »Einlösungsscheine« ausgetauscht, für welche die Einlösungsfähigkeit in Silber nicht sofort, aber mittelfristig wiederhergestellt werden sollte. Das Finanzpatent enthielt auch eine Neuregelung aller privaten Schuldverhältnisse, die in der Zeit der Papiergeldentwertung begründet worden waren. In einer im Patent selbst veröffentlichten »Reduktionsskala« waren die Prozentsätze angegeben, zu denen der aktuelle Wert der aus den Jahren 1796 bis 1810 stammenden Schulden zu berechnen war. Der so errechnete Wert war in der neuen Währung zu begleichen.

Die wiederholten drastischen Papiergeldinflationen und die Währungsreformen fügten – zusammen mit den unmittelbaren Kriegseinwirkungen – der realwirtschaftlichen Entwicklung Österreichs einen schweren Schaden zu. Nach der siegreichen Beendigung des Krieges dauerte die wirtschaftliche Depression noch mehrere Jahre an.

Der neu aufgeflammte Krieg gegen Napoleon

machte bald nach dem Finanzpatent die neuerliche Ausgabe von Papiergeld notwendig: Die so genannten »Antizipationsscheine« wurden in mehr als doppelter Höhe der Einlösungsscheine ausgegeben. Ende 1815 betrug der gesamte Papiergeldumlauf, genannt »Wiener Währung«, 682 Millionen Gulden. Das Silberagio, das heißt der Wertunterschied der Konventionsmünze gegenüber der Wiener Währung, das 1812 mit 138 seinen niedrigsten Stand erreichte, stieg 1815 kurzfristig neuerlich über 400 und betrug im Jahresdurchschnitt 1816 noch immer 351 (351 Gulden W.W. für 100 Gulden C.M.).

Im Jahr 1816 wurde zur Wiederherstellung eines geordneten Geldwesens in der Habsburgermonarchie die k. k. privilegierte Nationalbank gegründet, deren primäre Aufgabe die Einziehung des Papiergeldes und die Wiederherstellung der Silberkonvertibilität war. Der erste Anlauf zu diesem Ziel scheiterte jedoch, bereits sieben Wochen nach der Gründung des Instituts (1. Juli 1816) musste die Papiergeldeinlösung wieder eingestellt werden.

In den Jahren nach dem Wiener Kongress, aus dem die Habsburgermonarchie als führende kontinentaleuropäische Großmacht hervorgegangen war, stieg ihre Kreditfähigkeit. Durch große Anleiheoperationen unter Einschaltung von Wiener und ausländischen Bankhäusern wurde der nötige Metallvorrat zur Wiederaufnahme der Barzahlungen beschafft. 1820 war der zweite Versuch zur Einziehung des Papiergeldes erfolgreich. Die Einlösungs- und Antizipationsscheine wurden im Verhältnis 2,5 zu 1 gegen Konventionsmünze umgetauscht. Von einer ähnlichen Regelung der privaten Schuldverhältnisse wie im Finanzpatent von 1811 wurde diesmal Abstand genommen. Trotz immer wieder auftretender Probleme konnte die Konvertibilität bis zum Revolutionsjahr 1848 aufrechterhalten werden. Die großen Anleiheoperationen zur Sanierung der Währung erwiesen sich jedoch infolge der hohen Zinsaufwendungen für den Staatshaushalt immer mehr als untragbare Belastung. Die politischen Erschütterungen des Jahres 1848 erzwangen schließlich die Einstellung der Barzahlungen. Erst nach dem Übergang zur Goldwährung 1892 konnte die Konvertibilität wiederhergestellt werden.

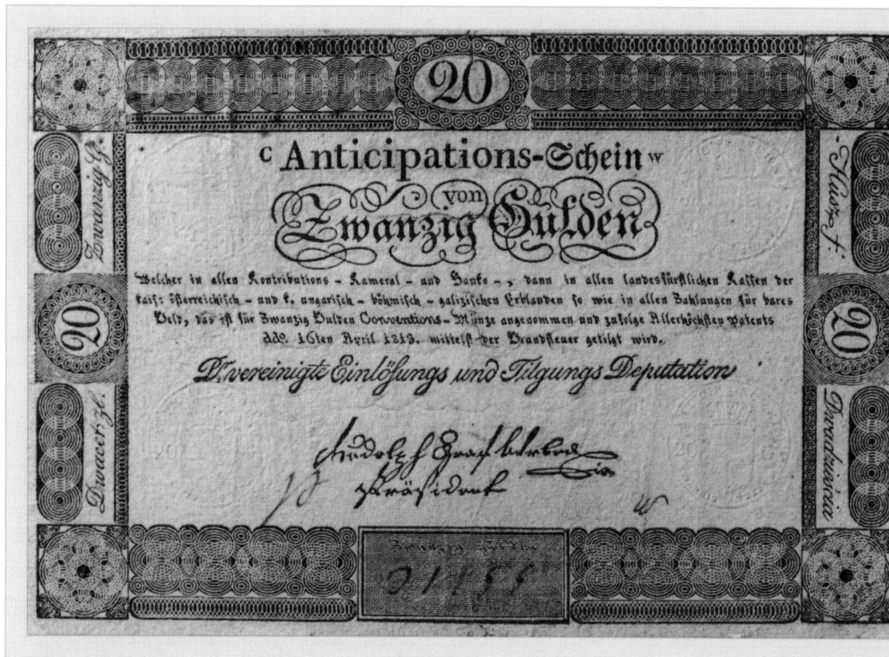

Inflationsgeld: Antizipationsschein zu 20 Gulden, 1813

Geringe Kapitalbedürfnisse in der vorindustriellen Zeit

Was die Finanzierung von neu gegründeten Industrieunternehmungen betrifft, so können wir uns heute wegen der spärlichen Quellen nur ein höchst ungefähres Bild machen. Dabei ist von einigen grundlegenden Merkmalen der vorindustriellen Wirtschaft auszugehen. Die Wirtschaft vor der Industriellen Revolution ist eine stationäre oder allenfalls eine ganz geringfügig expandierende Wirtschaft. Das bedeutet, dass im Unterschied zur modernen wachsenden Wirtschaft die Investitionen zum Großteil Ersatzinvestitionen und nicht Bildung zusätzlichen Anlagevermögens darstellten. In einer Wirtschaft, die nur wenig neues Realkapital bildet, kann die Finanzierung der Ausgaben der Unternehmungen aus ihren laufenden Einnahmen – in moderner Sprache:

aus dem Cashflow – als Normalzustand angesehen werden. Es ist in einer solchen Konstellation nicht überraschend, dass Schulden beim traditionellen Handwerk – und weitgehend wohl auch bei den wenigen frühindustriellen Produzenten – als verpönt galten und die Inanspruchnahme dieser Finanzierungsquelle nur durch ausnahmsweise auftretende Störfaktoren gerechtfertigt werden konnte. Leihbanken waren eine Ausnahmeerscheinung, in Österreich dienten sie auf der Schuldnerseite zuerst nur dem Staatskredit.

In der Kette Produzent – (Groß-)Handel – Endabnehmer befanden sich die flüssigen Mittel zum Großteil in der Verfügung des Handels. Wenn als Folge produktionstechnischer Innovationen größere Investitionen bei den Produzenten notwendig wurden, war der Großhandel meist die einzige Finanzierungsquelle. So etwa schossen die Eisenhändler in Leoben und Steyr den steirischen Eisenproduzenten das Kapital für die Errichtung der im 15. und 16. Jahrhundert aufkommenden größeren Rad- und Hammerwerke vor. Die Rückzahlung erfolgte durch Warenlieferungen, wobei die Händler in der stärkeren Position waren und die Bedingungen für die Eisenproduzenten zunehmend ungünstiger wurden.

Der Kapitalbedarf des typischen protoindustriellen Unternehmens war absolut gesehen gering, auch wenn er meist ein Vielfaches des Wertes eines durchschnittlichen Handwerksbetriebes ausmachte, der in Wien im 18. Jahrhundert bei etwa 3.000 Gulden lag. Die wichtigste Quelle für Fremdfinanzierung neu gegründeter Fabriken scheint häufig der Staat gewesen zu sein. Die staatlichen Hilfen bestanden dabei in Zuschüssen zu den Reise- und Übersiedlungskosten ausländischer Fabrikanten, der Bereitstellung von Gebäuden bis hin zur Gewährung von verlorenen Zuschüssen oder Darlehen zur (Vor-)Finanzierung der neu anlaufenden Produktion. In Wien erwarb die Kommerzbehörde mehrere Häuser in den Vorstädten, in denen die zugewanderten Seiden- und Stahlfabrikanten ihre Betriebsstätten einrichteten. Bevorzugt wurden auch die nach der Kirchenreform Josephs II. leer stehenden Klöster als Industrieobjekte zur Verfügung gestellt. Die Geldzuschüsse für die Fabrikanten bewegten sich in Größenordnungen von einigen tausend Gulden. Ein Betrag von 10.000 Gulden scheint selten erreicht worden zu sein. Eine Ausnahme stellt die großzügige Förderung des Wiener Hofbuchdruckers Trattner dar, der 70.000 Gulden an Vorschüssen erhielt. Eine weitere wichtige Finanzierungsquelle waren Lieferverträge von Fabrikanten mit Händlern – ausschließende Privilegien der Produzenten waren dabei ein maßgeblicher Anreiz. In einigen Fällen gelang es, kapitalkräftige ausländische Fabrikanten zur Ansiedlung in Österreich zu bewegen, so etwa im Fall des Hamburger Seidenwebers Engelbert König und des Bandfabrikanten Andrä aus Mühlheim am Rhein, der Waren um 100.000 Reichstaler (200.000 Gulden) mitbrachte. Besonders spektakulär war die Transferierung von Maschinen und Anlagen sowie Warenlagern im Wert von 40.000 Gulden des Stahlfabrikanten Daniel Winwood von Birmingham nach Wien-Kaiserebersdorf.

Erheblich größere Finanzmittel erforderten industrielle Großprojekte wie die Schwechater Baumwollfabrik, die Linzer Wollzeugfabrik oder die Porzellanmanufaktur in Wien-Rossau. Nach dem Fehlschlag der Anleihefinanzierung der Orientalischen Kompanie, in deren Eigentum die beiden großen Textilfabriken standen, gestaltete sich die Suche nach neuen Eigentümern außerordentlich schwierig. Um die betreffenden Fabriken abzulösen, waren jeweils mehrere 100.000 Gulden erforderlich, denn so hoch wurde der Wert ihrer Anlagen und Warenlager eingeschätzt.

Für die Schwechater Fabrik konnte nach langen Verhandlungen und mehrfachen Anläufen von einem Wiener Konsortium, bestehend aus ursprünglich 17 Handelsleuten, später nur noch aus dem Niederleger Bernhard Falquet, zwei bürgerlichen Handelsmännern und dem Wiener Bürger Leopold Mayerhofer, ein

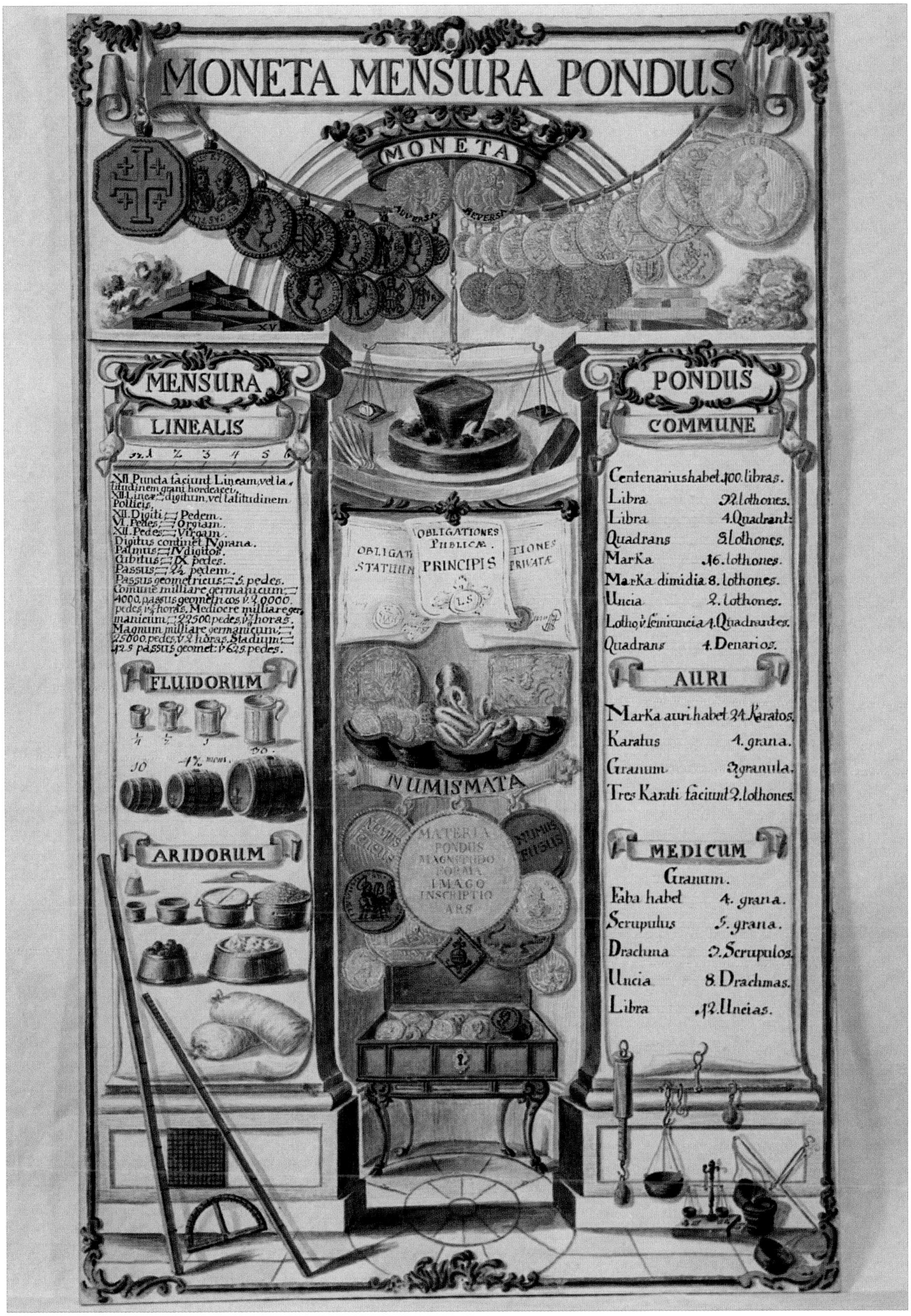

Lehrtafel über Geldwesen, Maße und Gewichte, aus dem Unterrichtswerk für Erzherzog Ferdinand von Philipp von Rottenberg, gemalt von Carl Rottiers, 1769

Die Linzer Wollzeugfabrik im Jahre 1753. Aquarellierte Feder- und Pinselzeichnung von Johann Matthias Krinner, Linz 1753

Gesamtkaufpreis von rund 300.000 Gulden aufgebracht werden. Die für die Verkaufsverhandlungen erstellten Inventuren und Vermögensaufstellungen lassen den Schluss zu, dass das Kapital der Fabrik in weitaus überwiegendem Ausmaß in Gegenständen des Umlaufvermögens, vor allem Rohbaumwolle, Garne und Stoffe, angelegt war, während Maschinen, Gerätschaften und Gebäude einen Anteil von nur etwa 10 Prozent gehabt haben dürften. Der Gesellschaftsvertrag der neuen Eigentümer sah vor, dass jeder Teilhaber 20.000 Gulden in den Kapitalfonds der Fabrik einzahlte, die zu 6 Prozent verzinst werden sollten.

Die Linzer Wollzeugfabrik wurde zunächst von der in Liquidation befindlichen Orientalischen Kompanie fortgeführt und 1754 vom Staat übernommen, wobei die Wiener Stadtbank den nominellen Kaufpreis (gegenüber den Lotteriegläubigern) von 926.000 Gulden finanzierte.

Der Staat – seit 1744 auch Eigentümer der Wiener Porzellanmanufaktur – sorgte für eine ausreichende Finanzierung dieses Unternehmens, das bis 1754 70.000 Gulden an Vorschüssen erhielt. Kaiser Joseph II. machte den Rückzug des Staates aus Eigentümerschaft und Finanzierung der Industrie zur wirtschaftspolitischen Maxime. Im Fall der Porzellanmanufaktur scheiterte jedoch die Umsetzung, da sich bei der Versteigerung 1784 zum Rufpreis von 358.000 Gulden kein Käufer fand. Die vermögenden Handelsleute und Großgrundbesitzer gaben im späteren 18. Jahrhundert mehr und mehr ihre Zurückhaltung auf und beteiligten sich als Miteigentümer an der Finanzierung größerer industrieller Neugründungen.

Der Wechsel als frühes Finanzierungsinstrument der Industrie

Auch die erste Gründung einer Bank in Österreich, die das Kommerzgeschäft zum Geschäftsinhalt hatte, erfolgte als gemeinschaftliche Initiative von Angehörigen des Hochadels und des dänischen Großhändlers Henning Friedrich Bargum. 1787 genehmigte der Kaiser die Statuten der »Wiener Commerzial-, Leih- und Wechselbank«, deren Geschäftstätigkeit im Handel, im Depositen- und Wechselgeschäft sowie im Hypothekar- und insbesondere im industriellen Lombardkredit bestehen sollte. Die Bank ist eines der frühen Beispiele einer Aktiengesellschaft in Österreich. Als Zeichner des Kapitals scheinen zahlreiche Adelige und reiche Bürger auf. Hauptaktionäre waren neben Bargum Johann Fürst zu Schwarzenberg, Franz Gundacker zu Colloredo-Mannsfeld sowie die Grafen Nostiz und Wrtby. Die Bank geriet wenige Jahre nach ihrer Gründung durch die (angebliche?) Untreue des Geschäftsleiters Bargum in eine schwere Krise. Nach der 1793 erfolgten Neugenehmigung der Statuten führte die Bank ihre Geschäfte mit mäßigem Erfolg bis 1811 fort, bis sie im Gefolge von Staatsbankrott und Währungsreform insolvent wurde. Der wichtigste Geschäftszweig der Bank war das Wechselgeschäft, in dem 1791 Umsätze von rund 1 Million Gulden erzielt wurden. Mehr direkte Bedeutung für die Industriefinanzierung hatte der Warenlombard, wo die Umsätze etwa halb so hoch waren. Die Bank gab Kredite an Fabrikanten gegen Hinterlegung ihrer Waren, hatte allerdings dafür nur unzureichende Lagerkapazitäten zur Verfügung. Wiener Seidenfabrikanten wurden durch Vorschüsse finanziert, in den Neunzigerjahren hielt die Bank auch ein Rohseidenlager im Wert von mehr als 300.000 Gulden. Die Akten berichten auch von Finanzierungen einer Zuckerfabrik in Wiener Neustadt und einer Lederfabrik in Brünn sowie darüber hinaus auch von verschiedenen Handelsunternehmungen. Die Finanzierung von Handels- und Industrieunternehmungen durch die Wiener Commerzial-, Leih- und Wechselbank dürfte jedoch im Wirtschaftsleben Wiens und Niederösterreichs weit weniger Bedeutung gehabt haben als Aktivitäten der Großhändler und Privatbankiers.

Eine bankwirtschaftliche und industrielle Pioniertat setzte die Wiener Commerzial-, Leih- und Wechselbank bei der Gründung der Pottendorfer Baumwollspinnerei 1801. Im Auftrag und mit Finanzierung der Bank war der aus Polen stammende Baron Karl von Glave-Kobielski nach England gereist, um Fachleute für den Bau von mechanischen Spinnmaschinen und den Betrieb einer Garnmanufaktur anzuwerben. Nach erfolgreicher Mission wurde in Pottendorf mit dem Bau einer Maschinenfabrik und einer Baumwollspinnerei begonnen. Glave-Kobielski musste jedoch die Konzession für das Unternehmen an die von der Bank neu gegründete »k. k. Garnmanufakturgesellschaft« abtreten, an der unter anderen wieder die Fürsten Schwarzenberg und Colloredo-Mannsfeld beteiligt waren. Damals wurde das in die Fabrik investierte Kapital mit 1 Million Gulden beziffert, wozu später noch Finanzierungen für die 1802/03 gegründeten Baumwollspinnereien von Schwadorf und Teesdorf im Ausmaß von einer weiteren Million Gulden traten. Auch wenn in diesen Summen die Finanzierung von Betriebsmitteln und Lagern inbegriffen ist, lassen die Angaben erkennen, dass mit der Industriellen Revolution und dem

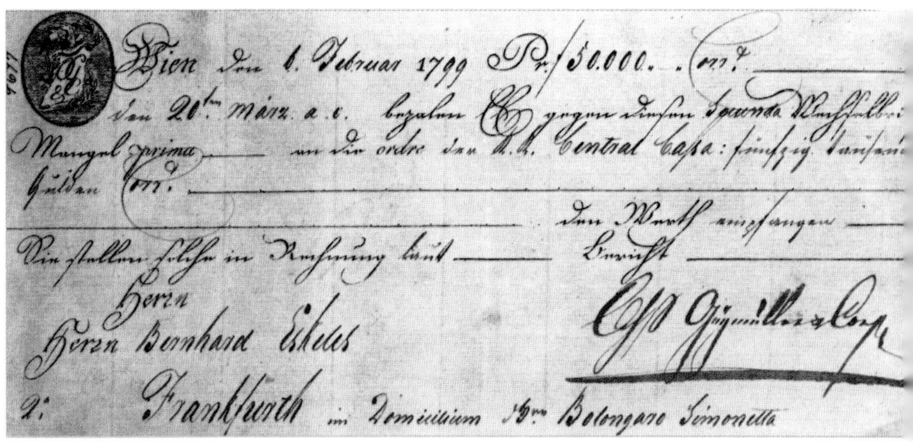
Wien den 6. Februar 1799 Pr. f 50.000. Conv.

Herrn Bernhard Eskeles

Vorgedruckter Wechsel des Wiener Bankhauses Geymüller, ausgestellt am 6. Februar 1799

Die k. k. privilegierte Nationalbank, gegründet 1816, Bankpalais (Herrengasse 17), errichtet 1821–1823 nach Plänen von Charles de Moreau und Paul Sprenger. Stich von Tranquillo Mollo, um 1825

Einsatz mechanisierter Produktionsanlagen der Kapitalbedarf im Vergleich zu protoindustriellen Fabriksgründungen einen Quantensprung machte.

Die einzige Form der Fremdfinanzierung von Unternehmungen blieb noch lange Zeit der Wechselkredit. Das Wechselgeschäft wurde von den größeren Privatbankiers und den so genannten »Schreibstuben« betrieben. Die Wechsel wurden auch an der 1771 gegründeten Wiener Börse gehandelt. Die Gründung der k. k. priv. Nationalbank 1816 hatte neben der Stabilisierung der Währungsverhältnisse auch die Verbesserung der Funktionsfähigkeit des Wechsels als Finanzierungsinstrument zum Ziel. Die Nationalbank refinanzierte Wechsel mit einem Mindestbetrag von 500 Gulden und höchstens drei Monaten Laufzeit, welche die Unterschrift von drei »anerkannt soliden« Bankhäusern tragen mussten. Der Zinssatz für den Wechseldiskont, der im Privatdiskont 10 bis 12 Prozent betragen hatte, sank bald nach der Gründung der Nationalbank auf 5 und später auf 4 Prozent. In der Zunahme des Volumens des Wechseldiskonts durch die Nationalbank spiegelt sich die Expansion von Produktion und Handel seit den Zwanzigerjahren wider, gleichzeitig jedoch auch der Missbrauch des Instruments durch die Wiener Bankhäuser zur Finanzierung ihrer Arbitrage- und Spekulationsgeschäfte.

Die Gründung der Wiener Börse

Die Gründung der Wiener Börse 1771 war ursprünglich ausschließlich mit dem Ziel erfolgt, dem Staatskredit neue Quellen zu erschließen. Es wurden zunächst nur Obligationen des Staates, der Wiener Stadtbank und der Provinzstände gehandelt, seit ihrer Gründung auch die Aktien der Nationalbank. Als im Vormärz die Zahl der als Aktiengesellschaften gegründeten Unternehmungen zunahm – in der gesamten Monarchie zählte man bis 1848 69 solcher Gründungen –, wurden seit 1842 auch Aktien zum Handel an der Wiener Börse zugelassen, nachdem sich seit längerem ein außerbörslicher Handel mit Aktien entwickelt hatte. Unter den an der Börse notierten Aktiengesellschaften befanden sich allerdings bis 1848 keine Industrieunternehmungen, sondern nur sechs Eisenbahnunternehmungen und die Donaudampfschifffahrtsgesellschaft. Der Kapitalbedarf der Eisenbahnunternehmungen überstieg jenen der Industrie bei weitem. So etwa hatte Salomon Meyer Rothschild für die Kaiser-Ferdinands-Nordbahn Aktien im Nennwert von 12 Millionen Gulden ausgegeben. Die starke Nachfrage der Eisenbahnen nach Schienen, Lokomotiven und Waggons wurde zunehmend aus inländischer Produktion befriedigt, wozu die Betreiber eigene Stahlwerke und Maschinenfabriken einrichteten. Rothschild übernahm die Witkowitzer Eisenwerke zur Herstellung von Eisen in einer für die Schienenproduktion erforderlichen Qualität. Die ebenfalls börsenotierte Wien-Gloggnitzer Bahn betrieb in Wien Österreichs größte Maschinenfabrik. Die Kosten der Gebäude und Anlagen dieser Fabrik wurden mit 713.000 Gulden angegeben, das waren nur knapp 5 Prozent des Anlagevermögens dieser Gesellschaft.

Die ersten Aktiengesellschaften

Die Aktiengesellschaft als Rechtsform und Finanzierungsinstrument der Industrieunternehmung erlangte in Österreich erst in der zweiten Hälfte des 19. Jahrhunderts maßgebliche Bedeutung. Bemerkenswert früh entstanden in Österreich Gesellschaftsformen, die als Zwischenstufen in der Entwicklung von der Gesellschaft als Zusammenschluss einander persönlich verbundener und persönlich haftender Teilhaber zur »anonymen« Aktiengesellschaft gesehen werden können. Die vom Landesfürsten Herzog Ernst 1415 genehmigte Leobner allgemeine Eisenhandlungsgesellschaft (»Commune«) war eine selbstständig wirtschaftende Gesellschaft, zu der die Eigentümer, die Leobner Eisenhändler, eine mit

Salomon Meyer Freiherr von Rothschild (1774–1855). Anonymes Gemälde

Aktie der »k. k. priv. ersten Eisenbahngesellschaft« (Pferdebahn Linz–Budweis), 1831

100 Gulden begrenzte Kapitaleinlage leisteten. Die Lebensdauer dieser Sozietät betrug allerdings nur wenige Jahrzehnte. Um 1582 wurde in Steyr eine »Compagnia oder Gemeinschaftseisenhandlung« gegründet, die als deutlich weiter fortgeschrittene Zwischenform erkennbar ist. Die Teilhabe stand allen Bürgern von Steyr bei einer Mindesteinlage von 100 Gulden offen. Die Teilhaber partizipierten der Höhe ihrer Einlage entsprechend am Geschäftserfolg. Vier Geschäftsleiter wurden auf je zwei Jahre aus dem Kreis der Teilhaber gewählt. Für die Bilanzlegung war eine formale Prozedur vorgesehen, die Ähnlichkeiten zur modernen Form aufweist. Im Unterschied zur heutigen Aktiengesellschaft war die Kapitaleinlage aber nicht unwiderruflich, sondern konnte unter Einhaltung bestimmter Bedingungen von der Gesellschaft zurückgefordert werden.

Die Gründungen des 18. Jahrhunderts orientierten sich am Vorbild der englischen und niederländischen Handelskompanien, den eigentlichen Prototypen der heutigen Kapitalgesellschaft. Das Statut der 1718 gegründeten Orientalischen Kompanie sah die unwiderrufliche Hingabe der Einlage im Mindestausmaß von 1.000 Gulden vor. Die Stimmrechte waren allerdings nicht proportional, sondern mit höchstens drei Stimmen für eine Einlage ab 20.000 Gulden begrenzt. Die Geschäftsleitung (»Deputation«), bestehend aus einem Direktor, zwei Assistenten und zwölf weiteren »Interessenten«, wurde von den Teilhabern mit Mehrheit gewählt. Bilanzlegung war jedes zweite Jahr vorgesehen. Es zeigte sich allerdings bald, dass auf diesem Wege ausreichende Eigenmittel für die Kompanie, die die damals größten Industrieunternehmungen des Landes betrieb, nicht aufzutreiben waren, sodass man auf die Fremdmittelfinanzierung durch eine Anleihe zurückgreifen musste.

Die nächsten Gesellschaftsgründungen dieser Art erfolgten im Finanzsektor. Das Statut der erwähnten Wiener Commerzial-, Leih- und Wechselbank verwendet den Begriff der Aktie zwar noch nicht, sieht jedoch andererseits bereits die Ausgabe von Inhaberpapieren und auch sonst viele wesentliche Merkmale der AG vor. Die erste explizite Gründung einer »Aktiengesellschaft« ist jene der Nationalbank, die allerdings aufgrund ihrer Funktion als Notenbank nicht als rein private Gesellschaft angesehen werden kann.

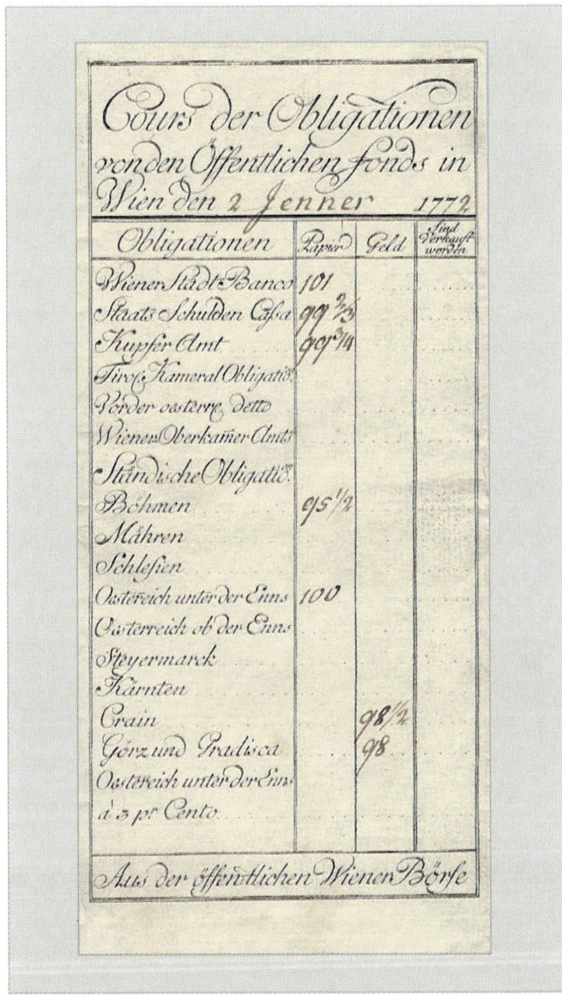
Cours der Obligationen von den Öffentlichen fonds in Wien den 2 Jenner 1772

Obligationen	Papier	Geld	sind verkauft worden
Wiener Stadt Banco	101		
Staats Schulden Cassa	99 2/3		
Kupfer Amt	99 3/4		
Tirol. Kameral Obligatio.			
Vorder österr. detto			
Wiener Oberkamer Amts			
Ständische Obligatio.			
Böhmen	95 1/2		
Mähren			
Schlesien			
Österreich unter der Enns	100		
Österreich ob der Enns			
Steyermark			
Kärnten			
Crain		98 1/2	
Görz und Gradisca		98	
Österreich unter der Enns à 3 pr Cento			

Aus der öffentlichen Wiener Börse

Einer der ältesten Kurszettel der 1771 gegründeten Wiener Börse, 2. Januar 1772

Joseph von Sonnenfels handelt in seinen »Grundsätzen der Polizey, Handlung und Finanz« die Aktiengesellschaft im Kapitel »Von Handlungsgesellschaften« ab. Es entspricht der damaligen Realität, dass Großhandels- und Finanzierungsgeschäft noch als Einheit gesehen werden, wobei Sonnenfels die den Überseehandel betreibenden Handlungsgesellschaften im eigentlichen Sinn von den übrigen »Privatassociationen« unterscheidet, beides Unternehmungen, welche »die Kräfte und Einsichten einzelner Handlungsleute übersteigen«. Sonnenfels stellt auch Überlegungen über die Vor- und Nachteile von Aktien- und Fremdfinanzierung an: »Bey angehenden Gesellschaften, oder wo die Hoffnung des Gewinnes noch sehr entfernet ist, scheint die Aushändigung neuer Aktien vorzuziehen, weil die Handlungskompagnie wenigstens dadurch nicht Schuldnerin wird … Ist hingegen die Gesellschaft und der Gewinn sicher, so sind natürlich Billiete vorzuziehen, da man durch dieselben sich zu nicht mehr verpflichtet, als man empfangen hatte; durch neue Aktien aber einen Gewinnsantheil einräumen, mithin die alten Aktien gegen ihren vorigen Werth herabsetzen würde.«

Ein starkes Hindernis für die Nutzung der Aktie als Finanzierungsinstrument von finanziellen und nicht-finanziellen Unternehmungen waren das generelle Misstrauen und die Angst vor Übervorteilung und Betrug durch die Geschäftsleitung. Sonnenfels sieht es als Verpflichtung des Staates an, »vorzüglich darauf zu sehen, daß die Vorsteher der Gesellschaft die Papiere nicht nach Willkür zu vermehren, oder ohne Zuziehung eines ansehnlichen Theiles der Gesellschaftsglieder dergleichen Papiere auszufertigen, Gelegenheit haben«. Bedenken dieser Art – die etwa auch Adam Smith eindringlich formulierte – finden sich auch im Paragraph 6 der Bestimmungen über die Zulassung von Aktien der Eisenbahn- und später auch von Industrie- und Bankgesellschaften zum Handel an der Wiener Börse, der die Behörden bei der Prüfung des Aktienplanes und der Statuten der Gesellschaften dazu verpflichtet, ihr Augenmerk darauf zu richten, »dass die Unternehmungen ernstlich gemeint seien und nicht in einer Vorspiegelung, um Aktien zu einem Börsenspiel zu missbrauchen, bestünden«.

Vor 1848 finden sich keine Industrieaktien auf dem Kurszettel der Wiener Börse, was allerdings einen außerbörslichen Handel oder den

Rausch und Ernüchterung: »Die Eröffnung der Eisenbahn über den Chimborasso« – Karikatur zu Hausse und Baisse des Aktiengeschäfts, 1848

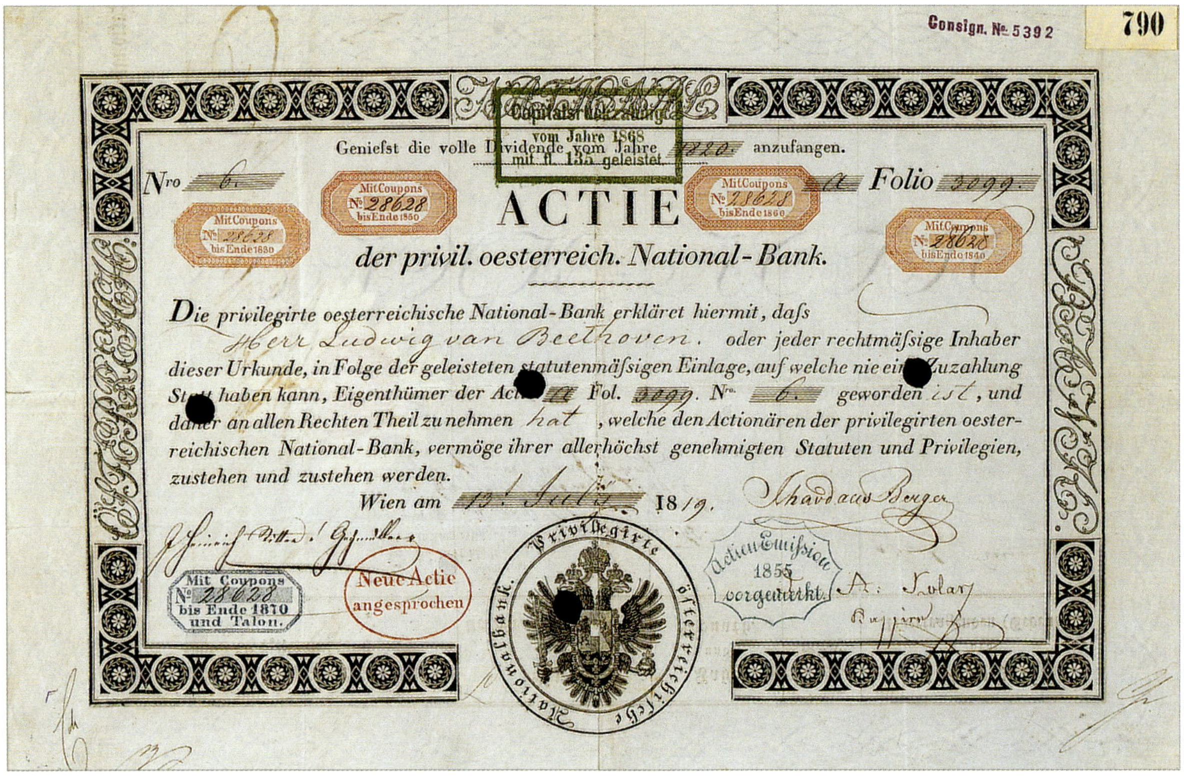
Consign. № 5392 790

Geniesst die volle Dividende vom Jahre 1820 anzufangen.

Nro 6. a Folio 3099.

Mit Coupons № 28628 bis Ende 1860

ACTIE

der privil. oesterreich. National-Bank.

Die privilegirte oesterreichische National-Bank erkläret hiermit, daſs Herr Ludwig van Beethoven. oder jeder rechtmäſsige Inhaber dieser Urkunde, in Folge der geleisteten statutenmäſsigen Einlage, auf welche nie eine Zuzahlung Statt haben kann, Eigenthümer der Actie a Fol. 3099. № 6. geworden ist, und daher an allen Rechten Theil zu nehmen hat, welche den Actionären der privilegirten oesterreichischen National-Bank, vermöge ihrer allerhöchst genehmigten Statuten und Privilegien, zustehen und zustehen werden.

Wien am 13. Juli 1819.

Mit Coupons № 28628 bis Ende 1870 und Talon.

Neue Actie angesprochen

Privilegirte österreichische Nationalbank

Actien Emission 1855 vorgemerkt.

Aktie der privilegierten österreichischen Nationalbank, lautend auf Ludwig van Beethoven, 13. Juli 1819

Handel an einer der Winkelbörsen nicht ausschließt. Von den österreichischen Industrieunternehmungen haben vor 1848 nur wenige die Aktiengesellschaft als Unternehmensform gewählt: drei Textilunternehmungen, zwei Unternehmungen der Nahrungs- und Genussmittelbranche, je eine Papier- und eine Metallwarenfabrik.

Große Unternehmungen wie die Maschinenbau-, Lokomotiv- und Waggonfabriken, Baustofffabriken, Chemiefabriken und andere wurden erst in den Fünfziger- und Sechzigerjahren in Aktiengesellschaften umgewandelt. Die erste Aktienbank, die Niederösterreichische Eskompte-Gesellschaft, wurde 1854 gegründet, die Creditanstalt folgte 1855. Erst mit diesen modernen Mobilbanken wurde die Gründung von Industrie-Aktiengesellschaften zu einem eigenen Geschäftszweig der Finanzinstitute.

Aktiengesellschaften in Österreich vor 1848

Name des Unternehmens	Grundkapital in Gulden	Jahr der Konstituierung als AG
Pottendorfer Baumwollspinnerei und Weberei	1.056.000	1802
Papierfabrik Klein-Neusiedl	480.000	1837
Baumwollspinnerei Trumau-Marienthal	1.437.00	1838
Wiener Dampfmühle AG	1.579.000	1841
Brauerei Hütteldorf	210.000	1842
Vöslauer Kammgarn	733.000	1846
Wöllersdorfer Blechfabrik	230.000	1847

Quelle: Statistik der Volkswirthschaft in Nieder-Österreich 1855–1866, Band II (hg. von der Handels- und Gewerbekammer in Wien, Wien o.J. [1867]).

Die neuen Arbeiter

Manufaktur- und modernes Fabrikswesen brachten eine neue Schicht – oder, in Marx'scher Diktion, eine neue Klasse – hervor: die Arbeiterschaft. Zwar gab es auch früher schon Formen der Lohnarbeit in Gewerbe und Landwirtschaft, nunmehr wurde diese aber die vorherrschende Erwerbsform für eine große Anzahl von Menschen, die ausschließlich vom Verkauf ihrer Arbeitskraft auf einem sich konstituierenden Arbeitsmarkt lebten. Eine besondere Kategorie stellten dabei die im Verlag Beschäftigten dar, zumeist handelte es sich um Kleinhäusler, die noch in der Landwirtschaft einen Rückhalt besaßen. Aus ihnen wurden zwar in der Folge industrielle Arbeitskräfte rekrutiert, von Arbeitern im modernen Sinn kann allerdings erst im Zusammenhang mit den großen Manufakturbetrieben des 18. Jahrhunderts gesprochen werden. Diese unterschieden sich von den traditionellen gesellschaftlichen Unterschichten, weil sie weder selbstständig wie die Kleinmeister noch feudal eingebunden wie die Bauern und Kleinhäusler noch hausrechtlich abhängig wie das Gesinde und die meisten Handwerksgesellen waren.

Sozialer Status der Arbeitskräfte unter der Hierarchie von Management und Meistern

Wenn man von Arbeitnehmern im 18. und frühen 19. Jahrhundert spricht, so fällt zunächst deren soziale Heterogenität auf. Bereits damals stellte sich die Struktur des Arbeitsmarktes recht differenziert dar: Während ein erheblicher Mangel an Leitungspersonal und Facharbeitern bestand, herrschte ein Überangebot bei ungelernten Arbeitskräften. Erstere waren gesucht und wurden vielfach unter erheblichen Mühen von der Konkurrenz oder sogar im Ausland abgeworben. Bei Letzteren ging es hingegen vor allem darum, durch »soziale Disziplinierung« die verbreitete »Arbeitsscheu« und den schwer ausrottbaren Massenbettel zu eliminieren, somit um die schon vom Kameralisten Philipp Wilhelm von Hörnigk gestellte Frage: »Wie seind aber die Inländer zur Arbeit zu gewöhnen, die nur gewohnt seind, im Luder zu liegen?«

Auch die Aufklärungsphilosophie à la mode verband ihr Anliegen der geistigen Emanzipation und Säkularisierung mit dem der Förderung des »Gewerbefleißes«. Daher wandte man sich im späten 18. Jahrhundert auch verstärkt gegen das Übermaß an kirchlichen Feiertagen, Wallfahrten und liturgischen Feiern. Die von der modernen Produktionswelt geforderten »bürgerlichen« Tugenden wie Fleiß, Pünktlichkeit und Genauigkeit waren zum Teil nur mit drakonischen Maßnahmen durchzusetzen. Produktionserfolge resultierten aus Fleiß, Mehreinsatz von Arbeit und Hebung der Produktivität. Die Erhöhung der Arbeitsproduktivität war in einer Welt, in der das Sachkapital noch eine untergeordnete Rolle spielte und die Lohnkosten entsprechend ins Gewicht fielen, ein vordringliches Anliegen.

Manufaktur und Fabrik waren zentrale Produktionsstätten, in denen eine Vielzahl von Menschen in einer arbeitsteiligen Organisation beschäftigt und die ursprüngliche Einheit von Haushalt und Arbeitsstätte aufgehoben war. Sie waren aber nicht nur Produktionsstätten, sondern zugleich Institution einer sozialen Disziplinierung, die mit der Zuweisung eines bestimmten Arbeitsplatzes auch eine räumliche Komponente beinhaltete. Die modernen Großbetriebe hoben sich von den Handwerksbetrieben überdies durch die Differenzierung ihrer Arbeitsorganisation ab. In ihnen traten erstmals auch zwei bis dahin integrierte Tätigkeiten verselbstständigt auf: Es gab eine strikte Trennung von anordnenden und ausführenden Funktionen, wobei

Der Beamte. Kolorierte Kreidelithografie von Carl Kunz nach Peter Johann N. Geiger, aus der Reihe »Der Mensch und sein Beruf«, 1838

sich Letztere weiter in gelernte und ungelernte Arbeit ausdifferenzieren lassen. Es war ein ganz wesentliches Element der Arbeitsteilung, dass es damit gelang, auch komplexe Arbeitsprozesse in einzelne, teilweise auch leicht erlernbare Schritte zu zerlegen, die von minder Qualifizierten ausgeübt und von Vorgesetzten überwacht werden konnten.

In den Manufakturen gab es damit bereits so etwas wie ein »Management«, ein Begriff, der erstmals wohl vom englischen Utilitaristen Jeremy Bentham im Untertitel seiner Schrift »Panopticon« (1791) in seiner heutigen Bedeutung verwendet wurde. Wenn der Eigentümer nicht selbst den Betrieb leitete, stellte er für die unternehmerische Leitungsfunktion Direktoren und bei entsprechender Leitungsspanne eine Stufe darunter auch kaufmännische und technische »Beamte«, also Angestellte und Verwaltungspersonal, ein. Bei diesen, teilweise auch aus dem westlichen Ausland stammenden Führungskräften handelte es sich oft um tüchtige Personen, was sich auch darin dokumentierte, dass es einer ganzen Reihe von ihnen gelang, sich zu selbstständigen Unternehmern aufzuschwingen.

Eine Ebene darunter spielte die Institution des Werkmeisters eine wichtige Rolle. Auch diese wurden in manchen Fällen aus dem Ausland angeworben, insbesondere dann, wenn man sich davon ein bestimmtes »Know-how« versprach. Vor allem aus England, damals die »Werkstätte der Welt«, versuchte man unter oft beträchtlichem Aufwand derartige Fachkräfte zu rekrutieren; die österreichische Botschaft in London, zu deren Aufgaben nicht zuletzt auch die »Industriespionage« zählte, wurde dazu mehrfach eingeschaltet. In der Luxuswaren- wie auch in der Seidenindustrie holte man hingegen vorwiegend italienische und französische Fachkräfte ins Land. Für die Erzeugung so genannter »Leonischer und Nürnberger Ware« (Tressen, Knöpfe, Gürtelschnallen, Borten aus Draht- und Metallgespinst) und in der Maschinenindustrie wurden wie auch in der Baumwollspinnerei gerne Spezialisten aus England oder Süddeutschland angeworben. In der Zuckerindustrie wie auch in der Metallindustrie setzte man auf die Mithilfe von Einwanderern aus Deutschland oder der Schweiz. Auslandsreisen von Unternehmern, die zwecks Facharbeiteranwerbung und um neue Techniken und Verfahren kennen zu lernen unternommen wurden, waren jedenfalls nicht selten. Der Perchtoldsdorfer Seidenzeugfabrikant Jean Baptiste Sire und die Papierdosen- und Wachsleinwanderzeuger Chevassieux und de la Fontaine holten sich Facharbeiter aus Frankreich, der Metallwarenfabrikant Matthew Rosthorn warb in Birmingham 1765 seine beiden Landsleute Hikman und Withouse ab, die Gebrüder Blum, zwei Vorarlberger, die in Neunkirchen eine Spinnerei gründeten, brachten Facharbeiter aus der Schweiz mit und der Barchenterzeuger Emanuel Botzenhard beschäftigte in seinem Klosterneuburger Betrieb Facharbeiter, die er eigens aus Sachsen geholt hatte. Anton Schwarzleithner, Inhaber einer Fabrik für Leonische Waren in Mannersdorf und einer für Nürnberger Waren in Sommerein, gelang es, während einer Reise durch Süddeutschland »ungeachtet der Wachsamkeit der Regierung eine beträchtliche Anzahl von nützlichen Fabrikanten zur Übersiedlung zu bereden«, wofür ihm seitens der Hofkammer ein Betrag von 1.500 Gulden rückerstattet wurde. Solche Beispiele könnte man noch viele anführen; sie sind ein Beleg dafür, dass der Import von ausländischem »Know-how« für die damalige »Industriepolitik« ein ganz wesentlicher Faktor war.

Die Manufakturen des 18. Jahrhunderts hatten zumindest noch einen Kern von gelernten, handwerksmäßig ausgebildeten Facharbeitern und auch die im Hofkammerarchiv erhaltenen Manufakturtabellen belegen, dass man in bemerkenswert hohem Maße auf die Mitwirkung sachkundiger Meister und Gesellen angewiesen war. Auch hier scheute man selbst beschwerliche Auslandsreisen nicht, um derartige für unentbehrlich erachtete Fachkräfte anzuwerben. Diese wurden dann zumeist vertraglich verpflichtet, den innerbetrieblichen Nachwuchs auszubilden, und erhielten für jeden ausgelernten Inländer eine Prämie. Dabei wurde im inneren Betriebsablauf zumeist ein eigenes Kontraktsystem entwickelt, in dem der jeweilige Meister für die

Handwerkliche Karriere: Lehrling – Geselle – Meister. Gedenkblatt zur Freisprechung eines Seidenwebergesellen im Jahr 1830

ihm unterstellten Gesellen, Lehrlinge und die sonstigen Arbeitskräfte als eine Art von Subunternehmer fungierte. In fast allen Manufakturen nahmen gelernte Arbeitskräfte die Schlüsselpositionen ein und die Unternehmer bemühten sich in vielen Fällen um die Ausbildung eines eigenen Stammpersonals. In der Textil- und Porzellanindustrie suchte man durch Errichtung von »Manufakturzeichen- und Malschulen« Nachwuchs zu gewinnen.

Aus verschiedenen Quellen geht hervor, dass die in den Manufakturen und Fabriken ausgebildeten Fachkräfte trotz behördlicher Dekrete von den Zünften zumeist als nicht gleichwertig anerkannt wurden und teilweise schikanösen Verfolgungen ausgesetzt waren. Dennoch rekrutierten viele Facharbeiter sich aus ehemals zünftischen Gesellen, die im teilweise chronisch überbesetzten Handwerk nicht untergekommen waren. Wie sehr die Gefahr der Abwerbung dieser mühsam herangezogenen Fachkräfte gefürchtet wurde, geht daraus hervor, dass die Regierung eigens ein diesbezügliches Verbot erlassen musste und die Unternehmen sich durch eigene Verträge mit den Fachkräften abzusichern hofften. Die österreichische Regierung stand damit keineswegs allein, auch England hatte bereits am Beginn des 18. Jahrhunderts drakonische Strafen auf die illegale Emigration von Facharbeitern verhängt.

Die Hervorhebung eines Kerns an gelernten handwerklich ausgebildeten Fachkräften spricht keinesfalls gegen die Feststellung, dass das Gros der Arbeiterschaft ungelernt war. Diese Kräfte wurden nicht nur als Handlanger und Gehilfen der Facharbeiter eingesetzt, sondern besetzten im Zuge der fortschreitenden Arbeitsteilung und mit dem Aufkommen der Maschinen auch zahlreiche Produktionsstufen. Insbesondere in der Textilindustrie, wo eine weitgehende Zerlegung in einzelne Arbeitsschritte möglich war, setzte sich die Masse der Arbeiter aus Ungelernten, darunter auch viele Frauen und Kinder, zusammen. Während sich bei den gelernten Arbeitskräften eine relativ breite Streuung der regionalen Herkunft zeigt, wurde die Vielzahl an ungelernten Arbeitskräften am lokalen Arbeitsmarkt rekrutiert und bestand fast ausschließlich aus Inländern, meist sogar aus der unmittelbaren Umgebung. Die großen Städte übten eine Sogwirkung auf das Umland aus: Vor allem die kleinbäuerlichen Unterschichten zog es in die Städte, wo sie offensichtlich bessere Lebensbedingungen und die Chance zur Hausstandsgründung erwarteten. Der Übergang von der im Verlag betriebenen Heimarbeit zur eigentlichen Fabriksarbeit war dann nur mehr ein kleiner Schritt, der in der nächsten Generation bereits vollzogen war.

Die soziale Herkunft bestimmte auch den innerbetrieblichen Status; vielfach handelte es sich bei den angelernten Arbeitern um Angehörige der traditionellen Unterschichten: Taglöhner, Kleinhäusler, verabschiedete Soldaten, verarmte Bauern und Kleinbürger. Hier entstand tatsächlich eine Art von Industrieproletariat, wie es die Sozialkritik des frühen 19. Jahrhunderts beschrieb. Lange Zeit wirkte das Faktum nach, dass viele Unternehmen auch Menschen mit minderem Rechtsstatus beschäftigten; dazu zählten Armenhäusler, ehemalige Zuchthäusler, aber auch Findel- und Waisenkinder sowie Soldaten im Ruhequartier, die unter besonderer Aufsicht der Obrigkeit standen. Armut, Abhängigkeit und Machtlosigkeit gingen dabei Hand in Hand. Noch geringer war der berufliche und soziale Status der Insassen der Straf- und Arbeitshäuser, die von den Unternehmen ebenfalls mit Arbeit verlegt wurden. In einem 1802 erstatteten »unterthänigsten Vortrag der Vereinigten Hofstelle« an Kaiser Franz II. hieß es: »Durch die Fabriken findet das in allen großen Städten notwendigerweise befindliche Gesindel Beschäftigung, so dass dieselben die besten, zweckmäßigsten und nützlichsten Versorgungsanstalten ausmachen.«

Die Stellung der Arbeiter wurde aber nicht nur durch ihre Herkunft und Ausbildung, sondern auch durch die besondere Art der

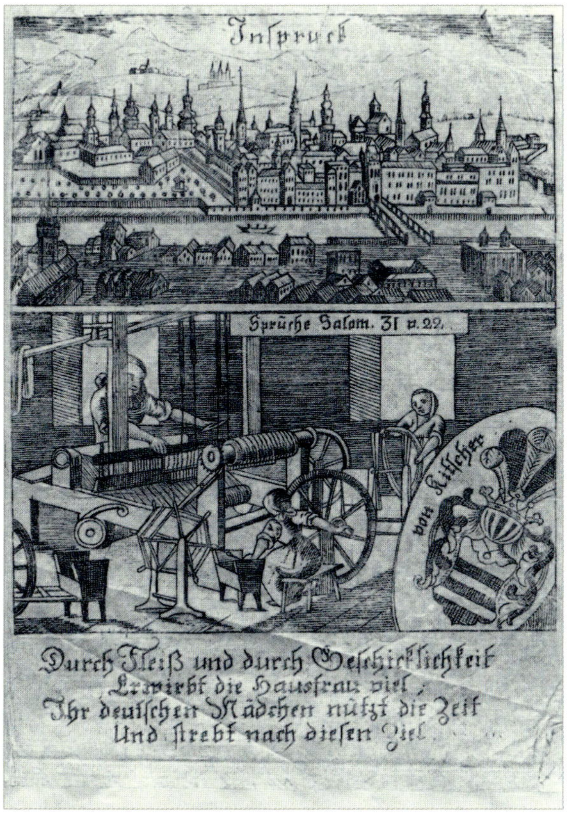

Zwang oder Erziehung zur Arbeit: Weberei im Strafarbeitshaus in Innsbruck. Kupferstich, 18. Jahrhundert

Lebensweise und Arbeitsbedingungen vor allem im Verhältnis zu anderen Bevölkerungsschichten bestimmt. Die Anwendung der Dienstbotenordnung auf die Arbeiter räumte dem Unternehmer mitunter sogar die Zuchtgewalt ein. Neben der Beaufsichtigung während der Arbeit und in den Unterkunftsräumen wurden die Arbeiter auch in ihrer Freizeit durch »Fabriksbeamte« kontrolliert. Vielfach entstanden Werkswohnungen und Fabrikssiedlungen, die räumlich strikt vom übrigen Ort separiert wurden; dabei spielten nicht nur die Furcht und Ablehnung der Ortsansässigen, sondern auch disziplinäre Überlegungen der Unternehmer eine Rolle. Unzählige Beispiele dafür finden sich in den neu gegründeten Arbeitersiedlungen, darunter Neukettenhof und in der Nadelburg, sowie an den Standorten der neuen Spinnereibetriebe in Vorarlberg und entlang der Flüsse im Wiener Becken. Diese Siedlungen waren manchmal noch durch eine Mauer oder einen Zaun vom

Fabrikssiedlung Nadelburg in Lichtenwörth: Hinter Mauern und Toren, abgesondert von der Umgebung, mit eigener Kirche und eigener Infrastruktur, wurden Mitte des 18. Jahrhunderts insgesamt 56 Häuser mit je vier Wohnungen angelegt. Lithografie von M. Smech, 19. Jahrhundert

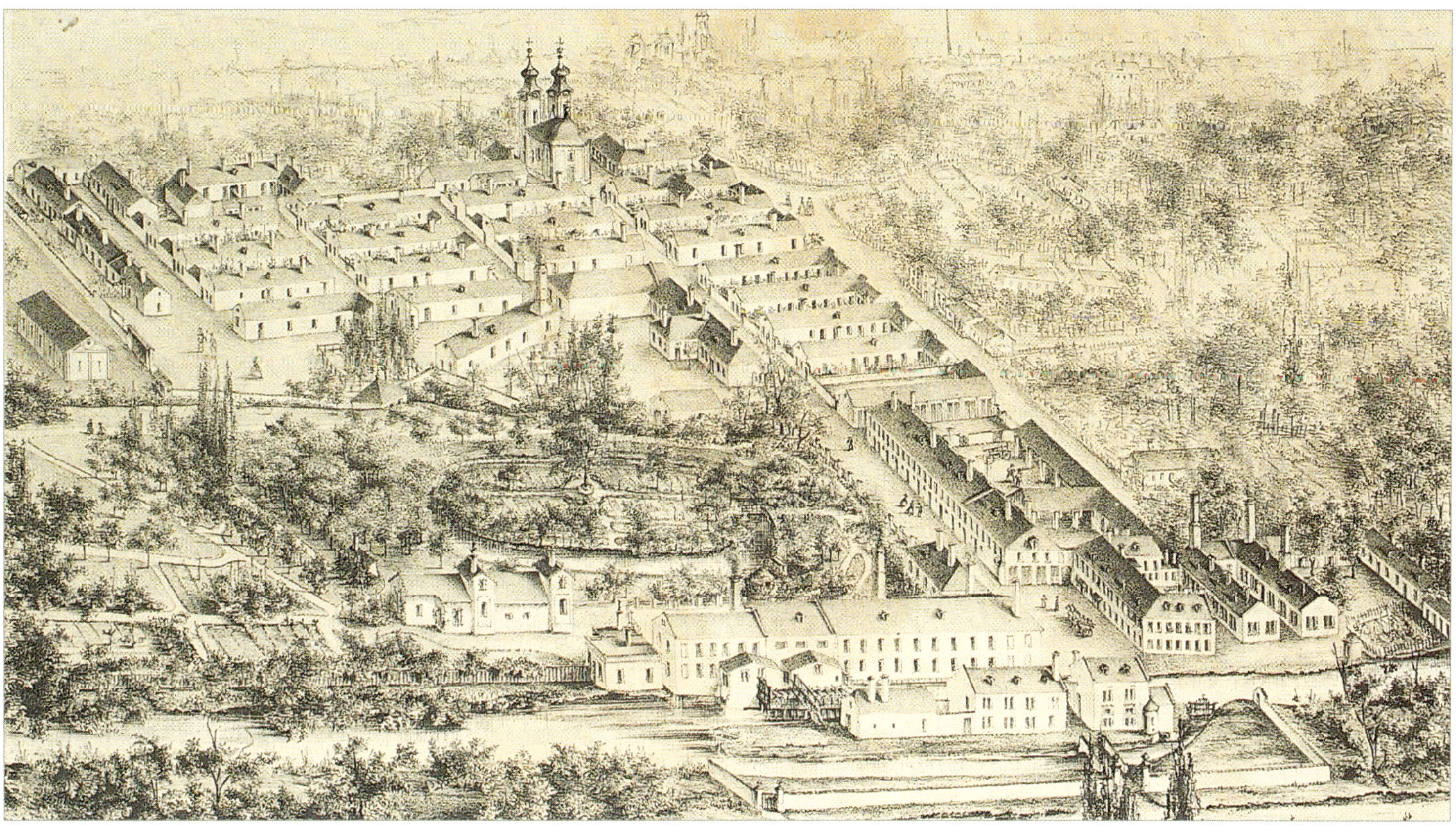

Kinder und Frauen arbeiten als Taglöhner am Bau. Gemälde von Ferdinand Georg Waldmüller, Öl auf Holz, um 1859/60

restlichen Ortsteil abgegrenzt. Die Dreieinheit von Unternehmervilla, Fabrik und Arbeiterwohnsiedlung konnte dabei unmittelbar an das Vorbild der grundherrschaftlichen Organisation anschließen.
Erst allmählich wandelte sich das lange Zeit durch Furcht vor den unteren Bevölkerungsschichten geprägte (Vor-)Urteil; so heißt es 1809 in einer Stellungnahme der Hofkanzlei an die Hofkammer: »Was die Hilfsarbeiter betrifft, so mögen jene der untersten Klassen immerhin sehr roh sein, aber ganz unrichtig ist das allgemeine und ungünstige Urteil, mit dem über sie gesprochen wird. Kein Meister, kein Fabriksinhaber nimmt Leute zum Müßiggang auf. Er beschäftigt sie viel und anhaltend. Der fleißige, arbeitsame Mann aber, so anstößig sein Benehmen auch sonst scheinen mag, ist nie weder dem Staatsverbande noch den Sitten gefährlich ...«

Frauen- und Kinderarbeit

Ein besonderes Kapitel in der Sozialgeschichte der Arbeit stellt die übermäßige Verwendung von Frauen und Kindern dar: Bereits im Verlagswesen und in den Manufakturen wurde dieser Personenkreis für zahlreiche Hilfsarbeiten eingesetzt. Dabei war das bestehende Lohngefälle zwischen Männern, Frauen und Kindern, das etwa im Verhältnis von 4 : 2 : 1 lag, ein starker Anreiz für den Unternehmer, sich dieser billigeren Arbeitskraft zu versichern. Im Zusammenhang mit der Mechanisierung der Textilindustrie ab dem Beginn des 19. Jahrhunderts kam es zu einer noch stärkeren Ausweitung der Frauen- und Kinderarbeit. Nicht nur in der Textilindustrie Vorarlbergs und des Wiener Beckens, sondern auch in Metall-, Tabakwaren-, Spiegel- und Hadernpapierfabriken und in der Kleineisenindustrie in Nieder- und Oberösterreich kamen Frauen und Kinder vielfach zum Einsatz. Mitunter erreichten sie einen Anteil von mehr als der Hälfte der Gesamtbeschäftigtenzahl. Noch um 1850 waren in den Baumwollspinnereien etwa 43 Prozent der Beschäftigten Frauen, in der Papierindustrie sogar um die 50 Prozent.
Das Phänomen des »demografischen Übergangs« brachte es mit sich, dass sich die Industriearbeiter in ihrem Heiratsverhalten anfänglich nicht von der traditionellen Gesellschaft unterschieden, in der – ähnlich wie heute noch in den Entwicklungsländern – Kinder als Arbeitskräfte und künftige Altersvorsorge gesehen wurden: Sie heirateten und setzten eine Vielzahl von Kindern in die Welt, in Verkennung der Tatsache, dass die neuen industriellen Arbeitsplätze keineswegs der relativ gesicherten Stellung eines Handwerkers oder einem bäuerlichen Haushalt entsprachen. Dies vergrößerte aber lediglich die »Industrielle Reservearmee«. Es dauerte mehrere Generationen, ehe sich eine Anpassung des generativen Verhaltens durchsetzte. Da die Arbeitslöhne bei den ungelernten männlichen Arbeitskräften in dieser Phase des demografischen Übergangs zumeist sehr niedrig waren, musste ohnedies die gesamte Familie in den Erwerbsprozess eingebracht werden.
Neben den Kindern von Fabriksarbeitern rekrutierte sich der Großteil dieser billigen Arbeitskräfte aus den Insassen der staatlichen, kirchlichen und privaten Waisenhäuser und aus Soldatenkindern, die unter dem Vorwand wohltätiger Absicht zu Arbeiten herangezogen wurden. Die durch den bekannten Finanzmann Johann Fries gegründete Kottonfabrik in Fridau bei St. Pölten wurde 1774 mit dem Vorwurf konfrontiert, die dort beschäftigten Kinder seien ausschließlich in der Stoffmalerei unterrichtet worden, nicht aber, wie den Eltern zugestanden, auch »in der Christenlehre, im Lesen, Schreiben, Rechnen, Stricken, Nähen und Spinnen«. Auch wurden sie von der Meisterin im Winter oft mit Schlägen zur Arbeit getrieben und aus ihren Haaren hatte man Pinsel für das Kottonmalen hergestellt.
Die 1773 durch den ehemaligen Wiener Versatzamtschätzmeister Franz Xaver Lang gegründete Ebreichsdorfer Kottonfabrik suchte

Kinderarbeit: »Gegen welche Quälerei sollte man zuerst einen Verein gründen?« Karikatur über Tierschutz und Kinderarbeit von G. Fischer, 1847

Die Arbeit am Schleifstein war anstrengend und besonders gesundheitsgefährdend. Bildkommentar im »Fabriks-Bilder-Atlas der österreichischen Monarchie«, 1844: »Das glänzende Licht, das sein blasses Gesicht erleuchtet, verbunden mit der Ueberzeugung, dass der Mann, den wir vor uns haben, mit 30 Jahren ein Greis seyn wird, und wörtlich gesprochen durch die Arbeit umgebracht wird, machen, dass man dieses Gemach nicht leicht wieder betritt.«

sich 1785 ebenfalls aus »patriotischen« Gründen der Kinderarbeit zu versichern. Der Unternehmer schlug der Regierung vor, gegen einen täglichen Unkostenbeitrag von vier Kreuzern 40 arme Kinder in der Kottonmalerei zu unterweisen.

Der Anteil der Kinder und auch der Frauen erhöhte sich sprunghaft mit dem Aufkommen der Maschinenspinnerei am Beginn des 19. Jahrhunderts. Der zeitgenössische »Sozialmediziner« Josef Johann Knolz, emeritierter Universitätsprofessor und Sanitätsreferent für Niederösterreich, verzeichnete in seiner detaillierten »Darstellung der Verfassung und Einrichtung der Baumwoll-Spinnerei-Fabriken in Niederösterreich« (1843) akribisch die Zahl und die Situation der Textilarbeiter in einem Kernraum der damaligen österreichischen Industrie. Demnach machte die Zahl der in den Fabriken verwendeten Kinder oft zwischen 20 und 35 Prozent der Gesamtarbeiterschaft aus und manchmal übertraf sie sogar die der erwachsenen Arbeiter.

Auch in der Vorarlberger Textilindustrie herrschten vergleichbare Verhältnisse. Ein Bregenzer Kreishauptmann beklagte die »Verwendung so vieler Kinder, besonders in der Spinnfabrik … Es ist ein widriger Anblick, die armen Kinder eine ganze Tages- und Nachtzeit, und zwar unter dem heftigsten Ölgeruche, gleichsam an eine Stelle gebannt zu sehen …« Arbeitszeiten bis zu 13 Stunden täglich waren auch für Kinder nicht außergewöhnlich. Obwohl ein Hofdekret 1842 die tägliche Höchstarbeitszeit für neun- bis zwölfjährige Kinder auf zehn Stunden und die von zwölf- bis 16-jährigen auf zwölf Stunden begrenzte, wurde diese Schutzbestimmung häufig unterlaufen; einzig und allein die Nachtarbeit von 21 Uhr abends bis fünf Uhr früh war den unter 16-Jährigen untersagt. 1834 veranlasste das Vorarlberger Kreisamt erste Maßnahmen gegen die Kinderarbeit von Schulpflichtigen unter zehn Jahren; 1843 legte die Hofkanzlei als Mindestalter für eine Fabriksbeschäftigung zwölf Jahre fest, gestattete in Ausnahmefällen aber auch neun Jahre, sofern die Kinder einen zumindest dreijährigen Schulunterricht absolviert hätten. Die »Fabrikskinder« wurden häufig in Schlafsälen in so genannten »Faktoreien« untergebracht,

Standort der Fabrik, Population der Ortschaft, Zahl der Spindeln und der Fabriksarbeiter.	Abstammung der erwachsenen Fabriksarbeiter und der Kinder. Alter der Letzteren.	Beschaffenheit der **Arbeits-Localitäten** und der **Ubicationen** der **Fabriksarbeiter.**	Beschäftigungs- und Unterrichtszeit der Kinder. Beschaffenheit des Unterrichts.	Vorkommende Krankheiten unter **den Fabriksarbeitern.** Verpflegung und Behandlung der Kranken.	Verdienst der Fabriks-arbeiter.
I. Teesdorf. Baumwoll-Garn-Spinnerei. Spindelzahl: 20,000. Ortspopulation: 800. Fabriksarbeiter: Erwachsene 600. Kinder 210 Zusammen 810	Der grösste Theil ist aus Ungarn. Das Alter der Kinder: Von 12 bis 16 Jahren.	Die Kratz-, Streck- und Spinn-, so wie die Appretur-Säle sind geräumig, durchgehends mit Winterfenstern und eisernen Oefen versehen. Die Säle sind gut heizbar, die Luft darin mit Ausnahme des allen Fabriken zukommenden Oelgeruches rein. Sämmtliche Maschinen werden durch zwei Dampfmaschinen und die Wasserkraft getrieben. Im Wollreinigungs-Lokale gibt es weniger Staub, weil die Staubventilatorien überall angebracht sind. Die Ubicationen für Kinder sind durchgehends geräumig, rein, mit guten Betten eingerichtet, und werden durch eigends angestellte Aufseher überwacht. Ausgezeichnet rein und mit eleganten Betten sind ausgestattet die Schlaf- und Aufenthaltssäle für ledige erwachsene Arbeiterinnen, deren sittlicher Zustand durch strenge Aufseherinnen überwacht und keine Gemeinschaft mit Männern geduldet wird.	Von 4 Uhr Früh bis 7 Uhr Abends; Kinder von 12—16 Jahren haben freie Stunden von 7—8 Uhr Morgens für den Schulunterricht und Frühstück, dann von 12—1 Uhr zum Mittagsessen. Somit Arbeitszeit täglich 13 Stunden. Die von 12—16 Jahre alten Kinder erhalten täglich von 7—8 Morgens den Unterricht der Nachschule. Die von 6—12 Jahre alten Kinder der Fabriksarbeiter, welche noch nicht verwendet werden, täglich Vormittags von 8—12 Uhr und Nachmittags von 1—3 Uhr in allen Trivialschul-Gegenständen von eigends aufgestellten, geprüften Lehrern.	Die vorkommenden Krankheiten sind catarrhalisch-rheumatische Fieber. Zur Zeit der Cholera-Epidemie im Jahre 1832 und 1836 erkrankten und starben von den Fabriksarbeitern nur 2, während im Dorfe Teesdorf 16 erkrankten und 5 starben. Die ärztliche Behandlung geschieht durch den Ortswundarzt auf Kosten der Fabrik. Es sind ordentlich eingerichtete Krankenzimmer zur Aufnahme vorhanden. Die meisten Kranken lassen sich jedoch zu ihren Aeltern oder Anverwandten überbringen. Es besteht eine Krankencasse zur Bestreitung der Arzneikosten.	Die Kinder verdienen sich wöchentlich 3 fl. 30 kr. W. W. Erwachsene Spinner und Professionisten 5—6 fl. C. M.
II. Pottendorf. Population: 2950 Seelen. Spindelzahl: 43,296. Fabriksarbeiter: Erwachsene 835, Kinder 145.	Die Aeltern dieser Kinder sind grösstentheils die erwachsenen, verehelichten Fabriksarbeiter; die wenigen Kinder von auswärtigen Aeltern sind grösstentheils vom Markte Pottendorf, selbst von Landegg, Wampersdorf oder aus Ungarn von Wimpassing und Hornstein. Die 83 Kinder stehen im Alter von 12 bis 15 Jahren und 62 unter 12 Jahren.	Die Fabriksgebäude sind 5 Stockwerke hoch mit Ausnahme der Water-Factorei, welche nur 2 Stock hoch ist; sie haben eine gesunde Lage, die Kratz-, Streck-, Spinn- und Appretur-Säle sind geräumig, 7 bis 8 Schuh hoch, durch Dampfrohrheizung erwärmt, und zwar auf 15 bis 18 Grad Reaumur, die Luft darin, mit Ausnahme des schwachen Oelgeruches, rein; auf Reinlichkeit wird allgemein gesehen, es findet kein Luftzug statt. In dem Wollreinigungs-Locale sind Staub-Ventilatoren angebracht. Sämmtliche Maschinen werden durch Wasserkraft getrieben. — Für Kinder, so wie für erwachsene Arbeiter sind ausser den Fabriksgebäuden, für ledige Arbeiter, und zwar für jedes Geschlecht allein, eigene, im Winter durch Dampfröhren gut geheizte Säle vorhanden, und werden von einem eigenen Aufseher strenge überwacht.	Die Arbeitszeit dauert von 5 Uhr Morgens bis 9 Uhr Abends, nur am Vortage des Sontags bis zur Dämmerung. Ruhestunde von 12 bis 1 Uhr zum Mittagsessen. Zwischen 8 und 9 Uhr Vor- und zwischen 4 und 5 Uhr Nachmittags ist ihnen gestattet, jedoch ohne Unterbrechung der Spinnerei, Frühstück und Jause zu sich zu nehmen. Kinder sind Mittags von halb 12 Uhr bis 1 Uhr frei. Somit beträgt die Beschäftigungszeit täglich 13 Stunden. — Zum Unterrichte im Lesen, Schreiben, Rechnen und der Religion ist an allen Werktagen die Zeit von halb 12 Uhr bis halb 1 Uhr bestimmt, dagegen an Sonn- und Feiertagen $3\frac{1}{2}$ Stunden und zwar Vormittag von 8 bis 10 Uhr und Nachmittags von halb 1 Uhr bis 2 Uhr festgesetzt. In 3 sehr geräumigen und lichten Sälen ausser der Fabrik wird der Lehrunterricht ertheilt, und zwar durch 4 eigens angestellte, geprüfte Lehrer,	Die am häufigsten vorkommenden Krankheits-Formen sind catarrhalisch-rheumatische nebst chronischen Hautausschlägen; bei Mädchen die Bleichsucht, Unordnung der Periode, weisser Fluss sehr häufig. Syphilis selten. Scropheln häufig unter allen Formen der Tuberculose, die herrschende Krankheits-Form und die frequenteste Ursache der nicht unbedeutenden Sterblichkeit. Krankenzimmer bestehen keine. Der Kranke muss in eigener Behausung von seinen Angehörigen, oder durch sich selbst bezahlte Leute gepflegt werden. Arzeneien hat jeder Erkrankte selbst zu zahlen. — Zur ärztlichen Behandlung sind 2 Doctoren aufgestellt. Der Medicinae-Doctor Anton Heinrich Kraytschek gegen ein aus dem Fabriks-Kranken-Fonde fixirtes jährliches Honorar pr. 600 fl. C. M. Seine Verpflichtung besteht in der ärztlichen Behandlung aller zu diesem Fonde zahlenden gesammten Fabriksarbeiter.	Erwachsene verdienen sich wöchentlich Männer 3—8 fl. C. M. Weiber von 1—3 fl. C. M. Kinder von 1—2 fl. C. M.

nach Geschlechtern streng getrennt, wie dies etwa im niederösterreichischen Pottendorf seit 1811 der Fall war, oder sie mussten wie die Mehrzahl ihrer erwachsenen Kollegen oft mehrere Kilometer Fußmarsch täglich in Kauf nehmen. Verköstigt wurden sie in den Fabriken durch Werksküchen: »Daselbst wird auch dafür gesorgt, dass sie eine zwar einfache, aber nahrhafte Kost zu den billigsten Preisen erhalten« (J. J. Knolz, 1843).

Besonders hoch war auch der Frauenanteil; auch hier war die Textilindustrie führend, wo Frauen auf nahezu allen Produktionsstufen angetroffen werden konnten. Vor allem über die Spinnschulen und unter den »Soldatenweibern« rekrutierte man weibliche Arbeitskräfte. In der Zeit Maria Theresias wandelte sich der ursprüngliche Charakter der Spinnschulen, die anfänglich als soziale Korrekturanstalten konzipiert waren, nämlich für »müßige Bettler, trutzige Dienstboten männlichen und weiblichen Geschlechts, in specie aber für leichtfertige Weibspersonen, wie auch derselben Kupplerinnen«. Im Spinnpatent von 1765 wurde beschlossen, in allen Städten und Märkten derartige Spinnschulen einzurichten, um der Not leidenden Bevölkerung sowohl Ausbildung als auch Unterhalt zu sichern. Daraus rekrutierten sich in der Folge viele Fabriksarbeiterinnen. Frauen und Kinder wurden vor allem dort eingesetzt, wo körperlich weniger anstrengende, dafür aber größere Aufmerksamkeit oder Geschicklichkeit erfordernde Arbeit gefragt war.

Beschreibung der Arbeitsbedingungen von Kindern und der vorkommenden Krankheiten in den Fabriken Niederösterreichs. Auszug aus dem Buch des Arztes Josef Johann Knolz, 1843, Abschnitt für die Spinnereien in Teesdorf und Pottendorf

Lohn- und Arbeitsverhältnisse

Die Arbeitsverhältnisse unter den Bedingungen der frühen Industrialisierung waren durch lange, aber infolge saisonaler und konjunktureller Schwankungen diskontinuierliche Arbeitszeiten charakterisiert. Arbeitszeiten und Arbeitsverhältnisse waren nicht gesetzlich geregelt; die unter Maria Theresia eingesetzte und für Arbeitsschutzbestimmungen zuständige Fabriken-Inspektion wurde überdies unter dem Eindruck wirtschaftsliberaler Überlegungen 1825 aufgelöst. Auch die schlechten Arbeitsbedingungen, die Gefahren am Arbeitsplatz und gesundheitsschädlichen Verhältnisse waren lange Zeit kein Thema.

Als endemische Berufskrankheiten galten bei Zündholz-, Glas-, Chemie- und Farbenerzeugern Arsen- und Phosphorvergiftungen, bei Bergarbeitern, Metall-, Spiegel- und Glasschleifern Silikose, bei Gerbern, Wollenzeug-, Leder- und Hadernpapierarbeitern Milzbrand und aufgrund der hygienischen Bedingungen fast überall Tuberkulose. Von besonderer Gefährlichkeit waren die häufig reißenden ledernen Transmissionsriemen, mit denen die Maschinen über eine zentrale Welle angetrieben wurden. Die wahren Zustände sind oft nur zwischen den Zeilen zu lesen, so wenn Knolz feststellt, »dass bei Brustkrankheiten der Aufenthalt in der warmen und mit Öltheilen geschwängerten Atmosphäre allen, die damit behaftet sind, sehr zuträglich ist, so dass oft Kinder und alte Leute lange Jahre diesem Übel widerstehen, und sich gerade in den Fabrikssälen am wohlsten fühlen«. Gesundheitliche Schäden und Unfälle waren vor allem mit Arbeitsplätzen in der Eisen-, Glas- und Chemieindustrie verbunden, als besonders gefahrvoll galt die Beschäftigung in Pulvermühlen und in der Zündholzerzeugung. Mit Fragen des Arbeitsschutzes begann man sich erst im Zusammenhang mit der Verwendung von Dampfkesseln ab den 1830er-Jahren erneut auseinander zu setzen.

In der Textilindustrie waren Arbeitszeiten bis zu 16 Stunden täglich nicht außergewöhnlich; in anderen Produktionszweigen, so etwa in der Metall- und Eisenindustrie, waren sie zwar kürzer, dafür aber die Arbeitsbedingungen umso härter. In den 1840er-Jahren arbeitete man in den Baumwollspinnereien 13 bis 16 Stunden, und zwar von vier bis fünf Uhr morgens bis 19 bis 21 Uhr abends, bei einer halbstündigen Mittagspause. Noch 1846 sprachen sich vom Staatsrat befragte Sachverständige in ihren Expertisen gegen die Festsetzung einer Maximalarbeitszeit für erwachsene Arbeiter aus. Erst die Revolution von 1848, in deren Endphase auch die Arbeiter auf die Straße gingen und sich als »Maschinenstürmer« betätigten, setzte hier ein Umdenken in Gang.

Ähnlich unterschiedlich wie die soziale Schichtung der unselbstständig Erwerbstätigen in den Fabriken war auch deren Entlohnung: Während Direktoren und Werkmeister bei zumeist auch freier Unterkunft möglichst durch Jahreskontrakte und Prämien an das Unternehmen gebunden wurden, Meister und Gesellen zumeist Wochenlöhne bezogen, entlohnte man ungelernte Arbeitskräfte üblicherweise im Taglohnsystem. So erhielten etwa die beiden englischen Direktoren der Schwadorfer Spinnerei 1803 jährlich jeweils 2.000 Gulden, eine 7,5-prozentige Umsatzbeteiligung und freies Quartier. Ein Manufakturverwalter in der Spiegelfabrik Neuhaus bezog 1805 ein Jahresgehalt von 500 Gulden, ein Manufakturschreiber hingegen 300 bis 400 Gulden, wozu noch diverse leistungsabhängige Zulagen in der Höhe von 100 bis 150 Gulden kommen konnten. Facharbeiter bezogen einen durchschnittlichen Wochenlohn von vier bis acht Gulden, angelernte Arbeiter hingegen nur einen Taglohn von 25 bis 27 Kreuzer, sodass sie in der Woche auf nicht einmal zwei Gulden kamen. Inflationsbedingt stiegen die Löhne an und betrugen in der Baumwollspinnerei in den 1840er-Jahren für erwachsene Spinner etwa fünf Gulden Wochenlohn nebst freier Unterkunft und leistungsabhängig weitere vier bis sechs Gulden.

Frauenarbeit unter Männeraufsicht: Arbeitssaal Nr. 2 der Apollo-Kerzenfabrik in Wien. Lithografie von Franz Xaver Sandmann, um 1845

Generell wurde allmählich der Zeit- durch den Leistungslohn ersetzt. Manchmal fasste man auch mehrere Arbeiter und Gesellen unter einem Meister zu einer Akkordpartie (»im Gedinge«) zusammen, die als Gruppe einen leistungsabhängigen Stücklohn erhielt, wobei der Meister für die Auszahlung verantwortlich war. Im Vergleich zur Verlagsarbeit, die extrem schlecht bezahlt war, war die Entlohnung der Fabriksarbeiter besser. Auf die Geschlechterdifferenzierung bei der Entlohnung wurde bereits verwiesen; in der Regel waren die Löhne der Facharbeiter und unentbehrlichen Spezialisten höher als im zünftischen Handwerk, während sie bei den un- und angelernten Arbeitskräften kaum den Lebensunterhalt deckten. Große Entlohnungsunterschiede gab es zwischen den einzelnen Branchen und mitunter auch innerhalb einer Branche: So zahlte im Allgemeinen die Maschinen-, Eisen- und Metallwarenindustrie besser als die Textilindustrie und in dieser war wiederum die Arbeit in der Seidenindustrie am schlechtesten entlohnt. Ein spezielles Entlohnungssystem herrschte in der Sensenindustrie: Die Gewerken tauschten dabei ihre Arbeiter jedes Jahr untereinander aus und diese mussten auf die »Anrede« warten, um mit dem Gewerken den »Leihkauf« vereinbaren zu können, der sie für das nächste Jahr an den Unternehmer band. Während die arbeitsteilig organisierten Sensenschmiede der »Eisenwurzen«, bei denen es Spezialisten wie Essmeister, Bröcklschneider, Breitenheizer, Zainheizer, Hammerschmiede, Warzenmacher, Ausspitzer, Abrichter, Spitzformer, Kleinhammerer oder Kramrichter, um nur einige zu nennen, gab, zu den besser entlohnten Arbeitskräften zählten, wurden etwa Nagelschmiede extrem schlecht bezahlt.

Männerarbeit:
Das Innere eines Eisenhammers in der Steiermark. Gouache von Carl Agricola, 1810

Von den Fabriksordnungen zu den ersten Gewerkschaften

Nachdem der Erntezyklus nach wie vor in hohem Ausmaß die Gesamtkonjunktur bestimmte, berührten Missernten und Hungerkrisen die Industriearbeiter zweifach: Einerseits verteuerten sich die Lebensmittel, andererseits reagierten die Unternehmer auf derartige Absatzeinbrüche mit Arbeiterentlassungen. Vielfach war das Überleben nur möglich, wenn man noch einen kleinen Rückhalt in der Landwirtschaft hatte. Wochenpendler waren unter den Arbeitern nicht selten. So pendelten viele Baumwollspinner der Betriebe im Wiener Becken über das nahe Leithagebirge ins damalige Westungarn. Darunter waren auch viele Kroaten, die das Wochenende in den heimischen Dörfern verbrachten und von dort für die ganze Woche ihre Lebensmittel in die Fabriken mitbrachten.

Aus Furcht vor revolutionären Regungen in den unteren Klassen wurde 1795 und erneut 1802 und 1804 die Errichtung neuer Fabriken in der Haupt- und Residenzstadt innerhalb der städtischen Bannmeile durch ein kaiserliches Dekret untersagt; deshalb, aber auch aus Kostengründen wurden viele Betriebsstätten auf dem flachen Lande angesiedelt. Für den Unternehmer barg dies den Vorteil in sich, dass er auf diese Weise seine patriarchalische Kontrolle auch auf die spärliche Freizeit der Fabriksarbeiter ausdehnen konnte. Dort, wo es ihm gelang, auch die Grundherrschaft zu erwerben, schloss dies bis 1848 überdies die niedere Gerichtsbarkeit mit ein. Über den Erlass von Fabriksordnungen, die mitunter sogar als »Fabriksgesetzbuch« bezeichnet wurden und bis ins kleinste Detail das Verhalten regulieren wollten, und die Errichtung eigener Arbeiterwohnsiedlungen erreichte die soziale Kontrolle eine unglaubliche Intensität. Vergehen wurden vor allem mit Lohnabzügen geahndet. Dies wurde noch durch die wirtschaftliche Abhängigkeit verstärkt: Nach der »Darstellung des Erzherzogthums Oesterreich unter der Enns« (1831–1840) des Johann Schweickhardt von Sickingen arbeitete in einigen Ortschaften des Wiener Beckens fast die ganze Bevölkerung für die umliegenden Fabriken. In Thashof bei Neuhaus war der ganze 114 »Seelen« umfassende Ort für die dortige Baumwollspinnerei tätig. Dies hatte im Fall von Betriebsschließungen zumeist fatale Folgen. Bei der Einstellung einer Fabrik für Leonische Waren in Mannersdorf am Leithagebirge wurden 1810 plötzlich rund 900 Menschen arbeitslos, ähnlich dramatisch wirkte sich die Einstellung der Ebreichsdorfer Zitz- und Kottonfabrik im folgenden Jahr aus. Nach dem Finanzkrach von 1811 und in der Stabilisierungskrise nach dem Fall der Kontinentalsperre gerieten viele Betriebe in eine Absatzkrise. 1817 wurden etwa in der Baumwollspinnerei viele Arbeiter entlassen und die Arbeitszeiten eingeschränkt. Die Regierung beauftragte daraufhin die Kreisämter, »brotlos gewordene Arbeiter anderen Beschäftigungen, besonders in der Landwirtschaft« zuzuführen.

Angesichts der Unsicherheit des Arbeitsplatzes sowie der nicht vorhandenen Arbeitslosen-, Unfall-, Kranken- und Rentenvorsorge waren die arbeitenden Klassen dazu verurteilt, von ihrem sechsten Lebensjahr an bis faktisch an ihr Lebensende nach Beschäftigung zu suchen, denn die Alternative dazu hieß, ins Armenhaus abgeschoben zu werden. Eine gewerkschaftliche Organisation, Kollektivverträge, Krankenstand, gesetzlicher Urlaubsanspruch und Pension waren damals schon dem Wort nach unbekannt. Die manchmal gegebene betriebliche Alters- und Krankenvorsorge muss als eine rein freiwillige Sozialmaßnahme betrachtet werden. Sie wurde nach dem Vorbild der älteren Knappschaftskassen und Gesellenvereine zumeist von den Arbeitern selbst initiiert und in vielen Fällen auch von den Unternehmern finanziell unterstützt. Erste Ansätze finden sich in den so genannten »Liebesvereinen«, es waren dies solidarprotektionistische Zusammenschlüsse, die nach dem Genossenschaftsprinzip funktionierten. Im Falle der Druckereiarbeiter wurde ein solcher Hilfsverein zur Keimzelle der ersten Gewerkschaft. Die Arbeiter der Zitz- und Kottonfabrik Kettenhof gründeten bereits 1786 eine derartige Institution, auch die Spiegelfabrik Neuhaus hatte eine Betriebskrankenkasse eingerichtet, wobei die im Dienst Verletzten sogar eine Zeit lang Lohnfortzahlung erhielten. Die Linzer Wollzeugfabrik hatte nicht nur eine Betriebskrankenkasse und einen Witwenfonds, sondern ab 1773 auch einen Medikus und einen Chirurgen als Betriebsarzt eingestellt. Auch einige niederösterreichische Baumwollspinnereien hatten Kranken- und Sterbekassen für ihre Angestellten und Arbeiter ein-

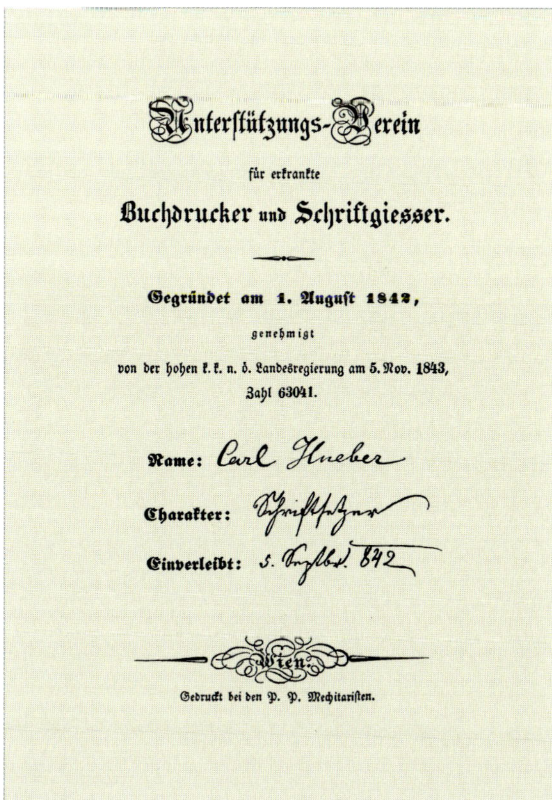
Unterstützungs-Verein

für erkrankte

Buchdrucker und Schriftgiesser.

Gegründet am 1. August 1842,

genehmigt

von der hohen k. k. n. ö. Landesregierung am 5. Nov. 1843,

Zahl 63041.

Name: Carl Hueber

Charakter: Schriftsetzer

Einverleibt: 5. Augst. 842

Wien.

Gedruckt bei den P. P. Mechitaristen.

Anfänge der Krankenkassen: Mitgliedsschein des »Unterstützungs-Vereines für erkrankte Buchdrucker und Schriftgießer«, 1842

gerichtet. Seitens der Aktiven wurde pro Gulden Wochenlohn ein Kreuzer eingezahlt und auch die Unternehmensleitung steuerte einen Teil bei. Nahezu alle größeren Betriebe hatten Krankenzimmer eingerichtet und die Unternehmer besoldeten in vielen Fällen die Wundärzte und Pfleger. Ähnliche Einrichtungen gab es in der Wiener Porzellanmanufaktur und in einer Reihe von anderen Staatsbetrieben. Die Linzer Wollzeugfabrik versuchte in der Ära Sorgenthal sogar, ihre Angestellten den landesfürstlichen Beamten gleichzustellen. Sie traf für ihre »Fabriksbeamten« etwa Pensionsregelungen nach dem Vorbild der Salinenbetriebe im Salzkammergut, wobei man ab zehn Dienstjahren einen Pensionsanspruch in Höhe von einem Drittel des Aktivgehalts und dann progressiv ansteigend bei über 40 Dienstjahren sogar den vollen Aktivgehalt als Pensionszahlung erhielt. Auch Witwen und Waisen wurden mit Zuwendungen bedacht. Dies waren jedoch Einzelfälle, die auch nicht ganz frei von Willkür waren, denn ein Anspruch auf Sozialleistungen war prinzipiell nicht gegeben, es galt dies als besonderer Gnadenakt der Fabriksleitung. Stück- und Taglohnbezieher waren in keinem Fall pensionsberechtigt, auch verloren Arbeitskräfte, die wegen »schlechten Betragens« entlassen wurden, sämtliche Ansprüche.

Die Industrialisierung traf bereits bei ihrem Einsetzen auf eine breite Massenarmut und war somit nicht die Ursache der »Pauperisierung«. Angesichts des allgemeinen Elends der unteren Bevölkerungsschichten bot die Fabriksarbeit immerhin eine Möglichkeit, dem Massenbettel zu entrinnen. Als aber die Verlagsproduktion allmählich von der Maschine ersetzt wurde, kam es zu gravierenden ökonomischen und sozialen Veränderungen im ländlichen Raum, die vor allem die Unterschichten betrafen. Der Zuzug in die Städte erfuhr daraus neue Nahrung und verstärkte die bestehenden Probleme der Existenzunsicherheit und sozialen Entwurzelung. Augenfällig sind die zunehmende gesellschaftliche Polarisierung und das Auseinanderklaffen der Einkommen zwischen Bürgertum und Arbeiterschaft, und auch innerhalb dieser selbst, während der ersten Hälfte des 19. Jahrhunderts.

Die ersten sozialen Auswirkungen der Industrialisierung traten gemeinsam mit Krieg, Missernten und Teuerung auf, man erkannte daher lange nicht, dass es sich bei dieser Form der Armut um ein neuartiges Phänomen von Proletarisierung handelte. Immerhin verfügte die Wiener Polizeioberbehörde bereits im Vormärz, dass »auf die Einwirkung der gegenwärtigen Nahrungsverhältnisse stets gespannte Aufmerksamkeit zu richten und für die Beschäftigung der arbeitenden Menschenklasse zu sorgen sei, wozu auch öffentliche Bauten zu bemühen sind«. Dennoch waren sich Regierung und Behörden wohl ebenso wenig über die eigentlichen Gründe für die soziale Lage der Arbeiterschaft klar wie diese selbst, die weder ein Solidaritätsgefühl noch ein einheitliches »gesellschaftliches Bewusstsein« einte. Agitatoren und Ideologen wie Wilhelm Weitling und Karl Marx stießen daher noch auf wenig Gehör, als sie 1837 bzw. 1848 an den »Klassengeist« der österreichischen Arbeiterschaft appellierten. In der zweiten Hälfte des 19. Jahrhunderts allerdings wurde das Bewusstsein der Arbeiter geweckt und in formelle Organisationen umgesetzt. Die erste derartige Organisation war die 1842 gegründete Buchdrucker- und Schriftgießer-Gewerkschaft.

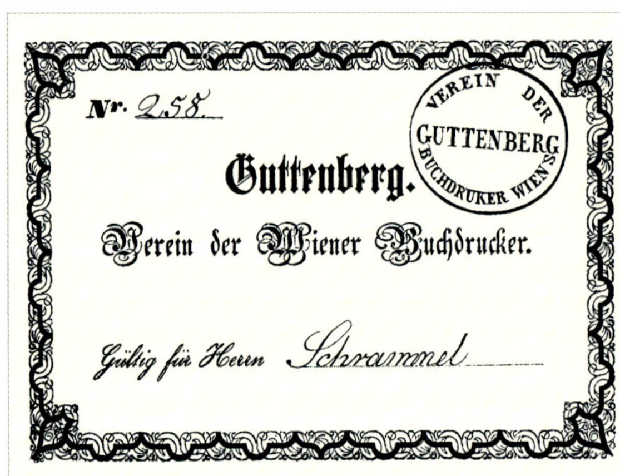

Anfänge der Arbeiterorganisation: Mitgliedsbescheinigung des »Guttenberg-Vereins«, der ersten Gewerkschaft in Österreich, Mitte 19. Jahrhundert

Rahmenbedingungen der Industrie im absolutistischen Staat

Für den Staat, der eine wirtschaftliche Unabhängigkeit im Sinne des merkantilistischen Autarkieideals anstrebte, war die Intensivierung der Inlandsproduktion ein zentrales Anliegen. Die Betriebsform der Manufaktur (gekoppelt mit dem Verlagssystem) schien besonders geeignet, den Anschluss an das Produktionsniveau der westeuropäischen Länder herzustellen. Der Förderung von Manufakturen galt daher ein ganzes Bündel von Einzelmaßnahmen. Die kameralistischen Bemühungen in Österreich um eine Belebung des Binnenhandels sowie der Gewerbe- und Bergwerksproduktion dürfen allerdings nicht als Wirtschaftsförderung an sich missverstanden werden, sondern hatten vor allem auch einen fiskalischen Hintergrund: Durch wirtschaftliches Wachstum sollte die Steuerkraft des Landes gehoben und die Staatskasse gefüllt werden. Die »Glückseligkeit des Staates« (J. H. G. Justi) galt nur dann als gesichert, wenn die Regenten mächtig und die Untertanen glücklich waren.

Die Macht eines Regenten leitete sich ab aus der Bevölkerungszahl und dem Reichtum eines Landes – dem »Staatsschatz«, gemessen vor allem in Edelmetall. Die Mehrung der Bevölkerungszahl, die die militärische und wirtschaftliche Kraft des Staates steigern sollte, erfolgte mit den Mitteln der »Populationistik«: Die Zahl der Eheschließungen wurde gefördert, eine auch in religiösen Fragen tolerante Regierung wollte einerseits die Einwanderung erleichtern und andererseits der Bevölkerung Beschäftigung schaffen. Der Reichtum wiederum wurde zurückgeführt auf den Außenhandel, die protoindustrielle Produktion und den Bergbau. Durch Import billiger Rohstoffe und Export hochwertiger Fertigprodukte sollte ein Handelsbilanzüberschuss entstehen. Um diese Ziele zu erreichen, war es notwendig, alle wirtschaftlichen Ressourcen zu erschließen, die Arbeitsproduktivität zu erhöhen, die Arbeitskräfte entsprechend auszubilden und zu disziplinieren, die heimische Industrie aktiv zu fördern, den Export von Fertigwaren zu begünstigen und gleichzeitig den Import von Luxuswaren einzudämmen.

Die Schaffung des so genannten »Universalkommerzes«, worunter man ein einheitliches Wirtschaftsgebiet verstand, setzte die Beseitigung aller hemmenden Mauten und Binnenzölle voraus, wobei die Zollunion von 1775 für die österreichischen Länder ein markantes

Entwurf für ein Denkmal für Kaiser Joseph II., 1790. Auf der Pyramide sind die wichtigsten Reformen der Regierungszeit Josephs II. angeführt. Kupferstich von Johann Hieronymus Löschenkohl, 1790

Eine jubelnde Menge feiert das Toleranzedikt Josephs II. vom 13. Oktober 1781. Holzschnitt von H. Fischer nach einer Zeichnung von Franz Kollarz

Datum darstellt, als Böhmen, Mähren, Schlesien, Österreich ob und unter der Enns, Innerösterreich, Görz und Gradiska zu einem einheitlichen Zollgebiet zusammengeschlossen wurden. Der Schaffung des Binnenmarktes diente auch der Ausbau der Infrastruktur auf dem Verkehrssektor (Kommerzialstraßen, Kanäle, Flussregulierungen) und die Verstaatlichung des Postverkehrs.

Das staatliche Reformwerk erfolgte dabei teilweise gegen den Widerstand der Landstände, der Zünfte und anderer traditioneller partikularistischer Kräfte. Die Einführung der allgemeinen Steuerpflicht und die Schaffung einer zentralistischen Staatsverwaltung bedeuteten ja mehr oder weniger die Abschaffung des jahrhundertealten Feudal- und Zunftsystems. Die Neuorganisation der Staatsverwaltung, die Modernisierung von Gesetzgebung und Finanzwesen, von Gesundheits-, Wirtschafts-, Sozial- und Bildungspolitik sowie die angestrebte Integration der Kirchen in den Staat dienten letztlich dem großen Ziel, die Idee des modernen souveränen Staates durchzusetzen. Humanitäre Erwägungen der Aufklärungsphilosophie ergänzten die ökonomischen Prinzipien. Förderung der Industrie, Intensivierung der Landwirtschaft und Beseitigung der feudalen Robotpflicht, religiöse Toleranzgesetzgebung, Maßnahmen für die Volksgesundheit, Verwaltungs-, Schul- und Justizreformen gingen dabei Hand in Hand. Auslösendes Moment für das Reformwerk war nicht zuletzt der im Österreichischen Erbfolgekrieg erlittene Verlust von Schlesien, dem bis dahin wirtschaftlich führenden Kronland, der durch eine bessere Nutzung der verbliebenen wirtschaftlichen Ressourcen gleichsam kompensiert werden sollte. Einen ähnlichen Reformimpuls löste dann übrigens rund hundert Jahre später der Verlust der Lombardei aus, der das Ende des neoabsolutistischen Regimes mit sich brachte.

Industrieförderung

Durch verschiedene materielle und immaterielle Förderungsmaßnahmen suchte man neue Industrien ins Land zu ziehen. Der Staat erteilte Fabriksprivilegien, die nicht nur die Befreiung vom Zunftzwang, sondern auch einen besonderen Konkurrenzschutz garantierten, wodurch der Aufbau neuer Industrien erleichtert werden sollte. Durch verschiedene Begünstigungen wurden ausländische Unternehmer ins Land gelockt, denen schon vor dem Erlass des Toleranzpatents von 1781 die freie Religionsausübung gewährt wurde. Dies ermöglichte die Einwanderung zahlreicher kapitalkräftiger Protestanten, die für die Entwicklung von Industrie und Gewerbe einen wichtigen Beitrag leisten sollten. Auch der heimische Adel wurde zu Industriegründungen ermuntert, und wo die privaten Unternehmer versagten, betätigte sich notfalls auch der Staat selbst als Unternehmer. Die Unternehmer empfingen direkte und indirekte staatliche Subventionen, aufgehobene Klöster wurden als Fabriksgebäude zur Verfügung gestellt, Unternehmern und Arbeitern wurde die Befreiung von Militäreinquartierung bzw. von Zwangsrekrutierung zugestanden.

Aber erst die Aufhebung des Privilegienwesens und die Liberalisierung der gewerblichen Produktion brachten dann ab den 1760er-Jahren den breiten Durchbruch des Manufakturwesens und einen ausgesprochenen Gründungsboom während der Regentschaft Josephs II. Denn sobald ein gewisser Entwicklungsstand erreicht war, erwiesen sich die bisherigen Exklusivgenehmigungen eher als hinderlich. Der Staat stellte daher in weiterer Folge Fabriksbefugnisse aus: Die Gewerbe wurden in »Polizeygewerbe«, die nur dem Lokalbedarf dienten, und in »Kommerzialgewerbe«, die für einen weiteren Absatzkreis produzierten, unterteilt. Damit war die Möglichkeit gegeben, die Kommerzialgewerbe freier zu gestalten; der Erwerb von Fabriksbefugnissen war weder an Bürger- noch Meisterrechte gebunden.

Zollschutz der heimischen Industrie

Nach außen wurden Schutz- und Prohibitivzölle zum Schutz der heimischen Produktion errichtet. Österreich wandte, wenngleich mit geringem Erfolg, auch Anstrengungen darauf, den Export zeitweise durch die Gründung von Handelskompanien zu intensivieren. Alle Versuche, eigene Kolonien in Afrika (Delagoa Bay) und Südostasien (Golf von Bengalen) zu gründen, scheiterten schon aufgrund der fehlenden logistischen Unterstützung. Gefördert wurden in besonderer Weise Triest und Fiume, die 1719 beide zu Freihäfen erklärt wurden. Um den Schutz vor nordafrikanischen Piraten im Mittelmeer zu gewähren, stellte man auch eine kaiserliche Kriegsmarine auf. Der Schwerpunkt der wirtschaftlichen Anstrengungen lag aber, anders als in Westeuropa, weniger im Export als auf der Ausgestaltung des Binnenmarktes und der inneren »Kolonisierung« Ostmitteleuropas (Ungarn, Banat, Siebenbürgen).

Im Josephinismus machten sich zunehmend physiokratische und frühliberale Ideen geltend. Die Auseinandersetzung mit dem revolutionären Frankreich und die beginnende Industrielle Revolution erforderten ein partielles Abgehen vom kameralistischen Interventionismus und begünstigten die Hinwendung zu wirtschaftsliberalen Maßnahmen. Man förderte die Industrie nunmehr eher durch Befreiung von allen Hemmnissen und Fesseln, um eine möglichst ungehinderte Entfaltung zu ermöglichen. Der Wiener Großhändler Josef Weinbrenner verwies in seiner Denkschrift »Patriotische Gedanken und Vorschläge« (1792) auf diese neuen wirtschaftspolitischen Grundsätze: »Die Regierung erkannte, daß die Grundsätze, welche der Hof-Commercien-Rath ursprünglich angenommen hatte, nicht die rechten waren, die für die Folge taugen konnten; und alle Umstände überzeugten sie, daß vor der Hand überhaupt am besten gethan seyn würde, diesen ganzen Gegenstand, wenigstens auf einige Jahre, sich selbst zu überlassen, und in der Stille zuzusehen, was für Wege der Eigennutz, der in solchen Angelegenheiten gewiß kein unachtsamer Führer ist, ungeleitet und für sich selbst einschlagen würde.«

Staatliche Förderung wurde nur mehr solchen Unternehmenszweigen zuteil, bei denen ein Emporkommen sonst nicht erwartet werden konnte. Der Liberalisierung im Inneren ent-

Der Kutscher Europas: Fürst Clemens Wenzel Lothar Metternich im Ornat eines Ritters vom Goldenen Vlies. Ölgemälde von Johann Ender, 1835

sprach allerdings keine Liberalisierung im Außenhandel, wo man am Hochschutzzollsystem festhielt. Dabei konnte man sich auf die auch bei Adam Smith angesprochene Notwendigkeit von »Erziehungszöllen« berufen, die einen Konkurrenzschutz zum Aufbau einer eigenständigen Industrie bewirken sollten. Außenwirtschaftlich brachte die Kontinentalsperre (1806–1814) allerdings nicht nur einen Schutz vor der Konkurrenz der englischen Industrie, es fielen dadurch auch Exportmärkte für die Agrargüter- und Rohstoffproduzenten weg und Rohstoffquellen wurden abgeschnitten. Einigen Sparten der Textilindustrie (Baumwolle) sicherte sie einen kontinuierlichen Aufbau und sie regte den Ausbau der Rübenzuckerindustrie als Surrogat für den Ausfall des Kolonialzuckers an.

Das Ende des alten Reiches 1806 bestätigte lediglich die bestehende Tendenz zur Schaffung größerer selbstständiger Territorialstaaten und Volkswirtschaften, was auch durch die Schlussakte des Wiener Kongresses und die Entstehung des Deutschen Bundes 1815 unterstrichen wurde.

Wirtschaftspolitik im Vormärz

Die Politik der »Heiligen Allianz«, das Bündnis der konservativen Staaten Europas, stand seit dem Wiener Kongress unter dem Primat der Erhaltung des politischen Status quo in Europa, basierend auf einem ausbalancierten Gleichgewichtssystem der europäischen Großmächte. Der schon von seinen Zeitgenossen als der »Kutscher Europas« apostrophierte Staatskanzler Fürst Metternich machte die

»Der Kongress tanzt«: Zeitgenössische Karikatur zum Wiener Kongress von 1815.

Von links nach rechts: Talleyrand, Castlereagh, Franz I., Zar Alexander I., Friedrich Wilhelm III., Friedrich August I. und der Vertreter der Republik Genua

QVINQVE . PER . LVSTRA
ARTIVM . ACADEMIA . GRATA
XXIX . DECEMB . MDCCCXXXV

Verhinderung revolutionärer Umstürze zur Maxime seiner Regierungskunst. Innenpolitisch bedeutete dies die Durchsetzung eines autoritär geführten Verwaltungsstaates, die Bekämpfung nationalistischer Tendenzen und die Absicherung der ständisch-hierarchischen

Staatliche Wirtschaftsförderung: »Besuch des Erzberges durch die kaiserliche Familie«, 1812

Gesellschaftsordnung. Der Wirtschaftspolitik kam in Metternichs Konzept vorbeugender Revolutionsverhinderung eine kompensatorische Funktion zu: Wirtschaftliche Freiheit und Förderung der materiellen Wohlfahrt gingen Hand in Hand mit politischer Unterdrückung. Insbesondere in der Hochbürokratie fanden sich zahlreiche wirtschaftsliberal gesinnte Persönlichkeiten, wie Stadion, Stahl, Kübeck, Pillersdorf und Krauss-Elislago, die eine »Revolution von oben« betrieben. Wenngleich ihre hochgespannten Pläne nicht immer realisiert werden sollten, so erbrachten sie doch wesentliche Vorleistungen für eine Modernisierung des Vielvölkerreiches. Die Verbreiterung der ökonomischen Ressourcen wurde zugleich als Basis der künftigen Machtpolitik angesehen. Das gemeinsame Wirtschaftsgebiet wurde nach außen hin abgeschirmt durch eine restriktive Zollpolitik, entsprechend der vorherrschenden Ausrichtung der Produktion auf die Versorgung des Binnenmarktes. Dies garantierte die weitgehende Ausschaltung der ausländischen Konkurrenz und sicherte damit auch jenen heimischen Produzenten einen geschützten Markt, die aufgrund ihrer geringen Produktivität sonst nicht wettbewerbsfähig gewesen wären.

Die ökonomische Entwicklung der Habsburgermonarchie in der ersten Hälfte des 19. Jahrhunderts war aber primär bestimmt durch exogene Faktoren, insbesondere den langwierigen Krieg mit Frankreich und die daraus resultierenden drückenden Steuer- und Abgabenlasten sowie den infolge der inflationären Kriegsfinanzierung im Jahre 1811 schließlich unvermeidbar gewordenen Staatsbankrott. Hinzu kamen noch Missernten in den Jahren 1816 und 1817, die auch die industrielle Konjunktur beeinträchtigten. Ab dem Jahr 1825 beschleunigte sich allerdings das Modernisierungstempo erneut: Dem zunächst privat finanzierten Eisenbahnbau kam ein wirtschaftlicher Multiplikatoreffekt zu, er setzte neue Standortbedingungen und erhöhte die innere Marktintegration. Insgesamt lag Österreich damit zeitlich nicht nennenswert hinter anderen europäischen Ländern und den USA zurück. Die Dampfschifffahrt auf der Donau und ihren Nebenflüssen – lange Zeit die einzige effiziente West-Ost-Verbindung der Monarchie – wurde 1830 aufgenommen. Die Dampfmaschine setzte sich ab den späten 1820er-Jahren auch in der Industrie als universelle Antriebskraft durch, das Puddlingverfahren und die mechanische Papiermaschine kamen zum Einsatz, die Kammgarnspinnerei wurde eingeführt. Auch die 1816 neu gegründete Nationalbank trug zum Aufschwung bei, indem sie nunmehr viel häufiger als früher Wechsel diskontierte, wodurch die im Handelsverkehr hemmende Liquiditätsenge behoben wurde.

Österreichs Wirtschaft sah sich in der ersten Hälfte des 19. Jahrhunderts mit einem strukturellen Modernisierungsprozess konfrontiert, der teils von äußeren Sachzwängen (Napoleonische Kriege, Kontinentalsperre), teils von wirtschaftsendogenen Faktoren (Innovationen, Nachfrageimpulse) ausgelöst wurde: Die »Protoindustrie« ging zugunsten der neuen Fabrikindustrie zurück, eine Reihe von Produktionsschritten wurde mechanisiert und in Fabriken konzentriert. Zwischen 1825 und 1830 und dann nochmals 1838 bis 1842 gab es damit in Österreich eine Beschleunigung des industriellen Wachstums, das nachhaltig genug war, um als Beginn des modernen Industrialisierungsprozesses identifiziert zu werden. Das spätere Urteil über den ökonomischen Standard der Habsburgermonarchie in der ersten Hälfte des 19. Jahrhunderts ist allerdings sehr stark durch die Depression unmittelbar vor Ausbruch der Revolution von 1848 geprägt, einen konjunkturellen Rückschlag, der durch eine Missernte, regionale Hungerkrisen und allgemeine Teuerung noch verstärkt wurde. Hinzu kam die strukturelle Arbeitslosigkeit zahlreicher bisher im Verlagssystem beschäftigter Heimarbeiter, aber auch vieler kleiner Gewerbetreibender und Handwerker, die der technische Fortschritt und der wachsende Konkurrenzdruck der Großindustrie ihrer bisherigen Existenzgrundlage beraubt hatten.

Die Schaffung des Deutschen Zollvereins 1834 bedeutete einen wichtigen Schritt zur wirtschaftlichen Vereinigung der deutschen Staaten unter Führung Preußens und damit eine Vorentscheidung für deren spätere politische Vereinigung. Österreich blieb außerhalb des Zollvereins und hielt im Unterschied zu diesem am Hochschutzzollsystem fest, was eine Hypothek für die Zukunft bedeutete.

Österreich durchlief damals eine Periode drastischer sozioökonomischer Veränderungen; dabei gibt es trotz aller politischen Widersprüchlichkeit des vormärzlichen Regimes genügend Evidenz dafür, dass die Habsburgermonarchie in der ersten Hälfte des 19. Jahrhunderts zumindest partiell auch einen wirtschaftlichen Fortschritt erlebte.

Anfänge der öffentlichen Sozialfürsorge: Das alte Bürgerversorgungshaus in St. Marx auf der Landstraße. Lithografie, frühes 19. Jahrhundert

Mehrfache Globalisierung

Die uralten nationalen Industrien sind vernichtet worden und werden noch täglich vernichtet. Sie werden verdrängt durch neue Industrien, deren Einführung eine Lebensfrage für alle zivilisierten Nationen wird, durch Industrien, die nicht mehr einheimische Rohstoffe, sondern den entlegensten Zonen angehörige Rohstoffe verarbeiten und deren Fabrikate nicht nur im Lande selbst, sondern in allen Weltteilen zugleich verbraucht werden. An die Stelle der alten, durch Landeserzeugnisse befriedigten Bedürfnisse treten neue, welche die Produkte der entferntesten Länder und Klimate zu ihrer Befriedigung erheischen. An die Stelle der alten lokalen und nationalen Selbstgenügsamkeit und Abgeschlossenheit tritt ein allseitiger Verkehr, eine allseitige Abhängigkeit der Nationen voneinander.«

Kolonialwaren stimulieren die Industrialisierung: Läden der Kolonialwarenhandlung Ganahl, Feldkirch, um 1800

Das amerikanische Wochen-Magazin *Time* vom 23. Juli 2001 zitiert aus dieser Passage des Kommunistischen Manifests von Karl Marx und Friedrich Engels aus dem Jahr 1848 mit der Bemerkung, dass dies »the sharpest description of globalization ever written«, also die prägnanteste Beschreibung des Phänomens Globalisierung sei, die je geschrieben wurde. Wie kann es sein, dass eine Definition des Begriffs Globalisierung diese Bewertung erhält, wenn doch damals der Begriff Globalisierung keine im heutigen Sinne gebräuchliche Bedeutung hatte und auch die dafür notwendige Medien- und Leserlandschaft fehlte? Der Grund liegt wohl in der Tatsache, dass damals die Grundsäulen des wirtschaftlichen Lebens viel radikaler in Bewegung kamen, als dies heute der Fall ist. Das Phänomen der Globalisierung war in der ersten Hälfte des 19. Jahrhunderts durch eine Vielzahl massiver Veränderungen geprägt. Im Vordergrund stand dabei nicht so sehr die geografische Globalisierung, sondern ein durch internationale Verflechtungen herbeigeführter mehrfacher Kostenschock.

Der Begriff der Globalisierung als gängiger und oft gefürchteter Ausdruck im modernen international arbeitsteiligen Wirtschaftsleben ist im letzten Viertel des 20. Jahrhunderts entstanden. Hauptsorge dabei sind die international unterschiedlichen Lohnkosten. Wenn auch im Verlauf der Neunzigerjahre die Auswirkungen der kurzfristigen Kapitalbewegungen zunehmend zum sensiblen Diskussionsthema geworden sind, so steht doch die Angst vor den deutlich als Kostenschock empfundenen niedrigen Löhnen im entfernten Ausland im Vordergrund. Das Unbehagen bezieht sich auf den Arbeitsplatz, der verloren gehen kann, wenn billig hergestellte Produkte über den freien Weltmarkt auf den heimischen Markt drängen und die lokale Produktion gefährden oder gar konkurrenzunfähig machen. In der Tat sind die Lohnunterschiede beträchtlich. Die Österreich umgebenden Reformstaaten Ungarn, Tschechien, Slowakei und Polen arbeiten mit Löhnen, die im Jahr 2003 etwa 15 bis 20 Prozent der österreichischen Lohnkosten ausmachen. Entfernte Länder in mehr oder weniger frühen Stadien ihrer Entwicklung wie Indien, China, Pakistan und Indonesien oder Bangladesch und Vietnam arbeiten mit einem Lohnkostensatz, der 1 bis 3 Prozent des österreichischen Werts beträgt.

Massive Ungleichgewichte im Lohnniveau gab es genauso in der Frühphase der industriellen Entwicklung in Europa, und dies selbst innerhalb der Grenzen der österreichischen Monarchie. Im internationalen Vergleich war die Verzerrung dort besonders radikal, wo Sklavenarbeit zum Einsatz kam, ein »Kostenvorteil«, den insbesondere die aufkeimende nordamerikanische Wirtschaftsmacht zu nutzen wusste. In den Anfängen der Industrialisierung kamen neben den heute noch aktuellen Lohnkostenunterschieden noch ganz andere Kostenfaktoren zum Tragen, die es rechtfertigen, von einer mehrfachen Globalisierung oder einem mehrfachen Kostenschock zu sprechen. Im Gegensatz zur ersten Hälfte des 19. Jahrhunderts bilden diese zusätzlichen Kriterien der Veränderung heute einen ziemlich stabilen und berechenbaren Rahmen für das industrielle Leben. Damals standen vor allem Veränderungen im Vordergrund, die durch Innovation, durch steigende Betriebsgröße, durch neue Transportmöglichkeiten und durch die Verfügbarkeit von Rohstoffen ausgelöst wurden.

Das Wissen um die Innovation verbreitet sich heute rasch um den Globus, selbst Patente werden durch Innovation oft umgangen oder schlechthin unerlaubt kopiert. Die Firmengröße wird kaum mehr negativ empfunden und der Begriff »economies of scale« ist eine logische Selbstverständlichkeit der modernen betriebswirtschaftlichen Lehre und Praxis. Beim Transport stehen wahlweise Lastkraftwagen, Eisenbahnen, Schiffe oder Flugzeuge zur Verfügung und die Kosten sanken in den letzten Jahrzehnten, vor allem bei großen Distanzen, ständig. Auch die Rohstoff-Verfügbarkeit ist heute praktisch an jedem Punkt der Welt gegeben und die Preise sind über Rohstoffbörsen weltweit weitgehend identisch. In der Frühphase der Industrialisierung war dies nicht so. Alle angesprochenen Faktoren waren in Bewegung und lösten mehrere Kostenschocks gleichzeitig aus, mit denen Unterneh-

Die Globalisierung um 1850: »Unsere industrielle Zeit«, Beilage zum Innerösterreichischen Industrie- und Gewerbeblatt, Nr. 1, 1840

Die Arbeitsteilung am Selfactor: Männer als Spinner, Frauen als Steckermädchen, Kinder zum Fädenknüpfen, um 1830

mer und Arbeiter konfrontiert waren. So wird das eingangs festgehaltene Zitat zur Globalisierung aus dem Kommunistischen Manifest und die Gewichtung, die das Magazin *Time* dieser Definition gab, verständlich.

Kostenschock Innovation

Das wohl markanteste Phänomen der Industriellen Revolution war die Innovation. Sie war in ihrer Wirkung arbeits- und ressourcensparend, gleichzeitig auch ressourcenvermehrend und sie schuf vor allem neue Produkte. Die Innovation führte zur Fabrik, zum Massenkonsum und zu neuen Möglichkeiten in der Konstruktion von Maschinen und Bauten. So positiv die Industrialisierung für die Entwicklung des allgemeinen Wohlstands aus heutiger Sicht beurteilt werden mag, so gewaltig waren die Schocks am Beginn dieses Weges. Einerseits entzogen die aufkommenden Fabriken der damals dominierenden Heimarbeit die Beschäftigungsbasis und der Arbeiter geriet – entwurzelt von seinem Heim – in die Abhängigkeit vom Gedeihen der Fabrik, die ihm bei Arbeitsplatzverlust keine Existenzsicherung bieten konnte. Wenn es nicht gelang, eine andere Arbeit zu finden, konnte ein Arbeiter nur allzu leicht das Bettlerschicksal erleiden. Andererseits ermöglichte das Fabrikssystem deutlich niedrigere Herstellkosten. Die sinkende Preistendenz wirkte wohlstandshebend. Der Preis dafür war das schon erwähnte Aufbrechen der bisherigen von Heimarbeit geprägten Strukturen.

Beispiel Textilindustrie: Im auslaufenden 18. Jahrhundert dominierte in Österreich noch das Spinnrad. Ein Spinner bediente eine Spindel und bewältigte gleichzeitig die Vorbereitungsarbeiten von der Flocke zum Vorgarn. Im Jahr

1843 betrug die durchschnittliche Maschinenlänge der in den 40 Baumwollspinnereien Niederösterreichs installierten knapp 2.000 Spinnmaschinen 195 Spindeln. Dies entsprach 49 Spindeln pro Arbeitskraft. Die Produktivität stieg damit gegenüber der Jahrhundertwende um das rund 50fache. Dabei war die Produktivität der Kleinspinnereien ähnlich jener der großen. In der größten Spinnerei Pottendorf wurden pro Beschäftigten 53 Spindeln betrieben. Die Situation in Niederösterreich zeigt die nebenstehende Tabelle.

In Vorarlberg, wo die Modernisierung der Spinnerei rund 20 Jahre später einsetzte, betrug 1843 die durchschnittliche Maschinenlänge bei 15 erfassten Spinnereien 321 Spindeln. Dies zeigt, dass die neueren Maschinen schon beträchtlich größer waren. Bei der Produktivität setzte sich das jedoch nicht analog fort. Der durchschnittliche Beschäftigte bewältigte in Vorarlberg 57 Spindeln oder rund 15 Prozent mehr als in Niederösterreich.

Die Industrialisierung hinterließ bei den Beschäftigten in der Heimarbeit verheerende Spuren. Die Zahl der Handspinner, die um die Jahrhundertwende in Niederösterreich noch 100.000 Personen betrug, ging bis 1808 auf 8.000 und bis 1812 auf nur mehr 5.000 Personen zurück.

Diese Zahlen zeigen nicht nur, wie dramatisch sich das Bild der Beschäftigung durch die Industrielle Revolution veränderte, sondern vor allem auch, in welch kurzer Zeit sich dieser Prozess vollzog.

Parallel zum steilen Anstieg der Produktivität in der Fabrik fielen die Preise der Produkte. In England, das zur eigentlichen textilen Großmacht wurde, sank der Preis für ein Standardbaumwollgarn von 1786 bis 1832 auf 7 Prozent des ursprünglichen Werts. Die scharfen Konkurrenzverhältnisse kamen den Konsumenten zugute und steigerten die Kaufkraft. Ähnliche Trends, wenngleich durch die geschützten Marktverhältnisse in etwas abgeschwächter Form, ergaben sich auch in Österreich.

Spinnereien in Niederösterreich im Jahr 1843

	Durchschnittliche Anzahl der Spindeln pro Maschine	Durchschnittliche Anzahl der Spindeln pro Beschäftigten
16 Spinnereien mit über 10.000 Spindeln	201	51
24 Spinnereien mit unter 10.000 Spindeln	184	45
Insgesamt 40 Spinnereien	195	49
Pottendorf (43.368 Spindeln)	184	53

Quelle: J. Slokar, Geschichte der österreichischen Industrie und ihrer Förderung unter Franz I. (Wien 1914) 286; Bericht über die Allgemeine Gewerbeausstellung in Wien 1845 (Wien 1846).

Beispiel Eisenindustrie: Um das Jahr 1500 betrug die österreichische Eisenproduktion rund ein Sechstel der gesamten europäischen Produktion unter Einschluss von Russland. Damit war das österreichische Herstellvolumen rund doppelt so groß wie das englische. Noch 1750 überstieg die österreichische Produktion mit 20.000 Tonnen Roheisen die englische, die 17.000 Tonnen betrug. In der zweiten Hälfte des 18. Jahrhunderts nahm die englische Eisenproduktion jenen gewaltigen Aufschwung, der die Steiermark in das zweite Glied der europäischen Roheisenproduzenten zurückstufte.

Der Hintergrund dieses englischen Erfolgs waren Innovationen, die Energieeinsatz, Qualität und Mengenausstoß dramatisch veränderten und auch eine Basis für die Innovation im Maschinenbau und der Hochbaukonstruktion bildeten. Um 1760 gelang England der Durchbruch beim Einsatz von Koks bei der Eisenverhüttung mit einem Verfahren, das der Erfinder Abraham Darby rund 50 Jahre davor entwickelt hatte. 1784 patentierte der als »Vater der britischen Eisenindustrie« bezeichnete Henry Cort das von ihm entwickelte Puddelverfahren, das auch beim Frischprozess die Verwendung von Mineralkohle erlaubte. Das Verfahren dominierte rund 70 Jahre lang den Prozess der Stahlerzeugung und katapultierte die englische Stahlindustrie an die Weltspitze. Um 1800 betrug der österreichische Anteil an der europäischen Stahlproduktion noch 3,3

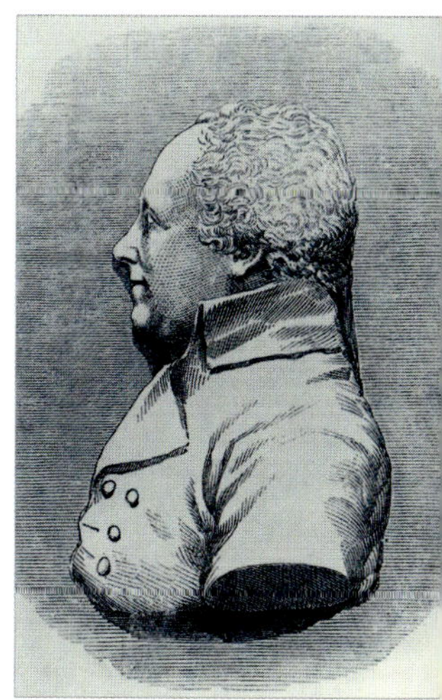

Henry Cort (1740 bis 1800), Revolutionär der Stahlerzeugung

Prozent, der britische schon 20 Prozent. England, das 1837 in seinen Hochöfen erstmals 1 Million Tonnen Roheisen erzeugte, hatte 1840 mit 1,42 Millionen Tonnen einen europäischen Marktanteil von 52,6 Prozent. Im gleichen Jahr betrug der österreichische Anteil, trotz innovativer Teilerfolge, nur noch 2,5 Prozent.

Diese Entwicklung führte auch zu bedeutenden Preisvorteilen der Engländer, vor allem beim für die Weiterverarbeitung wichtigen Stabeisen. Um 1830 kostete ein Zentner Roheisen, entsprechend 56 Kilogramm, in Österreich mit 2,4 bis 2,8 Gulden etwa gleich viel wie das englische Koksroheisen mit 2,78 Gulden. Der Zentner österreichischen Stabeisens war aber mit 7,22 Gulden doppelt so teuer wie das britische. Und um 1850 waren das österreichische Roheisen mit 3 Gulden und das Stabeisen mit 9 Gulden pro Zentner jeweils rund dreimal so teuer wie das entsprechende Produkt in England. England wurde damit nicht nur bei der Menge, sondern auch beim Preis zum europäischen Marktführer.

Kostenschock Betriebsgröße

In der zweiten Hälfte des 17. Jahrhunderts setzte erstmals eine gezielte Industrieansiedlungspolitik ein. Johann Joachim Becher, der ab 1670 als alchemistischer und wirtschaftspolitischer Berater in Wien wirkte, hatte 1675 mit der Gründung des Kunst- und Werkhauses am Tabor eine Art Lehrwerkstätte mit Färberei, Spinnerei, Schmelzofen und Glashütte eingerichtet. Die französische Seidenindustrie, die englische Wollmanufaktur und die Venezianer Zinnober- und Glaserzeugung sollten damit in Österreich eingeführt werden. Man wollte durch die Schaffung von großen Einheiten in der Produktion und durch die Herstellung neuer Produkte eine Basis für die Exportfähigkeit von Waren und die Unabhängigkeit von Importen erreichen.

Die im letzten Viertel des 17. Jahrhunderts in den Vordergrund rückende merkantilistische Wirtschaftspolitik suchte die Firmengröße zu stärken und ein Zurückdrängen der Zünfte mit ihrer unternehmerischen Kleinstruktur zu erreichen. Die Mittel dazu waren die Gewährung von Monopolen, Marktbeschränkungen, Schutzdekrete, Hof- und Herrenbefreiungen und Fabriksprivilegien, die für einige Geschäftszweige und Standorte das Recht der alleinigen Erzeugung einräumten. Damit wurde aber oft nur das gebrochene Monopol der Zünfte durch das neue Monopol der privilegierten Unternehmen ersetzt. Eine Steigerung der Konkurrenz wurde durch die so neu geschaffenen Großstrukturen nicht oder zumindest nicht ausreichend erreicht.

Erst durch den Wegfall der Privilegien im Rahmen des Übergangs zu einer liberaleren Wirtschaftspolitik unter und ab Kaiser Joseph II. begannen sich die Voraussetzungen für eine wettbewerbsorientierte Konkurrenz auch zwischen Großbetrieben nachhaltig zu verbessern. Der Übergang aber war für die betroffenen Zünfte und privilegierten Manufakturen oft ein Schockerlebnis, das im Existenzverlust des Unternehmens endete. So gingen alle sechs privilegierten niederösterreichischen Zitz- und Kottonfabriken, die wenig auf die industrielle Konkurrenz vorbereitet waren, im frühen 19. Jahrhundert unter. Zahlreiche zünftische Kleinunternehmen, sofern sie überlebten, gerieten in die Abhängigkeit von größeren Strukturen und mussten sich als kleine Zulieferanten dem Diktat des Auftraggebers beugen.

Beispiel »Dreimärktebezirk«: In Scheibbs, Purgstall und Gresten, dem so genannten »Dreimärktebezirk« im Erlauftal in der niederösterreichischen Eisenwurzen, blühten um die Mitte des 18. Jahrhunderts die Geschäfte von privilegierten Eisenhändlern. Nur sie waren berechtigt, Roheisen in genau festgelegten Mengen von der Innerberger Hauptgewerkschaft im Tausch mit Lebensmittellieferungen zu beziehen. Sie verlegten die 13 Großham-

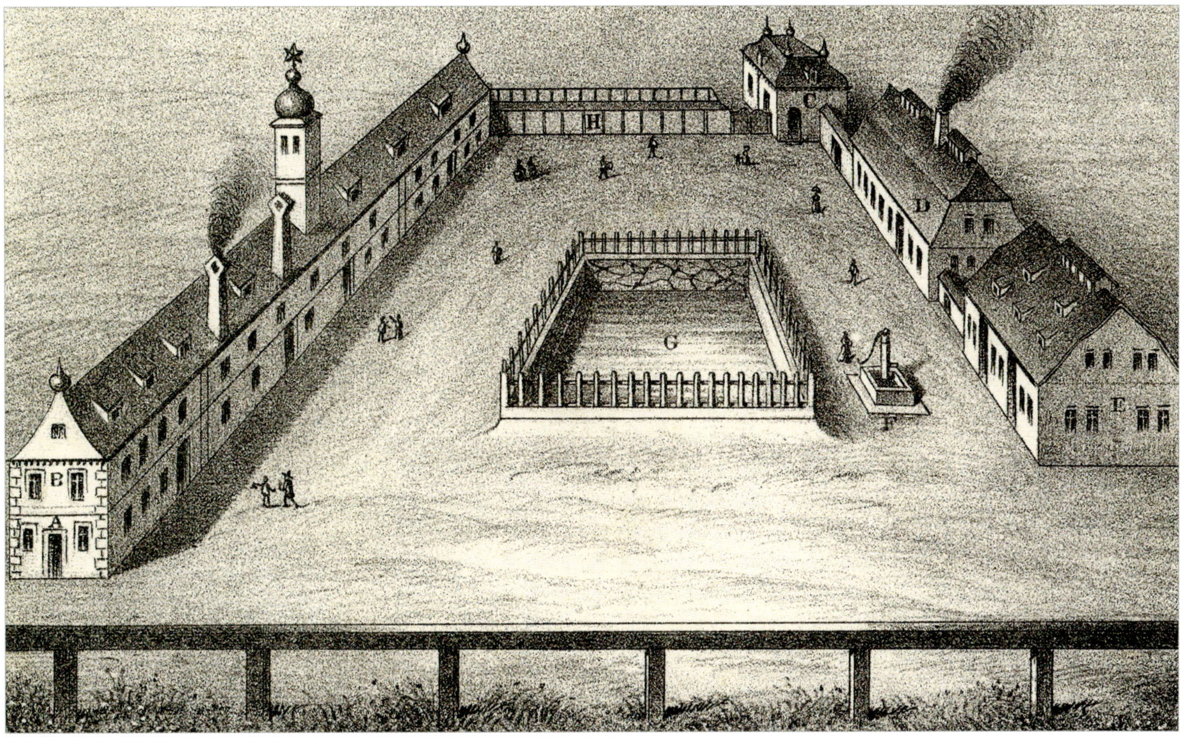

Das Manufakturhaus am Tabor, 1675/76 erbaut, 1683 zerstört, Zeichnung um 1680: Frühes Beispiel einer Industrieförderung (Laboratorien, Brennöfen, Werkstätten für Tischler, Uhrmacher, Goldschmiede, Bandmühle, Weberei …)

mermeister und 14 Kleinhammermeister des Erlauftals mit jeweils genau bestimmten Roheisenmengen und beherrschten den Vertrieb des daraus gefertigten Stahls. Den 13 Großhammermeistern standen jährlich 1.190 Tonnen und den 14 Kleinhammermeistern 25 Tonnen Roheisen zu. Es existierte auch ein ebenso genau geregeltes Verteilungssystem des Stahls an die regionalen Weiterverarbeiter wie Nagel-, Pfannen-, Huf- und Wagenschmiede sowie Hersteller anderer Eisenwaren.

Ein derart starres System, das in seiner Form extremer war als jede Planwirtschaft, ließ den Beteiligten wenig Spielraum für Innovation und verschloss den Weg zum Großbetrieb zur Gänze. Entsprechend radikal waren die Folgen für die Region, als zwischen 1781 und 1790 alle das Eisenwesen beschränkenden Gesetze beseitigt und die Produktion und Preisfindung dem freien Spiel des Marktes überlassen wurden. Nun stand der Ausweitung der Produktion und der Entwicklung von Großbetrieben nichts mehr im Wege. Aber den erfolgsverwöhnten privaten Händlern fehlte das unternehmerische Know-how und auch das Kapital. Die Scheibbser Eisenhändler, sofern sie sich als Industrieunternehmer versuchten, scheiterten alle. Von 1780 bis 1830 reduzierte sich ihre Zahl von elf auf drei und um 1900 gab es nur noch einen Händler, der die begrenzten Aufgaben der Nahversorgung wahrnahm.

Die Unternehmer, denen im Erlauftal der Aufbau von Industriebetrieben gelang, kamen entweder nicht aus der Region oder arbeiteten sich als kleine Huf- oder Nagelschmiede empor. Von den vormals privilegierten Groß- und Kleinhammermeistern gelang keinem der Sprung zum industriellen Großbetrieb.

Beispiel Oberneukirchen: Die merkantilistische Wirtschaftspolitik mit ihren Förderungen von Großstrukturen hat auch auf die wirtschaftlichen Verhältnisse in ländlichen Regionen massiv eingewirkt, wie das Beispiel Oberneukirchen im Mühlviertel zeigt. Das Zurückdrängen der Zünfte und das aufkommende Verlags-Fabrik-System schüttelten das im Ort dominierende traditionelle Textilgewerbe durch. 1781 gab es in Oberneukirchen 17

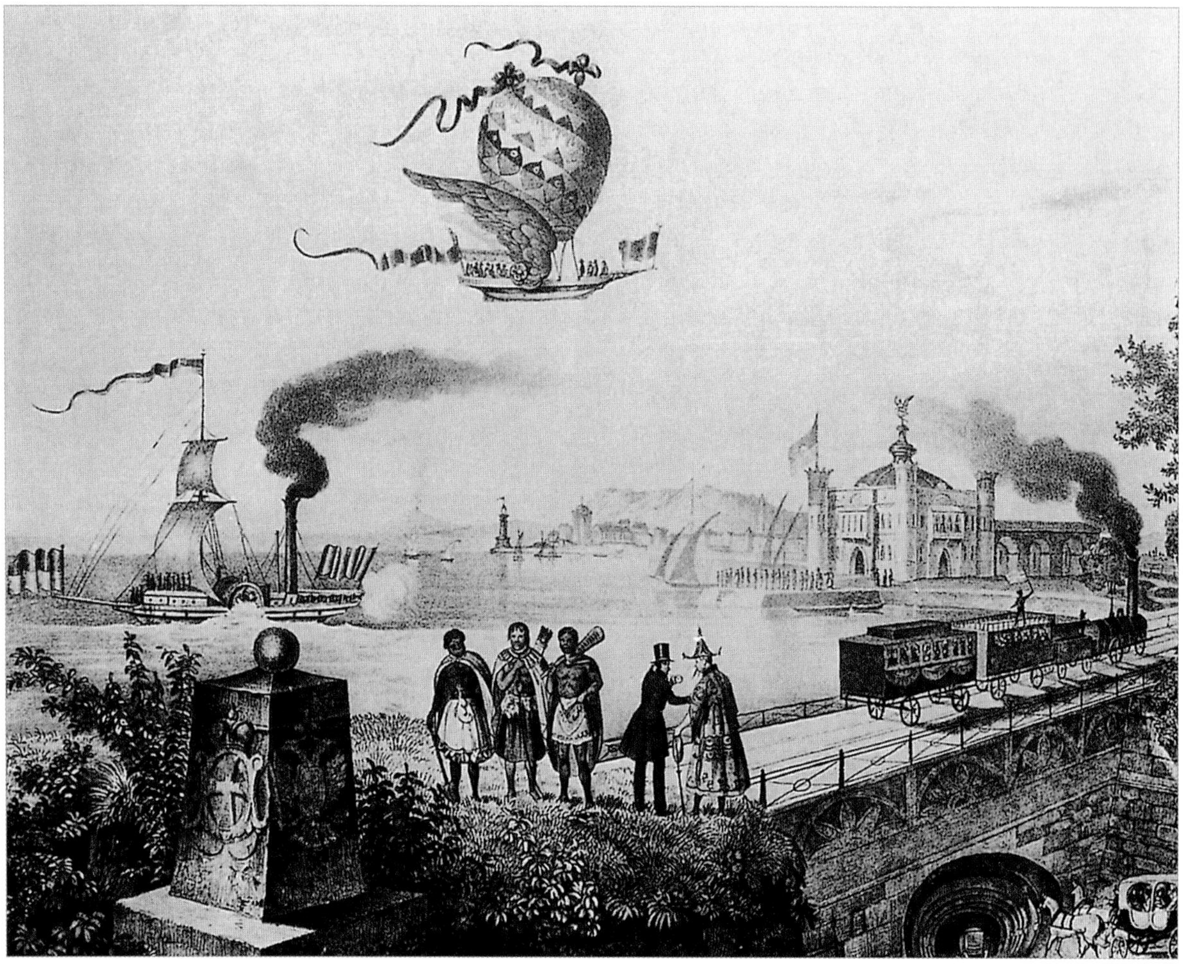

»Nichts ist mehr unmöglich«: Eisenbahn, Dampfschiff und Luftschiff verkürzen die Distanzen und vernetzen die Welt … Lithografie, Matthias Trentsensky, Wien 1848

gleichartige Webzunftmeister, die sich bewusst selbst auf ein bis maximal drei Handwebstühle beschränkten. Die Jahresproduktion lag typischerweise zwischen 50 und 150 Stück Flachsgewebe zu 30 Ellen oder 23 Meter und die gemeinsame Produktion betrug 1.216 Stück. Die spätmerkantilistisch-frühliberale Politik mit dem Ziel der Schaffung größerer Betriebseinheiten und verstärkter Kontrollen durch zentrale Stellen reduzierte bis 1821, also innerhalb von 40 Jahren, die Zahl der Betriebe auf sechs Unternehmen. Deren zusammengefasste Produktion betrug 1821 beachtliche 11.706 Stück und damit fast das Zehnfache von 1781. Die beiden größten Unternehmer, Jakob Führlinger und Franz Rechberger, die 1781 nur über je einen Handwebstuhl verfügten, waren zu leistungsfähigen Verlegern mutiert mit einer Jahresproduktion von 5.934 bzw. 4.229 Stück Gewebe, das entsprach zusammen 87 Prozent der gesamten Gewebeproduktion Oberneukirchens.

Das Leben im Ort änderte sich grundlegend. Den neuen Großbetrieben standen die Verlierer gegenüber, die den Status eines selbstständigen zünftischen Kleinunternehmers aufgeben und ihre Betriebe schließen oder als selbstständige Verlegte für Dritte arbeiten mussten. Die freien Bürger und Marktmeister konnten sich nicht mehr selber durch ihre eigene Zunftordnung kontrollieren, sondern mussten sich Inspektionen und Beaufsichtigungen durch fremde Beamte gefallen lassen. Der Merkantilismus vergrößerte die wirtschaftliche Bedeutung von Oberneukirchen spürbar. Die Kehrseite war ein Betriebsgrößen-Schock, der weitgehende und schmerzliche Veränderungen mit sich brachte.

Kostenschock Transport

Die »Fortschritte der Transportanstalten bewirkten die Europäisierung der Erde«, meinte der österreichische Nationalökonom Eugen von Philippovich 1905 in einem Vortrag. Diese Fortschritte im Transportsektor reichten in das 16. Jahrhundert zurück. Mit der Entdeckung Amerikas wurde die Globalisierung des 16. bis 18. Jahrhunderts ausgelöst, die zu einer Verschiebung der weltwirtschaftlichen Zentren an den Atlantik führte – eine folgenschwere Entwicklung für die bisherigen Zentren am Mittelmeer und in Mitteleuropa. Die Transporte stiegen nicht nur beträchtlich im Volumen, sondern sie wurden auch billiger und pünktlicher und die durch Überfälle und Katastrophen gefährdete Sicherheit verbesserte sich deutlich. Die verstärkte Verfügbarkeit außereuropäischer Ressourcen wie Baumwolle, gewisse Metalle und verschiedene Farben brachte Kostenvorteile, die für die Industrialisierung wichtig waren.

Der Konkurrenzvorteil der Wasserwege war bis ins 19. Jahrhundert sehr groß. Am billigsten war die Transportleistung bei der Küsten- und mit zunehmender Sicherheit auch bei der Hochseeschifffahrt, dies im Gegensatz zur deutlich teureren Fluss- und Kanalschifffahrt. Am teuersten aber war der Landtransport, der etwa drei- bis viermal langsamer erfolgte als die Schifffahrt flussabwärts und etwa gleich schnell wie die Schifffahrt flussaufwärts.

Im 18. und frühen 19. Jahrhundert wurde auch in Österreich viel in den Ausbau der Straßen investiert. Am Vorabend des Eisenbahnzeitalters präsentierten sich Österreichs Straßen in einem vergleichsweise guten Zustand, jedenfalls in einem besseren als 50 Jahre später am Ende des 19. Jahrhunderts. Die Durchschnittsgeschwindigkeit auf den Straßen hatte sich innerhalb von 50 Jahren vom späten 18. bis in die Mitte des 19. Jahrhunderts mehr als verdoppelt. Die Kosten des Landtransports waren durch glattere Straßen, breitere Felgen der Räder und bessere Konstruktion der Wägen nahezu halbiert worden. Mit dem Erscheinen der Eisenbahn im zweiten Viertel des 19. Jahrhunderts halbierten sich die Transportkosten noch einmal, sodass sich von Beginn des 18. Jahrhunderts bis zur Mitte des 19. Jahrhunderts der Preis für die

Transport über das Gebirge: Zunfttafel der Rod-Fuhrleute von Reutte, Tirol, 18. Jahrhundert

Transportleistung um rund 75 Prozent reduzierte. Damit gingen traditionelle transportkostenbedingte Standortvorteile wie etwa in Randlagen von Großstädten zu einem guten Teil verloren. Diese Entwicklung schuf zusammen mit den neuen Optionen aus der billiger gewordenen Hochseeschifffahrt für den industriellen Standortentscheid völlig neue Voraussetzungen.

Beispiel Pferdeeisenbahn Linz–Budweis: Die zwischen 1825 und 1832 errichtete Pferdeeisenbahn zwischen Linz und Budweis war die erste große Eisenbahn auf dem Kontinent, sie galt jedoch zum Zeitpunkt der Inbetriebnahme bereits als technisch veraltet. Trotz dieses Mangels erreichte sie das Ziel, die Transportkosten deutlich zu senken und im Personenverkehr schneller zu sein.

Neue »alte« Verkehrsmittel: Ansicht der Pferdeeisenbahn zu Budweis in Böhmen. Nadelarbeit aus dem 19. Jahrhundert

Für den Fuhrwerksverkehr auf der Strecke Linz–Budweis wurde im Jahr 1822 das exklusive Transportrecht vom staatlichen Salzmonopol an eine private Gesellschaft vergeben, die pro Tonne Salz und Kilometer 0,097 Gulden verlangen durfte. Die Transportleistung pro Pferd betrug zwischen 448 und 560 Kilogramm. Bei zwei Pferden wurden typischerweise 952 Kilogramm, bei drei Pferden 1.456 Kilogramm transportiert. Das jährliche Transportvolumen betrug um 1820 rund 26.000 Tonnen, davon knapp 18.000 Tonnen Salz und 2.000 Tonnen andere Waren von Linz nach Budweis und 6.000 Tonnen andere Waren von Budweis nach Linz.

Mit der Pferdeeisenbahn wurde die Zugleistung pro Pferd gegenüber dem traditionellen Fuhrwerk wesentlich erhöht. Im ersten Abschnitt auf den steileren Strecken des Mühlviertels waren drei Pferde mit zusammen 5 Tonnen unterwegs, auf den folgenden, weniger steilen Strecken waren zwei Pferde nötig und im flachen Streckenteil zog ein Pferd die Last von 5 Tonnen. Die Pferdeeisenbahn war bei Gütern nicht schneller unterwegs als das Fuhrwerk auf der Straße. Beide brauchten von Linz nach Budweis drei Tage. Im Personenverkehr aber wurde die Strecke Budweis–Linz in nur 14 Stunden bewältigt.

Die Frachtkosten auf der Pferdeeisenbahn hatten sich wegen der deutlich höheren Transportleistung pro Pferd rund halbiert. Pro Tonne und Kilometer wurden rund 0,05 Gulden bezahlt. Dieser Frachttarif war in etwa der gleiche, wie er um 1850 auf der Kaiser-Ferdinands-Nordbahn und auf der Strecke Wien–Gloggnitz bezahlt wurde.

Beispiel Hochseeschifffahrt: Wenn auch die Entwicklung der Hochseeschifffahrt auf den atlantischen und den pazifischen Weltmeeren für Österreich vor allem indirekt durch den Zugang zu preiswerten Rohstoffen und die Erweiterung der Exportmöglichkeiten von Bedeutung war, so zeigt sie doch deutlich, wie durch die Globalisierung die Langstreckentransportkapazitäten stiegen. Während sich das Transportvolumen auf den Weltmeeren von 1570 bis 1670 nur gerade verdoppelt hatte, stieg es in den 30 Jahren von 1820 bis 1850 auf das Zweieinhalbfache. In der zweiten Hälfte des 19. Jahrhunderts beschleunigte sich diese Expansion noch einmal.

Entwicklung der Weltschifffahrt, 1470 bis 1850 (in 1.000 Tonnen)

	Segelschiffe	Dampfschiffe	Gesamt (in Segeläquivalent)
1570	730	0	730
1670	1.450	0	1.450
1780	3.950	0	3.950
1820	5.800	20	5.880
1850	11.400	800	14.600

Quelle: A. Maddison, The World Economy. A Millennial Perspective (Paris 2001) 95.

Betrachtet man die Entwicklung der europäischen Handelsflotten zwischen den Ländern Österreich, Großbritannien, Niederlande, Deutschland und Frankreich, fällt die starke Stellung der Niederländer im 16. und im 17. Jahrhundert auf, in denen dieses Land die Führungsposition inne hatte. Im 18. Jahrhundert wurde die Spitzenstellung von den Engländern übernommen.

Transportkapazität ausgewählter europäischer Handelsflotten, 1470 bis 1850 (in 1.000 Tonnen)

	1570	1670	1780	1820	1850
Österreich				180	260
Großbritannien	51	260	1.000	2.436	3.565
Niederlande	232	568	450	169	334
Frankreich	80	80	700		688
Deutschland	110	104	155	260	500

Quelle: A. Maddison, The World Economy. A Millennial Perspective (Paris 2001) 77; B. R. Mitchell, International Historical Statistics. Europe 1750–1993 (New York [4]1998) 1788 ff.

Kostenschock Rohstoff-Verfügbarkeit

Österreich konnte die Neuzeit mit einer ausreichenden Basis der Selbstversorgung bei Rohstoffen und Energieträgern antreten. Das Wirtschaftswachstum und vor allem die Globalisierung der Rohstoffmärkte haben diese komfortable Ausgangslage empfindlich verändert und verschlechtert.

Hatte Österreich in der ersten Hälfte des 16. Jahrhunderts beim für die Münzprägung wichtigen Silber noch eine europäische Spitzenstellung, bis zur Mitte des 18. Jahrhunderts noch eine befriedigende Versorgung mit dem Energieträger Holz und bis Ende des 18. Jahrhunderts eine Selbstversorgung bei Textilfasern, so änderte sich die Situation bis zum Beginn der Industriellen Revolution dramatisch. Schon in der zweiten Hälfte des 16. Jahrhunderts fiel die Silberproduktion dem billigeren Silber aus Amerika zum Opfer, dann machte mit dem beginnenden 19. Jahrhundert das weitgehende Fehlen des Rohstoffes Mineralkohle die Eisenproduktion konkurrenzunfähiger und zum gleichen Zeitpunkt begann die zunehmend von Amerika kommende Baumwolle die eigenen Rohstoffe Flachs und Wolle zu verdrängen. Diese Entwicklung machte den Weg in die Industrialisierung fast zwingend, um sich mit der gewonnenen Wertschöpfung die notwendigen Importe überhaupt leisten zu können.

Beispiel Silberbergbau Schwaz: Gold und Silber hatten im 15. Jahrhundert einen enormen Bedeutungszuwachs erfahren und verteuerten sich entsprechend. Sie waren das Zahlungsmittel, gegen das Gewürze, Duftstoffe, Seide, Baumwolle, Edelsteine und sonstige Luxusgüter aus Asien bezogen wurden.

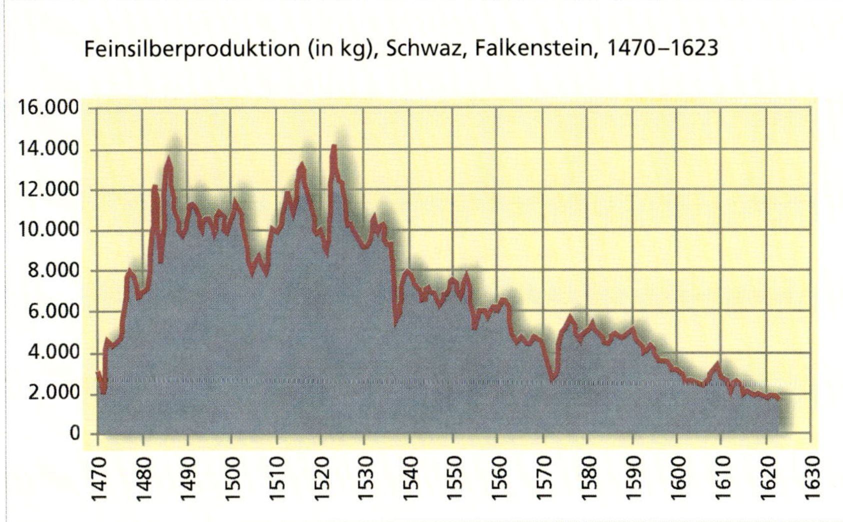

Quelle: R. Sandgruber, Ökonomie und Politik. Österreichische Wirtschaftsgeschichte vom Mittelalter bis zur Gegenwart (Wien 1995) 71.

Mit dem Silberabbau im tirolerischen Schwaz verfügte Österreich über eine wahre »Bergbauperle«, die im ausgehenden 15. Jahrhundert und in der ersten Hälfte des 16. Jahrhunderts jährlich rund 10 Tonnen Silber erzeugte, was etwa 15 Prozent der europäischen Produktion entsprach. Der Schwazer Silberbergbau wurde das erste große Opfer der Globalisierung. Billiges süd- und mittelamerikanisches Silber fand in gewaltigen Mengen den Weg nach Europa. Im 16. Jahrhundert, vor allem in der zweiten Hälfte, waren es 7.500 Tonnen und in den 100 Jahren des folgenden 17. Jahrhunderts erdrückende 26.000 Tonnen. Ab 1540 begann der Niedergang des Schwazer Silberbergbaus, der zu Beginn des Jahrhunderts noch rund 10.000 Knappen beschäftigt hatte. Die freigesetzten Arbeiter versuchten, in der Textilerzeugung, der Landwirtschaft oder als Wanderarbeiter unterzukommen. Der Schock der verloren gegangenen Konkurrenzfähigkeit bei der österreichischen Silberproduktion hatte als Hintergrund in erster Linie ertragreichere Vorkommen, die billigen Löhne und den Einsatz von Sklavenarbeit in Mittel- und Südamerika.

Beispiel Kohle: Einer der größten Aktivposten Österreichs, das Energieangebot, wurde Anfang des 19. Jahrhunderts zur Bremse bei der Industrialisierung. Bereits in der zweiten Hälfte des 18. Jahrhunderts zeigten sich Engpässe bei der Energieversorgung durch Holz. Die Nachfrage nach Energie stieg einerseits durch die wachsende Bevölkerung, die mehr Ackerland und Brennholz brauchte, und andererseits durch die beginnende Industrialisierung und die steigende Warenproduktion. Großverbraucher waren die Salinen und Eisenwerke. Die Großstadt Wien wurde der größte Holzverbraucher im Land.
Das beschränkte Energieangebot führte je nach Bezugsort zu sehr unterschiedlichen Holzpreisen. Wo man konnte, wurden Standorte in Richtung nicht genutzter Wälder verlagert. Trotz der Verbesserung der Wirkungsgrade bei der Brennstoffnutzung und der Erschließung praktisch aller ungenutzten Wälder war um die Mitte des 19. Jahrhunderts die Grenze der Leistungsfähigkeit der Wälder erreicht. Die steirische Eisenindustrie hatte zu diesem Zeitpunkt einen Energiebedarf, der dem forsttechnisch möglichen Ertrag aus fast dem gesamten steirischen Waldbestand von 300.000 Hektar entsprach, und der bevorstehende Kollaps zeichnete sich ab.
Es fehlte nicht an Versuchen, Holz durch Mineralkohle oder Torf zu substituieren. Um 1790 waren die meisten österreichischen Kohlenvorkommen bekannt. Die Verwertung scheiterte aber an der fehlenden Ergiebigkeit, der mangelhaften Qualität und den hohen Transportkosten. Das Fehlen eines betriebswirtschaftlich nutzbaren Rohstoffs Mineralkohle setzte der steirischen Eisenproduktion enge Grenzen für die weitere Expansion, dies im Gegensatz zu England, das über praktisch unbegrenzt nutzbare Kohlenvorkommen verfügte.

Silber und Kapital: Die Silberschmelzhütte des Schwazer Bergwerks. Darstellung aus dem Schwazer Bergbuch, 1556

Beispiel Baumwolle: Nach dem Silber wurden die Textilrohstoffe Flachs und Wolle zum zweiten großen Opfer der Globalisierung. Bis zum zweiten Viertel des 18. Jahrhunderts bildeten diese Rohstoffe fast ausschließlich die Basis für die bedeutende Textilproduktion Österreichs. Der für die Leinenherstellung benötigte Flachs konnte mehr als ausreichend im Inland hergestellt werden. Bei der Wolle hatte die Monarchie eine ausreichende Selbstversorgung und zählte für einige Zeit zu den weltweit größten Produzenten.
Im zweiten Viertel des 18. Jahrhunderts kam die billiger erzeugbare Textilfaser Baumwolle nach Österreich, vorzugsweise aus der Levante über Triest zum Umschlagplatz Wien. Mit der Einführung von Baumwollspinnmaschi-

Durchschnittliche Baumwollimporte pro Jahr	Menge in Tonnen
1821–1830	3.847
1831–1840	8.169
1847	23.770

Quelle: J. Slokar, Geschichte der österreichischen Industrie und ihrer Förderung unter Franz I. (Wien 1914) 317.

Der Erzherzog-Sigmund-Erbstollen des Schwazer Bergwerks. Anonyme Darstellung, um 1560: Dargestellt sind im oberen Teil betende Bergleute, im Mittelteil verschiedene Tätigkeiten der Erzförderung und Verarbeitung, unten die 1554 fertig gestellte berühmte »Wasserkunst!« des Wolfgang Leuschner zur Erzförderung und Wasserhebung, die über 600 Arbeitskräfte ersetzte.

Billige Rohstoffe: Eine Baumwollplantage am Mississippi. Kolorierte Kreidelithografie von W. A. Walker, um 1850.

Durch den Einsatz von Sklaven verschafften sich die amerikanischen Baumwollproduzenten einen enormen Kostenvorteil.

nen in Niederösterreich zu Beginn des 19. Jahrhunderts erhöhte sich der Baumwollbedarf dramatisch, wie die Importtabelle auf Seite 157 für die Monarchie zeigt.

Nordamerika, das beim Baumwollpflücken Sklaven einsetzen konnte, wurde zunehmend zum Gewinner der durch die Baumwollspinnmaschinen ausgelösten Industriellen Revolution. Der amerikanische Anteil an der Weltversorgung mit Baumwolle stieg von 0,4 Prozent im Jahre 1791 auf 16 Prozent 1811 und 67,8 Prozent 1850. Die amerikanische Baumwolle dominierte auch in der Monarchie den Markt mit einem Anteil von 60 Prozent der Importe im Jahr 1844. Der Anteil der ägyptischen Baumwolle betrug in diesem Jahr 27 Prozent und jener aus der Levante und Ostindien fiel auf 13 Prozent zurück.

In Österreich innerhalb der heutigen Grenzen hatte der neue Rohstoff Baumwolle mit einem Wertschöpfungsanteil von 40 Prozent die Wolle auf einen Anteil von 24 Prozent und den Flachs und die Seide auf je 18 Prozent zurückgedrängt. Aus der textilen Selbstversorgung mit Rohstoffen wurde eine Abhängigkeit von Baumwollimporten aus dem fernen Amerika. Im Inland war aufgrund der klimatischen Verhältnisse der Baumwollanbau nicht möglich und auch die Arbeitskraft wäre zu teuer gewesen, um konkurrenzfähig zu sein. Industrielle Leistungsfähigkeit war gefordert, um diesen Nachteil zu kompensieren.

Die neuen Krisen

Die Krise als Phänomen des Wirtschaftslebens hat in den eineinhalb Jahrhunderten zwischen dem Beginn des 18. und der Mitte des 19. Jahrhunderts ihre Gestalt grundlegend geändert. Dass das Wirtschaftsleben immer wieder von Krisen beeinträchtigt wird, ist keine Entwicklung, die erst durch die Industrielle Revolution hervorgebracht worden ist. Im Gegenteil, die Krisen, von denen einzelne Wirtschaftsbereiche, insbesondere der Finanzsektor, vorher immer wieder heimgesucht wurden, sind zahlreich, und die Wirkungen, die von solchen Störungen auf die Wirtschaft in ihrer Gesamtheit ausgingen, waren oft gewaltig – man denke nur etwa an die Krisen im Gefolge der niederländischen »Tulpenmanie« (1634–1640), als das Fieber der Spekulation mit Tulpenzwiebeln große Teile der Bevölkerung erfasste; oder jene nach dem im Jahr 1719 erfolgten Zusammenbruch der John Law'schen Mississippi-Gesellschaft, deren Gründung die französischen Staatsfinanzen sanieren sollte.

Die Störungen des vorindustriellen Wirtschaftslebens kamen entweder aus spekulativen Wellen im Finanzbereich oder von außerwirtschaftlichen Ereignissen und Vorgängen, so genannten »exogenen« Ursachen wie Missernten und Dürrekatastrophen, Kriegen oder sonstigen politisch bedingten Unterbrechungen von Verkehrswegen und Handelsrelationen. So etwa führte der Siebenjährige Krieg, aber auch ein Ereignis wie der Tod von Kaiser Franz I. Stephan 1765, nach dem eine allgemeine Hof- und Landestrauer angeordnet

Aktienschwindel: »In der Rue Quinquempoix in Paris im Jahre 1720«. Spekulanten drängen sich auf der Straße, um John Law Aktien des Mississippiprojekts aus der Hand zu reißen, von denen er ihnen Riesengewinne versprochen hat. Kupferstich von Antoine Humblot

wurde, zu einer Krise in Wiens bedeutendstem Industriezweig, der Seidenindustrie. Branchenkrisen wie jene der innerösterreichischen Eisenindustrie nach dem Niedergang der oberdeutschen Handelshäuser oder des Tiroler Silberbergbaus hatten sicherlich eine über die Region hinausgehende Wirkung. Eine »Energieklemme« machte sich in der zweiten Hälfte des 18. Jahrhunderts hemmend für die Industrialisierung bemerkbar, als Holz zunehmend knapp wurde und Kohle mangels günstiger Transportmöglichkeiten nicht ausreichend zur Verfügung stand. Charakteristisch für diese Art der Schwankungen des wirtschaftlichen Aktivitätsniveaus ist der Eindruck der Unregelmäßigkeit und eines völligen Mangels an Rhythmus. Günstige und ungünstige Verhältnisse variieren ohne Regelmäßigkeiten von Jahr zu Jahr, von Ort zu Ort, von Branche zu Branche.

Das Auftreten der Konjunkturbewegung im Sinne einer periodischen, »zyklisch« wiederkehrenden Abfolge von Aufschwung, Hochkonjunktur (Expansion), Abschwung und Rezession bzw. Depression (Kontraktion) ist erst seit der Industriellen Revolution zu beobachten. Erst nach und nach wurde der Konjunkturzyklus als Manifestation einer langfristig expandierenden Produktion erkannt, wobei nicht exogene Einflüsse, sondern genau jene Faktoren, welche dem Wachstum zugrunde liegen, vor allem Innovationen und deren Umsetzung durch Realinvestitionen, durch ihren nicht-linearen Verlauf dazu führen, dass sich das Wachstum nicht stetig fortsetzt, sondern wellenförmig. Erst mit der fortschreitenden Industrialisierung kommt es zu »endogenen« Krisen im modernen Sinn als Folge der Konjunkturbewegung, während die Krisen der vorindustriellen Wirtschaft als Handelskrisen, Agrarkrisen, Spekulationskrisen etc. bezeichnet werden.

Im Unterschied zu England und Frankreich blieb Österreich im 18. Jahrhundert von großen finanziellen Spekulationskrisen verschont. Naturgemäß hatten in einem Land, dessen Bevölkerung zu mehr als 80 Prozent in der Landwirtschaft tätig war, witterungsbedingte Produktionsausfälle in diesem Wirtschaftszweig die stärksten Wirkungen auf die Gesamtwirtschaft. Preissteigerungen für die Hauptnahrungsmittel auf das Zwei- bis Dreifache charakterisieren die Hungerkrise der Jahre 1770/72, in der auch Gewerbe und Handel schwere Einbußen erlitten. Die späteren Agrarkrisen von 1815/16 und von 1846/47 überschneiden sich stark mit anderen Einflussfaktoren. Die Zeit unmittelbar nach dem Wiener Kongress war noch stark von der schweren Finanzkrise geprägt, die die wirtschaftliche Entwicklung Österreichs in den ersten zwei Jahrzehnten des 19. Jahrhunderts maßgeblich bestimmte. Die Nahrungsmittelteuerung, die der Revolution von 1848 voranging, fiel bereits in eine Periode, in der die Industrialisierung schon ein gutes Stück vorangeschritten war.

Kriegsfinanzierung und Inflationsentwicklung

In der Periode der Protoindustrialisierung erscheinen die beiden letzten Jahrzehnte des 18. Jahrhunderts als Phasen einer kaum von stärkeren Krisen beeinträchtigten, wenngleich wohl auch nicht völlig kontinuierlichen Expansion der gewerblich-industriellen Produktion. Während in der Regierungszeit Kaiser Josephs II. die staatliche Wirtschaftspolitik die industrielle Entwicklung förderte, war die Haltung der Staatsverwaltung seit der Französischen Revolution bestenfalls distanziert und von Ängsten vor politischen Konsequenzen der Industrialisierung geprägt. Durch die starke Steigerung der Rüstungsausgaben während der Koalitionskriege wurde der Staat unbeabsichtigt erneut zum massiven Förderer der Industrialisierung. Mit zunehmender Dauer und Intensität der kriegerischen Auseinandersetzungen mussten die Hälfte und bald ein noch größerer Teil der Staatsausgaben schuldfinan-

Klassengegensätze: Der reiche Prasser und der arme Lazarus. Gemälde von Josef Danhauser, 1836

ziert werden. Bis 1798 geschah dies überwiegend durch verzinste Anleihen, danach durch das »Anwerfen der Notenpresse« – wie man die beschleunigte Ausgabe von Papiergeld, genannt »Bankozettel«, heute nennen würde. Die Habsburgermonarchie hatte zwar damals noch keine Notenbank, jedoch erfüllte die Wiener Stadtbank eine ähnliche Funktion. Deren Schuldverschreibungen wurden sukzessive zum allgemeinen Zahlungsmittel mit Zwangskurs erklärt, mit dem der Staat seine Soldaten und Beamten besoldete und die Bestellungen des Militärärars bezahlte.

Die defizitfinanzierten Rüstungsausgaben bewirkten direkt und indirekt eine beträchtliche Erhöhung der gesamtwirtschaftlichen Nachfrage, in deren Sog bestehende Industrien wuchsen und neue Produktionen und Unternehmungen etabliert werden konnten. Negative Kriegsfolgen wie der Entzug von Arbeitskräften, unproduktive Ressourcenverwendung, Steuererhöhungen und zunehmende Unsicherheit künftiger Ertragsaussichten kamen vorerst weniger stark zum Tragen. In die Zeit der Franzosenkriege fällt, beginnend mit Pottendorf 1801, die Gründung zahlreicher mechanischer Baumwollspinnereien; die Textilindustrie, die Metallverarbeitung, die Werkzeug- und Maschinenindustrie und andere Branchen im Raum Wien erlebten eine kräftige Entwicklung. Die Bankozettel erlitten gegenüber dem Metallgeld seit 1799 eine

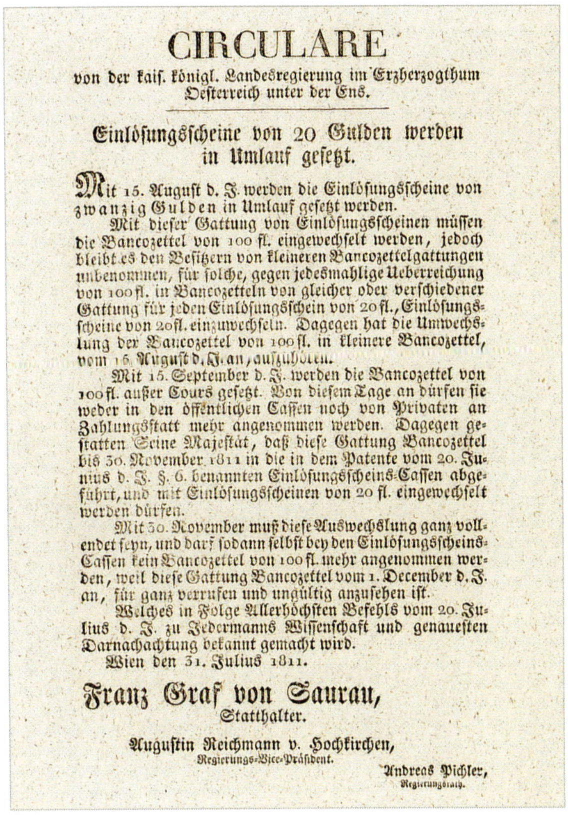

CIRCULARE

von der kais. königl. Landesregierung im Erzherzogthum Oesterreich unter der Ens.

Einlösungsscheine von 20 Gulden werden in Umlauf gesetzt.

Mit 15. August d. J. werden die Einlösungsscheine von zwanzig Gulden in Umlauf gesetzt werden.

Mit dieser Gattung von Einlösungsscheinen müssen die Bancozettel von 100 fl. eingewechselt werden, jedoch bleibt es den Besitzern von kleineren Bancozettelgattungen unbenommen, für solche, gegen jedesmahlige Ueberreichung von 100 fl. in Bancozetteln von gleicher oder verschiedener Gattung für jeden Einlösungsschein von 20 fl., Einlösungsscheine von 20 fl. einzuwechseln. Dagegen hat die Umwechslung der Bancozettel von 100 fl. in kleinere Bancozettel, vom 16. August d. J. an, aufzuhören.

Mit 15. September d. J. werden die Bancozettel von 100 fl. außer Cours gesetzt. Von diesem Tage an dürfen sie weder in den öffentlichen Cassen noch von Privaten an Zahlungsstatt mehr angenommen werden. Dagegen gestatten Seine Majestät, daß diese Gattung Bancozettel bis 30. November 1811 in die in dem Patente vom 20. Junius d. J. §. 6. benannten Einlösungsscheins-Cassen abgeführt, und mit Einlösungsscheinen von 20 fl. eingewechselt werden dürfen.

Mit 30. November muß diese Auswechslung ganz vollendet seyn, und darf sodann selbst bey den Einlösungsscheins-Cassen kein Bancozettel von 100 fl. mehr angenommen werden, weil diese Gattung Bancozettel vom 1. December d. J. an, für ganz verrufen und ungültig anzusehen ist.

Welches in Folge Allerhöchsten Befehls vom 20. Julius d. J. zu Jedermanns Wissenschaft und genauesten Darnachachtung bekannt gemacht wird.

Wien den 31. Julius 1811.

Franz Graf von Saurau,
Statthalter.

Augustin Reichmann v. Hochkirchen,
Regierungs-Vice-Präsident.

Andreas Pichler,
Regierungsrath.

Hyperinflation: Verordnung zur Ausgabe der Einlösungsscheine, auch Wiener Währung genannt, 1811

gewisse Wertminderung, die sich aber mit durchschnittlich weniger als 4 Prozent pro Jahr bis 1805 in moderaten Grenzen hielt. Dies kann man auch für die Preissteigerungen annehmen, sodass wir es bis dahin mit einer

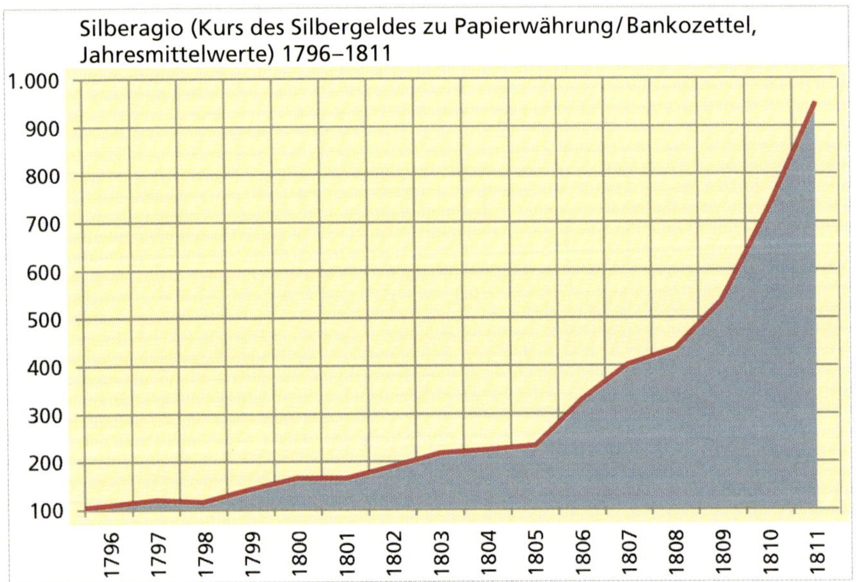

Quelle: A. F. Pribram (Hg.), Materialien zur Geschichte der Preise und Löhne in Österreich. Bd. 1 (Wien 1938).

»gutartigen Inflation« zu tun haben, mit unter Nachfragedruck steigender Produktion bei mäßigem Anstieg des Preisniveaus.

Der Staatsbankrott von 1811

Die immer massivere Inanspruchnahme der Notenpresse zur Kriegsfinanzierung führte jedoch schließlich zum völligen Verschwinden des Silbergeldes und zu einer Beschleunigung des Kursverfalls der Bankozettel und der Inflation. Die Krise des Staates durch die Serie von Niederlagen und den demütigenden Schönbrunner Frieden von 1809 wurde durch den drohenden Staatsbankrott, auf den die Finanzen der Monarchie zusteuerten, verschärft. Die Spekulation ließ den Kurs der Bankozettel innerhalb eines Jahres um mehr als die Hälfte sinken, der Tiefpunkt wurde im Dezember 1810 erreicht, als der Kurs nur mehr ein Zehntel des Jahres 1798 betrug. Die Erosion der Staatseinnahmen beschleunigte sich, sodass 1809 und 1810 nur noch ein Drittel der Ausgaben durch Einnahmen gedeckt war. Um die Spirale zwischen Kursverfall und neuer Banknotenausgabe zu stoppen, war eine einschneidende Währungsreform unumgänglich.

Nach einem gescheiterten Stabilisierungsversuch von 1810 brachte der zweite Anlauf zur Stabilisierung von Währung und Staatsfinanzen durch das Patent des Hofkammerpräsidenten Graf Wallis die gewünschte Wirkung. Das »Devalvationspatent«, das vom Kaiser nach eingehenden, unter größtmöglicher Geheimhaltung erfolgten Beratungen am 22. Februar 1811 unterzeichnet und am 15. März 1811 in der gesamten Monarchie kundgemacht wurde, verfügte die Einziehung der Bankozettel bis zum 31. Januar des Folgejahres und ihre Ersetzung durch so genannte »Einlösungsscheine«, genannt »Wiener Währung« (W.W.) im Verhältnis von 5 : 1. Fünf Gulden Bankozettel entsprachen fortan einem Gulden W.W. Damit wurde der Geldumlauf wieder auf das Volumen von 1800 reduziert. Eine sofortige

Aufnahme der Barzahlungen war unrealistisch, aber die Staatsführung verband damit die Erwartung, dass mit dieser Relation mittelfristig die Silberkonvertibilität des Papiergeldes wiederhergestellt werden könnte.
Mit der Veröffentlichung des Patents begann die bis dahin wohl schwerste allgemeine Wirtschaftskrise Österreichs, von der alle Wirtschaftszweige stark in Mitleidenschaft gezogen wurden. Hatte die fortschreitende Zerrüttung der Währungsverhältnisse bereits zu erheblichen Verzerrungen und Ungleichgewichten geführt, deren Korrektur nicht schmerzlos verlaufen konnte, so wurde die Krise durch einige im Patent enthaltene Begleitregelungen verschärft. Zur Eliminierung des Defizits im Staatshaushalt verfügte das Patent eine massive Valorisierung der Steuern, die zum selben Nennwert wie in Bankozetteln in der neuen Währung zu entrichten waren. Die verzinslichen Staatsobligationen behielten ihren Nennwert, jedoch wurden die Zinsen reduziert. Die stärkste Auswirkung auf das Wirtschaftsleben hatte die Regelung der Privatschulden durch die dem Patent angefügte »Reduktionsskala«. Alle vor dem Jahr 1799 begründeten Schuldverpflichtungen waren zum vollen Nennwert nun nicht mehr in Bankozetteln, sondern in Wiener Währung zu erfüllen. Für die Periode des Kursverfalles 1799 bis 1811 war die Schuld zum Entstehungszeitpunkt nach der Skala zu bewerten und ebenfalls in Wiener Währung zu erfüllen. Demnach war zum Beispiel eine Schuld von 60.000 Gulden vom Juli 1802 bei einem damaligen Kursstand von 120 mit 50.000 Gulden W.W. zu bewerten.
Diese Regelung begünstigte weitgehend unerwartet in hohem Maße die Besitzer von Geldtiteln und bedeutete umgekehrt für die Geldschuldner eine ebenso unerwartete plötzliche Mehrbelastung, die umso größer war, je weiter die Begründung des Schuldverhältnisses in der Vergangenheit lag. Die Einkommens- und Vermögensverteilung verschob sich dadurch plötzlich und drastisch zugunsten der Besitzer von Finanztiteln, unter denen sich vor allem

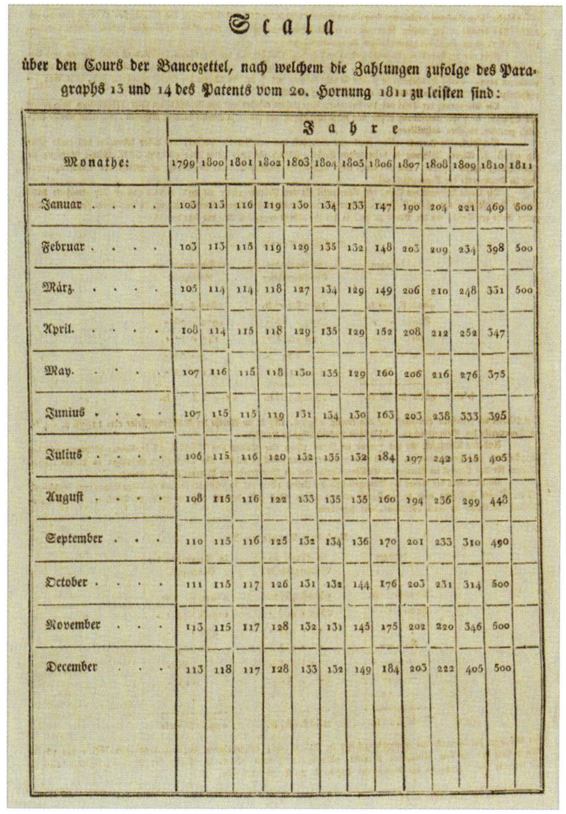

Scala

über den Cours der Bancozettel, nach welchem die Zahlungen zufolge des Paragraphs 13 und 14 des Patents vom 20. Hornung 1811 zu leisten sind:

Monathe:	Jahre												
	1799	1800	1801	1802	1803	1804	1805	1806	1807	1808	1809	1810	1811
Januar	103	113	116	119	130	134	133	147	190	204	221	469	500
Februar	103	113	115	119	129	135	132	148	203	209	234	398	500
März.	105	114	114	118	127	134	129	149	206	210	248	331	500
April.	108	114	115	118	129	135	129	152	208	212	252	347	
May.	107	116	115	118	130	135	129	160	206	216	276	375	
Junius	107	115	115	119	131	134	130	163	203	238	333	395	
Julius	106	115	116	120	132	135	132	184	197	242	315	405	
August	108	115	116	122	133	135	135	160	194	236	299	448	
September . . .	110	115	116	125	132	134	136	170	201	233	310	490	
October	111	115	117	126	131	132	144	176	203	231	314	500	
November . . .	113	115	117	128	132	131	145	175	202	220	346	500	
December . . .	113	118	117	128	133	132	149	184	203	222	405	500	

Staatsbankrott: Die dem Devalvationspatent von 1811 beigefügte Reduktionsskala zur Regelung der Privatschulden

Renten beziehende Angehörige des Adels und des städtischen Bürgertums und die Begünstigten von Stiftungen befanden, sowie zulasten jener Bevölkerungsgruppen, die ihr Einkommen überwiegend oder ausschließlich aus laufenden Umsätzen und Arbeitsentgelten bezogen. Letztere hatten wirtschaftliche Vorteile aus der Inflation gezogen, die sie durch die Währungsreform verloren.
Den zeitgenössischen Schilderungen zufolge waren es vor allem die Bauern, deren wirtschaftliche Verhältnisse sich in den Jahren vor der Währungsreform am deutlichsten verbessert hatten. Wirkte die erhöhte Staatsnachfrage an sich schon preissteigernd auf die Agrarprodukte, so waren die Bauern eifrige Beobachter des Kurses der Bankozettel und vermochten den Kursverfall durch Preissteigerungen mehr oder weniger zu kompensieren. Dabei nahm ihre Kaufkraft gegenüber den Erzeugnissen von Industrie und Gewerbe zu. Ihre verstärkte Nachfrage nach Kleidern, Schmuck, Metallgegenständen etc. erweiterte

Karikatur zur Kontinentalsperre, 1807: »Der Riese Handel überwältigt den Zwerg Blockade«.

die Absatzmöglichkeiten für Industrieprodukte. Gleichzeitig wurde das Wachstum der heimischen Industrie auch von der Ausschaltung der übermächtigen englischen Konkurrenz durch die Kontinentalsperre begünstigt.

Der Kursverfall der Bankozettel scheint auch die Exporte von Industriewaren begünstigt zu haben. Polizeiberichten zufolge befanden sich auffallend viele Fremde in Wien, die infolge des schlechten Kursstandes Eisen, Leinwand, Tücher, Baumwollwaren und anderes »zu jedem Preis« aufkauften. Die wachsende Zahl von Betrieben führte – zusammen mit dem Bedarf des Heeres nach Soldaten – zu einer Verknappung der Arbeitskräfte, deren Löhne mit den steigenden Lebensmittelpreisen offenbar einigermaßen Schritt halten konnten. Auch die Kaufkraft einer wachsenden städtischen Arbeiterschaft begünstigte die industrielle Expansion.

Gegenüber diesen Vorteilen standen für die Fabrikanten aber auch die Nachteile der Währungsverschlechterung. Rohstoffe wie Baumwolle und Seide, die aus dem Ausland bezogen wurden, verteuerten sich durch den Kursverfall empfindlich und die gestiegenen Löhne bedeuteten höhere Arbeitskosten. »In so fatalen Verhältnissen«, schreibt Anton Töpfer in seiner 1817 erschienenen Broschüre »Betrachtungen über die Frage: sind die in Österreich bestehenden Fabriken und Manufakturen dem Vaterlande nützlich …«, »sah mancher Unternehmer seinen Fond, viele wenigstens ihr currentes Betriebskapital, angegriffen. Sie mußten den rohen Stoff auf längeren Credit kaufen, und konnten ihn nur in schlechterer Qualität und zu höheren Preisen erhalten … Die mehrfältigen Stockungen im Absatze veranlaßte sie bald, auf Credit zu geben, wodurch sie nicht nur der Ungewißheit des Werthes der bedungenen Valuta zur Zeit des Verfalls, sondern mehreren Verlusten an Kapital ausgesetzt wurden.«

Wenn sich so die Situation für die Industrie im ersten Jahrzehnt des 19. Jahrhunderts eher zwiespältig darstellt, so präsentiert sich diese Zeit insgesamt als expansive Periode, der nach der Währungsreform ein Jahrzehnt hartnäckiger Stagnation folgte.

Die außergewöhnliche Tiefe und Dauer der Krise war bedingt durch die asymmetrische Wirkung der Einkommensumschichtung. Die Gruppen mit einem unerwarteten, plötzlichen Einkommens- und Vermögensgewinn steigerten ihren Konsum kurzfristig nicht im gleichen Ausmaß, wie die Verlierer ihre Ausgaben einschränken mussten. Die massivsten Verluste betrafen jene Geschäftsleute, die sich am stärksten an Termin- und Devisenspekulationen beteiligt hatten, also die Wechsler und Bankiers, die Großhändler und die Import- und Exporthändler. Die Zahl der im Großhandelsgremium erfassten Wiener Großhändler, Bankiers und Wechsler hatte 1811 fast 200 erreicht, das bedeutete mehr als eine Verdoppelung seit 1800. Nach der Währungsreform »fallierten« zahlreiche Häuser, andere konnten das Mindestkapitalerfordernis von 50.000 Gulden nicht mehr erfüllen. Die Zahl der Großhändler und Bankiers sank bis 1820 wieder auf 105. Die Ausleihungen der Bankiers waren – vom Hypothekarkredit abgesehen – meist kurzfristig (Wechsel). Je stärker sie durch längerfristige Einlagen refinanziert waren, umso gravierender war die negative Auswirkung der Regelung der Privatschulden auf die Bankbilanz. Dies erklärt zum Beispiel die sofortige Insolvenz der Wiener Commerzial-, Leih- und Wechselbank.

Bei den Industrieunternehmungen war die langfristige Schuldfinanzierung eine seltene Ausnahme. Als Wechselschuldner waren sie jedoch vom Patent insofern nachteilig betroffen, als sich die Relation Umsatzerlöse zu Schulden verschlechterte. Dazu kam, dass durch die Krise des Bankensektors Kredit überhaupt schwerer zu erhalten war.

Die Unsicherheit über die künftige Entwicklung des Kurses der Wiener Währung hielt nach der Währungsreform des Hofkammerpräsidenten Wallis noch längere Zeit an. Unmittelbar nach dem 15. März 1811 bildete sich wiederum ein beträchtliches Silberagio von mehr als 100 Prozent. Der neuerliche Krieg gegen Frankreich wurde durch neues Papiergeld (»Antizipationsscheine«) finanziert, sodass die endgültige Stabilisierung nicht vor 1820 gelang. Die anhaltende Währungsunsicherheit führte immer wieder zur Zurückhaltung bei Verkäufen und Käufen, sowohl bei Nahrungsmitteln als auch bei Industriewaren. Verschärft wurde die Krise durch eine Missernte (1815) und in der Industrie vor allem auch dadurch, dass nach der Aufhebung der Kontinentalsperre die englischen Industriewaren mit aufgestauter Wucht auf die Märkte des Festlandes drängten.

Wie verzweifelt die Situation für die Industrie gesehen wurde, kommt in der düsteren Prognose Anton Töpfers zum Ausdruck: »Bald, sehr bald dürfte jede Hilfe zu spät werden: Der Einsturz morscher Gebäude geschieht nicht allmählig, wie ihr Bau. Vergeblich dürfte Österreich um den Verlust seiner Industrie in Kürze die Hände ringen.«

In der in den Jahren 1819 bis 1823 erschienenen »Darstellung des Fabriks- und Gewerbewesens im österreichischen Kaiserstaate« des Fabriksinspektors Stephan Edler von Keeß findet man bei der Beschreibung des Zustandes der verschiedenen Branchen immer wiederkehrend Feststellungen von der Art, dass »im Jahre 1812 (oder 1811 oder auch etwas später) eine Stockung und Verminderung dieses Gewerbszweiges eintrat«, dass diese oder jene Fabrik in besseren Zeiten wesentlich mehr Arbeiter beschäftigt hätte, und Ähnliches. Für sieben Baumwollspinnereien im Viertel unter dem Wienerwald, darunter die größten in Pottendorf, Teesdorf und Schwadorf, gibt Keeß eine zahlenmäßige Gegenüberstellung von tatsächlicher und möglicher Produktion. Daraus errechnet sich eine Kapazitätsauslastung von nur 76 Prozent. Besonders hart getroffen wurde auch die Wiener Seidenindustrie. Die Zahl der Stühle ging dort von 7.000 im Jahr 1811 bis 1819 auf 4.500, also etwa um ein Drittel, zurück.

Bis 1814 wurden in Niederösterreich 14 mechanische Baumwollspinnereien errichtet. Die nächste Gründung erfolgte erst wieder 1820, danach entstanden in rascher Folge weitere 27 Fabriken bis 1843. Auch in Vorarlberg ist in den Zwanzigerjahren eine regsame Gründungstätigkeit in der Baumwollindustrie festzustellen. Auch wachsende Dynamik in anderen Bereichen, etwa im Maschinenbau, die Zunahme der Eisenerzeugung, aber auch das steigende Volumen des Wechseldiskonts bei der Nationalbank zeigen die Zwanziger- und Dreißigerjahre als industrielle Aufschwungs- und Expansionsperiode.

Dampfmaschinen, Lokomotiven und Eisenbahnkilometer, 1837 bis 1850

	Neu gebaute Eisenbahnstrecken (in Kilometer)	Neu aufgestellte Dampfmaschinen*	Neu in Dienst gestellte Dampfmaschinen
1837	4	28/20	
1838	18	25/18	6
1839	112	24/18	9
1840	0	33/24	7
1841	207	36/26	30
1842	27	23	26
1843	0	30	2
1844	95	38	17
1845	255	61	68
1846	172	61	80
1847	148	94	33
1848	23	56	47
1849	169	51	54
1850	107	121	53

* Die zweite Zahl: davon aus inländischer Erzeugung

Quelle: Tafeln zur Statistik der Österreichisch-Ungarischen Monarchie 1841; Mittheilungen aus dem Gebiete der Statistik (hg. von der Direktion der administrativen Statistik im k. k. Handelsministerium, 1. Jg. (1852): Die Dampfmaschinen der österreichischen Monarchie 1851; Tafeln 1841, Dampfmaschinenstatistik 1852; B. R. Mitchell, International Historical Statistics. Europe 1750–1993 (New York [4]1998). Angaben für Österreich-Ungarn.

Krisen und Pauperismus: Die Delogierung. Ölgemälde von Alois Schönn, um 1840

Neuerliche Krisen schüren Revolutionsstimmung

Eine neuerliche Krise trat Anfang der Vierzigerjahre ein. Ausgangspunkt der Krise war wiederum der Finanzsektor. Einige Wiener Bankhäuser erlitten aus Börsenspekulationen im Ausland, die durch Wechsel der Nationalbank finanziert worden waren, empfindliche Verluste. Die Auswirkungen auf die Industrie waren jedoch vergleichsweise mild und von kurzer Dauer, da sich der Aufwärtstrend nach wenigen Jahren wieder fortsetzte.

Die schwere Krise der Jahre 1846/47, die maßgeblich zum Ausbruch der Revolution von 1848 beitrug, hatte ihre Ursache nicht in der Dynamik der Industriekonjunktur, sondern war durch zwei sukzessive Missernten und die daraus resultierende Lebensmittelteuerung bedingt. Sie wurde allerdings entscheidend durch den Umstand verschärft, dass als Folge der Industrialisierung nun ein einige hunderttausend Menschen zählendes Industrieproletariat existierte, der Großteil davon in Wien, das von der Krise besonders hart betroffen war.

Von den Missernten der Jahre 1845 bis 1847 waren nicht nur die Länder der Habsburgermonarchie, sondern auch andere europäische Länder betroffen, darunter große Teile von Deutschland und vor allem Irland, das 1846 bis 1850 die schwerste Hungerkrise der europäischen Geschichte durchmachte. Von den

Proletarier: Die Straßenpflasterer. Lithografie von J. Lanzedelli d. J., um 1840

Ernteausfällen waren besonders schwer auch die Kartoffeln betroffen, die man zuvor als Retter vor der Hungersnot erkannt zu haben glaubte.

In Wien stieg der Preis für 1 Metzen (circa 61,5 Liter) Weizen von 1844 bis 1846 um mehr als 90 Prozent (von 7 Gulden W.W. auf 13 1/2 Gulden W.W.), der Semmelpreis pro Pfund von 12 Kreuzer auf 22 Kreuzer, der Preis für ein Pfund (0,56 kg) Roggenbrot von 4 Kreuzer auf 8 Kreuzer. 1847 gingen die Lebensmittelpreise nur geringfügig zurück. In anderen Städten Österreichs fiel die Lebensmittelteuerung mäßiger aus, jedoch waren die Folgen dieser Entwicklung überall spürbar. Die Kartoffelfäule machte sich auch in Österreich bemerkbar. Ein rekonstruierter Preisindex ergibt für Ernährung und Getränke im Zeitraum von 1844 bis 1847 einen Anstieg um 37 Prozent. Die Kaufkraft der Löhne ging dramatisch zurück, wobei die ärmsten Schichten am stärksten betroffen waren, da die Preise von deren Hauptnahrungsmitteln den größten Anstieg aufwiesen.

Die überall eingetretene Lebensmittelteuerung führte zu einem Rückgang der Nachfrage nach Industrieprodukten. Es kam zu Produktionseinschränkungen und Massenentlassungen. Ein Boykott österreichischer Industriewaren, den der von Ludwig Kossuth gegründete ungarische »Schutzverein« aus Protest gegen die Zollpolitik organisierte, brachte eine zusätzliche Verschärfung der Krise in Industrie und Gewerbe mit sich. Die Regierung versuchte der zunehmenden Arbeitslosigkeit durch eine Forcierung des Eisenbahnbaus und durch die Vornahme von Bau- und Erdarbeiten entgegenzuwirken, konnte damit aber gegen das An-

Nach dem Maschinensturm: Brandruinen der Baumwoll-Druck-Fabrik Granichstätten nach dem Maschinensturm am 13./14. März 1848. Sepiapinsel und Tuschfeder, teilweise aquarelliert, Franz Kaliwoda

wachsen der Proteststimmung und der revoltierenden Aktionen in allen Landesteilen nur wenig ausrichten.

In Wien erreichte die Krise im Jahr 1847 und im Winter 1847/48 ihren Höhepunkt. Gesundheitliche Schäden als Folge der Unterernährung häuften sich. In den Vorstädten rotteten sich arbeitslose Textilarbeiter zusammen und zogen vor die Fabriken, um dort Arbeit zu begehren. Ihr Zorn richtete sich besonders auf die neuen Textildruckmaschinen, genannt »Perotinen«. Vergeblich hatten die Arbeiter vom Kaiser ein Verbot dieser Maschinen gefordert, die so viele Baumwolldrucker um ihre Erwerbsmöglichkeiten gebracht hatten. Polizeiberichte erwähnen zahlreiche Tumulte, Plünderungen von Geschäftslokalen, Volksaufläufe gegen Spekulanten etc.

Die städtischen Einrichtungen der Armenfürsorge konnten die erhöhten Anforderungen nicht mehr bewältigen. Zu ihrer Entlastung wurde in der Hauptstadt der »Allgemeine Wiener Hilfsverein« gegründet, der Armensuppe und Lebensmittel verteilte. Mit Erstaunen und Furcht registrierte man in den wohlhabenden Kreisen das Ausmaß der Armut, das offenbar wurde, »als bei der Betheilung in den verschiedenen Vorstädten mit einem Stück Brod und einem Teller nahrhafter Rumforder Suppe sich viele Tausende und Tausende hungriger Armer meldeten«.

Wirtschaftlich überforderter Staat

Nicht erst seit der Zuspitzung der Ernährungslage durch die Missernten, sondern entsprechend dem Fortschreiten der Industrialisierung und Urbanisierung seit etlichen Jahrzehnten wurde das Anwachsen einer verarmten oder an der Armutsgrenze existierenden Bevölkerungsschicht in Europa unter dem Begriff »Pauperismus« von zeitgenössischen Schriftstellern intensiv diskutiert. Das Massenelend war ein Nährboden für Aufruhr und Revolte, die sporadisch auch schon vor 1848 da und dort in Erscheinung getreten waren. Dass sich 1848 daran eine politische Revolution entzündete, die in der Habsburgermonarchie das Ende des vormärzlichen Absolutismus einleitete, ist jedoch auf die seit langem schwelende Krise des politischen Systems des alten Kaiserstaates zurückzuführen.

Die Notwendigkeit, Missstände verschiedener Art im Bereich der Staatsverwaltung zu beseitigen, war weitgehend anerkannt, es zeigte sich aber immer wieder die Entscheidungs- und Handlungsunfähigkeit der Regierung. Für die Bauern, die bei weitem größte Bevölkerungsgruppe, war die Befreiung aus den überkommenen Strukturen der Grundherrschaft, zu der Kaiser Joseph II. mit der Aufhebung der Leibeigenschaft den entscheidenden Schritt gesetzt hatte, noch keineswegs abgeschlossen. Unter den Handwerkern bestand Unzufriedenheit einerseits wegen der schikanösen und vielfach prohibitiven Praktiken bei der Verleihung der Gewerbebefugnisse, andererseits war ihnen die Haltung der Behörden gegenüber dem Fabrikswesen zu liberal. Fabrikanten und Handel wiederum hatten unter den bürokratischen Schikanen eines durch das Schutzzollsystem bedingten umfassenden Überwachungssystems zu leiden, das die Produzenten und Händler dazu zwang, auf allen Stufen der Wertschöpfung vom Urprodukt bis zum fertigen Konsumgut über Herkunft und

Armut: Adelige und Bettler. Kolorierte Aquatintaradierung von Georg Emanuel Opiz aus einer Folge von Szenen aus dem Wiener Volks- und Straßenleben, um 1810

Zusammensetzung genau Buch zu führen und Ursprungszertifikate bereitzuhalten. Anläufe zu Reformen wurden wiederholt unternommen und dafür umfangreiche Erhebungen durchgeführt. Am Ende wurden aber meist doch keine Maßnahmen gesetzt, da sich zum Beispiel die betroffenen Zunftgremien der Liberalisierung des Gewerbezugangs in ihrem Zweig erfolgreich widersetzten, oder weil die betroffene Industriebranche den Schutzzoll erfolgreich verteidigen konnte.

Allen gesellschaftlichen Gruppen gemeinsam war der Unmut gegenüber dem Adel. Aufgrund seiner Privilegien eines besonderen Gerichtsstandes und des fideikommissarischen Grundbesitzes waren Schulden der »Cavaliere« nur beschränkt exekutionsfähig. Damit zogen sie sich den Hass jener Handwerker und Händler zu, die so um die Bezahlung ihrer Leistungen kamen. Dem wirtschaftlich absteigenden Adelsstand waren immer noch die höheren Regierungs- und Verwaltungsfunktionen vorbehalten, während dem aufstrebenden Stand der Fabrikanten und Industrieunternehmer und der intellektuellen Schicht die Teilnahme am politischen Entscheidungsprozess versagt blieb.

Die Revolution von 1848 war der Kulminationspunkt einer mehrfachen krisenhaften Entwicklung: wirtschaftlich, sozial und politisch. Der zunehmenden Opposition stand eine weitgehende Lähmung und Immobilisierung des politischen Systems gegenüber, das nicht mehr imstande war, auf den Problemdruck mit Reformen zu antworten. Nicht übersehen werden darf dabei aber im Fall der Habsburgermonarchie, dass die Konflikte zwischen den verschiedenen Nationalitäten sowohl den Ursprung als auch den Verlauf der Revolution maßgeblich prägten.

III. BRANCHEN UND UNTERNEHMEN

Die k. k. Wollzeugfabrik

Die »k. k. priv. Wollenzeugfabrik« in Linz war auch nach heutigen Maßstäben in vielerlei Hinsicht außerordentlich und einmalig: ihre Größe, die komplexen, sich teilweise widersprechenden Zielsetzungen, ihre Verwobenheit mit der Bevölkerung bis in die Gegenwart. Die Wollzeugfabrik ist eine Großleistung Österreichs in der frühindustriellen Phase und gleichzeitig ein spannendes unternehmerisches Abenteuer. Sie war ein gewaltiger Arbeitgeber, war über große Strecken ihrer Existenz erfolgreich, setzte Impulse für die industrielle Entwicklung Österreichs und war fast immer unterkapitalisiert.

Die fast 180-jährige Geschichte der Wollzeugfabrik von 1672 bis 1851 umrahmt ziemlich genau die Zeitspanne dieses Bandes und reflektiert nahezu perfekt das damalige suchende Abtasten des neuen Phänomens Industrie. Leider sind Unterlagen aus der ersten, privaten Phase nur spärlich vorhanden. Dafür existieren sehr gute und detaillierte Daten aus dem fast 100-jährigen Abschnitt in staatlichem Besitz, der 1754 begann. Die Geschichte dieses Unternehmens, der mehrmalige Besitzerwechsel und die handelnden Führungspersönlichkeiten sind auch in der Gegenwart für jeden faszinierend, der sich für die Industrie Österreichs interessiert.

Rund 80 Jahre in Privatbesitz

Gegründet wurde die »k. k. priv. Wollenzeugfabrik in Linz« von dem gebürtigen Osttiroler Christian Sind. Das Fabriksprivileg, eines der ersten von Kaiser Leopold I. gewährten, wurde 1672 für die Dauer von 30 Jahren erteilt und umfasste ein Erzeugungsmonopol für verschiedene Wollzeuggattungen, dazu Rechte zur Errichtung von Verkaufsniederlagen sowie zum Wolleinkauf, Abnahmegarantien, Importschutz und auch die Befreiung von zünftischen Auflagen und Beschränkungen.

Sind hatte es als Textilgroßhändler in Linz zu Wohlstand und Ansehen gebracht und war auch Mitglied des inneren Rats der Stadt. Die Möglichkeit, für 30 Jahre ein Fabriksprivileg zu erhalten, das Importe und Konkurrenz stark beschränkte, war eine unternehmerische Chance, die es zu ergreifen galt. Der Staat seinerseits versuchte, durch solche Privilegien die zünftischen Kleinstrukturen ganz im merkantilistischen Sinne zu sprengen und die Staatsmacht durch die Schaffung von Fabriken auf stärkere wirtschaftliche Beine zu stellen. Bei der Wollzeugfabrik kam als Sondermerkmal dazu, dass die Verarbeitung des inländischen Rohstoffes Wolle für den inländischen Massenkonsum gefördert werden sollte – dies im Gegensatz zum importierten Rohstoff Baumwolle oder zu Privilegien zur Bedienung

Linzer Wollzeugfabrik, Waren- und Werbezettel: unter dem Doppeladler und dem geflügelten Merkur die allegorischen Figuren der Austria und der Justitia. Darunter die Gebäude der Wollzeugfabrik im Bauzustand um 1770.

des höfischen Luxuskonsums mit Produkten wie Seide, Spiegeln oder Zuckerwaren.

Das Privileg, wie es die Wollzeugfabrik erhielt, wäre heute, in Zeiten kontrollierender Monopol- und Kartellbehörden, undenkbar. Aus damaliger Sicht des Staates war das Instrument der Privilegienvergabe jedoch eine moderne, die industrielle Aktivität fördernde Wirtschaftspolitik.

Die Stadt Linz und die Stände sahen dies allerdings anders. Die Stadt fühlte sich in ihren zünftischen, auf Kleinstrukturen ausgerichteten Interessen bedroht und verbot den Bürgern, den Arbeitern und Beamten der Fabrik Unterkunft zu gewähren. Der Stadtdechant wurde bewogen, keine Fabriksarbeiter zu trauen, und die Fabrik wurde angewiesen, verheiratete Arbeiter zu entlassen und nur ledige Arbeiter anzustellen. Auch Sind selber spürte diese Ablehnung. Schon im Gründungsjahr 1672 wurde er als »gewester innerer Rat« in den Büchern der Stadt geführt. Aber auch die Stände, die auf die gewerbliche Aktivität im ländlichen Raum ausgerichtet und daher gegen die bürgerlichen Zunftprivilegien in Linz waren, gingen in Opposition zu Sind. Sie fühlten sich bei der Wollabnahme und im Wolleinkauf einem Monopolisten ausgesetzt und bei der Gründung neuer Betriebe behindert. Trotzdem gelang es Sind, die Wollzeugfabrik erfolgreich aufzubauen und im Markt zu etablieren.

Nicht an seinen Sohn Georg Christian, sondern an seinen tüchtigen Schwiegersohn Matthias Kolb übergab der Unternehmensgründer 1678 die Fabrik. Der Staat übertrug die Privilegien, die Stadt die Ablehnung auf Sinds Nachfolger. Matthias Kolb wurden, wie schon Sind, die Bürgerrechte der Stadt Linz aberkannt. Dankbarer war da schon der Staat, der in Würdigung der Leistungen des Vaters aus Georg Christian Sind einen Ritter von Sindensee und aus Dominikus Kolb, der nach dem Tod seines Bruders Matthias 1692 das Unternehmen übernahm, einen Edlen von Kolbenthurn machte und ihm mit Patent vom April 1707 das Fabriksprivileg für eine Periode von 30 Jahren erneuerte und erweiterte. Der Staat wollte damit Dominikus Kolb nicht nur für Eifer und Einsatz bei der Wollzeugfabrik danken, sondern gleichzeitig zu weiteren Fabriksgründungen anregen.

Kommerziell war die Wollzeugfabrik unter Kolb nur teilweise erfolgreich. Es fehlte an Kapital. Die Finanznöte führten dazu, dass Kolb dauernd unter dem Druck stand, einen kapitalkräftigen Partner für seine Fabrik suchen zu müssen. Kolb wurde zunehmend von externen Geldgebern abhängig. Der Hauptgläubiger, der jüdische Wiener Kapitalgeber Abraham Spitz, wurde Kompagnon und Miteigentümer, ohne allerdings im Fabriksprivileg genannt zu werden. Unter dem Druck der Schuldenlast kam es über Vermittlung von Spitz im Mai 1715 zur Einigung über den Verkauf der Wollzeugfabrik an das Wiener Soldatenspital und Armenhaus. Zuvor hatte die Stadt Wien einen solchen Erwerb aus wirtschaftlichen Gründen abgelehnt. Was für ein Käufer! Das Wiener Armenhaus wurde von Spitz mit dem Argument der Beschäftigung für aufgegriffene Bettler und Arbeitslose wohl eher in diesen Erwerb hineinverführt, als dass dieser Besitzwechsel für das Armenhaus einen ökonomischen Sinn machte. So dauerte es bis Januar 1717, bis dieser Kauf schließlich von Kaiser Karl VI. genehmigt und das Privileg bestätigt wurde. Im August desselben Jahres begann das Armenhaus mit Arbeiten für die Zubereitung von Wolle für die Linzer Wollzeugfabrik.

An den Existenzsorgen der Fabrik änderte sich durch diesen Besitzwechsel nichts. Die Schuldenlast blieb in hohem Maße drückend und das Armenhaus war wenig qualifiziert, die besorgten Gläubiger in Zaum zu halten. Da sprang einmal mehr Spitz ein. Er übernahm die Forderungen von Gläubigern, womit sein Engagement an der Wollzeugfabrik von etwas mehr als 100.000 Gulden auf rund 250.000 Gulden anstieg. Dies entsprach in etwa dem Wert der Fabrik. Die von Spitz in der Folge mit wenig rücksichtsvollen Methoden angestrebte Übernahme der Fabrik scheiterte nicht zuletzt an den Protesten der Arbeiter und Beamten, die diesen möglichen neuen Besitzer aus Angst vor Ausbeutung ablehnten. Auch Kolb war gegen die Übernahme der Fabrik durch Spitz und offerierte sein Unternehmen den oberösterreichischen Ständen. Die Verhandlungen um die Zukunft der bedrohten Fabrik waren noch voll im Gange, als Kolb 1721 starb. Nachdem die oberösterreichischen Stände es abgelehnt hatten, die ihnen angebotene Fabrik zu übernehmen, wurde die niederösterreichische Regierung beauftragt, einen »geeigneten, christlichen Unternehmer und Leiter der Fabrik« zu suchen. Dieser wurde im Wiener Niederleger Johann Heinrich von Palm gefunden, der in mühsame Verhandlungen mit dem Armenhaus und insbesondere auch Spitz trat. Im Juli 1722 lehnte die Hof-Kommission die Vorschläge und Bedingungen Palms ab und befürwortete eine Weichenstellung in Richtung der 1719 gegründeten zweiten »Kaiserlich privilegierten Orientalischen Kompanie«. Diese Gesellschaft sollte im Anschluss an den Passarowitzer Friedensvertrag und den mit ihm verbundenen Handelsvertrag mit der Türkei vor allem den Orienthandel mit dem Schwerpunkt Türkei beleben.

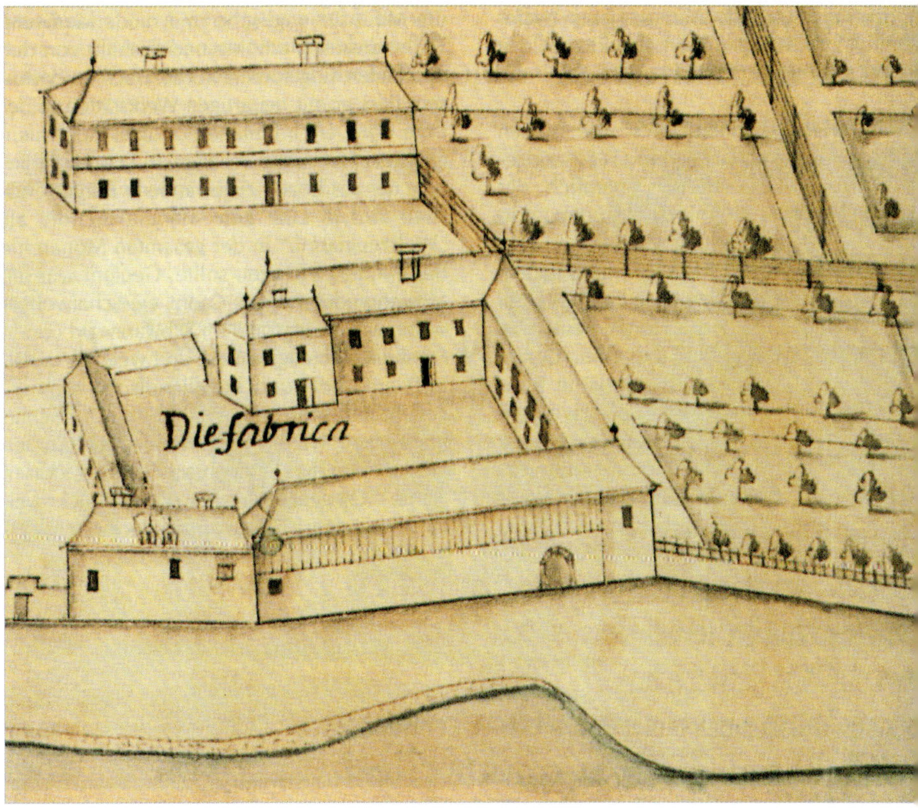

Die Wollzeugfabrik vor dem von der Orientalischen Kompanie veranlassten Neubau. Ausschnitt aus einem Plan, vor 1722

Auch der neue Besitzer vermochte die in ihn gesetzte Hoffnung, der Wollzeugfabrik zu einer neuen Blüte zu verhelfen, nicht zu erfüllen. Der Start jedoch war überzeugend. Der auf Christian Sind zurückgehende Hauptbau von 10 Meter Länge wurde durch einen vom

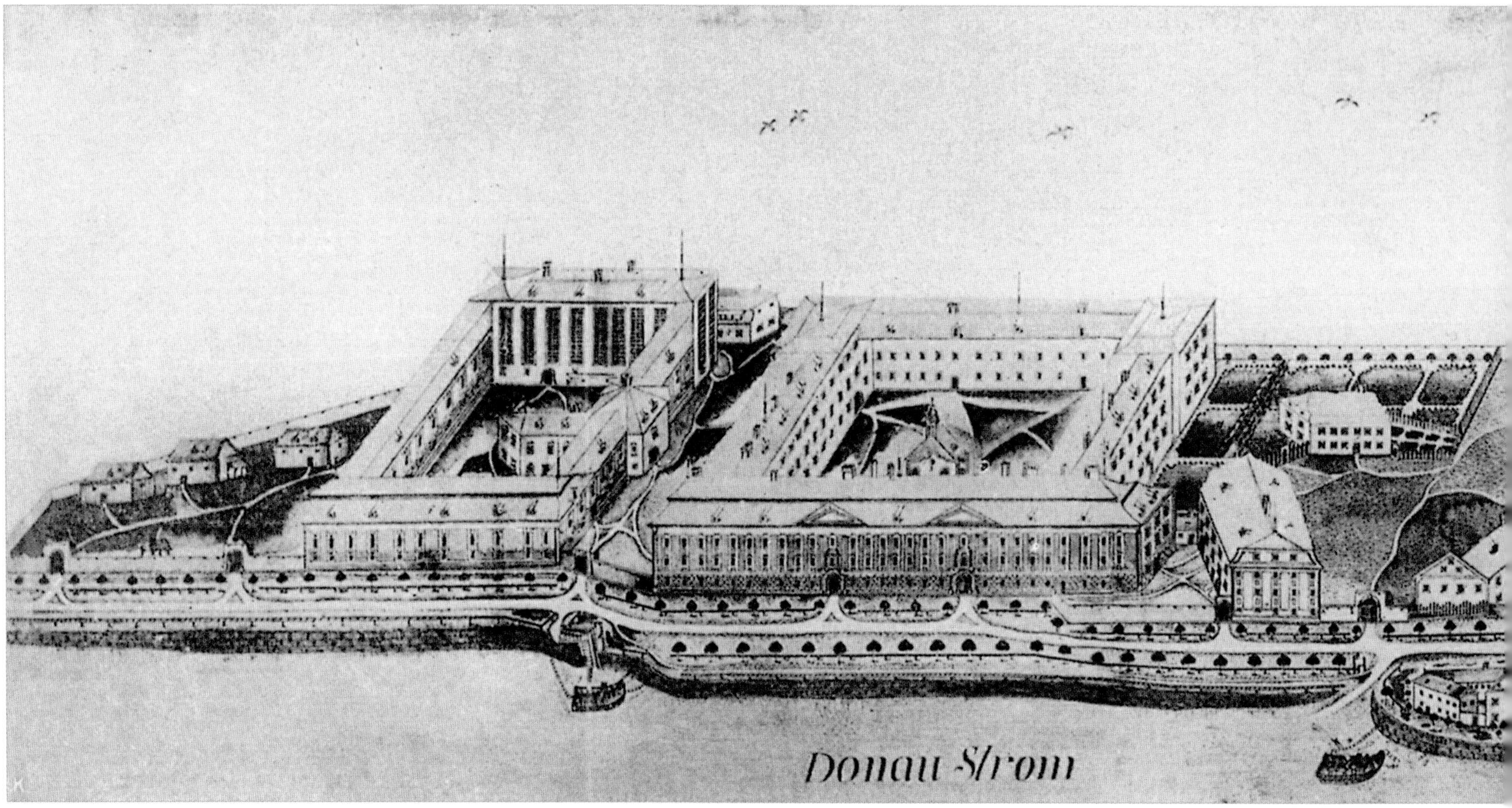

Die größte Ausdehnung der Wollzeugfabrik Ende 18. Jahrhundert: Von links nach rechts: Vierkanthof der Färberei mit zweigeschossigem Trockenboden (51 x 56 m), 1764 errichtet, daneben der zwischen 1722 und 1774 errichtete und erweiterte Haupttrakt (110 x 62 m), anschließend das 1757 erbaute Zwirnerstöckl und dahinter das Beamtenstöckl, daneben das 1787/88 errichtete »Wiesengebäude« (»große Tuchfabrik«, 110 x 15 m) und rechts oben der Vierkanter des 1785 von der Wollzeugfabrik übernommenen Strafarbeitshauses. Ansicht von Franz Joseph Preisch, 1795

Linzer Barockbaumeister Johann Michael Prunner geplanten Neubau ersetzt. Mit einem Haupttrakt von 50 Meter Frontlänge und einem Seitentrakt von 15 Meter Länge für die Färberei entstand ein für die damalige Zeit beeindruckender Profanbau. Gestärkt durch ein abermals erweitertes und auf 50 Jahre angesetztes Fabriksprivileg aus dem Jahre 1724 gelang es der Kompanie bereits 1725, die Beschäftigung auf 4.415 Arbeitskräfte zu steigern. Davon waren rund 4.000 Lohnspinner, die im Verlagssystem dezentral arbeiteten. Der Warenabsatz stieg an und zugleich verstärkte sich auch der Kampf mit der Kaufmannschaft und den oberösterreichischen Zeugmachern und Weberhandwerkern, die sich durch das Fabriksprivileg in ihren Möglichkeiten nach wie vor ungerecht eingeschränkt fühlten.

Wie Kolb holte jedoch auch die Orientalische Kompanie das Phänomen der chronischen Unterkapitalisierung ein. Bei der Gründung der Kompanie wurde ein Kapital von nicht einmal 100.000 Gulden gezeichnet. Um die Kapitallücke zu schließen, wurde die Kompanie 1721 mit dem Privileg ausgestattet, »Trefferanleihen«, damals genannt »Lotterie«, auszugeben. In der Folge wurde tatsächlich versucht, durch den Absatz von Losen das fehlende Betriebskapital zu beschaffen. Der heute nur mehr selten verwendete, damals aber durchaus übliche Finanzierungsweg führte die Orientalische Kompanie mit ihrem gesamten Besitz und damit auch die Wollzeugfabrik in Linz 1734 in die Abhängigkeit der Gläubiger der Lotteriegesellschaft. In diese Periode fällt auch der Aufbau der Tucherzeugung in Böhmen und Mähren. Die Zulassung böhmischer Waren in den österreichischen Ländern konnte nicht verhindert werden, da die Linzer Fabrik nicht in der Lage war, die Nachfrage in ihrem Monopolgebiet zu befriedigen. Die Direktion reagierte mit einer Erweiterung des Sortiments von rund 30 auf 38 Artikel und

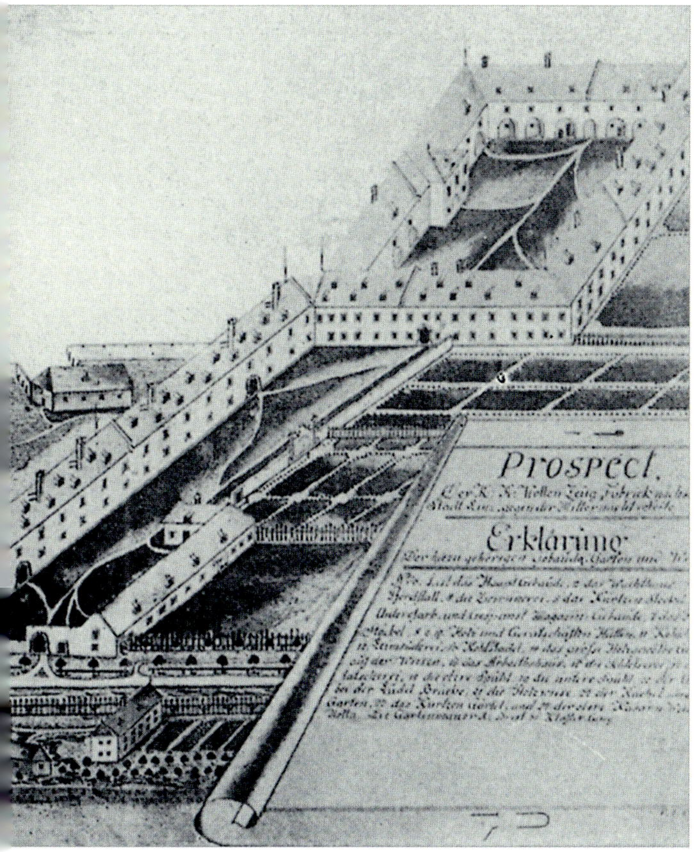

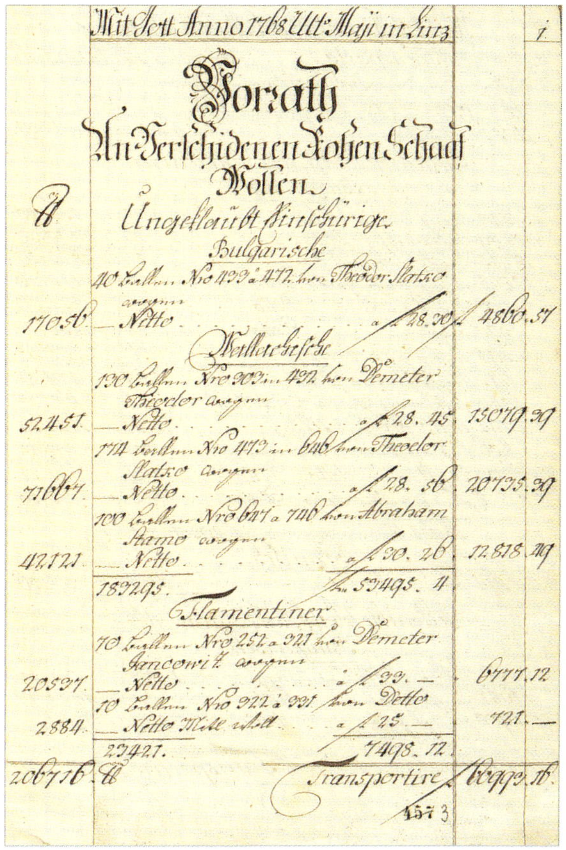
Vorrath
An Verschiedenen Rohen Schaaf
Wollen
Bulgarische
Flamentiner
Transportire

Inventar der Linzer Wollzeugfabrik aus dem Jahre 1768, Hofkammerarchiv in Wien

steigerte die Produktion. Der Umsatz stieg von 172.000 Gulden im Jahr 1747 auf 304.000 Gulden im Jahr 1752. Das Unternehmen beschäftigte knapp 10.000 Menschen, in der Fabrik in Linz allerdings davon nur 500. Als Verlegte, worunter man im Lohn beschäftigte Heimarbeiter verstand, fanden 9.000 Spinner und rund 300 Weber Arbeit bei der Wollzeugfabrik.

Die Gläubiger der Orientalischen Kompanie wurden trotz dieser Aufbauerfolge der Fabrik in Linz langsam überdrüssig. Sie sahen keine Möglichkeit, dass das Unternehmen aus eigener Kraft ihre Forderung an die Lotteriegesellschaft in Höhe von 2,25 Millionen Gulden tilgen konnte. Zudem wurde unter Kaiserin Maria Theresia das Monopol der Wollzeugfabrik zunehmend aufgeweicht und die Zukunft ließ eine weitere Verstärkung der Konkurrenz und damit Verhärtung der Ertragssituation erwarten. Die Gläubiger wollten die Fabrik verkaufen oder den Betrieb einstellen.

Rund 100 Jahre in staatlichem Besitz

Der ersehnte Verkauf gelang den Gläubigern der Wollzeugfabrik 1754. Kaiserin Maria Theresia erwarb die Linzer Fabrik für 926.000 Gulden und zusätzlich eine Abfertigung von 30 Prozent auf die 2,25 Millionen Gulden Gläubigerforderungen an die Lotteriegesellschaft. Die Odyssee von gut 80 Jahren Privatbesitz der Wollzeugfabrik ging zu Ende und es begann die fast 100-jährige Periode im Besitz des Staates. Die Wollzeugfabrik entwickelte sich in der Folge zu einer einmaligen Betriebsgröße. Unter Einschluss der Verlegten dürfte sie über mehrere Jahre in Bezug auf die Zahl der organisierten Beschäftigten das größte Unternehmen im Habsburgerreich gewesen sein.

Die erste Hälfte dieser 100 Jahre war für die Wollzeugfabrik mit Schwankungen erfolgreich und brachte Höhepunkte. Die zweite Hälfte aber war von einem fast steten Abstieg gekennzeichnet.

Zwei ungewöhnlich starke Fabriksleiter prägten die ersten 50 Jahre der Linzer Fabrik unter staatlicher Führung. Von 1754 bis 1771 leitete Direktor Franz Paul von Stegner die Wollzeugfabrik von Wien aus. Ihm folgte bis 1805 Konrad Sörgel von Sorgenthal, der von Linz aus die Geschicke der Fabrik lenkte und sich zum Multi-Manager entwickelte. Er leitete nicht nur die Linzer Wollzeugfabrik, sondern auch die Wiener Porzellanmanufaktur, die Nadelburg in Lichtenwörth bei Wiener Neustadt, die Neuhauser Spiegelfabrik und die Schwechater Kottonfabrik. Es stellt sich die Frage, ob diese Aufgabenhäufung tatsächlich gut für die einzelnen Unternehmungen war oder hier nicht doch ein überstarkes Ego Sorgenthals und die allzu lockere Überlassung von Führungspositionen an einen vertrauten Mann durch den Staat im Vordergrund standen. Für die Wollzeugfabrik jedenfalls hat Sorgenthal Großes geleistet.

Wie schon die Orientalische Kompanie setzten beide Direktoren zu Beginn ihrer Amtszeit ein deutliches Zeichen durch die Realisierung großer baulicher Investitionen. Stegner verlängerte den Haupttrakt auf 110 Meter, stockte ihn auf drei Geschosse auf und schloss die Anlage durch zwei zweigeschossige Seitenflügel von 62 Meter Länge und einen südseitigen Trakt von 66 Meter Länge zu einem riesigen Hofgebäude. In der Mitte des Hofs wurde als Symbol der neuen Zeitdisziplin der Fabrik ein Glockenturm errichtet. Der vielleicht noch ehrgeizigere Sorgenthal erhöhte 1773 die Seitenflügel um einen Stock, sodass sie der dreigeschossigen Vorderfront entsprachen, und errichtete östlich von der bestehenden Anlage ein weiteres Vierkantgebäude von 51 mal 56 Meter Seitenlänge.

Die Monarchie war bis zur Mitte des 19. Jahrhunderts einer der wichtigsten Wollproduzenten der Welt. Oberösterreich nahm dabei insbesondere in der zweiten Hälfte des 18. Jahrhunderts eine wichtige Position ein. Die wachsende Nachfrage nach Wolle durch die Wollzeugfabrik führte zu einem deutlichen Anstieg der Schafhaltung. Die Entwicklung von Produktion und Umsatz war beträchtlich. Stegner verdoppelte in den ersten zehn Jahren seiner Tätigkeit die Herstellung von Wollzeugware, ohne die Fabrik im Produktionsprozess oder Artikelprogramm zu erneuern. Geschickt nützte er die Monopolsituation aus. 1764 erlöste er für 26.400 Stück Wollzeug 635.000 Gulden, zwei Jahre zuvor erreichte die Wollzeugfabrik mit ausgewiesenen 48.526 Beschäftigten ihren Höhepunkt an organisierten Arbeitsplätzen, wenn man berücksichtigt, dass die nicht ausgewiesenen Lohnspinner noch einmal geschätzte 10.000 Beschäftigte ausmachten. Das atypische Boomjahr 1791 zeigte eine noch leicht gesteigerte offizielle Beschäftigungsspitze von 49.292 Beschäftigten, dieser Beschäftigungsstand hielt allerdings nur ein Jahr. Dabei waren in der Fabrik nur gut 4 Prozent oder rund 2.200 Mitarbeiter beschäftigt. Die Lohnspinner außerhalb der Fabrik prägten das Bild der Beschäftigung.

Stegner konnte dieses hohe Produktions- und Beschäftigungsniveau nicht halten und übergab 1771 Sorgenthal die Fabrik mit einem Umsatz von 566.000 Gulden und einem Beschäftigtenstand von 26.600 Mitarbeitern. Schon zwei Jahre später schaffte es der rührige Sorgenthal, die Umsatzgrenze von 800.000 Gulden und den Beschäftigungsstand von 40.000 Mitarbeitern zu überschreiten. Zudem gelang es Sorgenthal, 1774 das ausgelaufene Privilegium um 25 Jahre zu verlängern. Da die Fabrik zu diesem Zeitpunkt schöne Gewinne abwarf, waren dem Staat die Beiträge für die Staatskasse wohl wichtiger als sein Wunsch, das Fabriksmonopol zur Förderung von Konkurrenz zu brechen oder die Fabrik an Private zu veräußern. Das Argument, der Verkauf an Private sei mit dem Privileg leichter, ist zwar wahrscheinlich richtig, klingt hier aber eher nach Ausrede.

Anfang der Achtzigerjahre verschlechterte sich die Konjunktur massiv. Sorgenthal reagierte mit einem viel kritisierten Programm der Rationalisierung und Kosteneinsparung und erklärte, dass er sich wie jede Fabriksleitung den Absatzmöglichkeiten anpassen müsse. Die Arbeiter sahen dies anders. Für sie war die staatliche Fabrik nicht mit einem privaten Unternehmen gleichzustellen. Der Staat hatte in den Augen der Fabriksarbeiter eine höhere Verantwortung für die Belegschaft und den Standort Linz. In einem Beschwerdebrief wurde Sorgenthal vorgeworfen, 30.000 Menschen Brot und Arbeit genommen zu haben: Niemand hätte zu dieser Zeit so grausame Tyrannei an dem armen Stande ausgeübt wie der übermächtige Sorgenthal und sein Produktionsdirektor Gruber. Tatsächlich sank die Beschäftigung 1783 auf unter 8.000 Mitarbeiter. Doch schon drei Jahre später steuerte die Fabrik ihrem Produktionshöhepunkt entgegen. Mit 73.461 Stück Wollzeug wurde 1786 die höchste Produktion in der Fabriksgschichte erreicht. Der Umsatz betrug 1,31 Millionen Gulden und wurde mit 36.000 Beschäftigten erzielt. Das Ansehen der Linzer Fabrik stieg wiederum enorm und es wurde sogar die Errichtung einer Filiale im textilindustriell expandierenden Böhmen in Erwägung gezogen, da die Hofkanzlei keine weitere Expansion am Standort Linz wünschte.

Die Befürchtung, die Fabrik in Linz könnte zu groß werden, war allerdings von wenig praktischer Bedeutung. Die Konkurrenz rüttelte immer stärker an den Säulen der Marktstellung der Wollzeugfabrik. Einerseits wuchs die Zahl von privaten Fabriken und Kleinbetrieben und andererseits drängte die Konkurrenz aus Böhmen, Mähren und Sachsen nachhaltig in die Märkte. Die größte Bedrohung aber war die aufkommende Baumwolle, die als Faser billiger herzustellen war, als schöner galt und sich für die Mechanisierung besser eignete. Sorgenthal reagierte mit der Einführung von neuen Produkten mit höherer Wertschöpfung. So wurde die Produktion der im Vergleich zu den einfachen Wollzeugen höherwertigen Tuchwaren aufgenommen. Feine Tücher und Kasimire kamen in das Programm. 1796 wurde der Firmenname in »K. k. Wollenzeug- und feine Tuchfabrik« umgewandelt. Im selben Jahr begann Sorgenthal erfolgreich auch mit der Erzeugung niederländischer Fußteppiche. Die Muster dafür bezog er aus den Niederlanden. Erneut wurde der Fabriksname mit »K. k. Linzer Wollenzeug-, feine Tuch- und niederländische Teppich-Fabrik« angepasst.

Es folgten die turbulenten Jahre der Napoleonischen Kriege. 1800 und 1805 mussten größere Teile der Vorräte an sichere Standorte gebracht werden. Am 21. Dezember 1800 begann

Samt-Teppich aus der Wollzeugfabrik, grüner Grund mit Rosen-Bordüre, 1818 produziert (2,85 x 2,00 m)

Unaufgeschnittener Teppich aus der Wollzeugfabrik, grüner Grund mit rotem Dessin, 1820 produziert (1,97 x 1,32 m)

die Einquartierung der französischen Armee. 1805 bezahlte der Staat erträgliche 63.000 Gulden und 1809 üppige, wenn auch durch die hohe Inflation teilentwertete 300.000 Gulden an die Franzosen, um das beschlagnahmte Fabriksgut wieder frei zu bekommen. Sorgenthal gelang es, die kriegsbedingt schwankende Produktion aufrechtzuerhalten und auch noch Gewinne zu erzielen. Sorgenthal starb 1805.

Das berühmte Arbeitszimmer von Kaiser Franz II. (I.) in der Wiener Hofburg mit einem 1828 verlegten Teppich der Wollzeugfabrik: Er war mit 9,6 x 8,4 m einer der größten in Linz erzeugten. Bilderuhr nach dem Stich von Johann Stephan Decker, 1829/1830

Sein letztes Dienstjahr nach fast 35 Jahren Leitungsfunktion schloss mit dem beachtlichen Gewinn von 207.000 Gulden ab.

Doch der Krieg brachte für die Wollzeugfabrik, obwohl sie die Kriegslasten an sich gut bewältigte, eine Zäsur, von der sie sich nicht mehr erholte. Die letzten 50 Jahre der Wollzeugfabrik waren von einem Weg nach unten geprägt, die ersten zwei Jahrzehnte davon noch mit Gewinn, das dritte Jahrzehnt mit abwechselnden Gewinn- und Verlustjahren und insgesamt einem Verlust. Die letzten 20 Jahre waren nur noch verlustreich. Die Beschäftigung, die 1802 immerhin 26.400 Personen ausmachte, betrug 1838 noch gerade 1.700 Mitarbeiter und davon bescheidene 375 Beschäftigte in der großen Linzer Fabrik. Die Mechanisierung der Garnherstellung führte damals überall zu einem Abbau der Handspinner und gleichzeitig zu einer Verlagerung in Richtung Baumwolle. Die Linzer Fabrik hatte die Industrialisierung nicht geschafft und bezog ihren Garnbedarf zunehmend von der Theresienthaler Kammgarnfabrik, die Josef Dierzer 1832 in Gmunden errichtete. Die Situation war prekär und so kam es 1838 wieder einmal zu einer eingehenden Untersuchung des Zustands der Linzer Fabrik durch den staatlichen Besitzer. Das Resultat war die Auflassung der Wollzeug- und Tuchfabrikation. Die Fabrik hieß nun »K. k. Teppichfabrik und Schafwollwarendruckerei« und zog sich damit auf Nischenprodukte zurück. Die stark verkleinerte Produktion setzte große Teile der Fabriksgebäude frei. Diese wurden dem Militärärar überlassen und als Kaserne adaptiert. Es entstand der heute noch in Linz bekannte Begriff der Fabrikskasernen. Die Wollzeugfabrik aber setzte ihren Abstieg fort, 1849 beschäftigte die Fabrik noch 126 Personen.

Am 21. März 1850 stellte das Finanzministerium erneut den Antrag auf Fabriksauflösung – diesmal erfolgreich. Der Antrag wurde am 4. April genehmigt und der Betrieb der traditionellen Linzer Wollzeugfabrik Anfang 1851 zur Gänze eingestellt. Die weitere Nutzung der mächtigen Gebäudestrukturen ging teils in Richtung Kriegsverwaltung, teils in Richtung der staatlichen Tabakindustrie, die noch 1850 mit der Einrichtung einer Tabakfabrik begonnen hatte.

Komplexe, sich widersprechende Unternehmensziele

Die Wollzeugfabrik ist in ihrer 179-jährigen Existenz durch ein unvorstellbares Wechselbad der Zielsetzungen ihrer Besitzer gegangen. Dieser Zickzackkurs ist für einen Manager der heutigen Zeit schwer nachvollziehbar und es ist faszinierend, der Frage nachzugehen, wie das Management dieses Zielchaos zu bewältigen versuchte.

In der privaten Phase von 1672 bis 1754 waren die Ziele zwar dramatisch unterschiedlich, es gab aber jeweils ein klares Ziel, das im Vordergrund stand und auf das sich die Fabriksdirektoren ausrichten konnten. Unter Sind und Kolb war das Unternehmensziel betriebswirtschaftlich und auf Ertrag ausgerichtet. Erreicht wurde es nur teilweise. Die Unterkapitalisierung und die Beherrschung der komplexen Unternehmensstruktur in einer eher feindlich gesinnten Umwelt dürften den Zwang zum Verkauf des Unternehmens ausgelöst haben.

Für den neuen Besitzer, das Armenhaus, das von der Management-Seite völlig unfähig war, stand ausschließlich das Beschäftigungsziel im Vordergrund. Aber was für eines! Die in Stadt und Land aufgegriffenen Bettler und Müßiggänger sollten zur Arbeit angehalten und im Verweigerungsfall an das Zuchthaus abgegeben werden. Es stellt sich aus heutiger Sicht die Frage, wie Kaiser Karl VI. am 15. Januar 1717 diesen Vertrag zwischen Armenhaus und Kolb überhaupt genehmigen konnte. Die Antwort liegt wohl in der damals noch völlig offenen Diskussion über Sinn und Zweck von Fabrik und Industrie und der Ansicht, dass in Arbeitshäusern, Gefängnissen und beim Militär die Erziehung zur Arbeitsdisziplin über Zwang erreicht werden könne.

Die Orientalische Kompanie, die 1722 die Wollzeugfabrik vom Armenhaus erwarb, blieb dem Zwangsbeschäftigungsziel des Armenhauses verpflichtet, hoffte aber, durch Erweiterungsinvestitionen am Stammsitz Linz und die professionellen Kenntnisse über Handel und Betrieb die ertragswirtschaftliche Seite der Wollzeugfabrik wieder in den Griff zu bekommen. Insbesondere sollten die Wollzeugprodukte im Handel mit der Türkei für Gegengeschäfte eingesetzt werden.

Aber auch die Orientalische Kompanie konnte ihre Ziele nicht umsetzen. Ihre finanzielle Basis war schwach und der Versuch, durch eine vom Staat privilegierte Lotteriegesellschaft eine solidere Kapitalausstattung zu schaffen, schlug fehl. 1734 kam es zur Insolvenz und die Gläubiger übernahmen die Vermögenswerte der Kompanie, darunter die Wollzeugfabrik. Ein Gläubigerausschuss führte über 20 Jahre die Geschäfte der Fabrik. Diese Gläubiger hatten nur noch indirekt unternehmerische Ziele. Ihr Hauptziel war es, das Geld, das ihnen geschuldet wurde, zurückzubekommen. Die Einsicht, dass die Erträge der Wollzeugfabrik dies nicht ermöglichen würden, führte 1754 zum Verkauf an den Staat, und das unter Inkaufnahme beträchtlicher Forderungsverzichte.

Mit der Übernahme der Wollzeugfabrik durch den Staat wurden die Unternehmensziele nun wahrlich komplex. Es bestanden immer mehrere Ziele nebeneinander, die oft im Widerspruch zueinander standen. Natürlich verfolgte auch der Staat ein stetes Ertragsziel. Dieses kombinierte er aber stets mit einem Beschäftigungsziel, das zumindest teilweise auf sozial gedachte Zwangsarbeit und nicht auf Qualifikation ausgerichtet war. Dazu kam das Unternehmensziel, der Wollzeugfabrik die Rolle einer Mutterfabrik zuzuordnen, die zur Gründung möglichst vieler neuer Fabriken anregen sollte. In der späteren Phase wurde die Wollzeugfabrik auch immer deutlicher angehalten, motivierendes Vorbild zu sein und Mitarbeiter zum Nutzen Dritter auszubilden. Damit gesellte sich zur Orientierungsvielfalt noch ein Schulungsziel hinzu, welches das Ende der Wollzeugfabrik eher beschleunigte als verzögerte.

Wie gut ist das Ertragsziel erreicht worden? Um dies zu klären, muss zunächst festgestellt werden, welches Eigenkapital der Staat bei der Übernahme tatsächlich investiert hat. Über die Jahre – und je nach beurteilender Stelle an dem selten mit einer Stimme sprechenden Wiener Hof – haben die Angaben

Warenstempel der Linzer Wollzeugfabrik aus Blei, zwei davon vergoldet, 1785

zum vom Staat eingebrachten Kapital enorm geschwankt. Genannt wurde ein eher buchwertbezogener Wert von 1,5 Millionen Gulden, weiters entsprechend dem Übernahmepreis ein Wert von 930.000 Gulden, ein um die kurzfristige Tilgungsleistung von 330.000 Gulden aus der Kasse der Wollzeugfabrik reduzierter Betrag von 600.000 Gulden und schließlich ein Wert von 372.000 Gulden, der die Währungskorrektur im Anschluss an die Napoleonischen Kriege mit berücksichtigte. Aus heutiger analytischer Sicht müsste man sich auf den Betrag von 600.000 Gulden festlegen. Wird dieses Kapital als Basis genommen, so ergeben die in der Periode 1764 bis 1811 an den Staat abgeführten insgesamt 3,65 Millionen Gulden auf das eingesetzte Kapital eine Verzinsung von 12 Prozent. Das ist ein guter Wert, insbesondere wenn man ihn in Vergleich zum damals üblichen Marktzinssatz von 5 bis 6 Prozent setzt. Für die Jahre 1812 bis 1838 ergab sich allerdings nur noch eine bescheidene Kapitalverzinsung von 1,5 Prozent. Die letzten Jahre von 1839 bis 1850 brachten konstante Verluste und damit eine negative Verzinsung des eingesetzten Kapitals. Wenn das gesamte Ertragsbild in der staatlichen Phase der Wollzeugfabrik auch als mäßig zu bezeichnen ist, so verdienen die ersten 50 Jahre unter Stegner und Sorgenthal doch eine ausgesprochen gute Note.

Das Beschäftigungsziel stellte die Wollzeugfabrik vor eine äußerst schwierige Aufgabe, war es doch in sich selbst widersprüchlich. Einerseits sollten im Lande zuverlässige Spinner ausgebildet werden, um einen hohen Standard der Produkte, auch im Vergleich zur Importware, zu gewährleisten, andererseits sollte durch die Beschäftigung von Armen, Waisen, Strafgefangenen und arbeitslosen Soldaten diese untere soziale Schicht zur Arbeit gezwungen werden. Dies war wohl keine gute Voraussetzung, um die angestrebte hohe Garnqualität abzusichern. Zwischen 1780 und 1790 machte der Anteil der Kasernen an der Gesamtzahl der von der Wollzeugfabrik beschäftigten Spinner 10 bis 20 Prozent aus. Sorgenthal brachte seinen Ärger über die schlechten Militärgespinste 1772 in einem Schreiben an den Kommerzienrat – mit dem heutigen Aufsichtsrat vergleichbar – deutlich zum Ausdruck: »Wie kann der Soldat, der des Tages etliche Stunden exercirt, eine gleiche Hand zum Gespunst erhalten, wann solcher vom Exercirplatz zum Spinnrad geht?«

Ein weiteres Problem beim Beschäftigungsziel resultierte aus dem Monopol und den definierten Märkten der Wollzeugfabrik. Schwankungen im Markt, sowohl die Menge als auch die Preise betreffend, konnten nicht ausreichend durch Produktinnovation oder das Ausweichen auf neue Märkte aufgefangen werden. Diese Anpassungen erfolgten weitgehend über Löhne und vor allem die Beschäftigung. So verfünffachte sich die Beschäftigung in den Jahren von 1754 bis 1762 von rund 10.000 auf knapp 50.000, während sie sich im Zeitraum von 1764 bis 1771 nahezu halbierte. Bereits 1773 konnten wiederum 47.000 Menschen beschäftigt werden. Im Jahr 1783 wurde mit 11.000 Beschäftigten ein Tiefpunkt erreicht,

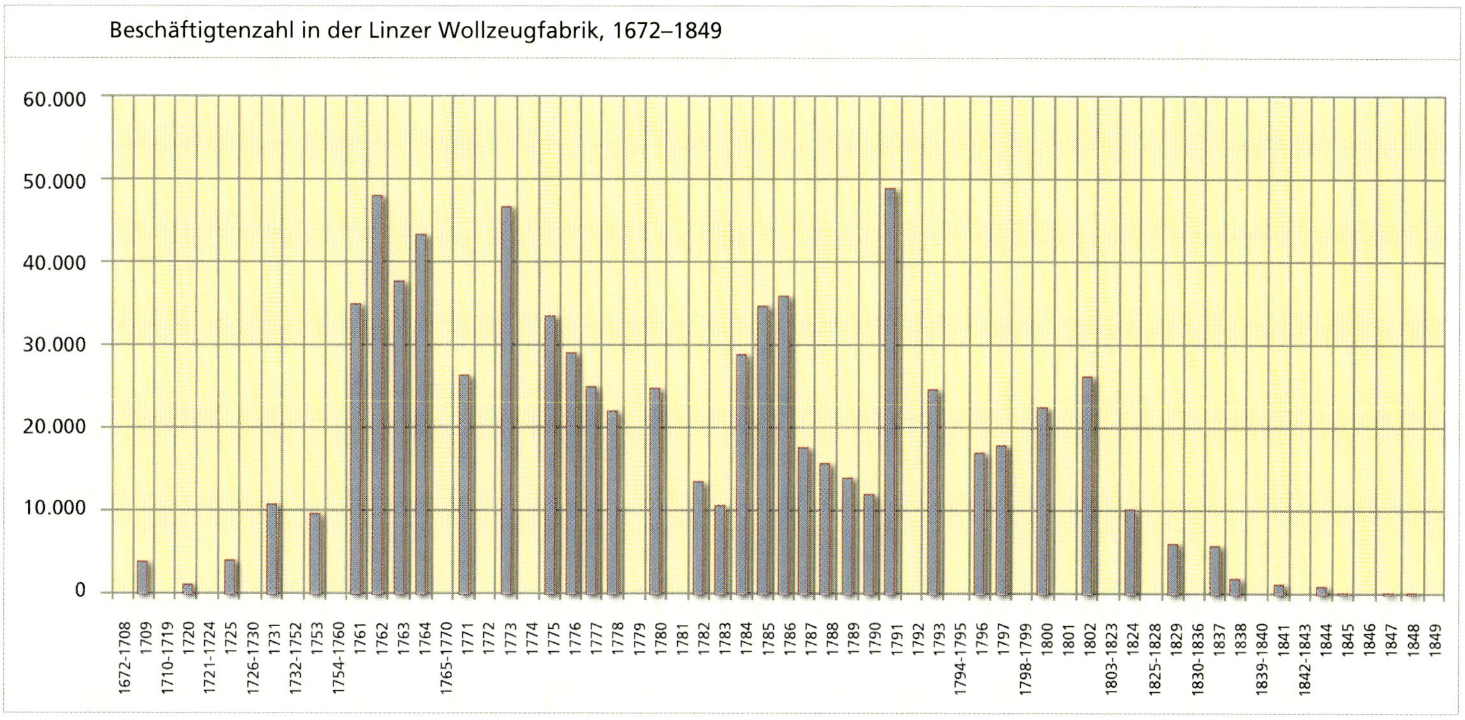

Quelle: H. Lackner/G. A. Stadler, Fabriken in der Stadt (Linz 1990) 524.

dem bereits zwei Jahre später mit 35.000 Beschäftigten ein neuer Höhepunkt folgte. Dieser dauerte nicht lange, 1788 fiel die Beschäftigung wieder auf 15.000. Diese enormen Fluktuationen lassen es nicht zu, von der Erreichung eines gesunden Beschäftigungsziels zu sprechen, wenn auch die organisatorische Leistung, diese Schwankungen zu bewältigen, Respekt verdient.

Am meisten zu schaffen machte der Fabriksdirektion aber das im letzten Viertel des 18. Jahrhunderts immer stärker in den Vordergrund rückende Vorbildsziel. Nach Vorgabe des Hofs sollte die Fabrik ein Musterbetrieb sein und die Funktion einer Mutter der Wollzeugfabriken im Habsburgerreich einnehmen. Das stand natürlich diametral im Gegensatz zum Ertragsziel, das der Fiskus gleichzeitig verfolgte. Sorgenthal äußerte sich zu diesem Konflikt deutlich. Bereits zwei Jahre nach seinem Arbeitsantritt in Linz schrieb er 1773 der Hofkammer: »Ich kann im Vertrauen nicht sagen, wie schmerzhaft es einen Director fallen muss, dem sein Dienst-Eifer das Werk als das seinige ansehen läßt, jedem fremden Menschen alle Fabriks-Geheimnisse, die mir so viele schlaflose Nächte machen, zu zeigen, damit es bei anderen Fabriken zum Schaden der kaiserl., die doch so viele Last, wovon die andern nichts wissen, tragen muß, eingeführt kann werden, zu geschweigen der großen Geldsummen, die darauf verwendet worden. Auf diese Art kann die Fabrik niemalen einen Vorzug erhalten ... Die Wässerung, der Glanz und noch andere Vorteile sind allhier, Engelland ausgenommen, besser als in ganz Europa, und diese Geheimnisse müssen jederman preisgegeben werden. Doch was ist zu tun, man will es, und ich werde pflichtschuldigst gehorchen.«

Gut 20 Jahre später äußerte sich Sorgenthal noch zusammenfassender und deutlicher im Begleittext zum Bericht über das Geschäftsjahr 1796: »Die Linzer Fabrik ist die Mutter der Wollzeugfabrikatur, diese sich nunmehr so gewaltig ausgedehnte Industrie rührt allein von ihr her, durch sie werden jetzt Millionen Hände beschäftigt, Millionen Gulden im Staate erhalten ... Es ist für die Fabrik ein großer Schaden, daß, wenn sie für neue Artikel

Arbeiter abgerichtet hat, diese von anderen Fabriken abgeredet und dann von diesen auch fabriziert wird. Zu wünschen wäre, daß nach dem Beispiel von England ihr doch einige Patentjahre angegönnt würden, um wenigstens den Schaden bei Einführung des Artikels herein zu bringen.«

Den widersprüchlichen Zielen, das Unternehmen zu expandieren, dabei hohe Erträge an den staatlichen Eigentümer abzuführen, gleichzeitig beschäftigungspolitisch sozial zu wirken und die private, zur Konkurrenz werdende Wollzeugindustrie zu fördern, konnte die Fabrik auf Dauer nicht gerecht werden. Verstärkt wurde dieser Zielkonflikt noch durch die unsichere Haltung des Staates gegenüber seinem Fabrikbesitz in Linz. Bereits 1769 stellte Kaiserin Maria Theresia dem Finanzministerium die Frage, »ob es nicht rätlicher und dem Ärar zuträglicher wäre«, die ärarischen Fabriken und damit auch die Wollzeugfabrik »bestmöglich zu veräußern und an Private zu überlassen«. Diese ambivalente Haltung zum Thema »Staatliche Fabrik – ja oder nein« begleitete die Wollzeugfabrik bis an ihr Ende im Jahre 1850. Der in der Besitzerfrage schwankende Staat stellte die Fabriksdirektoren vor das Problem, langfristige Ziele als Vorgabe von einem Eigentümer annehmen zu müssen, der sich nicht im Klaren war, ob er sein Eigentum eigentlich wollte oder nicht.

In der letzten Phase war der Umgang des Besitzers Staat mit seiner Wollzeugfabrik unglücklich. Der Staat scheiterte an der marktnäheren Entwicklung der privatwirtschaftlichen Konkurrenz.

Eigentlich ein großer Lohnspinn-Betrieb

Aus der Sicht der Beschäftigung war die k. k. priv. Wollzeugfabrik in Linz keine Wollzeugfabrik. Vielmehr war sie ein riesiges Lohnspinnunternehmen mit einer doch »kleinen Zentrale« in Linz. Ganz ähnlich wie bei dem bekannten italienischen Strickwarenunternehmen Benetton – einem führenden Textilbetrieb der Gegenwart – wurde der personalintensive Teil der Produktion auch damals nach dem Outsourcing-Prinzip im Verlagssystem fremdvergeben. Das wirklich arbeitsintensive Produkt für die Wollzeugherstellung war das Garn. So machten die verlegten Spinner 90 bis 95 Prozent der Gesamtbeschäftigung des Linzer Unternehmens aus. Um einen Weber zu beschäftigen, waren rund 15 nicht Vollzeit arbeitende Spinner notwendig. Man muss sich praktisch vorstellen, wie schnell eine geschickte Hand das Webschiffchen einen Meter durch das Fach gleiten lässt und wie lange es dauert, bis eine andere geschickte Hand diesen Meter Garn am Spinnrad hergestellt hat.

Dieses Übergewicht des Personalbedarfs beim Spinnen setzte eine gewaltige Organisation voraus. Es ging um die Bereitstellung von Wolle über größere Distanzen, die Verspinnung des Rohstoffs, die Qualitätskontrolle, die Rückführung der fertigen Garne und die terminlich bedarfsgerechte Steuerung dieser Vorgänge. Um diese Aufgabe zu bewältigen, setzte die Wollzeugfabrik so genannte Spinnfaktoreien ein, die als abhängige Subunternehmer jenes Zwischenglied waren, das die Fabrik mit den unzähligen Wollspinnern verband. Die Spinnfaktoreien konnten ihrerseits Unterfaktoreien anstellen, in jedem Fall aber galt, dass die Spinndistrikte genau abgegrenzt und organisatorisch erfasst waren. Im Spitzenjahr 1762 waren 37 Faktoren und 61 Unterfaktoren beschäftigt, die für 46.211 Spinner verantwortlich waren. Das waren 95 Prozent des Beschäftigungsstandes, der zusammen mit den 2.217 Mitarbeitern in der Linzer Fabrik 48.526 Personen ausmachte. Da die Erfassung der Spinner durch die Faktoreien als nicht vollständig gilt, dürfte die Gesamtzahl der Beschäftigten in diesem Jahr 50.000 deutlich überstiegen haben.

Von den 46.211 erfassten Spinnern im Jahr 1762 stammten 28.604 aus Oberösterreich. Der

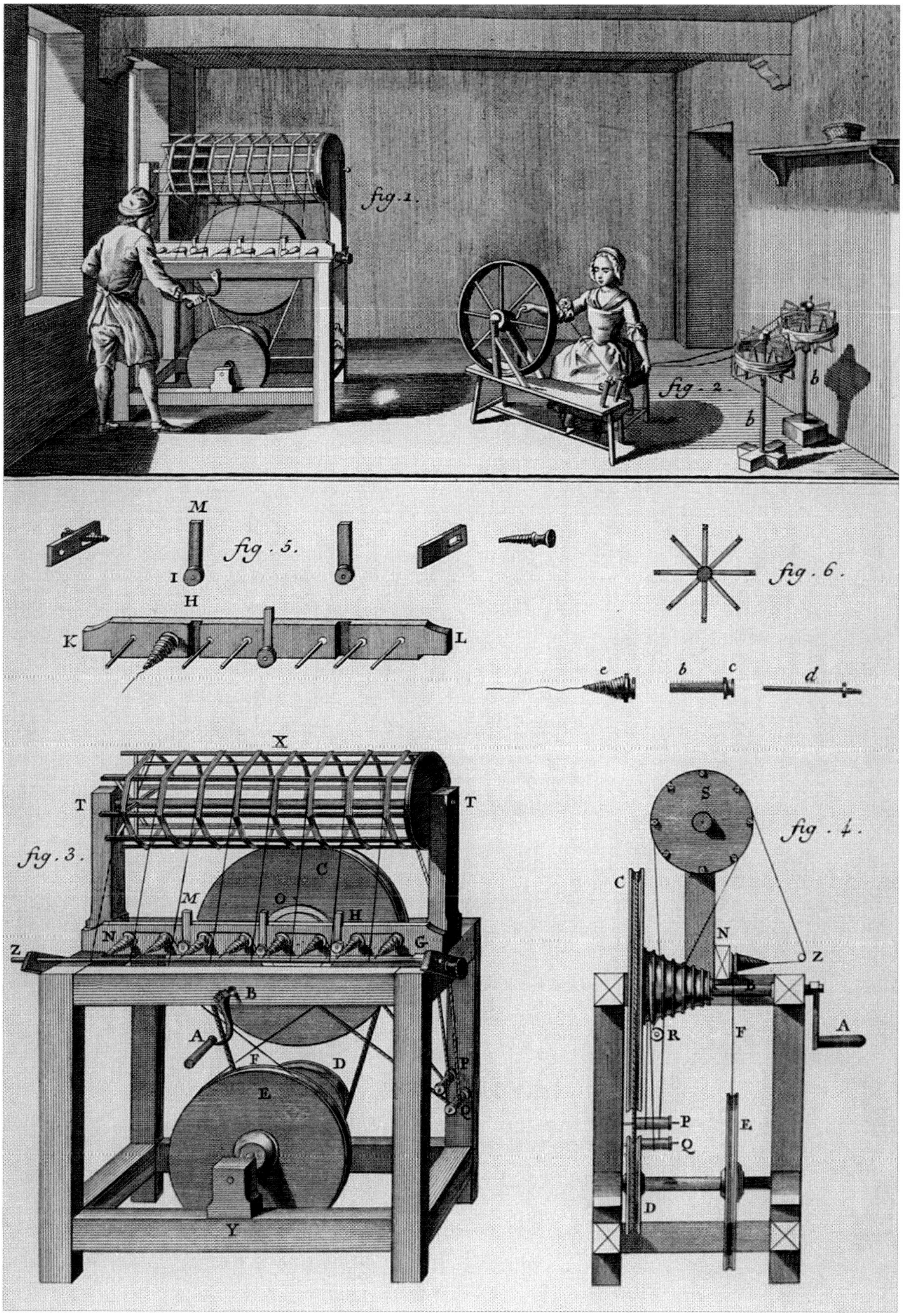

Blick in eine Spinnstube, Gerätschaften zum Spinnen und Spulen. Kupferstich, 1773

bedeutendste Spinndistrikt in diesem Gebiet war Ischl mit insgesamt 7.668 Spinnern unter der Führung von einer Faktorei und neun Unterfaktoreien. Diese hohe Beschäftigung ging auf eine Weisung der Kaiserin zurück, die damit die große Armut in diesem Teil des Salzkammerguts bekämpfen wollte. Böhmen war mit 10.516 Spinnern das zweitgrößte Beschäftigungsgebiet, es folgten Niederösterreich mit 5.541 und die Steiermark mit 1.550 Menschen am Spinnrad. Die Anzahl der Beschäftigten der Wollzeugfabrik war Anfang der Achtzigerjahre stark rückläufig, stieg aber bis zur Mitte des Jahrzehnts wiederum stark an. Nicht so in Niederösterreich. Die Zahl der Handspinner, die in diesem Teil Österreichs für die Linzer Fabrik arbeiteten, schrumpfte um fast 90 Prozent auf nur noch eine Faktorei mit 613 Spinnern im Jahr 1785. Die niederösterreichischen Baumwollmanufakturen waren im Vormarsch und banden die Handspinner immer mehr an sich.

Die organisatorische Komplexität wird einem voll bewusst, wenn man die enormen Beschäftigungsschwankungen berücksichtigt. Es bedurfte präziser formaler Strukturen und Abläufe. Die Wollzeugfabrik schaute dabei wohl eher auf ihren Vorteil und nicht auf jenen der beschäftigten Spinner, die sich ohne wirkliche Garantie auf Arbeit für acht Jahre binden mussten. Die Spinnverordnung aus dem Jahre 1786 verpflichtete zwar die Fabrik, den Spinner für eine Dauer von acht Jahren mit ausreichend Wolle zu versorgen und für die Garne bare Zahlung zu leisten. Die schwankende Auftragslage dürfte jedoch in der Praxis eine konstante Auslastung der Spinner nicht möglich gemacht haben. Auf der anderen Seite wurde den Spinnern die Annahme anderer Aufträge streng verwehrt. Sie mussten sich »als Hausväter mit ihrem sammetlichen Hausgesinde dahin verbinden, von keinem anderen Wollverleger, er sei wer er wolle, eine Schaf- oder Baumwolle zum Spinnen anzunehmen, oder von seinen Hausleuten annehmen zu lassen«. Der Blick auf diese spinnlastige Beschäftigungsstruktur würde einen modernen Unternehmensberater rasch zu einer Empfehlung führen. Er würde raten, die Spinnerei zu modernisieren und zentral zu gestalten, um Qualität und Herstellkosten besser in den Griff zu bekommen und den organisatorischen Aufwand zu reduzieren. Der Staat aber tat das Gegenteil. Statt auf Innovation setzte er auf Organisation der Menschen. Mit dem Patent vom 27. November 1765 wurde die Errichtung von Spinnschulen angeordnet, an denen Kinder zwischen dem siebten und dem 15. Lebensjahr das Spinnen sowohl mit der veralteten Spindel als auch mit dem Spinnrad erlernen sollten. Vier Jahre früher, 1761, hatte in England mit der Erfindung der »Spinning Jenny« die Industrialisierung der Garnproduktion ihren Anfang genommen, und dies nicht für den traditionellen Rohstoff Wolle – die Jenny hätte die langstapelige Wollfaser nicht verarbeiten können –, sondern für den neuen, rasch Marktanteil gewinnenden Rohstoff Baumwolle. Was für ein Gegensatz!

Steter Kapitalmangel und falscher Investitionsschwerpunkt

Die schon unter Kolb und dann vermehrt in der Phase des Wiener Armenhauses vorhandene Kapitalknappheit setzte sich auch unter dem mächtigeren Besitzer Orientalische Kompanie fort. Schon der finanzielle Start mit einem Kapital von unter 100.000 Gulden war äußerst schwach. Niederländische Handelsleute in Wien, mit einer offenbar besseren Sicht für den wahren Kapitalbedarf, wollten sich bei der Gründung an der neuen Gesellschaft beteiligen. Sie waren bereit, für eine Beteiligung von 50 Prozent das gezeichnete Kapital zu verdoppeln, auch wenn die Zeichnung 1 oder 2 Millionen Gulden ausmachen würde. Die Kompanie hätte damit beim Start ein Kapital von 2 bis 4 Millionen Gulden gehabt. Das war die Vorstellung der erfahrenen niederländischen Handelsleute für eine richtige Finanzierung für das neue Handelsunternehmen. Dieses Beteiligungsansuchen wurde jedoch abgelehnt und der bescheidene Erlös der Zeichnung geheim gehalten. Dafür versuchte man, durch ein Lottoprivileg und die in der Folge verkauften Lose die schwachbrüstige Finanzierung aufzubessern. Das Resultat dieser Unterfinanzierung war die Insolvenz der Kompanie.

Beim Staat, der die Wollzeugfabrik 1754 vom Gläubigerkomitee der Lotteriegesellschaft übernommen hatte, mangelte es nicht an einer entsprechenden Startfinanzierung. In der Folge aber war es für die Direktoren immer wieder schwierig, Neuerungen einzuführen, da die Hofkammer bei Betriebsauslagen und Investitionen äußerst zurückhaltend war und überschüssige Gelder von der Fabrik abzog.

Schon im Jahr 1772 wollte Sorgenthal eine mit Wasserkraft angetriebene Maschine mit 100 Spindeln, wie er sie in Mailand gesehen hatte, anschaffen. Der Hofkommerzienrat lehnte diese Investition jedoch ab und setzte die Priorität auf die Erweiterung des Gebäudes. Investitionen in solide Gebäudestrukturen wurden von den zuständigen Beamten offenbar als sicherer und werterhaltender als Maschineninvestitionen beurteilt. Dass dadurch der Anschluss an das beginnende Industriezeitalter verpasst wurde, war für sie kein Thema. So gingen die baulichen Investitionen bis 1788 weiter und umfassten schließlich eine gewaltige Bausubstanz von 26.000 m^2 Grundfläche. Erst zwischen 1805 und 1810 wurden zehn englische Feinspinnmaschinen, allerdings noch mit Pferdeantrieb, in Linz installiert. Dieser Antrieb war teuer und die Kosten des hergestellten Garns waren höher als die des handgesponnenen. Dafür aber war die Qualität deutlich besser, was das Weben erleichterte und die Qualität des Endprodukts erhöhte. 1810 plante die Direktion, die Zahl der Feinspinnmaschinen auf 40 zu erhöhen und diese in einem neuen Gebäude an der Traun in Kleinmünchen, wo ein Antrieb über Wasserkraft möglich gewesen wäre, unterzubringen. Das Projekt wurde nicht realisiert. 1815 wurden die zehn installierten Feinspinnmaschinen, die nicht mehr in bestem Zustand waren, stillgelegt und man griff wieder auf das billigere Handgespunst zurück.

Die sich verschlechternde Ertragslage der Wollzeugfabrik veranlasste den Hof, die Fabriksdirektion zu äußerster Sparsamkeit beim Einsatz von Betriebsmitteln aufzufordern. Der

Kleiner »Gute Nacht«-»Guten Morgen«-Teppich der Linzer Wollzeugfabrik, um 1820 (1,71 x 0,65 m)

Anschluss an die sich mechanisierende Konkurrenz ging langsam, aber sicher verloren. Es wirkt daher lakonisch, wenn 1836 eine wieder einmal getätigte kommissionelle Untersuchung zur Feststellung kam, dass die Privatfabriken mit ihren wasserkraftbetriebenen englischen und französischen Maschinen eine höhere Leistung kostengünstiger erbrachten, als dies bei der Wollzeugfabrik der Fall war, wo unverändert die Menschenkraft als »Antriebsquelle« dominierte. Dass der Staat bei der Wollzeugfabrik den Investitionsschwerpunkt auf unbewegliche Gebäudestrukturen und nicht auf die Maschinen gesetzt hatte, war wohl der entscheidende Fehler, der den Niedergang der Fabrik bewirkte. Der Wollzeugfabrik fehlte es in der Phase des staatlichen Besitzes nicht nur immer wieder an Kapital, es fehlte ihr vor allem die industrielle Vision, wie dies auch bei anderen Manufakturen typisch war.

Das Ende naht:
Die k. k. Tuch-, Teppich und Wollzeugfabrik.
Lithografie von Johann Hardinger, um 1833/34

Zweimaliges tragisches Ende der Wollzeugfabrik

Die kürzeste Zusammenfassung der Geschichte der Wollzeugfabrik kann aus ihren vier Namen abgeleitet werden:

- K. k. privilegierte Wollenzeugfabrik
- K. k. Wollzeug- und feine Tuchfabrik
- K. k. Linzer Wollenzeug-, feine Tuch- und niederländische Teppichfabrik
- K. k. Teppichfabrik und Schafwollwarendruckerei

Der erste vom Gründer Christian Sind gewählte Name aus dem Jahre 1672 war der Start und beschrieb das auf Volumen ausgerichtete Kerngeschäft. Der zweite und dritte Name zeigt die Expansion in neue Produkte, nachdem es im ausgehenden 18. Jahrhundert klar geworden war, dass die von der starken Konkurrenz bedrängte Wollzeugherstellung keine ausreichende Existenzbasis mehr ermöglichte. Der im Jahr 1838 gewählte Name brachte den Rückzug auf mengenmäßig unbedeutende Nischenprodukte und den Verzicht, in den Volumenmärkten Wollzeug und Tuch weiter tätig zu sein. Damit waren der Abstieg und das erste Ende besiegelt.

Der Absturz der Wollzeugfabrik war steil. Von 6.000 Beschäftigten im Jahr 1837 fiel der Stand 1838 auf 1.698 und fünf Jahre später weiter auf 1.211. 1845 waren nur noch 205 Personen verblieben, die ausschließlich in der Linzer Fabrik arbeiteten. Im letzten Jahr vor der Schließung halbierte sich dieser Stand fast noch einmal auf 126. Es verwundert nicht, dass das Finanzministerium trotz oberösterreichischer Bedenken am 4. April 1850 den Antrag auf Fabriksauflösung genehmigte. Anfang 1851 kam es zur vollständigen Einstellung des Betriebs, in dessen Gebäudestrukturen sich schon 1850 die Tabakfabrik einzurichten begonnen hatte. Die großartige 179-jährige Geschichte der Wollzeugfabrik fand ihr Ende – und doch nicht ganz!

Ein zweites Ende stand ihr bevor. »Österreichs Industriegeschichte verzeichnet den herben Verlust seiner Frühzeit: 1969 fällt die Linzer

Wollzeugfabrik ...«, beginnt die vom Verein deutscher Ingenieure herausgegebene »Industriegeschichte des Textils« den Abschnitt über Österreich und die Schweiz. Die große Linzer Fabrik war auch nach ihrer Stilllegung im Jahr 1851 im Bewusstsein der Bevölkerung lebendig geblieben. Als die Austria Tabakwerke AG mehr als 100 Jahre nach der Stilllegung der Linzer Wollzeugfabrik den Abbruch der traditionsreichen Gebäude anstrebte, gingen – von den Medien begleitet – in Linz und Österreich die Wogen hoch. Für die einen waren die alten Mauern lediglich eine »Rattenburg«, für die anderen ein heiliges und einmaliges Kulturdenkmal der Linzer Wirtschaftsgeschichte und Barockarchitektur. Der Streit ging zum Verfassungsgerichtshof, der mit Bescheid vom 22. Mai 1969 entschied, dass der Abbruchentscheid des Stadtbauamts rechtskräftig sei. 1.421 Kilo Donarit-Sprengstoff, der in 2.676 herausgehämmerten Löchern steckte, machten die 30.000 m² Mauerwerk dem Erdboden gleich. Nur das kleine Zwirnstöckl aus dem Jahr 1737 hat das große Niederreißen überlebt.

Aber auch dieses zweite Ende der Wollzeugfabrik, die so perfekt die Unsicherheiten und Chancen der frühen Industriegeschichte Österreichs widerspiegelt, ist nicht vollständig: Kein anderes untergegangenes Unternehmen der Periode 1700 bis 1850 hat es geschafft, so lebendig im Bewusstsein der Gegenwart weiterzuleben, wie das bei der »K. k. Wollenzeugfabrik« der Fall ist.

Die Sprengung der Linzer Wollzeugfabrik am 26. September 1969

Die Textilindustrie

Christian Ludwig Attersee, Spinnerin mit Katzen, Mischtechnik auf Karton, 2003

Die Spinning Jenny, 1763

Die Welle der Innovation und des Unternehmertums, von der England in der zweiten Hälfte des 18. Jahrhunderts erfasst wurde, schwappte langsam, aber unbremsbar auf den Kontinent über: zuerst nach Deutschland, Frankreich, Belgien und in die Schweiz und etwas verzögert nach Österreich und Italien. Wie in England war es auch auf dem Kontinent die Textilbranche, die das Rad der Industrialisierung zum Drehen brachte.

Richard Arkwright erfindet die arbeitsteilige Fabrik

Zweierlei Ursachen hatten der Textilindustrie das Verdienst, der Auslöser der Industriellen Revolution zu werden, buchstäblich aufgedrängt: Zum einen bestand ein chronischer Garnmangel, man sprach vom »Garnhunger« der Webstühle; je nach Textilfaser und Garnqualität waren sechs bis zehn Spinner notwendig, um die nötige Garnmenge für einen Webstuhl zu erzeugen. Zum anderen war der seit Beginn des 17. Jahrhunderts vermehrt eingesetzte Rohstoff Baumwolle durch seine kurzen Fasern für die mechanische Verarbeitung deutlich geeigneter als die traditionellen Rohstoffe Wolle, Flachs, Jute, Hanf und Seide. So könnte man sagen, dass die Baumwolle die Urmutter und die Erfinder der Spinnmaschine die Urväter der Industriellen Revolution gewesen sind.
Der Wunsch, eine Maschine zu konstruieren, die Garne um vieles produktiver herstellen konnte als das Spinnrad, wurde noch verstärkt, als John Kay 1733 den »Schnellschützen« erfand. Dieser Webstuhl erlaubte eine rund 50 Prozent höhere Produktion und verschärfte das Problem des »Garnhungers«, zuerst beim Weben der Wolle und ab 1760 durch eine angepasste Version auch beim Weben der Baumwolle. Der Ruf nach einer mechanischen Spinnmaschine war laut. So schrieb 1761 die »Society for the Encouragement of Arts and Manufactures« einen Wettbewerb für die Entwicklung einer durch eine Person bedienbaren Spinnmaschine für die gleichzeitige Produktion von mindestens sechs Garnfäden aus.
Obwohl schon einige relevante Erfindungen zur Mechanisierung des Spinnens gemacht worden waren, war es das Verdienst von James Hargreaves, einem armen Handweber aus Lancashire, mit seiner achtspindeligen »Jenny« die erste praxisgerechte Spinnmaschine für Schussgarne aus Baumwolle entwickelt zu haben. Handangetrieben erbrachte sie in einem abgesetzten Spinnverfahren die acht-

Selfactor mit 150 Spindeln, um 1830

Waterframe-Spinnmaschine, 1769

fache Produktion eines Handspinnrads. Die Jenny wurde nach 1770 von Samuel Crompton zur äußerst erfolgreichen und aufgrund ihrer Fähigkeit, feine Garne herzustellen, jahrzehntelang dominanten »Mule«- oder »Maulesel«-Spinnmaschine weiterentwickelt. Die »Mule«-Maschine wurde insbesondere von Richard Roberts so automatisiert, dass sie »selfacting« arbeitete. Roberts patentierte seinen ziemlich ausgereiften »Selfactor« 1830.

Aus industriehistorischer Sicht steht aber ein anderer Erfinder und Unternehmer im Vordergrund: Richard Arkwright aus Preston in Lancashire, 1732 als 13. Kind eines armen Schneiders geboren und 1792 als »Sir Richard Arkwright, Knight« mit einem Vermögen von einer halben Million Pfund in Cromford gestorben.

Arkwright tätigte als Barbier- und Perückenmacher immer wieder Haareinkäufe im Baumwoll- und Leinenzentrum Manchester, was ihm neben persönlichen Bekanntschaften den Kontakt zur Branche brachte. In Manchester wurde in großem Stil ein Mischgewebe erzeugt, für das als Schussfaden lokal hergestellte Baumwollgarne und als Kettfaden aus Irland importierte Leinengarne eingesetzt wurden.

Garne, wie sie auf der Jenny gesponnen wurden, waren in erster Linie für den Schuss geeignet. Für die Kette waren sie zu weich. Hier setzte der hartnäckige, ausdauernde und äußerst systematisch vorgehende Arkwright an. Mit Hilfe eines Schmieds und eines Uhrenwerkzeugmachers entwickelte er eine von Wasserkraft angetriebene Spinnmaschine, die als »Waterframe« Geschichte schrieb. Diese Spinnmaschine konnte sowohl Schuss- als auch Kettgarne aus Baumwolle herstellen, dies vorerst allerdings nur im relativ groben Garnbereich. Sie arbeitete kontinuierlich und konnte von einfachen Hilfskräften und sogar Kindern bedient werden. Der Spinner musste nur noch kontrollieren und überwachen, nicht aber spinnen, das tat Arkwrights Maschine selbst. Was für ein Gegensatz zur allerdings viel billigeren Jenny, die abgesetzt arbeitete, nur Schussgarne herstellen konnte und zur Bedienung hochqualifizierte und physisch starke Arbeitskräfte benötigte. Die Waterframe wurde am 15. Juli 1769 patentiert. 1771 errichtete Arkwright in Cromford, Derbyshire, seine erste hochertragreiche Baumwollspinnerei.

Das noch größere Verdienst kommt Arkwright aber durch die Erfindung der arbeitsteiligen Fabrik zu. Besessen vom Gedanken, dass die

Baumwolle wie bei seiner Spinnmaschine kontinuierlich durch die Fabrik »fließen« müsse, machte er entscheidende Erfindungen zur Verbesserung und Konzeption der Produktionsschritte, die vor der Spinnmaschine notwendig waren. Für seine Karde, Strecke und Vorgarnmaschine erwirkte Arkwright 1775 eine ganze Gruppe von Patenten. Das Resultat war eine rund laufende, arbeitsteilige Fabrik, in der die Baumwolle wie durch ein System hindurchfloss, ähnlich wie später bei Henry Ford sein ab 1909 produziertes Modell T mit arbeitsteiliger Systematik über das Montageband geflossen ist. Arkwright hatte damit als Erster das Konzept der Massenproduktion in Form einer modernen Fabrik umgesetzt.

Ein Mann wie Arkwright polarisiert. Es gab Bewunderung und Verehrung, aber auch Neid und Patentstreitigkeiten, die Arkwright dominierend für sich entscheiden konnte. Das wohl gehässigste Urteil dürfte Karl Marx 1867 in seinem Werk »Das Kapital« gefällt haben, indem er von Arkwright sagte: »Von allen großen Erfindern des 18. Jahrhunderts war er unstreitig der größte Dieb fremder Erfindungen.« Dieses Bild dürfte wohl etwas einseitig von der ideologischen Einstellung des Gesellschaftspolitikers Marx geprägt gewesen sein, der in Arkwright mit seinem am Ende der Laufbahn gebauten schlossartigen Privatwohnsitz »Willersley Castle« und dem großen »akkumulierten« Vermögen einen natürlichen Gegner sah.

Arkwright gibt unbewusst den Impuls zur Mechanisierung des Webstuhls

Auch bei der Entwicklung des mechanischen Webstuhls sollte Arkwright, wenn auch nur indirekt, eine auslösende Rolle spielen. Die Geschichte der Weberei verlief deutlich weniger stürmisch als die der Spinnerei. Es gab viele Erfinder, aber drei große Namen stehen im Vordergrund. Es sind dies der schon erwähnte John Kay, Edmund Cartwright und der Franzose Joseph Marie Jacquard aus Lyon, der 1805 jene grundlegende Steuerung der Webstuhlkette erfand, die es erlaubte, komplizierte Muster zu weben, und die vom Konzept her bis heute Stand der Technik geblieben ist.

Die bedeutendste Einzelerfindung machte der englische Geistliche und Dichter Edmund Cartwright mit seinem mechanischen Webstuhl, den er 1785 zum Patent anmeldete. Cartwright schildert in einem Brief die Umstände, die ihn zu seiner Erfindung getrieben haben: »Es war im Sommer 1784 zu Mattlock, wo ich mich in Gesellschaft mit einigen Herren von Manchester über Arkwrights Spinnmaschine unterhielt. Ein Herr der Gesellschaft bemerkte, dass, sobald Arkwrights Patent abgelaufen sei, so viele Spinnereien errichtet

Richard Arkwright, 1732–1792, Erfinder der Waterframe-Spinnmaschine. Gemälde von Mather Brown, 1790

würden und so viel Garn gesponnen würde, dass niemals so viele Arbeitskräfte gefunden werden könnten, es zu verweben. Bei dieser Bemerkung versetzte ich, dass Arkwright seinen Verstand anstrengen müsse, eine mechanische Weberei zu ersinnen. Darauf waren diese Herren einstimmig der Meinung, dass dieses Problem unausführbar sei. Die angeführten Beweisgründe konnte ich nicht verstehen, da ich bis zu jener Zeit noch niemand weben sah.«

Welche Kräfte der Innovation und des Ehrgeizes müssen gewirkt haben, dass der webunerfahrene Geistliche Cartwright sich nach dieser Diskussion entschlossen hatte, jene Erfindung zu machen, die Fachleute dem Innovationsstar Arkwright nicht zugetraut hatten? Cartwright erreichte sein Ziel innerhalb eines Jahres. Er ersann und konstruierte den mechanischen Webstuhl, der – von Menschenkraft angetrieben – die Webfunktion selbstständig bewältigte. Perfekt war die Lösung nicht. Es bedurfte zweier kräftiger Männer, um die Maschine bei geringer Geschwindigkeit für kurze Zeit in Gang zu setzen. Erst im zweiten Viertel des 19. Jahrhunderts kam der mechanische Webstuhl zur vollen Praxisreife und die Industrialisierung der Weberei setzte sich erst um die Jahrhundertmitte wirklich durch.

Die Spinnmaschine hat damit gute 50 Jahre vor dem Webstuhl ihren industriellen Status erreicht. Ein Grund dürfte – neben dem »Garnhunger«, der die Industrialisierung des Spinnens so vorrangig machte – auch der unterschiedliche Status der Spinner und Weber gewesen sein. Während das Handspinnen eine äußerst einfache, meist von Frauen und Kindern durchgeführte Tätigkeit war, genoss das in Männerhand befindliche Weben einen hohen gewerblichen Status und war auch stark durch Zünfte organisiert. Die Weber, die um ihre Beschäftigung bangten, konnten sich gegen die Entwicklung des mechanischen Webstuhls erfolgreicher wehren als die Spinner gegen die Entwicklung der arbeitsplatzvernichtenden Spinnmaschine.

Auch in Österreich steht am Anfang der Industrialisierung die Spinnmaschine

Österreich verfügte im weichenstellenden 18. Jahrhundert in den Bereichen Textil, Luxusgüter, Eisenverarbeitung und insbesondere bei allen Produkten des Armeebedarfs über eine beachtliche Leistungsfähigkeit sowohl hinsichtlich Qualität als auch Produkteigenschaft. Bei der Industrialisierung aber stand wie in England die Baumwolle im Zentrum der neuen, rationelleren Produktionsweise. Hier tat sich Österreich, dessen Wirtschaftspolitik in der ersten Hälfte des 18. Jahrhunderts vom Merkantilismus und vom nur langsam überwundenen Zunftwesen geprägt war, schwer.

Die österreichischen Merkantilisten, insbesondere Philipp Wilhelm von Hörnigk, vertraten die Ansicht, dass es besser sei, für einen im Inland produzierten Rohstoff zwei Taler auszugeben als für einen importierten Rohstoff einen. Demnach sollten die Rohstoffe Leinen und Wolle gefördert, der Baumwolle aber der Kampf angesagt werden. Die Baumwolle wurde zuerst mit einem vollständigen Einfuhrverbot und später mit in der Höhe schwankenden Zollsätzen belastet. Erst im Jahre 1853, als sich die Baumwollindustrie schon durchgesetzt hatte und die Wege für die gesamte industrielle Entwicklung Österreichs freigelegt waren, wurde der Import von Baumwolle gänzlich freigegeben bzw. von Importzöllen befreit.

Der Gegensatz zwischen England und Österreich in der Frühphase der Industrialisierung war gewaltig. In England explodierte der Baumwollverbrauch aufgrund der neuen Spinnmaschinen schon im letzten Viertel des 18. Jahrhunderts. Die Baumwollimporte stiegen dort zwischen 1771 und 1790 von 4 auf 31 Millionen Pfund, während Österreich erst 1801 die erste bedeutende Baumwollspinnerei zu errichten begann. Der Anteil der Landwirtschaft am Bruttosozialprodukt ging in England von 1771 bis 1851 von 45 auf 24 Prozent zurück, jener der Industrie stieg von 24 auf 34 Prozent. Damit hatte die Industrie schon vor Mitte des 19. Jahrhunderts den Agrarsektor deutlich überflügelt, was in Österreich erst rund hundert Jahre später aufgrund des industriellen Aufschwungs nach dem Zweiten Weltkrieg der Fall war. Großbritannien hatte 1761 mit der Jenny die erste hochproduktive Spinnmaschine entwickelt, während Österreich vier Jahre später, 1765, auf Erlass der Kaiserin Maria Theresia gerade erst mit der Einrichtung von Spinnschulen begann, in denen Kinder im Alter von sieben bis 15 Jahren, aber auch Erwachsene das Spinnen am Spinnrad erlernen sollten.

Warum hat in Österreich der Industrialisierungsprozess 30 bis 40 Jahre später als in England begonnen? Die Vermutung liegt nahe, dass einerseits die Gegenreformation mit der damit verbundenen massiven Rekatholisierung und Vertreibung des wirtschaftlich aufgeschlossenen protestantischen Bevölkerungsanteils und andererseits die stetige Kapitalknappheit wichtige Gründe waren. Zudem prägten Aristokratie und Kirche mit ihrer Angst vor sozialen Unruhen die Politik. Ihnen war die Fabrik, obwohl wirtschaftspolitisch begehrt, suspekt. Man sah in der Fabrik eine starke Quelle für soziale Aufmüpfigkeit bis zu revolutionärem Potential. Die Gräuel der Französischen Revolution von 1789 waren zu Beginn der österreichischen Industrialisierung noch frisch im Gedächtnis und verängstigten die politischen Machtträger. Der wichtigste Grund für den späten industriellen Start lag aber darin, dass der Kontinent und auch Österreich keine relevanten Textilmaschinen-Innovationen vorzeigen konnten und damit von den englischen Maschinen abhängig waren. Die Engländer jedoch versuchten mit allen Mitteln, ihre Maschinenerfindungen selbst auszunützen und die darauf konkurrenzlos billig hergestellten Garne zu exportieren.

Die Engländer hatten ein wahrlich lukratives Monopol! Es gelang ihnen, den industriellen Start nicht nur in Österreich, sondern auf dem ganzen Kontinent zu verzögern. Mit konsequenter Härte wurde das Monopol verteidigt. Es war unter Androhung der Todesstrafe verboten, als Fachkraft ins Ausland zu emigrieren, Pläne von Maschinen aus dem Land zu bringen oder gar Maschinen zu exportieren. Langsam, aber stetig fand das englische »Know-how« schließlich dennoch den Weg auf den Kontinent und in die USA, sodass sich England 1843 genötigt sah, den Verkauf von Textilmaschinen freizugeben.

Österreich erkannte im auslaufenden 18. Jahrhundert, dass an der Industrialisierung und insbesondere den neuen Spinnmaschinen kein Weg vorbeiführte, wenn das Land nicht wirtschaftlich unaufholbar in Rückstand geraten wollte. Man versuchte, wie andere Staaten auf dem Kontinent, an das englische Fachwissen heranzukommen. Die Mittel dazu waren das offiziell verbotene Abwerben von Fachkräften, der Schmuggel von Konstruktionsplänen oder ganzen Maschinen und vor allem das heimliche Anfertigen von Maschinenskizzen bei Fabriksbesuchen in England. Bei der Genehmigung solcher Besuche waren die Engländer damals schon großzügig.

Mit der Einführung der Spinnmaschine im Raum südlich von Wien begann Anfang des 19. Jahrhunderts die frühindustrielle Aufholjagd in Österreich, die einen tief greifenden Wandel in der industriellen Struktur auslöste. Nicht nur im Textilsektor, sondern auch in den Bereichen Metallverarbeitung und Luxusgüter war dieser Raum ein gewaltiges Zentrum, dessen Aufbau sich nun beschleunigte.

Es war kein Zufall, dass Niederösterreich bei der Mechanisierung der Baumwollspinnerei die Vorreiterrolle spielte. Ein 1789 erlassenes Hofdekret bestimmte, dass die Baumwollindustrie nur in jenen Gebieten eingeführt und verbreitet werden sollte, in denen sich keine Woll- und Leinenindustrie befand. Aus diesem Blickwinkel war Niederösterreich im Gegensatz zu Oberösterreich und Vorarlberg für die Baumwollindustrie prädestiniert. Zudem verfügte Niederösterreich bereits über eine starke

Basis von Kottonfabriken, die den Rohstoff Baumwolle verarbeiteten.
Nicht überraschend ist die Reaktion der monopolbedachten Engländer. Sie verfrachteten 1805, als Österreich in den Anfängen des erfolgreichen Aufbaus der Baumwollindustrie stand, Garne für 1 Million Gulden in Kommission und warfen die Ware 30 Prozent unter dem Verkaufswert auf den Markt. Mit diesem gezielten Dumping sollte die österreichische Baumwollindustrie am Beginn erstickt werden. Ein Jahr später, 1806, erließ Napoleon die bis 1814 dauernde Kontinentalsperre gegen England, was das Pendel des industriellen Aufbaus wieder zugunsten Österreichs ausschlagen ließ.
Österreich in den heutigen Grenzen war in der Frühphase der Industrialisierung mit den neu errichteten Baumwollspinnereien der Taktgeber in der Monarchie. Böhmen, das in der wenig mechanisierten Baumwollweberei und -druckerei führend war, konnte in der ersten Hälfte des 19. Jahrhunderts bei der industriellen Garnherstellung mit Österreich nicht mithalten. Im Jahr 1843 übertraf Österreich mit 559.019 Baumwollspindeln Böhmen in der installierten Kapazität um mehr als 50 Prozent. Niederösterreich alleine hatte mit 387.468 Spindeln eine größere installierte Basis als Böhmen, das damals über 354.210 Spindeln verfügte. In den folgenden zehn Jahren baute sich dieser Vorsprung noch weiter aus. Im letzten Drittel des 19. Jahrhunderts allerdings investierte Böhmen kräftig in seine Baumwollindustrie und verfügte gegen Ende des Jahrhunderts über eine rund doppelt so hohe Spindelkapazität wie Österreich in den heutigen Grenzen.
Wie die Spinnerei-Statistik aus dem Jahr 1843 zeigt, waren rund 70 Prozent der österreichischen Baumwollspindeln in Niederösterreich installiert. An zweiter Stelle lag Vorarlberg mit beachtlichen 20 Prozent, während Oberösterreich mit gut 3 Prozent noch unbedeutend war. Nachstehend soll die Entwicklung der Baumwollindustrie in diesen drei Regionen dargestellt werden. Es ist verblüffend, wie unterschiedlich die industrielle Entfaltung in diesen Regionen begann.

Die Wucht des Raums südlich von Wien

Der Großraum Wien dominierte im 18. Jahrhundert die Textilherstellung in den Bereichen Baumwolle und Seide, während bei der Wolle durch die Wollzeugfabrik in Linz Oberösterreich führend war. Die Hauptstadt mit ihrer Kaufkraft und ihrem Luxusbedarf bot ideale Voraussetzungen für Betriebsansiedlungen,

Spinnerei-Statistik für das Jahr 1843

Land	Anzahl Spinnereien	Anzahl Spinnmaschinen	Anzahl Spindeln	Anzahl Mitarbeiter	Gewicht der produzierten Garne in Tonnen
Niederösterreich	40	1.984	387.468	7.869	6.240,11
Vorarlberg und Tirol	17	442	140.718	2.488	2.002,43
Oberösterreich	5	114	18.693	398	366,44
Steiermark	2	53	12.140	332	209,11
Gesamt (heutige Grenzen)	**64**	**2.593**	**559.019**	**11.087**	**8.818,09**
Böhmen	81	1.680	354.210	7.769	3.615,16
Krain	1	16	5.280	164	124,74
Küstenland	1	46	13.800	297	343,03
Lombardei	26	1.100	97.711	3.316	2.660,23
Venedig	2	23	7.100	306	47,71
Gesamt	**175**	**5.458**	**1.037.120**	**22.939**	**15.608,96**

Quelle: J. Slokar, Geschichte der österreichischen Industrie und ihrer Förderung unter Franz I. (Wien 1914) 316; Bericht über die Allgemeine Gewerbeausstellung in Wien 1845 (Wien 1846).

insbesondere wenn man die Beschränkungen durch die damaligen Transportmöglichkeiten bedenkt.

Von den beiden größten Beschäftigungsträgern Baumwolle und Seide konzentrierten sich die oft von Italienern gegründeten Betriebe der Seidenindustrie auf die Stadt Wien und ihr nahes Umfeld. Die Herstellung von Seidenprodukten war über einen Zeitraum von rund hundert Jahren der bedeutendste Wirtschaftszweig Wiens. Um das Jahr 1800 waren in dieser Branche rund 16.000 Personen beschäftigt. Sie profitierte zu dieser Zeit ganz besonders vom Ausfall der großen Konkurrenz in Lyon infolge der Französischen Revolution. Der Marktkraft der immer stärker nach vorne drängenden, industriell hergestellten Baumwollprodukte war die Seide aber nicht gewachsen. Der Niedergang der Seidenproduktion in der österreichischen Metropole vollzog sich zwischen 1830 und 1860.

Die großen frühen Gründungen von Manufakturen im allgemeinen Industriebereich haben aber nicht in Wien stattgefunden, sondern im niederösterreichischen Großraum um Wien. In den 250 Jahren vor 1848 sind im Viertel unter dem Wienerwald 178 Betriebsgründungen – ohne die Produktionszweige Montan, Brauerei und Mühlen – nachweisbar. Die weitaus meisten Gründungen erfolgten zwischen 1790 und 1848. 71 dieser 178 Betriebe waren Textilfabriken, darunter 51 Betriebe im aufstrebenden Baumwollsektor. Auf die Textilindustrie entfielen gut zwei Drittel der Beschäftigten, rund fünfmal so viel wie auf den zweitplatzierten Produktionszweig Metall. Von den 178 Unternehmen haben immerhin 16 die Sechzigerjahre des 20. Jahrhunderts erreicht, die Hälfte davon waren Baumwollbetriebe.

Die frühe Stärke des Raums Wien in der Baumwolle geht auch auf die Funktion der Hauptstadt als wichtiger Baumwollumschlagplatz zurück. Die Baumwolltransportstraßen von Kleinasien entlang der Donau und von der Levante über Triest kreuzten sich in Wien. Die erste große Baumwollmanufaktur wurde

Drei Seiden-Fabriken in Wien, Randveduten auf einem Plan der Wiener Vorstädte Schottenfeld, Neubau und Spittelberg. Kolorierte Federlithografien von Carl Graf Vasquez, um 1835

Gedruckte Kammertücher für Kleider und Möbel aus der Fridauer Barchent- und Kattunfabrik, 1824

»Guillochierte glatte Kammertücher« aus der Ebreichsdorfer Zitz- und Kottonfabrik, 1827

1725 von der zweiten Orientalischen Kompanie in Schwechat gegründet. Wie die Wollzeugfabrik in Linz bei Wolle war sie mit dem Privileg der ausschließlichen Erzeugung von Baumwollwaren ausgestattet und erreichte mit einer Spitzenbeschäftigung von über 30.000 Personen ebenfalls eine enorme Größe. Dieses Privileg endete 1763, als Kaiserin Maria Theresia die Erzeugung von Textilprodukten aus Baumwolle per Verordnung freigab. In der Folge wurde eine ganze Reihe von Baumwollmanufakturen gegründet, die Baumwollgewebe bedruckten und färbten. Die bedeutendsten neben dem dominierenden Betrieb in Schwechat waren in Kettenhof, Ebreichsdorf, Fridau, St. Pölten und Himberg angesiedelt. Zusammen werden sie als die sechs großen »Zitz- und Kottonfabriken« der zweiten Hälfte des 18. Jahrhunderts bezeichnet. Sie erreichten einen Beschäftigungshöchststand von über 80.000 Mitarbeitern, hauptsächlich Spinnerinnen im Verlagssystem, und verbrauchten rund die Hälfte der in die Monarchie importierten Baumwolle.

Diese Manufakturen beherrschten zwar den Markt, nicht aber die Technik der Vorstufe Spinnen, bei der durch die neuen Maschinen wesentlich bessere Garne hergestellt wurden, aus denen qualitativ höherwertige Gewebe gefertigt werden konnten. Sie wurden im ersten Viertel des neuen Jahrhunderts allesamt von den modernen mechanischen Spinnereien und den mit ihnen verbundenen Unternehmen buchstäblich überrollt. Die Industriemaschinen hatten endgültig über die alten Produktionsstrukturen gesiegt.

Der Industrialisierungsprozess in Niederösterreich erfolgte stürmisch. Von den 40 Baumwollspinnereien, die im Jahre 1843 gezählt wurden, entstanden drei der fünf größten Betriebe gleich zu Beginn des Jahrhunderts: 1801 Pottendorf, 1802 Schwadorf und 1803 Teesdorf.

Die erste Gründungswelle dauerte bis 1814. Die Napoleonischen Kriege und die 1806 beginnende Kontinentalsperre schalteten die englische Konkurrenz weitgehend aus und brachten einen großen Aufschwung für die Baumwollindustrie. Die durch unkontrollierte Geldausgabe und den Krieg auftretende Hyperinflation führte 1811 zum Staatsbankrott und löste eine tiefe Depression aus. Nach der Aufhebung der Kontinentalsperre 1814 wurde Österreich zudem von billigen englischen Garnen überschwemmt und das Wirtschaftsproblem verstärkt. Die Gründerwelle in Niederösterreich kam zum Stillstand. Waren von 1801 bis 1814 insgesamt zwölf mittlere bis sehr große Baumwollspinnereien neu entstanden, so gab es aufgrund der schlechten Wirtschaftslage zwischen 1814 und 1820 keine einzige Neugründung. In den folgenden acht Jahren bis 1828 stieg der Unternehmermut wieder an und es entstanden 18 neue kleinere und mittelgroße Spinnereien. Damit verfügte Niederösterreich 1828 bereits über 30 Spinnereien mit insgesamt etwas mehr als 220.000 Spindeln. Zum Einsatz kamen beide Spinnmaschinen-Typen, Mules und Waterframes, wobei die Mule-Maschine deutlich dominierte. Der Raum südlich von Wien hatte auch im internationalen Vergleich einen beachtlichen frühindustriellen Leistungsnachweis erbracht. In den folgenden zwei Jahrzehnten setzte sich die Expansion etwas zögerlicher fort. 1843 verfügte Niederösterreich über 40 Spinnereien mit 387.468 Spindeln. 1847 waren es 488.112 Spindeln.

In der nebenstehenden Tabelle sind die niederösterreichischen Spinnereien angeführt, die 1843 eine Kapazität von mehr als 10.000 Spindeln installiert hatten.

Zur Verarbeitung der Garne standen in Niederösterreich und in Wien 1841 rund 7.000 Baumwoll-Webstühle zur Verfügung, davon rund die Hälfte in der Hauptstadt. Hier hatte sich die Kunstweberei mit der Erzeugung von Luxusartikeln angesiedelt. Anfang der Dreißigerjahre beschleunigte sich die Gründung von Baumwolldruckunternehmen, die den wachsenden Anfall von Baumwollgeweben ausrüsteten und für die Konfektion vorbereiteten. Der Wert der in Niederösterreich erzeugten Stoffdrucke und Stoffe aus Baumwolle und Baumwollmischungen wird für das Jahr 1841 auf knapp 8 Millionen Gulden geschätzt. Im Gegensatz zur bereits industriellen Vorstufe Spinnen, bei der Niederösterreich gegenüber Böhmen einen Vorsprung hatte, war der nördliche Nachbar beim Weben und Drucken, das noch in vorindustrieller Produktionsweise geschah, deutlich voran.

Niederösterreich war in der Industrialisierung

Spinnereien in Niederösterreich, 1843

	Anzahl Spinnmaschinen	Anzahl Spindeln	Anzahl Mitarbeiter	Gewicht der produzierten Garne in Tonnen
Pottendorf	232	43.368	813	628,24
Trumau	78	32.184	568	305,76
Schwadorf	148	26.952	478	322,77
Fahrafeld	88	19.500	364	422,48
Teesdorf	140	19.480	519	430,58
Felixdorf*, Möllersdorf	90	16.320	322	423,08
Sollenau	93	15.364	388	400,19
Ebenfurth	78	15.024	409	289,14
Fischau**, Felixdorf	52	14.976	179	231,48
Steinabrückl	79	14.064	313	201,92
Schönau	68	11.940	257	159,00
Neu-Steinhof	48	11.916	97	38,09
Ebergassing	62	11.160	210	114,35
Neunkirchen	51	10.932	209	134,67
16 Spinnereien mit über 10.000 Spindeln	1.307	263.180	5.126	4.101,75
24 Spinnereien mit unter 10.000 Spindeln	677	124.288	2.743	2.138,37
40 Spinnereien	1.984	387.468	7.869	6.240,12

* Die Daten der Spinnerei von C. Bräunlich umfassen zwei Betriebe.
** Die Daten der Spinnerei von Jos. Mohr umfassen zwei Betriebe.

Quelle: J. Slokar, Geschichte der österreichischen Industrie und ihrer Förderung unter Franz I. (Wien 1914) 286; Bericht über die Allgemeine Gewerbeausstellung in Wien 1845 (Wien 1846).

rund 20 Jahre schneller als Vorarlberg und rund 30 Jahre schneller als Oberösterreich. Das Fehlen einer Rohstoffbasis bei Leinen und Wolle war hier ironischerweise vorteilhaft, da der Staat die Ansiedlung von Baumwoll-Spinnereien dort begünstigte, wo keine inländischen Rohstoffe vorhanden waren. Auch die Nähe zu Wien spielte beim frühen Start eine wichtige Rolle. Die Gründer oder zumindest Mitgründer der neuen Spinnereien waren in vielen Fällen Adelige und hohe Beamte und die Kapitalgeber kamen oft aus Kreisen der Wiener Banken und des Großhandels. Es fällt auch auf, dass durch die Nähe der Wiener Universität und des einflussreichen Beamtentums schon in der Frühphase der Industrialisierung ein stärkeres Bewusstsein für soziale Fragen vorhanden war. Der k. k. nö. Regierungsrat Josef Johann Knolz gab im Jahr 1843 ein Buch über die Baumwollspinnfabriken heraus, in dem tabellarisch und sehr systematisch, wenn vielleicht auch nicht immer ganz objektiv, die Arbeitsbedingungen der Erwachsenen und Kinder beschrieben und die Krankheitskategorien und teilweise Todesursachen in allen Spinnereien Niederösterreichs festgehalten sind.

Der Gründer der Pottendorfer Spinnerei: John Thornton, Mechaniker aus Yorkshire, 1771–1847, und seine Frau Marie († 1849)

Das soziale Empfinden der heutigen Zeit kann nur schwer auf die damalige Periode des frühindustriellen Starts angewendet werden. Im Vergleich zur Gegenwart sind die Verhältnisse in den Fabriken um die Mitte des 19. Jahrhunderts als unzumutbar oder gar katastrophal zu bezeichnen. Die körperlichen und gesundheitlichen Belastungen der Arbeiter und insbesondere der Kinder waren enorm. 66 bis 72 Stunden Wochenarbeitszeit bei 72 bis 78 Stunden Fabrikspräsenz sind heute nicht mehr nachvollziehbar. Und trotzdem gab es eine gewisse Teilung der Vorteile der Fabrik zwischen Arbeiter und Investor. Der Arbeitnehmer hatte eine, wenn auch bescheidene Existenz, statt potentiell dem Hunger und dem Bettel ausgesetzt zu sein. Dem Arbeitgeber winkten in der Frühphase enorme Gewinne, wenn die Fabrik erfolgreich war. Beim Scheitern einer Fabrik hat sich das kollektive Schicksal der viel zahlreicheren Arbeiter besser im Gedächtnis der Gegenwart erhalten als der Existenzverlust des risikotragenden Arbeitgebers.

Die nachstehend einzeln dargestellten vier Unternehmen wurden nach dem Kriterium des Besonderen unter den Spinnereien im Großraum Wien ausgewählt: die Spinnereien in Pottendorf, Teesdorf, Marienthal und Vöslau.

Baumwollspinnfabrik Pottendorf

Die erste österreichische Baumwollspinnfabrik entstand, von Graf Karl Batthyány gegründet, in Burgau in der nordöstlichen Steiermark. Die Anlage hatte 864 Spindeln, die mit großem Aufwand und hohen Kosten aus England herausgeschmuggelt worden waren. Die Fabrik erfüllte die Erwartungen aber bei weitem nicht und wurde nach wenigen Jahren stillgelegt.

Die erste erfolgreiche mechanische Baumwollspinnfabrik in Österreich war die Spinnerei Pottendorf. Die Initiative zur Gründung einer großen Spinnerei nach englischer Art ging von Fürst Franz Gundacker von Colloredo-Mannsfeld und Fürst Josef von Schwarzenberg, beides Oberdirektoren der 1787 gegründeten Wiener »Commerzial-, Leih- und Wechselbank«, aus. Das war 1801. Man ging auf die Suche nach einem fachkundigen Engländer, der dieses Projekt umsetzen sollte, und fand ihn in John Thornton aus Yorkshire, der unter Missachtung des englischen Verbots in Hamburg für einen deutschen Großhändler eine Spinnerei einrichtete. Mit Thornton wurde in Wien ein Vertrag abgeschlossen, der ihm neben zahlreichen anderen Zugeständnissen auch 25 Prozent vom Reingewinn sicherte.

Das Investitionsvolumen des Großprojekts war für die Wechselbank zu groß. Der Gesellschafterkreis musste erweitert werden. Nach dem Vorvertrag aus dem Jahr 1801 kam es am 1. Mai 1802 zum definitiven Gründungsvertrag, der zwischen Thornton und zwölf weiteren – meist adeligen – Gesellschaftern für die

Dauer von 30 Jahren abgeschlossen wurde. Die neu entstandene Trägergesellschaft hieß »K. k. priv. Garnmanufakturgesellschaft«. Ihre einzige Aufgabe war die Errichtung einer Spinnfabrik in Pottendorf. Es war Thornton, der die Voraussetzungen zum Bau der Maschinen mitbrachte – die Abteilung für den Bau der Spinnmaschinen bestand in Pottendorf bis 1843 –, den Standort Pottendorf an den eisfreien Flüssen Fischa und Leitha aussuchte, die Fabrik plante und die Maschinenaufstellung und eine Siedlung zwischen dem Fabriksgebäude und den Häusern des Markts konzipierte. Fürst Nikolaus Esterházy, einer der Gesellschafter, der 1802 Schloss und Grundherrschaft Pottendorf aus Starhemberg'schem Besitz erworben hatte, stellte das Schloss während des Fabriksbaus für zwei Jahre unentgeltlich und uneingeschränkt zur Verfügung. Die ersten Maschinen wurden im Schloss vormontiert und getestet. Hier entstand das erste Garn.

Mit Thornton kam nach 170 Jahren der erste Protestant nach Pottendorf zurück. Die Gegenreformation hatte hier konsequent gewirkt. Im Zuge des Spinnereiaufbaus und der Suche nach Spezialisten kamen weitere evangelische Hilfs- und Fachkräfte aus England, Hannover, Berlin, Sachsen und der Schweiz nach Pottendorf und ließen sich dort nieder. Nach zweijähriger Bauzeit war die Fabrik 1804 betriebsbereit. Bereits zum Betriebsstart wurden auch Kinder beschäftigt, für die allerdings der Zeit entsprechende soziale Rahmenbedingungen geschaffen wurden. Bereits 1805 entstand ein Haus für Kinder, das 1811 durch ein neues, großzügiges Gebäude mit einem getrennten Flügel für Knaben und Mädchen, einer eigenen Schule, einem Krankenzimmer mit 40 Betten und eigener Küche ergänzt wurde.

Was für ein industrieller Wurf war mit der Spinnerei Pottendorf dem Engländer Thornton und der Wiener Investorengruppe um die Wechselbank geglückt! Die Spinnerei wurde rasch die größte auf dem Kontinent. Noch vor 1820 wurde eine Spindelzahl von rund 60.000 erreicht, die bis 1843 auf 43.296 Spindeln zurückging und 1848 wieder 52.000 Spindeln betrug. Die Pottendorfer Bevölkerung, die bei der Fabriksgründung etwa 1.000 Personen umfasste, verdreifachte sich bis zum Jahr 1843. Über 800 Einwohner des Ortes waren Mitarbeiter der Fabrik. Die Pottendorfer Spinnerei hatte in der großen Welle der Industrialisierung in den ersten 50 Jahren des 19. Jahrhunderts die Position eines echten Flaggschiffs eingenommen.

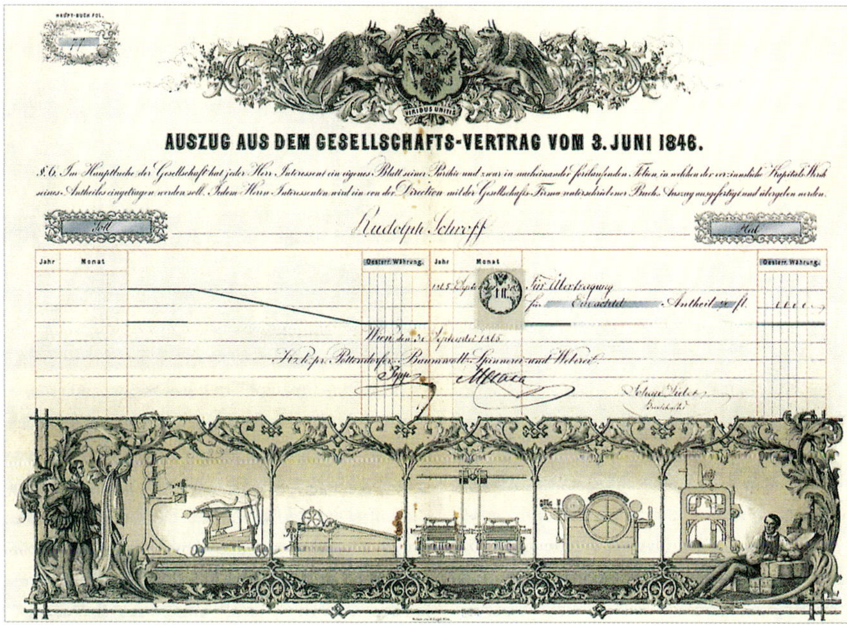
VIRIBUS UNITIS

AUSZUG AUS DEM GESELLSCHAFTS-VERTRAG VOM 3. JUNI 1846.

Soll | Hat

Jahr	Monat	Oesterr. Währung	Jahr	Monat	Oesterr. Währung

Gesellschaftsvertrag der Pottendorfer Spinnerei vom 3. Juni 1846 mit Darstellungen von Textilmaschinen

Baumwollspinnfabrik Teesdorf

Die Spinnerei in Teesdorf an der Triesting wurde 1803 durch den Wiener Großhändler Johann Baptist Edler von Puthon und seine beiden Söhne Johann Baptist jr. und Karl als Familiengesellschaft gegründet. Die Beziehungsnetze der Puthons waren gut. 1811 verkaufte der Grundherr Stift Melk auf allerhöchste Anordnung und zum Wohle der Staatsfinanzen die Herrschaft Teesdorf an die Familie, die nun prägend für den Ort wurde.

Die neue, patriarchalisch geführte Spinnerei, die wie Pottendorf ganz mit Maschinen nach »englischer Art« ausgerüstet wurde, entfaltete sich rasch. Bereits nach zehn Jahren waren

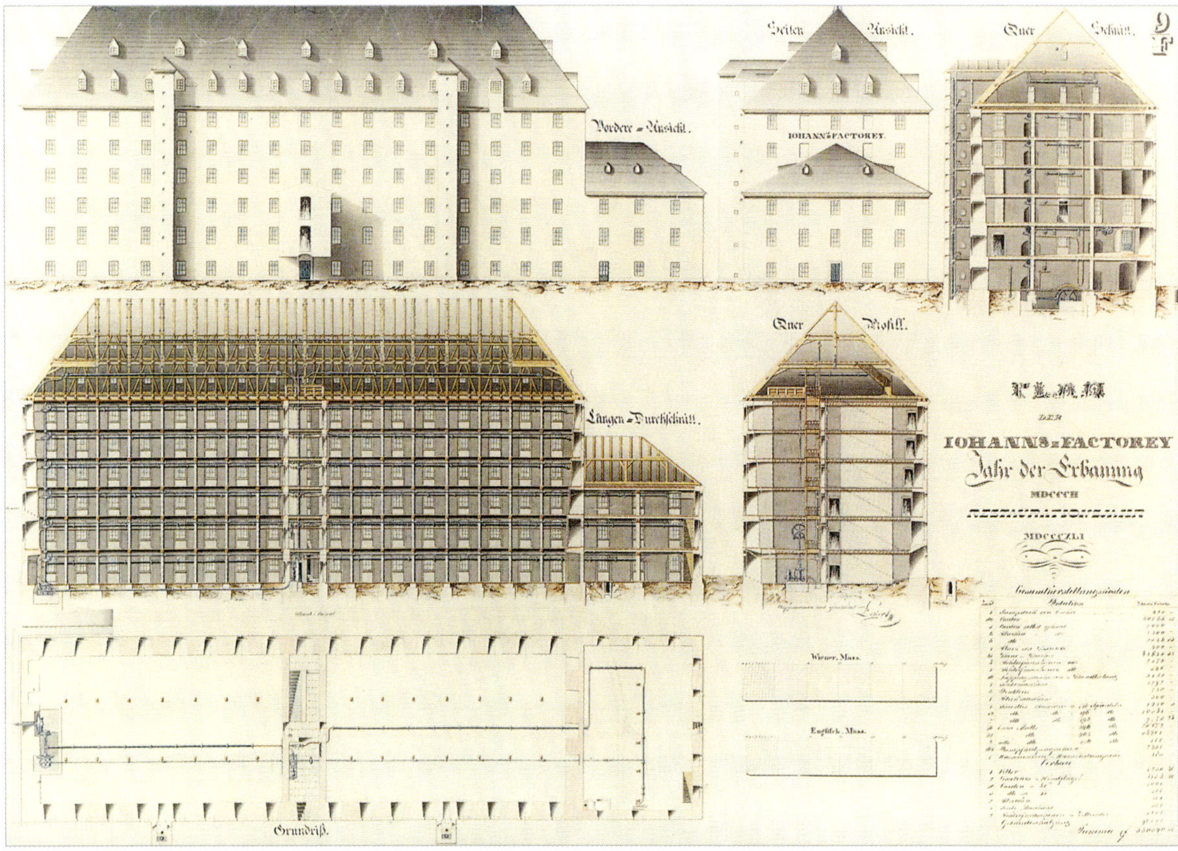

Die 1802 erbaute Pottendorfer Johannfaktorei. Die Maschinen in den sechs Stockwerken wurden von riesigen Wasserrädern über eine Transmissionsanlage angetrieben. Plan aus dem Jahre 1841

Johann Baptist von Puthon (1776–1839), Wiener Großhändler und Begründer der Baumwollspinnerei in Teesdorf

108 Mules und 22 Waterframes, die zusammen 18.000 Spindeln ausmachten, im Einsatz. 1843 beschäftigte die mit 19.480 Spindeln ausgerüstete Fabrik 810 Mitarbeiter, 200 davon Kinder. Die Jahresproduktion betrug 400.000 Kilogramm gegenüber 628.000 Kilogramm in der Pottendorfer Spinnerei, die über eine gut doppelt so hohe Zahl an Spindeln verfügte. Die hohe Produktivität in Teesdorf war eines der vorrangigen Ziele der Brüder Puthon. Sie versuchten ständig, die Maschinen zu verbessern, und erlangten damit auch die Erteilung einiger Patente.

Der Betrieb hatte eine sehr initiative Arbeiterschaft, die nach der Jahrhundertmitte Genossenschaftsgeschichte schrieb, indem sie den ersten österreichischen Konsumverein gründete. Am 22. Juli 1856 beantragte der Teesdorfer Arbeiter Franz Endler bei der k. k. nö. Statthalterei in Wien die Errichtung eines »wechselseitigen Unterstützungs Vereins zur möglichst billigen Anschaffung der Nahrungsbedürfniße«. Nach einem langwierigen Verfahren wurde das Gesuch am 31. Mai 1857 genehmigt. Damit war jene Keimzelle geschaffen, aus der zahlreiche ähnliche Organisationen entstanden, die durch ihren späteren Zusammenschluss zur Gründung des mächtigen Konsumvereins mit Filialen und Märkten in ganz Österreich führten. Beide jedoch, Konsum wie Spinnfabrik, erreichten das Jahr 2000 nicht. In den Neunzigerjahren des letzten Jahrhunderts wurde die Spinnerei geschlossen und der Konsum schied mit dem medialen Lärm einer Großinsolvenz aus dem Markt.

Spinnfabrik Marienthal

Die Marienthaler Spinnfabrik war um die Mitte des 19. Jahrhunderts eine typische Baumwollspinnerei, von knapp mittlerer Größe, mit Wasserkraft angetrieben und eigentlich wenig sensationell. Bemerkenswert ist sie wegen ihres außergewöhnlichen Starts und der Begleitumstände ihres Endes.

Der Kärntner Konstrukteur Franz Wurm und der pensionierte k. k. Polizeikommissar Johann Pausinger als Geldgeber gründeten 1826 eine kleine Flachsspinnerei in Marienthal bei Gramatneusiedl. Wurm konstruierte die Maschinen dafür selber, offenbar technisch auf einem hohen Stand. Im März 1827 wurde er jedoch wegen Banknotenfälschung verhaftet und zum Tode verurteilt. Die Todesstrafe wurde in lebenslängliche Haft umgewandelt, und Wurm wurde etwas später vom Kaiser persönlich amnestiert, um dem Land den »genialen« Erfinder zu erhalten. Die kleine Spinnerei aber hatte 1827, nach nur einem Jahr, den Betrieb einstellen müssen.

Die leer stehenden Baulichkeiten wurden 1830 vom Wiener Großhändler und Kunstmäzen Hermann Todesco günstig erworben, um eine Baumwollspinnerei darin zu errichten. Durch den Zukauf einer alten Mühle entstand bald ein zweites, über Wasserkraft verfügendes Fabriksgebäude. Die Spinnerei zählte 1835 bei 137 Beschäftigten über 6.500 Spindeln. Es

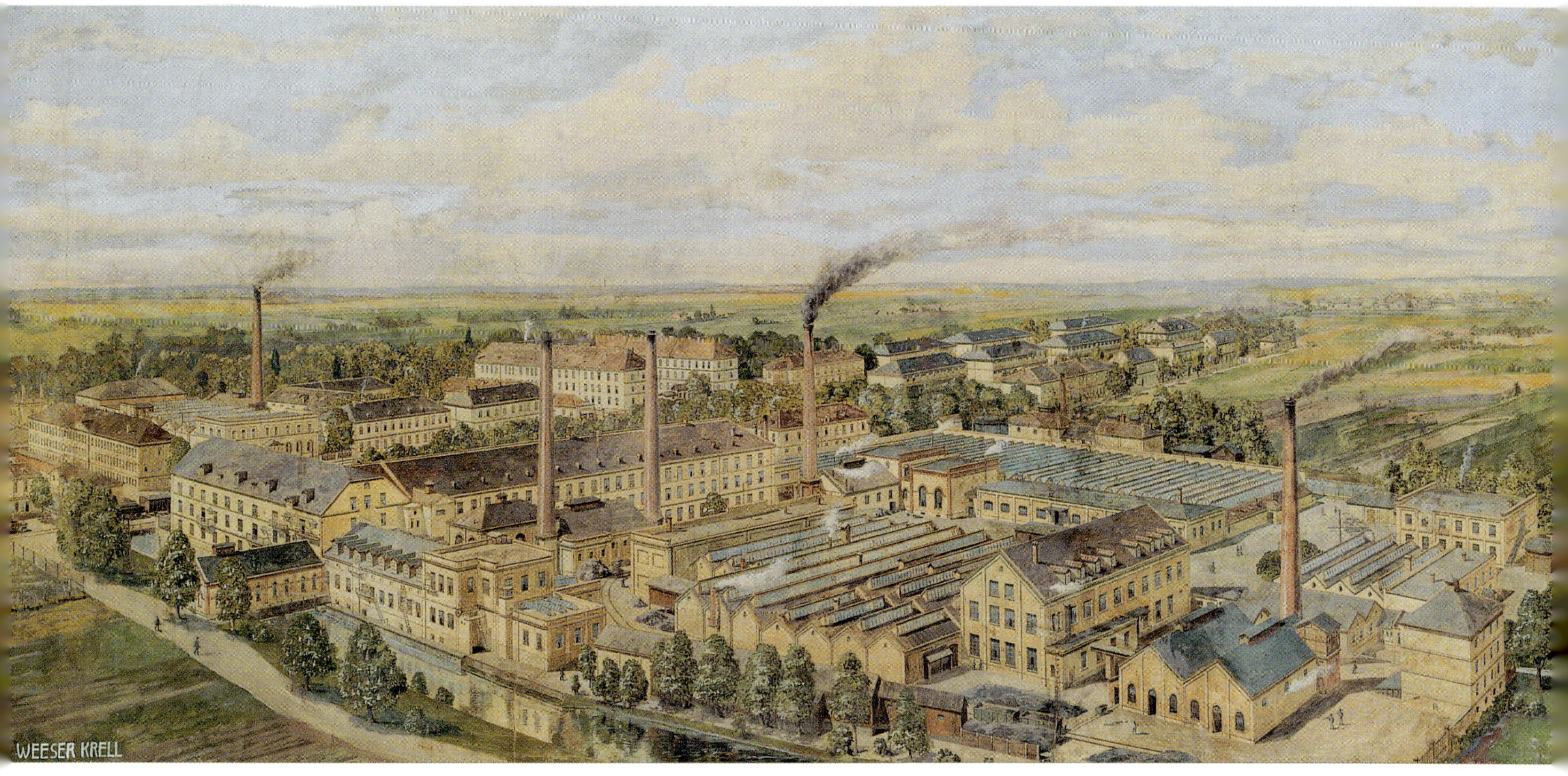

Ein Denkmal der Soziologie: Die Spinnfabrik Marienthal. Ferdinand Weeser-Krell, Anfang 20. Jahrhundert

wurden ein Kindergarten, eine Schule und beidseitig der Straße Wohnhäuser für die Arbeiter errichtet. So entstand ein typisches Fabriksdorf, in dem der Patriarch Todesco gleichzeitig Herr über Fabrik und Ort war. 1844 ging der Betrieb mit nunmehr 7.500 Spindeln an den Sohn des Gründers über.

Wirklich große Berühmtheit erlangte die Marienthaler Spinnfabrik durch ihre Stilllegung im Depressionsjahr 1930. In den 80 Jahren davor war der Spinnerei eine Weberei, Bleiche und Färberei angegliedert worden. Das kleine Dorf mit knapp 1.500 Einwohnern lebte von der Fabrik. Die Belegschaft hatte sich ein reges kulturelles und soziales Umfeld geschaffen. Umso größer war der Schock der Stilllegung. Auf Anregung des Vordenkers der österreichischen Sozialdemokratie Otto Bauer wurde erstmalig ein wissenschaftlich fundiertes Soziogramm – eine Sozialreportage mit Hilfe von systematisch erarbeiteten statistischen Daten – über die Auswirkungen der Fabrikschließung auf die Bevölkerung des Ortes gemacht. Die Wiener Sozialforscher Marie Jahoda, Paul Lazarsfeld und Hans Zeisel führten zwischen 1931 und 1932 die dafür erforderlichen Erhebungen vor Ort durch. Ihr 1933 publiziertes Werk »Die Arbeitslosen von Marienthal« hat Weltberühmtheit erlangt und die Soziologie modernisiert.

Gedruckte Merinos für Shawls und Umhängtücher aus der Kettenhofer Zitz- und Kottonfabrik, 1821

Vöslauer Kammgarnspinnerei

Im Gegensatz zur Baumwolle, wo Niederösterreich – auch bezogen auf die Monarchie – die Führungsposition innehatte, war die Produktion von Wollwaren im 18. und beginnenden 19. Jahrhundert im Großraum Wien unbedeutend. Dieser Industriezweig war vorrangig in Mähren, Böhmen sowie in Oberösterreich mit seiner dominanten Wollzeugfabrik situiert. Im ersten Viertel des 19. Jahrhunderts aber siedelte sich die Shawl-Weberei, ein hochwertiges Segment der Schafwollindustrie, in Wien an und expandierte rasch. Die für Shawl-Tücher benötigten, im obersten Qualitätssegment angesiedelten Kammgarne wurden meist aus Sachsen bezogen.

Die rasch wachsende Nachfrage nach Kammgarnen bildete die Basis für eine lokale Produktion. Johann Heinrich von Geymüller, ein aus Basel stammender Großhändler aus Wien, hatte 1828 die Herrschaft Vöslau von Georg Ritter von Sina gekauft, der sie seinerseits kurz zuvor aus der Konkursmasse der Firma Fries & Co. erworben hatte. Geymüller nahm die aus dem neuen Bedarf an hochwertigen Wollgarnen resultierende Chance gemeinsam mit seinem Schwager Carl Deahna und dem Wollexperten Emil Rode wahr. Sie gründeten 1833 die Kammgarnspinnfabrik Geymüller & Co. in Vöslau.

Am Startkapital von 100.000 Gulden beteiligte sich Geymüller mit der Hälfte und die beiden Partner mit je einem Viertel. Das Werk ging

1835 mit 240 Mitarbeitern in Betrieb. Sowohl die Wasserkraft als auch eine Dampfmaschine wurden zum Antrieb der Maschinen eingesetzt. Bereits 1839, nur vier Jahre später, waren 700 Personen beschäftigt, 135 davon in einer inzwischen gegründeten Zweigniederlassung in Budweis. In diesem Jahr kam auch eine zweite Dampfmaschine zum Einsatz. Die hergestellten Garne waren von hervorragender Qualität und wurden bei der österreichischen Gewerbeausstellung in Wien mit der Goldmedaille gewürdigt.

Die Vöslauer Fabrik verfügte 1839 über 3.200 Spindeln, was für den Kammgarnsektor groß war. Zum Vergleich hatte das in der Monarchie im Wollsektor volumendominante Mähren 1841 nur eine Kammgarnspinnerei mit 2.000 Spindeln und das qualitätsorientiertere Böhmen neun solche Spinnereien mit jeweils 1.000 bis 2.500 Spindeln. Die größte Kammgarnspinnerei der Monarchie aber stand im oberösterreichischen Gmunden und verfügte über 5.000 Spindeln. Die Herstellung von Kammgarnen aus Wollfasern war wesentlich aufwendiger und komplexer als die vom Volumen viel bedeutendere Produktion von Baumwollgarnen. Beim damaligen Stand der Produktionstechnik entsprach aus der Sicht der Wertschöpfung eine Kammgarnspinnerei mit 2.000 Spindeln in etwa einer Baumwollspinnerei von rund 20.000 Spindeln.

Die erfolgreiche Entwicklung der Vöslauer Fabrik wurde durch den Konkurs des Handelshauses Geymüller jäh unterbrochen. Im Rahmen der vorgesehenen Zwangsversteigerung der Vöslauer-Anteile stellte sich heraus, dass die Fabrik über Jahre hindurch keine Abschreibungen vorgenommen hatte und der Buchwert von 700.000 Gulden einem Schätzwert von nur 200.000 Gulden gegenüberstand. Der Betrieb wurde 1842 eingestellt. Eine Investoren-Gruppe von zehn Aktionären, zu der auch der spätere Wiener Bürgermeister Andreas Zelinka gehörte, erstand die Vöslauer Liegenschaft und die Maschinen zum halben Schätzwert. Sie gründete 1846 die Actien-Gesellschaft der Vöslauer Kammgarn-Fabrik. Mit 1.000 Aktien zu 500 Gulden war ein solides Kapital von 500.000 Gulden vorhanden. Die Vöslauer blühte wieder auf, verfügte bereits 1854 über 6.000 Spindeln und war ertragreich.

Das Besondere an der Vöslauer Fabrik war ihre Nachhaltigkeit und vor allem ihre Sogwirkung auf die Wollindustrie. Dieser Textilzweig hatte in den Grenzen des heutigen Österreich im 18. Jahrhundert seinen Schwerpunkt klar in Oberösterreich. Im 19. Jahrhundert fand die Verlagerung in Richtung Niederösterreich und Wien statt. Nach der Wende zum 20. Jahrhundert beschleunigte sich der Expansionsprozess der Vöslauer. Vor dem Ersten Weltkrieg beschäftigte die Spinnerei 3.000, im Jahr 1950 rund 4.000 Mitarbeiter in Niederösterreich und Wien. Die Vöslauer wurde zum größten Arbeitgeber der österreichischen Textilindustrie. Sie hatte die Kraft, die Wollindustrie von ihrem Schwerpunkt Oberösterreich fast vollständig in den Raum südlich von Wien zu verlagern. Mit ihrem Abstieg und Konkurs im Jahr 1978 fand dieses ungewöhnliche »Go East« ein abruptes Ende und es folgte ein fast ebenso vollständiges »Go West« nach Vorarlberg, wodurch die noch vorhandene kleinere Vorarlberger Wollbasis zusätzlich gestärkt wurde.

Textilindustriell geprägtes Vorarlberg

Den vielleicht spannendsten Teil der Geschichte der österreichischen Textilindustrie weist Vorarlberg auf. Das kleine Land, eingezwickt zwischen Arlberg und Bodensee, zählte um 1800 erst 76.000 Einwohner, die es kaum ernähren konnte. Vorarlberg war arm, ohne größeren Markt, überbevölkert und auf Arbeit im Ausland angewiesen. Das dem Menschenhandel nicht unähnliche Söldnerwesen, aus dem die Grafen von Hohenems mehr Reichtum schöpften als aus ihrem Besitz, ging verloren, als das Gewehr den Landsknecht mit

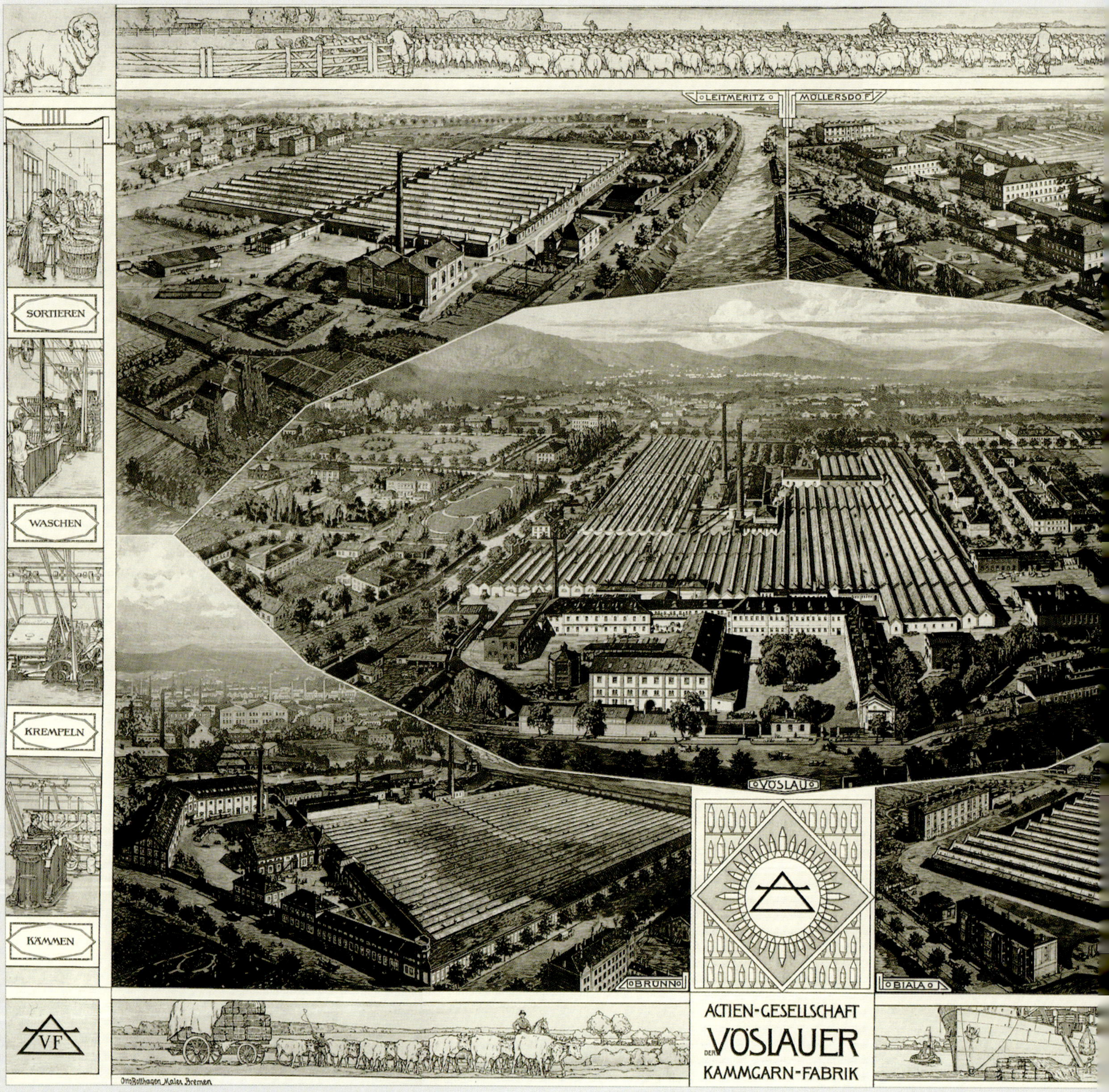
LEITMERITZ
MÖLLERSDORF
SORTIEREN
WASCHEN
KREMPELN
KÄMMEN
VÖSLAU
BRÜNN
BIALA
VF
ACTIEN-GESELLSCHAFT DER VÖSLAUER KAMMGARN-FABRIK
Otto Bollhagen Maler Bremen

Die Vöslauer Kammgarnfabrik, um 1910

Lanze, Hellebarde und Morgenstern überflüssig machte. Da keine frühindustriellen Produktionsstrukturen vorhanden waren, mussten die Vorarlberger, um dem Hungerleid zu entgehen, sich als Wanderarbeiter im Ausland verdingen oder von dort Arbeit als Verlegte ins eigene Haus holen. Die Existenzproblematik wurde verschärft, weil die in großen Teilen Vorarlbergs übliche Realteilung über den Erbvorgang zu einer völligen Zerstückelung der landwirtschaftlichen Güter führte. Die Höfe waren oft so klein, dass sich mehrere Familien eine Stube teilten. Das Spinnrad oder der Webstuhl zu Hause und die mühsame Suche von Familienmitgliedern, auch Kindern, nach Arbeit über die Sommermonate im Ausland waren in dieser Situation der einzige Weg, um die Existenz zu sichern.

Die frühe textile Prägung Vorarlbergs hängt mit seiner Lage zusammen. Während der Arlberg und eine die Region diskriminierende Zollverordnung das Land fest gegen das restliche Österreich abriegelten, waren die Wege über den Rhein in die Schweiz und über den Bodensee nach Deutschland offen. Der Blick Vorarlbergs war nicht nach Osten, sondern nach Norden und Westen gerichtet, wo in Städten wie Konstanz, Ravensburg, Kempten und St. Gallen eine traditionelle und höchst erfolgreiche Leinenindustrie beheimatet war. Damit hatte sich auch Vorarlberg früh und wohl zwangsläufig auf den Flachsanbau und die Herstellung von Textilien aus Leinen in Heimarbeit spezialisiert.

Das schweizerische St. Gallen begann um 1720 mit der Verarbeitung der Baumwolle. Da ein Mangel an Baumwollgarnen bestand, sandten St. Galler Händler rohe Baumwolle nach Vorarlberg, um sie gegen Lohn zu Garn verspinnen zu lassen, das zurück nach St. Gallen ging. Im Verlaufe der zweiten Hälfte des 18. Jahrhunderts entstand im Bregenzerwald zusätzlich eine ausgedehnte Stickindustrie, die ausschließlich für St. Gallen arbeitete und sich erst im 19. Jahrhundert mit dem Zentrum Lustenau verselbstständigte.

Bleiche des Vorarlbergers Johann Jakob Hutsch in Meiningen. Schützenscheibe, 1704

Das erste bedeutende Baumwollunternehmen in Vorarlberg gründete Carl Bernhard Caspar von der Trave aus dem schweizerischen Rorschach 1764 in Bregenz. Er arbeitete im Verlagssystem und beschäftigte schon 1766 mehrere tausend Heimspinner. Der geschäftliche Erfolg blieb aus, der Betrieb ging 1770 mehrheitlich an die Hauptgläubiger und kam 1779 im Zusammenhang mit einer Fiskalklage wegen Zollvergehen zum Stillstand. Traves Misserfolg hielt andere Ausländer aus der Schweiz, Frankreich und Schottland nicht davon ab, in Vorarlberg Baumwollbetriebe zu gründen. Die Fokussierung Vorarlbergs auf die Textilbranche war schon vor der Industrialisierung extrem. Auf dem Gebiet des Inner-Bregenzerwaldes wurden 1792 nur 75 Gewerbetreibende, die nichts mit Textilverarbeitung zu tun hatten, gezählt, dagegen aber 1.683 Personen oder Haushalte, deren berufliche Tätigkeit mit der Textilproduktion verbunden war. Die Nachbarschaft zu St. Gallen und Zürich, die beide schon erfolgreich mit der Industrialisierung der Spinnereien begonnen hatten, machte Vorarlberg Anfang des 19. Jahrhunderts für die Industrielle Revolution bereit. Wenn diese, mit Ausnahme der 1813 gegründeten Flachsspinnerei von Rhomberg und Lenz, trotzdem erst rund 20 Jahre später als in Niederösterreich erfolgte, so liegen die Gründe im Externen und nicht in einer mangelnden Handlungsbereitschaft des vorarlbergischen Unternehmertums. Vorarlberg war von den Napoleonischen Kriegen arg gebeutelt worden. Das große Drama aber war die Abtretung Vorarlbergs zusammen mit Nordtirol an Bayern als Konsequenz des Friedens von Pressburg vom 26. Dezember 1805. Erst gute acht Jahre später, am 3. Juni 1814, kam Vorarlberg wieder zu Österreich. Die Depression aufgrund des österreichischen Finanzkollapses von 1811 und die Flut von englischen Garnen nach der Aufhebung der Kontinentalsperre 1814 ergaben keine Basis für einen industriellen Start. Die bedrückende Situation wurde durch die Zolldiskriminierung Vorarlbergs noch verstärkt. Erst 1817 schuf die Zollfreistellung innerhalb der Monarchie von Waren aus Seide, Baumwolle, Schafwolle, Leinen und Stoffen eine echte Option auf Expansion. Es eröffneten sich mit der Lombardei und Venetien bedeutende neue Absatzmärkte. Generell wurde die Zwischenzolllinie, die Vorarlberg von Tirol und beide von den übrigen Erbländern trennte, erst 1825 aufgehoben.

Der industrielle Start ist für Vorarlberg um das Jahr 1820 anzusetzen – synchron mit der zweiten Gründungswelle in Niederösterreich. Nach Rhomberg und Lenz in Dornbirn war die Spinnerei von Johann Josef Ganahl und dem Mitgesellschafter Getzner, Mutter & Cie. in Bludenz 1820 die nächste größere Gründung. Die dritte große Spinnerei, Escher, Kennedy & Cie., eine schweizerisch-englische Partnerschaft, entstand 1827 in Feldkirch und stellte mit 24.000 Spindeln rund die Hälfte des damaligen Spindelstands. 1828 hatte Vorarlberg in elf, teilweise sehr kleinen Spinnereien knapp 50.000 Spindeln in Betrieb. Es entstanden in den folgenden 15 Jahren bedeutende neue Spinnereien, während die meisten kleinen Spinnereien wieder verschwanden. Neben den weiteren Neugründungen von Getzner, Ganahl und Escher/Kennedy ist die mit Schweizer Kapital 1838 in Kennelbach errichtete Spinnerei von Jenny & Schindler hervorzuheben. Sie war die größte unter den 15 Spinnereien, die 1843 in Vorarlberg 113.334 Spindeln in Betrieb hatten. Die Gesamtkapazität stieg bis 1847 auf 132.422 Spindeln. Obenstehende Statistik führt für das Jahr 1843 die Spinnereien mit mehr als 7.000 Spindeln auf.

Spinnereien mit mehr als 7.000 Spindeln in Vorarlberg, 1843

Ort	Anzahl Spinnmaschinen	Anzahl Spindeln	Anzahl Mitarbeiter	Gewicht der produzierten Garne in Tonnen
Kennelbach	59	21.942	406	267,18
Feldkirch (Escher, Kennedy)	54	15.888	290	280,55
Bürs	36	15.552	214	195,31
Nenzing	33	12.048	162	161,32
Feldkirch (Ganahl)	34	11.280	200	147,44
Thüringen	40	9.096	206	213,35
Dornbirn	31	7.104	128	78,83
7 Spinnereien mit mehr als 7.000 Spindeln	287	92.910	1.606	1.343,98
8 Spinnereien mit weniger als 7.000 Spindeln	66	20.424	389	324,54
15 Spinnereien	353	113.334	1.995	1.668,52

Quelle: H. Weitensfelder, Interessen und Konflikte in der Frühindustrialisierung. Dornbirn als Beispiel (Frankfurt am Main 1991) 64.

Zur Verarbeitung der Garne standen um 1840 rund 4.500 Handwebstühle und gut 600 mechanische Webstühle zur Verfügung. Die »Spinnerey und Webereyn« in Thüringen mit 180 und die Webereien von Ganahl in Frastanz mit 150 modernen Webstühlen waren die zwei größten Webereien. Zu Beginn der Industrialisierung war Vorarlberg beim Färben und Drucken der Ware noch teilweise auf das Ausland angewiesen. Ab 1830 erfolgte jedoch ein großer Aufschwung der Veredelungsbetriebe. Die bedeutendsten Firmengründungen waren 1832 F. M. Rhomberg, 1836 F. M. Hämmerle

Josef Anton Herrburger und sein Schwiegersohn Josef Anton Rhomberg, um 1800

und 1843 J. M. Fussenegger, die alle in der zweiten Hälfte des 19. Jahrhunderts eine bedeutende Expansion erlebten.
Der große Unterschied zur textilen Konzeption in Niederösterreich war die klare Tendenz zur Vertikalisierung. Spinnereibetriebe waren auch Webereien und bauten sich Veredelungskapazitäten zu und Veredelungsbetriebe wurden zu Webereien und oft auch Spinnereien wie beispielsweise F. M. Rhomberg und F. M. Hämmerle. In Niederösterreich aber waren die Spinnereien, vor allem in der Frühphase, oft einstufig und lieferten das Garn an Drucker und Färber, die ihrerseits auch webten.
So beeindruckend die unternehmerische Leistung Vorarlbergs beim Aufbau der Textilindustrie ist, die sozialen Umstände waren es nicht. Dies betrifft vor allem die Arbeitszeit, die pro Tag ein bis zwei Stunden länger war als in Niederösterreich. Der Arbeitstag für Erwachsene und Kinder begann im Sommer um 5.30 oder 6 Uhr morgens und endete abends um 19.30 oder 20 Uhr. Dazwischen gab es von 12 bis 13 Uhr eine Stunde Mittagspause. Kreishauptmann Ebner sprach, auf die Überbeanspruchung der Kinder hinweisend, von »wahrer Sklavenarbeit«. Auf der anderen Seite muss hier das Schicksal der Wanderarbeiter gesehen werden, eine vermutlich nicht attraktivere Alternative. Auch die Unternehmer und Direktoren hatten das Pflichtbewusstsein, ihren Tag mit den Arbeitern zu beginnen und zu beenden.
Das Vorarlberger Unternehmertum war von ei-

ner wilden Entschlossenheit geprägt, und dies wohl nicht zuletzt wegen der Vision, mit der Industrialisierung die labile Existenzbasis zu überwinden und zu einem vorher nicht vorstellbaren Wohlstand zu gelangen. Für Tirol würde man Ähnliches vermuten. Wie konnte es kommen, dass Tirol mit einer viel größeren Bevölkerung und einer viel größeren Fläche als Vorarlberg die frühe Industrialisierung verpasste? Im Gegensatz zu Vorarlberg hatte Tirol keine echte textile Tradition. Die Kräfte waren frühzeitig auf den Bergbau und die Metallverarbeitung konzentriert. Die Industrialisierung der Produktionsmethoden begann aber mit Textilmaschinen und erfasste die für Tirol vorrangige Metallverarbeitung erst in der zweiten Hälfte des 19. Jahrhunderts. Zwar hatte Tirol in der Kottonfabrik der Gebrüder Strehle in Imst ein sogar etwas größeres Baumwollunternehmen der Frühphase – 1791 waren im Oberinntal gegen 8.000 Personen beschäftigt –, als es die Trave-Fabrik in Vorarlberg war, aber die Strehle-Unternehmung war monolithisch und ein breit abgestütztes textiles Umfeld fehlte. Als der Strehle-Betrieb 1807 nach dem Anschluss an Bayern stillgelegt werden musste, verlor Tirol seine Baumwollindustrie fast vollständig. Die dadurch entstandene Arbeitslosigkeit erhöhte die Bereitschaft zum aktiven Widerstand gegen Bayern erheblich.

Die Vorarlberger »Textilbarone« waren in der Regel auch aktive Politiker. Das verwundert nicht, war das Land doch in seiner wirtschaftlichen Existenz schlechthin von der Textilindustrie abhängig. Eine Aufstellung der Fabriksbeschäftigung im bis zum Jahr 1841 auf 100.000 Einwohner gewachsenen Vorarlberg weist 13.572 Arbeiter in der Textilindustrie aus und nur 95 in anderen Branchen. Dieser textilindustrielle Griff nach den Sternen sollte nachhaltig werden. 1950, somit 130 Jahre nach dieser ersten Gründungsphase, waren von 22.817 Industriebeschäftigten Vorarlbergs 16.315 im Textilsektor tätig, was 71,5 Prozent entspricht. An zweiter Stelle folgte der Metallsektor mit einem Anteil von knapp 8 Prozent.

Rhomberg und Lenz

Im Jahre 1795 gründete der Kaufmann J. A. Herrburger mit seinem begabten 21-jährigen Schwiegersohn J. A. Rhomberg in Dornbirn die Textilhandelsfirma Herrburger und Rhomberg. Schon drei Jahre später wurde Rhomberg durch den Tod des Schwiegervaters Alleinbesitzer. Bald schon beschäftigte das Unternehmen über Vermittler, man nannte sie Fergger, im ganzen Land Spinner und Weber. Um die Garne selber spinnen zu können, tat sich Rhomberg 1812 mit seinem Vetter Lorenz Rhomberg zusammen und gründete die Firma Rhomberg und Lenz. Die Spinnerei ging 1813 in Dornbirn mit 2.016 Spindeln in Betrieb und sollte Flachsgarne herstellen. Die Maschinen konnten aber die im Vergleich zu Baumwolle rund viermal längere Faser nicht verarbeiten und so wurde die Spinnerei auf Baumwolle umgestellt. Sie war die erste mechanische

Die Ganahl'sche Fabrik in Feldkirch, dargestellt auf einer Schützenscheibe aus dem Jahr 1833

Rotfärberei der Firma Getzner, Mutter & Cie. in Felsenau, 1855

Baumwollspinnerei in Vorarlberg und wurde durch einen Besuch von Kaiser Franz besonders gewürdigt.

Das Unternehmen entwickelte sich erfolgreich und installierte die erste, wenn auch noch handbetriebene Buntweberei in Vorarlberg. Die Spezialisierung auf feine Mako-Baumwolle gab den Produkten ihre Hochwertigkeit. 1843 liefen in Dornbirn 7.104 Spindeln.

Der Blick der Rhombergs ging über den Arlberg hinaus. Als 1821 bei der Vergabe des Bauauftrags für die Arlbergstraße eine Bürgschaft notwendig wurde, verpfändeten Josef Anton und Lorenz Rhomberg ihr gesamtes Vermögen, um den Bau der Straße zu ermöglichen. 1838 wurde der Schritt nach Tirol gewagt. Zusammen mit dem Minderheitsgesellschafter Ganahl wurde 1840/41 eine Spinnerei samt Maschinenwerkstatt und Gießerei sowie eine Bandweberei in Innsbruck in Betrieb genommen. 1843 zählte diese Spinnerei 16.656 Spindeln und war mehr als doppelt so groß wie die des Dornbirner Mutterunternehmens. Damit hatten die Vorarlberger die Baumwollindustrie erfolgreich nach Tirol zurückgebracht.

Carl Ganahl & Co.

Ähnlich wie bei Herrburger & Rhomberg begann die beeindruckende Firmengeschichte dieses Unternehmens 1797 mit der Gründung eines Handelsgeschäfts – diesmal in Feldkirch – durch Johann Josef Ganahl. Hier eignete sich auch der junge Christian Getzner sein textiles Fachwissen an. 1820 kam es zur Gründung der zweiten Vorarlberger Baumwollspinnerei in Bludenz mit J. J. Ganahl und der Firma Getzner, Mutter & Cie. als Gesellschaftern. Als diese 1832 vollständig abbrannte, wurde sie nicht wieder aufgebaut. Dafür errichtete Ganahl in Feldkirch an der Ill eine Spinnerei mit über 11.000 aus der Schweiz bezogenen Spindeln und gleichzeitig die erste mechani-

sche Weberei Vorarlbergs mit 76 Webstühlen. Zusammen mit seinem Sohn Carl baute J. J. Ganahl 1835 kurz nach dem Neubau in Feldkirch eine Spinnerei in Frastanz mit 4.320 Spindeln und ergänzte sie durch eine Weberei mit 74 Webstühlen. Durch die Übersiedelung der Feldkircher Webstühle nach Frastanz stand dort mit 150 Webstühlen die größte Weberei Vorarlbergs zur damaligen Zeit.
Als die Preise für Rohgewebe Anfang der Vierzigerjahre durch niederösterreichische, böhmische und lombardische Konkurrenz gedrückt wurden, entschloss sich Carl Ganahl 1843 – in diesem Jahr starb sein Vater und hinterließ ihm das Unternehmen –, seinen Frastanzer Betrieb um eine Türkischrot-Färberei für Garn und Tücher und eine Druckerei zu erweitern. Damit wurde Ganahl ein echt vertikales Textilunternehmen. Der Unternehmer Carl Ganahl war eine ungewöhnlich charismatische Persönlichkeit und spielte bei der Liberalen Front in den Wogen der Revolution von 1848 die entscheidende Führungsrolle in Vorarlberg.

Getzner, Mutter & Cie.

Die heute noch existierende Bludenzer Firma »Getzner, Mutter & Cie.« entstand 1818, als der Verleger und Kaufmann Christian Getzner, der Buchhalter Andreas Gassner und der aus Tirol stammende Händler Franz Xaver Mutter ihre Geschäfte zusammenlegten, um die Produktion von Baumwollgeweben gemeinsam zu betreiben. Die Firma ist ein gutes Beispiel für den Übergang von der vorindustriellen zur industriellen Produktion und das zeitweilige Nebeneinander von altem Verlags- und neuem Fabrikssystem. Die Firma beschäftigte bis zu 3.000 Heimspinner. Die Umstellung auf eine mechanische Garnherstellung wagten die Gesellschafter zunächst nicht im Alleingang. Gemeinsam mit Ganahl wurde 1820 die Spinnerei Brunnenthal in Bludenz errichtet. Bereits 1832 vernichtete ein Brand die hölzerne Fabrik zur Gänze. Der Standort blieb aber industriell erhalten, und dies unter mehreren Besitzern. Dort, wo sich einmal 5.500 Spindeln vom Schweizer Hersteller Escher, Wyss & Cie. drehten, produziert Suchard heute Milka-Schokolade.
In den Jahren 1830 bis 1850 entwickelte sich das Unternehmen stark. 1831 wurde in Nenzing eine Spinnerei mit 12.048 Spindeln und gleichzeitig auch eine Rohweberei in Betrieb genommen. Der nächste große Schritt folgte 1836. In Bürs, in der Nähe von Bludenz, entstand eine Spinnerei unter Nutzung der Wasserkraft des vom Lünersee abfließenden Alvier-Bachs. Die Nenzinger Weberei wurde in das Werk Bürs übersiedelt. 1841 liefen in der neuen Fabrik 15.552 Spindeln. Das vertikale Textilunternehmen Getzner, Mutter & Cie. wurde der größte Spinner in Vorarlberg. Durch den Erwerb der großen Feldkircher Spinnerei von Kennedy kurz nach der Jahrhundertmitte baute Getzner diese Führungsposition aus.

Douglass'sche »Fabrick und Kasern zu Thüringen«, 1845

Escher, Kennedy & Co.

Der Bau der ersten wirklich großen Spinnerei in Vorarlberg wurde 1827 am Ill-Fluss in Feldkirch von dem Schweizer Spinnmaschinenhersteller Hans Caspar Escher und dem englischen Spinnexperten Peter Kennedy aus Manchester begonnen. Installiert wurden 24.000 Spindeln, was fast der Hälfte der zu diesem Zeitpunkt in Vorarlberg vorhandenen Spindeln entsprach. Das persönliche Bezugsnetz war einmalig. Peter Kennedys Vater hatte seinem Freund Caspar Escher beim Aufbau der Spinnmaschinenfabrik in Zürich geholfen. Escher schickte seinen Sohn Albert zur Ausbildung zu den Kennedys nach Manchester, wo dieser die Schwester von Peter Kennedy kennen lernte und heiratete.

gänzt durch die Douglass-Villa »Falkenhorst« sowie den einmaligen Turbinenantrieb unter einem 255-Fuß-Wasserfall, galt als besonders schön und vorbildlich. Das Ensemble ist in den wesentlichen Teilen heute noch erhalten und beeindruckend.

Die Familie Escher, die wohl eher am Verkauf von Spinnmaschinen als an einer Dauerbeteiligung interessiert war, zog sich aus dem Vorarlberger Engagement zurück. Peter Kennedy wurde Alleinbesitzer der Spinnerei in Feldkirch, die er zur Hälfte 1850 und zur weiteren

Porträt von John Douglass († 1870) und seinem Sohn John Sholto Douglass (1838–1874) mit Familienwappen

Der wirtschaftliche Erfolg des jungen Unternehmens dürfte um 1834 den Anstoß zur Errichtung einer weiteren, diesmal aber mit einer großen Weberei ergänzten Spinnerei in Thüringen gewesen sein, einem Standort, der schon 1827 als Alternative zu Feldkirch evaluiert worden war. Als Partner kam neben Peter Kennedy sowie Caspar und Albert Escher neu der adelige Schotte John Douglass of Tilquhillie hinzu. Douglass, eine dominante Führungspersönlichkeit, war der Mann von Peter Kennedys Cousine. 1837 wurde mit der Errichtung der Fabrik begonnen. 1841 waren 9.088 und 1847, etwas erweitert, 11.256 – nun ausschließlich englische – Spindeln in Betrieb. Die Thüringer Fabrik, kühn und groß dimensioniert in den Hang hineingebaut und er-

Hälfte 1855 an Getzner verkaufte. John Douglass wurde Anfang der Fünfzigerjahre Alleinbesitzer der viel bewunderten Fabrik in Thüringen, die 1870 sein ältester, 1838 geborener Sohn Sholto erbte. John wie auch Sholto Douglass waren stark in das Vorarlberger Unternehmertum und Gesellschaftsleben integriert. Sie wurden, vielleicht auch wegen ihrer englischen Abstammung, zu den eigentlichen Kultfiguren der Industrialisierung Vorarlbergs im 19. Jahrhundert.

Jenny & Schindler

Wie die schweizerisch-englische Firma Escher, Kennedy & Co. war auch die Firma Jenny & Schindler eine rein ausländische Gründung,

diesmal eine rein schweizerische. Die beiden Schweizer Textilisten Samuel Schindler und sein Schwiegersohn Melchior Jenny schlossen sich in ihrem Heimatkanton Glarus Anfang der Zwanzigerjahre zu Jenny & Schindler zusammen.
Vom jüngeren Partner Jenny ging die Initiative zur Errichtung einer Niederlassung in Vorarlberg aus. 1825 erwarben sie in Hard eine stillgelegte Druckerei und richteten eine Türkischrot-Färberei und einen Druckbetrieb ein. Das Veredelungsunternehmen expandierte rasch und 1836 wurden in Kennelbach Grund und Wasserrechte zur Errichtung einer großen Spinnerei und Weberei erworben. Das 440.000 Gulden teure Projekt wurde mit Hilfe einer Aktiengesellschaft, an der sich auch Dritte beteiligten, finanziert. Als die Fabrik 1838 mit gut 22.000 Spindeln und 62 mechanischen Webstühlen in Betrieb ging, war sie die größte und produktivste Spinnerei in Vorarlberg, nachdem Escher, Kennedy & Co. ihre Spindelzahl auf 16.000 reduziert hatte. Das vertikale Textilunternehmen Jenny & Schindler beschäftigte um 1850 rund 1.500 Mitarbeiter. Im letzten Viertel des 19. Jahrhunderts verlagerten sich die Aktivitäten von Jenny & Schindler zunehmend nach Tirol, wo in Telfs und Imst neue Schwerpunkte für das textile Großunternehmen entstanden.
Den interessierten Investoren für die Aktiengesellschaft zur Realisierung des Spinnereiprojekts in Kennelbach wurde folgende Kalkulation (in Gulden und Kreuzer) vorgelegt:

Investitionssumme	440.000,00
Erlöse aus dem Verkauf von Erzeugnissen	618.819,00
Jährliche Unkosten	– 54.815,00
Spinnerlöhne	– 33.808,45
Preis der Baumwolle	– 455.144,48
Jährlicher »Gewinn«	*75.051,07*

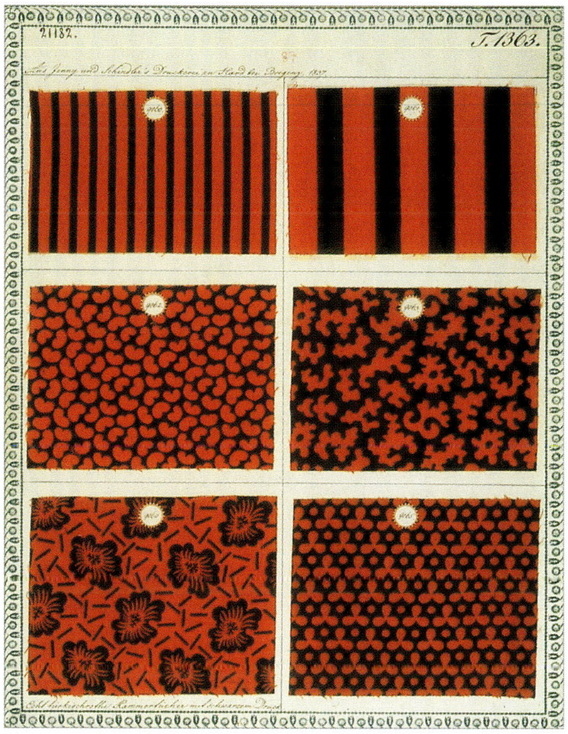

»Echt türkischrothe Kammertücher mit schwarzem Druck«, Jenny & Schindler, Hard, 1837

Die Fabrik der Firma Jenny & Schindler in Telfs, um 1860

Amman – Ein kühner Sprung nach Oberitalien

Der unternehmerische Tatendrang der Vorarlberger machte an den Landesgrenzen nicht Halt. Neben dem Aufbau von Handelsnieder-

Vorarlberger Erfolgsgeschichte in Italien: Die Amman'sche Fabrik in Pordenone, Italien, um 1900

lassungen kam es auch zu namhaften Industriegründungen vor allem in Tirol und Oberitalien. Die textilindustrielle Pionierleistung der Brüder Amman in Oberitalien sticht durch Kühnheit und Ausmaß besonders hervor.

Die Bauernsöhne Franz Xaver und Johann Anton Amman aus Göfis waren Verwandte von Christian Getzner und starteten in seinem Unternehmen ihre berufliche Laufbahn. Franz Xaver war erfolgreich als selbstständiger Handelsvertreter für Getzner in Verona tätig, als er sich entschloss, in die Stadt Mailand zu ziehen und in Legnano eine Spinnerei und Färberei zu gründen. Der um drei Jahre ältere Johann folgte dem Ruf des jüngeren Bruders und beteiligte sich mit 50 Prozent an der neuen Firma »Amman & Cie.« in Legnano.

Es folgte ein fast märchenhafter Aufbau eines familiären Textilimperiums. 1843 wurde der Firmensitz nach Mailand verlegt, wo das Handelsgeschäft der Amman-Brüder förmlich aufblühte. 1856 wurde die Spinnerei Chiavenna erworben. 1875 errichteten Amman-Nachkommen eine große Spinnerei in Pordenone, die als vorbildlich galt und der wenig später eine leistungsfähige Rohweberei angegliedert wurde. 1885 kam noch einmal eine Spinn-Weberei in Fiume hinzu.

Franz Xaver mit elf Kindern, Johann mit sechs Kindern und teilweise die Nachkommen der Schwestern wurden in Oberitalien ein industriell und gesellschaftlich bedeutender Familien-Clan. Doch die Heimatverbundenheit blieb. Während Johann bereits um 1848 nach Vorarlberg zurückkehrte, aber sich informiert hielt und durch zahlreiche Reisen im Management der oberitalienischen Betriebe aktiv blieb, verließ der visionäre Pionier Franz Xaver Italien nicht. Er hielt aber seinem Heimatort Göfis die absolute Treue. Seine Söhne Alberto und Edoardo, die ab den Siebzigerjahren immer stärker zur treibenden Kraft des Unternehmens und mit dem Titel »Conte« geadelt wurden, respektierten die patriotischen Gefühle des Vaters. Erst nach seinem Tode 1882 nahmen sie 1883 die italienische Staatsbürgerschaft an. Bereits im Jahr darauf konnten sie den König ihrer neuen Heimat, Umberto I., und sein Gefolge in ihrer Betriebsvilla in Pordenone empfangen und beherbergen.

1917, kurz bevor die Stürme des Ersten Weltkriegs die Amman-Fabriken zum Stillstand brachten, verfügte die Unternehmerfamilie in Oberitalien über 71.136 Spindeln, 19.436 Zwirnspindeln und 504 Webstühle. Die Fabriken überlebten den Ersten Weltkrieg nicht. In textilen Kreisen Oberitaliens aber löst der Name Amman heute noch Respekt und Bewunderung aus, während in Österreich und selbst in Vorarlberg das Wissen um diese industrielle Großleistung weitgehend verloren gegangen ist.

Oberösterreich im Zeichen zweier dominierender Persönlichkeiten

Im Gegensatz zur einseitigen Textillastigkeit Vorarlbergs hatte Oberösterreich, ähnlich wie Niederösterreich, traditionell Schwerpunkte im Textilsektor und in der Metallverarbeitung, vor allem auch im bedeutenden Sensensektor. Oberösterreich hatte aber zwei regionale Besonderheiten, die vielleicht erklären, dass es

30 Jahre später als Niederösterreich und zehn Jahre später als Vorarlberg mit der Industrialisierung begann. Zum einen verfügte es in hohem Maße über die Rohstoffe Flachs und Hanf und die dazugehörige Hausindustrie. Damit passte es aber nicht in das merkantilistische Industrieförderungskonzept, das die industrielle Ansiedelung von Baumwollbetrieben dort unterstützen wollte, wo keine einheimischen Rohstoffe vorhanden waren. Zum anderen stand die Wollzeugfabrik, für die die Baumwolle ein Konkurrenzprodukt war, im Zentrum des Linzer Wirtschaftslebens. Um die Mitte der Achtzigerjahre des 18. Jahrhunderts beschäftigte die Wollzeugfabrik rund 35.000 Menschen. Die Flachsverarbeitung war 1782 mit knapp 36.000 Spinnern und 8.100 Webmeistern mit 11.600 Webstühlen in Summe immer noch etwas größer. Der Schwerpunkt der Flachsverarbeitung war im Mühl- und Hausruckviertel angesiedelt.

Trotzdem begann sich die Baumwolle gleich nach Freigabe der Erzeugung auch in Oberösterreich zu etablieren. 1783 entstand – vor allem auf Initiative des Wiener Niederlegers Johann B. Bouvard – eine Kottonfabrik in Kristein bei Enns. Trotz anfänglich rascher Ausdehnung war sie letztlich nicht erfolgreich. Die Transportkosten zu den Märkten in Wien und Ungarn waren zu hoch. So kam es um 1787 zur Umsiedelung der Ennser Kottonfabrik nach Himberg, wo sie sich als letzte und kleinste in die Reihe der sechs k. k. priv. Zitz- und Kottonfabriken eingliederte.

Im Anschluss an das 1786 erlassene Patent zur Förderung der Baumwollerzeugung kam es zur Gründung einiger Baumwollbetriebe in Oberösterreich. Der weitaus bedeutendste war die von den aus Glarus in der Schweiz stammenden Unternehmern Jenny und Aebly aufgebaute Kotton- und Musselinfabrik in Schwanenstadt. Der erfolgreiche Betrieb beschäftigte 1802 gegen 10.000 Menschen und die produzierten Gewebe hatten den Ruf, von hoher Qualität zu sein. Der im Verlagssystem geführte Betrieb überlebte die Industrialisierung der Garnherstellung wie viele andere nicht. Den Übergang zur industriellen Garnherstellung schafften zuerst die aus der Nähe von Bregenz stammenden Vorarlberger Gebrüder Franz Xaver und Johann Michael Rädler. Bereits seit etwa 1812 gab es in Rädler-Besitz eine im Verlagssystem mit wechselndem Erfolg arbeitende Baumwollproduktion mit Sitz in Linz. 1830 kauften die Brüder Rädler die Marktmühle in Kleinmünchen, wo mit 30 Spinnmaschinen und 150 bis 200 Beschäftigten die erste mechanische Spinnerei Oberösterreichs entstand. Rädler expandierte, aber es folgten rascher wachsende Neugründungen. 1848 waren in Oberösterreich 61.169 Baumwoll-Spindeln installiert, davon rund je 12.000 bei Rädler, Grillmayr und Dierzer in Kleinmünchen sowie zusätzlich 7.000 Spindeln bei Dierzer im Theresienthaler Werk in Gmunden. Die Gebrüder Rädler waren die Pioniere bei der Industrialisierung der Textilherstellung in Oberösterreich, geprägt aber wurde die frühe Industrialisierungsphase von zwei herausragenden Persönlichkeiten: Josef Dierzer Ritter von Traunthal und Johann Evangelist C. Grillmayr.

Josef Dierzer Ritter von Traunthal

Josef Dierzer war der Enkel eines aus dem Rheinland nach Linz gezogenen Wollzeugwebers, der hier seit 1762 einen Wollzeugbetrieb führte. Nur 22-jährig erbte der dynamische Nachkomme 1822 die Wollzeugfabrik der Familie. Josef Dierzer war ein Mann der Industrie, der Expansion und der Freude am Experiment mit neuen technischen Optionen. In dieses Bild passte auch die standesgemäße Heirat mit Cäcilia Führlinger aus Oberneukirchen, die ihm sieben Kinder schenkte und die später für ihre Leistung bei der Führung des Unternehmens von Kaiser Franz Joseph I. als erste Frau in Österreich mit dem goldenen Verdienstkreuz mit der Krone ausgezeichnet wurde.

Josef Dierzer spielte bei der 1830 von der Kaiserin-Mutter angeregten Gründung einer Webschule in Traunkirchen eine aktive Rolle.

Christian Ludwig Attersee, Spinnerei (1835) mit Rosen, Mischtechnik auf Karton, 2003

Er versorgte die Schule mit Garn und vertrieb ihre Produkte gemeinsam mit der eigenen Webware. Diese Zusammenarbeit dürfte ihn 1832 mit bewogen haben, im ebenfalls am Traunsee liegenden Gmunden die Theresienthaler Kammgarnspinnerei zu gründen. Die 200.000 Gulden teure Fabrik ging im Jahr 1833 in Betrieb. 1841 war sie mit 5.000 Spindeln die größte Kammgarnspinnerei in der Monarchie und beschäftigte über 1.000 Mitarbeiter. Ihr Anteil an der österreichischen Produktion betrug etwas unter 20 Prozent und auch die Linzer Wollzeugfabrik wurde ein bedeutender Kunde.

Baumwollspinnerei Dierzer in Kleinmünchen bei Linz. Lithografie, Mitte 19. Jahrhundert

Die ebenfalls 1832 in Linz errichtete Weberei, Färberei und Appretur ergänzte Dierzer 1840 mit einer Teppichfabrik, die rund 200 Personen beschäftigte. 1843 produzierte er auf 33 modernen englischen Webstühlen mit rund 3.000 Ellen etwa gleich viel wie die Linzer Wollzeugfabrik auf über 40 Webstühlen. Nach der Stilllegung der Wollzeugfabrik 1851 erwarb der ehemalige Lieferant die Teppich-Webstühle des geschlagenen Konkurrenten. Der handlungsfreudige Industrielle Dierzer nahm die Festung des traditionellen Fabrikkolosses fast spielerisch. Die Wollzeugfabrik hatte die Industrialisierung verschlafen.

Josef Dierzer erkannte bald, dass er mit der Wolle nicht auf die Faser der Zukunft setzte. Er begann 1844 seine Spinnerei in Gmunden mit Baumwollspindeln zu ergänzen und richtete in seinem Betrieb in Kleinmünchen eine völlig neue Baumwollspinnerei ein. 1848 war er mit 6.966 Spindeln in Gmunden und 11.728 Spindeln in Kleinmünchen der größte Baumwollspinner Oberösterreichs.

Rund 20 Jahre nach seinem erfolgreichen Start als Kammgarnspinner leistete Dierzer noch einmal Pionierarbeit, als er 1851 die Lambacher Flachsspinnerei in Stadl-Paura mitbegründete. Die Fabrik brachte den Wandel von der haus- zur fabrikindustriellen Erzeugung von Flachsgarnen. Josef Dierzer, 1851 zum ersten Präsidenten der oberösterreichischen Handels- und Gewerbekammer gewählt und von 1854 bis 1856 Bürgermeister von Linz, war der einzige Textilindustrielle Österreichs, der mit allen drei Fasern – Wolle, Baumwolle und Flachs – industriell Garne produzierte. 1850 hatte Kaiser Franz Joseph den verdienten und vielseitigen Unternehmer Dierzer mit dem Titel Ritter von Traunthal geadelt.

Johann Evangelist C. Grillmayr

Der unbremsbare Einzelkämpfer Johann Grillmayr, 1809 geboren, wuchs in bescheidenen bäuerlichen Familienverhältnissen in Wagenhub bei Grünburg auf. Nach seiner Schuhmacherlehre trat er als Kompanieschuster seine zwölfjährige Militärdienstzeit in Verona an. Das Ersparte aus einem kleinen Handelsgeschäft mit Textilien erlaubte es ihm, sich nach acht Jahren vom Dienst freizukaufen. In seine Heimat zurückgekehrt, fand er 1835 Anstellung beim Ehepaar Hörzinger, das einen Zwirn-, Band- und Weißwarenhandel in Linz betrieb. Der junge Mitarbeiter wurde gleich zum Garneinkauf nach England gesandt, wo er zwei Jahre blieb. Hier wurde Grillmayr mit der Technik moderner Spinnmaschinen ver-

Baumwollspinnerei Grillmay(e)r in Kleinmünchen bei Linz. Lithografie aus der Mitte des 19. Jahrhunderts

Johann Grillmayr, 1809–1881, Begründer der Baumwollspinnerei in Kleinmünchen

traut. Wieder in Linz, heiratete der 28-Jährige 1837 die inzwischen verwitwete 40-jährige Katharina Hörzinger, die sieben Kinder und ein beachtliches Vermögen in die Ehe einbrachte.

1839 trat das ausreichend kapitalkräftige Ehepaar Grillmayr in ein Gesellschaftsverhältnis mit Anton Wöss, der ein Jahr zuvor mit dem Bau einer Spinnerei in Kleinmünchen begonnen hatte, aber wegen des Mangels an finanziellen Mitteln keine Fabriksbefugnis erhielt. Es kam 1840 zur Gründung der Firma »Johann Grillmayr et Wöss«, wobei Grillmayr das alleinige Recht der Produktvermarktung hatte. Die ersten Spinnmaschinen wurden in den eigenen Werkstätten hergestellt. Grundlage dafür waren Maschinenskizzen, die Grillmayr vermutlich schon in England angefertigt und verbotenerweise nach Europa geschmuggelt hatte.

Schon im Oktober des Gründungsjahres 1841 zog sich Wöss, dem das von Grillmayr energisch vorangetriebene Projekt zu riskant wurde, aus der Firma zurück. Die Frage bleibt unbeantwortet, ob es nicht doch der die Technik und den Markt beherrschende Grillmayr war, der sich von seinem zögernden Partner Wöss trennen wollte. Für die weitere Entwicklung der Firma war diese Weichenstellung wahrscheinlich ein Segen. Der dynamische Grillmayr führte sein Unternehmen, das nun unter dem Namen »Johann Grillmayr« firmierte, auf einen raschen Expansionskurs. 1845 entstand eine zweite Spinnerei, die ausschließlich mit Schweizer Spinnmaschinen von Rieter bestückt wurde. In beiden Betrieben waren 1848 zusammen 11.698 Spindeln installiert.

Der technikverliebte Grillmayr pflegte seine Betriebe nach der Herkunft der Spinnmaschinen zu bezeichnen. So nannte er die erste Fabrik die »Englische«, die neu entstandene die »Schweizer« und die 1856 errichtete dritte Fabrik die »Neue Englische«, da sie wiederum mit englischen, diesmal tatsächlich in England gebauten Maschinen ausgerüstet wurde. Das Grillmayr'sche Unternehmen wuchs rasch weiter. Bis zum Ersten Weltkrieg wurde es zur größten Textilfirma Oberösterreichs und – nach Pottendorf – zur zweitgrößten Spinnerei Österreichs.

Das »gelbe« und das »weiße« Gold

Die Alpenländer erlebten im 15. und 16. Jahrhundert einen Bergbauboom: Die Gold- und Silbervorkommen trugen nicht unwesentlich dazu bei, dass die Habsburger in der europäischen Politik dieser Zeit bestimmenden Einfluss zu erringen vermochten.

Vom 14. bis zum 16. Jahrhundert erreichte der österreichische Edelmetallbergbau den Höhepunkt seiner Bedeutung: Fast 50 Prozent der montanistischen Wertschöpfung entfielen um die Mitte des 16. Jahrhunderts auf Gold und Silber, insbesondere auf die Schwazer Reviere Falkenstein, Alte Zeche und Ringenwechsel und die Bergbaue in Rattenberg und Kitzbühel, je 20 Prozent auf Buntmetalle (Kupfer, Blei, Quecksilber) und auf Salz. Eisen hatte damals am Gesamtwert der alpenländischen Berg- und Hüttenproduktion mit etwa 10 Prozent noch einen erstaunlich geringen Anteil. Allerdings war bei Eisen mit den vielen nachgelagerten Verarbeitungsbetrieben die Multiplikatorwirkung am größten.

Es war ein relativ kurzer Gold- und Silberrausch im 15. und 16. Jahrhundert, der nicht nur von der sinkenden Abbauwürdigkeit und zunehmenden Erschöpfung der Lagerstätten, sondern auch von der übermächtigen Konkurrenz der amerikanischen Silberbergbaue und Goldfunde gestoppt wurde. Trotz enormer technischer Leistungen und Innovationen und beträchtlicher Bevölkerungskonzentrationen entstand aus diesem Bergbau kein nachhaltiger Industrialisierungseffekt. In der zweiten Hälfte des 16. Jahrhunderts erfolgte der drastische Rückgang der Edelmetallproduktion; Salz trat wertmäßig an die Spitze. Das Eisen drängte nach.

Das gelbe Gold der Armen

Für die frühe Industrialisierung wurden Buntmetalle, vor allem Bronze und Messing, interessanter als Gold und Silber: Man hat für die Frühneuzeit von einem Messingzeitalter gesprochen. Erzeugnisse und Gegenstände aus Buntmetall, aus Kupfer, Zinn, Blei, Zink und

Das Goldbergwerk »Waschgang« bei Döllach im Mölltal frühes 18. Jahrhundert. Der Betrieb ging 1765 in Konkurs, wurde vom Staat aufgefangen und nach neuerlicher Privatisierung bis ins 19. Jahrhundert weiterbetrieben. Ölgemälde, um 1740

aus verschiedenen Legierungen wie Bronze, Messing, Packfong und Neusilber, spielten eine große Rolle: Kupferkessel und Kupferbleche, verzinntes Weißblech, Zinngeschirr, Bleirohre, messingene Waagen und Gewichte, Luster und Lampen, Knöpfe und Schnallen, Mörser und Kerzenleuchter, Nadeln und Fingerhüte, Glocken und Geschütze, mathematische Instrumente und physikalische Geräte.

Kupfer wurde in den Alpenländern an zahlreichen Standorten gewonnen, in Tirol, Salzburg, in der Steiermark und in Kärnten. Neben den Vorkommen in Schwaz und Kitzbühel, die im frühen 16. Jahrhundert mehr als 1.500 Tonnen im Jahr erbrachten, deren Ergiebigkeit aber in der zweiten Hälfte des 16. Jahrhunderts sehr rasch zurückging, gewannen die um die Mitte des 16. Jahrhunderts aufgeschlossenen Kupferlager in Radmer in der Steiermark überregionale Bedeutung; hier erreichte die Produktion in den Neunzigerjahren des 16. Jahrhunderts 400 bis 500 Tonnen und überholte damit Schwaz. Das relativ hohe Produktionsniveau konnte bis 1619 mit einem Mittel von rund 230 Tonnen im Jahr gehalten werden. Dann sanken die Produktionszahlen auf unter 50 Tonnen im Jahr. In der Blütezeit zählte Radmer zu den ertragreichsten Kupferbergwerken Europas.

Um 1530 produzierte Österreich etwa 2.000 Tonnen Kupfer im Jahr, um 1600 noch 1.000 Tonnen. Die Jahresproduktion sank dann auf weniger als 500 Tonnen ab und lag im 17. und 18. Jahrhundert unter 500 Tonnen und um die Mitte des 19. Jahrhunderts nur mehr bei etwa 225 Tonnen jährlich. Als großer Konkurrent trat seit dem späten 16. Jahrhundert Schweden auf, das seine Förderung von etwa 600 Jahrestonnen um 1590 auf circa 3.000 Tonnen um die Mitte des 17. Jahrhunderts zu steigern vermochte und damit zu einer der Führungsmächte des Kontinents aufrücken konnte.

Die Galmei- und Zinkvorkommen in Tirol und Kärnten ermöglichten auch eine namhafte Erzeugung von Messing, das als Ausgangsmaterial für zahlreiche Konsumgüter, Küchenmörser wie Knöpfe, Türschnallen wie Kerzenleuchter, stets an Beliebtheit gewann. Messing ist eine Legierung aus 55 bis 90 Prozent Kupfer und 10 bis 45 Prozent Zink, mit je nach Kupfergehalt hell- bis rotgelber Farbe. Tombak heißen Messingsorten mit Kupfergehalten von 70 bis 90 Prozent. Man sprach wegen Farbe und Aussehen vom Gold der Armen.

Um 1500 wurde mit den großen Messinghütten bei Innsbruck der Anfang gemacht. Zwischen 1507 und etwa 1550 betrieben die Fugger in der Fuggerau bei Villach ein großes Messingwerk. Kleinere Werke entstanden auch bei Reutte, Lienz und Möllbrücke. Dazu kamen die größeren erzbischöflich salzburgischen Hütten in Oberalm und Ebenau. Um 1650 war das Messingwerk Achenrain bei

Silberschmelzhütte in Lend. Kolorierter Kupferstich von Franz von Naumann, 1794/95

Prestigeobjekt und Massenprodukt Knöpfe: Mustertafel aus Johann Schells Metallknopffabrik in Wien mit drei Garnituren vergoldeter Frackknöpfe, 1845

Innenansicht des Messingwerks Reichraming mit den einzelnen Arbeitsgängen der Messingerzeugung und Verarbeitung. Ölgemälde, 1763

Kramsach aus einer kleinen Kupferschmelzhütte entstanden.

Die 1569 von Steyrer Eisenhändlern gegründete Messingfabrik Reichraming – sie bestand bis 1928 – nahm einen besonders hohen Stellenwert ein. Messing brauchte man vorerst für die Beschalung der Messer. Daher waren die Steyrer und Steinbacher Messerer an der Messingversorgung besonders interessiert. Die Reichraminger Messinghütte trat die Nachfolge einer direkt in Steyr angesiedelten Hütte an, wo allerdings der Holzbedarf schwerer zu decken war als in der waldreichen Gemeinde Reichraming. Dass das um 1550 eröffnete Kupferbergwerk in der Radmer im späten 16. Jahrhundert Outputziffern erreichte, die gesamteuropäische Bedeutung hatten, und ab 1563 die Enns im Mittellauf schiffbar gemacht worden war, machte Reichraming zu einem idealen Standort. 1743 gelangten beide, Kupferbergwerk Radmer und Messingwerk Reichraming, an das Stift Seitenstetten und wurden für einige Zeit zur wichtigsten Einkommensquelle des Stiftes. Im frühen 19. Jahrhundert allerdings verfiel das Unternehmen. 1842 wurde es vom Stift an Karl Ferdinand Klein, Direktor der Donaudampfschifffahrtsgesellschaft und Kommerzialrat in Wien, verkauft. Dieser baute die Reichraminger Fabrik zum führenden Messingerzeuger in Österreich aus. Der Kupferbergbau in der Radmer wurde hingegen 1855 stillgelegt.

1841 gab es in Österreich folgende Messingfabriken: neben einigen Wiener Betrieben in Niederösterreich die Nadelburg bei Lichtenwörth und weitere Fabriken in Öd, Lanzendorf und Ebersdorf, Reichraming in Oberösterreich, Ebenau in Salzburg, Frauenthal in der Steiermark und Achenrain in Tirol, dazu noch Möllbrücke in Kärnten.

Die wichtigsten Vorkommen für das zum Scheiden von Silber und Kupfer notwendige Blei lagen teils im Sterzinger und Gossensasser Revier, teils in Kärnten, vor allem auf bam-

bergischem Besitz in Bleiberg bei Villach, wo seit 1333 der Abbau belegt ist, und im älteren Bleiburg in Unterkärnten, dem jedoch geringere Bedeutung zukam. Die Bleigewinnung erreichte in Bleiberg gegen Ende des 15. Jahrhunderts einen ersten und um 1560 mit etwa 1.000 Tonnen einen zweiten Höhepunkt und sank bis 1618 um mindestens zwei Drittel. Die Bleiförderung gab den Ausschlag, dass die Fugger 1495 eine Saigerhütte für ihr oberungarisches Kupfer nächst Arnoldstein in Kärnten, die so genannte Fuggerau, errichteten.
Auf dem Markt für das Halbmetall Arsen gewannen die Alpenländer im 16. Jahrhundert eine dominierende Stellung. In den Ostalpen sind etwa 120 Lagerstätten dieses Elements und seiner Oxide, vor allem des Arseniks, bekannt. Ab 1520 wurden jährlich etwa 1,5 Tonnen allein aus dem Lungau (Rothgülden) nach Venedig verkauft. Auch wenn Arsen für die Venezianer Glaserzeugung im 15. Jahrhundert unentbehrlich geworden und als Ausgangspunkt für Kosmetika, als wirksames Gift und als aufputschende Droge, die Pferden und Männern Feuer verlieh, entsprechend begehrt war, waren die als Umweltgift gefürchteten Vorkommen und Abbaue von Arsen gesamtwirtschaftlich doch unbedeutend.
Technisch, finanziell und volkswirtschaftlich wichtiger war das seit 1493 im heute slowenischen Idria auf damals noch venezianischem, bald aber habsburgischem Gebiet gewonnene Quecksilber, das vor allem für die Verhüttung von Gold und Silber, aber auch für die Beschichtung von Spiegeln und die Gewinnung von Zinnober und nicht zuletzt, wenn auch in kleinen Quantitäten, für die Bekämpfung der Syphilis Bedeutung gewann und in dessen Vertrieb auch innerösterreichische Handelsleute eingeschaltet waren. Vor allem der bedeutendste Kärntner Kaufmann zu Anfang des 16. Jahrhunderts, der Villacher Bürger Wilhelm Neumann, ergriff die vielfältigen Möglichkeiten, die der Quecksilberhandel bot. Die Produktion stieg von 50 Tonnen vor 1575 auf Maxima von 250 Tonnen um das Jahr 1642. Nach 1650 pendelte sie um die 100 Tonnen. Die Bedeutung für die in der amerikanischen Silberverhüttung angewendete Amalgamierung machte das Vorkommen so wichtig, zumal die Habsburger zusammen mit Almadén in Spanien und Huancavelica in Peru den Markt für Quecksilber nahezu monopolisieren konnten. 1525 wurde der Quecksilberhandel zum landesfürstlichen Monopol erklärt. 1575 erfolgte die Verstaatlichung des Betriebes,

Messingglocken aus der Nadelburg in Lichtenwörth

jedoch mit Verpachtung des Verkaufsmonopols, zuerst an Augsburger, dann an italienische Kapitalisten. Im Jahr 1659 wurde auch der Quecksilberhandel verstaatlicht.

Salz: Das weiße Gold der Alpen

Obwohl der Salzbergbau nie derart hohe Beschäftigtenzahlen wie der Edelmetallbergbau band, war er langfristig ein wesentlich stabilerer Aktivposten der heimischen Wirtschaft. Zuerst einmal für den Landesfürsten. Aber auch der volkswirtschaftliche Multiplikatoreffekt dürfte höher gewesen sein, vor allem durch die vor- und nachgelagerten Bereiche der Holzversorgung und Transportwirtschaft.
Das Salzmonopol galt als das »vornehmste Kleinod« der Hofkammer. Obwohl in der Holzversorgung der Sudhütten immer kompliziertere Vorrichtungen notwendig wurden, was sicherlich eine gewisse Verteuerung der Produktion nach sich zog, erlaubte die Monopol-

Die Salzwirtschaft des Salzkammerguts, in der Mitte ein Medaillon mit dem Bildnis Kaiser Ferdinands II., von links oben im Uhrzeigersinn: Hallstatt mit Salzberg, Holzriese mit Schwemmanlage und Hallstätter Seeklause, Lände in Gmunden, Sudhaus in Ebensee (1604/07 errichtet). Aus dem »Waldbuch« von 1630/34

Einer der über lange Zeit hin bedeutendsten Aktivposten der Tiroler Wirtschaft: Ansicht des Haller Salzbergwerks mit den Stolleneingängen, über die man zu den einzelnen Sinkwerken gelangte. Aquarell, um 1780

Drei Ölgemälde aus dem 74-teiligen Zyklus von Benedict Werkstötter zum Salinenwesen, 1757 in Auftrag gegeben, Hallein, Fürstenzimmer der ehemaligen Bergverwaltung, heute Keltenmuseum.

Häuer erweitern einen Stollen.

Arbeit an der Halleiner Salzsudpfanne

stellung eine rücksichtslose Preispolitik und die Sicherung der Absatzgebiete, was eine beträchtliche Einnahmenvermehrung für die Staatskasse ermöglichte. Aus dem böhmischen Markt drängten die Habsburger das Salzburger Salz im 17. Jahrhundert immer stärker und 1706 schließlich ganz hinaus. Im südwestdeutschen und im Schweizer Raum gelang es hingegen nicht, die im Spanischen Erbfolgekrieg gefestigten Absatzmärkte für das Haller Salz im weiteren Verlauf des 18. Jahrhunderts erfolgreich zu verteidigen. Das erklärt auch die sehr unterschiedliche Entwicklung, die die habsburgischen Salinenorte Aussee, Hall in Tirol, Hallstatt, Ebensee sowie Ischl und das erzbischöflich salzburgische Hallein nahmen. Die oberösterreichischen Salinen konnten bis 1700 und vor allem im 18. Jahrhundert ihre Produktion beträchtlich ausweiten. Aussee war mit der Suche nach Absatzmärkten in Untersteier, Kroatien und Westungarn zwar im 16. Jahrhundert sehr erfolgreich gewesen, konnte aber nach der Verdreifachung des Salzpreises im frühen 17. Jahrhundert der starken Konkurrenz des Meersalzes und »türkischen« Steinsalzes nicht standhalten. Die Salzproduktion in Aussee sank deshalb bis 1660 nahezu auf die Hälfte der Produktion vor dem Dreißigjährigen Krieg und konnte sich auch im 18. Jahrhundert nicht mehr konsolidieren. In Hall, das im Süden ebenfalls in den erbitterten Kampf zwischen »Bergsalz« und »Meersalz« verwickelt war, sank die Salzproduktion im 17. Jahrhundert von 16.000 Tonnen auf 9.000 Tonnen und ging nach einer kurzfristigen Erholung um 1700 im 18. Jahrhundert weiter zurück.

Die Halleiner Produktion, die den österreichisch-böhmischen Markt immer mehr verlor und zu vier Fünftel vom Export nach Bayern abhängig wurde, hatte im 1597 mit Bayern abgeschlossenen Vertrag bzw. in der 1611 geführten bewaffneten Auseinandersetzung die führende Stellung eingebüßt, die sie unter den alpenländischen Salinen im 16. Jahrhundert noch innegehabt hatte. Die Gewinne der Salzburger Salzproduktion verblieben fortan in Bayern. Es konnte nichts mehr investiert werden. Hallein, von dem nach zeitgenössischen Angaben durch die vor- und nachgelagerten Tätigkeiten etwa 24.000 Personen oder 12 Prozent der Salzburger Bevölkerung zumindest teilweise, direkt aber auf jeden Fall mehr als 5.000 Erwerbstätige und Angehörige in ihrem Lebensunterhalt abhängig waren, wurde immer mehr ein Umwelt- und Sozialfall. Als im November 1732 insgesamt 780 Dürrnberger Bergknappen um ihrer Religion willen emigrierten, ließen sie den 30 Verbliebenen nur Schulden zurück.

Die Armut der Salinenarbeiter, die sich mit Holzschnitzen und Stricken einen Zuerwerb verdienen mussten, wurde sprichwörtlich: »Die Stadt«, schrieb um 1800 Graf Spaur, »wo die mit Salzteilen geschwängerte Sole in fünf

In der Tretmühle: Tretrad im Untergeschoss des Halleiner Pfannhauses, von vier bis sechs Frauen in Bewegung gehalten, mit dem die »Mutterlauge« der Salzpfanne zugeführt wird

Der Gosauzwang – Talübergang der Solepipeline Hallstatt – Ebensee, 1755–1758 erbaut. Stich, frühes 19. Jahrhundert

Salzbergbau und Sudpfanne in Hallstatt. Schematische Darstellung aus der »Hauptmappa«, 18. Jahrhundert

alten, sehr großen Pfannen gesotten wird, hat in jeder Hinsicht ein äußerst trauriges Aussehen. Der schwarze Dampf, der aus den Salzpfannen emporsteigt, verfinstert das Tageslicht, die Gassen sind enge und die Häuser meistens unansehnlich; auf den blassen Gesichtern der Einwohner (manchen wohlgenährten Brauer, Handelsmann und Beamten ausgenommen) ist Armut und Kummer gezeichnet, und kaum kann man sich durch die Menge der bettelnden Weiber und Kinder durchdrängen, die den Fremden mit Ungestüm verfolgen.« Franz Schubert, der im Biedermeier Hallein besuchte, bezeichnete es als »Ratzenstadtl«, als »äußerst schmutzige und grausliche« Stadt, und seine Einwohner als »Gespenster, blass, hohläugig und mager zum Anzünden ...«.

Logistische Probleme im Vertrieb bestimmten die sehr unterschiedliche Entwicklung der habsburgischen Salinenorte Aussee, Hall in Tirol, Hallstatt, Ebensee und Ischl und des erzbischöflich salzburgischen Hallein. Die Krise der Halleiner Salzproduktion führte dazu, dass die Knappen ab 1620, später auch die Bürger und Bauern mit ihren Angehörigen begannen, Baumwollstrickwaren herzustellen. Neben der Baumwollmanufaktur wurde auch die Erzeugung von Holzwaren und Stecknadeln, die bis in die Türkei ausgeführt wurden, in diesem »Kommerzialstädtchen« und den benachbarten Pfleggerichten während der frühen Neuzeit immer mehr zur Ergänzung der schrumpfenden Salzgewinnung. In der zweiten Hälfte des 19. Jahrhunderts wurde aus beschäftigungspolitischen Gründen eine Tabakfabrik angesiedelt.

Auch im Salzkammergut waren die Probleme beträchtlich und die Armut groß. Viele Holzknechte und Bergarbeiter sahen sich im 18. Jahrhundert, gar nicht so sehr wegen religiöser Schwierigkeiten, sondern wegen der ökonomischen Lage, zur Auswanderung gezwungen. Zahlreiche Bewohner verdingten sich als Spinner für die Linzer Wollzeugfabrik. Einige Zeit war das Salzkammergut der größte Spinndistrikt dieser Manufaktur. Seit dem beginnenden 19. Jahrhundert fanden Ischl und das Salzkammergut im Bade- und Sommerfrischtourismus einen neuen Zusatz- oder sogar Haupterwerb. Chemische Betriebe, für die Salz ein wichtiger Grundstoff war, wurden erst in der zweiten Hälfte des 19. Jahrhunderts angesiedelt.

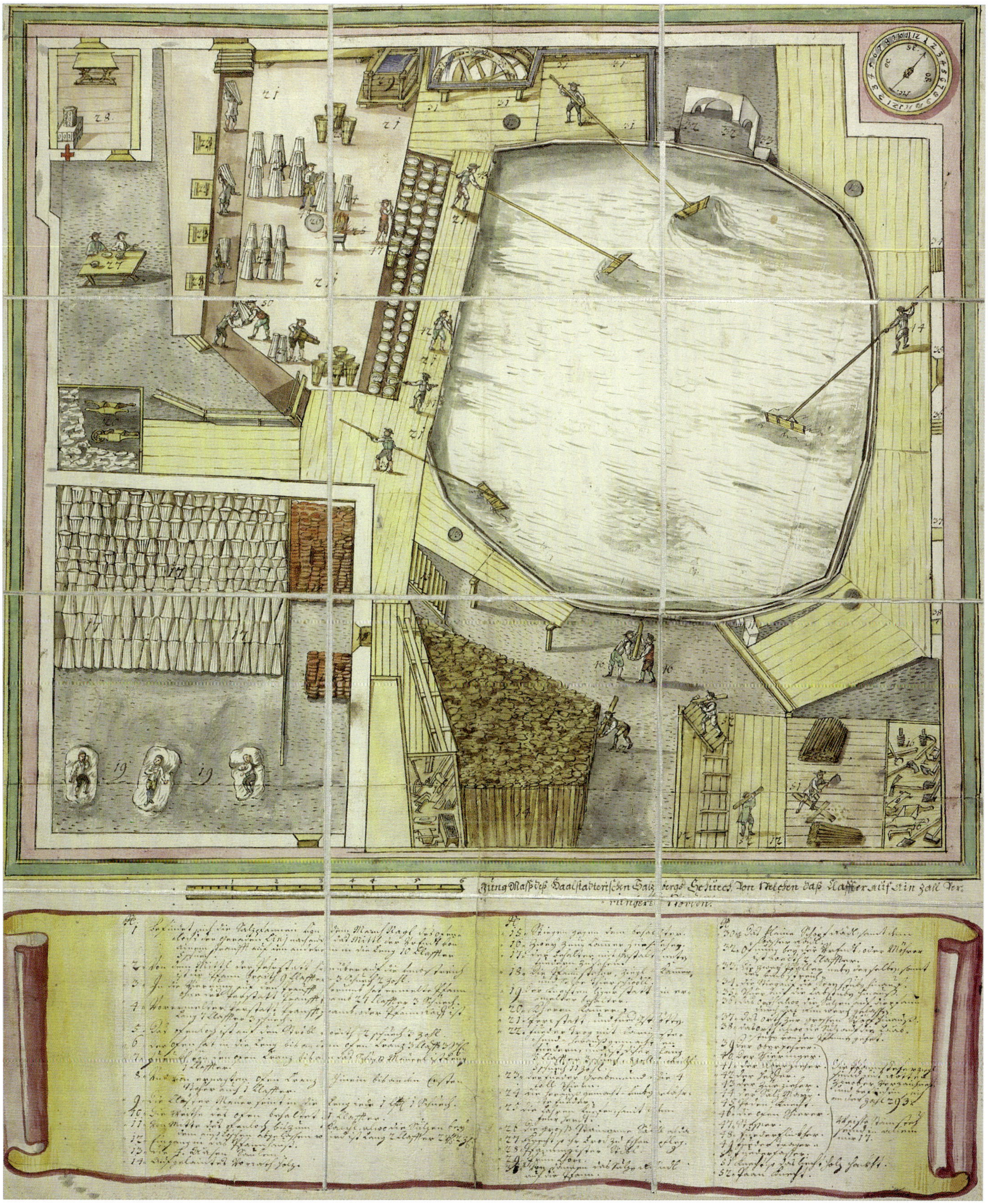

Land der Hämmer

Die Eisenerzeugung ist jener Industriezweig, der den internationalen Ruhm der österreichischen Industrie begründete und das industrielle Selbstverständnis der Österreicher maßgeblich bestimmte, vom berühmten norischen Eisen der Antike über die Sensenhämmer des 18. und 19. Jahrhunderts bis zu den Stahlwerken des 20. Jahrhunderts und ihren technologischen Spitzenpositionen und innovatorischen Leistungen. Als »Land der Hämmer, zukunftsreich!« preist der von Paula von Preradović stammmende Text der österreichischen Bundeshymne die Heimat Österreich. Dasselbe Motiv beherrschte die Anfangszeilen der von Staatskanzler Karl Renner 1920 zu einer Melodie von Wilhelm Kienzl getexteten und nie offiziell gewordenen Hymne der Ersten Republik: »Treiben am Absturz Mühlen und Hämmer ...« Angesichts dessen überrascht es fast, dass der von Jakob Franz Dirnböck stammende Text der 1844 uraufgeführten steirischen Landeshymne erst in der dritten Strophe auf das Eisen verweist: »Wo durch Kohlenglut / Und des Hammers Kraft / Starker Hände Fleiß das Eisen zeugt ...«

Die österreichische Eisenindustrie basierte bis weit ins 19. Jahrhundert auf den Standortfaktoren Erz, Holz und Wasserkraft. Dazu brauchte man viele Arbeitskräfte, die verpflegt werden mussten, was in den engen Gebirgstälern nicht leicht war und was den Reichtum der Landwirtschaft des Alpenvorlandes mit ihren beeindruckenden Vierkanthöfen begründete. Nicht zuletzt benötigte man für eine derart intensiv vernetzte Produktionslandschaft eine entsprechende Verkehrsinfrastruktur, die im Gebirge schwierig herzustellen war.

Kennzeichnend waren die große Zahl von Betrieben und die dezentrale Standortstruktur. Das größte und traditionsreichste unter den österreichischen Eisenwerken und wohl auch das größte der Welt war lange Zeit die Innerberger Hauptgewerkschaft, die 1625 aus dem Zusammenschluss der bis dahin als selbstständige Unternehmen agierenden 19 Schmelzhütten (Radwerke) auf der nördlichen Seite des Erzberges (Innerberg = Eisenerz), von etwa 50 Welschhämmern entlang der Enns und ihren Seitentälern und der Steyrer Eisenhändler entstanden war. Dieser frühkapitalistische Montankonzern beschäftigte in den folgenden beiden Jahrhunderten ungefähr 2.000 bis 3.000 Menschen und bestritt etwa 30 bis 40 Prozent der gesamtösterreichischen Eisenproduktion. Er umfasste den Bergbau auf der nördlichen Seite des Erzbergs, zehn bis 14 Schmelzhütten in Eisenerz, etwa 60 Welsch- und Kleinhammerwerke, eine ausgedehnte Wald- und Flößereiwirtschaft, Köhlereien, Lebensmittelmagazine und die Steyrer Eisenhändler als Verleger. 1798 verkaufte die Stadt Steyr die Innerberger Hauptgewerkschaft an die neu gegründete k. k. privilegierte Wiener Kanal- und Bergbaugesellschaft. 1801 gab die Wiener Kanal- und Bergbaugesellschaft ihre Anteile an den kaiserlichen Familienfonds ab, von diesem gelangten sie 1807 an das Montan-Ärar. Erst 1868/69 wurde die Innerberger Hauptgewerkschaft wieder privatisiert. 1881 wurde sie mit zahlreichen anderen steirischen und Kärntner Unternehmen zur Alpine Montangesellschaft fusioniert.

In Vordernberg auf der Südseite des Erzbergs existierte seit dem 17. Jahrhundert nur eine lose Kommunität der dortigen 14 Radwerke, die gemeinsam den Holz- und Kohleneinkauf besorgten. Die zugehörigen Welschhämmer, die im Enns- und Paltental, Mur- und Mürztal verstreut waren, agierten jeweils als Einzelunternehmen.

Auch in Kärnten waren die Schmelzhütten und Hammerwerke in einem mehr oder weniger großen Umkreis um den Hüttenberger Erzberg und um sonstige Eisenvorkommen verstreut. Daneben gab es außerhalb der Erzvorkommen

Nassmechanische Erzaufbereitung, aus dem Bergbauzyklus eines unbekannten Salzburger Malers, um 1780/1790

am steirischen und Kärntner Erzberg noch zahlreiche weitere, meist als Waldeisenwerke bezeichnete Radwerke und Floßöfen, Hammerwerke und weiterverarbeitende Betriebe, etwa Drahtzüge, Blechschmieden, Sensenhämmer und Pfannenschmieden, aus denen einzelne sich im Lauf des frühen 19. Jahrhunderts zu größeren Werken entwickelten.

Die ökonomische Logik der Eisenwurzen

Die beiden großen Zentren der österreichischen Eisenerzeugung um den steirischen und um den Kärntner (Hüttenberger) Erzberg bezeichnete man als Eisenwurzen. Gemeint war dabei ursprünglich der jeweilige Erzberg, später jeweils die gesamte Eisen schaffende und verarbeitende Region, die sich im Umkreis entwickelte. Die Namensgebung mag auf alten Vorstellungen von den Erzen, die in der Erde heranreifen, sich erschöpfen und wieder nachwachsen, beruhen. Aber das Bild von der Wurzel passte auch, als man die tatsächlichen geologischen Zusammenhänge besser verstand. War nicht die gesamte Eisen produzierende und verarbeitende Region um den Erzberg wie ein ausladender Baum und ein weit verzweigtes Wurzelsystem, bis in die kleinsten Täler sich verästelnd, wo an jeder sich bietenden Stelle wassergetriebene Hammerwerke und Eisen verarbeitende Betriebe aufgefädelt waren, und bis hinauf zu den unzugänglichsten Holzschlägen und abgelegensten Kohlenmeilern, wo der nur langsam nachwachsende, aber unverzichtbare Brennstoff gewonnen wurde, alles in einem komplexen System aufeinander abgestimmt?

Die dezentrale Logik der Landschaft »Eisenwurzen« wurde mit dem Bild vom Wurzelstock zweifellos richtig erkannt: In unmittelbarer Nähe zu den Erzvorkommen arbeiteten die Stuck- und später Hochöfen, die das Eisen schmolzen, in etwas weiterer Entfernung die Welschhämmer und Zerennhämmer, die das Halbmäßeisen der Stucköfen aushämmerten oder das Roheisen aus den Hochöfen frischten und zu Stahl ausschmiedeten. Daneben gab es, möglichst dezentral verteilt je nach Wasserkraft, Holzangebot und Arbeitskraftreserven, Drahtzüge und Streck-, Knittel- und Blechschmieden, heute alle längst durch Walzwerke ersetzt, ferner Sensen-, Sichel- und Pfannenhämmer, für deren Produkte heute überhaupt keine Nachfrage mehr besteht, und nicht zuletzt zahlreiche Spezialisten und Kleinverarbeiter, von den Ahlschmieden bis zu den Zirkelschmieden, insgesamt wohl mehrere tausend Eisen erzeugende und verarbeitende Betriebe, die teilweise unter Ausnutzung der Wasserkraft, teilweise nur mit der Kraft der eigenen Faust für die überregionalen und regionalen Märkte produzierten.

Das Eisenwesen war für die österreichischen Landesfürsten so wichtig, dass sie es seit dem 15. Jahrhundert in ein immer umfassender werdendes System von Normen und Regelungen hineinpressten, die einerseits den Vorstellungen von zünftischer Stabilität und den Bedingungen ökologischer Tragfähigkeit, andererseits den Anforderungen der Maximierung staatlicher Einnahmen und merkantilistischer Wirtschaftsförderung entsprechen sollten.

Geregelt waren Produktion und Absatz, Zahl und Größe der Hämmer, Höhe der Löhne und Preise, Ausmaß und Zuordnung der Gebiete für die Holz- und Lebensmittelversorgung (Widmungsbezirke), zulässige Straßen, Niederlagsorte und Absatzgebiete. Es vermischten sich herrschaftliche, fiskalische und volkswirtschaftliche Anliegen und Interessen.

Die europäische Bedeutung des österreichischen Eisens

Während um die Mitte des 16. Jahrhunderts die steirische Eisenerzeugung 13.000 bis 14.000 Tonnen und die alpenländisch-österreichische insgesamt etwa 20.000 Tonnen pro Jahr betragen hatte, war ein Jahrhundert später die steirische Erzeugung auf unter 8.000

Die Kinder des Grafen Barthelmä Khevenhüller von Frankenburg aus seiner dritten Ehe mit Regina, geborene Thannhausen, im Hintergrund der Floßofen Eisentratten im Jahre 1612. Darstellung aus der Khevenhüller-Chronik, 1625

Tonnen und die gesamtösterreichische auf etwa 15.000 abgesunken. Erst um die Mitte des 18. Jahrhunderts konnte in der Steiermark die Produktionshöhe des 16. Jahrhunderts wieder erreicht und nach 1800 nennenswert überschritten werden. Die europäische Eisenproduktion wird für das beginnende 16. Jahrhundert auf rund 60.000 Tonnen geschätzt, für 1750 auf 250.000 Tonnen, 1800 auf etwa 900.000 Tonnen und 1840 auf etwa 2,7 Millionen Tonnen.

Um 1815 erschmolzen die britischen Hochöfen bereits 400.000 Tonnen Roheisen jährlich, die österreichischen hingegen kaum 20.000 Tonnen. 1837 wurde in Großbritannien die magische Zahl von 1 Million Tonnen erreicht, um die Mitte des Jahrhunderts schon die von 2 Millionen Tonnen. Die österreichische Eisenproduktion kam in dieser Zeit auf kaum 80.000 Tonnen und konnte 1869 erstmals die 100.000-Tonnen-Marke überschreiten. Von der Roheisenerzeugung der Habsburgermonarchie stellten die Alpenländer um 1780 drei Viertel, um 1800 zwei Drittel und 1850 immer noch 60 Prozent.

Dass die Eisenwurzen seit dem ausgehenden 16. Jahrhundert kontinuierlich Marktanteile verlor und ihre Produktion nicht mehr ausweiten konnte, war einerseits wohl auf eine Übernutzung der regionalen Standortfaktoren, vor allem der Holzversorgung, zurückzuführen. Immer neue Wälder mussten erschlossen werden, von immer weiter war der Proviant anzuliefern. Begrenzt waren auch die ausbaufähigen Wasserkräfte, immer höher wurden damit die Produktionskosten. Dass die Gegenreformation und die Wirren des Dreißigjährigen Krieges dazukamen, verstärkte die Krisensituation. Andererseits hatten sich andere Eisenlandschaften etablieren können und wurden zu ernsten Konkurrenten, das Oberpfälzer Eisen schon im späten 16. Jahrhundert, das schwedische Eisen im 17. Jahrhundert, das russische Eisen in der ersten Hälfte des 18. Jahrhunderts, das englische ab dem späten 18. Jahrhundert.

Die überregionale Konkurrenz konnte damit punkten, dass entweder Holz in praktisch unbeschränktem Maß verfügbar war wie etwa in Schweden oder Russland oder dass sich wie in

England, Belgien, dem Ruhrgebiet oder Oberschlesien früh die Möglichkeit bot, auf Mineralkohle oder andere Brennstoffe wie Torf umzustellen und diese Möglichkeit auch tatsächlich genutzt wurde. Damit war nicht nur eine deutliche Verbilligung der Produktionsprozesse erreicht, sondern es war auch eine völlig neue Dimension hinsichtlich der Ausdehnung des Ausstoßes möglich. England nutzte als Erstes diese Chance.

Ökologische Schranken und technische Fortschritte

Die österreichische Wirtschaftspolitik verfolgte bis ins späte 18. Jahrhundert, was die Eisenerzeugung betraf, eine sehr zurückhaltende Strategie: Man kannte zwar die Bedeutung der Eisenindustrie, wollte sie aber nicht über Gebühr ausdehnen. In der Wiener Kommerzkommission wurde 1766 die Frage erörtert, »ob es ratsam sei, so viel Eisen als nur möglich aufzubringen«. Der Leiter des Bergwesens erklärte die »überflüssige Eisenaufbringung« für eines der größten Übel. Das Eisen sei »zwar ein dem Publico unentbehrliches Metall«, werde aber »ja nicht wie das Brot genossen, sondern nur zur Notdurft abgenommen«. Unter ökologischen Gesichtspunkten erscheint diese Argumentation durchaus verständlich. Die Vorstellung, dass das Eisen das Kernstück industriellen Wachstums sei, lag noch in weiter Ferne. Erst im ausgehenden 18. Jahrhundert erfolgte ein Umdenken. Ein Hofdekret von 1799 erklärte, die Herstellung und Verarbeitung des inländischen Eisens müsse erleichtert werden, weil diese Beschäftigung eine der nützlichsten für die mit diesem Urstoffe so gesegnete österreichische Monarchie sei. Gleichzeitig wurde man sich um 1800 immer mehr bewusst, wie labil die ökologische Situation und die ökonomische Position der Eisenindustrie durch die Begrenztheit des Faktors Brennholz geworden war.

Die Roheisenerzeugung wurde 1781 freigegeben, die Roheisenwidmung 1782 aufgehoben. Sukzessive folgten auch die Freigabe der Preise und die Beseitigung der Proviant-, Verschleiß- und Holzwidmungen. Die Erfolge waren im österreichischen Maßstab erheblich, im internationalen Vergleich aber kaum spektakulär. Das Holzangebot konnte mit der Ausweitung der Eisenproduktion nicht Schritt halten. Der Energiebedarf der steirischen Eisenindustrie war um die Mitte des 19. Jahrhunderts so groß geworden, dass er bei nachhaltiger Nutzung einer Waldfläche von etwa 300.000 Hektar oder fast den gesamten damals forsttechnisch nutzbaren Wäldern der Steiermark gleichkam.

Es ging daher vor allem um Ressourcen sparende und Ressourcen vermehrende Innovationen: einerseits um Verbesserung des wärmetechnischen Wirkungsgrades der verhüttungstechnischen Verfahren, andererseits um ihre Umstellung auf neue Brennstoffe, auf Mineralkohle (Stein- und Braunkohle) und Torf.

Der Kostendruck ging von der britischen Eisenindustrie aus, der es im 18. Jahrhundert gelang, mit der Verwendung von Mineralkohle im Hochofen- und Frischprozess sich vom Kostenfaktor Holz zu lösen und mit den Kokshochöfen, dem Puddelverfahren, mit Walzwerken und Winderhitzern beträchtliche Produktivitätszuwächse und Preisvorteile zu erlangen.

Abraham Darby war es 1709 erstmals geglückt, Steinkohle für den Hochofenprozess erfolgreich zu verwenden. Erst nach 1760 gelang aber der Eisenverhüttung mit Koks der wirkliche Durchbruch. 1750 wurden erst 4 Prozent des britischen Roheisens in Kokshochöfen erschmolzen, 1788 aber bereits 79 Prozent. Das 1784 von dem Engländer Henry Cort patentierte Puddeln ermöglichte auch beim Frischen die Verwendung von Mineralkohle und gegenüber dem Herdfrischen eine deutliche Kostenreduktion. Für etwa 70 Jahre dominierte das Puddelverfahren die Stahlerzeugung. Der britischen Eisenindustrie ermöglichte es den Sprung an die Weltspitze.

Hüttenwerksbetrieb, aus dem Bergbauzyklus eines unbekannten Salzburger Malers, um 1780/1790

Die österreichische Eisenindustrie geriet damit in eine schwierige Situation: nämlich das Fehlen geeigneter Steinkohlen durch technische Fortschritte bei der Verwendung von Holz wettmachen zu müssen und das Puddeln für die Verwendung von Holz, Torf oder Braunkohle zu adaptieren. Die britischen und französischen Kokshochöfen produzierten um ein Drittel bis um die Hälfte billiger als die heimischen Holzkohlehochöfen. Es gelang zwar, bis in die Mitte des 19. Jahrhunderts bei den Hochöfen durch Innovation eine Einsparung beim Kohleverbrauch zwischen 16 und 39 Prozent zu erreichen, was aber den um ein Mehrfaches höheren Anstieg der Kohlenpreise nicht wettmachte. Der Anteil der Kohlenkosten an den gesamten Stückkosten stieg von etwa 30 Prozent auf bis zu 60 Prozent. Zwischen 1759 und 1853 stieg der absolute Kohleverbrauch der Kärntner Eisenindustrie um etwa 650 Prozent, die Kohlenpreise um 335 bis 530 Prozent. In Vordernberg stiegen die Kohlenpreise von 1786 bis 1857 um 241 bis 295 Prozent.

Durch sukzessive Vergrößerung der Hochöfen und den Übergang zum Heißgebläseverfahren konnten zwar beträchtliche Rationalisierungserfolge erzielt werden. Trotz beachtlicher Einsparungsmöglichkeiten setzte sich aber die Verwendung von Winderhitzern in der Hochofentechnologie in Österreich nur langsam durch. Es waren nicht nur technische Probleme, sondern auch hüttenmännische Vorurteile, dass heiße Luft die Qualität des Produkts vermindern würde.

Auch die Regiekosten waren in Österreich höher als in England, dies wegen der kleinen Betriebseinheiten, während die Kosten für das Erz in Österreich deutlich niedriger waren als in England.

Die österreichischen Eisenindustriellen setzten angesichts der durch Holz und Wasserkraft gegebenen Beschränkung quantitativer Expansionsmöglichkeiten auf qualitative Erfolge: Angesichts der Abhängigkeit »von dem kostbaren vegetabilischen Brennstoff« »die Notwendigkeit zur Tugend zu machen« und auf Qualitätsprodukte zu setzen, war der Wahlspruch. Das gelang zwar. Aber langfristig waren die österreichischen Preise zu hoch. Nach dem Urteil des Berichterstatters des Deutschen Zollvereins gehörten auf der Londoner Weltausstellung 1851 »die österreichischen Eisensorten zu den besten in der Ausstellung und zeichneten sich durch Güte und sorgsame Bearbeitung, aber auch durch hohe Preise aus«.

Der damals renommierteste österreichische Hüttenfachmann Peter Tunner verwendete diese Argumentation noch 1882, als er englische Eisenfachleute auf einer Exkursion durch Kärnten und die Steiermark begleitete: »On the other hand, the Austrian Alpine districts of Styria and Carinthia are mostly confined to the use of the much more expensive vegetable fuel, spread over a wide area, and in many cases obtainable in comparatively limited quantity only …« Tunner verwies auf die vielen technologischen Fortschritte, die gemacht worden seien, mehr als in jedem anderen Land. Zu diesem Zeitpunkt war es fast schon zu spät. Die Umstellung auf den Kokshochofenprozess konnte nicht mehr aufgeschoben werden. Dass sie ab 1881 gelang, war nicht nur energischen Managern und geglückten Fusions- und Rationalisierungsmaßnahmen zu danken, sondern auch dem Umstand, dass man eine ausgesprochen innovative Generation von Hüttenleuten herangebildet hatte, auf die man in der nächsten Phase setzen konnte. Die Montanistische Lehranstalt, zuerst in Vordernberg, dann in Leoben, wurde zu einem der weltweiten Zentren montanistischen Fortschritts.

Das Herdfrischen und die Einführung des Puddelverfahrens

Das Problem der Ressourcenverknappung hatte schon im 18. Jahrhundert zu einer Teilmodernisierung des Hüttenwesens geführt. Die stei-

Hochofen in Lend/ Salzburg, 1849. Der Betrieb wurde 1862 eingestellt, später entstand hier das Aluminiumwerk Lend. Ölgemälde von Sebastian Stief

rischen Eisenwerke waren, allerdings auch dies sehr spät, nämlich erst in den Fünfziger- und Sechzigerjahren des 18. Jahrhunderts, von der direkten Form der Stahlerzeugung in Stucköfen zur indirekten in Hochöfen und nachgelagerten Frischfeuern (Zerennhämmern) übergegangen. Der Vorteil der neuen Floß- oder Hochofentechnik lag in der höheren Produktivität in den Schmelzöfen, der Nachteil in der schwierigeren Handhabung der nachfolgenden Frischprozesse. Während man in Innerberg und Vordernberg erst zwischen 1752 und 1769 die Umstellung auf diese grundlegend neue Technik wagte, hatten einzelne kleinere alpenländische Eisenwerke die Innovation bereits im 17. Jahrhundert (in Kärnten bereits im 16. Jahrhundert) erfolgreich vollzogen. Im Hüttenberger Revier Kärntens arbeiteten 1750 neben 14 Floßöfen nur noch zwei Stucköfen.

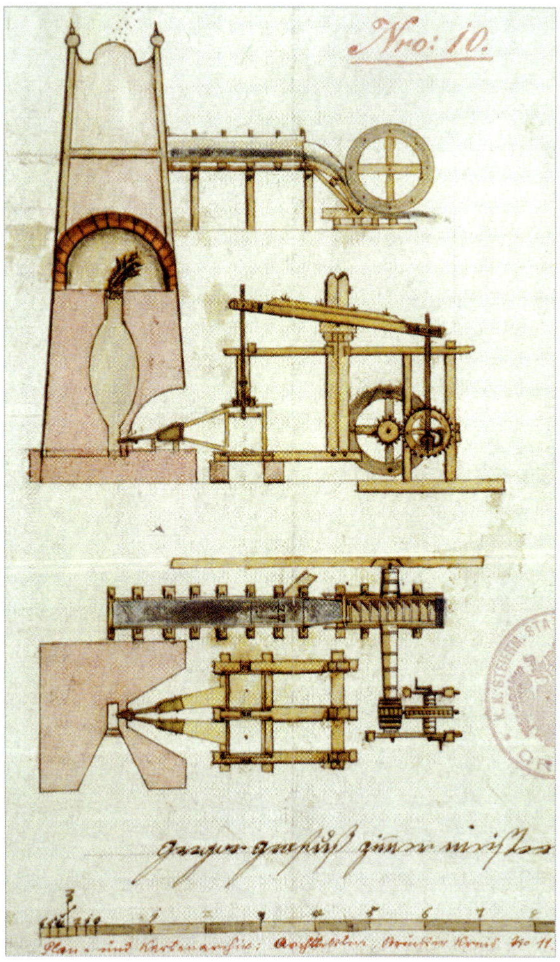

Schematische Darstellung der Herdfrischerei. Zeichnung von 1809

Man hatte damit allerdings die Probleme nur auf das Frischen verlagert. In den technischen Verbesserungen des Herdfrischverfahrens, der Adaptierung des Puddelverfahrens für österreichische Verhältnisse und der Einführung neuer Technologien, vor allem des Walzens und Pressens, stellten sich die Herausforderungen des frühen 19. Jahrhunderts.

In der Hütte Lippitzbach des Max Thaddäus Graf von Egger wurde durch die beiden Engländer W. Sheffield und Th. Lightowler 1796 das erste Walzwerk in der Habsburgermonarchie und die erste Tiegelstahlhütte auf dem Kontinent eingerichtet. Die Tiegelstahlhütte musste wegen des hohen Brennstoffverbrauchs bald wieder geschlossen werden. Neben die Erzeugung von gewalztem Blech trat 1812 in Lippitzbach auch die Stabstahlwalzung. 1840 wurde von der Familie Egger auch das erste Drahtwalzwerk Österreichs in Feistritz im Rosental in Betrieb genommen. Und 1866 wurde dort eine moderne Drahtstiftfabrikation eingerichtet. In der Steiermark war die Walztechnik erst 1830 im Stabstahl- und Blechwalzwerk Lanau bei Neuberg und das Tiegelgussstahlverfahren 1836, also nahezu hundert Jahre nach der Erfindung, zur Anwendung gekommen.

Auf der Egger'schen Eisenhütte in Lippitzbach/Kärnten sollen bereits 1793 Versuche mit dem damals noch recht neuen Puddelverfahren durchgeführt worden sein. Erst mit 40 Jahren Verspätung wurde es in Österreich tatsächlich übernommen. Erzwungen wurde seine Einführung, als man in den späten 1830er-Jahren mit der Fertigung von Eisenbahnschienen begann. Es ging in Österreich vor allem darum, Puddelverfahren auf Holz-, Torf- oder Braunkohlebasis zu entwickeln. Nachdem 1828 in Wittkowitz das erste Puddelstahlwerk der Habsburgermonarchie eingerichtet worden war, folgten die ersten Puddelöfen Österreichs. 1830 war in Frantschach das Puddeln mit Holz, 1836/40 in Prävali das Puddeln mit Braunkohle und 1841 in Rottenmann, 1846 in Buchscheiden sowie 1853/54 in Freudenberg

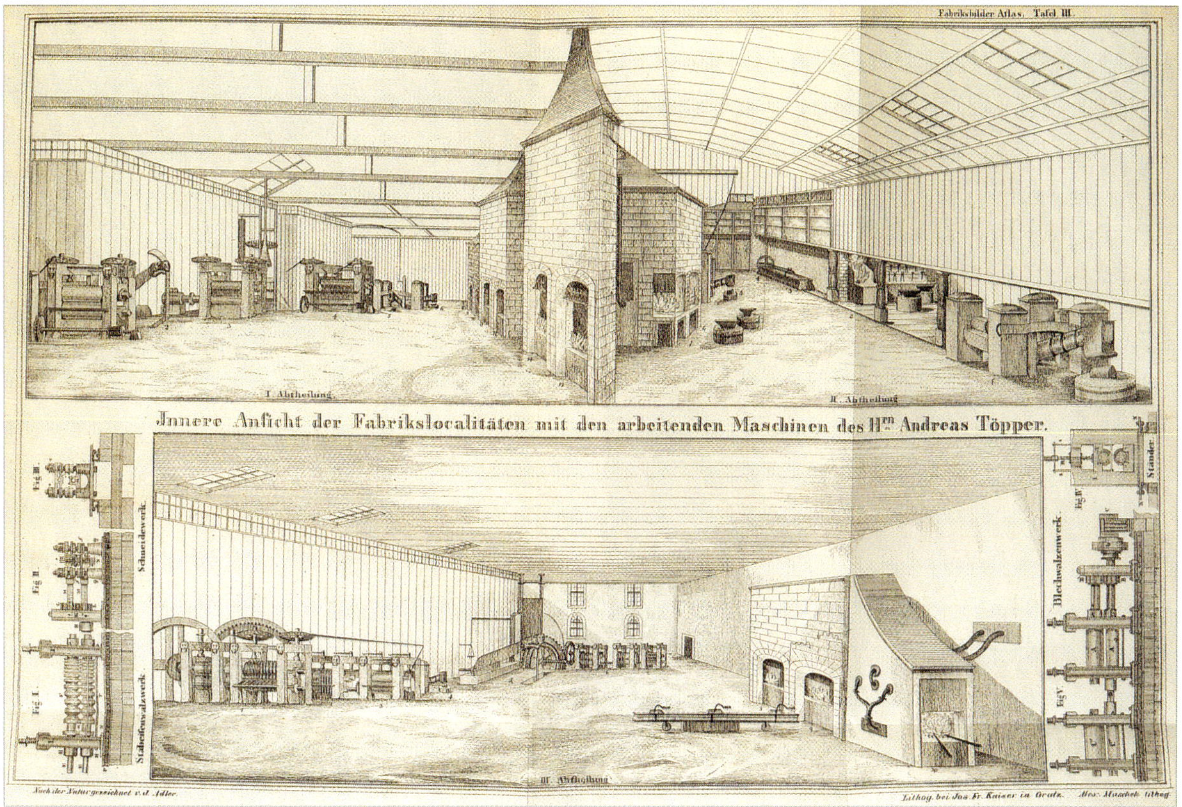

»Innere Ansicht der Fabrikslocalitäten mit den arbeitenden Maschinen des Hrn. Andreas Töpper«, Neubruck bei Scheibbs. Lithografie, 1842

das Puddeln mit Torf gelungen. Die Vergasung dieser »minderwertigen« Brennstoffe erfolgte in eigens konstruierten Generatoren.

1838 wurde in Neuberg/Steiermark ein Puddel- und Walzwerk auf Holzbasis in Betrieb genommen. 1843 wurden in Lippitzbach zwei Doppelpuddelöfen errichtet, die auf Holzbasis arbeiteten. 1854 wurde die Lippitzbacher Stahlerzeugung, wo man auf keine Mineralkohlen zurückgreifen konnte, stillgelegt und von der Familie Egger statt dessen in Freudenberg an der Gurk eine Puddelhütte errichtet, die sich auf den Torf aus den dortigen ausgedehnten Torflagerstätten stützen konnte oder musste.

Die Einsparung bei der Einführung des Puddelprozesses war enorm. Erforderte die Herstellung von einer Tonne »Flamm- oder Materialeisen« im Frischherdverfahren 24,4 m³ Holzkohle, so waren im Puddelverfahren nur etwa 4,7 m³ notwendig.

Die Hoffnung, Puddelwerke seien auch auf Holz- bzw. Holzgasbasis konkurrenzfähig und leistungsfähig zu führen, erfüllte sich aber nicht, weil in den entsprechenden Werken der Holzmangel zu häufigen Betriebsunterbrechungen zwang.

1855 wurden zwar 58 Prozent des Kärntner und 70 Prozent des steirischen Stahls im Puddelverfahren erzeugt. Zu diesem Zeitpunkt stand das Puddeln aber schon am Ende seiner technischen Karriere: Schon in den nächsten Jahren wurde es durch den wesentlich leistungsfähigeren Bessemerprozess ersetzt.

Erst um 1830/40 nahm in der österreichischen Eisenindustrie der Substitutionsprozess von Holz- auf Mineralkohle konkretere Formen an, wenn auch noch nicht bei den Hochöfen. Ein über längere Zeit hinweg nachhaltiger Betrieb der Eisenindustrie auf Holzbasis war bei der um die Jahrhundertmitte angepeilten Produktionshöhe gar nicht mehr möglich und angesichts der Kosten- und Preissituation auch nicht mehr rentabel.

Die schon im 18. Jahrhundert sowohl in der Eisenverhüttung wie in der Stahlerzeugung

Die Anlagen und Gebäude des Sensenwerkes von Kaspar Zeitlinger (Gradnhammer) in Micheldorf. Kolorierter Plan von Johann Löw, zweites Viertel 19. Jahrhundert

und -verarbeitung immer wieder angestellten und im 19. Jahrhundert intensivierten Versuche, die Holzkohle durch Braunkohle zu ersetzen, trafen nicht nur auf technische Schwierigkeiten, sondern auch auf institutionelle Widerstände. Auch bei der Einführung des Walzens waren es häufig Außenseiter wie Erzherzog Johann, Max Thaddäus Graf Egger oder Andreas Töpper und nicht die alteingesessenen Hammerherren, die zu den Innovatoren wurden.

Die unzureichende Innovationsfähigkeit hatte zwar gute Gründe: das Fehlen geeigneter Mineralkohlen einerseits, die anerkannte Güte des steirischen Holzkohleneisens und die durchaus noch gegebene Rentabilität der vorhandenen Anlagen andererseits; die Konservativität lag aber auch in institutionellen Faktoren begründet: in einer langen Tradition des Denkens in zünftischen Kategorien und in einer jahrhundertealten Gewöhnung an obrigkeitliche Eingriffe und staatliche Regulierung. Nicht eindeutig entscheidbar ist, wie sich der vergleichsweise hohe staatliche Anteil in der Eisenerzeugung auswirkte.

Rund ein Viertel bis ein Drittel der gesamten österreichischen Eisenproduktion des frühen 19. Jahrhunderts befand sich unter staatlicher Führung. Man darf dem Staat dabei nicht alle Verdienste absprechen. Die staatlichen Betriebe in Neuberg und Mariazell galten als Vorreiter des hüttentechnischen Fortschritts in der ersten Hälfte des 19. Jahrhunderts. Auch bei der Innerberger Hauptgewerkschaft wurden wichtige Innovationen, etwa was die Verwendung von Wolfram in der Stahlerzeugung betrifft, erreicht. Andererseits ist nicht zu übersehen, dass die ausschließlich privatwirtschaftlich organisierte Kärntner Eisenindustrie im frühen 19. Jahrhundert dynamischer agierte als die steirische. Erst 1868/69 wurde die Innerberger Hauptgewerkschaft privatisiert. Damit wurde der Weg frei zum großen Fusionsprozess der alpenländischen Eisenindustrie hin zur Alpine Montangesellschaft im Jahr 1881.

Die »schwarzen Grafen«

Spricht man vom Reichtum der Eisenwurzen, so denkt man in der Regel an die »schwarzen Grafen«, die Sensenherren, die im 18. und frühen 19. Jahrhundert immer mehr zum »Herz- und Kernstück« des gesamten vom steirischen Erzberg dominierten Eisenwesens aufsteigen konnten.

1841 stellten die 125 österreichischen Sensenwerke, in denen 3,7 Millionen Sensen und 0,8 Millionen Sicheln und Strohmesser im Gewicht von etwa 5.000 Tonnen und in einem Gesamtwert von 1,7 Millionen Gulden erzeugt wurden, die weitaus wichtigste Eisen verarbeitende Branche dar, mit einem weit gestreuten Abnehmerkreis vor allem in Osteuropa, aber auch in Deutschland, Frankreich und Nordamerika. Die Sensenwerke waren hoch kapitalisierte Unternehmen mit enger Verbindung von Produktion und Vertrieb und durchschnittlich zehn bis 20 Beschäftigten pro Betrieb, deren Eigentümer durch ein dichtes Netz familiärer Beziehungen untereinander verbunden waren.

Dass die Sensenindustrie seit dem späten 16. Jahrhundert einen so spektakulären Aufschwung nahm und zu einer der wichtigsten und renommiertesten Exportbranchen Österreichs im frühen 19. Jahrhundert wurde, war einem entscheidenden technischen Fortschritt zu danken, der um 1580 begonnenen Verwendung der Wasserkraft zum Ausschmieden des Sensenblattes, eine Erfindung, die dem Scharnsteiner Hammermeister Konrad Eisvogl zugeschrieben wird.

Die Sensenherren verkörperten einen Typus sehr traditionsbewusster Unternehmer, einerseits konservativ und patriarchalisch, andererseits durchaus weltoffen und global operierend, die mit polnischen wie russischen Handelsagenten und türkischen wie persischen Einkäufern genauso Geschäfte zu machen verstanden wie mit amerikanischen oder englischen Farmern und heimischen Bauern. Man fertigte jedem die Sense nach seiner Fasson,

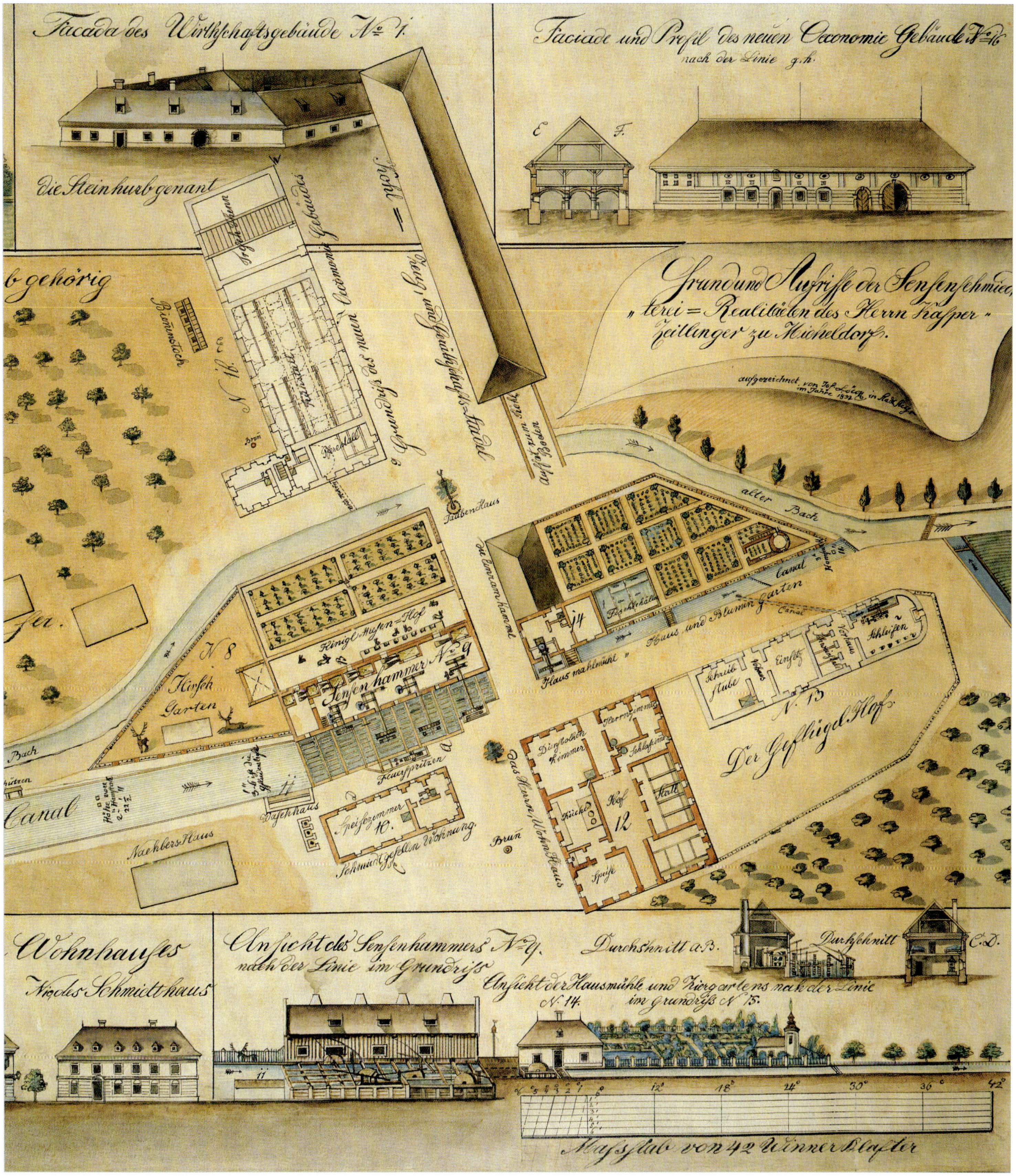
Facade des Wirthschaftsgebäude N° 1.
Faciade und Profil des neuen Oeconomie Gebäude N° 16
nach der Linie g.h
Grund und Aufriße der Sensenschmiederei = Realitäten des Herrn Käpper Zeitlinger zu Micheldorf.
alter Bach
Canal
Kirsch Garten
Sensen hammer N° 9
Der Geflügel Hof
Haus und Blumen Garten
Küche
Hof
Stall
Speise
Durchschnitt a.B.
Durchschnitt C.D.
Ansicht des Sensenhammers N° 9 nach der Linie im Grundriß
Ansicht der Hausmühle und Ziergartens nach der Linie im Grundriß N. 15.
Maßstab von 42 Wiener Klafter

Schwarze Grafen: Der Sensengewerke Kaspar Zeitlinger mit seiner Frau Josefa Theresia und seinen Kindern vor dem Gradnhammer in Micheldorf. Ölbild von Franz Xaver Bobleter, 1838

ob siebenbürgisch oder weißrussisch, spanisch oder persisch, für die afrikanische Savanne oder den brasilianischen Urwald, die Prärien Nordamerikas oder die Wiesen der Normandie. Auf die ins Eisen eingeschlagenen Marken war man stolz und wusste sie immer wieder gegen Fälschungen zu verteidigen: der Kelch mit der Hostie, der Engel mit der Sense, der Wassermann, der Tannenbaum, das Wildschwein, der Gamsbock mit drei Kreuzen, das Kleeblatt, der Hammer, Sonne und Mond, und immer als Beischlag »KM«, »Kirchdorf-Micheldorf«.

Die Sensenhämmer waren Betriebe, die in der Regel bis zu 50 Leute beschäftigten, Hammerarbeiter, landwirtschaftliche Dienstboten und vor allem Holzknechte. Die Herstellung von Sensen erforderte an die 40 einzelne Arbeitsgänge, die von hochspezialisierten Arbeitern ausgeführt wurden. Die Hierarchie innerhalb des Sensenhandwerks war streng und richtete sich nach der Wichtigkeit der einzelnen Tätigkeit. Es gab Essmeister, Bröcklschneider, Zainheizer, Hammerschmiede, Warzenmacher, Ausspitzer, Breitenheizer, Abrichter, Spitzformer, Kleinhammerer und Kramrichter, um nur einige zu nennen. Die Arbeiter waren sich ihrer Wichtigkeit bewusst und zogen daraus ihren Berufsstolz.

Die Sensenhämmer konzentrierten sich vor allem auf die Kirchdorf-Micheldorfer Zunft. Aber auch im Mühlviertel, im Innviertel, in der niederösterreichischen Eisenwurzen, in der Steiermark, in Kärnten und in Tirol erzeugte man Sensen. Im Jahre 1784 befand sich fast die Hälfte der rund hundert Sensenhämmer im österreichisch-steirischen Gebiet im Besitz von nur fünf Familien. Angehörige der Familie Moser besaßen 17, der Familie Zeitlinger elf, der Familie Kaltenbrunner und Weinmeister je acht und der Familie Hierzenberger sechs Sensenbetriebe. Die Sensenwerke

Die alte Nagelschmiede in der Steingasse in Salzburg, vor 1888

waren zu kapitalistischen Unternehmen geworden, deren Eigentümer zwar aufgrund ihrer sozialen Stellung und ihres Lebensstils zu Recht als »schwarze Grafen« bezeichnet wurden, die aber mit erheblichem Kapitaleinsatz auf globalen Märkten agierten.
Ein anderes wichtiges Massenprodukt der vorindustriellen Eisenverarbeitung waren die Nägel. Im Gegensatz zur durchaus großbetrieblich-maschinenindustriell zu bezeichnenden Sensen- und Sichelproduktion dominierten bei der Massenherstellung von Nägeln, einer sehr anstrengenden und monotonen Tätigkeit, kleingewerblich-hausindustrielle Organisationsformen. Die Nagelschmiede arbeiteten allein oder mit wenigen Gesellen und Helfern, nur mit dem Fausthammer und immer in Abhängigkeit von mächtigen Verlegern. Sie zählten zu den am meisten ausgebeuteten und ärmsten Mitgliedern der großen Familie der Eisen verarbeitenden Betriebe. Sie waren die erste große Berufsgruppe der Eisenverarbeitung, die bereits ab dem Vormärz der Konkurrenz der Maschinenindustrie zum Opfer fiel. Vielen weiteren Branchen erging es ähnlich.

Ende oder Neuanfang?

Die Karten für die vielen kleinen Erzeuger in vielen kleinen, schwer zugänglichen Tälern der Eisenwurzen waren schlecht. Als Erstes mussten die Welschhammerwerke, die zu Frischfeuern umgewandelt worden waren, den Puddelwerken und Bessemerhütten weichen. Die Blechhämmer, Zainhämmer und Drahtzüge wurden durch Walzwerke ersetzt. Die Nagelschmiede, Feilhauer und Messerschmiede sahen sich der Konkurrenz der Fabriksbetriebe, die mit entsprechenden Maschinen produzierten, ausgesetzt.
Erst mit der Herstellung von Eisenbahnverbin-

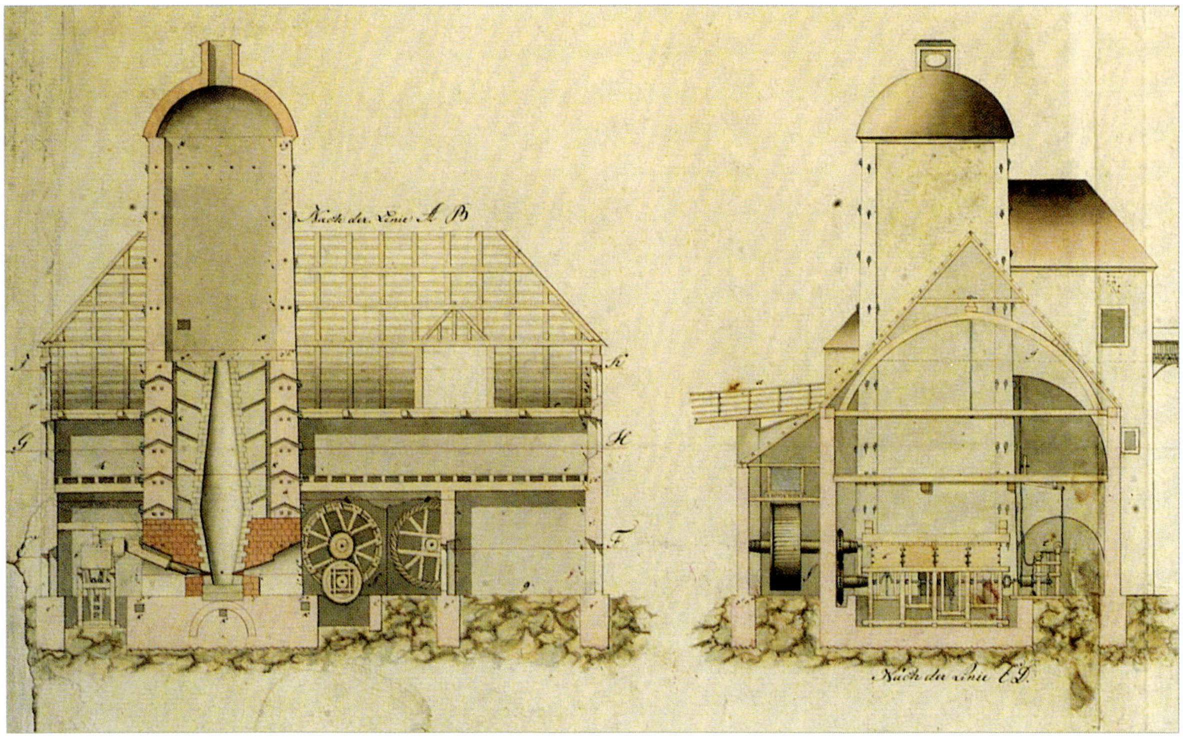

Floßofen in Lölling. Kolorierte Tuschzeichnung, 1821

dungen begann für die österreichische Eisenindustrie eine neue Ära. Von den Investitionen in den Eisenbahnbau und die Dampfschifffahrt profitierte neben der Bauindustrie und dem Maschinenbau vor allem die Eisenindustrie, die ab 1863 mit dem raschen Aufgreifen des Bessemerverfahrens, der folgenreichsten hüttenmännischen Innovation des 19. Jahrhunderts, in Turrach, Heft, Neuberg, Ternitz, Donawitz und im Grazer Südbahnwalzwerk ihre Lebenskraft energisch unter Beweis stellte. 1875 wurden bereits rund 80 Prozent des steirischen Stahls in Bessemerbirnen erzeugt, während in den Hochöfen die Substitution der Holzkohle durch Mineralkohle immer noch auf sich warten ließ. Die ersten Kokshochöfen in Österreich wurden 1872/73 in Zeltweg und in Schwechat erbaut und der

Eisenproduktion in Europa 1500–1840 (in Tonnen und Prozent)

in Tonnen	Österreich	Deutschland	Russland	Frankreich	Schweden	England	Sonstige	Europa
um 1500	10.000	18.000	2.000	10.000	5.000	5.000	10.000	60.000
um 1700	15.000	25.000	8.000	30.000	34.000	15.000	43.000	170.000
um 1750	20.000	35.000	33.000	40.000	47.000	17.000	58.000	250.000
um 1800	30.000	60.000	162.500	200.000	75.000	180.000	192.500	900.000
um 1840	67.000	190.000	189.000	348.000	125.000	1.419.000	362.000	2.700.000
Anteile in %	**Österreich**	**Deutschland**	**Russland**	**Frankreich**	**Schweden**	**England**	**Sonstige**	**Europa**
um 1500	16,7	30,0	3,3	16,7	8,3	8,3	16,7	100,0
um 1700	8,8	14,7	4,7	17,6	20,0	8,8	25,3	100,0
um 1750	8,0	14,0	13,2	16,0	18,8	6,8	23,2	100,0
um 1800	3,3	6,7	18,1	22,2	8,3	20,0	21,4	100,0
um 1840	2,5	7,0	7,0	12,9	4,6	52,6	13,4	100,0

Quelle: B. R. Mitchell, International Historical Statistics. Europe 1750–1993 (New York [4]1998) 456 ff.

letzte mit Holzkohle betriebene Hochofen der Steiermark erst 1901 ausgeblasen, in Salzburg erst nach dem Ersten Weltkrieg.

Standorte an der Donau, auf halbem Weg zwischen dem steirischen Erz und der mährisch-schlesischen Kohle, schienen sich schon im 19. Jahrhundert als beste Plätze für den Neuaufbau einer Eisenerzeugung anzubieten. Die Versuche der Siebzigerjahre des 19. Jahrhunderts, mit dem Schwechater Hochofen die Eisenverhüttung an die Donau zu verlegen, verliefen allerdings nicht erfolgreich. Auch das Walzwerk, das Hugo Henckel von Donnersmarck in Wien/Zwischenbrücken errichtete, kam nie richtig in Schwung und wurde nach 1873 stillgelegt. Erst 1938/39 wurde das alte Konzept verwirklicht, an der Donau in Linz und Krems neue Standorte der Eisenerzeugung zu eröffnen.

Der längst überfällige Konzentrations- und Modernisierungsprozess der zersplitterten steirischen und Kärntner Eisen- und Stahlindustrie wurde 1881 mit der Gründung der Oesterreichisch-Alpinen Montangesellschaft (ÖAMG) und der Umstellung auf den Kokshochofenprozess eingeleitet. Die steirische Eisenindustrie war damit vorderhand gerettet, auch wenn ihr Anteil an der gesamteuropäischen Produktion auf 1,5 Prozent abgerutscht war. Kärntens Eisenindustrie, 1855 noch als »Lebensnerv« des Landes bezeichnet, wurde sukzessive stillgelegt.

Österreich war in der frühen Neuzeit der wichtigste europäische Eisenproduzent. Verglichen mit modernen Produktionszahlen allerdings erscheint das, was im 16. Jahrhundert erzeugt wurde, winzigst. Jene Mengen, mit denen die Eisenwurzen im 16. Jahrhundert in einem Jahr ein Fünftel des europäischen Gesamtbedarfs an Eisen decken konnte, erzeugt die VA Stahl heute in ihren Hochöfen in gut einem Tag. Der Anteil an der Weltproduktion macht heute nicht einmal ein halbes Prozent aus. Dennoch zählt Österreich immer noch zu den führenden und innovativsten Eisen produzierenden Regionen der Welt.

Eisenproduktion in Österreich 1550–1850 (in Tonnen)

Jahr	Steiermark	Kärnten	Tirol	NÖ	Salzburg	Österreich
1550	14.000	4.000				20.000
1600						20.000
1650	9.000	4.000	1.000	500	500	15.000
1750	14.000					20.000
1780	17.920	8.680				28.500
1800	17.640	9.184			1.200	30.000
1810	22.458	15.000		1.848	800	41.000
1830	27.799	14.957	1.511	648	1.393	46.308
1850	52.943	32.958	3.693	2.047	3.179	94.820

Quelle: R. Sandgruber, Ökonomie und Politik. Österreichische Wirtschaftsgeschichte vom Mittelalter bis zur Gegenwart (Wien 1995) 79.

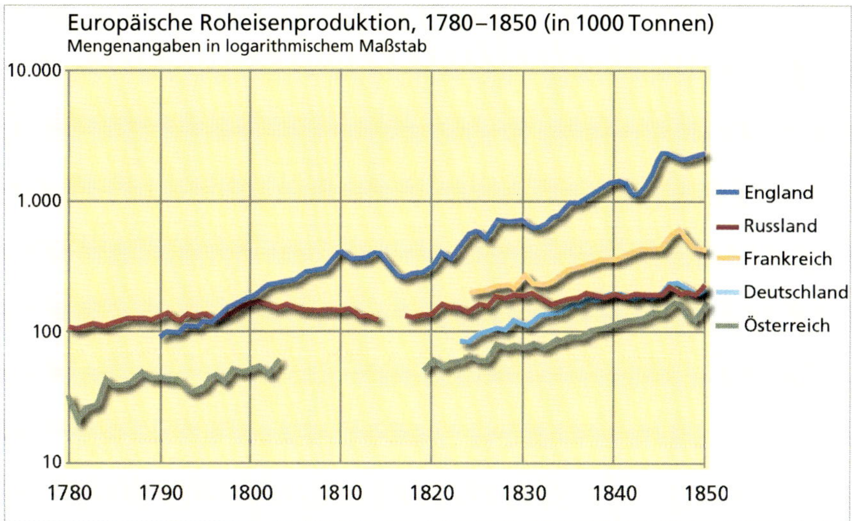

Quelle: B. R. Mitchell, International Historical Statistics. Europe 1750–1993 (New York [4]1998) 456 ff; J. Komlos, Die Habsburgermonarchie als Zollunion. Die Wirtschaftsentwicklung Österreich-Ungarns im 19. Jahrhundert (Wien 1986).

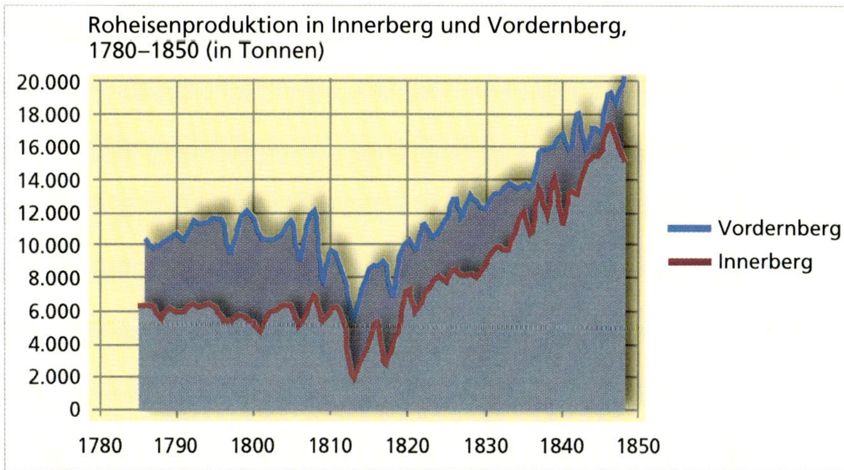

Quelle: R. Sandgruber, Die Innerberger Eisenproduktion in der frühen Neuzeit, in: Österreichisches Montanwesen. Produktion, Verteilung, Sozialformen (hg. v. M. Mitterauer, Wien 1974) 72–105.

Waffen und Heeresbedarf

Die Habsburgermonarchie war als europäische Großmacht vom 16. bis zur Mitte des 19. Jahrhunderts häufig in kriegerische Auseinandersetzungen involviert. Längere Friedensperioden wie jene vom Wiener Kongress 1815 bis zum Revolutionsjahr 1848 stellen eine Ausnahmeerscheinung dar. Die österreichische Landstreitmacht war eine der größten Europas, ihre Friedensstärke wird für die zweite Hälfte des 18. Jahrhunderts mit rund 300.000 Mann und für 1850 mit 434.000 Mann angegeben. Der Bedarf dieses Heeres an Waffen, sonstigen Ausrüstungsgegenständen und Versorgungsgütern war ein wirtschaftlich bedeutsamer Faktor, wobei das schwankende Volumen dieser Nachfrage für die betroffenen Industrien häufig große Anpassungsprobleme nach sich zog. Die qualitativ und quantitativ starke Stellung der österreichischen Eisenindustrie bedeutete, dass die Habsburgermonarchie über die Voraussetzungen für eine leistungsfähige eigene Rüstungsindustrie verfügte und auch immer wieder als Waffenexporteur auftreten konnte.

Schon zu Beginn des Aufstiegs Österreichs zur europäischen Großmacht im 16. Jahrhundert wird die Rolle der Eisenindustrie als Rüstungsindustrie deutlich. Als Lieferanten für die Heere der Kaiser Maximilian I., Karl V. und Ferdinand I. produzierten Sebald Pögl Vater und Sohn in Thörl bei Aflenz in der Steiermark Geschütze, Gewehre und Geschosse. Auf der Grundlage traditioneller bzw. handwerklicher Techniken entstand ein Großunternehmen, das jedoch nach wenigen Jahrzehnten wieder zerfiel, nachdem ihm einige seiner Privilegien vom Landesherrn entzogen worden waren und man vorübergehend wieder zu Bronze als Grundmaterial für Kanonen zurückgekehrt war.

Ebenfalls auf traditioneller Grundlage entwickelte sich die Waffenproduktion in Steyr und in Wiener Neustadt in der zweiten Hälfte des 17. Jahrhunderts. Eine der bedeutendsten Unternehmergestalten aus der frühkapitalistischen Periode, der aus dem Kreis der Wiener Niederleger kommende Hans Ludwig Mittermayer, organisierte als kaiserlicher Armaturenverleger in Steyr eine leistungsfähige Waffenproduktion, die ganze Waffensysteme, bestehend aus Gewehren, Pistolen, Piken, Degen, Brustpanzern und anderen Ausrüstungen, lieferte. 1656 wurde in Wiener Neustadt von niederländischen und deutschen Handwerkern die so genannte »Niederländische Armaturenmeisterschaft« gegründet.

Waffenproduktion als Anstoß für technische Innovationen

In der Industriellen Revolution in England spielte der Bedarf des Heeres eine maßgebliche Rolle bei der Entwicklung neuer Technologien in der Stahlerzeugung und im Maschinenbau. Henry Corts Puddelverfahren zur Stahlerzeugung wurde wesentlich durch die Anforderungen der englischen Kriegsflotte mitbestimmt. Ähnlich bedeutsam für die Verarbeitung von Eisen war die Technik des Gießens sowie des Ausbohrens von Zylindern. Durch das Gießen von Geschützrohren wurde die Gießereitechnik entscheidend gefördert und die Technik des zweiten Schmelzens im Flammofen entwickelt, ebenso wie die Bohrtechnik besonders am Ausbohren von Kanonen verbessert wurde. Wilkinsons Drehbank für Geschützrohre ermöglichte die Herstellung von Zylindern jener Präzision, die James Watts Ansprüchen für den Bau seiner Dampfmaschine genügten.

In Österreich wurden Geschosse und Kanonenrohre von den steirischen Eisenwerken in Neuberg und in Mariazell-Gusswerk, beide

ursprünglich im Besitz von Klostern, hergestellt. Die Werke wurden 1800 dem Montanärar unterstellt und somit verstaatlicht. Das Gusswerk in Mariazell wurde 1829 um ein eigenes Kanonenbohrwerk ergänzt. 1831 wurde im Hauptwerk der erste Gussflammofen in Österreich errichtet. Das Neuberger Werk spielte eine führende Rolle in der Walztechnik und führte 1836/38 als eines der ersten Stahlwerke in Österreich das Puddelverfahren ein. Die Beschäftigtenzahl wird zu dieser Zeit mit fast 600 angegeben. 1853 wurde in Neuberg ein Dampfhammer installiert. Weitere Kanonengießereien und -bohrereien wurden vom Militärärar in Wien und von Fürst Wenzel Liechtenstein, dem Reformator des österreichischen Artilleriewesens, auf seiner Herrschaft in Ebergassing betrieben. Letztere war im Krieg gegen Preußen gegründet worden. Die Rohlinge kamen aus dem Gusswerk bei Mariazell. Erzeugt wurden Kanonen verschiedener Kaliber und Mörser. Die Bohrmaschinen wurden von Wasserkraft angetrieben. Nach einem Brand wurde diese Fabrik 1819 geschlossen, die verbliebenen Maschinen wurden nach Wien in die ärarische Kanonenfabrik verlegt.

Nächtliches Mörserschießen der Zöglinge der Militärakademie in Wiener Neustadt, Gouache von Bernhard Albrecht, um 1790

Kugelguss. Kolorierte Zeichnung aus »Beschreibung des Ertzbergs und Schmelzungs Manipulation in dem Eisengußwerk Maria Zell«, 1783

Innenhof des k. k. Eisengusswerkes Mariazell, 1842. Lithografie von Alexander Maschek

Normierung der Waffen schafft die Voraussetzung für Massenproduktion

Mit der Einführung des Feuersteinschlosses zur Zündung der Gewehre kam es zu einer Vereinheitlichung der Normen für die Produzenten. Damit war die Grundlage für eine massenhafte und damit auch fabriksmäßige Erzeugung der Handfeuerwaffen für den Armeebedarf in Österreich geschaffen. So wie in anderen europäischen Staaten auch wurde der Bedarf an Armeegewehren seit dem 18. Jahrhundert in Österreich zunehmend durch Eigenproduktion gedeckt.

Die staatliche Dominanz in der Waffenproduktion zeigt sich am Beispiel der k. k. Gewehrfabrik in der Währinger Straße in Wien, die bis zur Verlegung der Waffenproduktion in das Wiener Arsenal die größte Produktionsstätte dieser Art war. Daneben behielt die private und weitgehend traditionell, das heißt handwerksmäßig organisierte Waffenerzeugung in Ferlach im Kärntner Rosental, die auf die Ansiedlung von wallonischen Waffenschmieden durch Kaiser Ferdinand I. (1558) zurückgeht, ihre Bedeutung.

Der Ferlacher Büchsenmacherzunft gehörten mehrere hundert selbstständige Meister an, darunter die Schlossmacher, Beschlägemacher, Schäfter, Rohrausarbeiter, Rohrverschrauber, Feilhauer und andere. Daneben gab es eine Rohr- und Gewehrfabrik, deren Jahreskapazität 1841 mit 40.000 Stück angegeben wird. Die Ferlacher Waffenindustrie erlebte eine letzte Hausseperiode in der Zeit der Napoleonischen Kriege, als in den Jahren von 1800 bis 1815 über 300.000 Gewehre an die österreichische Armee geliefert werden konnten. Nach dem Ende dieser außergewöhnlichen Nachfrage nach Kriegsgerät hatten die Ferlacher allerdings große Schwierigkeiten, neue Märkte für ihre massenhafte Produktion zu finden.

Der mit großen Preiskonzessionen erschlossene Export in die Balkanländer und in den Orient wurde durch Ausfuhrverbote gehemmt.

K. k. Gewehrfabrik in der Währinger Straße. Randvedute auf dem Plan der Wiener Alservorstadt von Carl Graf Vasquez. Kolorierte Federlithografie, um 1835

In Niederösterreich gab es drei Gewehrfabriken (Marktl bei Lilienfeld, Freiland, St. Ägid), in Oberösterreich eine weitere in Spital am Pyhrn, die auch Säbel, Degenklingen und Jagdmesser erzeugte.

In Wöllersdorf bei Wiener Neustadt wurden seit 1815 in einer von der Heeresverwaltung in Eigenregie betriebenen Produktionsstätte unter Leitung von Major Augustin nach einem englischen Patent so genannte Congreve'sche Raketen hergestellt. Die Geschosse erreichten Entfernungen bis zu einem Kilometer. Aus dem »Raketendörfel« auf der Wiener Neustädter Heide entwickelten sich später die Wöllersdorfer Munitionswerke, die im Ersten Weltkrieg die bedeutendsten der Monarchie waren.

Uniformierung und Massenproduktion: Der steigende Bedarf an Uniformen für das wachsende Heer förderte die Ausbreitung der Produktionsform des Verlages unter Schneidern und Schuhmachern. Volkstümliche Darstellung von Soldatentypen aus der Zeit Josephs II. Gouache auf Papier, ausgeschnitten und mit färbiger Seide unterlegt, um 1780

Schießpulver und anderer Heeresbedarf

Für den Verkauf von Schießpulver und Salpeter bestand in der österreichischen Monarchie ein Staatsmonopol, während die Erzeugung von Pulver privaten Unternehmungen überlassen war. Die Pulverfabriken waren verpflichtet, die gesamte Produktion an die Militärverwaltung abzuliefern. 1841 gab es in Österreich an Standorten auf dem Lande mehr als 30 Pulverfabriken (unter anderem in Lichtenwörth und Hoheneich in Niederösterreich, Micheldorf in Oberösterreich, Glasenbach in Salzburg, Feistritz in der Steiermark, Kematen in Tirol), die 1.500 Tonnen Pulver pro Jahr produzierten. Nur wenig mehr als ein Zehntel davon war für den Bedarf der Armee, der überwiegende Teil wurde in Bergwerken und für Bauarbeiten gebraucht.

Eine Säbelklingenerzeugung mit Polier- und Schleifwerk wurde seit 1755 von Christoph von Metzburg in Sollenau betrieben. Das dazugehörige Hammerwerk befand sich im nahen Pottenstein. Er warb dazu Arbeiter in Solingen an. Nach seiner Zahlungsunfähigkeit ging das Werk 1763 an den aus der Schweiz stammenden Niederleger Melchior Steiner über. 1785 waren dort ein Beamter, acht Meister, zwölf Gesellen und zwei Handlanger beschäftigt. Der Stahl wurde aus Mariazell bezogen. Nach Steiners Tod 1786 wurde der Betrieb von seinem gleichnamigen Neffen weitergeführt. 1814 wurde das Unternehmen allerdings liquidiert.

Die Deckung des sonstigen Heeresbedarfes (Uniformen, Schuhe, Verpflegung) erfolgte überwiegend durch private Lieferanten, meist Händler, die die Aufträge an die entsprechenden Handwerker weitergaben. Die These Werner Sombarts, dass der uniforme Massenbedarf des Heeres maßgebliche Impulse für die Entstehung einer fabriksmäßig-industriellen Bekleidungsindustrie gegeben habe, findet

Armeelieferanten: Pferdegeschirr- und Lederwaren-Fabrik Christof Neuner, Klagenfurt. Stahlstich von Markus Pernhart, 1854. In der zweiten Hälfte des 19. Jahrhunderts war Neuner einer der größten Armeelieferanten der Monarchie.

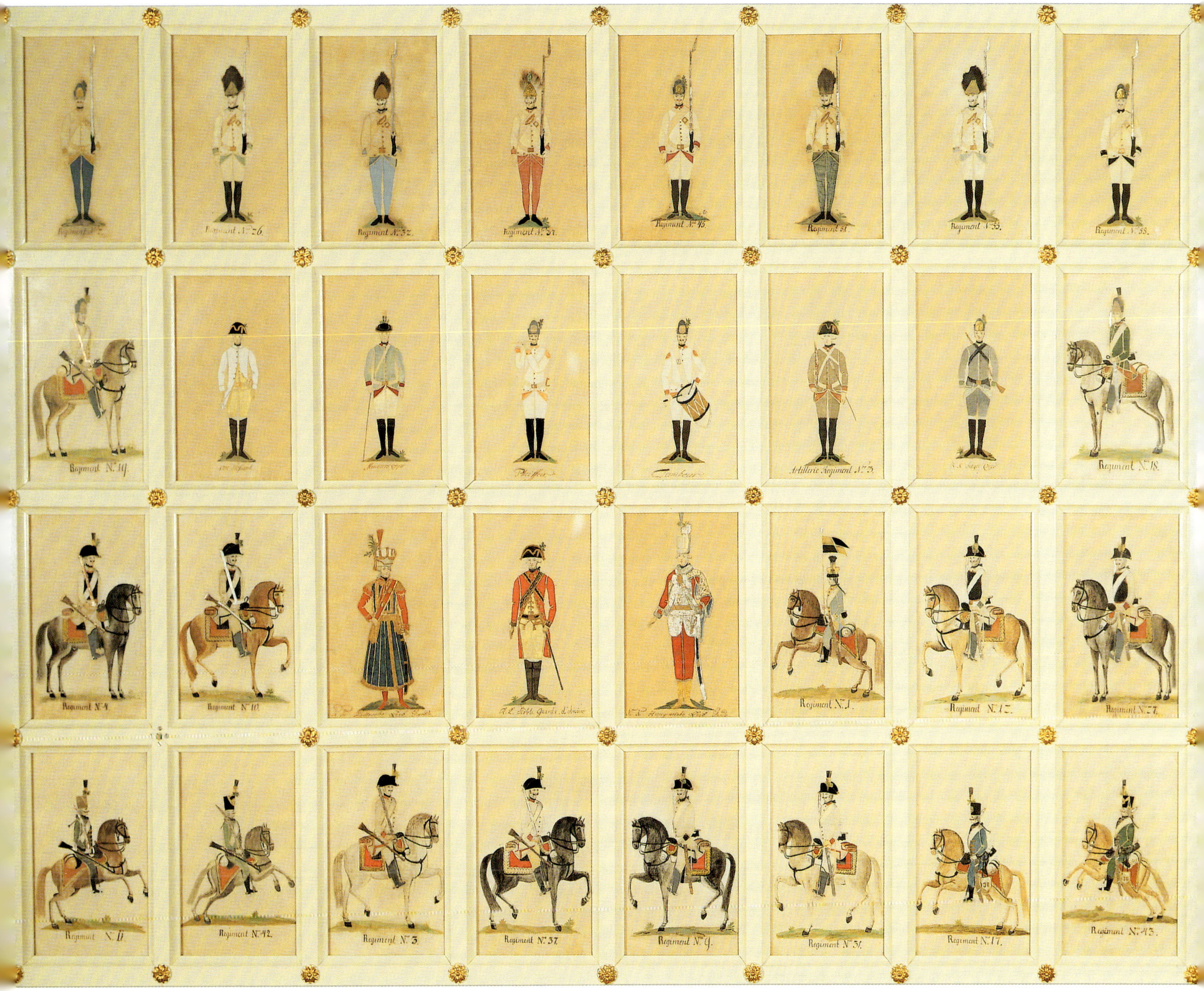

nur insofern eine gewisse Bestätigung, als die Ausbreitung des Verlages als Organisationsform der Produktion unter Schneidern und Schuhmachern gefördert wurde. Die größten Schuhmacherwerkstätten Wiens beschäftigten zeitweise bis zu 60 Arbeiter, davon einen großen Teil außer Haus. Dies sind allerdings nur erste Ansätze zum Aufbau einer Konfektionsindustrie, die in späterer Folge entstehen sollte. Die fabriksmäßige Herstellung von Lederwaren führte in Kärnten Christof Neuner ein, der 1835 das Unternehmen von seinem Vater übernahm. Er erzeugte Pferdegeschirre und Sattlerwaren auch für den Heeresbedarf, daneben andere Lederwaren wie zum Beispiel Transmissionsriemen.

Spektakuläre Unglücksfälle:
»Die Zersprengung des Pulvermagazins auf der Nußdorfer Linie in Wien, welche sich am 26. Juni 1779 ereignete«.
Kolorierter Kupferstich von J. E. Mansfeld

Maschinen- und Instrumentenbau

Konstruktion und Bau von Maschinen formierten sich erst im 19. Jahrhundert als eigener Industriezweig. Der Bau von Produktionsanlagen und die Herstellung von Maschinen der protoindustriellen Periode war Betätigungsfeld des Tischler- und des Schlosserhandwerks, dazu war je nach Aufgabenstellung die ergänzende Mitwirkung anderer Berufszweige erforderlich. Holz war das bei weitem dominierende Material, nicht nur für die Herstellung von Webstühlen, Druckpressen und Fahrzeugen, sondern auch für die mit Wasserkraft betriebenen Anlagen wie Hammerwerke und Spinnmaschinen.

Holz dominiert den frühen Maschinenbau

Mit der starken Expansion der Textilindustrie in den letzten Jahrzehnten des 18. Jahrhunderts entwickelte sich in Wien als besonderer Zweig innerhalb des Tischlergewerbes eine eigene »Kommerzialtischlerei«, die sich auf die Herstellung von Webstühlen aller Art, Mühlstühlen für die Seidenbandweberei, Wirkstühlen, Jacquardstühlen, Walzen, Pressen und anderen Geräten spezialisierte. Es handelte sich dabei formal um zünftische Handwerksbetriebe, die jedoch die Betriebsgrößen des Handwerks oft weit überschritten. Ähnliches gilt für die Maschinenschlosser, die größere Maschinen mit Eisenbestandteilen herstellten, zum Beispiel Pressen für Tuchfabriken, Ölpressen, Papiermühlen, Zylinderwerke und ähnliche Anlagen. Eine Werkstätte dieser Art war die zu Anfang des 19. Jahrhunderts bestehende Maschinenschlosserei Strachhan in Wien, die auch so große Anlagen wie die Schlamm- und Erdräumungsmaschine für den Franzenskanal in Ungarn, Wasserhebwerke sowie eine Tabakmühle für die Hainburger Fabrik herstellte.

Ein anderer Ausgangspunkt für eine eigene Maschinenbauindustrie waren Werkstätten, die als Instrumentenbauer Kenntnisse für hohe Präzision bei der Metallbearbeitung hatten.

Der Begriff »Technik« wurde im 18. Jahrhundert noch nicht mit der Vorstellung verbunden, menschliche Arbeit durch Maschinen zu ersetzen bzw. in ihrer Effektivität zu steigern. Unter Technik verstand man vielmehr instrumentelle Hilfsmittel für die physikalisch-mathematischen und astronomischen Wissenschaften und selbsttätig bewegte Apparate (Automaten) verschiedenster Art. Ein Unternehmen, das sich ursprünglich mit dem Bau solcher Instrumente beschäftigte, war die Voigtländer'sche Fabrik in Wien, die seit 1797 mit einer Landesfabriksbefugnis ausgestattet war. Aufgrund seiner speziellen Kenntnisse in der Produktion von Instrumenten baute Johann Christoph Voigtländer »nebst anderen Werkzeugen eine sehr vortheilhafte Schraubenschneidemaschine und Metalldrehbank, womit er im Inlande als der Erste zum besonderen Vortheile der Tuch- und Katunfabriken große Pressen mit eisernen Schrauben … für Wollzeug- und Seidenwarenfabriken Appreturmangen mit großen metallenen und hölzenen Zylindern und eisernen Achsen, für die Buchdrucker Preßschrauben mit vierfachen Gewinden, für die Metallwarenfabrikanten zu ihren Durchschnitten Schrauben mit dreyfachen und doppelten Gewinden auf das Genaueste verfertigte«.

Metall bringt neue Präzision

Wichtige Bestandteile für die im 19. Jahrhundert zunehmend aus Eisen gefertigten Maschinen lieferten die Eisengießereien. Die technisch fortgeschrittenste Gießerei war das bei Mariazell gelegene, seit 1800 in ärarischem Besitz befindliche Gusswerk. Dort konnten

JNDUSTRIELER ZEITSPIEGEL
Physik und Chemie
Readman's Barometer
Dissolving-View's
Bagg's Gaslicht
Polariscop
Clarke's electromag. Masch.
Sturgeons magn. Apparat
Bains electro-magn. Telegraph
Electr. Ströme durch die Erde erzeugt
Electromagn. Hammer
Voigtländer's Daguerreotyp
Galvanoplast. Apparat
Technik u. Mechanik
Pistorius'scher Apparat
Smith's Spinnmaschine
Bagg's Anwend. der Kohlensäure als Triebkraft
Filztuchmaschine
Walkmaschine
Dampf-Hammer
Helbig's Schnellpresse
Rosenberg's Setz u. Ablegmaschine
DEUTSCHLANDS EISENBAHNEN
NORD-SEE
Hamburg
Bremen
Hanover
Braunschweig
Berlin
Amsterdam
Antwerpen
Brüssel
Cöln
Cassel
Leipzig
Dresden
Breslau
Frankfurt
Mainz
Paris
Prag
Stuttgart
München
Linz
Wien
Presburg
Grätz
Mailand
Venedig
Triest
Grosskill's Sämaschine
Hall's Pflug u. Erdlockerungs-Maschine
Finlayson's Egge
Smith's Pflüge
Hugues Sämaschine
Französ. Gartenspritze
Heurechen
Landwirthschaft.

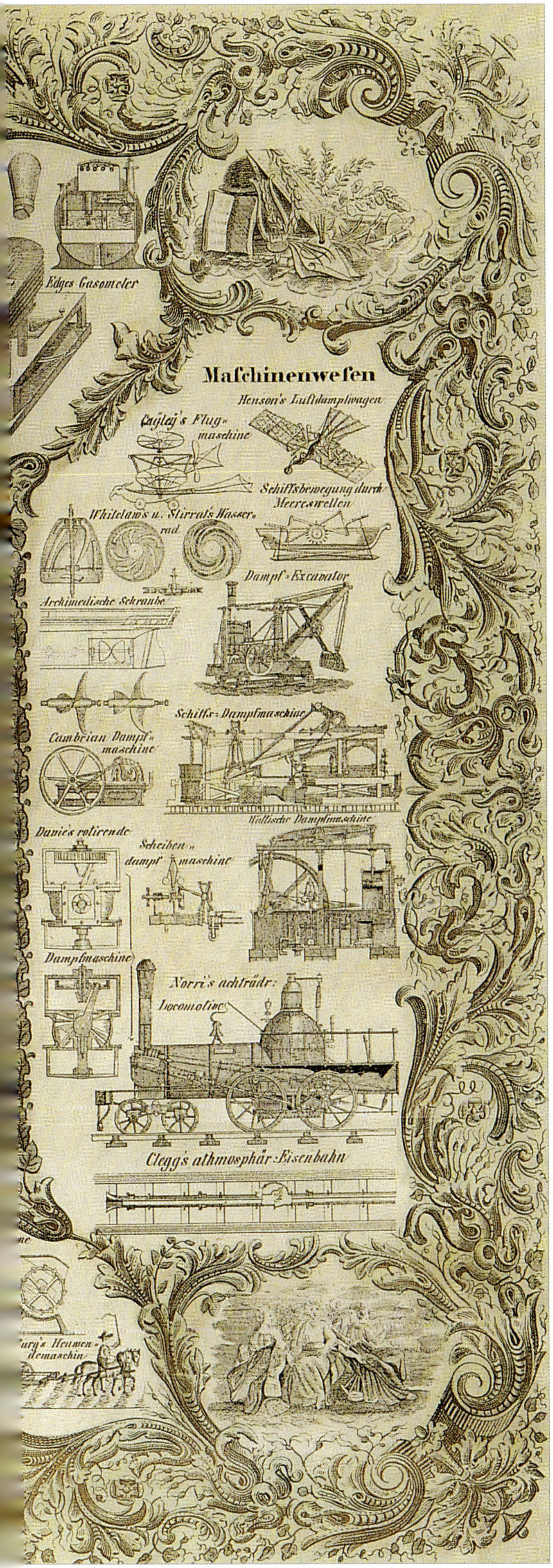

»Industrieller Zeitspiegel« – Darstellung der zunehmenden Verwendung von Maschinen in den verschiedenen Wirtschaftszweigen, im Zentrum das kontinentaleuropäische Eisenbahnnetz um 1844. Fabriks-Bilder-Atlas der österreichischen Monarchie, 1844

nicht nur Kanonen gebohrt werden, sondern auch Maschinenbestandteile wie eiserne Rahmen oder Zylinder für Dampfmaschinen mit der erforderlichen Präzision hergestellt werden. Eine weitere Gießerei dieser Art befand sich in St. Stephan bei Bruck an der Mur.
Bei der Einführung neuer, meist aus England übernommener Produktionsverfahren in Österreich blieben die Gründer solcher Fabriken häufig für Bau, Instandhaltung und Wartung der Maschinen auf sich selbst angewiesen. Die 232 Spinnmaschinen der 1801 gegründeten Pottendorfer Baumwollspinnerei, darunter Mules und Waterframes, wurden samt Spindeln und Hilfsmaschinen unter Anleitung englischer Fachleute vor Ort gefertigt. Wie im »Bericht über die zweite allgemeine österreichische Gewerbs-Producten-Ausstellung« von 1839 ausgeführt ist, beschäftigte die Fabrik immer noch »eine sehr bedeutende Zahl von Professionisten vieler Classen« zur Reparatur der bestehenden und zum »Bau der fortwährend nachgeschafften neuen Maschinen nach den neuesten Verbesserungen«.

Eisenbahn- und Dampfmaschinenbau

Die wirtschaftliche Krise im zweiten und dritten Jahrzehnt des 19. Jahrhunderts verzögerte die Entwicklung der Maschinenbauindustrie in Österreich. Erst ab den Dreißigerjahren beschleunigte sich die Verbreitung der Dampfmaschine als Kraftantrieb und mit ihr verstärkte sich auch die Nachfrage nach neuen Arbeitsmaschinen. Als Material wurde Holz zunehmend durch Eisen ersetzt, das den erhöhten Anforderungen des größeren Krafteinsatzes, der Dauerhaftigkeit und der Präzision weit besser gerecht werden konnte. Ermöglicht wurde dies durch die Entwicklung neuer Techniken der Bearbeitung von Eisen und Stahl. Die wichtigsten Maschinen dafür waren die vom englischen Maschinenbauer Henry Maudslay um 1800 perfektionierte Drehbank, die Vertikalbohrmaschine zum Ausbohren von

Die Maschinenfabrik Georg Sigl auf der heutigen Währinger Straße, Wien, 9. Bezirk, um 1850

Siegel der Lokomotivfabrik F. Armbruster in Wiener Neustadt, 1845

Zylindern, die Eisenhobelmaschine und der Dampfhammer von James Nasmyth (1843).

Eisenbahn- und Dampfmaschinenbau waren die wichtigsten, wenngleich nicht die einzigen Expansionsfaktoren der österreichischen Maschinenbauindustrie. 1841 waren im Gebiet des heutigen Österreich 60 und in der gesamten Habsburgermonarchie 231 stehende Dampfmaschinen in Verwendung, 1851 waren es bereits 170 bzw. 903, von denen 691 im Inland erzeugt worden waren. Auch die Eisenbahngesellschaften deckten ihren Bedarf an Lokomotiven und Waggons zunehmend bei den inländischen Fabriken. Insgesamt verfügten die Eisenbahngesellschaften der Monarchie 1851 über 473 Lokomotiven, von denen 250 von den Lokomotivfabriken Wiens und Niederösterreichs geliefert worden waren.

Der Maschinenbau und insbesondere die Lokomotivfabriken waren weitgehend in Wien und im Wiener Raum konzentriert, wo seit 1830 eine große Zahl derartiger Unternehmungen gegründet wurde. Das größte Maschinenbauunternehmen Wiens in der ersten Hälfte des 19. Jahrhunderts war die 1839 auf dem Gelände des heutigen Südbahnhofs errichtete Fabrik der Wien-Gloggnitzer Bahn, der späteren Staatseisenbahngesellschaft (STEG), die für eigenen und fremden Bedarf Lokomotiven, Dampfmaschinen, Personen- und Güterwagen, Dampfkessel, verschiedene Werkzeugmaschinen und anderes herstellte. Die Fabrik, die bis 1929 bestand, stand mehr als 40 Jahre lang (bis 1882) unter der Leitung des englischen Ingenieurs John Haswell und beschäftigte 1854 805 Arbeiter. Die maschinelle Ausstattung der Fabrik stammte von der englischen Maschinenfabrik W. Fairbairn in Leeds und umfasste 1841 unter anderem 20 Drehbänke, acht Bohrmaschinen, eine Zylinderbohrmaschine, fünf Eisenhobel- und vier Schraubenschneidemaschinen, die von zwei Dampfmaschinen angetrieben wurden. Die fabrikseigene Eisengießerei war nicht nur die erste Produktionsstätte dieser Art in Wien, sondern auch die erste Gießerei in Österreich, die Koks statt Holzkohle einsetzte. Die ersten Lokomotiven in Wien und wenig später in Wiener Neustadt wurden nach dem Muster amerikanischer und englischer Lokomotiven gebaut, die auf der Kaiser-Ferdinands-Nordbahn zum Einsatz kamen.

Die 1829 gegründete Donaudampfschifffahrtsgesellschaft richtete für ihren eigenen Reparaturbedarf in Korneuburg 1852 eine Schiffswerft ein. Das später als eigene Gesellschaft konstituierte Unternehmen ging 1973 in der Österreichische Schiffswerften Linz-Korneuburg AG auf.

Dampfmaschinen wurden von mehreren Fabriken erzeugt, anfänglich meist Gründungen ausländischer Unternehmer wie M. Fletcher & J. Punshon. Die Fabrik des Amerikaners William Norris in Wien-Währing ging um 1850 an Georg Sigl über, der ursprünglich Schnellpressen und Walzendruckmaschinen (Perotinen) erzeugte und bis zur großen Krise von 1873 der bedeutendste Maschinenfabrikant der Monarchie war. Die Straßburger Fabrikanten Rollé und Schwilgué gründeten 1831 einen Zweigbetrieb in Wien, der zuerst Dezimalwaagen und Brückenwaagen, Ausrüstungen für Rübenzuckerfabriken und Dampfmaschinen erzeugte und sich später unter dem Firmennamen H. D. Schmid auf die Herstellung von Eisenbahnwaggons spezialisierte. Aus diesem Unternehmen ging die spätere Simmeringer Waggonbaufabrik (später im Simmering-Graz-Pauker-Konzern, heute Siemens Fahrzeugtechnik) hervor.

Weitere Fabriken hatten sich auf bestimmte Bereiche spezialisiert: Samuel Bollinger (60 Arbeiter) erzeugte Arbeitsmaschinen für Mühlen und Druckereien, hydraulische Pressen für Zucker-, Öl-, Kerzen- und Seidenfabriken sowie Münzprägemaschinen; Ferdinand Dolainsky stellte Verdampfapparate für Zuckerfabriken und Brauereieinrichtungen her. D. Specker erzeugte Spinnereimaschinen; Anton Burg & Sohn war spezialisiert auf landwirtschaftliche Maschinen und Geräte.

Lokomotive »Vindobona« aus der Fabrik der Wien-Gloggnitzer Eisenbahngesellschaft, 1852

Die größte Maschinenfabrik außerhalb Wiens befand sich in Wiener Neustadt, wo der Ingenieur der Wien-Raaber Bahn Wenzel Günther zusammen mit drei Kompagnons 1842 eine Lokomotivfabrik gründete, die in den Vierzigerjahren bereits einige hundert Arbeiter beschäftigte. Diese Fabrik wurde 1861 vom Wiener Lokomotivfabrikanten Georg Sigl übernommen und bestand mit einer kurzen Unterbrechung bis 1965, als das damals zur Simmering-Graz-Pauker AG gehörige »Rax-Werk« stillgelegt werden musste.

Kleinere Maschinenfabriken bestanden noch in Oberösterreich – zum Beispiel die Noitzmühler Eisenblech- und Maschinenfabriks-Aktiengesellschaft, die Dampfmaschinen und Pressen erzeugte, in der Steiermark (Körösi in Andritz) sowie in Tirol und Vorarlberg. Die Maschinenfabrik in Innsbruck wurde 1842 errichtet und lieferte Bestandteile für Textil-

Grundlage von Serienproduktion und Fließband: »Die Zusammensetzung der Maschinen aus ihren Elementen«, Fabriks-Bilder-Atlas der österreichischen Monarchie, 1843

maschinen. 1827 gründete der Schweizer Mühlenbauunternehmer Josef Ignaz Rüsch eine Fabrik in Dornbirn, in der Maschinen und Bestandteile für Textilfabriken, später auch Dampfmaschinen hergestellt wurden. Josef Anton Graßmayrs 1836 gegründete Fabrik in Frastanz produzierte vor allem Gussteile für die Textilindustrie. Er war der Sohn des Feldkircher Glockengießers Jakob Veit Graßmayr, der bereits Zylinder für die Baumwollspinnereien erzeugt hatte.

Dampfmaschine und Dampfhammer machten die Metallverarbeitung zunehmend unabhängig von Wasserkraft. Der Dampfhammer wurde seit den späteren Vierzigerjahren vereinzelt auch in Österreich eingesetzt. Die Maschinenfabrik der Wien-Gloggnitzer Bahn lieferte 1851 zwei Dampfhämmer aus.

Stete Verbesserung der Maschinen

Die Entwicklung des Maschinenbaus ist gekennzeichnet durch eine Vielzahl von kleinen, unspektakulären und daher großteils anonymen Verbesserungen, die die Mechanisierung in den einzelnen Produktionszweigen stetig vorantrieben. Auch unter den Wiener Mechanikern gab es, wie Karl von Czörnig in den Tafeln zur Statistik 1841 ausführt, »viele tüchtige Männer, welche, mit gründlicher Bildung und practischer Erfahrung ausgerüstet, nicht nur für alle Bedürfnisse der Industrie die geeigneten Vorrichtungen nach den ausländischen Mustern zu Stande bringen, sondern auch das Gebieth der Mechanik durch selbst erfundene, ebenso sinnreiche als in der Anwendung bewährte Maschinen bereichern.« Czörnig nennt an erster Stelle den »genialen Wurm«. Franz Xaver Wurm entwickelte zahlreiche Maschinen, darunter auch eine vom Fabriksinspektor Keeß ausführlich beschriebene Flachsspinnmaschine (1813), die allerdings keine praktische Bedeutung erlangte. Wurms für die Münzprägung im staatlichen Münzamt konstruierte Maschinen ermöglichten besonders exakte Prägungen. Als wichtigen Beitrag zur Steigerung der Produktivität in der Textilindustrie nennt Karl von Czörnig die Erfindung der Kartendurchschlagmaschine für den Jacquardwebstuhl durch Willmann und eine weitere Verbesserung dieses Webstuhls durch Woitek.

Präzisionswaagen samt den dazugehörigen Gewichten für den Bedarf von Apotheken, des Hauptmünzamtes, der Banken und anderer Branchen erzeugte die Wiener Waagen- und Gewichtefabrik Florenz (seit 1807, vormals Kühne). 1850 gründete Conrad Schember seine Fabrik zur Massenfertigung von Dezimalwaagen, die später nach Wien-Atzgersdorf verlegt wurde.

Führend im Bau geometrischer Vermessungsinstrumente war die im Jahr 1821 gegründete mechanische Werkstätte des Wiener Polytechnischen Instituts. Hier wurden auch astronomische Geräte für Sternwarten erzeugt. Der spätere hohe Rang der Wiener optischen Industrie geht auf einige Pionierleistungen von optischen Werkstätten des frühen 19. Jahrhunderts zurück. Simon Plößl wurde im Voigtländer'schen Instrumentenbauunternehmen ausgebildet und gründete 1823 eine eigene Werkstätte, die 1845 36 Arbeiter beschäftigte. Plößl baute Mikroskope mit 500facher Vergrößerung, Fernrohre und Ferngläser. Friedrich Voigtländer, dessen optische Geräte für die Präzision ihrer Ausführung bekannt waren, wurde durch seine Zusammenarbeit mit dem berühmten Mathematiker Josef Petzval, dem es gelungen war, die Linse für den vom Franzosen Daguerre erfundenen fotografischen Apparat entscheidend zu verbessern, zum Pionier der Fotoapparateerzeugung. Voigtländer baute das von Petzval berechnete Porträtobjektiv, mit dem die Belichtungszeit von mehreren Minuten auf wenige Sekunden verkürzt wurde. Die industrielle Verwertung dieser bahnbrechenden Entwicklung kam Österreich jedoch nur noch kurze Zeit zugute, da Voigtländer seinen Betrieb bald nach 1860 nach Braunschweig verlegte.

Die Zusammensetzung der Maschinen aus ihren Elementen

von J. Lanz und A. de Betancourt, übers. von F. S. Kerstein.

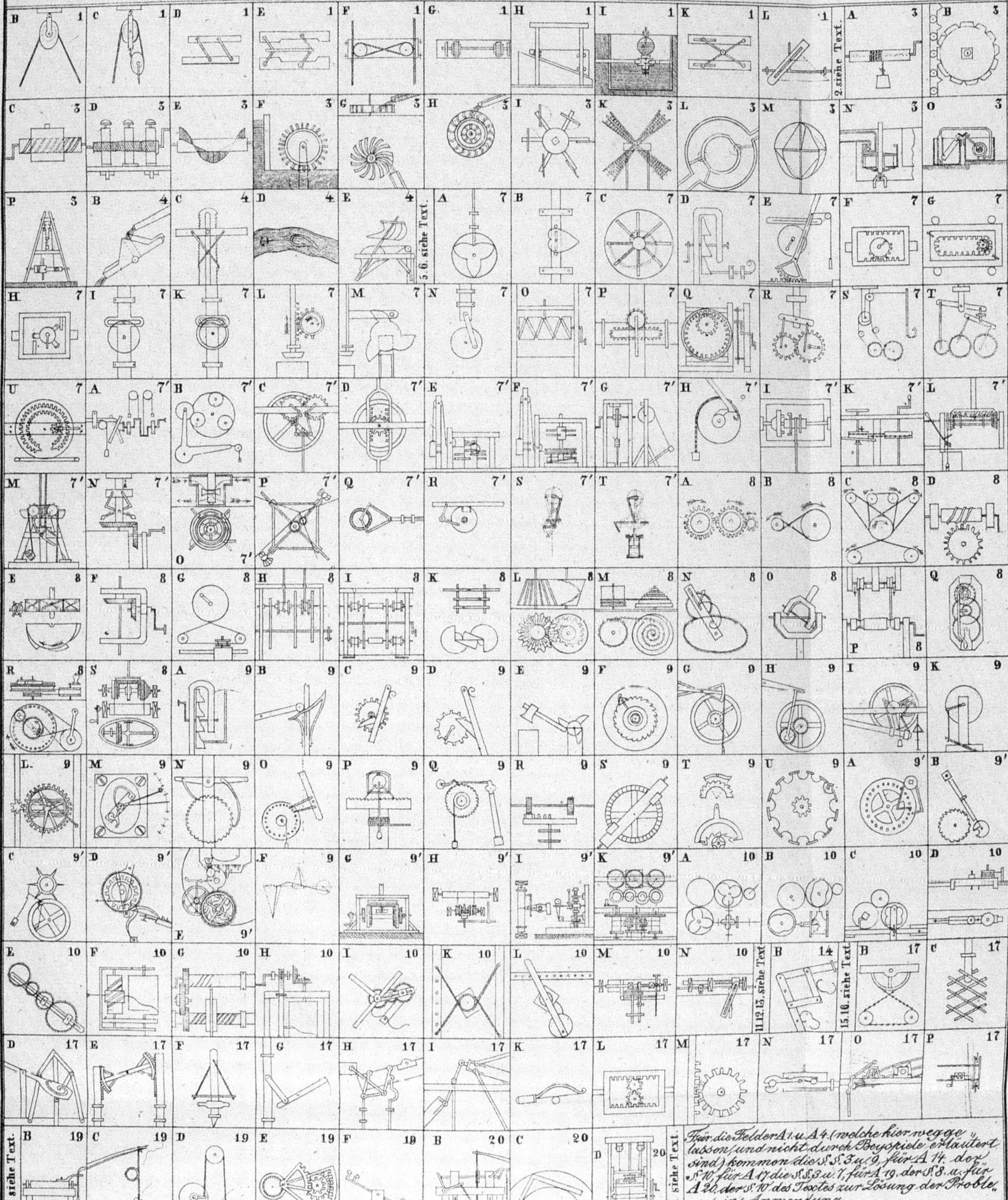

Für die Felder A 1. u. A 4. (welche hier weggelassen, und nicht durch Beyspiele erläutert sind) kommen die §. §. 3 u. 9, für A 14. der §. 10, für A 17 die §. §. 3 u. 7, für A 19. der §. 8. u. für A 20. der §. 10 des Textes zur Lösung der Probleme in Anwendung.

Gedruckt in der lith. art Anstalt des H. Lampel in Gratz.

Von der Alchemie zur Chemie

Der chemischen Industrie in Österreich wurde im frühen 19. Jahrhundert ein denkbar schlechtes Zeugnis ausgestellt, etwa von dem bekannten Chemieprofessor Justus von Liebig: »Alle andern Länder bedeckten sich seit der Entwicklung der Chemie und Naturwissenschaften mit Fabriken und Manufacturen, nirgendwo findet sich ein nützliches Mineral, von dem nicht kenntnisreiche und tüchtig gebildete Männer Vortheil ziehen zum Nutzen des Staates und zum Segen derer, die in der Nähe wohnen. In Oestreich sind zahllose Goldgruben dieser Art verborgen, aber das Auge fehlt, das sie sieht, es fehlen die Kenntnisse, die ihren wahren Werth beurtheilen, die Nutzen daraus zu ziehen vermögen …« Österreich sei, so Liebig, bis auf die Seiden- und Glasmanufakturen, weit zurück, denn seine Fabrikate könnten die Konkurrenz mit dem Auslande nicht aushalten. Der österreichische Unternehmer würde in die Entwicklung und Verbesserung seiner Produkte nichts investieren, da er durch hohe Zölle vor ausländischer Konkurrenz geschützt sei. Das Kochsalz sei viel zu teuer, Sodafabriken seien in viel zu geringer Zahl vorhanden.

Ganz so trostlos, wie es Justus von Liebig sehen wollte, war es nicht. Die österreichischen Merkantilisten hatten sich bereits sehr früh nicht nur für die spekulative Verwandte der Chemie, die Alchemie, sondern auch für die chemische Forschung und chemische Industrie interessiert. Johann Joachim Becher (1635–1682), Wilhelm von Schröder und Philipp Wilhelm von Hörnigk gaben sich mit chemisch-alchemistischen Experimenten ab und holten sich davon Anregungen für ihr ökonomisches Denken. Das berühmte Kunst- und Werkhaus am Tabor, das von Johann Joachim Becher 1676 eröffnet und in der Türkenbelagerung 1683 zerstört worden war, beinhaltete neben einer Branntweinbrennerei, einer Glashütte, einer Seiden- und Wollmanufaktur und einer Apotheke auch chemische Laboratorien, in denen neben alchemistischen Experimenten auch die Farben- und Majolikaerzeugung betrieben werden sollte. Ans Goldmachen glaubte Becher ohnehin nicht wirklich, da Gott in Wahrheit dazu keinen Segen geben würde, weil ja dann niemand mehr arbeiten wollte.

Die chemische Industrie entwickelte sich im Windschatten anderer Industriezweige und Leitindustrien: der Textilindustrie, für die sie die Bleichmittel und Farben bereitstellte, der Waffenindustrie, für die sie das Pulver lieferte, der Glasindustrie und vieler anderer Branchen, denen sie wichtige Grund- und Hilfsstoffe bot. Sie profitierte von Fortschritten in der Hütten- und Metallindustrie, in der Lebensmittelindustrie, der Zuckerindustrie etc. In Österreich wurde die Chemiewirtschaft allerdings nie zu einer Leitindustrie. Sehr viel stärker war sie in den böhmischen Ländern vertreten.

Die Farbenfabrikation

Mit der sich sprunghaft verbilligenden Produktion von Textilien und dem damit verbundenen mengenmäßigen und qualitativen Wachstum, vor allem im Bereich der leicht zu färbenden und zu bedruckenden Baumwolltextilien, erlebte die Nachfrage nach Bleichmitteln und Farben einen besonderen Boom.

Hatte man bei Massentextilien lange entweder die natürliche Farbe von Wolle und Flachs belassen (weiße, schwarze, braune, graue Töne) oder auf die Tradition der Herstellung mehr oder weniger teurer heimischer (Krapp oder Färberröte und Waid bzw. Blaufarbe) oder zu hohen Kosten importierter Farbstoffe (Purpur, Indigo, Cochenille) zurückgegriffen, so konnte mit metallischen und mineralischen Farben

Blaufarbenerzeugung und Arsenikgewinnung mit mehrmals abgewinkeltem »Giftgang« (Kondensationskanal) zum Auffangen der gefährlichen Abgase, aus dem Bergbauzyklus eines unbekannten Salzburger Malers, Öl auf Leinwand, um 1780/1790

Schwefelgewinnung und Vitriolerzeugung, aus dem Bergbauzyklus eines unbekannten Salzburger Malers, um 1780/1790

die Farbpalette wesentlich erweitert und verbilligt werden: 1759 war eine Bleiweißfabrik in Klagenfurt gegründet worden, 1792 folgte eine in Wolfsberg.

Sehr bekannt geworden ist die staatliche Farbenfabrik Schlöglmühle, die 1781 zur Verarbeitung ungarischer Kobalterze gegründet wurde und vornehmlich Blaufarbe oder Schmalte für Delfter Ware nach Holland lieferte. Das Unternehmen arbeitete im 18. Jahrhundert zufrieden stellend. Seit den Zwanzigerjahren des 19. Jahrhunderts ließen aber die Ergebnisse immer mehr zu wünschen übrig. Auch die Fusion mit der Spiegelfabrik Neuhaus im Jahre 1830 besserte die Situation nicht. Der Holzverbrauch war viel zu hoch. 1841 wurde das Unternehmen stillgelegt. Bedeutend war auch die Zinnoberfabrik des ärarischen Quecksilberbergwerks in Idria. Es gab zahlreiche kleinere Farbenfabriken.

Mehrere Farben wurden in Österreich erfunden, so das Kobaltblau im Jahre 1795 von dem Arkanisten der Wiener Porzellanfabrik Josef Leitner, das Mitisgrün 1817 von Hofrat von Mitis in seiner Kirchberger Fabrik, das Offenheimerrot. Die Farbenfabriken ebenso wie die Färbereien waren wegen ihrer Umweltauswirkungen sehr gefürchtet. Immer wieder beschwerten sich die Bauern im Umfeld der Schlöglmühler Fabrik, dass ihre Kühe nach jedem Kobaltbrennen blaue Milch gäben. Auch die Arbeiter waren gesundheitlich schwer gefährdet.

Soda, Chlor und Schwefelsäure

Soda, Chlor und Schwefelsäure sind die drei Grundstoffe der modernen Chemieindustrie. Bis 1850 gab es dafür im heutigen Österreich trotz günstiger Rohstofflage, was das Ausgangsprodukt Kochsalz betrifft, keine nennenswerten Ansätze. Die Ursachen lagen im monopolistisch hoch gehaltenen Salzpreis. Verbilligungen des Kochsalzes für die chemische Industrie gab es erst 1838 und 1844.

Der französische Arzt und Chemiker Nicolas Leblanc hatte im späten 18. Jahrhundert ein Verfahren entwickelt, Soda industriell herzustellen. Freilich brauchte man dazu Schwefelsäure. Deren Herstellung gelang zu Beginn des 19. Jahrhunderts durch die großtechnische Verbesserung des seit 1746 bekannten so genannten Bleikammerverfahrens. Das Chlor wurde 1774 von Karl Wilhelm Scheele entdeckt, seine bleichende Wirkung wurde von Claude Louis de Berthollet erkannt. Das Leblanc-Soda-Verfahren lieferte als Nebenprodukt Salzsäure, das in Chlor umgewandelt werden konnte.

Zu Ende des 18. Jahrhunderts hatte Leopold Schrattenbach in Nussdorf bei Wien eine Schwefelsäurefabrik gegründet, die 1801 vom Staat angekauft und bedeutend erweitert wurde. 1800 hatte das Ärar in Nussdorf auch eine Salmiakfabrik gegründet, die den in den Ka-

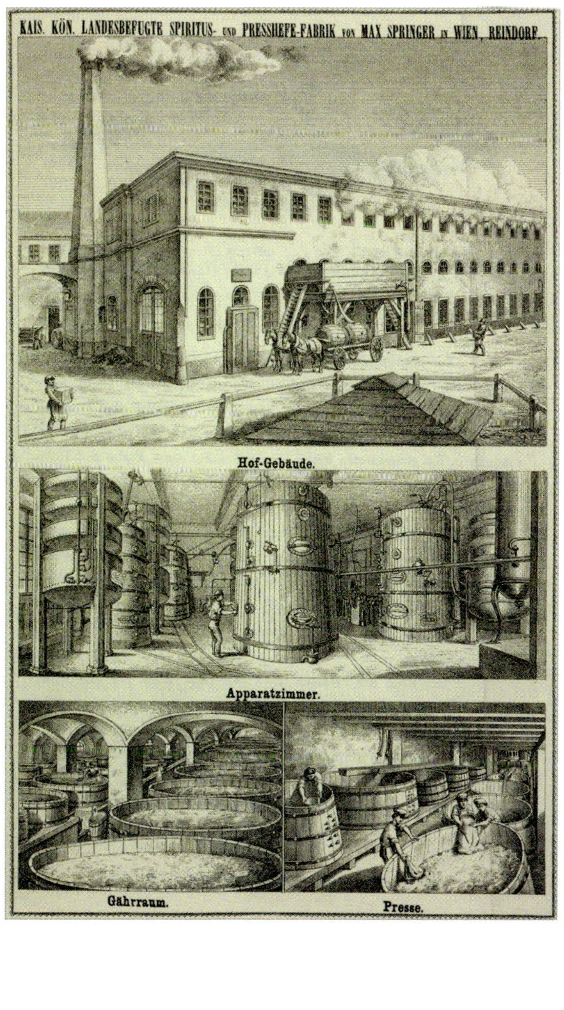

Die Spiritus- und Presshefe-Fabrik Max Springer in Wien, 1862

Der Arbeitssaal Nr. 1 der Apollokerzenfabrik im Apollo-Saal. Lithografie von Franz Xaver Sandmann, um 1845

sernen und Spitälern Wiens gesammelten Urin als Grundstoff verwendete. Seit 1802 bildeten die beiden Fabriken als »k. k. Salmiak-, Vitriolöl- und chemische Warenfabrik« eine Einheit. Wie groß die Fabrik im Vormärz wirklich war, ist unklar. Übertrieben ist zweifellos die Einschätzung des Freiherrn von Keeß, sie sei »vielleicht die größte dieser Art auf dem Kontinent« gewesen. 1828 gründete Dr. Karl Wagenmann, der Erfinder der Schnellessigerzeugung, eine chemische Fabrik in Liesing, die die Nussdorfer Fabrik in der Schwefel-säureerzeugung bald überflügelte, nachdem Emil Seybel, der Stiefsohn Wagenmanns, 1840 die Leitung übernommen hatte und die Schwefelsäure-, Chlorkalk- und Salzsäurebereitung modernisierte.

Kerzen- und Seifenfabriken

Gerade bei Wachs und Seife ist die Grenze zwischen den zahlreichen handwerklichen Wachsziehern und Seifensiedern und einer industriellen Fertigung sehr fließend.

Die Industrie der Fette und Öle, inklusive der Seifenherstellung und der Kerzenerzeugung (aus Wachs, Unschlitt und Stearin), die sich standortmäßig sowohl am Angebot von tierischem Fett aus den städtischen Schlachthöfen wie auch an der Nachfrage der Konsumenten orientierte, war auf die großen Städte, vornehmlich also auf Wien, ausgerichtet. Es war daher Wien, wo sich große Kerzen- und Seifenfabriken ansiedelten. Die Verfahren der Anwendung fester Stearinsäure zur Kerzenerzeugung waren in den Dreißigerjahren des 19. Jahrhunderts entwickelt worden. Gustav de Milly wurde im Jahre 1837 zum Begründer der Stearinkerzenfabrikation in Österreich. Das zweite große Unternehmen, die von W. F. Mareda Sohn als Verein von zwölf Seifensiedern gegründete Erste Österreichische Seifensieder-Gewerks-Gesellschaft, nahm 1839 in den Räumlichkeiten der ehemaligen Apollosäle am Wiener Schottenfeld, wo früher rauschende Ballfeste stattgefunden hatten, die Produktion von Stearinkerzen auf. Ab 1840 trat sie unter dem Namen »Apollokerzenfabrik der ersten österreichischen Seifensiedergewerkschaft« auf. Als 1846 eine Filiale in Penzing errichtet wurde, konnte sich der Stammbetrieb auf dem Schottenfeld ganz auf die Herstellung von Seifen konzentrieren.

Die zwei großen Unternehmen Milly und Apollo erzeugten 1841 zusammen rund 500 Tonnen Stearinkerzen und 720 Tonnen Elainseife. 1875 begann Apollo auch mit der Herstellung von Margarine und wurde damit zur ersten Margarinefabrik in Österreich, 1911 wurde das Unternehmen mit der Georg Schicht AG in Aussig fusioniert, womit auch ein Grundstein für die spätere österreichische Unilever gelegt wurde.

Erzeugung und Verarbeitung von Gas und Petroleum

Die Anfänge sowohl der Gas- wie auch der Petroleumwirtschaft reichen ins beginnende 19. Jahrhundert zurück. Von den großen Industriebetrieben, die eine Verlängerung der Arbeitszeit oder Schichtarbeit anstrebten und daher eine billige Beleuchtung benötigten, ging ein wesentlicher Anstoß zur Nachfrage nach Leuchtgas aus.

Bis 1829 wurden die Wiener Straßen mit Öl, vornehmlich Rapsöl, beleuchtet. 1803 hatte Dr. Zachäus Winzler in der Wiener Alserkaserne erfolglos mit einer Gasbeleuchtung experimentiert. Zum Pionier des Gaslichts in Österreich wurde der Direktor des Polytechnischen Instituts Johann Joseph Prechtl, ein »Mehrer des Lichtes in jedem Sinne«, wie er später in einer Würdigung genannt wurde. 1818 wurden einige Gassen Wiens probeweise mit Gas beleuchtet, 1828 das erste Gaswerk der Stadt errichtet und 1832 die Imperial Continental Gas Association gegründet, die ab 1845 ein weitgehendes Monopol auf die Wiener Gasversorgung erringen konnte. Auch in zahlreichen Industriebetrieben setzte sich Gas als Lichtquelle bereits im Vormärz durch. Zwischen 1846 und 1857 erhielten die wichtigeren Städte Österreichs eine Gasbeleuchtung. Der Einfluss ausländischer Gesellschaften war hoch und meist mit der vertraglichen Verbriefung einer Monopolstellung abgesichert.

Ansicht der Ersten Wiener Mineralöl-Raffinerie Gustav Wagenmann, 1863

Explosiv- und Zündstoffe

Die Sprengstoffwirtschaft war nur, was den Vertrieb anging, streng ärarisch organisiert, während die Erzeugung in vielen kleinen Privatbetrieben erfolgte. Die privaten Erzeuger waren verpflichtet, die gesamten Erzeugnisse

Gaswerk Erdberg. Lithografie, 1846

an das Militär abzuliefern. Das Pulvermonopol beengte allerdings den Fortschritt: Alle Neuerungen und Verbesserungen mussten bewilligt werden.

Für die Zündholzerzeugung wurde im frühen 19. Jahrhundert der Grundstein gelegt. 1845 entdeckte Anton Schrötter, Ritter von Kristelli (1802–1874) den »roten« Phosphor, ermöglichte damit die Herstellung von »Sicherheitszündhölzchen« und bahnte einer großen Marke, nämlich »Solo«, den Weg.

Kautschuk und elastische Gewebe

Der Begründer der österreichischen Kautschukindustrie war Johann Nepomuk Reithoffer (1781–1872), ein Schneider aus Feldsberg im heutigen Südmähren, der sich mit der Erzeugung elastischer und wasserdichter Gewebe aus Kautschuk beschäftigte, die für Hosenträger, Strumpfbänder, Schuhe, Mäntel und vieles mehr verwendet wurden. 1850 wurde die Produktion von Wien nach Wimpassing verlegt. Ende des 19. Jahrhunderts begann mit der Reifenerzeugung der große Boom der Kautschukindustrie. Nach dem Ersten Weltkrieg wurden die verschiedenen Kautschuk verarbeitenden Unternehmen, die sich aus den Reithoffer'schen Initialzündungen entwickelt hatten, zur »Semperit« fusioniert.

Unübersehbar war, dass sich bereits seit dem Vormärz Böhmen immer mehr zum Zentrum der österreichischen chemischen Industrie entwickelte: nicht nur, weil sich die Energiebasis dort günstiger gestaltete, sondern weil mit der Elbe auch ein besserer Zugang zu den Weltmeeren und Weltmärkten gegeben war.

Bauen und Baustoffe

Vom ausgehenden 17. bis etwa um die Mitte des 18. Jahrhunderts herrschte in Österreich ein wahrer Bauboom. Die Gründe dafür waren vielfältig: Nach dem Dreißigjährigen Krieg, der Bannung der Türkengefahr und nicht zuletzt auch dank der staatlichen »Populationistik« setzte eine Bevölkerungsvermehrung ein, die auch in der steigenden Urbanisierung einen Niederschlag fand. Im Zuge der katholischen Gegenreformation erfolgten im sakralen Bereich zahlreiche barocke Umgestaltungen von Kirchen und Klöstern, es entstanden Kalvarienberge und Bildstöcke, die Plätze vor den Kirchen wurden neu ausgestaltet. Die voranschreitende Zentralstaatsbildung, die Ausprägung der höfischen Kultur mit ihrer barocken Prunkentfaltung und die beginnende Industrialisierung dokumentierten sich auch im Bau von Residenzen, Adelspalais, Schlössern und Parkanlagen, Verwaltungs- und Amtsgebäuden, Festungen und Kasernen, Manufakturen und Arbeiterwohnsiedlungen. Parallel dazu wurde die Infrastruktur ausgebaut: Es entstanden ein befestigtes Straßennetz, Kanal- und Hafenbauten, die Kanalisierung und Wasserversorgung der Städte wurden verbessert, Krankenhäuser und Schulen wurden gebaut. Bauherren waren der Staat, kirchliche Würdenträger, der Adel und die Bürgerschaft der Städte. Weil es an Quellen mangelt, ist über das Bauen im ländlichen

Das kaiserliche Lustschloss Schönbrunn, von der Gartenseite gesehen. Vedute von Bernardo Bellotto, genannt Canaletto, 1758/61

Der Idealplan des Stifts Göttweig zeigt, in welchen Dimensionen Bauvorhaben geplant wurden. Die Vollendung scheiterte nicht selten. Kupferstich von Salomon Kleiner, 1724

Bereich kaum etwas bekannt, doch stammen, wie das Beispiel vieler Vierkanthöfe in Ober- und Niederösterreich zeigt, offensichtlich etliche Bauernhöfe ebenfalls aus dieser Zeit.

Die Bauvorhaben dienten einerseits der räumlichen Erweiterung, andererseits der Umgestaltung bestehender Gebäude, entsprechend dem jeweiligen Zeitgeschmack mit Stilelementen aus dem Barock, Rokoko und Klassizismus, bzw. der Schaffung neuer Anlagen nach Schäden oder bei Aufkommen eines neuen Bedarfs. Darunter befanden sich – auch nach heutigen Maßstäben – wahre Großprojekte, denken wir etwa allein im Bereich des Hochbaus an die barocken Klosterbauten in Melk und Göttweig in Niederösterreich, Vorau, Pöllau, Rein und Admont in der Steiermark, an das Allgemeine Krankenhaus in Wien, an die Schlossanlagen Schönbrunn, Belvedere, Laxenburg, Hetzendorf, an Zu- und Umbauten an der Hofburg und den kaiserlichen Hofstallungen, die Böhmische Hofkanzlei, das kaiserliche Münzamt und diverse Adelspalais in Wien und den Landeshauptstädten. Auch einige Kirchenbauten erreichten ansehnliche Dimensionen; der Bau der Wiener Karlskirche kostete 300.000 Gulden, wovon die Hälfte über eine Spende der beiden jüdischen Großhändler Marcus und Meyer Hirschel aufgebracht wurde. Zahlreiche Industriebauten stammen aus dieser Zeit: die Linzer Wollzeugfabrik, die Baumwollmanufakturen in Schwechat, Kettenhof, Fridau und Ebreichsdorf, die unter Maria Theresia errichtete »Nadelburg« in Lichtenwörth bei Wiener Neustadt, die Pottendorfer Spinnerei usw.

Die gewaltigen Dimensionen mancher Anlagen bedingten ein oft über mehrere Jahrzehnte ausgreifendes Projektmanagement. So entstand etwa die kaiserliche Sommerresidenz Schloss Schönbrunn, heute als »Weltkulturerbe« registriert, als imperiale Anlage anstelle der ehemaligen Katterburg am Anfang des 18. Jahrhunderts. Das Schloss wurde in der Formensprache des Spätbarock und des Rokoko auf Basis von Entwürfen von Architekten und

Ausstattungskünstlern gestaltet, die zu den renommiertesten ihrer Zeit zählten: Namen wie Johann Bernhard Fischer von Erlach, Nikolaus Pacassi, Johann Ferdinand Hetzendorf von Hohenberg, Albert Bolla, Gregorio Guglielmi, Johann Wenzel Bergl, Sebastiano Ricci und Martin Steinrucker – um nur einige anzuführen – sind mit den einzelnen Bauphasen untrennbar verbunden. Der von Fischer von Erlach geplante Mitteltrakt war bis 1700 fertig gestellt, aber erst 1742 nahm man die Bauarbeiten unter der Leitung von Nikolaus Pacassi wieder auf. Man vollendete die beiden Seitentrakte, baute die Audienz- und Wohnräume in der Beletage des Ostflügels aus und führte eine Neuausstattung der Schlosskapelle sowie die Anlage der beiden Innenhöfe durch. Ab 1747 zog man zwischen der Beletage und dem darüber liegenden Geschoss ein Mezzanin ein, um Zimmer für die kaiserlichen Kinder und den Hofstaat einzurichten. Im Mittelrisalit wurde das Erdgeschoss zu einer Durchfahrt umgebaut, im Geschoss darüber entstanden zwei Galerien, die durch eine neue Ehrenhofstiege mit geschwungenen Treppenläufen erschlossen wurden. In einer zweiten Umbauphase 1753 bis 1765 wurde, ebenfalls unter der Leitung von Pacassi, die Anlage des Orangeriegartens vor der Südfront vorgenommen und ein Zwischengeschoss im westlichen Seitenflügel eingebaut, wodurch auch die seitliche Symmetrie wiederhergestellt wurde. Parallel dazu erfolgte die Anlage der Parkanlagen. Diese wurden 1750 nach Plänen von Louis Gervais und dann nochmals in den 1770er-Jahren umgestaltet. Hinzu kamen verschiedene Parkobjekte, darunter die »Römische Ruine«, der Neptunbrunnen und die 1775 zur Erinnerung an den denkwürdigen Sieg bei Kolin als optischer Abschluss des Parks errichtete »Gloriette«.

Ein ganz anderes Beispiel ist das in seinem Bauvolumen durchaus mit Schlossanlagen vergleichbare Wiener Allgemeine Krankenhaus. Joseph II., der während seiner Frankreichreise 1777 das Pariser Hôtel Dieu besucht hatte,

Aufzugskonstruktion für die Bauarbeiten von Stift Göttweig. Kupferstich von Salomon Kleiner, 1724

ließ nach diesem Vorbild 1784 durch den Architekten Josef Gerl ein großzügig dimensioniertes Spital planen. Der Bau umfasste diverse Spitalseinrichtungen, darunter den »Narrenturm« sowie das Siechen-, Armen-, Invaliden- und Bürgerversorgungshaus, und wurde später noch ergänzt durch ein Findelhaus. Die Widmung über dem Haupttor »Saluti et solatio aegrorum« verweist darauf, dass es sich bei diesem dem Heil und Trost der Kranken gewidmeten Großprojekt um nichts weniger als ein in Baulichkeit gefasstes neues System des Gesundheitswesens handelt.

Parallel zum Hochbau kam es auch zu einer Reihe beachtlicher Tiefbauprojekte, darunter waren diverse Flussregulierungen, der Bau des Wiener Neustädter Schifffahrtskanals als erstes Teilstück einer geplanten Kanalverbindung nach Triest, der Ausbau eines Netzes von befestigten Kommerzial-Straßen und Chausseen und zuletzt auch die Trassierung der ersten, zunächst durch private Gründerkonsortien finanzierten Eisenbahnlinien (Pferdeeisenbahn

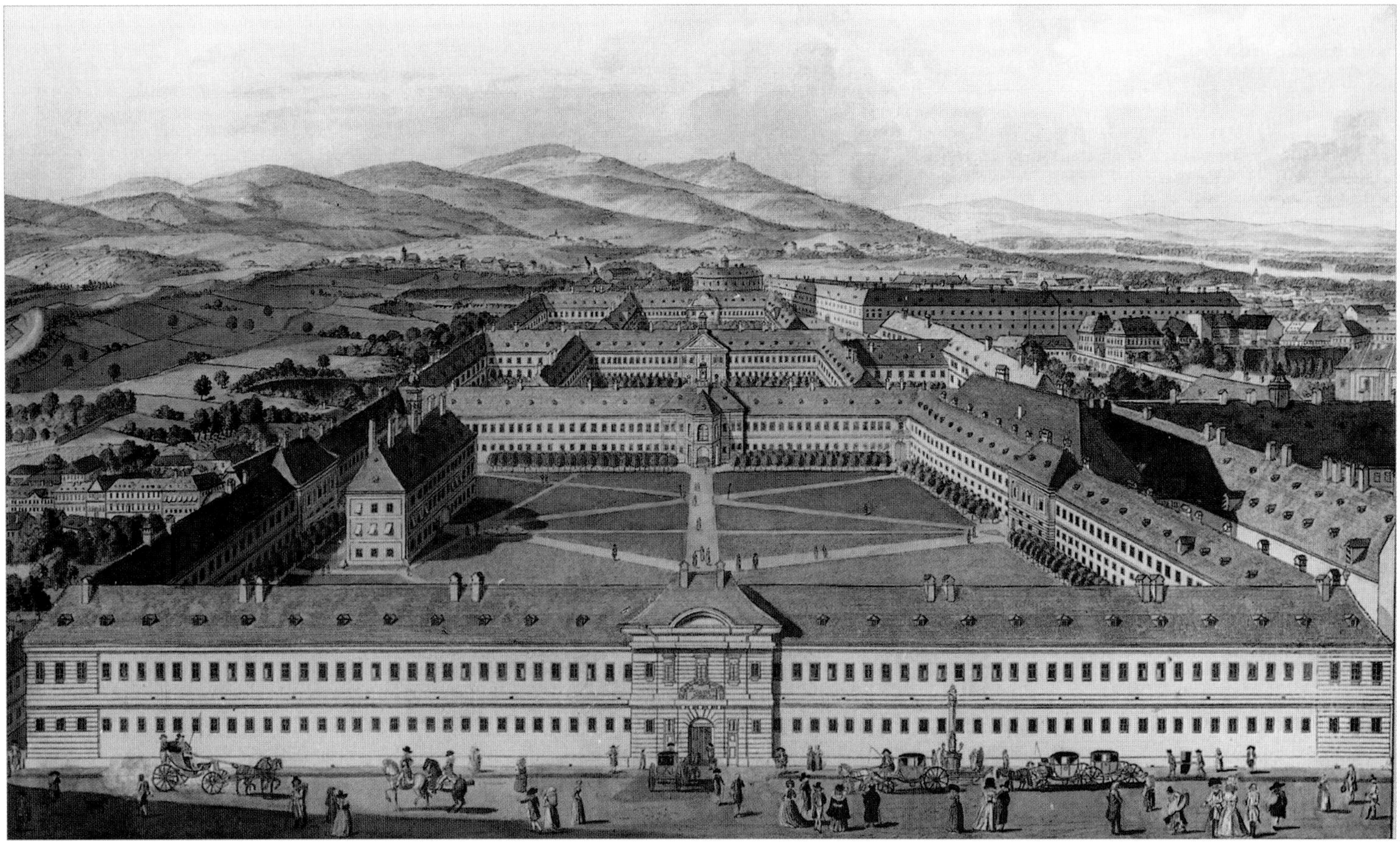

Das Allgemeine Krankenhaus in Wien, das Kaiser Joseph II. 1784 errichten ließ – mit seinen sieben Höfen und dem kreisrunden Irrenhaus (»Narrenturm«) im Hintergrund eines der größten Bauvorhaben im späten 18. Jahrhundert. Kupferstich von Josef und Peter Schaffer, 1784

Linz–Budweis 1825, erstes Teilstück der Kaiser-Ferdinands-Nordbahn 1837). Der Eisenbahnbau wirkte als ein wirtschaftlicher Multiplikator, er setzte neue Standortbedingungen und erhöhte die innere Marktintegration. Auf diese Weise änderte sich aufgrund der baulichen Tätigkeit das Bild der österreichischen Kulturlandschaft in vielfältiger Weise. Uns interessiert an dieser Stelle insbesondere der industrielle Aspekt des Bauens, das betrifft die Organisation und Planung, die Art und Weise des Bauens selbst sowie die Herstellung der nötigen Baustoffe.

Bauträger und Bauorganisation

Der weitaus größte Bauträger war der – damals im Landesfürsten verkörperte – Staat. Bereits am Beginn des 16. Jahrhunderts gab es zwecks Planung, Errichtung und Erhaltung von ärarischen Gebäuden ein Hofbauamt – Vorläufer der heutigen Bundesimmobilien-Gesellschaft. Ihm gehörten als ausführende Organe im 18. Jahrhundert die bedeutendsten Architekten ihrer Zeit an. Aufgrund der gestiegenen Bautätigkeit kam es 1751 zu einer Änderung der Organisationsstruktur, es wurde die »Hofbaudirektion« geschaffen; diese bestand aus dem »Hofbauamt«, dem auch alle Bauvorhaben innerhalb des Wiener Linienwalls unterstanden, und der »Baukanzlei«, die die diversen »Bauplätze« verwaltete. Alle unter staatlicher Regie stehenden Bauplätze erhielten von der Baukanzlei das Baumaterial; die Baukanzlei stellte die benötigten Handwerker und Taglöhner ein und erledigte auch die Buch- und Rechnungsführung. An den Bauplätzen übten die Bauaufsicht jeweils Bauleiter aus, denen alle am Bau beschäftigten Arbeitskräfte unterstanden. Bauakten, Pläne, Kostenvoranschläge waren von den einzelnen

Bauplätzen der Hofbaudirektion zur Approbation vorzulegen, ehe sie vom jeweiligen Herrscher mit seinem *Placet* versehen wurden. Die Baufinanzierung selbst verblieb bei der Hofkammer, heute würden wir sagen beim Finanzministerium.

Unter Joseph II. kam es zu einer zentralistischen Organisationsreform: Der Generalhofbaudirektion unterstand nunmehr eine Oberbaudirektion. Diese war sowohl für alle habsburgischen Kronländer als auch den ungarisch-siebenbürgischen Verwaltungsbereich zuständig. Die Länder verloren damit ihre »architektonische Identität« und es setzte sich in der Folge ein typisch »ärarischer Stil« bei allen öffentlichen Gebäuden in der gesamten Monarchie durch, der bis heute ein markantes Stilelement auch in den Nachfolgestaaten darstellt. Zu den öffentlichen Gebäuden zählten übrigens nicht nur Hoch-, sondern auch Tiefbauprojekte, also Straßen-, Brücken-, Aquädukt-, Hafen- und Wasserbauten, sowie Maßnahmen zur Trockenlegung von Sümpfen. Die Durchsetzung zentralistischer Prinzipien im Bauwesen erfolgte nicht nur aus wirtschaftspolitischen Überlegungen, sondern auch im Sinne einer notwendigen »Normierung« des Bauhandwerks.

Die Standardisierung im Bauwesen machte insgesamt entscheidende Fortschritte. Im 1800 erschienenen Almanach »Der practische Baubeamte« gab Matthias Fortunatus Koller erstmals genaue Anleitungen für Planung, Berechnung und Errichtung aller Arten von Gebäuden sowie eine Zusammenfassung aller bestehenden Baugesetze und Richtlinien für Architekturzeichnungen. Im Tiefbau waren es vor allem die Schriften von Hofbauratsdirektor Joseph Schemerl über »Straßen- und Wasserbaukunst«, die künftig Normen für das Bauen setzen sollten. Solche Normierungen und Richtlinien waren nicht nur für öffentliche (»ärarische«) Bauten maßgebend, sondern auch Vorbild für private Großbauprojekte, denn die führenden Architekten und Generalplaner waren in beiden Bereichen tätig.

Die wissenschaftlich fundierte Ausbildung von Fachleuten im Bauwesen war lange Zeit eine militärische Aufgabe, wovon aber auch das zivile Bauwesen profitierte. Zu diesem Zweck wurden 1717 durch Karl VI. in Wien und in Brüssel, in den damals noch unter habsburgischer Verwaltung stehenden österreichischen Niederlanden, Ingenieurs-Akademien errichtet. 1747 wurde unter Maria Theresia ein eigenes militärisches Ingenieurskorps mit vier Brigaden gegründet; dessen Vizedirektor stand gleichzeitig der kaiserlichen Ingenieurs-Akademie in Wien vor. Damit war nicht nur die Ausbildung der Führungskräfte im Ingenieurs-, Genie- und Sappeurwesen, sondern auch diejenige der zivilen Bauingenieure und Architekten auf eine neue Basis gestellt. Denn bis zur Gründung der beiden Polytechniken in Prag (1809) und Wien (1815) blieben die Ingenieurs-Akademien das Vorbild für die technische Ausbildung insgesamt. Das

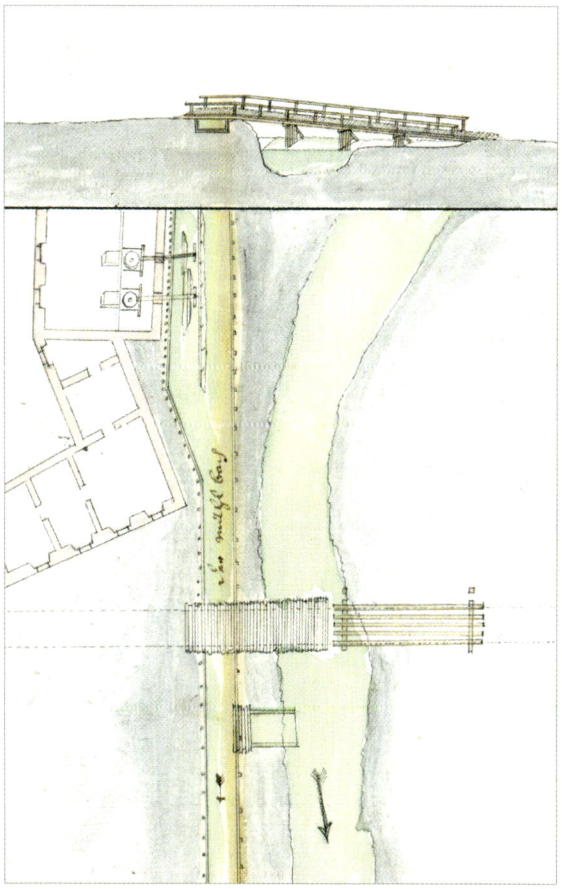

Brücke über die Traisen: Planskizze wahrscheinlich von Jakob Prandtauer, 1695

Eisen, das neue Baumaterial: Die Sophienbrücke über den Donaukanal war die erste Kettenbrücke in Wien. Lithografie, 1826

neue Ausbildungssystem, das an die Stelle des über Generationen tradierten »Praktikerwissens« eine Verwissenschaftlichung der technischen Kenntnisse setzte, ließ trigonometrische Höhenmessungen, kartografische Darstellungen, verbesserte Methoden bei der Planzeichnung, statische Berechnungen, neue Bautechniken und Baugeräte sowie die Normierung von Baustoffen sowohl im Hoch- als auch Tiefbau zum neuen Standard werden.

Während das Bauingenieurwesen und die Architektenausbildung auf diese Weise grundlegend reformiert wurden, änderte sich an der eigentlichen Baupraxis zunächst recht wenig. Baumeister, Poliere und Professionisten wurden weiterhin traditionell handwerklich ausgebildet. Für die oft sehr kostbare Innendekoration von Repräsentativbauten wurden Kunsthandwerker und Künstler eingesetzt, die teilweise auch von weither geholt wurden, um Freskomalereien, Stuckaturen, Parkettböden oder Wandvertäfelungen auszuführen. Das Gros der Leute am Bau stellten aber lokale Professionisten und an Ort und Stelle rekrutierte angelernte Arbeitskräfte, Männer und Frauen, die als Taglöhner angeheuert wurden. Bei adeligen Repräsentativbauten wurden auch die jeweiligen Untertanen im Rahmen ihrer Robotpflicht zu Bau- und Erhaltungsarbeiten herangezogen. Nur für größere Projekte wurden Subunternehmer – sehr häufig aus Oberitalien stammend – angeheuert, die dann mit ganzen Bautrupps, die sie aus ihrer Heimat mitbrachten, in separierten Barackensiedlungen am Rande der Baustelle für die Dauer des Projekts untergebracht wurden. Dies war vor allem beim Bau von Straßen, Kanälen und Eisenbahnen oder bei Flussregulierungen der Fall. Namen wie Francesconi, Zola und Ghega spielen in der Geschichte des Bauwesens in Österreich eine prominente Rolle. Bis heute erinnern italienische Familiennamen in jenen Orten, in denen diese »wandernden Bauunternehmungen« Station machten, daran, dass sich einzelne Bauarbeiter hier auch dauerhaft niederließen.

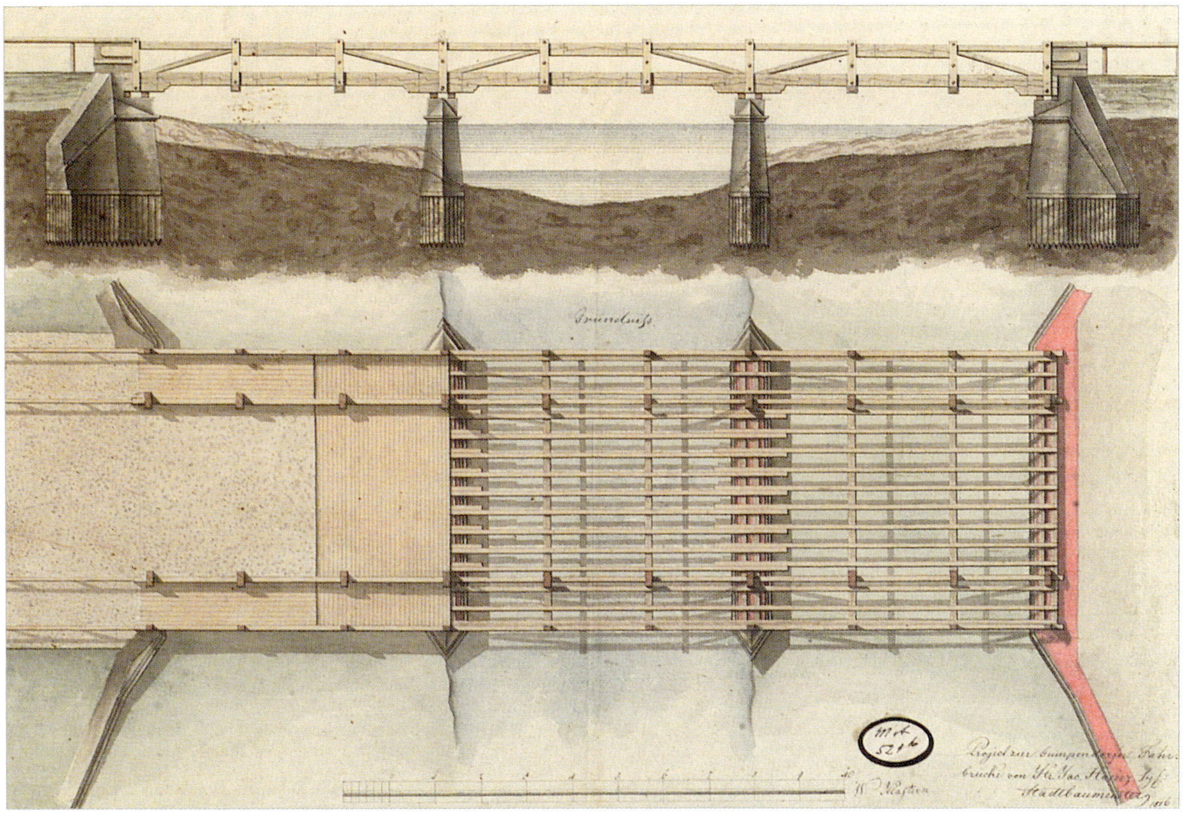

Holz – das traditionelle Baumaterial: Kolorierte Konstruktionszeichnung der Gumpendorfer Fahrbrücke, 1816

Baumaterialien und Bautechnik

Die verwendeten Baumaterialien wie Lehm, Steine, Holz, Metall, Bindwerk lieferte zunächst die Natur selbst; als Bindemittel benützte man Mörtel, Nägel, Bolzen und Anker aus Eisen, Lotfluss usw. Der Ziegel, der zumeist im Kreuz- oder Blockverband verlegt wurde, löste im 18. Jahrhundert den Stein als vorherrschenden Baustoff ab. Lokale Ziegeleien waren in weiten Teilen des Landes anzutreffen. Man ging bei den meisten Bauten zunächst so vor, dass man nach Möglichkeit vor Ort selbst die nötigen Ziegel brannte. Die Herstellung von Ziegeln wurde in der ersten Hälfte des 19. Jahrhunderts mit der Erfindung des kontinuierlich arbeitenden Ringofens durch den Deutschen Friedrich Hoffmann auf eine neue industrielle Massenbasis gestellt. Die Ziegel wurden aber nach wie vor mit der Hand geschlagen, weil die dazu erdachten Maschinen technisch höchst unzulänglich blieben. Bis zur allgemeinen Einführung des metrischen Maßsystems in den 1870er-Jahren kam in den habsburgischen Ländern das 1715 eingeführte so genannte »Österreichische Ziegelformat« (288 x 137 x 70 mm) zur Anwendung. Die weitaus größten Ziegeleien waren am Wiener- und Laaerberg bei Inzersdorf zu finden, sie lieferten den Baustoff für die großen

Ansicht der k. k. Ingenieurs-Akademie in Wien (Stiftkaserne, 7., Mariahilfer Str. 22–24, Stiftg. 2–2A). Federzeichnung, um 1800

Der Marmorsteinbruch am Untersberg, Salzburg. Kolorierter Kupferstich von Franz von Naumann, 1794/95

Die Ziegelwerke am Wienerberg. Aquarell auf Feder, um 1815

Bauprojekte in der Haupt- und Residenzstadt und auch für den Bau der Wiener Stadtumwallung und der Basteien als barocke Festungsanlage. Da das Ziegelbrennen viel Holz als Heizmaterial erforderte, wurde den Wiener Ziegelbrennern bereits 1800 durch eine Regierungsverordnung vorgeschrieben, Steinkohlenfeuerung zu verwenden. Ähnliches galt für die zahlreichen Ziegeleien im Viertel unter dem Wienerwald. Um 1830 hatte Alois Miesbach alle Ziegelbrennereien und Abbaustätten am Wienerberg aufgekauft und machte daraus in der Folge die größte landesbefugte Ziegelfabrik der Habsburgermonarchie, die bereits in den 1840er-Jahren mehr als 50 Millionen Ziegel jährlich erzeugte. Noch heute findet man bei Abbruchprojekten Ziegel mit dem kaiserlichen Adler und den Initialen A und M, die an diese Zeit erinnern. Miesbachs Schwiegersohn und Nachfolger, Heinrich von Drasche, baute schließlich im Zusammenhang mit der nach dem Fall der Wiener Stadtmauern und dem Bau der Ringstraße einsetzenden »Gründerzeit« das Unternehmen zur weltweit größten Ziegelfabrik aus. Die Wienerberger Ziegelwerke boten über verschiedene Kataloge auch ein vielfältiges Spektrum von aus Terrakotta gebrannten Dekorelementen an.

Als Bindemittel verwendete man Baugips für Innenarbeiten und Kalk-, später auch Zementmörtel aus hydraulischem Kalk für Außenarbeiten. In den größeren Städten gab es für den Mörtel eigene Mischwerke, daneben hatte man auf den Baustellen selbst Mörtelmischmaschinen, denn der hydraulische Zementmörtel wurde erst unmittelbar vor Gebrauch auf den Baustellen gemischt.

In der ersten Hälfte des 19. Jahrhunderts kam ausschließlich Roman-Zement zum Einsatz; 1842 gründete der ehemalige Tiroler Straßenmeister Franz Kink in Schwoich bei Kufstein die erste Roman-Zementfabrik in Österreich.

Die erste Zementfabrik in Österreich: Roman-Zementfabrik Franz Kink, Schwoich bei Kufstein, errichtet in den 1840er-Jahren. Gemälde von Edmund von Wörndle, 1851

Zement wurde in größeren Mengen auch durch Josef von Hohenblum im niederösterreichischen Kirchberg an der Pielach hergestellt.

Als Resultat wissenschaftlicher Berechnungen und praktischer Versuche setzte die Bauwirtschaft in der ersten Hälfte des 19. Jahrhunderts neben den traditionellen Materialien zunehmend auch neue Werkstoffe ein; so wurde das Eisen, genauer gesagt das Gusseisen, als Ersatzstoff für Holz- oder Ziegelkonstruktionen im Brückenbau oder bei Dachkonstruktionen eingesetzt. Kuppelbauten, Säulen, Balkongitter und Parktore, verschiedene Dekorelemente sowie Umzäunungen aus Gusseisen waren weit verbreitete Anwendungsgebiete. Eine Weiterentwicklung der Eisenkonstruktionen durch die Verbindung von Eisenteilen mit Glas, wie sie bei Bahnhöfen, Ausstellungshallen und Gewächshäusern verwendet wurde, erfolgte zunächst nur vereinzelt, in großem Maßstab kam sie erst nach der Jahrhundertmitte zur Anwendung.

»Projektmanagement« und Technologie am Bau folgten den über Jahrhunderte tradierten Erkenntnissen: Der Materialtransport geschah mit einachsigen Pferde- bzw. Maultierkarren und mit Schubkarren. Die Gerüstungen waren aus Holz, in Form senkrechter Gerüstbäume, die mit Riegelhölzern verbunden wurden. An der Baustelle selbst standen Flaschenzüge, Hebebäume und Materialaufzüge zur Verfügung, die durch menschliche oder tierische Kraft betrieben wurden. Zur Fundierung wurde Bruchstein- und Ziegelmauerwerk in hydraulischen Kalkmörtel eingebettet, für die Aufnahme des Mauerwerks wurde ein Schwellrost aus Holzbohlen verwendet. Bei Vorliegen schwieriger Bodenverhältnisse kamen Sandschüttungen und hölzerne Piloten zum Einsatz. Das Einrammen erfolgte durch eine mit Pferden angetriebene Winde mit Hilfe einer »Zugramme«. Kellerwände wurden zumeist aus Mischmauerwerk hergestellt. Natursteinfassaden waren wegen der hohen Kosten selten; zumeist kam die Ziegelbauweise zum Einsatz. Durch eingefügte Eisenklammern erhöhte man die Festigkeit des Mauerwerks; dabei waren die Mauerdicken beachtlich.

Die Zwischenwände waren aus Vollziegeln, der Putz wurde mit Gips oder feinkörnigem Dolomit ausgeführt, als Putzträger diente Schilfrohr. Für die Innendekoration verwendete man Stuckaturen; weitere dekorative Elemente waren Holzvertäfelungen, Tapeten aus Papier oder Seide, Spiegel, Natursteinplatten und Marmor-Imitation (Stucco lustro), die Decken waren mitunter mit Fresken verziert. Bei Repräsentativbauten scheute man bei der Innenausstattung keine Kosten: Die Deckenkonstruktion (Dippelbaum- und Tramdecken) war aus Holz; Fußböden wurden als Estrich, Stein- oder Holzböden ausgeführt, die Keller wiesen meist nur gestampften Lehmboden auf. Holzstöckel- und Steinpflasterungen kamen in Einfahrten zur Anwendung, für Gänge und Stiegenhäuser benützte man Böden aus Stein, Terrazzo, Ziegeln, Fliesen und Solnhofener Plattenkalk. In den Wohnräumen wurden zumeist Polsterhölzer in die Beschüttung verlegt, darauf kamen Blind- und Holzfußböden, entweder Parketten oder Brettelböden. Als abgehängte Decken kamen Fehltramdecken, verschiedene Kassettendecken sowie unmittelbar von Dachstühlen abgehängte Decken zum Einsatz. Gewölbedecken wurden mit Naturstein oder Ziegeln ausgeführt. Der Holzdachstuhl war baulicher Standard, zur Eindeckung verwendete man Schieferplatten oder Ziegel sowie Kupferblech für Kuppeln.

Revolution der Bautechnik: Dianabad in Wien, Winterschwimmhalle, ein frühes Beispiel einer Glas-Eisen-Konstruktion, erbaut 1841–1843 von Christian Friedrich Ludwig Förster und Karl von Etzel. Tonlithografie, Allgemeine Bauzeitung 1843

Gegenüber dem hohen bautechnischen Aufwand war derjenige für Installationen primitiv und beschränkte sich oft auf das Notwendigste: Die Räume wurden, wenn überhaupt, einzeln beheizt; Kachelöfen galten bereits als besonderer Luxus.

Die sanitären Installationen waren höchst einfach; im günstigsten Fall verfügte jedes Haus über einen eigenen Brunnen, wobei das Wasser mitunter auch in einem Reservoir auf dem Dach gesammelt und über Bleirohrleitungen verteilt wurde.

Insgesamt erreichten das Bauen und die Bautechnologie im »Zeitalter des aufgeklärten Absolutismus« einen beachtlichen Standard. Die damaligen Großprojekte beruhten primär auf einer gewaltigen organisatorischen Leistung, jedoch gleichzeitig auf traditionellen Technologien. Erst in der »Gründerzeit« während der zweiten Hälfte des 19. Jahrhunderts erlebte das Bauwesen durch neue Werkstoffe und Technologien sowie durch die Gründung von großen Aktienbaugesellschaften einen Innovationsschub.

Industrialisierter Luxus

Die Förderung der industriellen Produktion war den merkantilistischen Wirtschaftspolitikern ein wichtiges Anliegen, hoffte man damit doch nicht nur die Handelsbilanz zu verbessern, sondern auch mehr Menschen Nahrung bieten zu können. Wirklich interessiert waren die österreichischen Merkantilisten, Johann Joachim Becher, Wilhelm von Schröder oder Philipp Wilhelm von Hörnigk, an der industriellen Fertigung diverser Luxusgüter, die aus dem Ausland importiert wurden. Man hegte eine starke Vorliebe für exklusive Produkte wie Seide, Spiegel und Porzellan. Das Seidenfilatorium, das Graf Sinzendorf auf seiner Herrschaft Walpersdorf 1666 einrichtete und das bis 1682 bestand, die 1701 begonnene Spiegelfabrikation in Neuhaus, die Tabakfabrik in Hainburg (1729), die Wiener Porzellanmanufaktur (1718) oder die 1747 gegründete und 1751 verstaatlichte Nadelmanufaktur in Lichtenwörth, heute vor allem als besterhaltene barocke Industriesiedlung mit Kirche, Mauer und Toren und Arbeiterwohnungen bekannt, waren typische Unternehmungen dieser Epoche. Damit konnte nicht wirklich vielen Leuten Beschäftigung geboten werden. Was den Gründungen im späten 17. und frühen 18. Jahrhundert fehlte, war der breite Massenabsatz, für den Luxuswaren wie Seide oder große Spiegel nicht die geeignete Basis darstellten.

Die Industrialisierung betraf Luxusgüter, die nun massenhaft gefertigt wurden: metallene Schnallen und Knöpfe, Stearinkerzen und Zucker, Bier und Branntwein, Herdplatten und Steingut, Essbestecke und Kochtöpfe, Fingerhüte und Nähnadeln, Spiegel und Uhren, Glas und Papier, mineralische Farben und wohlriechende Seifen. Bis ins beginnende 20. Jahrhundert blieb die Abdeckung der gehobenen Nachfrage im Luxusbereich ein wesentliches Kennzeichen der österreichischen Industrie.

Spiegel und Glas

Färbiges, grünstichiges Waldglas wurde in Österreich bereits im 14. Jahrhundert produziert. Um 1500 setzten Versuche ein, auch das geschätzte farblose Venezianer Glas zu produ-

Schloss und Fabrik – Luxusprodukte und Massenkonsum: Die staatliche Spiegelfabrik Neuhaus. Kolorierter Stich, 1814

Innenansicht der Glashütte Hammer in Oberalm, Salzburg, um 1854

zieren. Die österreichische Glasindustrie, die als gemeinsame Standortvoraussetzung das überreiche Vorhandensein wirtschaftlich sonst nicht genutzter Holzvorräte aufwies und im 17. und 18. Jahrhundert im nördlichen Mühl- und Waldviertel, im Kobernaußerwald oder auch in der Weststeiermark und in Tirol gute Bedingungen vorfand, war wegen der steigenden Energiekosten im Vormärz stark rückläufig und 1841 nur mehr mit 1,9 Prozent an der gesamten österreichischen Industrieproduktion beteiligt.

Die Spiegelfabriken wurden zu wichtigen Gründungen der merkantilistischen Wirtschaftspolitik. Jeder Besucher barocker Fürstenschlösser kennt die großartigen, heute freilich in ihrem Glanz verblassten und erblindeten Spiegelkabinette und Galerien, in denen man traumartige Übersteigerungen der Raumkunst hervorzuzaubern wusste. Die damals neuen großen Flachspiegel vervielfachten das Kerzenlicht und die Zahl der Höflinge gleichsam ins Unendliche. Auch in jedem Repräsentationsraum der reichen Bürgerschaft fanden sich im 18. Jahrhundert Prunkspiegel in üppig dekorierten, vergoldeten Rahmen. Einfachere Spiegel waren auch schon in den weniger begüterten Handwerkerhaushalten, selbst bei Taglöhnern und Inwohnern anzutreffen. 1701 wurde mit staatlicher Unterstützung in Neuhaus im Wienerwald eine Spiegelfabrik gegründet. 1720 wurde sie vom Staat übernommen und mit kurzen Unterbrechungen bis zu ihrer Standortverlegung nach Wien und Gloggnitz im Jahre 1830 und der Liquidierung im Jahre 1840 in staatlicher Regie geführt. 1713 wurde die Einfuhr von Spiegeln nach Österreich verboten. Ihren Höhepunkt erreichte die Fabrik unter der Leitung des Hofrats Sörgel von Sorgenthal, der auch die Linzer Wollzeugfabrik, die Wiener Porzellanmanufaktur und die Schwechater Kottonmanufaktur managte. Die Qualität der Neuhauser Spiegel war berühmt, die sozialen und die gesundheitlichen Bedingungen der Beschäftigten waren katastrophal und ihre Lebenserwartung war entsprechend gering. Hauptursache für die im 19. Jahrhundert zunehmenden Schwierigkeiten war die Brennstoffbeschaffung.

Die englisch-irische, belgische und französische Konkurrenz der Glasindustrie wurde immer stärker. Allerdings feierte die Glaserzeugung im Kunsthandwerk des Empire und Biedermeiers Triumphe: überfangenes Glas, farbiges Glas, bemaltes Glas, geschliffenes und geschnittenes Glas zählten zu den Glanzpunkten des österreichischen Kunsthandwerks im frühen 19. Jahrhundert.

Porzellan

Porzellan war ein wichtiges Produkt der beginnenden Industrialisierung: wegen des damit geweckten Luxusbedarfs, wegen der damit verbundenen Innovationen, wegen neuer Formen der Arbeitsorganisation, die in den Porzellanmanufakturen erprobt wurden. Dasselbe gilt für Steingut. Porzellan war allerdings im 18. und frühen 19. Jahrhundert auf sehr wohlhabende Schichten beschränkt. Die 1718 von Claudius Innocentius du Paquier nach dem Meißener Vorbild gegründete »k. k. Porcellain-Fabrique« in der Rossau, die 1744 in staatliches Eigentum übernommen worden war, erreichte im späten 18. und beginnenden 19. Jahrhundert unter der Direktion von Konrad Sörgel von Sorgenthal in den Jahren 1784 bis 1805 ihren Höhepunkt. Sorgenthals Motto war: Höchster Gewinn durch Kunst. 1805 zählte die Porzellanmanufaktur etwa 500 Beschäftigte, davon circa 150 Maler. Zur Zeit des Wiener Kongresses erlebte sie ihre größten Triumphe.

Bis zum Beginn des 19. Jahrhunderts hatte die Wiener Porzellanmanufaktur in der Habsburgermonarchie praktisch keine Konkurrenten. Dann wurde der Druck des böhmischen Porzellans, aber auch preislich günstigerer Keramik immer größer. Der Verfall konnte nicht aufgehalten werden. 1846 äußerte der damalige Direktor die Befürchtung, das Unternehmen werde zur »gemeinen Geschirrfabrik« absinken. 1864 wurde die Fabrik liquidiert.

Die k. k. Porzellanfabrik Wien-Rossau, Randvedute des Plans der Wiener Vorstadt Rossau von Carl Graf Vasquez. Kolorierte Federlithografie, um 1835

Die Wiener Porzellanmanufaktur hatte sich im frühen 19. Jahrhundert auch als Ausbildungsstätte für private Gründungen verstanden, hatte aber selbst übersehen, sich auf neue Trends einzustellen. Von der zunehmenden Verbreitung des Porzellans konnten die Massenerzeuger profitieren. Einen großen Aufschwung nahmen die Steingutfabriken, in erster Linie die Steingut- und Bleistiftfabrik,

231
WW 50x
1162/50.
232.
233.
1162/52
234.
1162/53
235
1162/54.
236
1162/55.
237
1162/56.
238.
240.
239.
1162/58.
241.
1162/60

die durch Josef Hardtmuth 1790 in Wien begründet worden war. 1798 erhielt Hardtmuth die Landesfabriksbefugnis auf das von ihm unter dem Namen »Wiener Steingut« erfundene Verfahren. 1846 wurde die Hardtmuth'sche Fabrik wegen der Brennstoffpreise und Lohnkosten von Wien nach Budweis verlegt.

Knöpfe und Papier

In der Ausbildung des modernen Obrigkeits-, Beamten- und Verwaltungsstaats spielten zwei recht unterschiedliche Produkte eine gar nicht so weit voneinander entfernte Rolle: Knöpfe und Papier. Knöpfe in großer Zahl aus verschiedenen mehr oder weniger edlen Materialien schmückten die Beamten- und Militäruniformen. Papier wurde zur wichtigsten Grundlage des modernen Beamten- und Verwaltungsstaates.

Die große Bedeutung, die Knöpfe, Schnallen und Nadeln als Gebrauchsgut und prestigeträchtiger Schmuck hatten, machte sie zu einem Wirtschaftsfaktor und Nährboden der Industriellen Revolution. Die serielle, massenmäßige Herstellung bot sich hier geradezu an. Allerorten bemühte man sich, gute Knopfmacher aus England, dem Mutterland der maschinellen Fertigung, anzuwerben. Unter Maria Theresia wurden englische Fabrikanten nach Österreich geholt, die das Know-how der maschinellen Herstellung der aus billigen Legierungen gegossenen, gepressten, gezogenen und gestanzten Metallknöpfe nach Österreich mitbrachten. Die Maschinknöpfe besiegelten das Schicksal des einst blühenden Gewerbes der Knopfdreher.

Die Herstellung von Papier, das im Verlauf des 14. Jahrhunderts immer mehr das Pergament zu ersetzen begann, basierte auf der Verarbeitung von Textilabfällen. Zum Zerkleinern der Hadern setzte man Stampfwerke ein. Standortbildend waren daher sowohl die Wasserkraft als auch die Verfügbarkeit von Altstoffen und der Bedarf an Papier. Im frühen 16. Jahrhundert entstanden zahlreiche Papiermühlen, häufig in der Nähe der Verbraucher, das heißt der Verwaltungszentren. 1469 wird an der Traisen bei St. Pölten eine »hadernmul« erwähnt. Dabei dürfte es sich um die älteste bekannte Papiermühle des heutigen Österreich handeln. Die älteste heute noch existierende österreichische Papierfabrik, die bis ins 16. Jahrhundert zurückreicht, arbeitet in Wattens. Im frühen 18. Jahrhundert wurde in der Wiener Umgebung eine Reihe von Papiermühlen privilegiert, die im späten 18. Jahrhundert rasch expandierten, gefördert von der zunehmenden Schriftlichkeit und der Broschürenflut im Zusammenhang mit der vorübergehenden Aufhebung der Zensur unter Joseph II. Nach 1830 kam es mit der Installierung von Papiermaschinen zu einem starken Ansteigen der Papiererzeugung, die bis in die Vierziger-

Porzellanmaler an der Arbeit. Gouache auf Karton von Friedrich Reinhold, 1836

Muster aus dem Bestellbuch der k. k. Wiener Porzellanfabrik, 1790

Ansicht der Papierfabrik in Rannersdorf, 1808

Ansicht der Papierfabrik Schlöglmühle, früher Farbenfabrik, 1863

jahre bereits zu einer Exportbranche wurde, aber immer noch durch ihre Fixierung auf Textilabfälle als Rohstoff und die Verwaltungszentren als Abnehmer stark auf Niederösterreich konzentriert war.

Buchdruck und Verlagswesen

Der Buchdruck hatte im katholischen Österreich lange Zeit recht geringe Bedeutung. Bis in die 1740er-Jahre beschränkte er sich auf Gebetbücher, Schulbücher, Andachtsbilder und einige wenige Zeitungen auf schlechtem Papier in unförmigen Lettern. 1751 begann Johann Thomas Trattner, aus dessen Unternehmen sich Verlag und Druckhaus Ueberreuter herleiten, mit erheblicher staatlicher Unterstützung sein Anbot zu verwirklichen, »in den k. k. Erbländern, insbesondere in Wien und den größeren Städten, eine notwendige Buchdruckerei, Schriftschneiderei und Schriftgießerei, dann eine Kupferstecherei und -druckerei, Buchbinderei und Buchhandlung« aufzurichten, damit »einerseits die Wissenschaften emporgebracht, andernteils aber von besagten Officinen hingegen das erworbene Geld im Lande erhalten werden möge«. Trattner lebte von Anfang an hauptsächlich vom Abdruck ausländischer Autoren, vor deren Honoraransprüchen er durch die Behörden geschützt wurde.

Der Boom des Buchdrucks begann mit dem literarischen Tauwetter und der Liberalisierung der Zensur unter Joseph II. 1790 gab es in Wien schon 23 Druckereien mit 451 Beschäftigten. Zur größten Druckerei in Wien entwickelte sich die Hof- und Staatsdruckerei. Insgesamt gab es 1819 in Wien bereits 26 Buchdruckereien. Eine österreichische Erfindung, die sich weltweit durchsetzte, war die Lithografie. Der aus Prag gebürtige Alois Senefelder ließ sich 1800 in Wien nieder. In rascher Folge entstanden in Wien zahlreiche Steindruckereien.

Mit den Schnellpressen konnte die Druckereitechnik entscheidend verbessert werden. Die Zahl der Beschäftigten im Druckereiwesen und noch viel mehr die Zahl und Auflagen der Druckwerke stiegen enorm und führten zu Engpässen im Papiersektor. In den Vierzigerjahren begann daher dort der Übergang von Hadern zu Holz als Rohstoff.

Fabrikation von Endlos-Papier. Darstellung von 1830

Johann Thomas Edler von Trattner, 1717–1798, Buchdrucker und Verleger. Stich von J. E. Mansfeld 1781 nach einem Gemälde von Josef Hickel aus 1770

Der Wiener Neustädter Zuckerfabrikant Constantin Reyer, 1842

Zucker, Bier, Tabak

Als »Königin der österreichischen Industrie« wurde die Zuckerindustrie im ausgehenden 19. Jahrhundert angesehen. Allerdings lagen die Standorte dieser Rübenzuckerfabriken außerhalb des heutigen Österreich.

Die Rohrzuckerindustrie, die in den 1780er-Jahren in Österreich eingeführt wurde, war vorerst neben dem Eingangshafen Triest fast ganz auf das Verbrauchszentrum Wien ausgerichtet (in Wien selbst, in Klosterneuburg und Wiener Neustadt). Die zur Zeit der Kontinentalsperre initiierte Rübenzuckerindustrie konnte sich vorerst noch nicht behaupten. 1822 kapitulierte die letzte österreichische Rübenzuckerfabrik aus der Zeit der Kontinentalsperre vor der ausländischen Konkurrenz. Die Kolonialzuckererzeugung nahm nach 1819 noch einmal einen großen Aufschwung, etwa in Wiener Neustadt, wo von der Raffinerie Reyer und Schlick die »besten Sud-Maschinen und Dampf-Apparate aus England« angeschafft wurden.

Dass Österreich keine kolonialen Zuckerinteressen hatte, begünstigte den Aufbau der heimischen Ersatzproduktion. Ab 1828 begann der spektakuläre Siegeszug der österreichischen Rübenzuckererzeugung: 1832 gab es in der Habsburgermonarchie bereits 18 Fabriken, 1844 deren 81, gefördert durch Steuerbefreiungen und Schutzzölle. Zwar hatten die Fabriken anfänglich mehr Manufakturs- als Fabrikscharakter. Doch das Innovationspotential der Rübenzuckerindustrie war hoch: Große und kleine Erfindungen wurden in Österreich gemacht, der Würfelzucker (1843) und das Diffusionsverfahren (1864). Schneidemaschinen traten beim Zerkleinern der Rüben an die Stelle einfacher Reiben, hydraulische Pressen verdrängten bei der Saftgewinnung primitive Walzen; im Läuterungsprozess fanden neue chemische Verfahren Eingang und Dampfmaschinen ersetzten immer mehr die menschliche und tierische Arbeitskraft. 1841 erbrachte der Dampfmaschinenpark der Zuckerindustrie bereits halb so viel PS-Leistung wie jener der so traditionsreichen Eisenindustrie. Allerdings konzentrierte sich diese neue, innovative Branche fast zur Gänze auf die Sudetenländer. Dass die Kolonialzuckerraffinierung großteils in Wien und Niederösterreich (Wiener Neustadt) angesiedelt war, mag eine der Ursachen gewesen sein, dass sich gerade in Niederösterreich die Rübenzuckerindustrie sehr zögerlich zu entwickeln vermochte. Nur 4,5 Prozent der neuen Rübenzuckererzeugung der Monarchie entfielen 1844 auf das heutige Österreich, aber zwei Drittel der damals noch dreimal wichtigeren Kolonialzuckerraffinierung. Es gab 1841 in der gesamten Habsburgermonarchie 37 Zuckerfabriken, davon keine einzige in Niederösterreich, zwei kleine in Kärnten und je eine in Oberösterreich und der Steiermark.

Für die Industrialisierung des heutigen Österreich hatte der Siegeszug des Rübenzuckers mit der entsprechenden staatlichen steuerlichen Förderung erhebliche Auswirkungen: Die Kolonialzuckerraffinerien, die sich in Wien und Wiener Neustadt entwickelt hatten, verschwanden. Das Ersatzprodukt Saccharin, das in den 1880er-Jahren entwickelt wurde, wurde in Österreich vehement bekämpft und verboten, was, verglichen zur Schweiz, die keine Rübenzuckerindustrie hatte und von wo aus viel Saccharin nach Österreich geschmuggelt wurde, für die österreichische chemische Industrie einen ganz erheblichen Startnachteil bedeutete.

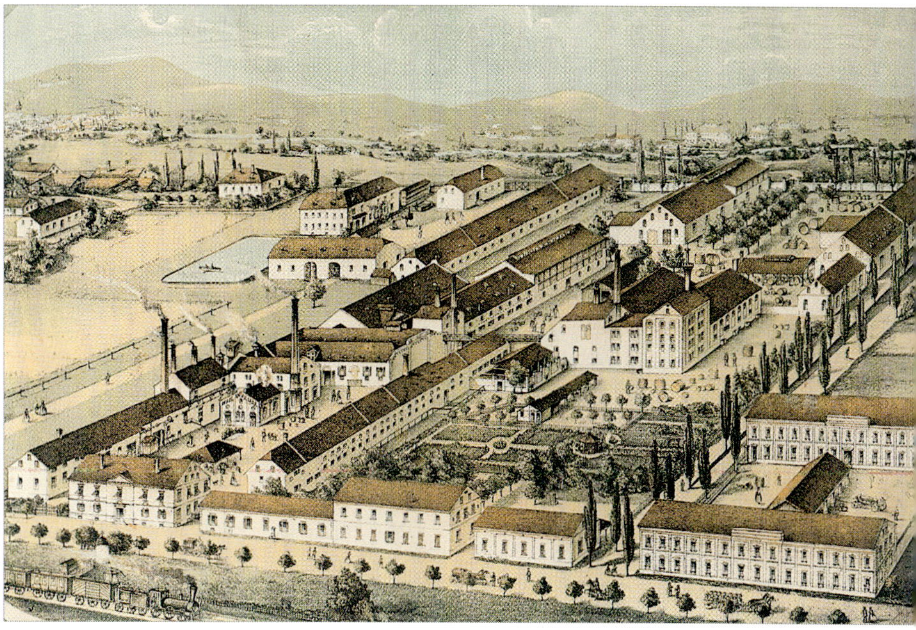

Brauerei Puntigam, um 1850. Lithografie von Josef Kuwasseg

Bierbrauen hat in Österreich eine lange Tradition, auch wenn das Land bis ins 19. Jahrhundert mehr eine Wein- als eine Bierregion blieb. Das hauseigene Steinbierbrauen, das in klösterlichen, bäuerlichen und städtischen Haushalten im Hochmittelalter weit verbreitet gewesen war, war im späten Mittelalter gegen den Weinbau und gegen die neuen gewerblichen Bierbrauereien nicht mehr konkurrenzfähig. Ab der Mitte des 15. Jahrhunderts entwickelte sich ein spezialisiertes Braugewerbe, das das Hausbrauen mit neuen Bierqualitäten, aber auch mit den rechtlichen Mitteln des Tafernenbannes bei Grundherrschaften und des Dreimeilenrechtes bei Städten verdrängen konnte. Zu Beginn der Neuzeit erfuhr die Bierherstellung zwei entscheidende Veränderungen: Die an sich uralte Tradition der Beifügung von Hopfen setzte sich allgemein durch und die untergärige Bierhefe verdrängte die obergärige. Hopfen machte Bier haltbarer. Die untergärige Braumethode verstärkte die Haltbarkeit und Bekömmlichkeit, stellte aber größere Anforderungen an die Kältetechnik, die nur von besser ausgestatteten Brauereien erfüllt werden konnten, während die Biere der kleinen Land- und Hausbrauereien meist weiter ungehopft und obergärig blieben.

Die Qualität des österreichischen Bieres wurde im frühen 19. Jahrhundert nicht sehr hoch geschätzt. 1815 sprach ein niederösterreichisches Regierungsdekret »von der notorisch schlechten Qualität des hierländigen Bieres«. Auch Christian Karl André (»Neueste Beschreibung«) merkte 1813 die durchwegs schlechte Qualität des inländischen Bieres an. Im 19. Jahrhundert erreichte aber die österreichische Bierbrauerei durch technische Fortschritte

Wiener Bierpreisordnung aus dem Jahr 1697

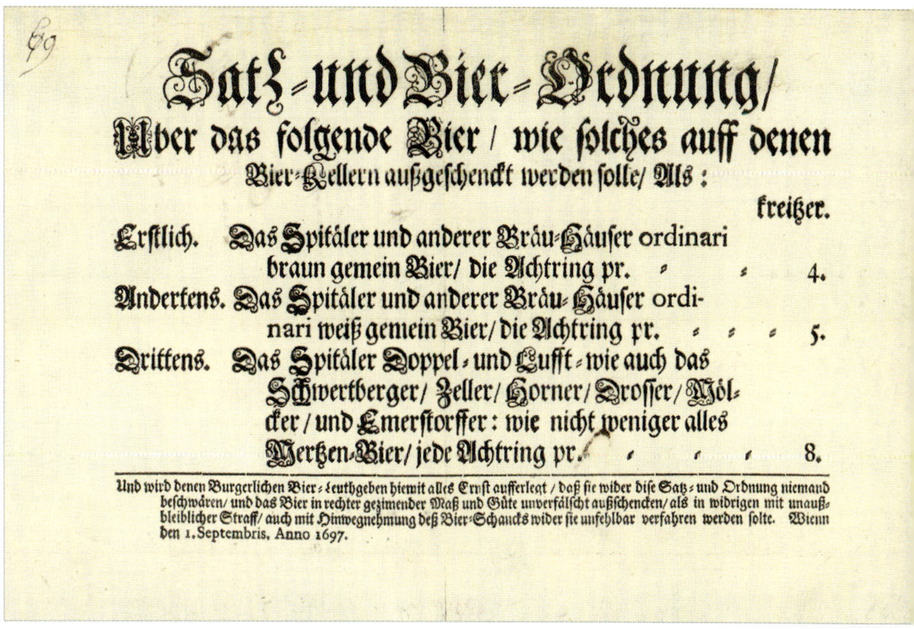

69

Satz- und Bier-Ordnung/

Uber das folgende Bier / wie solches auff denen Bier-Kellern außgeschenckt werden solle/ Als:

kreitzer.

Erstlich. Das Spitaler und anderer Bräu-Häuser ordinari braun gemein Bier/ die Achtring pr. . . 4.

Andertens. Das Spitaler und anderer Bräu-Häuser ordinari weiß gemein Bier/ die Achtring pr. . . . 5.

Drittens. Das Spitaler Doppel- und Lufft- wie auch das Schwertberger/ Zeller/ Horner/ Drosser/ Wölcker/ und Emerstorffer: wie nicht weniger alles Mertzen-Bier/ jede Achtring pr. . . . . 8.

Und wird denen Burgerlichen Bier-Leuthgeben hiemit alles Ernst aufferlegt / daß sie wider dise Satz- und Ordnung niemand beschwären/ und das Bier in rechter gezimender Maß und Güte unverfälscht außschencken/ als in widrigen mit unaußbleiblicher Straff/ auch mit Hinwegnehmung deß Bier-Schancks wider sie unfehlbar verfahren werden solte. Wienn den 1. Septembris, Anno 1697.

Darstellung der Arbeitsgänge der Biererzeugung, Stiegl-Brauerei Salzburg, im Zentrum ein Medaillon des Bierpatrons Gambrinus, Salzburg, 18. Jahrhundert

beträchtliche Produktivitätsverbesserungen, die sich in einem zunehmenden Preisvorteil gegenüber dem Wein niederschlugen. Mit dem Lagerbier des Anton Dreher (1810–1863) seit den Dreißigerjahren und der Verbreitung des Pilsener Biers gegen Ende der Fünfzigerjahre fand eine Bierrevolution statt und das österreichische Bier konnte sich Weltgeltung verschaffen. Bier wurde zum Modegetränk des frühen 19. Jahrhunderts, der Intellektuellen, Künstler, Studenten und Beamten.

Die Bierbrauerei war einer der ersten Produktionszweige mit hoher Kapitalintensität, wo schon in der ersten Hälfte des 19. Jahrhunderts ein beträchtlicher Investitions- und Konzentrationsprozess einzusetzen begann. 1841 gab es im heutigen Österreich noch etwa 1.200 Brauereien, 50 Jahre vorher mehr als das Doppelte. Hoch war der Holzverbrauch der Brauereiwirtschaft: circa 210.000 Festmeter im Jahr.

Auch auf die Tabakfabrikation soll kurz eingegangen werden, die schon seit dem späten 17. und frühen 18. Jahrhundert manufakturiellen Charakter annahm. Der Staat hatte die Verfügung über die neue Droge Tabak bereits im 17. Jahrhundert für sich monopolisiert und 1784 auch die Verarbeitung des Tabaks in eigene Regie übernommen.

1694 war in Fürstenfeld auf der Basis eines Manufakturprivilegs eine Tabakfabrik gegründet worden, die 1784 verstaatlicht wurde. 1723 wurde in Hainburg die erste staatseigene Tabakfabrik eingerichtet, nicht weit weg von den ungarischen Tabakfeldern und wohl auch als Beschäftigungshilfe nach den großen Schlägen, die die Stadt im Vorstoß der Türken 1683 und noch einmal in den Kuruzzenstürmen einstecken musste. Das leer stehende Minoritenkloster bot einen geeigneten Platz. 1787 wurde auch noch das von Joseph II. aufgehobene Franziskanerkloster einbezogen. Mit zwei Schiffsmühlen in der Donau wurde der Schnupftabak gemahlen. 1846/47 folgte der große klassizistische Fabriksbau an der Donau.

Es wurde zur Tradition, die Standorte der Tabakfabriken nach beschäftigungspolitischen Kriterien auszuwählen. Notstandsgründungen waren die Errichtung der Tabakfabriken in Schwaz 1830, nach dem Niedergang des Silber- und Kupferbergbaus und den schweren Verwüstungen durch bayerische Truppen im Jahr 1809, ebenso 1846 in Wien-Rossau in der Not des großen Hungerjahrs, 1851 in Linz nach dem endgültigen Ende der staatlichen Wollzeugfabrik oder auch 1869 in Hallein, das von der Krise der Salzerzeugung schwer gebeutelt war.

Möbel und Klaviere

Das Biedermeier war jene Epoche, in der erstmals industriell und seriell gefertigte Möbel größere Bedeutung erlangten. Die Industrialisierung der Möbelfertigung begann einerseits mit der Erfindung der Kreissäge (1793), der Bandsäge (1807), der Furnierschneidemaschine (1806) und der Bugholztechniken (Thonet), andererseits mit neuen Materialien wie Sperrholz, Spanplatten und Faserplatten und mit neuen Leim-, Furnier-, Beiz- und mit Imitationstechniken.

Joseph Ulrich Danhauser (1780–1829), der Vater des Malers Josef Danhauser, hatte 1804 mit der »k. k. privilegierten Landesfabrik aller Gattungen Meubel« das erste Wiener Inneneinrichtungshaus gegründet. Der Konsument konnte aus einem reichen Sortiment wählen.

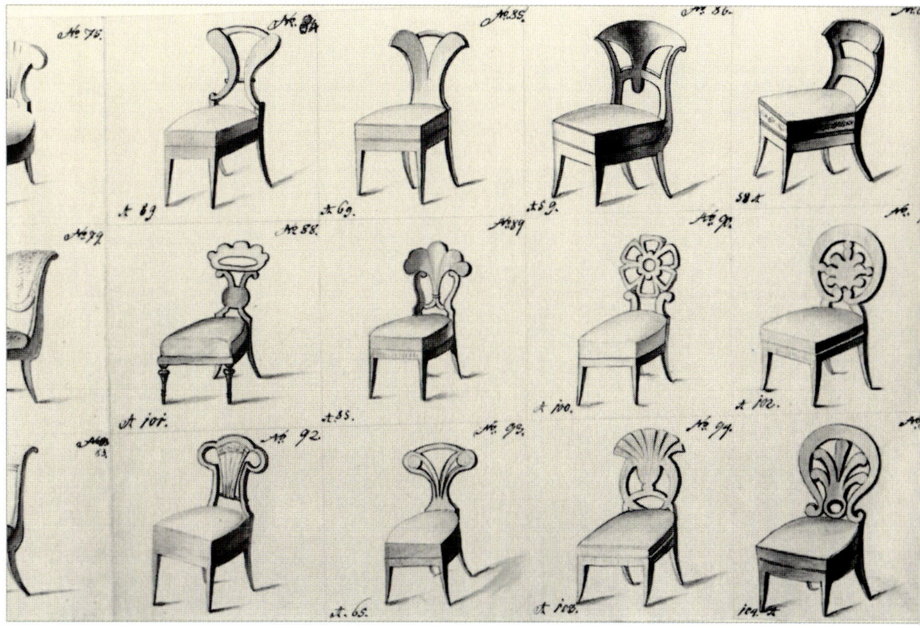

Sesselmodelle aus dem Musterkatalog der Firma Danhauser, erste Hälfte 19. Jahrhundert

Danhauser führte eine Art von Typisierung ein, die es erlaubte, einzelne konstruktive Teile zu verschiedenen Modellen zu kombinieren. Der Rheinländer Michael Thonet, der 1830 eine Methode zur Möbelerzeugung mit gebogenem Holz entwickelt hatte, wurde von Metternich 1842 nach Wien geholt.

Die Erzeugung von Musikinstrumenten war eine wichtige Branche in Wien, fast ein Beiprodukt der Wiener Klassik der Musik: Vor

Wiener Musikklassik, auch in der Instrumentenerzeugung: Schauraum der Streicher'schen Pianofortefabrik in Wien, um 1840

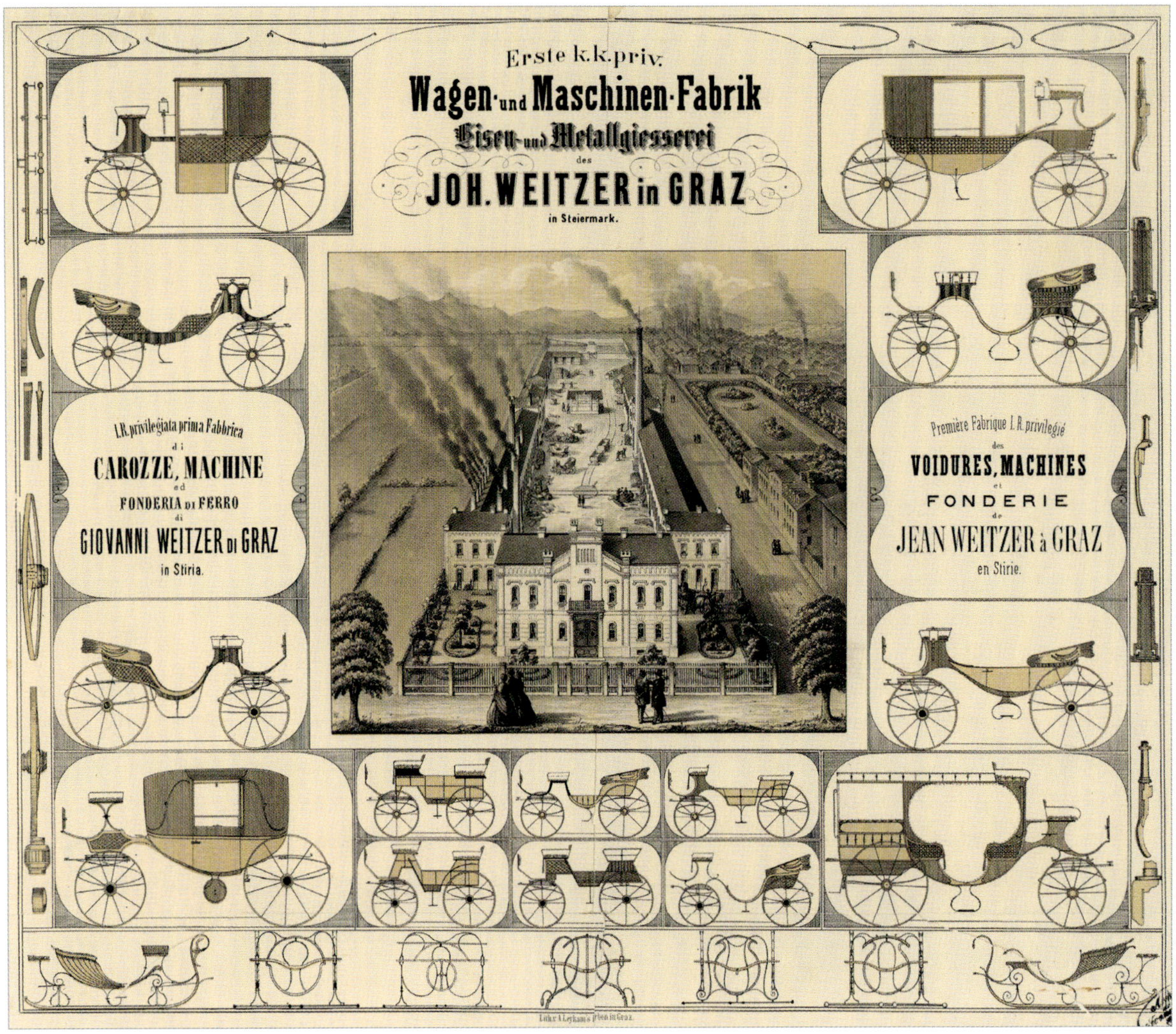

Industrialisierung des Wagenbaus: Werbeblatt der »Ersten priv. k. k. Wagen- und Maschinenfabrik Joh. Weitzer« in Graz mit verschiedenen Kutschenmodellen, Mitte 19. Jahrhundert

allem in der Erzeugung von Klavieren gewann Wien Anfang des 19. Jahrhunderts Weltruf. Neben mehreren großen Klavierfabriken (Stein – J. A. Streicher, Ignaz Bösendorfer, Konrad Graf) gab es an die 150 handwerkliche Klaviermacher. Man schätzte, dass um 1840 jährlich etwa 3.000 Klaviere im ungefähren Wert von 600.000 Gulden erzeugt wurden.

Von Bedeutung war auch die Kutschen- und Wagenfabrikation: Die Wiener Betriebe hatten hier einen bemerkenswerten Standard erreicht und fertigten Wägen mit allem denkbaren Luxus, zum Schlafen, Speisen, Lesen, beheizt und beleuchtet, mit Geheimfächern, eingebauten Klavieren und Retiraden, selbst mit Kilometerzählern. Exportiert wurde vor allem nach Osteuropa, aber auch nach Westeuropa und sogar nach Amerika.

Kennzahlen und Indikatoren

Auf ihrem Höhepunkt verzeichnete die Industrie um 1960 einen Anteil am österreichischen Bruttoinlandsprodukt (BIP) von 30 Prozent. Der Anteil der Industrie an den Erwerbstätigen erreichte Anfang der Siebzigerjahre seinen Höchstwert mit rund 21 Prozent. Diese Jahre markieren gleichzeitig das Ende eines säkularen Trends, der im 18. Jahrhundert begonnen hatte. Die Zuwachsraten der Produktivität und der realen Produktion sind zwar immer noch in der Industrie deutlich über dem gesamtwirtschaftlichen Durchschnitt, der Industrieanteil am BIP und an der Beschäftigung geht aber seither zurück.

Die statistischen Daten und Maßzahlen, mit denen heute Wirtschaftsleistung, Wirtschaftsstruktur und deren Veränderung im Zeitablauf gemessen werden, werden im Wesentlichen erst seit dem Zweiten Weltkrieg regelmäßig erhoben. Die konzeptionellen Grundlagen für die volkswirtschaftliche Buchhaltung und für die Industriestatistik wurden über viele Jahrzehnte hinweg in einem Wechselspiel von Theorie und Praxis entwickelt. Die für den Zeitraum vom 18. bis zur Mitte des 19. Jahrhunderts vorhandenen Daten geben zunächst nur partielle und lückenhafte Anhaltspunkte für eine Abschätzung von Ausmaß und Art der wirtschaftlichen Aktivität. Seit der Etablierung einer amtlichen Statistik im 19. Jahrhundert, beginnend mit der Einrichtung eines »administrativ-statistischen Dienstes« 1829, werden wirtschaftsstatistische Daten in Österreich mit einer gewissen Regelmäßigkeit und Systematik erhoben. Der Zustand von Volkswirtschaft und Industrie lässt sich aus diesen Daten allerdings nur in groben Umrissen beschreiben.

Schon Johann Joachim Becher und Philipp W. Hörnigk beschäftigten sich damit, eine Produktions- und Industriestatistik der Habsburgermonarchie zu schaffen. Als erste Ansätze zu einer Industriestatistik können die Manufakturtabellen angesehen werden. Die Staatsverwaltung begann um die Mitte des 18. Jahrhunderts Daten über Umfang und Form der Produktion in den Manufakturen, Fabriken und Gewerben zu sammeln, die als Informationsgrundlage und Erfolgskontrolle der merkantilistischen Förderungspolitik dienten. Die Manufakturtabellen versuchten jene Gewerbe, deren Befugnisse nicht von den lokalen Ortsobrigkeiten erteilt wurden, sondern von den Landesbehörden, also die Kommerzialgewerbe und die Fabriken, zahlenmäßig zu erfassen. Ihrer Intention nach sind sie Betriebszählungen der industriellen Produktion unter Ausschluss des zünftischen Handwerks.

Die erste bekannte Manufakturtabelle bezieht sich auf die Kommerzialgewerbe Kärntens 1754. Für Niederösterreich ist eine »Generaltabelle« der Fabriken und der Kommerzialgewerbe für das Jahr 1772 überliefert. Besonders unter Kaiser Joseph II. wurden in kürzeren Abständen Manufakturtabellen von allen Kronländern erstellt, um »den Gewerbestand der Monarchie im ganzen zu übersehen, dessen Verhältniß gegen die übrigen Klassen des Erwerbs zu beurtheilen, zu wissen, wie eine Provinz gegen die andere sich an Industrialtrieb verhalte, welcher davon mehr Verdienst zuzuweisen, wo die Agrikultur und wo die Industrie den wichtigeren Gegenstand ausmache«. Allerdings wurde bei diesen Erhebungen nicht systematisch vorgegangen, die einzelnen Merkmale wurden nicht einheitlich definiert, Stichtage und Zeitperioden nicht einheitlich festgelegt. Eine aggregierte Statistik über den Stand von Industrie und Gewerbe in Österreich in der protoindustriellen Periode kann aus den Manufakturtabellen nicht erstellt werden.

Lediglich für Niederösterreich (inklusive Wien) hat H. Hassinger den Versuch unternommen, für das Jahr 1790 eine Übersicht über Fabri-

Fabriken und Manufakturen in Niederösterreich und Wien mit mindestens 15 Beschäftigten im Jahr 1790

Industriezweig	Zahl der Betriebe	Beschäftigte exkl. Spinner	Spinner
Textilindustrie	57	17.567	86.679
Baumwollindustrie	17	12.466	86.679
Seidenindustrie	31	4.240	
Leinenindustrie	6	672	
Schafwollindustrie	3	189	
Leder und Lederwaren	11	443	
Papierwaren	4	170	
Glaswaren	4	136	
Porzellan	1	395	
Metallwaren	24	2.111	
Holzwaren	2	30	
Zucker	1	48	
Farben	5	312	
Alle Fabriken	**109**	**21.212**	**86.679**

Quelle: H. Hassinger, Der Stand der Manufakturen in den deutschen Erbländern der Habsburgermonarchie am Ende des 18. Jahrhunderts, in: F. Lütge (Hg.), Die wirtschaftliche Situation in Deutschland und Österreich an der Wende vom 18. zum 19. Jahrhundert (Stuttgart 1964) 110–176.

ken und Manufakturen mit einer nachweisbaren Mindestzahl von 15 Beschäftigten zusammenzustellen (siehe oben).

Nach dieser Tabelle betrug 1790 die Anzahl der Industriebeschäftigten in Niederösterreich und Wien 21.212. Von diesen entfielen mehr als 80 Prozent auf die Textilindustrie, fast die Hälfte allein auf die sieben großen Kottonfabriken. Die Spinner waren keine Fabriksarbeiter, sondern überwiegend Bauern und ihre Hausangehörigen, die die Herstellung von Baumwollgarn als Nebentätigkeit betrieben. Neben der Textilindustrie fiel nur noch die Metallverarbeitung einigermaßen ins Gewicht. Die Bevölkerung Niederösterreichs wird für 1790 auf 1 Million geschätzt, davon lebte rund ein Viertel in Wien. Nimmt man analog zum ersten aus einer Volkszählung ermittelten Wert (1869) die Erwerbsquote mit 62 Prozent an, so waren unter den 620.000 Erwerbstätigen nur 3,4 Prozent Industriebeschäftigte. Auch wenn dieser Wert mit Sicherheit etwas zu niedrig ist und der Beitrag der Industrie zur gesamten Wertschöpfung der Region schon wegen der höheren Produktivität der Industriearbeit mindestens doppelt so hoch anzusetzen ist, ergibt sich selbst für die industriell am stärksten entwickelte österreichische Region mit einem hohen Anteil städtischer Bevölkerung am Ende der protoindustriellen Periode nur ein geringer Beitrag der Industrie zur gesamten Wertschöpfung.

Die erste umfassende gewerbliche Betriebszählung in Österreich wurde nach der Reorganisation der amtlichen Statistik für das Jahr 1841 durchgeführt. Ziel war die Erfassung aller Industrie-, Gewerbe- und Dienstleistungsbetriebe, was mit den vorhandenen Informationsgrundlagen nur teilweise gelingen konnte. Dieser erste industriell-gewerbliche Zensus für Österreich stellt eine auch im internationalen Vergleich beachtenswerte statistische Pionierleistung dar. Für die Konzeption und Organisation war der neu ernannte Leiter der k. k. Direktion der administrativen Statistik, Karl Freiherr von Czörnig, verantwortlich. Czörnig ist auch der Verfasser des 139 Seiten umfassenden Abschnitts über die Industrie in den »Tafeln zur Statistik der österreichischen Monarchie«, Jahrgang 1841, der wichtigsten Quelle für historische Wirtschaftsdaten in der ersten Hälfte des 19. Jahrhunderts. Czörnigs methodisches Vorgehen ist angesichts des damals geringen praktischen und theoretischen Wissensstandes auf wirtschaftsstatistischem Gebiet bewundernswert. Ausgehend von den Angaben der Betriebe, die aber für die einzelnen Branchen und Regionen Daten von sehr unterschiedlicher Art und Qualität ergaben, berechnete bzw. schätzte Czörnig Produktionswerte, die für die »österreichische Reichshälfte« (habsburgische Länder innerhalb der Zollgrenzen von 1850, also inklusive Lombardei und Venetien, exklusive ungarische Kronländer) einen Gesamtwert der Produktion für die »Industrie« – allerdings in vieler Hinsicht abweichend vom modernen Industriebegriff – von 510 Millionen Gulden, unter Hinzurechnung der Produktion der Kleingewerbebetriebe rund 700 Millionen Gulden ergeben. Bei Hinzurechnung der Produktion in den ungarischen Kronländern, für die jedoch die statistischen Angaben weniger zuverlässig waren, ergab sich ein Produktionswert für Industrie und Gewerbe von rund 1 Milliarde Gulden.

Auf dem Gebiet des heutigen Österreich gab es 556 »landesbefugte« Fabriken, die am ehesten dem heutigen Begriff von Industriebetrieb nahe kommen. Nach einer so weit wie möglich der Klassifizierung der Wirtschaftsklassen entsprechenden Aufteilung entfällt der überwiegende Teil davon auf die Eisenerzeugung und -verarbeitung (181) und auf die Textilindustrie (127). Die übrigen Branchen fallen diesen gegenüber wenig ins Gewicht. Die Maschinenindustrie steckte noch in ihren ersten Anfängen, eine industrielle Produktion in den Bereichen Bekleidung und Holzverarbeitung war noch kaum existent.

Nimmt man die Verwendung von Dampfmaschinen als Maßstab für die Unterscheidung in moderne und traditionelle (»Proto«-)Industrien, so erweist sich die Eisenerzeugung und -verarbeitung zur Mitte des 19. Jahrhunderts als noch weitgehend traditionell. Eine moderne Industrie war damals der Maschinenbau, wo rechnerisch auf einen Industriebetrieb mehr als eine Dampfmaschine entfiel. In der Textilindustrie, wo die mechanische Spinnerei überwiegend noch auf Wasserkraftbasis betrieben wurde, hatte jede vierte Fabrik eine Dampfmaschine in Verwendung. In der Nahrungs- und Genussmittelindustrie ist die Zahl der Dampfmaschinen in Relation zur Betriebszahl fast so hoch wie im Maschinenbau. Jedoch beschränkte sich die Industrialisierung hier zunächst auf wenige Teilbereiche, vor allem Zucker und Öl, daneben Mühlen, Brauereien und Tabakfabriken, während der Großteil der Lebensmittelerzeugung nach wie vor mit traditionellen Methoden erfolgte.

Mehr als die Hälfte der Industriebetriebe in Österreich befand sich in Wien und Niederösterreich, bei einem Bevölkerungsanteil von 37,4 Prozent. Auch der weitaus überwiegende Teil der modernen Industrien lag in dieser Region. Lediglich Vorarlberg hatte mit seiner Textilindustrie Anteil an diesem dynamischen Sektor der österreichischen Industrie. Nach den Berechnungen und Schätzungen Czörnigs ergibt sich – nach einer annäherungsweisen Bereinigung für die Gebietsveränderungen – ein industrieller Produktionswert auf dem Gebiet des heutigen Österreich von 137,5 Millionen Gulden. Dieser Wert schließt zwar Doppelzählungen aus, deren Problematik sich Czörnig wohl bewusst war, beinhaltet aber den Wert der Vorleistungen aus nicht-indus-

Industriebetriebe im Jahr 1841

Branche	Landesbefugte Fabriken	Einfache Fabriken	Zahl der Dampfmaschinen 1841	1851
Eisen und Stahl	150	317	9	18
Eisenverarbeitung	31	428		
Nicht eisenhaltige Metalle	47	87	–	–
Maschinen und Instrumente	22	46	2	26
Textil	127	125	21	32
Bekleidung	14	11	–	–
Leder	16	11	–	1
Holzverarbeitung	9	13	3	4
Papier	22	24	–	–
Chemie	40	81	1	13
Glas	19	23	–	–
Steine und Erden	16	36	1	1
Nahrungs- und Genussmittel	37	124	8	42
Druck und Grafik	6	75	4	11
Österreich gesamt	**556**	**1.401**	**49**	**148**

Quelle: Tafeln zur Statistik der Österreichisch-Ungarischen Monarchie 1841; eigene Berechnung nach heutiger Branchennomenklatur.

Wert der Industrieproduktion 1841, nach Bundesländern

Zahl der Betriebe	Zahl der Betriebe*	Produktionswert in Mill. Gulden	Anteil am Gesamtwert in %	Bevölkerungsanteil in %
Wien	139	46,0	33,5	13,0
NÖ	159	36,0	26,2	24,4
OÖ und Salzburg	75	21,5	15,6	23,2
Steiermark	93	15,0	10,9	16,2
Kärnten	21	9,0	6,5	7,6
Tirol und Vorarlberg	66	10,0	7,3	9,3
Burgenland	3	**	**	6,2
Österreich gesamt	**556**	**137,5**	**100,0**	**100,0**

* landesbefugte Fabriken
** nicht ermittelbar

Quelle: Tafeln zur Statistik der Österreichisch-Ungarischen Monarchie 1841; N. Gross, Industrialization in Austria in the Nineteenth Century (Berkeley 1966) 111.

Wert der Industrieproduktion 1841, nach Branchen

Branche	Bruttoproduktionswert in Mill. Gulden	Wertschöpfung in Mill. Gulden
Textil	38,7	20,0
Baumwolle	19,5	
Wolle	12,7	
Leinen	1,5	
Seide	5,0	
Eisenerzeugung und -verarbeitung	17,0	9,5
Nicht eisenhältige Metalle	10,0	4,5
Chemie	16,0	4,3
Papier	4,1	1,8
Leder	10,0	3,3
Nahrungs- und Genussmittel*	17,0	6,5
Steine und Erden	3,0	1,8
Glas	2,0	1,3
Maschinen und Fahrzeuge	8,0	4,0
Sonstige**	11,7	5,0
Industrie gesamt	**137,5**	**62,0**

* ohne Tabak (bei Chemie inkludiert)
** Holzverarbeitung, grafische Gewerbe, branchenmäßig nicht zuordenbare Produktion

Quelle: Tafeln zur Statistik der Österreichisch-Ungarischen Monarchie 1841; N. Gross, Industrialization in Austria in the Nineteenth Century (Berkeley 1966); eigene Schätzungen.

trieller Produktion (Landwirtschaft, Bergbau, Energiekosten, Transport, andere Dienstleistungen). In Anlehnung an Kennzahlenwerte, die N. Gross nach Angaben aus anderen Ländern für die Mitte des 19. Jahrhunderts ermittelt hat, ist der um diese Vorleistungen bereinigte Nettoproduktionswert mit etwa 45 Prozent des Bruttowertes anzusetzen, das heißt, die Wertschöpfung der Industrie betrug etwa 62 Millionen Gulden.

Eine Aufteilung des Produktionswertes nach Branchen nach der heute verwendeten Einteilung ist aufgrund der oft nur pauschalen und ungefähren Detailangaben über die Produktionswerte in Czörnigs Darstellung nicht möglich. Unter Heranziehung der im Text und in den Einzeltabellen zu findenden Angaben über die Produktion in Österreich im Sinne des heutigen Bundesgebietes und der von N. Gross geschätzten Nettoquoten ergibt sich die nebenstehende Übersicht.

Die dominierende Position der Textilindustrie kommt darin zum Ausdruck, dass nahezu ein Drittel der Wertschöpfung auf diesen Bereich entfällt. Die Eisenerzeugung und -verarbeitung trägt rund 15 Prozent zur Industrieproduktion des Jahres 1841 bei. Der Beitrag der übrigen Branchen liegt meist deutlich unter 10 Prozent. Die neu entstandene Branche des Maschinenbaus – in der Tabelle zusammen mit den Fahrzeugen, die auch den Bau von Kutschen, der »Autos des 19. Jahrhunderts«, beinhalten, ausgewiesen – befand sich noch im Anfangsstadium ihrer Entwicklung und hatte nur etwa 6 Prozent Anteil am industriellen Produktionswert, obwohl die Produktion der Monarchie hier weitestgehend in Wien konzentriert war.

Das nominelle BIP Österreichs wird für das Jahr 1840 auf 385 Millionen Gulden geschätzt. Demnach hätte der Beitrag der »Industrie« (im Sinne von Czörnig) zum BIP 1841 16 Prozent betragen. Dieser Wert bedeutet gegenüber 1790 eine Vervielfachung des Anteils. Der Anteil der Industrie an der Beschäftigung ist mit Sicherheit wesentlich geringer. Gleichzeitig wird deutlich, dass die Industrialisierung in den Jahrzehnten davor trotz mancher negativer Einwirkungen große Fortschritte erzielt hatte. Die Kronländer auf dem Gebiet des heutigen Österreich verfügten bereits um 1840 über ein durchaus beachtliches und entwicklungsfähiges industrielles Potential, das allerdings in den darauf folgenden hundert Jahren den stark wechselnden Rahmenbedingungen entsprechend nur sehr ungleichmäßig zur Entfaltung gelangen konnte.

IV. DIE CHANCEN ÖSTERREICHS IM EUROPÄISCHEN VERGLEICH

Österreichs industrielle Entwicklung ist eingebettet in Europas Industrialisierung. Europas industrielles Wachstum hat die gesamte Welt revolutioniert und globalisiert. Die »große Frage« der Wirtschaftsgeschichte ist wohl die nach dem Wunder Europa: warum Europa und der Westen reich wurden und die früheren Fortschrittsregionen wie der Nahe und Ferne Osten gegenüber dem Anhängsel, das Europa als Kontinent gegenüber Asien geografisch und lange auch kulturell darstellte, weit zurückfielen. An die Frage nach der globalen Erklärung für das europäische Wirtschaftswunder schließen sich »kleinere Fragen« nach den regionalen Unterschieden in Europa an, warum es England war, das die Vorreiterrolle spielte, wie die Nachzügler von den Vorreitern lernten oder behindert wurden und wo die Chancen Österreichs und die Gründe für sein Nachhinken bis ins 20. Jahrhundert lagen.

Mit Europa triumphierte im 18. Jahrhundert ein Außenseiter, dem man vor tausend Jahren, zur Zeit Karls des Großen und an der Wende vom ersten zum zweiten Jahrtausend, wohl kaum Chancen auf eine weltweit führende wirtschaftliche und technische Position zugebilligt hätte. Auch innerhalb Europas lag um 1800 ein Außenseiter voran, nämlich England. Das Vereinigte Königreich erreichte eine Zeit lang eine so dominante Stellung, dass alle anderen europäischen Länder zu Nachzüglern wurden. Aber auch auf dem Festland gab es beträchtliche Wachstumsunterschiede und Wohlstandsverschiebungen, zwischen Italien und den Niederlanden, Spanien und Frankreich, Deutschland und den mittel- und osteuropäischen Staaten und Regionen.

Das Wunder Europa

Um die Wende vom ersten zum zweiten Jahrtausend nach Christus befand sich Europa an der wirtschaftlichen und kulturellen Peripherie der Welt. Europa war rückständig. Die wirtschaftlichen, technischen und kulturellen Zentren lagen im christlichen Byzanz, im islamischen Nahen Osten und Nordafrika inklusive dem damals arabischen Großteil Spaniens, in Persien und Indien und in Südostasien und China.

Gründe für das Wunder Europa sind viele angeführt worden: das gemäßigte Klima, das relativ geringe Bevölkerungswachstum, verbunden mit vergleichsweise reichlicher Nahrungsversorgung, die Möglichkeit, die Übervölkerung in großen Auswanderungswellen in die neu entdeckten Kontinente zu exportieren und von dort Nahrungsmittel und Rohstoffe zu günstigen Bedingungen zu importieren, zusammen mit dem »kolumbianischen Transfer«, den neuen Feldfrüchten, wie Kartoffeln, Mais, Tabak, Sonnenblumen, Kürbissen, Paprika etc., die aus Amerika transferiert wurden, und den riesigen Mengen von Gold und Silber, die man dort raubte und abbaute, ferner die reich gegliederte, überaus lange Küstenlinie

Adam Smith, 1723–1790. Er begründete mit seinem Werk vom »Reichtum der Nationen« die klassische Nationalökonomie.

Charles de Secondat, Baron de Montesquieu, 1689–1755. Er hatte mit seiner Lehre von der Gewaltenteilung wesentlichen Einfluss auf die Ausbildung des modernen Verfassungsstaates.

mit zahlreichen für die Schifffahrt wichtigen Küsten- und Binnenwasserwegen, die natürliche Ressourcenausstattung mit Erzen, Holz, Wasserkräften, die seit dem 16. Jahrhundert errungene globale koloniale und militärische Machtstellung, nicht zuletzt aber auch die institutionellen Faktoren und Reformen, die sich Europa schuf und die es durchführte, um die wirtschaftliche und soziale Dynamik zu erzeugen und aufrechtzuerhalten.

Europas Chance und Triebkraft war der Wettstreit um die Macht, der hier entbrannte, zuvorderst zwischen den fünf bis zehn Mittel- und Großstaaten, in die Europa zerfiel, aber auch zwischen Kaisertum und Papsttum, das heißt zwischen geistlichen und weltlichen Gewalten, und zwischen den feudalen Herrschaftsträgern und den bürgerlichen Städten und nicht zuletzt zwischen allen Wirtschaftstreibenden und Menschen insgesamt. In der Konkurrenz der europäischen Staatenwelt, in der Ausbalancierung zwischen geistlicher und weltlicher Gewalt, im Widerstreit der städtischen Partikulargewalten mit staatlichen und feudalen Autoritäten und in der Ausbildung von konstitutioneller Monarchie und demokratischen Systemen entfaltete sich Europas Fortschrittspotential.

Europa hat die Konkurrenz erfunden, sowohl in der internationalen Staatengemeinschaft und ihrem Gleichgewichtsdenken wie auch im innenpolitischen Machtausgleich und dem Konzept der Gewaltenteilung und nicht zuletzt im Wechselspiel der Wirtschaft auf von Angebot und Nachfrage gesteuerten Märkten, verbunden mit einer effizienter werdenden Sicherung des Eigentums und einer erst allmählich hinzukommenden Absicherung und Schützung der sozial Schwächeren. Für die Wirtschaft und ihre Märkte theoretisch ausformuliert hat dieses Konzept der Selbstregulierung und Leistungssteigerung durch Konkurrenz und Arbeitsteilung Adam Smith in seinem 1776 veröffentlichten Klassiker vom »Reichtum der Nationen«. Das Prinzip der innerstaatlichen Gewaltenteilung formulierte Charles de Montesquieu. Die Theorie vom europäischen Mächtegleichgewicht begann seit dem 17. Jahrhundert immer stärker die Strategien der Staatsoberhäupter und das Denken der politischen Theoretiker zu bestimmen.

Europas wissenschaftlich-technische Leistung

war die Erfindung des Erfindens, das heißt der Übergang zu routinemäßiger Forschung samt ihrer Verbreitung und Anwendung. Bis ins 15. Jahrhundert hinkte Europa hinter dem technischen und wissenschaftlichen Kenntnisstand des Nahen und Fernen Ostens hinterher und profitierte vom Technologietransfer aus dem Orient und aus Indien und China: Vom Spinnrad über die arabischen Zahlen und die Null, von der Kunst der Alkoholdestillation und der Alchemie über die Verwendung des Steuerruders, des Kompasses und der Kanalschleuse bis zu Schießpulver und Porzellan, Papier und Buchdruck reicht der Reigen der technischen Verfahren und Kenntnisse, die Europa im Wege eines Technologietransfers aus dem Nahen und Fernen Osten bezogen hat. Europa hat diese Kenntnisse übernommen, technisch weiterentwickelt und ökonomisch angewendet.

Seit der Renaissance begann Europa die systematische Produktion von Wissen und technischem Know-how. Maßgebend dafür waren erstens die Erringung der Freiheit und Autonomie des Denkens, zweitens die Entwicklung einer Methodik der Forschung in Verbindung von wiederholtem Wahrnehmen, exaktem Messen und abstraktem Berechnen und drittens die routinierte Diskussion und Veröffentlichung der Ergebnisse in gelehrten Gesellschaften, periodischen Druckwerken und über internationale wissenschaftliche Kontakte.

Die Position Österreichs im internationalen Vergleich

Es gehört zu den Grunderfahrungen der Theorie der Industrialisierung, dass diese regional ungleichgewichtig und in Schüben verläuft. Die Wirtschafts- und Wohlstandszentren in Europa haben sich während der Neuzeit mehrere Male und in verschiedenen Richtungen verlagert und verschoben.

Um 1500 hatte Italien das weitaus höchste Pro-Kopf-Einkommen Europas. Dahinter folgten Belgien und die Niederlande und mit nur kleinem Abstand Österreich und Großbritannien. Um 1700 hatten sich die Niederlande mit großem Vorsprung an die Spitze der Wohlstandspyramide gesetzt. Mit großem Respektabstand folgten Großbritannien, Belgien, Italien und die Schweiz und nicht weit dahinter Österreich. Wieder ein Jahrhundert später, um 1820, standen Großbritannien und die Niederlande ganz klar an der Spitze. Im Mittelfeld rangierten Belgien, Frankreich, die Schweiz und Österreich. Aber Österreich lag immer noch deutlich über Deutschland oder Schweden und bereits vor Italien. Um 1870 behauptete England unangefochten die Spitze. Mit großer Distanz folgten Belgien, die Niederlande, dahinter die Schweiz, in einer dritten Gruppe Frankreich, Österreich und Deutschland. 1913 lag Großbritannien immer noch vorne, aber längst nicht mehr so souverän. Die USA hatten England bereits eingeholt. Deutschland hatte mächtig aufgeholt und dabei Österreich überholt, wenn auch nur knapp. 1950 waren die Karten völlig neu gemischt. Die USA hatten Europa weit abgeschlagen. In Europa reichte nur die Schweiz an das amerikanische Niveau heran. Großbritannien, Dänemark, Schweden, Belgien und die Niederlande bildeten eine Mittelgruppe, dahinter lagen Frankreich und Norwegen. Deutschland und Österreich befanden sich im unteren Mittelfeld. Um 2000 sah es wieder ganz anders aus. Das reichste Land war immer noch die USA, dahinter folgten Norwegen, Dänemark, die Schweiz und Japan. Österreich hatte Großbritannien und Deutschland überholt.

Der markanteste Einschnitt war das 17. Jahrhundert mit seinen krisenhaften Erscheinungen. Das 17. Jahrhundert war ein schwarzes für Spanien, Italien und Deutschland, ein graues für Frankreich, ein goldenes für Holland und zumindest ein silbernes für England. Und für Österreich? Für Österreich wird es üblicherweise als »Heldenzeitalter« eingestuft, in dem das Reich der Habsburger seine Großmachtposition, die man im 16. Jahrhundert geerbt hatte, auch militärisch durchsetzte – im Dreißigjährigen Krieg, der zwar nicht gewonnen, aber auch nicht verloren wurde, und in der erfolgreichen Abwehr der Türkengefahr und im weiten Vorstoß nach Ost- und Südosteuropa. Das kulturelle Österreich manifestierte sich im glanzvollen Prunk des Barock. Politisch war man bemüht, aus der Ländervielfalt einen Zentralstaat zu formen, ökonomisch versuchte man, neue Produktionstechniken und Branchen, die in Westeuropa eingeführt wurden, nach Österreich zu bringen und das Land im Sinne der merkantilistischen Theorie bevölkerungsreicher, konkurrenzfähiger und von Importen unabhängiger zu machen.

In der üblichen Liste der frühen Textil-Landschaften in Europa (Flandern-Brabant, Südwest-England, Toskana/Prato, Lombardei, Bodenseeregion, Schwaben, Vogtland, Schlesien, Ostpolen/Lodz, Westfalen/Bielefeld, Lancashire, Friesland, Holland) ist keine Region des heutigen Österreich vertreten. Allerdings gewannen auch Teile Oberösterreichs, Niederösterreichs und Vorarlbergs Bedeutung als protoindustrielle Produktionslandschaften. Vor allem aber sind das südliche Nieder- und Oberösterreich, die Steiermark und Kärnten an prominenter Stelle als frühe Eisenlandschaften zu nennen. Andere Eisenregionen im Gebiet des Deutschen Reiches konnten in der Bedeutung nicht an die beiden »Eisenwurzen«, die steirisch-niederösterreichisch-oberösterreichische und die kärntnerische, heranreichen. Im internationalen Vergleich hingegen verlor Österreich als Eisenproduzent immer mehr an Bedeutung, zuerst gegenüber Schweden, dann Russland, zuletzt England.

Im späten 18. Jahrhundert entwickelte sich der Wiener Raum und seine Umgebung zu einer führenden frühindustriellen Wirtschaftsregion. Das südliche Wiener Becken war ein frühes Industrieland. »Sehr wenigen Ausländern möchte es bekannt seyn, dass in dem österreichischen Kreise Unter-Wiener-Wald mehr Fabriken und Industrien zu treffen sind, als in irgendeinem Flächenraum von gleicher Größe auf dem ganzen festen Lande von Europa. Hat auch das übercultivierte England einen Landstrich aufzuzeigen, wo auf gleichem Raume der Fabriken noch mehrere sind, so wird man doch daselbst nicht die Mannigfaltigkeit finden wie hier, wo man mit wenigen Ausnahmen, Fabriken aller Gattungen sieht.« Das schrieb der Schriftsteller Heinrich Gottlob Heinse 1812 in den »Vaterländischen Blättern für den Österreichischen Kaiserstaat«. Seine Analyse mag ein bisschen unter dem Eindruck der vaterländischen Aufbruchstimmung der Befreiungskriege geschrieben sein. Doch sie war begründet.

Die Ansichten über den Zeitpunkt des Einsetzens der Industrialisierung in Österreich und über ihre Einordnung und Bewertung im Rahmen der gesamteuropäischen Entwicklung sind ausgesprochen kontrovers und umfassen die volle Bandbreite von der Hervorhebung der wirtschaftlichen Rückständigkeit des Landes bis zur übersteigerten Betonung von dessen Spitzenstellung und Führungsrolle im Prozess der Industriellen Revolution, von der Annahme eines sehr späten bis zu der eines sehr frühen Starts und von der Theorie eines ruckartigen Schubs des Aufholens bis zu der eines sehr langsamen oder von vielen Rückschlägen durchsetzten Wachstumsprozesses.

Die österreichische Wirtschaft erfuhr im ausgehenden 18. Jahrhundert eine erste industrielle Wachstumsphase, die sich mit manchen Unterbrechungen auch während der Napoleonischen Kriege fortsetzte. Inflation und Kontinentalsperre erzeugten eine Industrialisierungs- und Gründungswelle, für die die binnenländische Nachfrage zur entscheidenden Variablen wurde. Es war allerdings eine Scheinkonjunktur. In Wirklichkeit waren die Schäden der Napoleonischen Kriege, die Folgen der Hyperinflation und die Auswirkungen der Hungersnöte immens. Ein goldenes Zeitalter habe man ja nach mehr als zwanzigjähriger Kriegszeit vernünftigerweise wohl nicht

Karikatur auf Aufstieg und Fall Napoleons: vom korsischen Knaben über den Militärschüler, Glücksritter, General, Ersten Konsul und Kaiser zum Abstieg, Rückzug aus Spanien, aus Russland und Deutschland und dem damals vorläufigen Ende auf Elba (unten Zentrum). Kolorierter Kupferstich, um 1814

erwarten können, meinte der österreichische Beamte Anton Baldacci in einer bekannten Denkschrift aus dem Jahr 1816. Das Ausmaß des Rückstandes gegenüber England und Westeuropa wurde aber nunmehr voll bewusst. In diesem Jahr 1816 war es zum totalen wirtschaftlichen Kollaps gekommen. Die wirtschaftliche Krise war in Österreich hartnäckig und dauerte bis in die Mitte der 1820er-Jahre.

Man setzt daher den Take-off, den Zeitpunkt, zu dem in Österreich das langfristige moderne Wirtschaftswachstum begann, mit guten Gründen in den 1820er-Jahren an. Ein Vergleich der österreichischen industriellen Entwicklung mit jener anderer europäischer Länder zeigt, dass der Vormärz für die österreichische Wirtschaft eine der günstigeren Perioden im 19. Jahrhundert darstellte. Das Wachstum der Roheisenproduktion übertraf jenes des Deutschen Zollvereins; dieser produzierte 1842 nur um 25 Prozent mehr Roheisen als Österreich. Die österreichische Kohlenproduktion war zwar viel geringer als die preußische, wuchs aber in den Vierzigerjahren fast zweimal so rasch wie diese. Auch wenn der Baumwollsektor in Österreich nur halb so groß war wie der des Zollvereins, so war seine Wachstumsrate andererseits um zumindest 1 Prozent pro Jahr höher als jene des Zollvereins. Dasselbe gilt wahrscheinlich auch für die industrielle Gesamtproduktion. Ein ungefährer Index für die Metall-, Seiden-, Woll-, Baumwoll- und Lebensmittelindustrie zeigt, dass die Wachstumsrate der industriellen Produktion des Zollvereins im Vormärz wohl nicht mehr als 1,2 Prozent pro Jahr betrug: zumindest 1 Prozentpunkt weniger als die österreichische Wachstumsrate.

Während Europas Anteil an der Weltindustrieproduktion von 1750 bis 1860 von etwa 23 Prozent auf über 53 Prozent anstieg, verlor die Habsburgermonarchie wie alle übrigen europäischen Länder gegenüber Großbritannien sukzessive an Anteil, die Habsburgermonarchie allerdings stärker als Deutschland.

Nachteile und Schwächen Österreichs im Vergleich zu Westeuropa

Wenn sich die Handelswege verlagern: Österreichs verkehrspolitische und geostrategische Stellung in Europa hat sich mehrmals grundlegend geändert. Österreich wurde im Verlauf der frühen Neuzeit immer mehr von der Mitte Europas an dessen Rand gerückt: Die wichtigen Handelsrouten von Italien in den süddeutschen Raum, aber auch nach Böhmen, Polen und Ungarn verloren seit dem 16. und 17. Jahrhundert an Bedeutung, je stärker einerseits der atlantische Wirtschaftsraum gegenüber dem Mittelmeerraum an Einfluss gewinnen konnte und je unsicherer der osteuropäische Markt durch das Vordringen der Türken wurde. Der West-Ost-Handel entlang der Donaulinie war von den kriegerischen Auseinandersetzungen mit den Türken besonders betroffen.

Holland als der Frächter Europas erreichte im 17. Jahrhundert seine größte wirtschaftliche Bedeutung. Im 18. Jahrhundert setzte sich immer mehr Großbritannien an die Spitze des internationalen Handels- und Transportgeschehens. England dominierte nicht nur die Seewege nach Amerika und Indien, sondern hatte auch den Vorteil einer alle wesentlichen Zentren erreichenden Küstenschifffahrt und eines gut ausgebauten Straßennetzes. Es schuf sich mit schiffbaren Flüssen und zahlreichen Kanälen ein hervorragendes Netz an Binnenwasserwegen und setzte sich auch im Eisenbahnbau an die Spitze.

Der sukzessive Rückzug der Habsburgermonarchie aus Westeuropa und aus dem deutschen und dem norditalienischen Wirtschaftsraum im 18. und 19. Jahrhundert veränderte vor allem die Situation der heutigen westlichen Bundesländer. Der italienische Wirtschaftsraum, um die Mitte des zweiten Jahrtausends der führende der Welt, verlor immer mehr an Gewicht. Mit dem Ausscheiden aus dem Deutschen Reich (1806) und der Etablierung des Deutschen Zollvereins (1834), an dem Österreich nicht teilnahm, änderten sich auch die Handelsrichtungen. Die Verkehrsachse entlang der Donau verlor an Bedeutung. Die Linie Prag–Brünn–Wien–Triest wurde zum wichtigsten Handels- und Verkehrsweg der Habsburgermonarchie.

Die zunehmende Ostorientierung der Habsburgermonarchie lenkte Österreichs Aktivitäten in Regionen, die der Entwicklung hinterherhinkten. Das Tor zum Wachstumsmotor Atlantik blieb nur über Aussig und den böhmischen Raum offen, in kleinem Maßstab auch von Vorarlberg über den rheinischen Wirtschaftsraum. Aussig mit seiner direkten Schifffahrtsverbindung zur Nordsee löste nach der Mitte des 19. Jahrhunderts Triest als wichtigsten Hafen der Monarchie ab.

Wenn das Holz knapp wird: Die Faktorausstattung bei Bodenschätzen und Verkehrsmöglichkeiten hatte Österreich einerseits begünstigt, andererseits benachteiligt. Österreich hatte in der Frühneuzeit eine Reihe von Produkten, die ihm Wohlstand und Einkommen sicherten: Silber und Salz, Eisen und eine Reihe weiterer Bergbauprodukte (Kupfer und Blei, Arsen und Quecksilber), Wein und Leinen, Holz und Glas. Die Wachstumspotentiale dieser Produktlinien waren allerdings nicht sehr groß.

Die Ressourcen, die Österreich im europäischen Vergleich am Beginn der Industrialisierung aufweisen konnte, waren bunt gemischt: einerseits auf der Positivseite viel Holz, zahlreiche, wenn auch in weltweiter Sicht nicht sehr ergiebige Rohstoffvorkommen und viele kleine Wasserläufe, die sich für mechanische Antriebe gut eigneten, die aber kaum Expansionsmöglichkeiten boten; auf der Negativseite dafür die Nachteile eines Gebirgslandes: schwierige Gegebenheiten für den Straßenbau, nur wenige für den Transport brauchbare Wasserläufe, keine direkte Verbindung zum Meer.

Ökologische Schwierigkeiten, insbesondere, dass das Holz knapp wurde, waren in den

Revolution Eisenbahn: Personenzug auf der ersten, am 27. September 1825 eröffneten Eisenbahnstrecke Stockton–Darlington in England

meisten Staaten Europas in der Frühneuzeit ein entscheidender Engpass: in England ebenso wie in Spanien und den Niederlanden wie auch an der von Venedig dominierten östlichen Adriaküste, an der die Verkarstung durch Übernutzung voranschritt. In England und den Niederlanden wurde mit der Mineralkohle früher eine Abhilfe und Auswegstrategie geschaffen als in den Alpenländern.

Wenn der Unternehmergeist fehlt: Schwierig ist ein Vergleich bei Innovationen und innovativen Persönlichkeiten. Hatte Österreich schlechtere oder zu wenig Unternehmer? »In den Baumwollspinnereien um Wien sind die Direktoren und Vorarbeiter meistens Engländer und Schotten aus den Baumwollfabriken von Glasgow und Manchester«, berichtete 1840 ein Reisender. Tatsächlich ist es unübersehbar, dass zahlreiche der bekanntesten Unternehmerpersönlichkeiten Österreichs im 18. und 19. Jahrhundert ausländischer Herkunft waren und diese verschiedenen ethnischen Minderheiten und in der Minderheit befindlichen Religionsgemeinschaften zugehörten: Griechen, Armenier, Italiener, Schweizer, Engländer, Niederländer, Belgier, Elsässer, Zuwanderer aus dem deutschen Reich, Juden, Protestanten, Calviner nahmen als Wirtschaftstreibende eine wichtige Stellung ein. Umgekehrt zählt die Darstellung verkannter österreichischer Erfinder und Genies, die ihre Ideen unternehmerisch nicht zu nutzen vermochten, zu den in den Geschichtsbüchern sehr beharrlich gepflegten Mythen.

Unter den Wiener Großhändlern, die in die Nachfolge der Niederleger traten, dominierten ausländische Familien. Als Kapitalisten traten konfessionelle Randgruppen, Juden, Lutheraner, Calviner und Griechisch-Orthodoxe her-

Die Klingenfabrik Pottenstein, eine von vielen adeligen Fabriksgründungen des 18. Jahrhunderts

vor. Die exzeptionelle Rolle der religiösen und ethnischen Minderheiten sowie des Protestantismus für die Konstituierung der österreichischen Unternehmerschaft steht außer Streit. Aber dies gilt praktisch für alle sich industrialisierenden und kapitalistische Strukturen annehmenden Regionen und Länder. Jüdische Unternehmer und Bankiers stellten nicht nur in Österreich einen überdurchschnittlichen Anteil, gefördert von der jahrhundertelangen Randexistenz, aber auch von den in den ehemals diskriminierten Geldberufen gesammelten Erfahrungen in Geschäftsfragen. Dies galt auch für die Niederlande. Auch in England ist die Rolle der Minderheiten im kapitalistischen Sektor groß.

Dass Juden in Österreich bis 1848 keinen Grundbesitz erwerben durften und von zahlreichen zünftischen und bürgerlichen Berufen ausgeschlossen waren, drängte sie in Berufe und Branchen, deren Wachstumspotential besonders hoch war: in das Geldwesen, in zahlreiche Dienstleistungs- und Bildungsberufe, in das Rechtswesen und in die Medizin und Pharmazie, in freie Berufe und in das industrielle Unternehmertum. 48 Prozent der geadelten Wirtschaftstreibenden des Vormärz in Österreich waren Katholiken, 52 Prozent Mitglieder konfessioneller Randgruppen, wobei die Juden dominierten.

Ob der Adel in Österreich sich stärker als anderswo einem demonstrativ-konsumtiven Lebensstil verschrieb oder ob der österreichische Adel mehr als in anderen Regionen investierte oder unternehmerische Aktivitäten entfaltete, ist kaum quantifizierbar. Im 18. Jahrhundert finden wir in Niederösterreich eine ganze Reihe adeliger Unternehmer: Graf Blümegen investierte in Kettenhof, Fürst Auersperg in der Seidenfabrik in Wienersdorf, Fürst Nikolaus Esterházy begründete eine Tuchfabrik in Wiener Neustadt und investierte unter anderem im Kohlenbergbau und in der Baumwollspinnerei, Graf Batthyány kaufte die Nadelburg, Christoph von Metzburg, ein böhmischer Aristokrat, gründete eine Säbelfabrik in Pottenstein. Kaiser Franz Stephan, der Gemahl Maria Theresias, wurde von Friedrich II. als größter Fabrikant seiner Zeit bespöttelt. Hinter der Pottendorfer Spinnerei stand adeliges

Geld. In Ziegeleien, Brauereien, Brennereien, Zuckerfabriken, Mühlen und Eisenwerken waren auch im 19. Jahrhundert die adeligen Beteiligungen beträchtlich.
Einige österreichische Unternehmen des 17. und 18. Jahrhunderts hatten zwar eine international beachtliche Größe erreicht, etwa die Linzer Wollzeugfabrik, die Innerberger Hauptgewerkschaft, das Salinenwesen im Salzkammergut, doch gingen von diesen dezentralisierten Großbetrieben kaum Skaleneffekte und Vorteile des technischen Fortschritts und der maschinisierten Massenproduktion aus. Entsprechende Produktivitätszuwächse konnten nicht lukriert werden.

Wenn das Handelskapital fehlt: Von den wesentlichen Faktoren, die für die Industrialisierung entscheidend waren, fehlte es in Österreich vor allem an der entsprechenden Kapitalbildung. Es gab zwar im Adel sehr hohe Einkommen, die aber zu einem beträchtlichen Teil konsumtiven Zwecken zugeführt wurden: Schlossbauten, Statuskonsum, demonstrative Ausgaben bei Hofe. Schwach entwickelt war das Handelskapital.
Große Handelshäuser mit entsprechender Kapitalkraft fehlten in Österreich. Es gab hier schon im 15. und 16. Jahrhundert kaum Kapitalisten und Handelsleute, die es mit den oberdeutschen Handelshäusern oder mit venezianischen, lombardischen oder florentinischen Fernhändlern der Frühneuzeit hätten aufnehmen können. Das österreichische Stadtbürgertum war durch die Gegenreformation zusätzlich geschwächt worden. Zudem war ihr Einkommen nicht unwesentlich auf Privilegien gegründet: Das galt für die Wiener Niederleger, deren Privilegien nach der Einführung des Grenzzollsystems 1775 nur mehr auf Lebenszeit galten und nicht mehr erneuert wurden, ebenso wie für die Eisenhändler in Steyr und Leoben oder in den drei Märkten Scheibbs, Gresten und Purgstall, die von der Freigabe des Eisenhandels unter Joseph II. entsprechend betroffen waren, oder auch für die Privilegien der Tiroler Händler, die mit der Beseitigung des Rodfuhrwesens wegfielen.
Dass die Zahl und Lebensdauer international agierender Handelskompanien in Österreich im Vergleich zu den Küstenstaaten in West- und Nordeuropa sehr gering war, lag nicht nur an der Pragmatischen Sanktion, für deren Anerkennung Karl VI. auf die Ostindische Kompanie verzichtete, sondern auch an der mangelnden Kapitalstärke.
Während in den Niederlanden und in Frankreich bereits im 15. und 16. Jahrhundert Börsen entstanden waren, in Antwerpen 1460, in Lyon 1462, Amsterdam 1530, London 1554, Paris 1563, Hamburg 1558, Kopenhagen 1619 und sogar in Berlin im Jahre 1761, folgte Wien erst 1771 mit einer derartigen Gründung.
1660 bis 1710 war Amsterdam der Mittelpunkt des Weltzahlungssystems: Depositen- und Girobanken nach Amsterdamer Muster verbreiteten sich in anderen europäischen Städten. Der Aufstieg Englands nach 1713 beendete die Vorherrschaft des Bankplatzes Amsterdam. London übernahm noch vor der Mitte des 18. Jahrhunderts die Spitzenposition. Die Amsterdamer Bank für Depositen gab seit 1683 Papiergeld aus, die 1694 gegründete Bank of England und auch andere englische und schottische Banken begannen mit der Papiergeldausgabe, die anders als in Amsterdam nicht mehr vollständig durch Edelmetallreserven gedeckt war. Experimente mit Papiergeld in Schweden (1661–1664) und in Frankreich (1718–1720) scheiterten an überhitzten Spekulationen. Österreich lag auch hier mit der ersten Papiergeldausgabe 1762 eher im Hintertreffen und machte in den Napoleonischen Kriegen jene unliebsamen Erfahrungen mit Papiergeldinflationen, die Holland oder Frankreich schon im späten 17. und frühen 18. Jahrhundert hinter sich gebracht hatten.
Während in England die Finanzierung der frühen Industrialisierung aus eigenen Ersparnissen und Refinanzierung aus Gewinnen wegen der vergleichsweise einfachen Struktur der ersten Maschinen noch leichter möglich war,

erwies sich dies bei den Nachzüglern, wo die Maschinen schon bedeutend größer und kapitalaufwendiger waren, als schwieriger. Auf eine Finanzierung über Banken und durch den Staat war kaum mehr zu verzichten – nur diese konnten das entsprechende Kapital aufbringen. Einerseits waren moderne Finanzierungsinstrumente über Aktiengesellschaften und Börsen in Österreich später und viel weniger umfassend ausgebildet als in England und Westeuropa. Andererseits war Österreich zwischen dem 17. und frühen 19. Jahrhundert in eine Vielzahl von Kriegen verwickelt, die jeweils eine erhebliche Kapitalvernichtung nach sich zogen. Der Großmachtstatus forderte die Bereitstellung einer riesigen Armee, die viel Kapital verbrauchte und dieses der Veranlagung in Industrie und Infrastruktur entzog.

Geht der Welt ein Licht auf? Scheibbser Schützenscheibe von 1782 als Kritik an den liberalen Reformen Josephs II., die den Handelsmarkt Scheibbs besonders betrafen. Der Kaiser und ein gelehrter Aufklärer lehnen an der Weltkugel, der blinde Handelsmann mit seinen Waren auf dem Rücken wird von einem Wegweiser am langen Stock geführt. Umschrift: *»Doll über die Anzahl der neuen Gelehrten bin ich weil ich meine sie sind die Verkehrten. Ich trage mit Gedult was ich selbst nicht verstehe mein Weiser hat die Schuld wann ich nicht richtig sehe.«*

Wenn große Entdeckungen fehlen: Der Zustand der österreichischen Universitäten im 18. und frühen 19. Jahrhundert war nicht wirklich ermutigend. Aus Österreich kamen im 17., 18. und frühen 19. Jahrhundert keine der großen naturwissenschaftlichen Entdeckungen und denkerischen Leistungen; die großen Entwicklungen der Mathematik wurden in England (Newton), Frankreich und Deutschland (Leibniz) gemacht, die moderne Physik und Chemie in Westeuropa entwickelt, ebenso die Grundlagen der Elektrizitätslehre, von den Basisinnovationen der Industriellen Revolution (Dampfmaschine, Spinnmaschine, mechanischer Webstuhl, verbunden mit Namen wie Richard Arkwright, James Watt, Michael Faraday, Abraham Darby) war keine in Österreich erfolgt. Auch an den Höchstleistungen der Philosophie (Charles de Montesquieu, Jean-Jacques Rousseau, Voltaire, Johann Heinrich Pestalozzi, Immanuel Kant, Georg Wilhelm Friedrich Hegel, Gottfried Wilhelm Leibniz) und an der Entwicklung der modernen ökonomischen Theorie, die den englischen Merkantilisten, den französischen Physiokraten und der englischen Klassik (Adam Smith, David Ricardo, Robert Malthus) zuzurechnen ist, war Österreich nicht beteiligt. Selbst die Exponenten des österreichischen Merkantilismus und Kameralismus, die in der theoretischen Durchdringung der Fragestellungen ohnehin nicht an das westeuropäische Niveau heranreichten, waren Zuwanderer. In Literatur und Dichtung kam es erst im Vormärz zu eigenständigen österreichischen Spitzenleistungen. Nur auf dem Gebiet der Architektur, bildenden Kunst und Musik gab es in Österreich Höchstleistungen.

Der technische Fortschritt wurde aus Frankreich, England, Holland und Italien transferiert, man organisierte Kommerzreisen, technische Bücher und Enzyklopädien wurden importiert, die Fachleute ins Land geholt. Neben dem niederen Schulwesen, das unter Maria Theresia und Joseph II. stark ausgebaut wurde, war Franz I. bestrebt, die naturwissenschaftlich-technische Ausbildung sehr zu fördern, unter anderem 1809 durch die Gründung einer Realschule in Wien und 1815 durch die nach dem Prager Beispiel erfolgte Errichtung des Polytechnischen Instituts, des Vorläufers der Technischen Hochschule. Auch

Die Macht der Maschinen: James Nasmyths erster Dampfhammer, 1842

die Anfänge der montanistischen Hochschulbildung reichen mit der 1840 in Vordernberg eröffneten, 1849 dann nach Leoben verlegten »Steiermärkisch-ständischen berg- und hüttenmännischen Lehranstalt« in den Vormärz zurück. Die Wiener Universität wurde, vor allem in den medizinischen Fächern, großzügig gefördert und ausgebaut.

Wenn der Einfluss des Katholizismus groß ist: Die Gegenreformation hatte in den katholischen Gebieten zu einer spürbaren Zurückdrängung des Buchbesitzes, der Lektüre und der wissenschaftlichen und allgemeinen Bildung geführt. Statt der Schriftkultur blühte die Ausstattung der Kirchen und privaten Haushalte mit Bildern und Devotionalien, nahmen das Wallfahrtswesen und die Zahl der Feiertage zu. Viel Kapital und Arbeitszeit wurde in Kirchen- und Klosterbauten investiert, in religiöse Bruderschaften, prunkvolle Begräbnisse und religiöse Feiertage. Die Gegenbewegung begann erst unter Maria Theresia. Von Joseph II. wurden zahlreiche Bruderschaften, Korporationen, Benefizien, »ewige Messen« und sonstige Stiftungen aufgehoben und ihre Mittel dem Religionsfonds, dem Normalschulfonds und den Pfarrarmeninstituten zugeführt. Mit der Auflösung der Gesellschaft Jesu im Jahre 1773 wurde zuerst in der Lombardei und ab 1780 auch in den habsburgischen Kernlanden die große Welle der josephinischen Klosteraufhebungen eingeleitet.

Von den weit mehr als 300 Klöstern im heutigen Österreich wurden mindestens 140 Niederlassungen meist beschaulicher Orden aufgelassen. 1762 bestanden (ohne Tirol, für das entsprechende Daten fehlen) 291 Klöster mit 5.948 Religiosen und 1.448 Klosterfrauen, dazu 2.490 Weltpriester. 1847 zählte man ohne Tirol 125 Klöster mit 2.500 Mönchen und 1.000 Nonnen, dazu 4.620 Weltpriester, in Tirol, allerdings inklusive der italienischen Teile, weitere 86 Klöster mit 1.136 Mönchen und 819 Nonnen, dazu 2.639 Weltgeistliche. Die Zahl der Ordens- und Weltgeistlichen zusammen blieb von 1762 bis 1851 nahezu konstant, ihr Anteil an der erwachsenen männlichen Bevölkerung sank von etwa 1,4 Prozent auf 0,8 Prozent, in Wien sogar von 4,2 Pro-

XXIII. CONVENTUS
AD
S. ANNAM MATREM B.V.M.
HAINBURGI,
In Inferiori Auftria.

Gratifici Cives ftruxerunt Fratribus ædes;
Si caufam quæris? Peftis origo fuit.
Peftis origo fuit: quam paffi pefte ruinam;
Peftis Luna fuit: Luther & ipfe Lues.
Aft hîs difpulsîs repetunt fua limina pulfi,
Quos Mater Matris protegit ANNA Dei.
Hic veftit nudos Mater Provincia natos,
Nè careant natæ vellere Matris oves.

Franziskanerkloster Hainburg in Niederösterreich, eines von vielen Klöstern, die unter Joseph II. aufgehoben und in Fabriken umgewandelt wurden. 1787 wurde es in den Komplex der Hainburger Tabakfabrik einbezogen.

zent im Jahre 1780 auf 0,7 Prozent 1840. Der bekannteste Kritiker aller Missstände des späten 18. Jahrhunderts, Joseph Richter, schrieb: »Das alte Wien: Bey 20tausend lästige und müßige Mönche. Das neue Wien: Ueber 300.000 Soldaten.«

Wenn Großmachtpolitik die Ressourcen überbeansprucht: Hatte Philipp Wilhelm von Hörnigk seine berühmte Programmschrift »Österreich über alles« noch mit der Intention geschrieben, den Staat wirtschaftlich in die Lage zu versetzen, ein stehendes Heer von 100.000 Mann zu finanzieren, so stiegen die Zahlen der Massenheere im 18. Jahrhundert immer mehr an.

Um 1780 hatte Österreich bereits ein stehendes Heer von fast 280.000 Mann zu unterhalten, was verglichen mit den mehr als 200.000 Mann des viel kleineren und ärmeren Preußen nicht so viel war, aber verglichen mit England und dessen Finanzkraft eine Riesenarmee darstellte.

Preußen hatte um 1780 bei einer Fläche von etwa 200.000 Quadratkilometern, 5,75 Millionen Einwohnern und Staatseinkünften von 32 Millionen Gulden ein Heer von 203.000 Mann, Österreich mit 19,5 Millionen Einwohnern und etwa 100 Millionen Gulden Staatseinkünften 278.000 Mann, Großbritannien bei 11 Millionen Einwohnern und 112 Millionen Gulden Einnahmen nur etwa 60.000 Mann.

Die immer größer werdenden Massenheere, die dauernden Kriege vom Dreißigjährigen Krieg bis zu den Napoleonischen Kriegen und die Friedensordnung, die im Wiener Kongress ausgehandelt wurde, bürdeten Österreich zunehmend steigende Kosten auf: Um die Mitte des 19. Jahrhunderts hatte Österreich, sieht man von Russland ab, das größte, wenn auch nicht das schlagkräftigste stehende Heer in Europa aufgebaut. Österreich bzw. der nichtungarische und nichtitalienische Teil des Reiches hatte 1850 434.000 Mann unter Waffen oder 14,5 Prozent der männlichen Bevölkerung zwischen 20 und 44 Jahren, das war mehr als doppelt so viel wie in Großbritannien und mehr als dreimal so viel wie in Preußen.

Die stehenden Heere und die Militärpflicht wurden mit den Napoleonischen Kriegen zur Routine: 1850 hatte England 1,1 Prozent der Bevölkerung unter Waffen, Russland 1,5 Prozent (850.000 Mann). Schweden, um 1700 der

Satirischer Kupferstich auf die Aufhebung der Klöster durch Joseph II., um 1782: Der Kaiser steht auf dem Berg der Philosophen, ein Freimaurer mit Schurz und Lampe klettert hinauf und gibt nach unten Licht; unten eine raffgierige Geistlichkeit und die Symbole ihrer falschen Frömmigkeit (Reliquienanhänger, Skapuliere, Rosenkränze ...).

am stärksten militarisierte Staat Europas, vermochte 1850 mit 1,8 Prozent seiner Bevölkerung nur 63.000 Mann zu rekrutieren.

Den Habsburgern war es mit ihrer Heirats- und Hausmachtpolitik zwar seit dem späten 15. Jahrhundert gelungen, an die europäische Spitze vorzustoßen und neben den österreichischen Erblanden mit Spanien und den Niederlanden einige der wirtschaftlich dynamischsten Räume der Frühneuzeit zu dominieren. Mit dem Eintritt der Erbfolge in Böhmen und Ungarn im Jahre 1526 begann die

Die europäischen Staaten um 1780 und ihre Finanz- und Militärmacht

	Fläche in km^2	Einwohner in Mio.	Staatseinkünfte in Mio. Gulden	Armee
Preußen	199.879	5,75	32	203.000
Kursachsen	40.196	1,75	9	24.000
Hannover	38.104	0,80	7	15.000
Österreich	568.250	19,50	100	278.000
Niederlande	34.414	2,34	23	36.000
Dänemark	56.825	2,20	11	78.000
Schweden	714.057	3,00	6	46.000
Polen	567.534	9,00	3	15.900
Russland	16.684.089	24,00	56	470.000
Großbritannien	333.351	11,00	112	58.378
Frankreich	545.950	26,00	156	224.000
Spanien	510.819	11,00	56	90.000
Portugal	110.126	2,50	23	24.000
Venedig	47.519	2,73	10	8.000
Kirchenstaat	47.354	2,18	3	5.000
Beide Sizilien	101.867	6,00	12	27.000
Sardinien/Piemont	69.324	3,19	11	24.000

Quelle: Acht statistische Tabellen zur bequemen Übersicht der Größe, Bevölkerung, Reichtum und Macht der vornehmsten europäischen Staaten (Leipzig[2] 1783).

Das stete Anwachsen des Heeres bedeutete eine steigende Belastung für die Staatsfinanzen. Schema der k. k. Armee, Gouache auf Papier, um 1780

Etablierung der Habsburger als ostmitteleuropäische Macht. Aus der Vielzahl der zufällig ererbten und eroberten Gebiete allerdings einen gemeinsamen Wirtschaftsraum zu formen nahm mehrere Jahrhunderte in Anspruch.

Die Habsburgische Monarchie hatte im Jahr 1770 eine Fläche von etwa 543.000 km^2, 1790 etwa 640.000 km^2, 1804 693.000 km^2, 1810 522.000 km^2, 1816 668.000 km^2. Durch den Verlust der italienischen Provinzen 1859 und 1866 ging die Fläche auf etwa 625.000 km^2 zurück. Sie hatte im 18. Jahrhundert ihre größte territoriale Ausdehnung erreicht. Der Verlust Schlesiens in den Kriegen mit Preußen zwischen 1740 und 1763, zuletzt auch der Verlust der belgischen Provinzen nach 1789 und die Hinausdrängung aus dem Deutschen Reich 1804/1806 verstärkten die Aspirationen auf dem Balkan und in Osteuropa, vor allem nach den polnischen Teilungen, die den Gewinn Galiziens brachten. Die Erwerbung des Innviertels und des Fürsterzbistums Salzburg bedeuteten demgegenüber nur kleine Abrundungen nach Westen. Hingegen beeinflusste die vorübergehende Zugehörigkeit italienischer Territorien, des Neapolitanischen Königreiches und der Toskana, vor allem aber der Lombardei und später auch Venetiens inklusive Istriens und Dalmatiens, ergänzt durch Ragusa (Dubrovnik), die österreichische Wirtschafts- und Kulturentwicklung erheblich. Der Verlust dynamischer Regionen, insbesondere Schlesiens um die Mitte des 18. Jahrhunderts, der südlichen Niederlande (Belgien) im Jahr 1791 und der Lombardei und Venetiens in den Jahren 1859 und 1866 beeinträchtigte wiederum die Wachstumsdynamik.

Militärpersonal der europäischen Staaten 1850 (absolut und in Prozent der männlichen Bevölkerung von 20 bis 44 Jahren)

	1850		1880		1913	
	absolut	in %	absolut	in %	absolut	in %
Österreich/Cisleithanien	434.000	14,5	273.000	7,2	358.000	7,3
Frankreich	439.000	6,5	544.000	8,1	632.000	8,6
Preußen	131.000	4,7	430.000	5,7	859.000	7,1
Sardinien	41.000	5,3	167.000	3,3	288.000	5,3
Großbritannien	201.000	4,3	248.000	4,4	533.000	6,4
Belgien	35.000	4,3	46.000	4,9	48.000	3,4
Niederlande	30.000	5,4	41.000	6,1	45.000	4,3
Dänemark	26.000	10,3	6.000	1,8	15.000	3,2
Schweden/Norwegen	63.000	7,2	65.000	6,4	35.000	3,2

Quelle: P. Flora, State, Economy, and Society in Western Europe: 1815–1975. A Data Handbook. Bd. 1 (Frankfurt am Main 1983) 247 ff.

Zu viel Staat im Vergleich zu anderen Ländern?

Die staatlichen und politischen Randbedingungen wie kriegerische Auseinandersetzungen, Seuchen, Missernten und innere Staatskrisen müssen einkalkuliert werden. Österreich hinkte in der Modernität seiner Wirtschaftspolitik hinter den westeuropäischen Konkurrenten nach. Der Merkantilismus erreichte in Österreich in der Form des Kameralismus im 18. Jahrhundert eine späte Nachblüte. Physiokratisches Gedankengut kam erst unter Joseph II. zum Durchbruch und wurde immer wieder von älterem Gedankengut überlagert. Zu diesem Zeitpunkt begann sich in England und Schottland das liberale Gedankengut der ökonomischen Klassik schon voll zu etablieren.

Hoher Staatseinfluss, hartnäckiges Verharren auf Zunftwirtschaft und Feudalwesen, ein langsamer Abbau innerer Zollgrenzen und große Schwierigkeiten bei der Vereinheitlichung des gemeinsamen Wirtschaftsgebietes kennzeichneten die österreichische Wirtschaftspolitik. Dazu kamen eine erhebliche Instabilität des Geldwesens und eine hohe Beanspruchung des Staatshaushaltes und Überschuldung des Etats, Kriege, Seuchen und immer noch eine starke Abhängigkeit von den Schwankungen der jährlichen Ernteergebnisse.

Das 18. Jahrhundert, das Zeitalter des Absolutismus und Merkantilismus, war die große Zeit der Staatsbetriebe. Gemessen an der wirtschaftlichen Gesamtkapazität wird den Staatsbetrieben im Österreich des 18. Jahrhunderts in der wissenschaftlichen Literatur allerdings eher zu viel Aufmerksamkeit geschenkt als zu wenig: Die Linzer Wollzeugfabrik, die Spiegelfabrik Neuhaus, die Wiener Porzellanmanufaktur, die Messingwarenfabrik zu Lichtenwörth, die Farbenfabrik Schlöglmühle, wesentliche Teile der Eisenindustrie und des Silber- und Kupferbergbaus, große land- und forstwirtschaftliche Besitzungen und natürlich die bis fast zur Gegenwart existierenden Staatsmonopole Post, Salz, Tabak und Lotto mit zugehörigen Betrieben, die sich in Staatsbesitz befanden und in staatlicher Regie betrieben wurden, waren prominente Betriebe, über die besonders viele Akten erhalten sind. Insgesamt darf der Anteil allerdings nicht überschätzt werden. Der Schriftsteller H. G. Heinse, der 1812 das Viertel unter dem Wienerwald bereiste, erwähnt neben fünf ärarischen immerhin 277 private Fabriken in diesem Raum. 1769 war ein Grundsatzbeschluss gefasst worden, alle ärarischen Fabriken veräußern zu lassen, allerdings nicht um jeden Preis, sondern nur zum Vorteil oder wenigstens ohne Schaden des Ärars. Mit Graf Karl von Zinzendorf war 1782 ein entschiedener Gegner staatlicher Industriebeteiligungen zum Hofkammerpräsidenten ernannt worden, der von den unternehmerischen Qualitäten des Staates recht wenig überzeugt war: »Es ist immer Pfuscherei, wenn der Staat selbst die Rolle des Gewerbe- und Handelsmannes spielen will.« Zinzendorf sprach es klar aus: Es würde viel zu viel regiert. »Alle Arten von Zwang, alle Gattungen von Fesseln sind Todfeinde der Industrie.« Auch spätmerkantilistische Theoretiker wie J. H. G. Justi und Joseph von Sonnenfels untermauerten die Kritik an den Staatsbetrieben: Justi sprach vom Eigeninteresse als Triebfeder des Fleißes. 1781 gab Joseph II. der Überzeugung Ausdruck, dass das private Eigentum dem Fleiß, der Arbeitsamkeit und der Industrie neuen Auftrieb geben werde.

Die tatsächliche Veräußerung ging allerdings wegen der widerstrebenden Haltung des Hofes, der sich nur schwer von den schönen Jagdrevieren und ausgedehnten Besitzungen trennen wollte, und wegen der Arbeitsplatzsorgen der betroffenen Beamten und Beschäftigten ohnehin nur so schleppend voran, dass der Staatsbesitz nicht wirklich privatisiert, sondern häufig nur zugesperrt wurde. Zudem trat im 19. Jahrhundert der Staat erneut in neue unternehmerische Funktionen ein, vor allem im Eisenbahnbau und Eisenbahnbetrieb, bei Telegraf und später Telefon, aber auch im Ausbau verschiedener industrieller und Dienstleistungsbelange wie Tabakverarbeitung, Gaswerke und Geldinstitute.

Die Finanzsituation des Staates und seine Einnahmen- und Ausgabenpolitik brachten für die wirtschaftliche Entwicklung Probleme. Die vielen Kriege beanspruchten die Staatsfinanzen. Bereits am Ende der Regierungszeit Maria Theresias erreichte die Steuerquote etwa 12 Prozent des Bruttoinlandsprodukts, wobei der Anteil der indirekten Abgaben von 1784 bis 1792 von 41 auf 56,2 Prozent anstieg, während die direkten Steuern von 49 auf 34,2 Prozent absanken und die Einkünfte aus dem Staatseigentum bei etwa 10 Prozent anteilsmäßig gleich blieben. Die Ausgaben verteilten sich (etwa 1768, als es ein paar Jahre mit ausgeglichenem Haushalt gab) zu drei Viertel auf Militär und Schuldendienst, zu 15 Prozent auf

Louis Raboteau (1790–1837), französischer Generalsteuereinnehmer in Villach 1811–1813. Ölgemälde von Johann Bartl, um 1812. An der Wand Amtsfrack, Degen und »Amtskappl«; Geldsäcke mit den Steuereinnahmen und umfangreiche Registratur kennzeichnen das frühe Finanzamt.

die Verwaltung und 8 Prozent auf den Hof. Der Zinsendienst verschlang etwa die Hälfte der Staatseinnahmen.

Der Versuch einer regelmäßigen Bedeckung der Staatsausgaben durch Steuereinnahmen oder Anleihen war schon in der Regierungszeit Josephs II. aufgegeben worden. 1811 und 1816 war durch die Währungsschnitte der Staat zwar weitgehend entschuldet worden, aber auf Kosten einer jeweils sehr schweren Stabilisierungskrise. Die Budgetabschlüsse des Vormärz wiesen regelmäßig ein Defizit auf. Die Militärausgaben machten etwa ein Drittel der Ausgaben aus. Ein weiteres Drittel entfiel auf den Zinsendienst für die Staatsschuld. Den Staatsausgaben in Höhe von 208 Millionen Gulden im Jahre 1847 standen Nettoeinnahmen von 151 Millionen Gulden (davon 89 Prozent Steuern) gegenüber.

Von einer direkten Besteuerung waren neben

der Landwirtschaft nur Kleinhandel und Gewerbe erfasst, was für Großindustrie, Großhandel, Banken und Beamte praktisch einer Steuerfreiheit gleichkam. Die mit Abstand wichtigste direkte Steuer war die Grundsteuer. Die Steuerpolitik begünstigte Handel und Geldwesen. Dabei spielte auch die Überlegung der Mobilität des Kapitals eine Rolle, das sich im Unterschied zu Grundbesitz durch Flucht der Steuer entziehen könne.

Zwei Drittel der Staatseinnahmen entfielen allerdings im Vormärz auf indirekte Steuern. Die Steuersätze der 1829 eingeführten Verzehrungssteuer waren eine Entscheidung für die ständisch-ländliche und gegen die städtische Gesellschaft. So kostete der Wein vor den Toren Wiens um fast zwei Drittel weniger als innerhalb der Vororteline. Wien und die Landeshauptstädte wurden zu geschlossenen Städten erklärt. Bei der Verzehrungs- wie auch bei der Erwerbssteuer wurde nach der Siedlungsgröße differenziert. Das Faktum der geschlossenen Stadt blieb so bis ins 20. Jahrhundert bestehen: Hinter der für die Großstädte höheren Verzehrungs- und Erwerbssteuer, der Gebäudesteuer und teilweise auch der Klassensteuer stand die Auffassung vom Kollektivreichtum der Stadt. Ein Gewerbetreibender auf dem Land zahlte unabhängig vom Umsatz unter Umständen nur 2 Prozent dessen an Steuern, was ein gleich großer Wiener Gewerbebetrieb bezahlen musste. Industrie und Gewerbe mieden unter diesen Umständen die großen Städte. Bis über das Ende der Monarchie hinaus behielt Österreich die Verzehrungssteuer in der nur geringfügig abgewandelten Form von 1829.

Mit der Herstellung der Gewerbefreiheit war Österreich verspätet: Die Liberalisierung des Gewerbes war in Westeuropa schon von den Physiokraten eingeleitet worden. Turgot, der seit 1774 verantwortlicher französischer Minister war, verfügte 1776 die Aufhebung der Zünfte und die Einführung der Gewerbefreiheit. Er wollte damit das natürliche Recht jedes Einzelnen auf Arbeit, auf Freiheit der Wahl des Arbeitsplatzes und auf Aufstiegsmöglichkeiten durchsetzen. Mit dem Sturz Turgots im selben Jahr fand das Reformwerk allerdings ein vorläufiges Ende, die alten Zunftrechte wurden wiederhergestellt. Erst die Revolution proklamierte in Frankreich 1791 die Freiheit der Arbeit und die Auflösung aller Zünfte. Mit Napoleon verbreitete sich die neue Freiheit über Europa: Belgien 1795, Preußen 1810, Spanien 1813, England 1814, Niederlande 1819, die meisten Schweizer Kantone in den 1830er-Jahren, Schweden 1846, Österreich erst 1859.

Auch die Grundentlastung erfolgte in Österreich spät, in England bereits im 17. und 18. Jahrhundert, in Frankreich 1789, in Preußen 1807, in Österreich erst 1848.

Weltstadt Wien und Orientierung auf Ostmitteleuropa

Der in diesem ersten Band betrachtete Zeitraum spannt sich von der Krise des 17. Jahrhunderts, die am Ende des Dreißigjährigen Krieges ihren Höhepunkt erreichte, bis zur Mitte des 19. Jahrhunderts. Die Revolution von 1848, obwohl überall in Europa gescheitert, markierte einen Modernisierungsschub: Der Freihandel setzte sich durch. Und die Eisenbahnen, die nach den noch weitgehend unzusammenhängenden Teilstücken der ersten 20 Jahre Eisenbahngeschichte gerade um 1850 erstmals ein Netzwerk zu bilden begannen, leiteten die Zusammenführung der Märkte und die Globalisierung der Wirtschaft ein.

Österreichs politische und wirtschaftliche Entwicklung stand 1848 an einem Wendepunkt. Die führende machtpolitische Stellung im Deutschen Reich und in Westeuropa war schon im 18. Jahrhundert immer mehr verloren und in den Napoleonischen Kriegen auch formell zu Ende gegangen. Als Österreich 1834 dem neu gebildeten Deutschen Zollverein nicht beitrat und gleichzeitig bis 1850 der

Im Walzertakt in die Zukunft. Titelblatt des »Eisenbahn-Lust-Walzers« von Johann Strauß Vater, 1836

Weg der Habsburgermonarchie zu einem gemeinsamen Wirtschaftsraum weitgehend abgeschlossen wurde, war die Abwendung von Westeuropa und die Neuorientierung nach Ostmitteleuropa deutlich und voll wirksam geworden.

Für das Gebiet des heutigen Österreich bedeutete dies Chancen und Belastungen: einerseits mit Wien das Verwaltungs- und Herrschaftszentrum eines Großreiches zu besitzen, insgesamt die Vormachtstellung in einem Großstaat einzunehmen und relativ zentral zu liegen, andererseits mit dem Verlust der engen Anbindung an das Deutsche Reich und an Oberitalien gerade in Westösterreich wichtige Beziehungen abzugeben und gleichsam an die Peripherie zu rücken. Nur Vorarlberg profitierte von der engen Bindung an den dynamischen rheinischen Wirtschaftsraum. Tirol, Salzburg, Oberösterreich und Kärnten rutschten immer mehr an den Rand der Verkehrs- und Handelsströme.

Der Weg ins Kohlen- und Eisenbahnzeitalter war im gebirgigen Österreich, das keine nennenswerten Steinkohlevorkommen besitzt, deutlich schwieriger als in geografisch begünstigteren Regionen. Diese strukturellen Nachteile ließen sich nur allmählich überkommen und verloren erst mit Elektrizität und Automobil mehr oder weniger an Bedeutung.

Der Vorteil Österreichs war es, mit Wien eine der damals größten und dynamischsten Städte der Welt zu besitzen, die erhebliche Anziehungskraft auf unternehmerische, wissenschaftliche und künstlerische Eliten und initiative Zuwanderer ausübte. Mit dem Zerfall der Habsburgermonarchie ging auch dieser Vorteil verloren, Österreich musste sich erst mühsam zurechtfinden und auf neue Konstellationen einstellen.

Tabellen

Die folgenden tabellarischen Darstellungen, die heutige Rekonstruktionen sind, sollen für das vorstatistische Zeitalter einen ungefähren Eindruck der Größenordnungen vermitteln und auf diesem Wege eine Vergleichbarkeit mit heute üblichen Kennzahlen der volkswirtschaftlichen Gesamtrechnung und Wirtschaftsstatistik herstellen. Allerdings entspricht weder das Konzept der volkswirtschaftlichen Gesamtrechnung den Gegebenheiten der vor- und frühindustriellen Wirtschaft, noch sind die Daten wegen der vielen Gebietsänderungen und unsicheren Quellen wirklich verlässlich und vergleichbar.

Bruttoinlandsprodukt insgesamt, 1500–1998 (in Milliarden Dollar zu Preisen 1998)

	1500	1600	1700	1820	1870	1998
Westeuropa	44,3	66,0	83,4	163,7	370,2	6.960,5
Belgien	1,2	1,6	2,3	4,5	13,7	198,3
Dänemark	0,4	0,6	0,7	1,5	3,8	117,3
Deutschland	8,1	12,4	13,4	26,3	71,4	1.460,0
Finnland	0,1	0,2	0,3	0,9	2,0	94,4
Frankreich	10,9	15,6	21,2	38,4	72,1	1.150,1
Großbritannien	2,8	6,0	10,7	36,2	100,2	1.108,6
Italien	11,6	14,4	14,6	22,5	41,8	1.022,8
Niederlande	0,7	2,1	4,0	4,3	10,0	317,5
Norwegen	0,2	0,3	0,5	1,1	2,5	104,9
Österreich	**1,4**	**2,1**	**2,5**	**4,1**	**8,4**	**152,7**
Portugal	0,6	0,9	1,7	3,2	4,3	128,9
Schweden	0,4	0,6	1,2	3,1	6,9	165,4
Schweiz	0,5	0,9	1,3	2,3	5,9	152,3
Spanien	4,7	7,4	7,9	13,0	22,3	560,1
Sonstige	0,6	1,0	1,2	2,2	4,9	227,3
Osteuropa	6,2	8,7	10,6	23,2	45,5	660,8
Ehemalige UdSSR	8,5	11,7	16,2	37,7	83,6	1.132,3
Europ. Abkömmlinge	1,1	0,9	0,8	13,5	112,1	8.456,1
USA	0,8	0,6	0,5	12,5	98,4	7.394,7
Sonstige	0,3	0,3	0,3	0,9	13,8	1.061,5
Lateinamerika	7,3	3,8	6,4	14,1	27,9	2.941,7
Mexiko	3,2	1,1	2,6	5,0	6,2	655,9
Sonstige	4,1	2,6	3,8	9,1	21,7	2.285,9
Japan	7,7	9,6	15,4	20,7	25,4	2.581,6
Asien	153,5	207,0	214,0	390,6	396,7	9.952,9
China	61,8	96,0	82,8	228,6	189,7	3.873,5
Indien	60,5	74,3	90,8	111,4	134,8	1.702,4
Sonstige	31,3	36,7	40,6	50,5	72,1	4.377,2
Afrika	18,4	22,0	24,4	31,0	40,2	1.039,6
Welt	**247,4**	**329,6**	**371,1**	**694,4**	**1.101,1**	**33.726,9**

Quelle: A. Maddison, The World Economy. A Millennial Perspective (Paris 2001) 261.

Bruttoinlandsprodukt pro Kopf der Bevölkerung, Christi Geburt bis 1998 (in Dollar zu Preisen 1998)

	0	1000	1500	1600	1700	1820	1870	1998
Westeuropa	450	400	774	894	1.024	1.232	1.974	17.921
Belgien			875	976	1.144	1.319	2.697	19.442
Dänemark			738	875	1.039	1.274	2.003	22.123
Deutschland			676	777	894	1.058	1.821	17.799
Finnland			453	538	638	781	1.140	18.324
Frankreich			727	841	986	1.230	1.876	19.558
Großbritannien			714	974	1.250	1.707	3.191	18.714
Italien			1.100	1.100	1.100	1.117	1.499	17.759
Niederlande			754	1.368	2.110	1.821	2.753	20.224
Norwegen			640	760	900	1.104	1.432	23.660
Österreich			**707**	**837**	**993**	**1.218**	**1.863**	**18.905**
Portugal			632	773	854	963	997	12.929
Schweden			695	824	977	1.198	1.664	18.685
Schweiz			742	880	1.044	1.280	2.202	21.367
Spanien			698	900	900	1.063	1.376	14.227
Sonstige			462	528	617	743	1.066	13.732
Osteuropa	400	400	462	516	566	636	871	5.461
Ehemalige UdSSR	400	400	500	563	611	689	943	3.893
Europ. Abkömmlinge	400	400	400	400	473	1.201	2.431	26.146
USA			400	400	527	1.257	2.445	27.331
Australien, Kanada			400	400	400	753	2.339	20.082
Lateinamerika	400	400	416	437	529	665	698	5.795
Mexiko			425	454	568	759	674	6.655
Sonstige			410	430	505	623	705	5.588
Japan	400	425	500	520	570	669	737	20.413
Asien	450	450	572	575	571	575	543	2.936
China	450	450	600	600	600	600	530	3.117
Indien	450	450	550	550	550	533	533	1.746
Sonstige	450	450	565	565	565	565	603	3.734
Afrika	425	416	400	400	400	418	444	1.368
Welt	**444**	**435**	**565**	**593**	**615**	**667**	**867**	**5.709**

Quelle: berechnet nach: A. Maddison, The World Economy. A Millennial Perspective (Paris 2001) 261 ff.

	Wachstum des Sozialprodukts insgesamt, 1600–1870 (in Prozent)			Wachstum des Sozialprodukts pro Kopf 1600–1870 (in Prozent)		
	1600/1700	**1700/1820**	**1820/1870**	**1600/1700**	**1700/1820**	**1820/1870**
Westeuropa	26,5	96,3	126,1	14,5	20,3	60,2
Belgien	46,5	98,0	203,4	17,2	15,3	104,5
Dänemark	27,9	102,3	157,0	18,7	22,6	57,2
Deutschland	7,9	96,5	171,1	15,1	18,3	72,1
Finnland	18,6	257,8	119,0	18,6	22,4	46,0
Frankreich	36,1	81,5	87,6	17,2	24,7	52,5
Großbritannien	78,2	238,4	176,6	28,3	36,6	86,9
Italien	1,5	54,0	85,5	0,0	1,5	34,2
Niederlande	95,4	7,0	132,1	54,2	- 13,7	51,2
Norwegen	48,0	138,0	132,0	18,4	22,7	29,7
Österreich	18,6	65,3	105,2	18,6	22,7	53,0
Portugal	100,9	85,9	36,7	10,5	12,8	3,5
Schweden	96,6	151,6	123,7	18,6	22,6	38,9
Schweiz	42,4	86,9	150,6	18,6	22,6	72,0
Spanien	6,4	64,3	71,9	0,0	18,1	29,4
Sonstige	19,1	88,8	121,3	16,9	20,4	43,5
Osteuropa	21,7	117,7	96,2	9,7	12,4	36,9
Ehemalige UdSSR	39,2	132,6	121,6	8,5	12,8	36,9
Europ. Abkömmlinge	- 10,0	1.529,4	731,5	18,3	153,9	102,4
USA	- 12,2	2.280,7	684,2	31,8	138,5	94,5
Sonstige	- 6,3	213,5	1.365,3	0,0	88,3	210,6
Lateinamerika	69,6	121,4	97,7	21,1	25,7	5,0
Mexiko	125,2	95.6	24,3	25,1	33,6	- 11,2
Sonstige	45,4	139,1	137,8	17,4	23,4	13,2
Japan	60,0	34,8	22,4	9,6	17,4	10,2
Asien	3,4	82,5	1,6	- 0,7	0,7	- 5,6
China	- 13,8	176,1	- 17,0	0,0	0,0	- 11,7
Indien	22,2	22,8	21,1	0,0	- 3,1	0,0
Sonstige	10,5	24,5	42,9	0,0	0,0	6,7
Afrika	10,9	27,1	29,5	0,0	4,5	6,2
Welt	**12,6**	**87,1**	**58,6**	**3,7**	**8,5**	**30,0**

Berechnet nach: A. Maddison, The World Economy. A Millennial Perspective (Paris 2001) 261 ff.

Berechnet nach: A. Maddison, The World Economy. A Millennial Perspective (Paris 2001) 261 ff.

Industrieproduktion europäischer Länder und weltweit, 1750–1860 (Anteile in Prozent)

	1750	1800	1830	1860
Belgien	1,3	1,8	2,0	2,6
Deutschland	12,5	12,5	10,2	9,2
Großbritannien	8,2	15,3	27,8	37,4
Frankreich	17,2	14,9	15,2	14,8
Italien	10,3	8,9	6,7	4,7
Österreich-Ungarn	12,5	11,4	9,4	7,9
Russland	21,6	19,9	16,4	13,2
Schweden	1,3	1,1	1,2	1,1
Schweiz	0,4	1,1	1,2	1,3
Spanien	5,2	5,3	4,4	3,4
Sonstige	9,5	7,8	5,6	4,3
	100,0	100,0	100,0	100,0
Anteil Europas an Weltproduktion	23,2	28,1	34,2	53,2

Quelle: I. Mieck, Wirtschaft und Gesellschaft Europas von 1650 bis 1850. Handbuch der europäischen Wirtschafts- und Sozialgeschichte Bd. 4 (Stuttgart 1963) 152; eigene Umrechnungen.

Kapazität der Dampfmaschinen (in 1.000 PS)

	1840	1850	1860
Großbritannien	620	1.290	2.450
Deutschland	40	260	850
Frankreich	90	270	1.120
Österreich/Cisleithanien	20	100	330
Belgien	40	70	160
Russland	20	70	200
Italien	10	40	50
Spanien	10	20	100
Schweden			20
Niederlande		10	30
Europa	860	2.240	5.540

Quelle: W. Minchinton, Die Veränderung der Nachfragestruktur von 1750 bis 1914, in: C. M. Cipolla/K. Borchardt (Hg.), Europäische Wirtschaftsgeschichte Bd. 3 (Stuttgart 1985) 106.

Industrielles Niveau europäischer Länder, verglichen mit Großbritannien 1860 (pro Kopf, UK 1860 = 100)

	1750	1800	1830	1860
Belgien	14,1	15,6	21,9	43,8
Bulgarien	0,0	7,8	7,8	7,8
Dänemark	0,0	12,5	12,5	15,6
Deutschland	12,5	12,5	14,1	23,4
Großbritannien	15,6	25,0	39,1	100,0
Finnland	0,0	12,5	12,5	17,2
Frankreich	14,1	14,1	18,8	31,3
Griechenland	0,0	7,8	7,8	9,4
Italien	12,5	12,5	12,5	15,6
Niederlande	0,0	14,1	14,1	17,2
Norwegen	0,0	14,1	14,1	17,2
Österreich-Ungarn	10,9	10,9	12,5	17,2
Portugal	0,0	10,9	10,9	12,5
Rumänien	0,0	7,8	7,8	9,4
Russland	9,4	9,4	10,9	12,5
Schweden	10,9	12,5	14,1	23,4
Schweiz	10,9	15,6	25,0	40,6
Serbien	0,0	7,8	7,8	9,4
Spanien	10,9	10,9	12,5	17,2
Europa	12,5	12,5	17,2	26,6

Quelle: I. Mieck, Wirtschaft und Gesellschaft Europas von 1650 bis 1850. Handbuch der europäischen Wirtschafts- und Sozialgeschichte Bd. 4 (Stuttgart 1963) 152; eigene Umrechnungen.

Der Handelsgott Merkur verschafft der »Austria« Macht.
Titelkupfer zu Philipp W. Hörnigks »Österreich über alles
wann es nur will« (alle Auflagen ab 1723)

V. NATIONALÖKONOMIE IN ÖSTERREICH

Ökonomische Theorien sind niemals Selbstzweck, sondern stehen zwangsläufig in einem engen Zusammenhang mit konkreten wirtschaftlichen und gesellschaftlichen Aufgaben und Entwicklungen. Es ist somit nicht überraschend, dass auch die Ausprägung des modernen Territorialstaates und die Durchsetzung kapitalistischer Wirtschaftsformen, die miteinander eine Art symbiotischer Beziehung eingingen, ihre Widerspiegelung auf der ökonomischen Diskursebene fanden. Im Unterschied zu allen früheren Vorstellungen über das Wirtschaften, die in erster Linie auf Fragen der Haushaltsführung (*Oeconomia*) zentriert waren, bezog sich die neue Wirtschaftslehre des Merkantilismus erstmals auf die Sphäre der gesamten Volkswirtschaft. Ökonomisches Denken war noch nicht auf eine von individuellen Selbstinteressen eines *homo oeconomicus* gesteuerte Marktwirtschaft ausgerichtet, sondern auf die Reichtumsmehrung eines sich zunächst im Fürsten verkörpernden Staates. Der frühmoderne Zentralstaat verstand sich nämlich nicht nur als eine territoriale und politische, sondern zunehmend auch als eine wirtschaftliche Einheit. Staatliche Selbstständigkeit und wirtschaftliche Autarkie, äußere Machtpolitik und innerer Wohlstand als das »Fundament des Staates« waren nur durch Stärkung der Wirtschaftskraft zu erreichen. Um die zentralstaatlichen Einrichtungen, vor allem das Heer und die Bürokratie, und auch die zunehmend luxuriöse Hofhaltung finanzieren zu können, musste das Wachstum der Wirtschaft stimuliert werden.

Kameralismus als österreichischer Weg des Merkantilismus

Der Merkantilismus stellte aus der damaligen Sicht dafür das nötige wirtschaftspolitische Instrumentarium zur Verfügung: Nationaler Wohlstand wurde zunächst als eine Funktion des Edelmetallreichtums gesehen. Neben der Ausbeutung der eigenen Bodenschätze sollte dazu vor allem eine aktive Handelsbilanz erreicht werden, der Export hatte Vorrang vor dem Import, Rohstoffe sollten nach Möglichkeit im eigenen Land verarbeitet, Fertigwaren hingegen exportiert werden. Dazu erschienen staatliche Eingriffe in die Wirtschaft gerechtfertigt, ja der Staat verstand sich in mancher Weise als Vorkämpfer des wirtschaftlichen Fortschritts. Während der Merkantilismus in Westeuropa vor allem die Rolle des Handels betonte und die Gründung von Handelskompanien sowie den Erwerb von Kolonien forcierte, legte der »Colbertismus«, benannt nach dem französischen Finanzminister Jean-Baptiste Colbert, das Hauptgewicht auf aktive Gewerbeförderung und Industriepolitik. Demgegenüber fand sich in Mitteleuropa das »Merkantilsystem« vor allem durch die besondere Form des Kameralismus repräsentiert. Für den in den 1740er-Jahren an der Universität Leipzig lehrenden Georg Heinrich Zincke war der Kameralismus eine Wissenschaft, »die aus der General- und Spezial-Ökonomie, aus der darauf sich gründenden Polizeywissenschaft und aus der Wissenschaft vom Finanz- und Kammerwesen der Fürsten zusammengesetzt ist«.

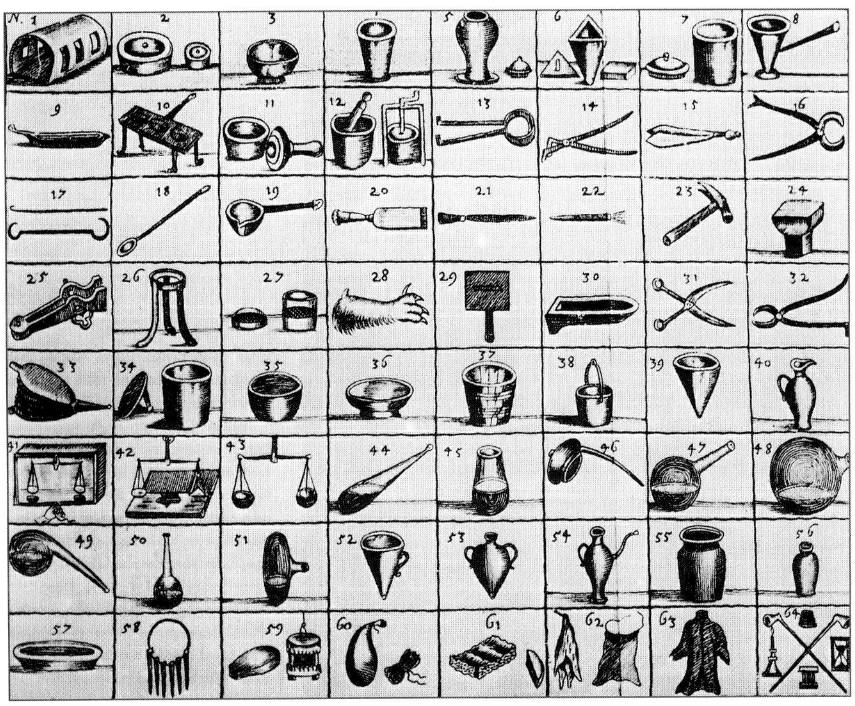

Die österreichischen Merkantilisten träumten von der Macht der Alchemie. Das bewegliche Laboratorium des Ökonomen und Chemikers J. J. Becher, 1680. Unter anderem sind abgebildet: Muffel (1), Schmelztiegel (2–4), verschiedene Phiolen, Mörser, Zangen, eine Hasenpfote (28), Augenschutz (29), Filtriersack (39), Waagen (41–43), Scheidkolben (44), Destillierhelm (46), Retorte (49), Phiole (50), »philosophisches Ei« (51), Probiernadeln (58), Schweinsblasen (60), Handtuch und Schürze (62), Sanduhr, Kerze, Tabakrolle und Pfeifen und Theriak als Mittel gegen Vergiftungen (64).

Die Bezeichnung Kameralismus leitet sich von der »fürstlichen Schatz- und Rent-Kammer« ab – so auch der Titel eines Werkes von Wilhelm von Schröder, das übrigens den Untertitel »Nebst seinem notwendigen Unterricht vom Goldmachen« trägt. Der Kameralismus könnte als eine Staatswirtschaftslehre bezeichnet werden, er war aber zugleich mehr als das, repräsentierte er doch eine allgemeine Form von »Staatskunst«, bezogen auf den modernen Zentralstaat, wie er damals zur Ausformung gelangte. Die darin zum Ausdruck kommende enge Verbindung von Wirtschaft und staatlicher Verwaltung zeigt eine bemerkenswerte Sonderentwicklung in Mitteleuropa auf, die sich in vielem vom westeuropäischen Merkantilsystem mit dessen Betonung des freien Handelskapitals und der Bedeutung der aktiven Handelsbilanz unterscheidet. Die besondere Betonung der Staatsfinanzen, eine aktive Gewerbeförderungspolitik und der Schutz der heimischen Produzenten waren das primäre Anliegen der Kameralisten. Die Hofkammer, Vorläufer des Finanzministeriums, war mehr oder weniger jene zentrale Behörde, die für den Kurs der Wirtschaftspolitik verantwortlich zeichnete. Der Begriff Kameralismus lebt übrigens bis heute fort in der Bezeichnung für die besondere Art der öffentlichen Rechnungsführung und Buchhaltung.

Das »Dreigestirn der Kameralisten«

Von den mitteleuropäischen Kameralisten des 17. Jahrhunderts sind drei aus Deutschland stammende »Wahlösterreicher« und protestantische Konvertiten, nämlich Johann Joachim Becher (1625–1685), Wilhelm von Schröder (1640–1688) und Philipp Wilhelm von Hörnigk (1640–1714), zu nennen. Sie traten als »patriotische Publizisten« auf, die durch ihre recht pragmatischen Vorschläge den habsburgischen Ländern einen »Modernisierungsschub« verpassen wollten. Gemeinsam war allen drei Autoren das Ziel der wirtschaftlichen »Independenz«. Darunter verstand man die wirtschaftliche Unabhängigkeit bzw. Autarkie des Staates vor allem in Kriegszeiten – zum Kriegführen bedurfte es nach Aussage des kaiserlichen Feldherrn Raimund Graf Montecuccoli bekanntlich dreier Dinge: »Geld, Geld und nochmals Geld.« Es wird daher nicht überraschen, dass manche von den Kameralisten auch an einen direkteren Weg der Geldbeschaffung dachten: Sie waren gelegentlich auch Projektanten und Abenteurer, die vorgaben, das alchemistische Geheimnis (»Arkanum«) des Goldmachens zu kennen. Selbst die ansonst durchaus seriösen Autoren Becher und Schröder waren davor nicht gefeit.

Die Habsburger mussten in ihrer Doppelfunktion als Kaiser des Heiligen Römischen Reiches Deutscher Nation und als österreichische Landesherren auch in ihrer Wirtschaftspolitik sowohl auf die Bedürfnisse des Reiches wie die der eigenen Erbländer Rücksicht nehmen, was nicht immer zusammenfallen musste, sondern teils unterschiedliche wirtschaftspolitische Schwerpunkte mit sich brachte. Dabei ist eine allmähliche Interessenverschiebung vom »Reichsmerkantilismus« hin zu einer stärker auf Österreich bezogenen Konzeption des »Kameralismus« zu erkennen. Besonders deutlich wird dieser Wandel an dem Werk Philipp Wilhelm von Hörnigks, das den bezeichnenden Titel »Österreich über alles wann es nur will« (1684) trägt und noch bis zum Ende des 18. Jahrhunderts mehr als 25-mal neu aufgelegt wurde. Allein dies zeigt, dass Hörnigks Ideen auch noch hundert Jahre später, im »Zeitalter des aufgeklärten Absolutismus« unter Maria Theresia und Joseph II., große Aktualität beigemessen wurde. Das Buch wurde gewissermaßen zur Programmschrift des österreichischen Kameralismus, denn darin skizzierte Hörnigk die visionäre Vorstellung, Österreich könne durchaus aus eigener Kraft zu einem der wirtschaftlich führenden Länder Europas aufsteigen.

Johann Joachim Becher, Autor von »Politischer Diskurs von den eigentlichen Ursachen des Auf- und Abnehmens der Städte, Länder und Republiken« (1668), entwickelte nicht nur eine bemerkenswerte Theorie der Marktformen, worin er sich mit der Rolle und Wirksamkeit von Monopolen auseinander setzte, sondern bemühte sich auch aktiv um eine Förderung des Gewerbefleißes (*industria*) in den österreichischen Ländern. Er gründete das »Kunst- und Werckhaus« am Tabor in Wien zwecks Einführung neuer Produktionstechniken und zur Schulung des Gewerbefleißes: »Dieses Manufacturhaus muß zuförderst den Endzweck haben, daß in allen und jeden Arten der Manufacturen darinnen Unterricht gegeben wird.« Becher, der auf seinen zahlreichen Auslandsaufenthalten die in Westeuropa vorherrschenden zeitgenössischen merkantilistischen Theorien kennen gelernt hatte, versuchte diese auf die doch etwas anders gearteten mitteleuropäischen Verhältnisse umzulegen. Unter Berufung auf englische, holländische und französische Beispiele unterbreitete er eine Fülle von konkreten Vorschlägen. Diese umfassten Maßnahmen zur Belebung des Außenhandels, zum Ausbau der Verkehrsinfrastruktur, zur Ausgestaltung des Manufakturwesens, zur Förderung der Produktion, aber auch die Erstellung von Wirtschaftsstatistiken in Form von Manufaktur- und Außenhandelstabellen usw. Obwohl Bechers Schriften einen durchaus beachtlichen Beitrag zur damaligen ökonomischen Theorie darstellen, erhielten sie bei weitem nicht die öffentliche Aufmerksamkeit, die dem Buch seines Schwagers Hörnigk zuteil wurde.

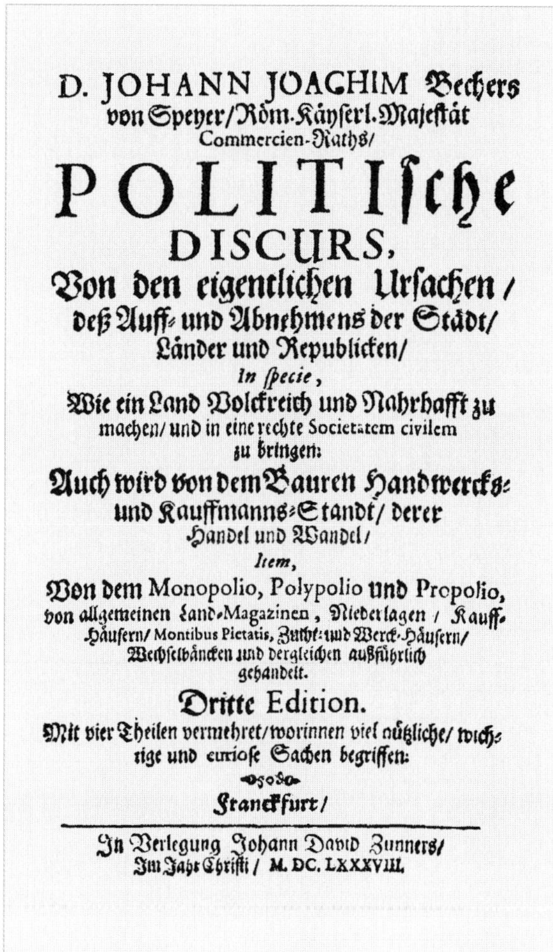
D. JOHANN JOACHIM Bechers von Speyer/ Röm. Käyserl. Majestät Commercien-Raths/
POLITIsche DISCURS,
Von den eigentlichen Ursachen/ deß Auff- und Abnehmens der Städt/ Länder und Republicken/
In specie,
Wie ein Land Volckreich und Nahrhafft zu machen/ und in eine rechte Societatem civilem zu bringen:
Auch wird von dem Bauren Handwercks- und Kauffmanns-Standt/ derer Handel und Wandel/
Item,
Von dem Monopolio, Polypolio und Propolio, von allgemeinen Land-Magazinen, Niederlagen/ Kauff-Häusern/ Montibus Pietatis, Zucht- und Werck-Häusern/ Wechselbäncken und dergleichen außführlich gehandelt.
Dritte Edition.
Mit vier Theilen vermehret/ worinnen viel nützliche/ wichtige und curiose Sachen begriffen:
Franckfurt/
In Verlegung Johann David Zunners/ Im Jahr Christi/ M. DC. LXXXVIII.

Titelblatt von Johann Joachim Bechers »Politischem Diskurs von den eigentlichen Ursachen des Auf- und Abnehmens der Städte, Länder und Republiken«, 3. Auflage 1688 (1. Auflage 1668)

»Oesterreich über alles wann es nur will«

Im Jahre 1684, ein Jahr nach der erfolgreichen Türkenabwehr vor Wien, wandte sich ein zunächst anonym bleiben wollender »Liebhaber der Kayserl(ichen) Erbland Wolfahrt« mit einem Buch an die Öffentlichkeit, das den pro-

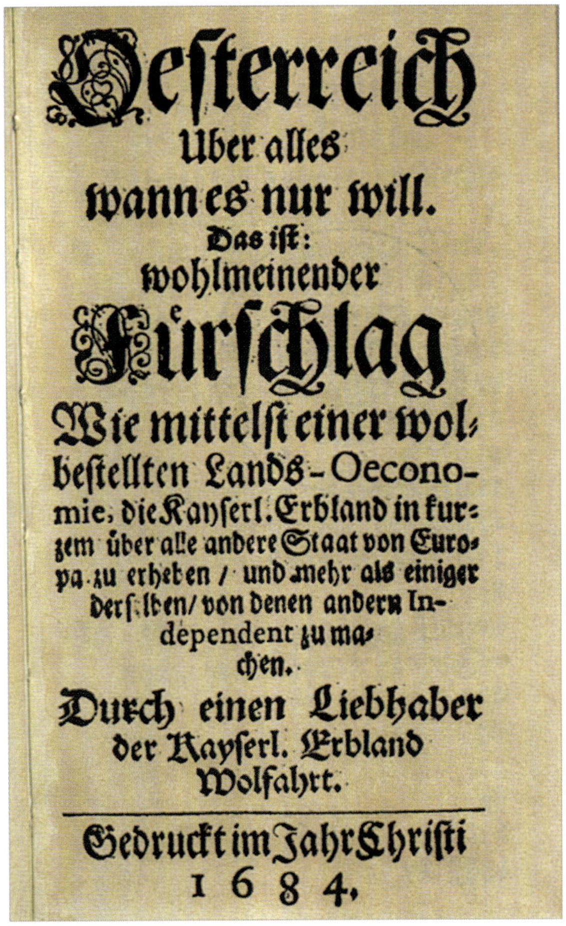

Oesterreich
Uber alles
wann es nur will.
Das ist:
wohlmeinender
Fürschlag
Wie mittelst einer wol-
bestellten Lands-Oecono-
mie, die Kayserl. Erbland in kur-
zem über alle andere Staat von Euro-
pa zu erheben / und mehr als einiger
derselben / von denen andern In-
dependent zu ma-
chen.
Durch einen Liebhaber
der Kayserl. Erbland
Wolfahrt.
Gedruckt im Jahr Christi
1684.

Titelblatt der 1684 anonym erschienenen 1. Auflage von Philipp W. Hörnigks »Österreich über alles wann es nur will«

grammatischen Titel trug: »Oesterreich über alles wann es nur will«. Darin setzte sich der Autor, der mit Johann Joachim Becher verschwägerte Philipp Wilhelm von Hörnigk, mit den Vor- und Nachteilen der Ressourcenausstattung der kaiserlichen Erblande auseinander und unterbreitete zugleich eine Reihe von Vorschlägen zur Hebung der Wirtschaftskraft, um schließlich im letzten Kapitel zum Schluss zu gelangen: »Die Kayserlichen Erb-Länder übertreffen in der Maaß ihrer Independenz, wann sie wollen, alle andere Staaten von Europa.«

Wenngleich Hörnigks Buch vom Standpunkt der ökonomischen Systematik nur wenig ergiebig erscheint, so war es agitatorisch dennoch, oder vielleicht gerade deshalb, höchst wirksam, versprach es doch, »die Reformation der Landes-Oeconomie unvorgreifflich anzustellen«. Die überraschend hohe Auflagenzahl des Werkes ist somit weniger seiner Bedeutung als Klassiker der Nationalökonomie geschuldet, sondern hängt primär mit seiner propagandistischen Unterstützung einer damals gerade erst im Entstehen begriffenen österreichischen Gesamtstaatsidee zusammen. Bei der rigorosen Wahl der dazu nötigen Mittel sowie in seiner barocken Formulierungskunst, etwa was die Verdammung des als besonders verderblich eingeschätzten Imports französischer Luxusartikel betrifft (»der Luxus, die rasende Bestia«), stellt sich der Autor als ein echter Zeitgenosse des wortgewaltigen Hofpredigers und Provinzials des Augustinerordens Abraham a Sancta Clara dar und sein Werk erweist sich als unerschöpflicher Born historischer Kuriositäten: »Es wäre gut, wenn wir die Frau Mode zu ihrem Vater, dem Teufel schickten ..., es würde sich doch ja endlich noch zeigen, ob der Landesfürst Herr sei oder ein paar freche Weiber«. Im Falle einer seinen Vorschlägen entsprechenden »Reformierung der Commercien und Erhebung der Manufacturen« stellte er hingegen in Aussicht: »So folget, daß Österreich in den vielerlei Arten seiner Güter von allen übrigen europäischen Ländern jedes insonderheit übertreffe«. Dabei wendet sich Hörnigk nicht zuletzt auch vehement gegen ein zu seiner Zeit bestehendes Vorurteil, wonach »die Teutschen, in specie die Kayserlichen Erb-Länder zu den Commercien und Manufacturen nicht natürlichen Verstandes und Geschicklichkeit genug besitzen«.

Hörnigks Buch geht sehr ins Detail, beschäftigt sich etwa mit der Dauer der Umschulung bestimmter Arbeitskräfte und mit der aktiven Förderung des Unternehmergeistes, es versucht, wenngleich mit vom heutigen Standpunkt untauglichen statistischen Mitteln, das Handelsbilanzdefizit insgesamt und den Wert jener Einfuhren im Besonderen, die sich für eine Importsubstitution anbieten, zu schätzen. Den Schlüssel für die politische Stärke eines Landes sah Hörnigk in dessen wirtschaftlicher Autarkie. Die kaiserlichen Erblande hätten

»mittelst einer wolbestellten Lands-Oeconomie« die besten Voraussetzungen, dieses Ziel zu erreichen.
Seine Vorschläge lassen sich – in die heutige Terminologie übertragen – etwa wie folgt darstellen:

- Gefordert wird die exakte Ermittlung und vollständige Erschließung aller natürlichen Ressourcen des Landes. In solchen Fällen, wo die Kosten weit über dem erzielbaren Preis zu liegen kommen, sollte der Staat die Erschließung dieser Ressourcen dennoch wegen der dabei entstehenden Umwegrentabilität vornehmen.

- Alle gewonnenen Rohstoffe sollten wegen der damit verbundenen Wertschöpfung im Inland verarbeitet werden.

- Um die beiden ersten Forderungen erfüllen zu können, ist eine Steigerung der fachlichen Qualifikation und der Zahl der Erwerbstätigen insgesamt durch eine aktive Bevölkerungspolitik nötig, nötigenfalls selbst durch Abwerbung von Fachkräften im Ausland.

- Gold und Silber (als Münzgeld) sollen weder thesauriert noch für Auslandszahlungen verwendet werden, sondern müssen in der Zirkulation verbleiben.

- Die Bevölkerung ist angehalten, heimische Produkte zu kaufen, nötigenfalls ist dies durch totale Importverbote zu erzwingen.

- Sofern Importe unumgänglich erscheinen, so sind diese mit Waren- und keinesfalls mit Edelmetallexporten auszugleichen.

- Importiert werden sollten lediglich Rohstoffe, damit die im Verarbeitungsprozess anfallenden Löhne den inländischen Arbeitskräften zugute kommen.

- Exportiert werden sollen lediglich Verarbeitungsprodukte, und zwar gegen Bezahlung in Form von Edelmetallen. Dem Staat obliegt es dabei, auf alle erdenkliche Weise neue Märkte für die heimischen Produkte zu erschließen.

Wilhelm Freyh. von Schrödern
Fürstliche
Schatz-
und
Rent-Cammer,
Nebst seinem Tractat
vom
Goldmachen,
wie auch
vom MINISTRISSIMO
oder
Ober-Staats-Bedienten.

Leipzig und Königsberg,
Verlegts Christoph Gottfried Eckart.
1744.

Titelblatt von Wilhelm von Schröders »Fürstlicher Schatz- und Rentkammer«, 1744 (1. Auflage 1686)

- Heimischen Produkten ist in jedem Fall der Vorzug vor ausländischen zu geben, selbst wenn die Importwaren billiger und besser sein sollten, schon weil nur im Schutz der entsprechenden Erziehungszölle der Aufbau einer heimischen Produktion denkbar erscheint.

Hörnigk meint dazu selbst, dass es sich dabei keineswegs um neue Erkenntnisse handelt, dennoch würden diese kaum in der wirtschaftspolitischen Praxis umgesetzt: »Es seind alte Sachen, wird man vielleicht sagen und gleichsam ein Kaufmanns- oder Cameral-Alphabeth, was wir längst gewußt haben. Warum aber wird solches Alphabet so vieler Orten, leider, so wenig praktiziert oder auch gelernet?« Österreich gilt ihm als »beynahe eine kleine Welt in sich selbst«, es hätte somit alle Voraussetzungen für eine wirtschaftliche Autarkie, sofern es bloß sämtliche vorhande-

Joseph von Sonnenfels, 1733–1817, Kameralist und Aufklärer. Porträt von J. B. Lampi, nach 1800

nen Ressourcen einer entsprechenden produktiven Nutzung zuführte. Das Werk verzeichnete wegen der von ihm glaubhaft vermittelten Botschaft wohl den nachhaltigsten publizistischen Erfolg unter allen frühkameralistischen Schriften. Dies dürfte auch Ursache dafür sein, dass es selbst noch im 20. Jahrhundert zu weiteren Neuauflagen gelangte. Wenngleich immer wieder betont wird, Hörnigks patriotischer Aufruf zu einer Reform der österreichischen Wirtschaft habe gewissermaßen die Initialzündung zu einer ökonomischen Erneuerung in den kaiserlichen Erblanden geliefert, so blieben die unmittelbar erkennbaren Maßnahmen eher bescheiden. Erst in der zweiten Hälfte des 18. Jahrhunderts wurden tatsächlich viele seiner Anregungen konkret umgesetzt.

Johann Heinrich Gottlob von Justi

Abhandlung von der Macht Glückseeligkeit und Credit eines Staats

Ulm Frankfurt und Leipzig bey Johann Friederich Gaum 1760

Titel zu J. H. G. Justis »Abhandlung von der Macht, Glückseligkeit und Credit eines Staats«, 1760

»Von der Glückseligkeit des Staats«

Die Kameralisten, und dies gilt in besonderer Weise dann auch für die jüngere Generation mit Johann Heinrich Gottlob von Justi (1717–1771) und Joseph von Sonnenfels (1733–1817), beschäftigten sich nicht nur mit ökonomischen Problemen, sondern bezogen auch politische, juristische, fiskalische und soziale Aspekte in ihre Betrachtungen ein. Sie entwickelten auf diese Weise eine »Staatskunstlehre«, die im Begriff der so genannten »Polizeywissenschaften« zusammengefasst wurde. Diese Entwicklung gipfelte im Ideal des »Wohlfahrtsstaats« im Sinne des aufgeklärten Absolutismus, in dem die Regierung die »Oberverantwortung« für alle gesellschaftlichen, insbesondere aber auch die moralischen Verhältnisse übernimmt und auf der Basis kameralistischer Überlegungen die »Glückseligkeit aller als das Fundament des Staates« zu verwirklichen sucht. Justi begründet die wichtigsten Aufgaben der Kameralistik und damit der staatlichen Finanzpolitik folgendermaßen: »Die große Kunst der Cameralisten und die Weisheit in Einrichtung der Finanzen, kommt demnach darauf an, dass die Abgaben die Arbeitsamkeit befördern, das Genie der Unterthanen zu nützlichen Gewerben aufmuntern und zu dem Verbrauch und der Ausführung der Landesproducte anreizen.«

Die Hauptwerke der jüngeren Generation der Kameralisten waren an den juridisch-staatswissenschaftlichen Fakultäten – wenngleich zunehmend mit physiokratischen und frühliberalen Elementen angereichert – noch bis um die Mitte des 19. Jahrhunderts für die Ausbildung der österreichischen Bürokratie maßgeblich und beeinflussten damit das wirtschaftliche Denken mehrerer Generationen des heimischen politischen Establishments: Das in zwei Bänden erschienene Hauptwerk von Sonnenfels »Grundsätze der Polizey, Handlung und Finanzen« (1763/67) war bis 1848 an den österreichischen Universitäten als prüfungsrelevantes Lehrbuch in Verwendung.

In den weniger entwickelten mitteleuropäischen Staaten mit ihrer vorwiegenden Binnenlage spielten Seehandel und überseeische Kolonialpolitik naturgemäß keine Rolle in den wirtschaftspolitischen Überlegungen. Anders als die westeuropäischen Merkantilisten konzentrierten sich die deutschen und österreichischen Kameralisten in erster Linie auf den inneren Markt, der durch verstärkte Integration zu einem »Universalkommerz« zusammenwachsen sollte. Man verlangte daher einerseits den Abbau innerer Handelshemmnisse, wie Binnenzölle und Mauten, und propagierte andererseits den Ausbau der Infrastruktur im weitesten Sinne, nämlich nicht nur Straßen, Post und Kanäle, sondern auch die Alphabetisierung der Bevölkerung (Einführung der allgemeinen Volksschulpflicht unter Maria Theresia). Kernpunkt des Programms war die Steigerung des staatlichen Reichtums durch Erschließung der heimischen Ressourcen. Rohstoffe müssen zu diesem Zwecke im Inland verarbeitet werden, selbst wenn durch die protektionistischen Maßnahmen dem einheimischen Handelsstand unmittelbare Nachteile erwüchsen. Ein besonderes Anliegen war den Kameralisten die radikale Importrestriktion oder, wie Hörnigk es ausdrückt, »Bannisierung« aller ausländischen Fertigwaren. Insbesondere betraf dies den Import von französischen Luxuswaren; eingeführt werden dürfen lediglich die aufgrund ihrer Lebenswichtigkeit als essentiell eingestuften Waren, andere Importe werden eingeschränkt oder nach Möglichkeit sogar gänzlich verhindert. Man anerkennt durchaus die Problematik eines solcherart »geschlossenen Handelsstaates« und billigt zu, dass der Wohlstand eines Landes nur in Relation zu seinen Konkurrenten zu sehen ist, somit nur durch ein Mithalten im ständigen wirtschaftlichen Fortschritt bewahrt werden kann. Dabei gibt man aber der inneren Entwicklung der wirtschaftlichen Ressourcen den Vorzug gegenüber der Reichtumsmehrung

Wie viel Steuern verträgt der Staat? Schafen soll die Wolle geschoren, aber nicht die Haut abgezogen werden. Gleichnis auf die Staatsökonomie aus Wilhelm von Schröders »Fürstliche Schatz- und Rentkammer«, Aufl. 1752

»Peuplierung« und »Erziehung zur Arbeit«: Das Waisenhaus am Rennweg in Wien, das 1761 von Kaiserin Maria Theresia in Staatsbesitz übernommen wurde und das bis 1770 wesentlich erweitert wurde. Stich von Josef Kollanetz, um 1780

durch Außenhandel, wie dies die westeuropäischen Merkantilisten vertraten. Die jüngeren Kameralisten, etwa Justi, stellen demgegenüber den Gedanken der aktiven Zahlungsbilanz in den Vordergrund: »Nachdem man Gold und Silber als das allgemeine Vergütungsmittel aller Güther angenommen hat; so müssen die Commerzien des Landes eine solche Beschaffenheit haben, daß dadurch mehr Geld in das Land ein- als ausgehet, oder daß wenigstens der Ein- und Ausgang des Geldes in gleichem Verhältniß stehet. Dieses heißet die Bilanz des Handels und ist der große und einzige Grundsatz aller Commerzien. Man muß aber zur Gewinnung dieses Gleichgewichtes sein hauptsächlichstes Augenmerk mehr auf die Vergrößerung der Ausfuhre, als auf Einschränkung der Einfuhre setzen. Die Verminderung der Einfuhre ist allemal eine Ausnahme von der Regel, die nur in dem Falle anzuwenden ist, wenn die Vergrößerung der Ausfuhre nicht zu bewirken stehet.«

Weshalb den Kameralisten vor allem für die industrielle Entwicklung Österreichs eine besondere Bedeutung zukommt, ist die von ihnen propagierte aktive Gewerbeförderung und ihr besonderes Interesse für das Manufakturwesen. Schon Becher, Hörnigk und Schröder, die sich selbst an der Leitung von Unternehmen beteiligten oder solche initiierten, hinterließen dazu, wenngleich an vielen Stellen verstreut, wichtige Hinweise. Die jüngere Kameralistengeneration, die dann in Österreich in der zweiten Hälfte des 18. Jahrhunderts wirkte, nahm diese Thematik in einer systematischeren Weise wieder auf. Der Förderung von Manufakturen (bei denen der Staat mitunter selbst als Unternehmer fungierte) galt ein ganzes Bündel von Einzelmaßnahmen: Rekrutierung (oft auch Zwangsrekrutierung) von Arbeitskräften, Ansiedlung ausländischer Unternehmer, direkte und indirekte staatliche Subventionen, Erteilung von Privilegien (Gebiets- und Absatzmonopole). Dazu schuf Johann Heinrich Gottlob von Justi (1717–1771), der mehrere grundlegende Arbeiten zur Staats- und Kameralwirtschaft hinterließ – darunter »Grundsätze der Polizeywissenschaften in einem vernünftigen, auf den Endzweck begründeten Zusammenhang« (1756), »Die Natur und das Wesen des Staates« (1760) sowie »System des Finanzwesens nach vernünftigen, aus dem Endzweck der bürgerlichen Gesellschaft, und aus der Natur aller Quellen der Einkünfte des Staates hervorgeleiteten Grundsätze und Regeln« (1766) –, mit seiner Schrift »Vollständige Abhandlungen von den Manufacturen und Fabriken« (1761) das wohl wesentlichste Werk. In ihm begründet Justi ausführlich und systematisch »Nothwendigkeit

Aufgeklärter Wohlfahrtsstaat: Krankenhausgründungen waren Teil der staatlichen Bevölkerungspolitik. Das Wiener Allgemeine Krankenhaus mit dem »Narrenturm«, von Kaiser Joseph II. 1783/84 errichtet. Kolorierter Stich von Josef Schaffer, 1787

und Nutzen der Manufacturen und Fabriken« und stellt die aus seiner Sicht vernünftigen Grundsätze einer staatlichen Industriepolitik vor: »Es kommt also nur darauf an, daß wir die Fabriken recht blühend machen.«

Ein weiteres wichtiges Ziel der kameralistischen Wirtschaftsdoktrin hing mit der staatlichen Bevölkerungspolitik zusammen: »Menschen achte für den größten Reichtum« – diese Devise bestimmte auch die diesbezüglichen Überlegungen. Man wollte die Bevölkerungszahl der nach der erfolgreichen Zurückdrängung der feindlichen Osmanen zur europäischen Großmacht aufgestiegenen Habsburgermonarchie mit Hilfe der staatlichen Bevölkerungspolitik (»Populationistik«) sowie durch flankierende wirtschaftspolitische Maßnahmen verdoppeln. Davon erhoffte man sich nicht zuletzt eine rentable und disponible Nutzung der Arbeitskräfte. Ein durchaus beabsichtigter Nebeneffekt war dabei die mögliche Erhöhung des Mannschaftsstandes der kaiserlichen Armee, was naturgemäß einen politischen Machtzuwachs anderen Staaten gegenüber mit sich bringen würde. Der Zusammenhang von Wirtschafts- und Machtpolitik wurde dabei mehrfach betont. Bevölkerungspolitik wurde aber nicht nur aus quantitativer, sondern auch aus qualitativer Sicht betrieben: Eheschließungen auch in den Unterschichten wurden gefördert, Waisen- und Findelhäuser eingerichtet, neue Spitäler wie das Wiener Allgemeine Krankenhaus wurden gegründet, die Ausbildung von Wundärzten und Hebammen verbessert. Ergänzt wurden diese Maßnahmen durch Einrichtungen, die einerseits der sozialen Disziplinierung und andererseits der Ausbildung dienten. Dazu zählten verschiedene Arbeitshäuser, die auf die erzwungene Integration von gesellschaftlichen Außenseitern abzielten, aber auch Spinn-, Web- und Manufakturzeichenschulen, in denen Menschen schon ab dem Kindesalter zur späteren Industriearbeit vorbereitet wurden.

Das Wirtschaftsideal des »Universalkommerz« zur Zeit Maria Theresias und Josephs II. und das österreichische Prohibitivzollsystem gründeten in mancher Weise auf Hörnigks Überlegungen. Denn die damalige Ausgangssituation glich in mancher Weise derjenigen hundert Jahre zuvor: Die einfachen und eingängigen Rezepte der Kameralisten waren ebenfalls an einen Staat gerichtet, dessen Ressourcen durch den Krieg ausgezehrt waren, dem man aber nichtsdestoweniger ein beträchtliches Entwicklungspotential zubilligte. Die Ausrichtung auf den großen Binnenmarkt, der im Inneren durch Abbau der Binnenzölle und Beseitigung von Verkehrshemmnissen zusammenwachsen und nach außen durch einen strikten Protektionismus abgeriegelt werden sollte, stand damals genauso im Mittelpunkt wie zur Zeit Leopolds I. Staatliche Investitionen, Prämien und sonstige Förderungen für Betriebsansiedlungen, Import von Know-how durch Abwerbung ausländischer Unternehmer und Facharbeiter (»Manufakturisten«) sowie besonderer Konkurrenzschutz durch staatliche Exklusivprivilegien sollten die heimischen wirtschaftlichen Möglichkeiten auf eine neue Basis stellen. Hörnigks Werk und dessen neuerliche Rezeption im 18. Jahrhundert bestärkten damit einerseits die in den habsburgischen Ländern latent vorhandenen defensiven wirtschaftspolitischen Tendenzen, die sich am Schutz der heimischen Wirtschaft vor ausländischer Konkurrenz orientierten, andererseits hat er als Erster die wirtschaftliche Unabhängigkeit eines künftigen habsburgischen Territorialstaats propagiert, der seit der Mitte des 18. Jahrhunderts dann bereits voll entwickelt erscheint und mit der Begründung des Kaisertums Österreich 1804 einen vorläufigen Abschluss erfuhr.

Noch im Vormärz verwendete man die Schriften der Kameralisten in der universitären Ausbildung, die darin enthaltenen Handlungsempfehlungen wurden jedoch zunehmend mit wirtschaftsliberalen Elementen angereichert. Ideen des Physiokratismus fanden seit Joseph II. auch in der kameralistischen »Staatskunstlehre« Eingang, aber auch die Lehren der englischen ökonomischen Klassiker, die Schriften von Smith und Ricardo, wurden insbesondere in der Hochbürokratie (Kübeck, Stadion, Pillersdorf) diskutiert. Smith wurde entweder im Original oder vor allem in der von Christian Garve in vier Auflagen von 1794 bis 1814 besorgten deutschen Übersetzung gelesen. Jedoch stimmte man mit dem deutschen Nationalökonomen Friedrich List (1789–1846) darin weitgehend überein, dass eine bedingungslose Übernahme der Maximen der liberalen »kosmopolitischen Ökonomie« angesichts der nach wie vor überlegenen englischen Konkurrenz nur schädlich wäre: Fairer Freihandel sei nur möglich und sinnvoll zwischen Ländern auf vergleichbarem technologischem und wirtschaftlichem Niveau. Dem universalen Anspruch der klassischen Ökonomie setzten List und seine Anhänger das Konzept der »Nationalen Ökonomie« entgegen: Sie betonten die Notwendigkeit von Infrastrukturmaßnahmen (Eisenbahnen), der Entwicklung der produktiven Faktoren und flankierender protektionistischer Maßnahmen (»Schutzzoll«). Erst bei entsprechendem Wirtschaftsniveau sei eine Öffnung zum Freihandel möglich, ohne dabei nationale Interessen aufs Spiel zu setzen.

VI. AUSBLICK

Blick von Nussdorf aus auf das brennende Wien nach der Beschießung durch die kaiserlichen Truppen am 28. Oktober 1848. Kolorierte Lithografie

Mit dem Schicksalsjahr 1848 endet dieser erste Band der österreichischen Industriegeschichte. Die Menschen taten sich schwer mit dem Tempo der Veränderung, das durch das schnelle Vordringen der Industrie entstanden war, und mit dem politischen System des Absolutismus, das selbst vor der unbeantworteten Frage stand, wie es mit der Industriellen Revolution umgehen sollte.

Die Revolution von 1848 war nicht auf Österreich beschränkt. Sie hatte als gesamteuropäischen Hintergrund ein langjähriges Ringen der Bürger um mehr Rechte gegenüber allzu mächtigen absolutistischen und zentralistischen Staaten und als Auslöser eine Wirtschaftskrise, die im Volke die Stimmung zum revolutionären Handeln erhitzte.

Ein Vergleich zwischen den großen Revolutionen in Europa nach den Kriterien, ob die Revolution jeweils ihre Ziele erreichte und ob dies blutig oder unblutig geschah, zeigt folgendes nachdenklich stimmendes Bild:

1688: England – erfolgreich und unblutig
1789: Frankreich – erfolgreich und blutig
1848: Österreich – nicht erfolgreich und blutig

Die Motive für die Revolutionsbereitschaft waren in den verschiedenen Bevölkerungsteilen unterschiedlich: Dem Großbürgertum ging es vor allem um mehr Bürgerrechte, wobei die gebildete Schicht das System des absolutistischen Staates schlechthin abschaffen wollte, während die besitzende Schicht mehr Mitsprache bei den Staatsfinanzen wollte, deren desolater Zustand das wirtschaftliche Treiben immer wieder störte. Die Handwerker und Arbeiter verlangten vom Staat mehr Schutz vor der emporstrebenden Industrie, durch die sie sich in ihrer Existenz bedroht fühlten. Für die Bauern schließlich war die Befreiung von der Grundherrschaft und der mit ihr verbundenen Untertänigkeit das vorrangige Ziel.
Die wirtschaftliche Entwicklung in den Jahren vor der Revolution verstärkte die allgemeine Unzufriedenheit entscheidend. 1844 begann sich die Konjunktur abzukühlen, das Land stürzte in eine ausgeprägte Rezession. 1846 kamen durch Feuchtigkeit, Kartoffelfäule und andere Faktoren wie in ganz Europa große Ernteausfälle hinzu, die 1847 zu einem Hungerjahr führten. Damit war der Boden für den Umsturzversuch gepflügt.
Die Revolution in Österreich nahm im März 1848 ihren Anfang, als in ganz Europa das Revolutionsbarometer schon auf Sturm stand. Am 3. März forderte Lajos Kossuth in einer Brandrede vor dem Reichstag in Pressburg den Rücktritt Metternichs, die Abschaffung der Zensur und eine Verfassung. »Constitution«

Erstürmung der Baumwoll-Druck-Fabrik Granichstätten durch Arbeiter am 14. März 1848. Kolorierte Kreidelithografie

»Jede Konstitution erfordert Bewegung«: Karikatur auf die Flucht Metternichs im März 1848. Kreidelithografie von Anton Zampis

Ermordung von Kriegsminister Theodor Latour an einem Laternenpfahl vor dem Kriegsministerium am Hof durch Aufständische am 6. Oktober 1848. Weiß gehöhte Bleistiftzeichnung

Die Reaktion siegt: Erstürmung des Äußeren Burgtores durch kaiserliche Truppen am 31. Oktober 1848. Kolorierte Kreidelithografie

war das Schlagwort jener Zeit. Am 5. März veröffentlichte die Nationalbank einen Kassenbericht, in dem sie die Staatsschulden mit 81 Millionen Gulden bezifferte. Dies verunsicherte die Finanzwelt völlig, wusste man doch, dass die effektiven Staatsschulden um ein Vielfaches höher waren und dass das Bankhaus Rothschild dem Staat keine weiteren Kredite gewähren wollte. Die Börsenkurse sanken. Am 13. März, wohl nicht zufällig dem Geburtstagsdatum des Volkskaisers Joseph II., begann der Aufstand durch bewaffnete Studenten und Bürger in Wien und Arbeiter in den Vororten. Ein Student verlas die ins Deutsche übersetzte Rede Kossuths. Es gab die ersten Toten. Metternich floh vorübergehend nach England. Am 15. März fielen Kaiser Ferdinands kapitulierende Worte: »Ich gewähre euch alles«, und der Kaiser versprach eine »Constitution«. Am 25. April wurde die versprochene Verfassung verkündet. Sie sah ein Unterhaus mit 383 nach bestimmten Steuerkriterien wählbaren Mitgliedern und ein aus Vertretern des Großgrundbesitzes zusammengesetztes Oberhaus von 150 Mitgliedern vor. In beiden Kammern aber sollte der Kaiser ein Vetorecht erhalten. Dieses Vetorecht und die Nicht-Gewährung des allgemeinen Wahlrechts ließ die Volksseele weiter kochen. Kleinere und größere – auch blutige – Aufstände und Ausschreitungen lösten sich ab, bis im Oktober der blutigste Teil der Revolution folgte. Der breit angelegte Aufstand, bei dem die wütende Menge Kriegsminister Graf Latour lynchte, wurde von der unter dem Oberbefehlshaber Fürst Windischgrätz stehenden Armee gewaltsam niedergeschlagen.

Nicht ohne Täuschungsmanöver gelang es den kaiserlichen Beratern, den nicht sehr begabten Ferdinand am 2. Dezember 1848 zum Rücktritt zu bewegen. Noch am gleichen Tag bestieg der erst 18-jährige Erzherzog Franz als Kaiser Franz Joseph I. den Thron. Er führte, beeinflusst von seinen Beratern und der Kaiserin-Mutter Sophie, das System des absolutistischen Staates wieder ein.

Damit hatte die Revolution trotz des vielen Blutes, das geflossen war, ihre im Vordergrund stehenden politischen Ziele nicht erreicht. Im wirtschaftlichen Bereich aber gab es zumindest Teilerfolge. Neben der zugestandenen Gründung von Handelskammern waren die Abschaffung der Grundherrschaft und die dadurch notwendig gewordene Gründung der Gemeinde als neuer Ordnungsinstanz im lokalen Bereich die wichtigsten Resultate der Revolution. So wurden die Bauern zu den eigentlichen Nutznießern des vom Bürgertum getragenen Aufstands.

Die Prägung des jungen Kaisers

Der gerade 18-jährige Kaiser Franz Joseph nahm nun für 68 lange Jahre, bis zur Mitte des Ersten Weltkriegs, das Schicksal der Monarchie in die Hand. Er war als Sohn von Erzherzog Franz Karl, dem jüngeren Bruder von Kaiser Ferdinand, und der bayerischen Prinzessin Sophie am 18. August 1830 im Sternzeichen des Löwen auf Schloss Schönbrunn in Wien zur Welt gekommen. Die Mutter hatte sich wegen ihres Ehrgeizes und Intellekts schon bald nach dem Tod ihres Schwiegervaters, des Kaisers Franz, den Ruf erworben, »der einzige Mann bei Hof« zu sein. Sie lenkte die Erziehung des Knaben in prägende konservative Bahnen und verfolgte eisern das Ziel, ihren Sohn zum Kaiser zu machen.

Die Eltern legten Wert darauf, ihren Sohn zu Bescheidenheit, Ordnungsliebe, Pflichtbewusstsein und Naturliebe zu erziehen. Den schulischen Erziehungsweg überließen sie – nicht zuletzt auf Wunsch von Mutter Sophie – vor allem dem Staatskanzler Fürst Metternich. Franz Joseph entwickelte sich zu einem gut aussehenden, eloquenten jungen Mann mit perfekter Kinderstube. Das Mammut-Studienprogramm, das ihm schon als Zwölfjährigem über 50 Schulstunden pro Woche aufbürdete, ließ ihm aber kaum Zeit zur Entfaltung einer individuellen Art und zur Entwicklung von

Hoffnungsträger oder Enttäuschung? Kaiser Franz Joseph als achtjähriges Kind (»mit Fahne«). Ölbild von Friedrich Amerling, 1838

Phantasie und Visionen. Da Franz Joseph ausschließlich in Hofkreisen verkehrte, wuchs er abgeschirmt und realitätsfremd auf.
Bereits als kleines Kind entwickelte Franz Joseph eine Vorliebe für militärische Belange. Zum 13. Geburtstag schenkte ihm sein als Vorsitzender der Staatskonferenz amtierender Onkel Erzherzog Ludwig ein eigenes Kavallerie-Regiment. Das Militär bedeutete dem jungen Franz Joseph alles. Als er am 2. Dezember 1848 den Kaiserthron bestieg, wirkte die eben von der Armee niedergerungene Revolution wohl prägend in der Erkenntnis, wie wichtig das Militär für die Staatserhaltung war.

Die kommenden 100 Jahre

Band II dieses Werks beschäftigt sich mit der Frage, wie Österreich mit den Chancen der industriellen Entwicklung von 1848 bis 1955 umgegangen ist: zuerst im Reich Kaiser Franz Josephs, dann in der Zeit der Ersten Republik, in den sieben Jahren der Zugehörigkeit zum nationalsozialistischen Großdeutschen Reich und zuletzt in den anschließenden zehn Jahren wiedergewonnener Freiheit und alliierter Besatzung.
Robert Musil zeichnete in seinem Roman »Der Mann ohne Eigenschaften«, an dem er bis zu seinem Tod im Jahr 1942 geschrieben hat, ein ironisches Bild von Österreich und der Habsburgermonarchie: Alles sei auf halbem Wege stehen geblieben, die Demokratisierung, die Motorisierung, die Militarisierung, die wirtschaftliche Entwicklung und die Aufklärung der bürgerlichen Gesellschaft.
Die politische Instabilität, die nationalen Gegensätze und der Untergang des Reichs nach dem Ersten Weltkrieg hinterließen rückwirkend für das 19. und für das beginnende 20. Jahrhundert ein Bild der Rückständigkeit gegenüber Westeuropa und dem mächtig aufstrebenden Deutschland. Dieses Bild bedarf aus industrieller Sicht einer gewissen Korrektur.

Der Zeitraum 1848 bis 1955 ist für die Einschätzung der Chancenwahrnehmung im industriellen Bereich in zwei Perioden einzuteilen: in jene von 1848 bis 1914 und in jene von 1914 bis 1955. Die zweite Industrielle Revolution fällt in beide Perioden und war um vieles intensiver als die erste. Während die erste Industrielle Revolution in der ersten Hälfte des 19. Jahrhunderts noch weitgehend von der Textilindustrie und der Eisenindustrie und von Wasserkraft und Dampfmaschine als Antrieb getragen wurde, brachte die zweite Industrielle Revolution eine enorme Erweiterung der industriellen Optionen. Die Energieträger Holz und Kohle wurden durch Elektrizität und Öl ergänzt und oft auch ersetzt. Die Eisenbahn als Transportmittel setzte sich im dritten Viertel des 19. Jahrhunderts massiv durch und ab der Jahrhundertwende kamen die neuen hocheffizienten Transportmittel Automobil und Flugzeug hinzu. Die Produktvielfalt explodierte aufgrund des durch die Industrie gestiegenen Wohlstands förmlich und erreichte als Massenkonsumware die Haushalte. Im Herstellprozess dominierte das Fließband, das die Abkehr von der Einzelmaschinenherstellung und an deren Stelle die Montage von austauschbaren Einzelteilen brachte.
Kaiser Franz Joseph, der in den ersten zehn Jahren seiner Herrschaft noch absolut regierte, sank immer mehr zu einer Repräsentationsfigur herab. Er blieb aber repräsentativ für den Zustand seines Reiches, das immer noch sehr stark von feudalen Elementen aus Adel und Militär geprägt war. Wenn Franz Joseph die Wichtigkeit der wirtschaftlichen Entwicklung auch erkannt haben mag, so schlug sein Herz dennoch für das Militär, wobei ihm jedoch das dazugehörige Kriegsglück versagt blieb. 1859 ging die Lombardei im Krieg gegen das von Frankreich unterstützte Italien verloren. Das Ringen zwischen Österreich und Preußen um die Vormachtstellung im Deutschen Bund fiel 1866 in der Schlacht bei Königgrätz zugunsten Preußens aus. Im

folgenden »Frieden von Prag« fiel Venetien an Frankreich, das es sofort an Italien weitergab. Das Militär beanspruchte die finanziellen Möglichkeiten des Staates in unangemessener Höhe. Trotzdem brachte eine Gründerwelle in den Sechzigerjahren industrielle Fortschritte. Der Börsenkrach von 1873 machte jedoch viel davon wieder zunichte. Eine zweite Gründerwelle gegen Ende des Jahrhunderts brachte Österreich relativ rasch ein gewisses Aufholen im wirtschaftlichen Bereich, bei dem auch der Dienstleistungssektor eine zunehmende Rolle spielte.

Um die Jahrhundertwende war der cisleithanische Teil der Monarchie in der wirtschaftlichen Position etwa zwischen Deutschland und Italien angesiedelt. Das Bruttoinlandsprodukt, bezogen auf das Gebiet des heutigen Österreich, war vor Ausbruch des Ersten Weltkrieges pro Kopf gleich hoch oder sogar etwas größer als jenes des Deutschen Reichs.

Die Schüsse des serbischen Attentäters Gavrilo Princip, denen der österreichische Thronfolger Erzherzog Franz Ferdinand zum Opfer fiel, leiteten eine schicksalhafte Periode ein. Sie war charakterisiert von einer chaotischen Reihe von Ereignissen, beginnend mit dem Ersten Weltkrieg, der Auflösung des Habsburgerreichs und der gewaltigen Verkleinerung des Staates auf die heutigen Grenzen. Es folgte die Angst, dass der kleine Staat ohne Anschluss an Deutschland wirtschaftlich nicht lebensfähig sei, dann die große Depression der Dreißigerjahre, die diese Angst zu bestätigen schien, dann der Anschluss an das Hitler-Reich, der Zweite Weltkrieg und schließlich die Besetzung durch die alliierten Siegermächte bis Oktober 1955.

Zusammenfassend ergibt sich ein differenziertes Bild, wie Österreich die industrielle Chance in den zwei Perioden gemeistert hat. Von 1848 bis 1914, wo Österreich sein Schicksal selbst bestimmen konnte, hatte der Vorrang in der Kapitalzuordnung für den militärischen Bereich dazu geführt, dass die industriellen Chancen nicht im möglichen Ausmaß genutzt wurden. Dagegen war die Periode 1914 bis 1955 von dramatischen externen Umständen gekennzeichnet, die eine volle Ausschöpfung der Chancen unmöglich machten. Die Zeit von 1848 bis 1955 war zumindest teilweise ein Jahrhundert der verpassten Chancen. Band II wird die Hintergründe dazu beleuchten und darstellen.

Neoabsolutismus und Wirtschaftsliberalismus: Der junge Kaiser Franz Joseph I. mit seinem ersten Ministerium, Dezember 1848. Von links nach rechts: Ministerpräsident Schwarzenberg, Innenminister Stadion, Finanzminister Kraus, Justizminister Bach, Kriegsminister Corbon, Handelsminister Bruck, Landeskulturminister Thinnfeld, Unterrichtsstaatssekretär Helfert

Literaturverzeichnis

Statistiken, Quellenwerke, Literatur vor 1850

Allgemeiner statistisch-topographischer und technischer Fabriks-Bilder-Atlas der österreichischen Monarchie (etc.) (hg. von Carl v. Frankenstein, Graz 1843–45, zum Teil Übernahmen aus den Beiträgen zum Innerösterreichischen Industrieblatt 1839 ff.)

Bericht über die erste allgemeine österreichische Gewerbsproducten-Ausstellung im Jahre 1835 (Wien 1835).

Bericht über die zweite allgemeine österreichische Gewerbsproducten-Ausstellung im Jahre 1839 (Wien 1840).

Bericht über die Allgemeine Gewerbeausstellung in Wien 1845 (Wien 1846).

Karl von *Czoernig*, Österreichs Neugestaltung. Ethnographie der österreichischen Monarchie 1 (Wien 1857).

Ignatz *de Luca*, Landeskunde und Chronik zur Gesetzeskunde des Landes ob der Enns (Linz 1786).

Ignatz *de Luca*, Skizze von Linz (Linz 1787).

Ebner-Tagebuch 1848 (transkribiert von Ilse *Wegscheider*, Redaktion Gertrud und Rupert *Tiefenthaler*, hg. vom Verein Vorarlberger Wirtschaftsgeschichte, Feldkirch 1998).

Die einstige k. k. Wollenzeug-, Tuch- und Teppichfabrik in Linz. Linzer Zeitung Nr. 119 und 121–124 (1866).

Geschichte und Ergebnisse der zentralen amtlichen Statistik in Österreich 1829-1979 (hg. vom Österreichischen Statistischen Zentralamt, Heft 550 der Beiträge zur österreichischen Statistik, Wien 1979).

Ignaz *Gielge*, Topographisch-historische Beschreibung aller Städte, Märkte, Schlösser, Pfarren und anderer merkwürdiger Orte des Landes ob der Enns, Teil 2 (Wels 1814).

Joseph *Hain*, Handbuch der Statistik des Österreichischen Kaiserstaates. 2 Bde. (Wien 1853).

Karl *Hammerdörfer*, Geographie und Statistik der ganzen österreichischen Monarchie (Leipzig 1793).

Gottlob Heinrich *Heinse*, Linz und seine Umgebungen (Linz 1812).

Franz *Heintl*, Bemerkungen auf einer Reise von Wien nach Paris 1831. Bd. 1 (Wien 1832).

Jonas Ludwig von *Heß*, Fortgesetzte Ausflüge durch Deutschland, die Niederlande und Frankreich (Hamburg 1800).

Philipp Wilhelm von *Hörnigk*, Österreich über alles, wenn es nur will. Das ist: Wohlmeinender Fürschlag wie mittelst einer wohlbestellten Landes-Oeconomie die Kayserl. Erbland in kurzem über alle andere Staat von Europa zu erheben und von denen anderen independent zu machen. Durch einen Liebhaber der Kayserl. Erbland Wohlfahrt. Nach der Erstausgabe von 1684 in Normalorthographie übertragen (hg. von Gustav *Otruba*, Wien 1964).

Johann Heinrich Gottlob *Justi*, Vollständige Abhandlung von denen Manufakturen und Fabriken. 2 Bde. (Kopenhagen 1758/61).

Anton *Kausel*, Österreichs Volkseinkommen 1830–1913, in: Geschichte und Ergebnisse der zentralen amtlichen Statistik in Österreich 1829–1979 (hg. vom Österreichischen Statistischen Zentralamt, Heft 550 der Beiträge zur österreichischen Statistik, Wien 1979).

Stephan Edler *von Keeß*, Darstellung des Fabriks- und Gewerbewesens im österreichischen Kaiserstaate. 2 Bde. (Wien 1820/1823).

Josef Johann *Knolz*, Darstellung der Verfassung und Einrichtung der Baumwoll-Spinnerei-Fabriken in Niederösterreich (Wien 1843).

Matthias *Koch*, Reise in Oberösterreich und Salzburg auf der Route von Linz nach Salzburg, Fuschl, Gastein und Ischl (Wien 1846).

Johann Georg *Kohl*, Reise von Linz nach Wien (Dresden 1842).

Ignaz *Leithner*, Nachricht von der kaiserl.-königl. Wollen Zeug Fabrik in Linz, in: August Ludwig *Schlözer*, Briefwechsel (Göttingen 1782) 201-219.

Linzer Regesten/C/3/F – Wollzeugfabrik – [1]. Regesten Nr. 1-488 (bearb. von Harry *Kühnel*, Linz 1956).

Linzer Regesten/C/3/F – Wollzeugfabrik – [2]. Regesten Nr. 489-924 (bearb. von Harry *Kühnel*, Linz 1957).

Brian R. *Mitchell*, International Historical Statistics. Europe 1750–1993 (4. Auflage, New York 1998).

Mittheilungen aus dem Gebiete der Statistik (hg. von der Direktion der administrativen Statistik im k. k. Handelsministerium). 1. Jg. (1852): Die Dampfmaschinen der österreichischen Monarchie 1851 (Wien 1852).

Vera *Mühlpeck*/Roman *Sandgruber*/Hannelore *Woitek*, Index der Verbraucherpreise 1800–1914, in: Geschichte und Ergebnisse der zentralen amtlichen Statistik in Österreich 1829–1979 (hg. vom Österreichischen Statistischen Zentralamt, Heft 550 der Beiträge zur österreichischen Statistik, Wien 1979).

Gustav *Otruba*/Manfred *Lang*/Harald *Steindl* (Hg.), Österreichische Fabriksprivilegien vom 16. bis ins 18. Jahrhundert (Wien–Graz–Köln 1981).

Benedikt *Pillwein*, Beschreibung der Provinzial-Hauptstadt Linz und ihrer nächsten Umgebung mit der ältesten Geschichte und mit einem Umrisse des Erzherzogthums Oesterreich ob der Enns als Einleitung (Linz 1824).

Benedikt *Pillwein*, Neuester Wegweiser durch Linz und seine nächste Umgebung in historischer, statistischer, commercieller, industriöser und artistischer Beziehung (Linz 1837).

Benedikt *Pillwein*, Privilegium Kaiser Josephs I. für die k. k. Fabrik, in: Hormayr's Archiv 19 (1828), Nr. 50, 262–264, Nr. 51.

Alfred Francis *Pribram* (Hg.), Materialien zur Geschichte der Preise und Löhne in Österreich. Bd. 1 (Wien 1938).

Franz *Sartori*, Neueste Reise durch Österreich ob und unter der Enns (Wien 1811).

Joseph A. *Schultes*, Oesterreich's Donau-Strom mit allen an den Ufern desselben von Engelhardszell bis Wien vorkommenden Merkwürdigkeiten (Stuttgart –Tübingen 1827).

Joseph *Siegel*, Die k. k. Teppich-Fabrik und Schafwollwaren-Druckerei in Linz. Museal-Blatt. Zeitschrift für Geschichte, Kunst, Natur und Technologie Oesterreichs ob der Enns und Salzburg's Nr. 21 (1840) 99–105.

Joseph von *Sonnenfels*, Grundsätze der Polizey, Handlung und Finanz. 3 Bde. (6. Auflage, Wien 1796).

Johann Jakob *Staffler*, Tirol und Vorarlberg statistisch und topographisch, mit geschichtlichen Bemerkungen, Theil 1 (Innsbruck 1839).

Statistik der Volkswirthschaft in Nieder-Österreich 1855-1866. 2 Bde. (hg. von der Handels- und Gewerbekammer in Wien, Wien o.J. [1867]).

Statistisches Jahrbuch 2001 (hg. von der Statistik Austria, Wien 2001).

Tafeln zur Statistik der Österreichischen Monarchie 1828 ff. (Tafeln zur Statistik der Österreichischen Monarchie 1841 enthält: Karl von *Czoernig*, Industrie in Österreich im Jahre 1841).

Anton *Töpfer*, Betrachtungen über die Frage: Sind die in Österreich bestehenden Fabriken und Manufacturen dem Vaterlande nützlich, verdienen sie Unterstützung, und worin kann diese vorzüglich bestehen? (Wien 1817).

Ernst *Violand*, Die soziale Geschichte der Revolution in Österreich 1848 (Leipzig 1850, Neuausgabe hg. von Wolfgang *Häusler*, Wien 1984).

Josef von *Weinbrenner*, Patriotische Gedanken und Vorschläge über den gehemmten Ausfuhr-Handel in den deutschen und Hungarischen Provinzen des Erzhauses Österreich etc. (2. Ausgabe, Wien 1792).

Ekkehard *Westermann* (Hg.), Die Listen der Brandsilberproduktion des Falkenstein bei Schwaz (Leobener Grüne Hefte NF 7, Wien 1988).

Literatur

100 Jahre Handelskammer und gewerbliche Wirtschaft in Vorarlberg (hg. von der Kammer der Gewerblichen Wirtschaft Vorarlberg, Feldkirch 1952).

Wilhelm *Abel*, Massenarmut und Hungerkrisen im vorindustriellen Deutschland (Göttingen 1972).

Max *Adler*, Die Anfänge der merkantilistischen Gewerbepolitik in Österreich (Wiener Staatswissenschaftliche Studien 4/3, Wien 1903).

Helmut *Alexander*, Geschichte der Tiroler Industrie. Aspekte einer wechselvollen Entwicklung (Innsbruck 1992).

Hellmuth *Alge*, Die Textilindustrie Vorarlbergs (Innsbruck 1950).

Richard M. *Allesch*, Arsenik. Seine Geschichte in Österreich (Archiv für vaterländische Geschichte und Topographie 54, Klagenfurt 1959).

Gerhard *Ammerer*, »Alles was sich rührt, beschäftigt sich mit Baumwolle Stricken«. Bemerkungen zum Halleiner Wollverlag im 17. und 18. Jahrhundert (Salzburg 1986).

Brigitte *Andel*, Adelsverleihungen für Wirtschaftstreibende während der Regierungszeit Maria Theresias. Dissertation (Wien 1969).

Franz *Baltzarek*, Die Geschichte der Wiener Börse (Wien 1973).

Franz *Baltzarek*, Integration im Habsburger Reich, in: Eckart *Schremmer* (Hg.), Wirtschaftliche und soziale Integration in historischer Sicht (Stuttgart 1996) 213–220.

Ronald *Batchelder*/Herman *Freudenberger*, On the Rational Origins of the Modern Centralized State. Explorations in Economic History 20 (1983) 1–13.

Hanne *Bauer-Haussner*, Die Salzburger Messingindustrie in den Hämmern Ebenau und Oberalm (1588–1844) (Wien 1974).

Adolf *Beer*, Die österreichische Handelspolitik im neunzehnten Jahrhundert (Wien 1891).

Adolf *Beer*, Die Zollpolitik und die Schaffung eines einheitlichen Zollgebietes unter Maria Theresia (Innsbruck 1893).

Ignaz *Beidtel*, Geschichte der österreichischen Staatsverwaltung 1740–1848 (Frankfurt am Main 1968; Erstausgabe 1898).

Klaus *Beitl*, Das khevenhüllersche »Zinnhaus« in Kreuzen (Kärnten). Eine Bildquelle um 1620 und ihre Auswertung für Handwerksgeschichte und Volkskunde, in: Tradition und Fortschritt. In memoriam Hanns Koren (hg. von Volker *Hänsel* u.a., Trautenfels 1986) 223–240.

Jean-François *Bergier*, Die Geschichte vom Salz (Frankfurt am Main 1989).

Herbert *Bernauer*, Zur Geschichte der »k. k. privil. Spinnerey & Weberey« in Thüringen (Thüringen 2000).

Christoph *Bertsch*, Fabrikarchitektur. Entwicklung und Bedeutung einer Bauaufgabe anhand Vorarlberger Beispiele des 19. und 20. Jahrhunderts (Braunschweig–Wiesbaden 1981).

Christoph *Bertsch*, »... und immer wieder das Bild von den Maschinenrädern«. Beiträge zu einer Kunstgeschichte der Industriellen Revolution (Berlin 1986).

Margarete *Beurle*, Konrad Sörgel Freiherr von Sorgenthal. Dissertation (Innsbruck 1944).

Friedrich *Blendinger*, Zur Geschichte der Messinghütte am Stainenberg bei Pflach bzw. Reutte, in: FS für Herbert Hassinger (Innsbruck 1977) 53–66.

Heinz-Joachim *Brauleke*, Leben und Werk des Kameralisten Philipp Wilhelm von Hörnigk: Versuch einer wissenschaftlichen Biographie (Frankfurt am Main 1978).

Alois *Brusatti*, Österreichische Wirtschaftspolitik vom Josephinismus zum Ständestaat (Wien 1965).

Alois *Brusatti*, Die Stellung der herrschaftlichen Beamten in Österreich in der Zeit von 1780 bis 1848. Vierteljahrschrift für Sozial- und Wirtschaftsgeschichte 45 (1958) 505–516.

Alois *Brusatti*, Unternehmensfinanzierung und Privatkredit im österreichischen Vormärz. Mitteilungen des österreichischen Staatsarchivs 13 (1960) 331–379.

Margarete *Bucek*, Geschichte der Seidenfabrikanten Wiens im 18. Jahrhundert (1710–1792) (Wien 1974).

Roger *Burlingame*, Henry Ford (Chicago 1970).

Felix *Butschek*, Die Institutionenstruktur des österreichischen Merkantilismus, in: Karl *Bachinger*/Dieter *Stiefel* (Hg.), Auf Heller und Cent (Frankfurt am Main 2001) 95–113.

Felix *Butschek*, Der Österreichische Arbeitsmarkt. Von der Industrialisierung bis zur Gegenwart (Stuttgart 1992).

Günther *Chaloupek*/Peter *Eigner*/Michael *Wagner*, Wien. Wirtschaftsgeschichte 1740–1938. 2 Bde. (Wien 1991).

Carlo M. *Cipolla*/Knut *Borchardt* (Hg.), Europäische Wirtschaftsgeschichte Bd. 3 (Stuttgart 1985).

Egon Caesar Conte *Corti*/Hans *Sokol*, Franz Joseph. Im Abendglanz seiner Epoche (Graz–Wien 1990).

Ronald E. *Coons*, Reflections of a Josephinist. Mitteilungen des österreichischen Staatsarchivs 36 (1983) 204–236.

Helene *Deutsch*, Die Entwicklung der Seidenindustrie in Österreich von 1660 bis 1840 (Wien 1909).

Peter G. M. *Dickson*, Finance and Government under Maria Theresia 1740–1780 (Oxford 1987).

Gerhard M. *Dienes* (Hg.), Die Südbahn. Vom Donauraum zur Adria (Graz 1987).

Karl *Dinklage*/Alfred *Walkolbinger*, Kärntens gewerbliche Wirtschaft von der Vorzeit bis zur Gegenwart (Klagenfurt 1953).

Moriz *Dreger*, Die Linzer Wollenzeug- und Teppichfabrik. Kunst und Kunsthandwerk 20 (1917) 289–369.

Josef *Dullinger*, Die Handelskompagnien Oesterreichs nach dem Orient und nach Ostindien in der ersten Hälfte des 18. Jahrhunderts. Zeitschrift für Sozial- und Wirtschaftsgeschichte 7 (1900) 44–83.

Wilhelm Franz *Exner* (Hg.), Beiträge zur Geschichte der Gewerbe und Erfindungen in Österreich von der Mitte des 18. Jahrhunderts bis zur Gegenwart. 2 Bde. (Wien 1873).

Helmut *Feigl*/Andreas *Kusternig* (Hg.), Die Anfänge der Industrialisierung Niederösterreichs (Wien 1982).

Franz *Fischer*, Die blauen Sensen. Sozial- und Wirtschaftsgeschichte der Sensenschmiedezunft zu Kirchdorf–Micheldorf bis zur Mitte des 18. Jahrhunderts (Graz 1967).

Arno *Fitz*, Die Frühindustrialisierung Vorarlbergs und ihre Auswirkungen auf die Familienstruktur (= Vorarlberg in Geschichte und Gegenwart 2, Dornbirn 1985).

Peter *Flora*, State, economy, and society in Western Europe 1815–1975. A data handbook. Bd. 1 (Frankfurt am Main 1983).

Joseph *Folnesics*/Edmund Wilhelm *Braun*, Geschichte der k. k. Wiener Porcellan Manufaktur (Wien 1907).

Wilhelm *Formann*, Glanz und Ende der Linzer Wollzeugfabrik, in: Linzer Aspekte (Linz 1970) 78–81.

Herman *Freudenberger*, Brno. The Industrialization of a Central European City (Edington 1977).

Herman *Freudenberger*, The Linz–Budweis Railway: Technology, Science and the Economy. Journal of European Economic History 26 (1997) 239–268.

Herman *Freudenberger*, Zur Linzer Wollzeugfabrik, in: Herbert *Knittler* (Hg.), Wirtschafts- und sozialhistorische Beiträge (Wien 1979) 220–235.

Herman *Freudenberger*, Lost Momentum. Austrian Economic Development 1750s–1830s. Studien zur Wirtschaftsgeschichte und Wirtschaftspolitik Bd. 8 (hg. von Roman *Sandgruber*/Herbert *Matis*, Wien 2003).

Herman *Freudenberger*, Die Pottendorfer Garn-Manufaktur. Mitteilungen des österreichischen Staatsarchivs Sonderband 3 (1997) 111–132.

Herman *Freudenberger*, Die proto-industrielle Entwicklungsphase in Österreich. Proto-Industrialisierung als Lernungsprozess, in: Herbert *Matis* (Hg.), Von der Glückseligkeit des Staates (Berlin 1981) 355–381.

Herman *Freudenberger*, The Schwarzenberg Bank: A Forgotten Contributor to Austrian Economic Development, 1788–1830 (Austrian History Yearbook XXVII, 1996).

Herman *Freudenberger*, Die Struktur der frühindustriellen Fabrik im Umriß, in: Wolfram *Fischer* (Hg.), Wirtschafts- und sozialgeschichtliche Probleme der frühen Industrialisierung (Berlin 1968) 413–433.

Herman *Freudenberger*, Technologie-Transfers von England nach Deutschland und insbesondere Österreich im 18. Jahrhundert, in: Ulrich *Troitzsch* (Hg.), Technologischer Wandel im 18. Jahrhundert (Wolfenbüttel 1981) 105–124.

Herman *Freudenberger*, A Textile Factory for Vienna. Textile History 15 (1974) 159–163.

Herman *Freudenberger*, Three Mercantilistic Proto-Factories. Business History Review 11 (1966) 167–189.

Herman *Freudenberger*, The woolengoods industry of the Habsburg Monarchy in the eighteenth century. Journal of Economic History 20 (1960) 383–406.

Alexander *Gerschenkron*, An Economic Spurt That Failed. Four Lectures in Austrian History (Princeton 1977).

Geschichte der Eisenbahnen der Oesterreichisch-Ungarischen Monarchie. 6 Bde. (red. von Hermann *Strach*, Wien 1897/1908).

Geschichte Salzburgs. Stadt und Land. 2 Bde. in 6 Teilen (hg. von Heinz *Dopsch*/Hans *Spatzenegger*, Salzburg 1981/91).

Manfred A. *Getzner*, Getzner & Comp. in Feldkirch und Nenzing (Feldkirch 1984).

Manfred A. *Getzner*, Getzner, Mutter & Cie., Bludenz. Teil A, B, C (Feldkirch 1989).

Manfred A. *Getzner*, Getzner, Mutter, Gassner (Feldkirch 1986).

Manfred A. *Getzner*, Vorarlberger als Industriepioniere in Oberitalien: Johann Amann (1798–1864) und Franz Xaver Amman (1801–1882) aus Göfis. Montfort. Vierteljahresschrift für Geschichte und Gegenwart Vorarlbergs, 53. Jg., Heft 4 (2001) 433–461.

David F. *Good*, Der wirtschaftliche Aufstieg des Habsburgerreiches 1750–1914 (Wien–Köln–Graz 1986).

Susanne *Gröbl*, Der Kupfererzbergbau in der Radmer. Von den Anfängen bis 1650 (Dissertationen der Karl Franzens-Universität Graz 69, Graz 1986).

Nachum T. *Gross*, The Habsburg Monarchy 1750–1914, in: Carlo M. *Cipolla* (Hg.), Fontana Economic History of Europe. Emergence of Industrial Societies, Part 1 (Glasgow 1973) 228–278.

Nachum *Gross*, Industrialization in Austria in the Nineteenth Century. Phil. Diss. University of California (Berkeley 1966).

Die Gross-Industrie Österreichs. Festgabe zum glorreichen fünfzigjährigen Regierungs-Jubiläum seiner Majestät des Kaisers Franz Josef I. dargebracht von den Industriellen Österreichs. 6 Bde. (Wien 1898).

Grubenhunt & Ofensau. Vom Reichtum der Erde. Landesausstellung Hüttenberg/Kärnten 1995. Bd. 2: Beiträge (Klagenfurt 1995).

Fritz *Gruber*/ Karl-Heinz *Ludwig*, Der Metallbergbau, in: Geschichte Salzburgs. Stadt und Land II/4 (hg. von Heinz *Dopsch*/Hans *Spatzenegger*, Salzburg 1991) 2595–2630.

Marie *Habacher*, Österreichische Erfinder (Wien 1964).

Arthur *Hager*, Aus dem Finanz- und Zollwesen seit dem Jahre 1808. Sonderdruck aus dem Jahrbuch der Vorarlberger Landesmuseumsvereins – Freunde der Landeskunde 1980/81 (Bregenz 1982).

Hans *Haider*, Gewerbegeschichte Oberneukirchens. Unpubliziertes Manuskript.

Adelheid J. *Handtmann*, Der technische Fortschritt im Eisenhüttenwesen der Steiermark und Kärntens von 1750 bis 1864. Dissertation (Marburg an der Lahn 1980).

Christian *Hantschk*, Johann Joseph Prechtl und das Wiener Polytechnische Institut (Wien 1988).

Herbert *Hassinger*, Der Außenhandel der Habsburger Monarchie in der 2. Hälfte des 18. Jahrhunderts, in: Friedrich *Lütge* (Hg.), Die wirtschaftliche Situation in Deutschland und Österreich um die Wende vom 18. zum 19. Jahrhundert (Stuttgart 1964) 61–98.

Herbert *Hassinger*, Johann Joachim Bechers Bedeutung für die Entwicklung der Seidenindustrie in Deutschland. Vierteljahrschrift für Sozial- und Wirtschaftsgeschichte 38 (1951) 209–246.

Herbert *Hassinger*, Der Stand der Manufakturen in den deutschen Erbländern der Habsburgermonarchie am Ende des 18. Jahrhunderts, in: Friedrich *Lütge* (Hg.), Die wirtschaftliche Situation in Deutschland und Österreich an der Wende vom 18. zum 19. Jahrhundert (Stuttgart 1964) 110–176.

Hans J. *Hatschek*, Das Manufakturhaus am Tabor in Wien (Wien 1886).

Wolfgang *Häusler*, Von der Massenarmut zur Arbeiterbewegung (Wien–München 1979).

Otto *Hecht*, Die k. k. Spiegelfabrik Neuhaus in Niederösterreich 1701–1844. Ein Beitrag zur Geschichte des Merkantilismus (Wien 1909).

Bernhard *Heindl*, Textil-Landschaft Mühlviertel (Linz 1992).

Dora *Heinz*, Linzer Teppiche. Zur Geschichte einer österreichischen Teppichfabrik der Biedermeierzeit (Wien 1955).

Dora *Heinz*, Linzer Teppiche, in: Bürgersinn und Aufbegehren. Biedermeier und Vormärz in Wien 1815–1848. Ausstellungskatalog (Wien 1988) 387–390.

Gernot *Heiß*, Erziehung der Waisen zur Manufakturarbeit. Mitteilungen des Instituts für Österreichische Geschichtsforschung 85 (1977) 316–331.

Joseph Alexander Freiherr von *Helfert*, Die Gründung der österreichischen Volksschule durch Maria Theresia (Prag 1860).

William O. *Henderson*, Friedrich List: Economist and Visionary 1786–1846 (London 1983).

Alfred *Hoffmann*, Die Grundherrschaft als Unternehmer, Zeitschrift für Agrargeschichte und Agrarsoziologie 6 (1958) 123–131.

Alfred *Hoffmann*, Wirtschaftsgeschichte des Landes Oberösterreich. 2 Bde. (Salzburg–Linz 1952).

Viktor *Hofmann*, Die Anfänge der österreichischen Baumwollwarenindustrie in den österreichischen Alpenländern im 18. Jahrhundert. Archiv für österreichische Geschichte 110 (1926) 415–741.

Viktor *Hofmann*, Die Anfänge der Zuckerindustrie in Österreich und Ungarn. Archiv für österreichische Geschichte 112/113 (1932/1934) 1–120, 1–166.

Viktor *Hofmann*, Die Devalvierung des österreichischen Papiergeldes im Jahre 1811 (München–Leipzig 1923).

Viktor *Hofmann*, Die k. k. Wollenzeugfabrik im Kriegsjahre 1809. Jahresbericht des Museums Francisco-Carolinum 68 (1910) 93–104.

Viktor *Hofmann*, Die Wollenzeugfabrik zu Linz a. d. Donau. Archiv für österreichische Geschichte 108 (1919) 345–778.

Elisabeth *Johann*, Geschichte der Waldnutzung in Kärnten unter dem Einfluß der Berg-, Hütten- und Hammerwerke (Klagenfurt 1968).

Eric Lionel *Jones*, Das Wunder Europa. Umwelt, Wirtschaft und Geopolitik in der Geschichte Europas und Asiens (Tübingen 1991).

Josef *Karniel*, Josef von Sonnenfels: Das Welt- und Gesellschaftsbild eines Kämpfers um ein ›glückliches Österreich‹. Jahrbuch des Instituts für deutsche Geschichte 7 (1978) 111–158.

Michael *Keul*, Staatliche Gewerbepolitik in Tirol (1648–1740) (Innsbruck 1960).

Die »k. k. privil. Spinnerey & Weberey« in Thüringen (hg. vom Verein Vorarlberger Industriegeschichte, Feldkirch 1988).

Kurt *Klein*, Österreichs Bevölkerung 1754–1869. Mitteilungen der Österreichischen Geographischen Gesellschaft 113, Heft I/II (1971) 34–62.

Grete *Klingenstein*, Between Mercantilism and Physiocracy, in: Charles W. *Ingrao* (Hg.), State and Society in Early Modern Austria (West Lafayette 1994) 181–214.

Herbert *Knittler*, Dominium und Brauhaus. Herrschaftliche Bierbrauerei als vorindustrielles Gewerbe, in: Versuche und Ansätze zur Industrialisierung des Waldviertels (hg. von Helmuth *Feigl*/ Willibald *Rosner*, Wien 1990) 331–347.

Herbert *Knittler*, Überlegungen zur Nutzung der Wasserenergie im 17. Jahrhundert. Unsere Heimat 54 (1983) 267–282.

John *Komlos*, Austria and European Economic Development. What has been learned?, in: Charles W. *Ingrao* (Hg.), State and Society in Early Modern Austria (West Lafayette 1994).

John *Komlos*, Die Habsburgermonarchie als Zollunion. Die Wirtschaftsentwicklung Österreich-Ungarns im 19. Jahrhundert (Wien 1986).

Hans Jörg *Köstler*, Das steirische Eisenhüttenwesen und seine Leistungen für Österreich bis 1918, in: 800 Jahre Steiermark und Österreich 1192–1992 (hg. von Othmar *Pickl*, Graz 1992) 443–458.

Ferdinand *Krackowizer*, Die bürgerliche Tabakfabrik in Enns 1676 (Linz 1898).

Ferdinand *Krauss*, Die nordöstliche Steiermark (Graz, 1888).

Petra *Kreuzer*, F. M. Hämmerle AG. Eine Firmengeschichte (Innsbruck 1993).

Harry *Kühnel*, Die soziale Betreuung des Personals der Linzer Wollzeugfabrik im Zeitalter des aufgeklärten Absolutismus. Historisches Jahrbuch der Stadt Linz (1960) 137–169.

Helmut *Lackner*/Gerhard *Stadler*, Fabriken in der Stadt. Eine Industriegeschichte der Stadt Linz (Linz 1990).

Helene *Landau*, Die Entwicklung des Warenhandels in Österreich (Wien–Leipzig 1906).

David S. *Landes*, Der entfesselte Prometheus (Köln 1973).

David S. *Landes*, The Wealth and Poverty of Nations (New York–London 1998); dt. Ausgabe: Wohlstand und Armut der Nationen: warum die einen reich und die anderen arm sind (Berlin 1999).

Samuel *Lilley*, Technological Progress, in: Carlo M. *Cipolla* (Hg.), The Fontana Economic History of Europe, Part 3: The Industrial Revolution (London–Glasgow 1973) 187–254.

Die Linzer Wollzeugfabrik, in: Verein Denkmalpflege in Oberösterreich, 22. Mitteilungsblatt (Mai/Juni 1968).

Angus *Maddison*, The World Economy. A Millennial Perspective (Paris 2001).

Magie der Industrie. Leben und Arbeiten im Industriezeitalter. Ausstellungskatalog (hg. von Roman *Sandgruber*, Wien 1989).

Alfred *Marks*, Das Leinengewerbe und der Leinenhandel im Lande ob der Enns von den Anfängen bis in die Zeit Maria Theresias. Jahrbuch des oö. Musealvereines 95 (1950) 169–286.

Julius *Marx*, Die wirtschaftlichen Ursachen der Revolution von 1848 in Österreich (Wien 1965).

Franz *Mathis*, Big Business in Österreich. I: Österreichische Großunternehmen in Kurzdarstellungen. II: Wachstum und Eigentumsstruktur der österreichischen Großunternehmen im 19. und 20. Jahrhundert. Analyse und Interpretation (Wien 1987/1990).

Franz *Mathis*, Handwerk, Handel und Verkehr (1519–1816), in: Geschichte Salzburgs. Stadt und Land II/4 (hg. von Heinz *Dopsch*/Hans *Spatzenegger*, Salzburg 1991) 2563–2594.

Franz *Mathis*, Die wirtschaftliche Entwicklung in der frühen Neuzeit (1519–1740), in: Chronik der Tiroler Wirtschaft (Wien 1991) 75–114.

Franz *Mathis*, Überbevölkerung – Exportproduktion – Industrialisierung. Zur Entwicklung der Industrie in Tirol und Vorarlberg bis zum Ersten Weltkrieg, in: Christoph *Bertsch* (Hg.), Industriearchäologie (Innsbruck 1992).

Herbert *Matis*, Die Ansätze der Industrialisierung im Wiener Becken, in: Helmuth *Feigl*/Andreas *Kusternig* (Hg.), Die Anfänge der Industrialisierung Niederösterreichs (Wien 1982) 82–246.

Herbert *Matis*, Die Ansätze zur Industrialisierung in Niederösterreich im Spiegel einer zeitgenössischen Reisebeschreibung. Tradition. Zeitschrift für Firmengeschichte und Unternehmerbiographie 13 (1968) Heft 3, 119–132.

Herbert *Matis*, Die fürstlich Liechtensteinsche Stückbohrerei in Ebergassing. Unsere Heimat 40. Jg. (1969) Bd. 7/9, 158–160.

Herbert *Matis*, Die Grafen von Fries. Aufstieg und Untergang einer Unternehmerfamilie. Tradition. Zeitschrift für Firmengeschichte und Unternehmerbiographie 12 (1967) Heft 4, 484–496.

Herbert *Matis*, Philipp Wilhelm von Hörnigk: Leben, Werk und ökonomisches Umfeld, in: Philipp Wilhelm von Hörnigks »Oesterreich über alles«. Vademecum zu einem Klassiker absolutistischer Wirtschaftspolitik (Düsseldorf 1997) 67–135.

Herbert *Matis*, Die Manufaktur und frühe Fabrik im Viertel unter dem Wiener Wald. Dissertation (Wien 1965).

Herbert *Matis*, Der österreichische Unternehmer – Erscheinungsbild und Repräsentanten, in: Wissenschaft, Wirtschaft und Technik. Festschrift für Wilhelm Treue (hg. von Karl-Heinz *Manegold*, München 1969) 286–298.

Herbert *Matis*, Die Protoindustrialisierung und »Industrielle Revolution« am Beispiel der Baumwollindustrie Niederösterreichs, in: Spinnen – Spulen – Weben. Leben und Arbeiten im Waldviertel und anderen ländlichen Textilregionen (hg. von Andrea *Komlosy*, Schriftenreihe des Waldviertler Heimatbundes 32, Krems 1991) 15–48.

Herbert *Matis*, Staatswerdungsprozess und Ausbildung der Volkswirtschaft, in: Herbert *Matis* (Hg.), Von der Glückseligkeit des Staates (Berlin 1981) 15–29.

Herbert *Matis*, Technik und Industrialisierung im österreichischen Vormärz, in: Technikgeschichte Bd. 36 (hg. vom Verein Deutscher Ingenieure, Berlin 1969) 12–37.

Herbert *Matis*, Zwei Jahrhunderte österreichischer Industriepolitik. Österreich in Geschichte und Literatur 12 (1968) 202–210.

Herbert *Matis* (Hg.), Von der Glückseligkeit des Staates. Staat, Wirtschaft und Gesellschaft in Österreich im Zeitalter des aufgeklärten Absolutismus (Berlin 1981).

Franz Martin *Mayer*, Die Anfänge des Handels und der Industrie in Österreich und die orientalische Compagnie (Innsbruck 1882).

Josef Karl *Mayr*, Wien im Zeitalter Napoleons. Staatsfinanzen, Lebensverhältnisse, Beamte und Militär (Wien 1940).

James Van Horn *Melton*, Absolutism and the Eighteenth-Century Origins of Compulsory Schooling in Prussia and Austria (Cambridge 1988).

Josef *Mentschl*, Österreichische Wirtschaftspioniere (Wien 1959).

Josef *Mentschl*/Gustav *Otruba*, Österreichische Industrielle und Bankiers (Wien 1965).

Ilja *Mieck*, Wirtschaft und Gesellschaft Europas von 1650 bis 1850. Handbuch der europäischen Wirtschafts- und Sozialgeschichte 4 (Stuttgart 1993).

Hanns Leo *Mikoletzky*, Franz Stephan von Lothringen als Wirtschaftspolitiker. Mitteilungen des österreichischen Staatsarchivs 13 (1960) 231–257.

Hanns Leo *Mikoletzky*, Holics und Sassin, die beiden Mustergüter des Kaisers Franz I. Stephan. Mitteilungen des österreichischen Staatsarchivs 14 (1961) 190–212.

Hanns Leo *Mikoletzky*, Kaiser Franz I. Stephan und der Ursprung des Habsburgisch-Lothringischen Familienvermögens (Wien 1961).

Hanns Leo *Mikoletzky*, Schweizer Händler und Bankiers in Österreich (vom 17. bis zur Mitte des 19. Jahrhunderts), in: Österreich und Europa (Graz 1965) 149–181.

Ludwig von *Mises*, Zur Geschichte der österreichischen Fabriksgesetzgebung. Zeitschrift für Volkswirtschaft, Sozialpolitik und Verwaltung 14 (1905) 209–217.

Ingrid *Mittenzwei*, Zwischen Gestern und Morgen (Wien 1998).

Michael *Mitterauer* (Hg.), Österreichisches Montanwesen. Produktion, Verteilung, Sozialformen (Wien 1974).

Alois *Mosser*, Proto-Industrialisierung. Zur Funktionalität eines Forschungsansatzes, in: Herbert *Matis* (Hg.), Von der Glückseligkeit des Staates (Berlin 1981) 383–410.

Georg *Mutschlechner*/Rudolf *Palme*, Das Messingwerk in Pflach bei Reutte. Ein bedeutsames Industrieunternehmen zu Beginn der Neuzeit (Reutte 1976).

Hans *Nägele*, 100 Jahre F. M. Hämmerle 1836–1936 (Dornbirn 1936).

Hans *Nägele*, Herrburger & Rhomberg 1795–1945 (Dornbirn–Innsbruck–Wien 1949).

Hans *Nägele*, Das Textilland Vorarlberg (Dornbirn 1949).

F. L. *Neher*, Ganahl 1797–1957 (Feldkirch 1958).

Ernst *Neweklowsky*, Die Schiffahrt und Flößerei im Raum der oberen Donau und ihrer Nebenflüsse. 3 Bde. (Linz 1952–1964).

Paul *Niel*, Wirtschaft und Hausrat eines Oberpielacher Bauernhofes vor 250 Jahren. Unsere Heimat 12/13 (1939/40) 45 ff., 81 ff.

Gustav *Otruba*, Zur Geschichte der Frauen- und Kinderarbeit im Gewerbe und den Manufakturen Niederösterreichs. Jahrbuch für Landeskunde von Niederösterreich 34 (1958/60) 143–179.

Gustav *Otruba*, Österreichs Industrie und Arbeiterschaft im Übergang von der Manufaktur- zur Fabrikaturepoche (1790–1848). Österreich in Geschichte und Literatur 15 (1971) 569–604.

Rudolf *Palme*, Die Salzproduktion in Hall in Tirol und in Reichenhall 1507–1571. Beschreibung, Vergleich und Deutung einer ähnlichen tendenziellen Entwicklung, in: Quantifizierungsprobleme bei der Erforschung der europäischen Montanwirtschaft des 15. bis 18. Jahrhunderts (St. Katharinen 1988) 53–70.

Anton *Pantz*, Die Innerberger Hauptgewerkschaft 1625–1783 (Graz 1906).

Karl *Paulin*, 125 Jahre Jenny & Schindler 1825–1950 (Telfs 1951).

Akos *Paulinyi*, Die Technik des Eisenschmelzens in der Habsburger-Monarchie vom 16. bis zum 18. Jahrhundert, in: Festschrift für Othmar Pickl (hg. von Herwig *Ebner* u.a., Graz 1987) 463–477.

Charlotte E. *Peter*, Die Saline Tirolisch Hall im 17. Jahrhundert (Zürich 1952).

Michaela *Pfaffenwimmer*/Gerhard *Pfeisinger*, Zur Hebung des Nahrungsstandes. Arbeitskräftebedarf der Linzer Wollzeugfabrik in der zweiten Hälfte des 18. Jahrhunderts, in: Arbeit/Mensch/Maschine. Der Weg in die Industriegesellschaft. Oberösterreichische Landesausstellung 1987. Beiträge (Linz 1987).

Franz *Pfeffer*, Ein Fabriksbau aus der Barockzeit. Die Linzer Wollzeugfabrik. Oberösterreichische Heimatblätter 4 (1950) 33–43.

Franz *Pfeffer*/Günther *Kleinhanns*, Budweis–Linz–Gmunden: Pferdeeisenbahn und Dampfbetrieb auf 1106 mm Spurweite (Wien 1982).

Karl *Pribram*, Geschichte der österreichischen Gewerbepolitik von 1740 bis 1860. Bd. 1: 1740–1798 (Leipzig 1907).

Günther *Probszt*, Österreichische Münz- und Geldgeschichte. Von den Anfängen bis 1918 (Wien 1973).

Fritz *Rager*, Die Wiener Commerzial-, Leih- und Wechselbank (Wien 1918).

Johann *Rainer*, Die Messingfabrik Möllbrücke in Kärnten, in: Festschrift für Herbert Hassinger (Innsbruck 1977) 331–349.

Helmut *Reinalter* (Hg.), Joseph von Sonnenfels (Wien 1988).

Andreas *Resch*, Die AG der Vöslauer Kammgarn-Fabrik. Forschungsbericht. Unpubliziertes Manuskript.

Andreas *Resch*, Die Baumwollspinnerei Teesdorf – eine historische Bestandsaufnahme. Forschungsbericht. Unpubliziertes Manuskript.

Else *Riebe*, Der Wiener Neustädter Schiffahrtskanal (Wien 1933).

Paul W. *Roth*, Die Glaserzeugung in der Steiermark von den Anfängen bis 1913 (Graz 1976).

Paul W. *Roth* (Hg.), Erz und Eisen in der Grünen Mark. Beiträge zum steirischen Eisenwesen (Graz 1984).

August *Rothbauer*, Die Anfänge der A.G. der Vöslauer Kammgarnfabrik. Jahrbuch für Landeskunde von Niederösterreich NF 35 (1961/63) 139–164.

Roman *Sandgruber*, Die Anfänge der Konsumgesellschaft. Lebensstandard, Konsumgüterverbrauch und Alltagskultur in Österreich im 18. und 19. Jahrhundert (Wien 1982).

Roman *Sandgruber*, Eisenwurzen. Landschaft – Kultur – Industrie (hg. von Gerhard *Trumler*, Wien 1997).

Roman *Sandgruber*, Die Energieversorgung Wiens im 18. und 19. Jahrhundert, in: Bergbau in Niederösterreich (hg. von Andreas *Kusternig*, Wien 1987) 459–490.

Roman *Sandgruber*, Die Linzer Wollzeugfabrik. Forschungsbericht. Unpubliziertes Manuskript.

Roman *Sandgruber*, Ökonomie und Politik. Österreichische Wirtschaftsgeschichte vom Mittelalter bis zur Gegenwart (Wien 1995).

Roman *Sandgruber*, Wirtschaftswachstum, Energie und Verkehr in Österreich 1840–1913, in: Hermann *Kellenbenz* (Hg.), Wirtschaftliches Wachstum, Energie und Verkehr vom Mittelalter bis ins 19. Jahrhundert (Stuttgart 1978) 67–93.

Manfred *Scheuch*, Geschichte der Arbeiterschaft Vorarlbergs bis 1918 (hg. von der Kammer für Arbeiter und Angestellte für Vorarlberg, Feldkirch 1978).

Ludwig *Scheuermann*, Die Fugger als Montanindustrielle in Tirol und Kärnten. Ein Beitrag zur Wirtschaftsgeschichte des 16. und 17. Jahrhunderts (München 1929).

Anna Maria *Sigmund*, Die verschollenen Tagebücher Franz Josephs (Wien 1999).

Johann *Slokar*, Geschichte der österreichischen Industrie und ihrer Förderung unter Franz I. (Wien 1914).

Werner *Sombart*, Krieg und Kapitalismus (München–Leipzig 1913).

Werner *Sombart*, Der moderne Kapitalismus. 3 Bde. (München–Leipzig 1927).

Anton *Springer*, Geschichte Österreichs seit dem Wiener Frieden 1809. 2 Bde. (Leipzig 1863).

Christian *Steeb*, Johann Fries (1719–1785). Vom Einwanderer zum Staatsbankier und Vertrauten des Staatskanzlers, in: Grete *Klingenstein*/Franz A. J. *Szabo* (Hg.), Staatskanzler Wenzel Anton von Kaunitz-Rietberg 1711–1794 (Graz 1996) 305–321.

Steiermark und Österreich 1192–1992. Der Beitrag der Steiermark zu Österreichs Größe (hg. von Othmar *Pickl*, red. von Robert F. *Hausmann*, Forschungen zur geschichtlichen Landeskunde der Steiermark 35, Graz 1992).

Eduard *Straßmayr*, Die Linzer Wollenzeug- und Teppichfabrik in der Reiseliteratur. 78. Jahresbericht des Museums Francisco Carolinum (1920) 19–24.

Wolfgang von *Stromer*, Die Gründung der Baumwollindustrie in Mitteleuropa. Wirtschaftspolitik im Spätmittelalter (Stuttgart 1978).

Viktor *Thiel*, Geschichte der Papiererzeugung im Donauraum (Biberach 1940).

Ferdinand *Tremel*, Der Frühkapitalismus in Innerösterreich (Graz 1954).

Ferdinand *Tremel*, Wirtschafts-und Sozialgeschichte Österreichs (Wien 1969).

Karl *Vocelka*, Geschichte Österreichs (Graz–Wien 2000).

Georg *Wacha*, Linzer Teppiche in Schlössern und Palästen, in: Oberösterreich 32 (1982) 3, 21–26.

Georg *Wacha* (Hg.), 150 Jahre Pferdeeisenbahn Linz–Budweis. Katalog des Stadtmuseums Linz 29 (Linz 1982).

Gertraud *Wagenhofer*, Das Eisengußwerk bei Mariazell von seiner Gründung bis zur Übernahme durch das Aerar (1742–1800) (Dissertationen der Universität Graz 84, 1991).

Gerhard *Wanner*, Vorarlbergs Industriegeschichte (Feldkirch 1990).

Hubert *Weitensfelder*, Interessen und Konflikte in der Frühindustrialisierung. Dornbirn als Beispiel (Frankfurt am Main 1991).

Bildnachweis

Artstetten, Archiv des Erzherzog-Franz-Ferdinand-Museums, Schloss Artstetten: 333; Berlin, AKG: 158, 159 (2x); Berlin, akg-images/Erich Lessing: 85, 101,108, 112, 142, 169; Brixlegg, Montanwerke Brixlegg: 156; Dornbirn, Stadtmuseum (Inv.Nr. K/2/221, Inv.Nr. K/2/226): 208 (2x); Feldkirch, Hauptschützengilde: 206, 209; Feldkirch, Heimatmuseum Schattenburg (Foto: Jens Ellensohn): 210; Gramatneusiedl, Fa. Para Chemie GmbH: 201; Graz, Steiermärkisches Landesarchiv: 49 u., 80, 81, 144, 290; Hallein, Keltenmuseum: 83 u., 226 (2x), 227; Horn, Höbarthmuseum: 64; Horn, Stadtarchiv: 71; Innsbruck, Tiroler Landesmuseum: 129 o., 157, 225, 276; Josefsberg, Pfarre (mit freundlicher Genehmigung des Stiftes Lilienfeld): 83 li. o., 83 re. o.; Klagenfurt, Kärntner Landesarchiv: 250; Klagenfurt, Landesmuseum für Kärnten: 220, 311; Klosterneuburg, Stadtmuseum: 78; Leoben, Museum der Stadtgemeinde: 6; Linz, Archiv der Oberösterr. Nachrichten (Foto: Kurt Aigner): 187; Linz, Nordico – Museum der Stadt Linz: 118, 178; Linz, Oberösterr. Landesarchiv: 173; Linz, Oberösterr. Landesmuseum: 90, 94, 172, 174, 186, 216, 218 li., 241; Liverpool, National Museums Liverpool (The Walker): 34; London, National Portrait Gallery: 149; London, British Library, The Manuscript Collections (Add. MS 33733): 12; Micheldorf, Sensenmuseum: 242; Mönchengladbach, W. Schlafhorst AG & Co.: 148, 188, 190 re.; New Britain/Connecticut, New Britain Museum of American Art (Foto: E. Irving Blomstraan): 191; Nürnberg, Germanisches Nationalmuseum: 77; Passau, Oberhausmuseum: 92/93; Pottendorf, Foto Schächter: 198, 199; Pottendorf, Museum Rother Hof: 200 o.; Reutte, Museum Grünes Haus: 153; Salzburg, Salzburger Museum Carolina Augusteum: 13, 35 o., 46, 48, 51, 53, 219, 235, 237, 243, 261, 262, 269, 274, 280, 288; Scheibbs, Heimatmuseum: 72; Scheibbs, Schützenscheibenmuseum: 304; Seitenstetten, Stiftsammlung: 222; St. Pölten, Niederösterr. Landesarchiv: 271; St. Pölten, Niederösterr. Landesbibliothek: 63, 73 o., 96, 204, 279, 284 u., 302; St. Pölten, NÖ. Landesbildstelle: 73 u.; Stockerau, Bezirksmuseum: 8; Telfs, Heimatmuseum Noaflhaus: 213 re.; Thüringen, Villa Falkenhorst (Foto: Jens Ellensohn): 211; Washington, Library of Congress, Prints and Photographs Division: 296 li.; Wels, Stadtmuseum: 47; Wien, Akademie der bildenden Künste, Gemäldegalerie: 143; Wien, Albertina: 136; Wien, Heeresgeschichtliches Museum: 247, 251, 252, 273 u., 309; Wien, Kunsthistorisches Museum: 14, 107, 119, 267; Wien, Erich Lessing: 296 ff.; Wien, Museen der Stadt Wien: 15, 16, 39, 55, 57, 59, 89, 98/99, 109, 111, 120, 126, 131, 135, 139, 145, 152, 166, 167, 168, 195, 249, 256 o., 264, 266, 275, 281, 284 o., 289 u., 299, 307, 324 o., 326, 327, 329, 330, 331 (3x); Wien, Museum für angewandte Kunst: 32 u., 33, 62, 70, 177 (2x), 185, 196 (2x), 202, 213 li., 233, 282, 283, 289 o.; Wien, Oesterreichische Nationalbank: 113, 114, 115, 124, 162; Wien, Österr. Nationalbibliothek, Bildarchiv: 35 li. u., 38, 74 (2x), 75 (2x), 82, 103, 117, 121 li., 140, 183, 200 u., 218 re., 224, 229, 268, 270, 272, 285 u., 306, 323, 324 u., 335; Wien, Österr. Nationalbibliothek, Fideikommiss-Bibliothek: 41, 87, 228, 257, 263, 285 o.; Wien, Österr. Staatsarchiv, Haus-, Hof- und Staatsarchiv, Kartensammlung: 11; Wien, Österr. Staatsarchiv, Hofkammerarchiv: 105, 163, 175, 180; Wien, Österr. Staatsarchiv, Kriegsarchiv: 248 o.; Wien, Österr. Galerie Belvedere: 161; Wien, Österr. Museum für Volkskunde: 49 o.; Wien, Österr. Museum für Volkskunde: 60; Wien, Privatarchiv Dr. Brandstätter: 123, 132 o., 164, 287 (2x); Wien, Technisches Museum: 35 re. u., 36, 37, 42 (2x), 43 (2x), 44, 61, 95, 127, 221, 223, 238, 244, 265, 273 o.; Wien, Technisches Museum, Eisenbahnarchiv: 121 re., 313; Wien, Technische Universität: 9, 30, 32 o., 84, 132 u., 147, 239, 248 u., 254, 259, 277; Wien, Universitätsbibliothek: 320; Wien, Wiener Börse AG: 122; Wiener Neustadt, Stadtarchiv: 256 u.; Wiener Neustadt, Stadtmuseum: 69, 129 u., 286; Privatbesitz: 91, 146, 154, 214, 318, 321, 322, 325; Wilhelm Berdrow (Bearb.), Buch der Erfindungen (Leipzig 1901): 190 li.; Die Gross-Industrie Österreichs Bd. 4 (Wien 1898): 66, 212; Hans J. Hatschek, Das Manufakturhaus am Tabor in Wien (Wien 1886): 151; Hans Krämer: Das XIX. Jahrhundert in Wort und Bild (Berlin 1898–1902): 301, 305; Josef Johann Knolz, Darstellung der Verfassung und Einrichtung der Baumwoll-Spinnerei-Fabriken in Niederösterreich (Wien 1843): 133; Karl Höger, Aus eigener Kraft. Geschichte eines Arbeitervereins (Wien 1892): 137, 138.

Bildnachweis Faltblatt zwischen Seite 24 und 25:
Obere Bildreihe (Persönlichkeiten, von links nach rechts): Nr. 1: Berlin, akg-images/Erich Lessing; Nr. 2, 3, 5, 6, 8, 9, 12, 17, 20: Wien, Erich Lessing; Nr. 4: Berlin, Berlin-Brandenburgische Akademie der Wissenschaften; Nr. 7: Berlin, akg-images/Archives CDA/St-Ge; Nr. 10: Washington, Library of Congress, Prints and Photographs Division; Nr. 11: New Britain/Connecticut, New Britain Museum of American Art (Foto: E. Irving Blomstraan); Nr. 13: Berlin, akg-images/Nimatallah; Nr. 14, 15, 16, 21, 23, 24: Berlin, AKG, Nr. 18: Wien, Bundeskanzleramt; Nr. 19, 22: London, National Portrait Gallery.
Mittlere Bildreihe (Fabriken, von links nach rechts): Wien, Universitätsbibliothek; Seitenstetten, Stiftssammlung; Graz, Steiermärkisches Landesarchiv; Wien, Museen der Stadt Wien.
Untere Bildreihe (Herrscher, von links nach rechts): Nr. 1, 2: Wien, Finanzministerium (Foto: Rudolf Pichler); Nr. 3: Berlin, AKG; Nr. 4: Wien, Heeresgeschichtliches Museum; Nr. 5: Wien, Erich Lessing; Nr. 6: Prag, Nationalgalerie; Nr. 7, 8: Wien, Kunsthistorisches Museum; Nr. 9: Wien, Erich Lessing.

Die Bilder auf Seite 189 und 217 wurden von Christian Ludwig Attersee als Auftragswerke für Band I der Österreichischen Industriegeschichte angefertigt.
Reprofotografie: Heinz Großkopf